С любовью — моему сыну Захару,
чья привязанность меня трогает,
творческие способности впечатляют,
а чувство юмора восхищает

Technical Analysis

Jack D. Schwager

John Wiley & Sons, Inc.

New York • Chichester • Brisbane • Toronto • Singapore

Технический анализ
Полный курс

Джек Швагер

Перевод с английского

14-е издание

альпина
паблишер

Москва
2020

УДК 336.76.003.12
ББК 65.261
Ш-33

Перевод с английского А. Куницын — гл. 1–12, 14
Б. Зуев — гл. 13, 15–24

Редактор А. Дзюра

Швагер Д.

Ш-33 Технический анализ: Полный курс / Джек Швагер ; Пер. с англ. — 14-е изд. — М. : Альпина Паблишер, 2020. — 804 с.

ISBN 978-5-9614-6782-6

Книга, написанная признанным экспертом в области финансовых рынков Джеком Швагером, — наиболее полное исследование в области технического анализа. В книге изложены основные понятия, методы, торговые приемы, индикаторы и системы. Основной акцент сделан на практическом использовании аналитических методов при работе на финансовых рынках.

Книга рассчитана как на трейдеров-профессионалов, так и на начинающих инвесторов, работающих на рынках фьючерсов, акций, облигаций и валют.

УДК 336.76.003.12
ББК 65.261

ISBN 978-5-9614-6782-6 (рус.)
ISBN 0-471-02051-6 (англ.)

Содержание

Проблемы возникают для того, чтобы заставить нас расти.
Если бы в жизни не было проблем,
мы все стали бы посредственностями.

Волли («Знаменитый») Эймос

Предисловие

Несмотря на заявления бесчисленного количества книг, рекламных объявлений и брошюр, биржевой успех не может быть заключен в каком-либо индикаторе, формуле или системе. Эта книга написана трейдером, с точки зрения трейдера и является не собранием аналитических приемов, индикаторов или систем, использующих идеализированные иллюстрации, а пособием, основанным на реальной практике.

При объяснении разнообразных аналитических приемов и методов я старался сохранить на переднем плане ключевые вопросы, которые часто игнорируются авторами книг по техническому анализу. Как применять описываемые методы в реальной торговле? Что подходит, а что не подходит для работы на рынке? Какие признаки говорят о непригодности метода? Как сконструировать и протестировать торговую систему, чтобы максимизировать ее *будущую,* а не *ретроспективную* результативность?

Это книга основана на практическом опыте. Я сам использовал многие из описанных в этом томе методов для построения очень прибыльных торговых систем, на основе которых управлял многомиллионными активами. Тогда почему я готов поделиться этой информацией? Потому что, образно выражаясь, я даю инструменты, но не архитектурный проект — создание последнего предоставляется читателю. Я верю, что читатели, стремящиеся использовать технический анализ как средство достижения успеха в торговле на финансовых рынках и осознающие необходимость самостоятельной работы на этом поприще, найдут в данной книге много полезного.

Джек Д. Швагер
Нью-Йорк, октябрь 1995 г.

Слова благодарности

В первые годы моей работы на фьючерсных рынках я был чистым «фундаменталистом» и относился к техническому анализу с полным пренебрежением — мнение, я должен заметить, основанное скорее на предубеждениях, чем на знании или опыте. В то время я был директором по исследованиям в крупной брокерской фирме. В моем отделе был технический аналитик, и я начал подмечать нечто странное: он часто оказывался прав в своих суждениях по поводу поведения рынка. Мы стали добрыми друзьями, и он объяснил мне основы графического анализа. По мере того как я приобретал опыт в применении технического анализа, мое отношение к нему сменилось на диаметрально противоположное. Технического аналитика, который впервые познакомил меня с методологией и оказал такое большое влияние на мою карьеру, зовут Стив Кроновиц. Без Стива эта книга, вероятно, никогда бы не появилась.

На протяжении последних семи лет я работал в очень тесном сотрудничестве с Луисом Льюкаком, он мой партнер по фирме, предоставляющей консультации в области торговли фьючерсами. Луис не только прекрасный программист, он, кроме того, обладает выдающимися знаниями в области построения и тестирования систем. Луис написал программы для множества разработанных мною за эти годы систем и работал со мной над объединением этих систем в крайне сложную компьютеризированную методологию торговли. Если бы не Луис, мне бы никогда не удалось увидеть, как мои идеи работают (и зарабатывают) в реальном мире.

Было несколько предметных областей, которые я хотел включить в эту книгу, но в которых, как я чувствовал, мне не доставало опыта. Поэтому для написания этих глав я выбрал и пригласил нескольких соавторов. Вот мои соавторы и темы, которым они посвятили свою работу: Томас Бировиц написал про осцилляторы, Ричард Моги — про циклический анализ, а Стив Нисон — про графики «японские свечи». Все предшествующее было важным, однако более всего я благодарен своей жене Джо Энн. Джо Энн понимала мое желание, может быть, даже внутреннюю необходимость, написать серию книг, частью которой является данный том, — вверить бумаге то, что было у меня внутри. Я благодарю ее за то, что она поддерживала меня в работе над этим проектом, несмотря на ее полное осознание того, что эти усилия существенно посягают на время, которое мы проводим вместе, и на наш семейный уклад. И вслед за этим я благодарю своих детей Дэниела, Захара и Саманту за то, как они отнеслись к уменьшению моего присутствия в их жизни.

Если не указано другое, графики в этой книге воспроизведены с любезного позволения Prudential Securities Inc.

Джек Д. Швагер

Часть I

АНАЛИЗ ГРАФИКОВ

1 Графики: инструмент прогнозирования или народное творчество?

Здравый смысл присущ отнюдь не всем.

Вольтер

Существует притча о биржевом игроке, чье страстное стремление выиграть только подстегивалось очередным проигрышем. Вначале он пытался основывать свои торговые решения на фундаментальном анализе. Он строил сложные модели, прогнозировавшие курс акций исходя из подробнейшей статистики спроса и предложения. Однако эти прогнозы неизменно опрокидывались каким-нибудь непредвиденным событием, будь то засуха или неожиданная экспортная сделка.

В конце концов, выведенный из себя, он отказался от фундаментального подхода и обратился к графическому анализу. Он тщательно отслеживал графики цен в поисках повторяющихся моделей, которые выявили бы секреты успешной биржевой торговли. Он первым открыл такие необычные образования, как дневные минимумы «акульи зубы» и максимумы «вершины Гималаев». Но увы, модели всегда казались надежными только до того момента, как он начинал основывать на них свои сделки. Когда он открывал короткую позицию, очертания максимумов оказывались всего лишь паузами в набирающем силу «бычьем» рынке. Столь же разорительным образом после каждой его покупки устойчивые тенденции роста цен внезапно обращались вспять.

«Проблема заключается в том,— размышлял он,— что графический анализ слишком груб. Мне нужна компьютеризованная торговая система». Поэтому он стал тестировать различные схемы, чтобы посмотреть, была бы какая-нибудь из них прибыльной в качестве торговой системы в прошлом. После исчерпывающего исследования он обнаружил, что покупка соевых бобов, какао и евродолларов в первый вторник месяцев с нечетным числом дней и последующее закрытие этих позиций в третий четверг того же месяца приносили значительную прибыль на протяжении последних пяти лет. Невероятно, но эта всесторонне изученная модель перестала действовать после того, как он начал торговать. Еще одно невезение.

Биржевик пробовал многие другие методы (волны Эллиотта, числа Фибоначчи, квадраты Ганна, фазы Луны), но все они оказались столь же неэффективными. Как раз тогда он услышал про знаменитого гуру, который жил на далекой горе в Гималаях и отвечал на вопросы всех паломников, сумевших его разыскать. Трейдер сел на самолет до Непала, нанял проводников и отправился в двухмесячное странствие. В конце концов на исходе сил он добрался до знаменитого гуру.

«О, мудрейший, — сказал он, — я отчаявшийся человек. Многие годы я искал ключ к успешной биржевой игре, но все, что я пробовал, оказалось тщетным. В чем секрет?»

Гуру задумался только на миг и, пристально глядя на посетителя, ответил: «ПОДЕПРОДО». Больше он не сказал ничего.

«ПОДЕПРОДО?» — трейдер не понял ответа. Это слово одолевало его каждую свободную минуту, но он все не мог постичь его смысл. Биржевик рассказывал эту историю многим людям, пока, наконец, один из слушателей не расшифровал ответ гуру.

«Это достаточно просто, — сказал он. — Покупай дешево, продавай дорого».

Послание гуру вполне может разочаровать читателей, ищущих глубокомысленный ключ к биржевой мудрости. ПОДЕПРОДО не отвечает нашей концепции проницательности, поскольку оно естественно вытекает из здравого смысла. Однако если, как предполагал Вольтер, «здравый смысл присущ отнюдь не всем», то и данное послание не является очевидным. Рассмотрим, например, следующий вопрос: «Каковы рекомендации трейдерам при рынке, демонстрирующем новые максимумы?» Теория «здравого смысла» ПОДЕПРОДО недвусмысленно указала бы, что последующая торговая деятельность должна быть сведена к открытию короткой позиции.

Весьма вероятно, что значительная часть биржевых игроков удовлетворилась бы такой интерпретацией. Притягательность подхода ПОДЕПРОДО, возможно, связана со стремлением большинства трейдеров продемонстрировать свое мастерство. В конце концов, любой дурак может купить по рынку после длительного роста цен, но нужно быть гением, чтобы уловить угасание этой тенденции и продать по максимуму. Во всяком случае, лишь немногие торговые стратегии так же близки к «бытовой» интуиции, как склонность покупать, когда цены низки, и продавать, когда цены высоки.

В результате многие биржевые игроки имеют сильную склонность открывать короткие позиции, когда рынок входит в новый, более высокий диапазон цен. В этом подходе есть только одна ошибка: он не работает.

Правдоподобное объяснение всегда под рукой. Способность рынка выйти и закрепиться на новых высотах обычно свидетельствует о мощных силах поддержки, которые часто толкают цены слишком высоко. Здравый смысл? Конечно. Однако заметьте, что выводы для торговли являются диаметрально противоположными тем, которые вытекают из подхода, основанного на «здравом смысле» ПОДЕПРОДО.

Дело в том, что наша «бытовая» интуиция и здравый смысл в отношении поведения рынка часто являются ошибочными. Графический анализ позволяет применять здравый смысл к биржевой торговле — цель, значительно более неуловимая, чем кажется. Например, если прежде, чем приступить к игре на бирже, кто-то всесторонне изучил бы исторические графики цен с целью определить последствия достижения рынком новых высот, он имел бы значительно больше шансов не попасть в одну из типичных ловушек, которые подстерегают начинающих трейдеров. Внимательно изучая исторические модели движения цен, можно постичь и другие рыночные истины.

Следует, однако, признать, что полезность графиков в качестве индикатора *будущего* направления цен яростно оспаривается. Вместо перечисления всех «за» и «против» в этом споре, мы заметим, что недавний эпизод популярной телепрограммы о финансовых рынках сжато высветил некоторые ключевые проблемы указанной полемики. Ниже представлена запись этой программы:

ВЕДУЩИЙ Здравствуйте! Я — Луис Панизер из еженедельника «Улицы Кошелька». Сегодня мы отступим от нашей обычной формы интервью, чтобы дать простор дебатам о полезности графиков цен биржевых товаров. Могут ли все эти скачущие линии и очертания действительно предсказывать будущее? Или шекспировское описание жизни столь же применимо и к графическому анализу: «Сказка идиота, полная шума и ярости, но без всякого смысла»? Сегодня нашими гостями являются Вера Н. Тенденция, известный технический аналитик фирмы «Чарнум и Барнум» с Уолл-стрит, и Любомир А. Монета, профессор Университета Башни из Слоновьей Кости и автор книги «Единственный способ победить рынок — стать брокером». Мистер Монета, вы принадлежите к группе экспертов, которую называют «Странствующие

Наугад» (Random Walkers). Это своего рода клуб путешественников, определяющих место назначения путем метания дротиков в схему дорог? (*Самодовольно смеется в камеру.*)

ПРОФЕССОР МОНЕТА

Нет, г-н Панизер. «Странствующие Наугад» — это группа экономистов, которые считают, что движение рыночных цен имеет случайный характер. То есть невозможно разработать систему предсказания рыночных цен, так же как невозможно построить систему прогнозирования цветов, последовательно выпадающих при игре в «рулетку». И то и другое — исключительно дело случая. У цен нет памяти: то, что происходило вчера, не имеет никакого отношения к тому, что произойдет завтра. Иными словами, графики могут рассказать вам только о том, что было в прошлом; они беспомощны в предсказании будущего.

МИСС ТЕНДЕНЦИЯ

Профессор, вы упускаете один очень важный факт: дневные цены не извлекаются из лотерейного барабана, а скорее являются следствием коллективных действий всех участников рынка. Поведение людей, возможно, не столь предсказуемо, как движение планет, управляемое физическими законами, но оно и не является совершенно стихийным. Если это не так, то ваша профессия — экономика — обречена на ту же участь, что и алхимия. (*При этих словах профессор Монета заерзал на стуле.*) Графики выявляют основные модели поведения. До тех пор пока одинаковые взаимодействия между покупателями и продавцами будут приводить к одинаковым ценовым моделям, прошлый опыт, действительно, может быть использован как индикатор будущего.

ПРОФЕССОР МОНЕТА Если прошлые цены можно использовать для предсказания будущих, то почему несметное количество академических исследований пришло к выводу, что тестируемые технические модели не смогли превзойти простую схему «купи и держи» с учетом брокерских комиссионных?

МИСС ТЕНДЕНЦИЯ Методики, тестируемые в ходе подобных исследований, являются обычно слишком упрощенными. Исследования показывают лишь, что данные конкретные схемы не работают. Но они не доказывают, что более обширный синтез ценовой информации, такой как графический анализ или более сложная техническая система, не может быть с успехом использован при принятии торговых решений.

ПРОФЕССОР МОНЕТА Тогда почему нет исследований, убедительно демонстрирующих дееспособность графического анализа в качестве инструмента прогнозирования?

МИСС ТЕНДЕНЦИЯ Ваш аргумент отражает всего лишь трудности количественного выражения графических теорий, а не недостатки самого графического метода. То, что один считает изображением вершины, другому представляется областью консолидации. Попытка математически описать любую графическую модель, кроме самых простых, неизбежно приведет к спорным результатам. Проблема становится еще запутаннее, когда осознают, что в любой данный момент времени рисунок графика может выражать противоречащие друг другу модели. Таким образом, в известном смысле действительно невозможно объективно проверить многие графические теории.

ПРОФЕССОР МОНЕТА Что довольно удобно для вас, не так ли? Если эти теории нельзя всесторонне проверить, какая от них польза? Откуда вы знаете, что торговля на основе графиков приведет к лучшему результату, чем просто 50/50 (разумеется, без учета комиссионных)?

МИСС ТЕНДЕНЦИЯ Если вы имеете в виду, что слепое следование за каждым сигналом графика сделает богатым только вашего брокера, то я не спорю. Однако моя точка зрения состоит в том, что графический анализ — это искусство, а не наука. Знакомство с основными графическими теориями является лишь исходным пунктом. Истинная полезность графиков зависит от способности трейдера успешно синтезировать стандартные концепции и свой собственный опыт. В умелых руках графики могут быть исключительно ценными в предсказании значительных рыночных тенденций. Существует много успешных трейдеров, принимающих свои решения главным образом с помощью графиков. Чем вы объяснили бы их успех — полосой удач?

ПРОФЕССОР МОНЕТА Да. Именно так — полоса удач. При достаточном количестве трейдеров некоторые из них будут в выигрыше независимо от того, как они принимают свои решения — изучая графики или бросая дротики в страницу с биржевыми котировками. Это не метод, а всего лишь закон вероятности. Даже в казино некоторый процент игроков остается в выигрыше. Вы ведь не скажете, что своим успехом они обязаны какой-то проницательности или системе.

МИСС ТЕНДЕНЦИЯ Это доказывает только то, что более высокие результаты некоторых приверженцев графического анализа *могли* быть достигнуты благодаря случаю. Это не опровергает утверждения о том, что опытный графист знает нечто такое, что дает ему преимущество.

ВЕДУЩИЙ

Я чувствую здесь большое сопротивление и думаю, что нам не помешало бы опереться на какую-нибудь поддержку. Господа, есть ли у вас свидетельства, подтверждающие правоту ваших позиций?

ПРОФЕССОР МОНЕТА

Да! (*При этом профессор Монета вытаскивает из портфеля пухлый манускрипт и сует его в руки г-на Панизера. Ведущий бегло просматривает отдельные страницы и качает головой, заметив обилие забавных греческих буковок.*)

ВЕДУЩИЙ

Я имел в виду нечто менее математическое. Даже учебное телевидение еще не готово к такому.

ПРОФЕССОР МОНЕТА

Ну что же, у меня есть еще кое-что. (*Он извлекает лист бумаги и протягивает его мисс Тенденции.*) Как бы вы интерпретировали этот график, мисс Тенденция? (*Он безуспешно пытается скрыть самодовольную улыбку.*)

МИСС ТЕНДЕНЦИЯ

Я бы сказала, что это похоже на график, основанный на сериях подбрасывания монеты. Ну, вы знаете: орел — одна клеточка вверх, решка — одна клеточка вниз.

ПРОФЕССОР МОНЕТА

(*Чья ухмылка превратилась в весьма явную гримасу.*) Как вы узнали?

МИСС ТЕНДЕНЦИЯ

Счастливая догадка.

ПРОФЕССОР МОНЕТА

Все равно, это не подрывает мой аргумент. Посмотрите на этот график. Здесь есть тенденция. И вот здесь — ваши коллеги кажется называют это моделью «голова и плечи»?

ВЕДУЩИЙ Кстати, раз уж зашла речь о головах и плечах, не прокомментирует ли каждый из вас ситуацию с акциями Проктер энд Гэмбл?

ПРОФЕССОР МОНЕТА (*Продолжает.*) Те же графические модели, которые вы так быстро обнаруживаете на графиках цен, проявляются также и на явно случайных сериях.

МИСС ТЕНДЕНЦИЯ Да, однако такая цепь аргументов может привести к несколько странным выводам. Например, согласились бы вы с тем, что факт наличия у работающих экономистов ученых степеней не является случайным событием?

ПРОФЕССОР МОНЕТА Конечно.

МИСС ТЕНДЕНЦИЯ Хорошо, случайная выборка населения тоже вероятно будет включать некоторое количество людей с ученой степенью. Сделаете ли вы из этого вывод, что наличие ученой степени у экономиста является случайным совпадением?

ПРОФЕССОР МОНЕТА Я все еще не вижу какой-либо разницы между графиками цен и моим графиком случайных событий.

МИСС ТЕНДЕНЦИЯ Вы не видите? Это похоже на график случайных событий? (*Мисс Тенденция показывает график цен на серебро, июльские фьючерсы 1980 г.* (рис. 1.1).)

ПРОФЕССОР МОНЕТА Ну не совсем, но...

МИСС ТЕНДЕНЦИЯ (*Переходит в атаку.*) Или это. (*Показывает график декабрьских 1994 г. контрактов на кофе* (рис. 1.2).) Я могла бы продолжить.

Рисунок 1.1.

СЕРЕБРО, ИЮЛЬ 1980

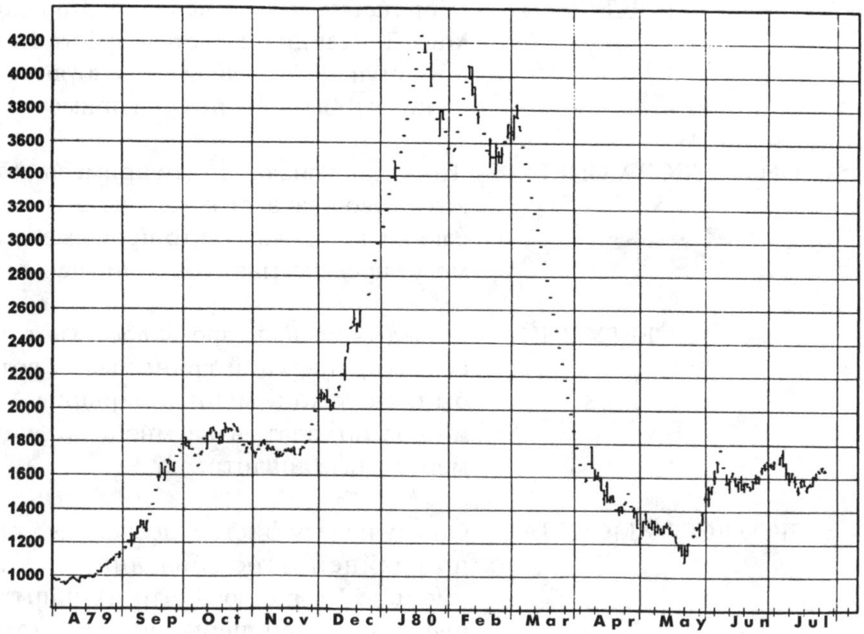

Рисунок 1.2.

КОФЕ, ДЕКАБРЬ 1994

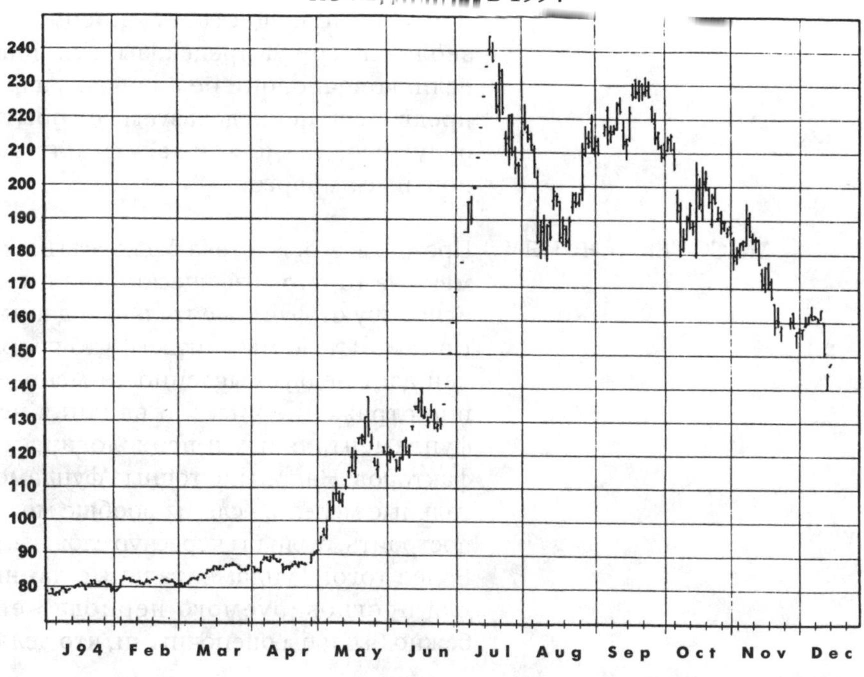

ВЕДУЩИЙ (*Обращается к профессору Монете.*) Мисс Тенденция, кажется, действительно наступает. Есть ли какие-нибудь основания, чтобы отклонить ее примеры?

ПРОФЕССОР МОНЕТА Что ж, я признаю, что эти примеры являются довольно экстремальными, но они еще не доказывают, что прошлые цены могут предсказывать будущие цены.

ВЕДУЩИЙ Прежде чем наше время достигнет, так сказать, «верхней границы», я хотел бы несколько изменить маршрут. Мне интересно узнать ваше мнение о фундаментальных аналитиках?

ПРОФЕССОР МОНЕТА Они лучше графистов, поскольку могут по крайней мере *объяснить* движение цен. Но я боюсь, что их попытки *прогнозировать* цены являются столь же тщетными. Видите ли, в любой момент времени рынок уже принимает в расчет всю известную информацию, поэтому не существует способа, позволяющего им предсказывать цены, если, конечно, они не наделены даром предвидеть непредсказуемые события будущего, такие как засухи или экспортные эмбарго.

МИСС ТЕНДЕНЦИЯ Прежде всего, я хотела бы коснуться намека на то, что графические аналитики игнорируют фундаментальные данные. На самом деле мы считаем, что график цен дает недвусмысленное и мгновенное отражение чистого влияния всех фундаментальных и психологических факторов. Напротив, точные фундаментальные модели, если их вообще можно построить, были бы чересчур сложными. Более того, фундаментальные данные для прогнозируемого периода неизбежно были бы оценочными, что делает ценовые проектировки крайне чувствительными к ошибке.

ВЕДУЩИЙ Следовательно, вы оба согласны с утверждением, что фундаменталисты скоро будут стоять на паперти с протянутой рукой.

МИСС ТЕНДЕНЦИЯ Да.

ПРОФЕССОР МОНЕТА Да.

ВЕДУЩИЙ Прекрасно, на этом всплеске согласия мы и закончим сегодняшнюю программу.

В некотором смысле спор между «Странствующими Наугад» и графистами никогда не может быть разрешен. Нужно понимать, что невозможно доказать случайность; все, что может быть доказано, так это то, что данная графическая модель не существует. Поскольку нет консенсуса относительно точного математического определения многих графических моделей, их жизнеспособность в качестве индикаторов цен нельзя ни доказать, ни опровергнуть.

Например, если бы кто-то захотел проверить точку зрения, будто пробои из торговых диапазонов представляют собой реальные биржевые сигналы, то, прежде всего, потребовалось бы сформулировать точное определение торгового диапазона и пробоя. Допустим, приняты следующие определения: (1) *торговый диапазон* — это ценовая полоса, которая включает все дневные изменения цены за последние шесть недель и которая не шире 5% средней цены за этот период*; и (2) *пробой* — это цена закрытия, превышающая верхнюю границу шестинедельного торгового диапазона. Хотя пригодность пробоев в качестве торговых сигналов вполне можно проверить исходя из данных определений, сами эти определения многими будут оспорены. Вот некоторые из возможных возражений.

1. Ценовая полоса является слишком узкой.
2. Ценовая полоса является слишком широкой.
3. Шестинедельный период является слишком длинным.
4. Шестинедельный период является слишком коротким.

* Определение максимальной ценовой ширины служит тому, чтобы при рассмотрении торговых диапазонов исключить периоды значительных ценовых колебаний.

5. Не делается поправка на отдельные дни, цены которых выходят за границы диапазона, — случай, который по мнению большинства графистов не нарушает базисную схему.
6. Не учитывается направление тенденции до торгового диапазона — фактор, который многие графисты рассматривают как критически важный в интерпретации надежности пробоя.
7. Для того чтобы пробой мог считаться реальным, он должен выходить за границы торгового диапазона не менее чем на установленный минимум (например, 1% от уровня цен).
8. Пробой можно квалифицировать только при наличии нескольких закрытий выше торгового диапазона.
9. Для проверки подлинности пробоя следует использовать временной лаг: например, будут ли цены все еще находиться за пределами торгового диапазона спустя неделю после первоначального выхода из него?

Данный список представляет собой лишь частичное перечисление возможных возражений в отношении наших гипотетических определений торгового диапазона и пробоя, причем все это — для одной из самых простых графических моделей. Вообразите, сколько двусмысленности и сложностей возникнет при попытке точного определения более сложных моделей, например таких, как подтвержденные голова и плечи.

Со своей стороны, графисты также не могут победить в этом споре. Хотя графический анализ основан на общих принципах, его применение зависит от индивидуальной интерпретации. Успешный трейдер, ориентирующийся по графикам, возможно, не обременен сомнениями относительно действенности графического анализа, однако «странствующие наугад» теоретики развенчали бы его успех как простое следствие законов вероятности, поскольку даже при проведении серии совершенно случайных сделок трейдер, согласно теории вероятностей, некоторое время может быть в плюсе. Короче говоря, дебаты отнюдь не близятся к завершению.

Важно также понимать, что даже если бы достоверное тестирование было возможно, конфликтующие выводы «Странствующих Наугад» и графистов не обязательно стали бы противоречить друг другу. Одна из точек зрения на ситуацию состоит в том, что рынки могут являться свидетелями продолжительных периодов произвольных колебаний, перемежающихся более короткими периодами неслучайного поведения. Таким образом, даже если ценовые серии в целом выглядят произвольными, вполне возможно, что в рамках данного интервала существуют периоды, демонстрирующие определенные модели. Цель графического аналитика заключается в том, чтобы выявить эти периоды (т.е. крупные тенденции).

Пришло время признать мои собственные пристрастия. Личный опыт убедил меня в том, что графики являются ценным, если не жизненно важным инструментом биржевой торговли. Однако подобные представления ничего не доказывают. «Странствующие Наугад» стали бы спорить, что мои выводы могут базироваться на селективном свойстве памяти, т.е. склонности помнить успехи графического анализа и забывать неудачи, либо, вообще, на простой удаче. И они правы. Такие объяснения действительно *могут* быть правильными.

Основополагающим является то, что каждый трейдер должен оценивать графический материал самостоятельно и делать собственные выводы. Однако следует особо подчеркнуть, что многие успешные трейдеры считают графики исключительно ценным инструментом биржевой торговли, и поэтому начинающему трейдеру нужно быть осмотрительным и не отвергать этот подход просто из интуитивного скептицизма. Некоторые из главных потенциальных выгод использования графиков перечислены ниже. Заметьте, что ряд этих применений остается действенным даже тогда, когда кто-то полностью отвергает возможность использования графиков в целях прогнозирования цен.

1. Графики дают сжатую историю цен — важнейший элемент информации для любого трейдера.
2. Графики могут дать трейдеру хорошее ощущение волатильности рынка — важное соображение в оценке риска.
3. Графики являются очень полезным инструментом для фундаментального аналитика. Долгосрочные графики цен позволяют фундаменталистам быстро выделить периоды крупных ценовых колебаний. Определив основные условия или события этих периодов, фундаменталист может идентифицировать ключевые факторы, влияющие на цены. Эту информацию затем можно использовать для построения модели поведения цен.
4. Графики могут быть использованы для определения момента открытия и закрытия позиций, причем даже теми трейдерами, которые принимают решения на основе другой информации (например, фундаментальной).
5. Графики могут быть использованы как инструмент управления денежными средствами, помогающий устанавливать продуманные и реалистичные защитные остановки.
6. Графики отражают поведение рынка, обусловленное определенными повторяющимися схемами. При наличии достаточного опыта некоторые трейдеры раскроют в себе способность успешно использовать графики как метод предвидения движения цен.
7. Понимание графических концепций, вероятно, является одной из важнейших предпосылок создания прибыльных технических торговых систем.

8. Скептикам на заметку: при определенных обстоятельствах подход, противоположный диктуемому классическими графическими сигналами, может привести к очень прибыльным торговым возможностям. Специфика этого метода подробно описана в гл. 11.

Короче говоря, графики могут быть полезны всем — от скептиков до верующих. Главы этого раздела представляют и оценивают ключевые концепции классической теории графиков, а также затрагивают наиважнейший вопрос использования графиков в качестве эффективного инструмента биржевой торговли.

2 Виды графиков

Вам не нужен метеоролог, чтобы знать, куда дует ветер.

Боб Дилан

ШТРИХОВЫЕ ГРАФИКИ

Штриховые графики являются самым распространенным видом графиков цен. В штриховом графике каждый день представлен вертикальным отрезком, проведенным от дневного минимума до дневного максимума. Цена закрытия показана горизонтальным выступом. На рис. 2.1 представлен дневной штриховой график фьючерсных контрактов на сою с поставкой в марте 1995 г.

Дневные штриховые графики наиболее подходят для целей биржевой игры, однако графики за более продолжительные периоды времени показывают исключительно важную перспективу. Эти долгосрочные графики (например, недельные, месячные) полностью аналогичны дневным, но здесь вертикальная черта и выступ отражают ценовую амплитуду и конечный уровень цены за соответствующий период. На рис. 2.2 показан недельный штриховой график соевых фьючерсов. Сегмент в прямоугольнике соответствует периоду, изображенному на рис. 2.1. А рис. 2.3 является месячным штриховым графиком соевых фьючерсов. Большой и маленький прямоугольники охватывают периоды, изображенные соответственно на рис. 2.2 и 2.1.

Работа с месячными, недельными и дневными штриховыми графиками сходна с деятельностью ученого, рассматривающего некий объект в микроскоп с разной степенью увеличения. Месячные и недельные графики показывают широкую историческую панораму рынка, на основе которой формулируется техническое заключение о возможном наличии долговременной тенденции. Затем анализируют дневной график, чтобы определить наилучший момент входа в рынок.

Рисунок 2.1.

ДНЕВНОЙ ШТРИХОВОЙ ГРАФИК: СОЕВЫЕ БОБЫ, МАРТ 1995

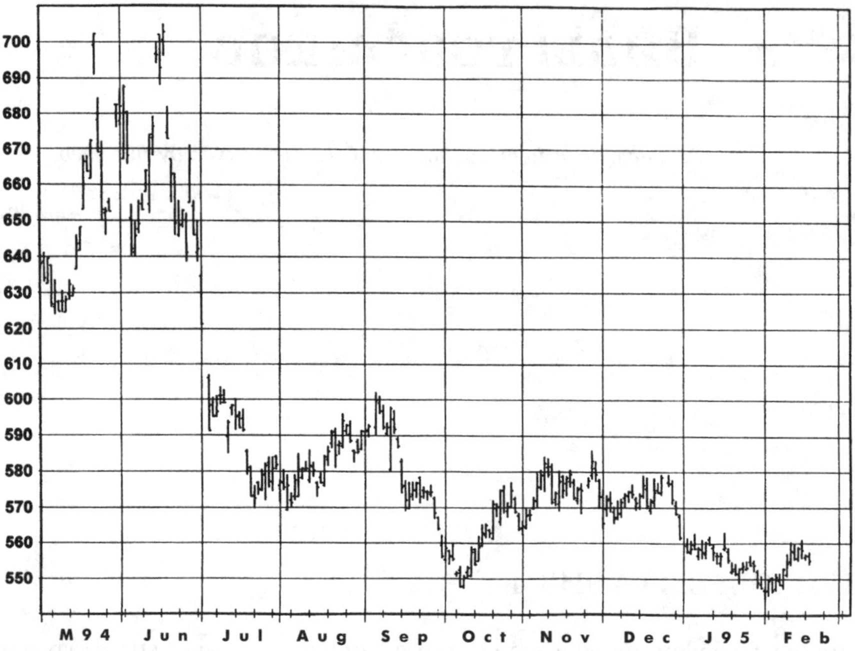

Рисунок 2.2.

НЕДЕЛЬНЫЙ ШТРИХОВОЙ ГРАФИК:
СОЕВЫЕ БОБЫ (БЛИЖАЙШИЕ ФЬЮЧЕРСНЫЕ КОНТРАКТЫ)

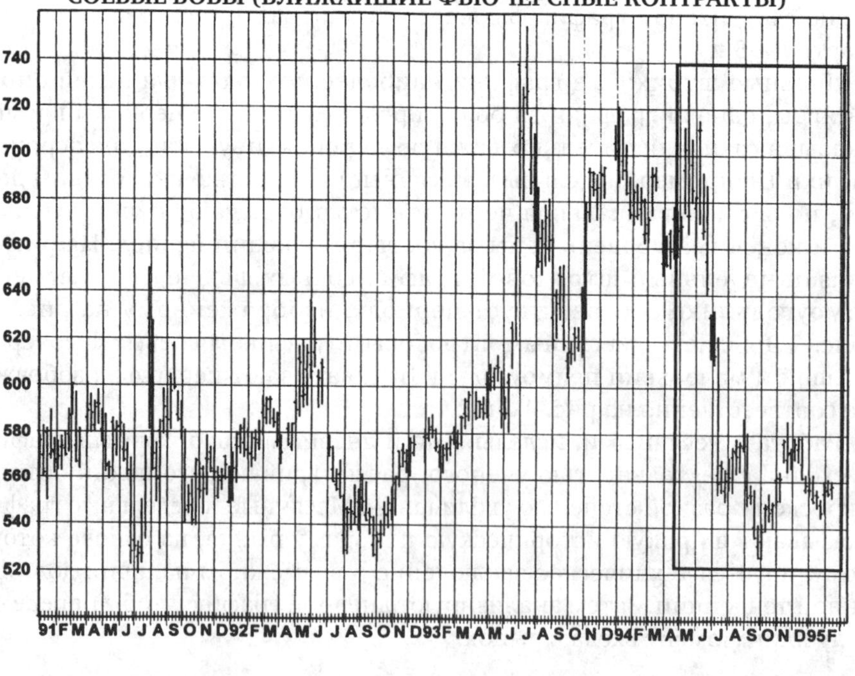

Рисунок 2.3.

МЕСЯЧНЫЙ ШТРИХОВОЙ ГРАФИК:
СОЕВЫЕ БОБЫ (БЛИЖАЙШИЕ ФЬЮЧЕРСНЫЕ КОНТРАКТЫ)

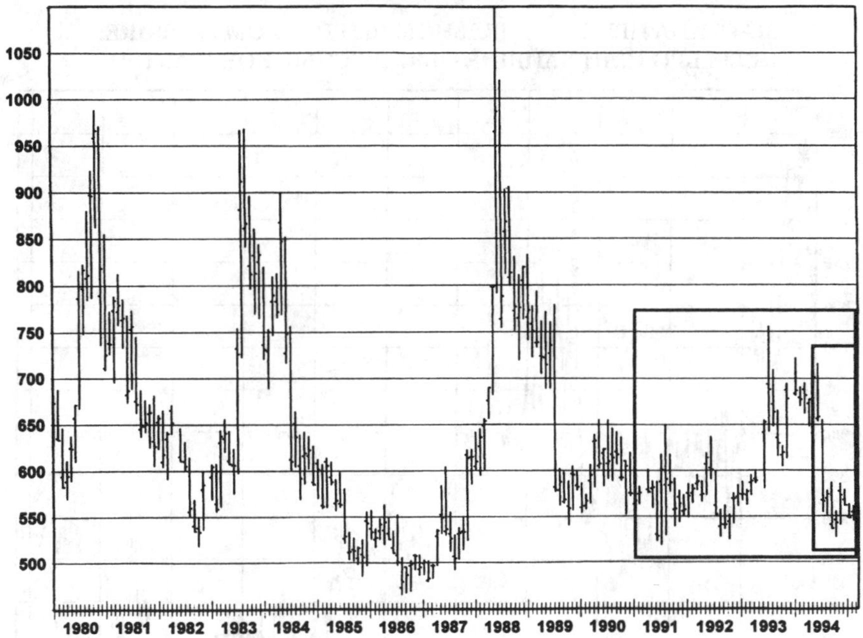

Рисунок 2.4.

КАРТИНА ЦЕН НА ДНЕВНОМ ШТРИХОВОМ ГРАФИКЕ:
СЕРЕБРО, МАРТ 1995

Рисунок 2.5.

КАРТИНА ЦЕН НА НЕДЕЛЬНОМ ШТРИХОВОМ ГРАФИКЕ: СЕРЕБРО (БЛИЖАЙШИЕ ФЬЮЧЕРСНЫЕ КОНТРАКТЫ)

Если долговременная техническая панорама является достаточно определенной, то к тому времени, когда трейдер берет в руки дневные графики, он, возможно, уже имеет твердое мнение о рынке. Например, если он считает, что месячные и недельные графики свидетельствуют о вероятности того, что рынок уже продемонстрировал долгосрочный максимум, то он будет искать в дневных графиках только сигналы к продаже.

Различие в изображении рыночных тенденций дневными и недельными графиками может быть поразительным. Например, на дневном штриховом графике контрактов на серебро с поставкой в марте 1995 г. (рис. 2.4) доминирует явная понижательная тенденция после завершения мощной разворотной формации «бычьего» рынка. Однако недельный график серебра (рис. 2.5) показывает совсем иную картину. Хотя на этом графике конец 1993 г. и 1994 г. и похожи на разворот «бычьего» рынка и начало падения цен, тем не менее видно, что цены близки к нижней границе за длительный исторический срок и что в период с 1991 г. по начало 1993 г., по-видимому, сформировалась мощная ценовая поддержка. Таким образом, хотя оба графика предполагают понижательную тенденцию в ближайшей перспективе, недельный график дает серьезные основания рассматривать следующее колебание цен вниз как потенциально благоприятную возможность для покупки. На дневном графике нет даже намека на подобное заключение. Основной вывод состоит в том, что долговременные графики могут предполагать весьма отличную интерпретацию ценовых моделей по сравнению с той, на которую указывают дневные графики; следовательно, следует анализировать оба вида графиков.

ГРАФИКИ ЦЕН ФЬЮЧЕРСОВ: БЛИЖАЙШИЕ ФЬЮЧЕРСНЫЕ КОНТРАКТЫ В СРАВНЕНИИ С «НЕПРЕРЫВНЫМИ» ФЬЮЧЕРСАМИ

Длительность периода, охватываемого типичным недельным или месячным штриховым графиком, как правило, превышает срок обращения одного фьючерсного контракта и предполагает при построении графика использование серии контрактов. Обычно эти контракты соединяются методом *ближайших фьючерсных контрактов*: цена контракта наносится на график вплоть до истечения его срока, затем наносится следующий контракт до истечения его срока и т.д. Однако трейдер должен понимать, что график ближайших контрактов может давать значительные искажения вследствие разрывов цен между месяцем поставки и следующим контрактом.

На рис. 2.6 представлен яркий пример искажений такого типа. Обратите внимание на периоды консолидации, перемежающиеся резкими, однонедельными подскоками цен, происходящими каждые три месяца с регулярностью часового механизма. Была ли евромарка в этот период подвержена влиянию некоего события, случавшегося каждые три месяца? В действительности эти всегда значительные однонедельные «взлеты» были отнюдь не реальными подъемами цен, а скорее визуальным отражением перехода от истекающего фьючерса к следующему контракту, который в изображаемые периоды неизменно торговался со значительной премией к предыдущему месяцу.

На самом деле, на протяжении почти всего периода, представленного на рис. 2.6, цены реально понижались в том смысле, что непрерывно сохраняемая длинная позиция, перекладываемая в очередной контракт при каждом истечении предыдущего, означала бы убытки! Этот вывод иллюстрируется рис. 2.7, изображающим график непрерывных фьючерсов за тот же период. (Колебания цен на графике «непрерывных» фьючерсов, определение которых дается ниже, будут в точности параллельны колебаниям вариационной маржи в случае непрерывного сохранения длинной позиции.) Огромные прибыли, соответствующие скачкам цен на рис. 2.6, не могли быть реализованы трейдером, поскольку ему пришлось бы закрыть позицию в ближайшем контракте и восстановить ее в следующем, торговля по которому началась

Рисунок 2.6.

ИСКАЖЕНИЯ НА ГРАФИКЕ БЛИЖАЙШИХ ФЬЮЧЕРСНЫХ КОНТРАКТОВ: НЕДЕЛЬНЫЙ ГРАФИК БЛИЖАЙШИХ КОНТРАКТОВ НА ЕВРОМАРКУ

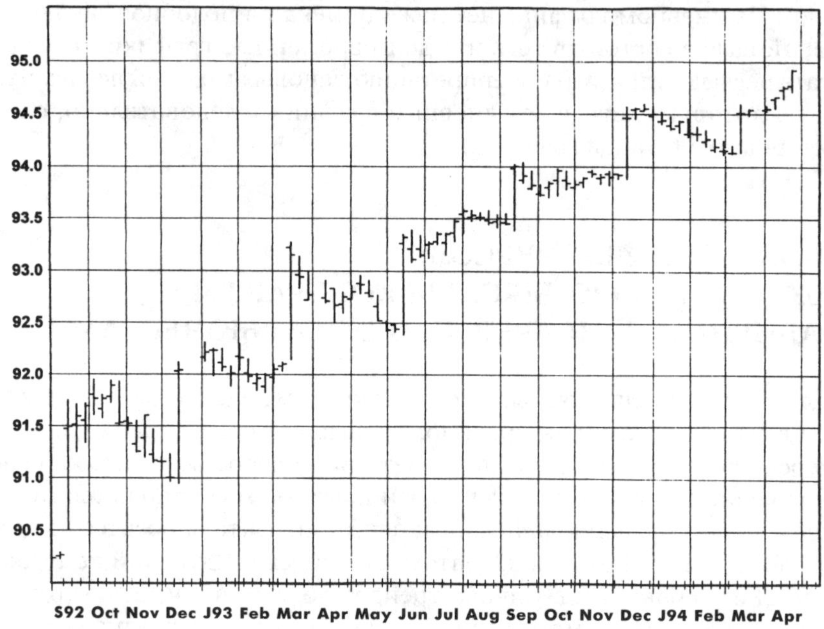

Рисунок 2.7.

ГРАФИК НЕПРЕРЫВНЫХ ФЬЮЧЕРСОВ КАК ОТРАЖЕНИЕ КОЛЕБАНИЙ ВАРИАЦИОННОЙ МАРЖИ: НЕДЕЛЬНЫЙ ГРАФИК НЕПРЕРЫВНЫХ ФЬЮЧЕРСОВ НА ЕВРОМАРКУ

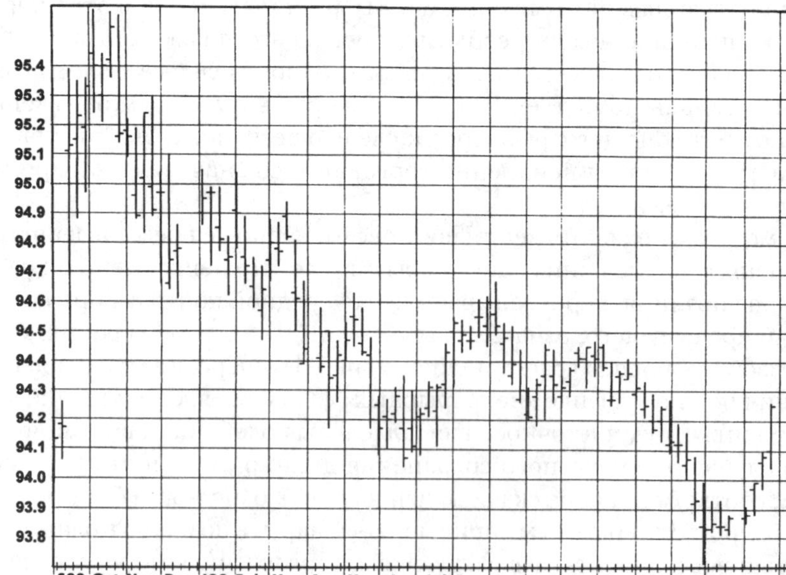

сразу на более высоких ценовых уровнях. Фактически именно разница в ценах между контрактами обусловила *иллюзорные* движения цен, проявляющиеся каждые три месяца на графике, построенном методом ближайших фьючерсных контрактов.

Тот факт, что графики ближайших фьючерсных контрактов подвержены влиянию значительных искажений в том смысле, что движения цен, изображенные на них, могут резко отличаться от результатов, полученных реальным трейдером (как это было в только что представленном случае с евромаркой), делает необходимым альтернативное изображение серии последовательных фьючерсных контрактов, которое не страдало бы указанным недостатком. График непрерывных фьючерсов обеспечивает такую альтернативу.

Непрерывные фьючерсы — это ценовой ряд, в котором цены на сменяющие друг друга фьючерсные контракты соединены таким образом, что ценовые разрывы в точках возобновления позиций устраняются. Хотя непрерывные фьючерсы в точности отражают ценовые *колебания*, *абсолютные значения* их ценовых уровней не соответствуют фактическим историческим *уровням*. (Напротив, графики цены ближайших фьючерсных контрактов точно отражают фактические исторические *уровни*, но не ценовые *колебания*.) Выбор подходящего способа построения графика зависит от преследуемой цели. График ближайших контрактов следует использовать для показа фактических уровней цен, существовавших на рынке в прошлом, а непрерывные фьючерсы применяются для иллюстрации результатов, которые могли быть получены трейдером. Более подробное объяснение см. в гл. 12.

ГРАФИКИ ЗАКРЫТИЙ

Как следует из названия, графики закрытий строятся на основе цен закрытия и игнорируют информацию о максимумах и минимумах. Некоторые ценовые серии могут быть показаны только в формате закрытий, поскольку не всегда имеются в наличии внутридневные показатели. Двумя примерами являются (1) график цены наличного товара (т.е. спот-рынок, а не фьючерсы, рис. 2.8) и (2) спреды (рис. 2.9). (График спредов изображает *разницу* цен двух контрактов.)

Некоторые трейдеры-графисты порой предпочитают графики закрытий даже тогда, когда информация о дневных максимумах/минимумах/ценах закрытия доступна, поскольку они считают, что, используя только закрытия, можно получить более ясную картину цен. По их мнению, включение информации о максимумах и минимумах только затуманивает график. Многое можно сказать в защиту акцента на уровнях закрытия как воплощения наиболее существенной ценовой информации торговой

Рисунок 2.8.

ГРАФИК ЦЕН НАЛИЧНОГО ТОВАРА: ПШЕНИЦА

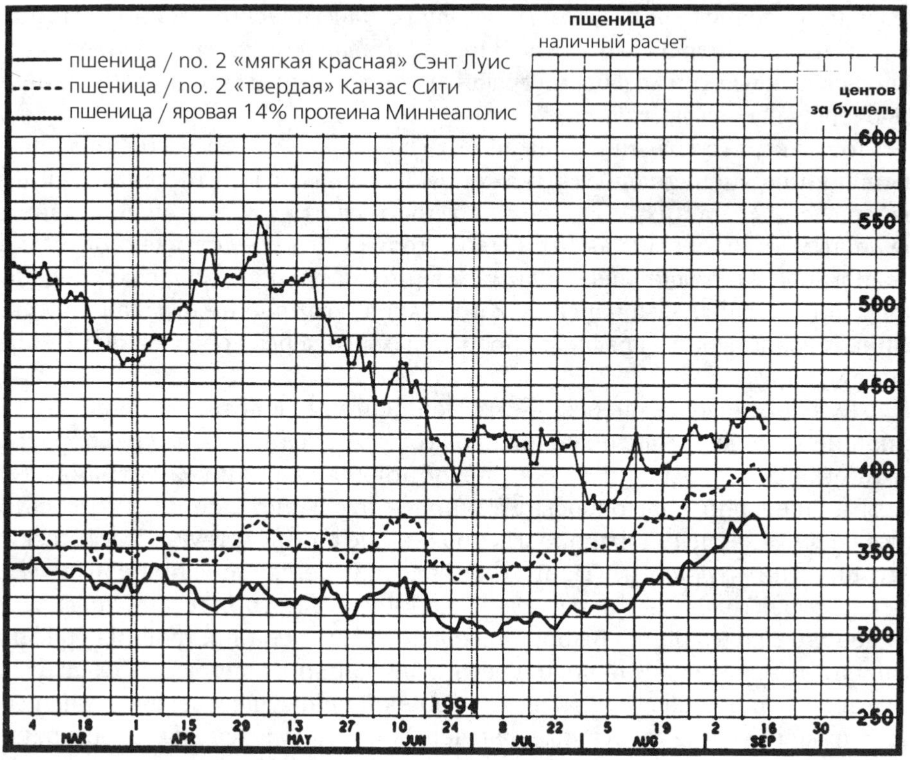

Источник: Перепечатано с разрешения © 1995 Knight-Ridder Financial, 30 South Wacker Drive, Suite 1810, Chicago, Illinois 60606.

Рисунок 2.9.

ГРАФИК СПРЕДОВ: ХЛОПОК, ОКТЯБРЬ/ДЕКАБРЬ

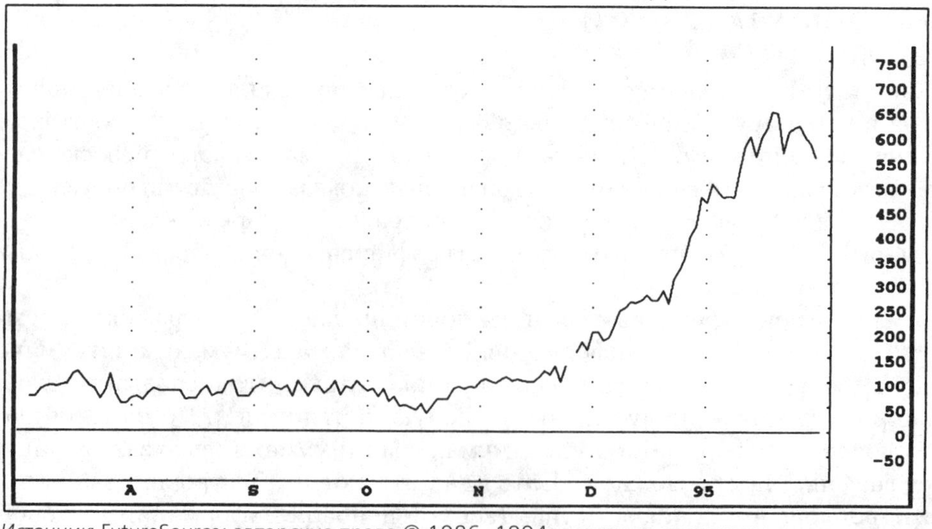

Источник: FutureSource; авторские права © 1986–1994; все права сохранены.

сессии. Тем не менее многие важные графические модели зависят от наличия информации о максимумах и минимумах, и следует дважды подумать, прежде чем игнорировать эту информацию. Кроме того, в практическом плане штриховые графики распространены гораздо шире графиков закрытий.

«КРЕСТИКИ-НОЛИКИ»

Важнейшей характеристикой графика «крестики-нолики» является то, что он рассматривает все сделки как один непрерывный поток и поэтому игнорирует фактор времени. График «крестики-нолики» показан на рис. 2.10. Как видим, он состоит из серий столбцов X и 0. Каждый X отражает движение цены на определенную величину, называемую *масштабом клетки* (the box size). До тех пор пока цены продолжают расти, крестики добавляют в столбик при каждом увеличении, равном масштабу клетки. Однако если цены понижаются на величину, равную или большую, чем установленный *порог разворота* обычно кратный масштабу клетки, то начинают новую колонку ноликов, наносимых сверху вниз. Количество ноликов будет зависеть от амплитуды обратного движения цен, но по определению должно быть по меньшей мере равно размеру порога разворота. Общепринято, что первый нолик в столбце всегда наносится на одну клетку ниже последнего X предыдущего столбца. Аналогичная процедура применяется в отношении снижения цен и разворота вверх. Выбор масштаба клетки и порога разворота является произвольным.

На рис. 2.10 показан график «крестиков-ноликов» с масштабом клетки в 3 пункта и порогом разворота в 3 клетки, или 9 пунктов. Иными словами, до тех пор пока не произойдет падение цены на 9 или более пунктов, крестики продолжают добавлять в одну колонку. Когда цена снижается на 9 или более пунктов, начинают новый столбик ноликов, причем первый 0 помещают на одну клетку ниже последнего X.

Как было отмечено ранее, график «крестиков-ноликов» не отражает время. Один столбик может представлять и один день, и два месяца. Например, рис. 2.11 показывает штриховой график, соответствующий графику «крестики-нолики» на рис. 2.10. Один день на штриховом графике, обозначенный символом 1, и следующий непосредственно за ним шестидневный период, взятый в скобки под символом 2, соответствуют помеченным теми же цифрами интервалам на графике «крестиков-ноликов». Заметьте, что единственный день занимает на последнем семь колонок, тогда как шестидневный период соответствует 9 столбцам, что лишь немногим больше.

Рисунок 2.10.

ГРАФИК «КРЕСТИКИ-НОЛИКИ»: КАЗНАЧЕЙСКИЕ ОБЛИГАЦИИ, МАРТ 1995

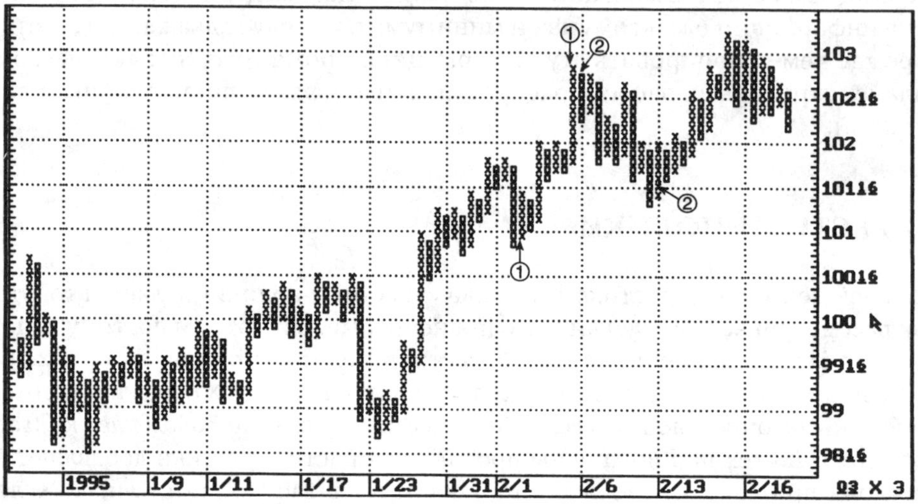

Источник: CQG Inc.; авторские права У 1994 CQG Inc.

Рисунок 2.11.

ШТРИХОВОЙ ГРАФИК, СООТВЕТСТВУЮЩИЙ ГРАФИКУ «КРЕСТИКИ-НОЛИКИ»

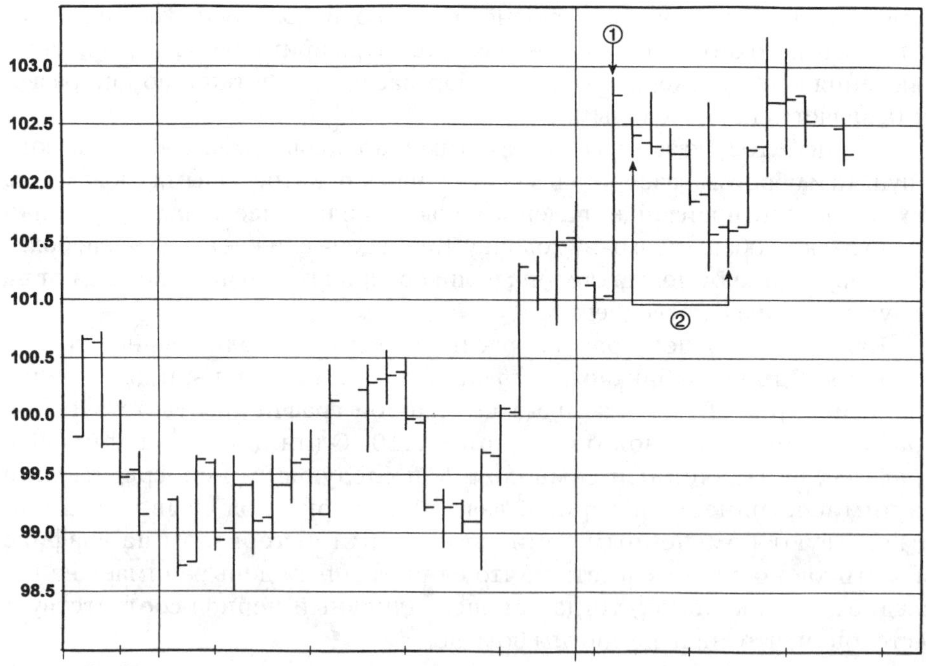

Рисунок 2.12.

ГРАФИК «ЯПОНСКИЕ СВЕЧИ»

БЕЛОЕ ТЕЛО

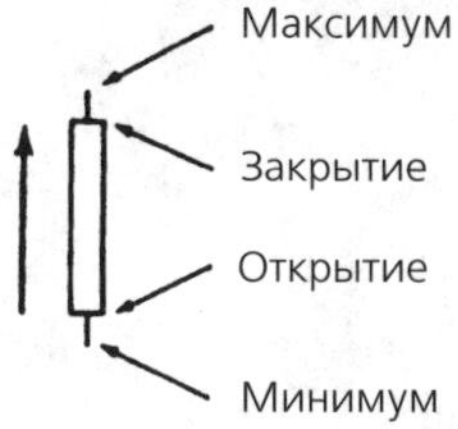

Рисунок 2.13.

ГРАФИК «ЯПОНСКИЕ СВЕЧИ»

ЧЕРНОЕ ТЕЛО

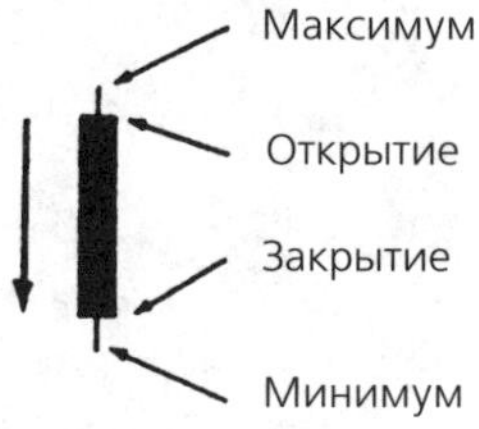

«ЯПОНСКИЕ СВЕЧИ»

«Японские свечи» добавляют новое измерение и цвет в простой штриховой график. Сегмент штриха, который показывает диапазон между ценами открытия и закрытия, представлен двухмерным «телом», а его продолжения к максимуму и минимуму изображены в виде линий или «теней». День, когда цены открытия и закрытия находятся вблизи дневного максимума или минимума, будет иметь протяженное тело, тогда как день с незначительной разницей между ценами открытия и закрытия будет иметь короткое тело. Цвет тела указывает, была цена закрытия выше цены открытия (белый — рис. 2.12) или ниже ее (черный — рис. 2.13). Графики-«свечи» подробно рассматриваются в гл. 13.

3 Тенденции

Тенденция — твой друг, но не в конце, когда она идет на круг.

Эд Сейкота

ОПРЕДЕЛЕНИЕ ТЕНДЕНЦИИ С ПОМОЩЬЮ МАКСИМУМОВ И МИНИМУМОВ

Одним из стандартных определений повышательной тенденции является следующее: последовательность более высоких максимумов и более высоких минимумов. Например, на рис. 3.1 в период с марта по сентябрь каждый относительный максимум (relative high — RH) выше предыдущего максимума и каждый относительный минимум (relative low — RL) выше предыдущего минимума. По существу, повышательная тенденция может рассматриваться как ненарушенная до тех пор, пока не пробит предыдущий относительный минимум. Нарушение этого условия служит предупреждением о том, что тенденция, *возможно,* закончилась. Например, на рис. 3.1 октябрьский пробой сентябрьского относительного минимума оказывается предвестником последующего падения цен. Следует, однако, подчеркнуть, что прерывание череды более высоких максимумов и более высоких минимумов (или более низких максимумов и более низких минимумов) нужно рассматривать всего лишь как один из возможных признаков, а не бесспорный индикатор разворота долговременной тенденции. На рис. 3.2 представлен еще один пример повышательной тенденции, определяемой как последовательно возрастающие максимумы и минимумы.

Аналогичным образом, понижательная тенденция может быть определена как последовательность более низких минимумов и более низких максимумов (рис. 3.3). Понижательная тенденция может рассматриваться как ненарушенная до тех пор, пока не пробит предыдущий относительный максимум.

Повышательные и понижательные тенденции (или тренды, что то же самое) часто на графиках выделяют прямыми линиями (линиями тренда).

Рисунок 3.1.

ПОВЫШАТЕЛЬНАЯ ТЕНДЕНЦИЯ КАК ПОСЛЕДОВАТЕЛЬНОСТЬ БОЛЕЕ ВЫСОКИХ МАКСИМУМОВ И БОЛЕЕ ВЫСОКИХ МИНИМУМОВ: ЕВРОДОЛЛАР, ДЕКАБРЬ 1992

Примечание: RH — относительный максимум; RL — относительный минимум.

Рисунок 3.2.

ПОВЫШАТЕЛЬНАЯ ТЕНДЕНЦИЯ КАК ПОСЛЕДОВАТЕЛЬНОСТЬ БОЛЕЕ ВЫСОКИХ МАКСИМУМОВ И БОЛЕЕ ВЫСОКИХ МИНИМУМОВ: КАЗНАЧЕЙСКИЕ ОБЛИГАЦИИ, ДЕКАБРЬ 1992

Примечание: RH — относительный максимум; RL — относительный минимум.

Рисунок 3.3.

ПОНИЖАТЕЛЬНАЯ ТЕНДЕНЦИЯ КАК ПОСЛЕДОВАТЕЛЬНОСТЬ БОЛЕЕ НИЗКИХ МАКСИМУМОВ И БОЛЕЕ НИЗКИХ МИНИМУМОВ: КОФЕ, ДЕКАБРЬСКИЙ КОНТРАКТ, 1992

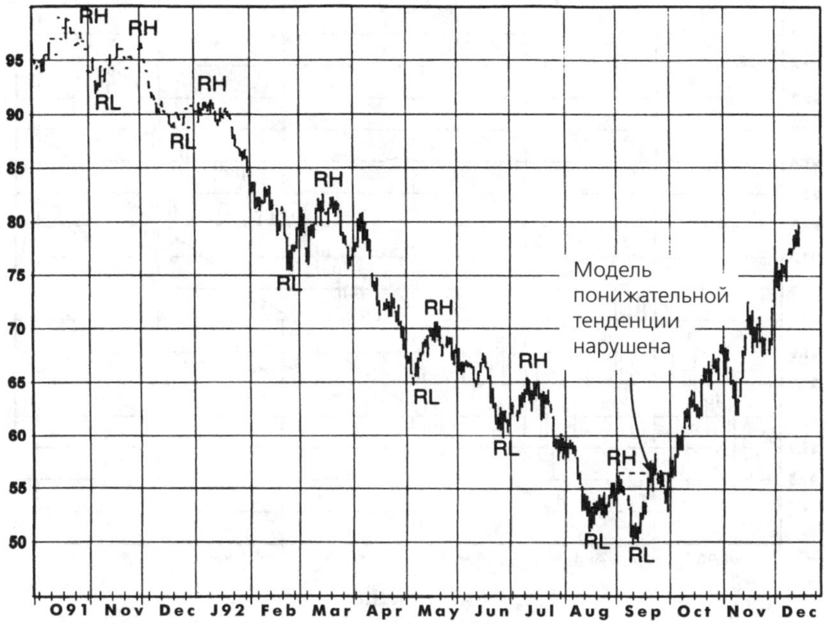

Примечание: RH — относительный максимум; RL — относительный минимум.

Рисунок 3.4.

ЛИНИЯ ПОВЫШАТЕЛЬНОГО ТРЕНДА: СЕРЕБРО, ИЮЛЬ 1993

Рисунок 3.5.

ЛИНИЯ ПОВЫШАТЕЛЬНОГО ТРЕНДА: ЕВРОДОЛЛАР, ИЮНЬ 1991

Рисунок 3.6.

ЛИНИЯ ПОНИЖАТЕЛЬНОГО ТРЕНДА: НЕПРЕРЫВНЫЕ ФЬЮЧЕРСЫ НА ИНДЕКС ФРАНЦУЗСКИХ ОБЛИГАЦИЙ НА БИРЖЕ *MATIF**

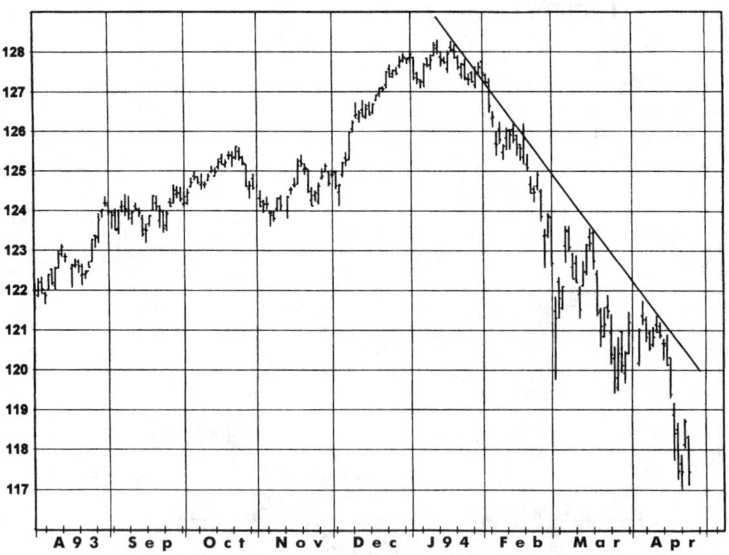

* *MATIF (Marche a Terme International de France)* — Французская международная товарная и фьючерсная биржа. — *Прим. ред.*

Рисунок 3.7.

**ЛИНИЯ ПОНИЖАТЕЛЬНОГО ТРЕНДА:
БЛИЖАЙШИЕ ФЬЮЧЕРСНЫЕ КОНТРАКТЫ НА КАКАО**

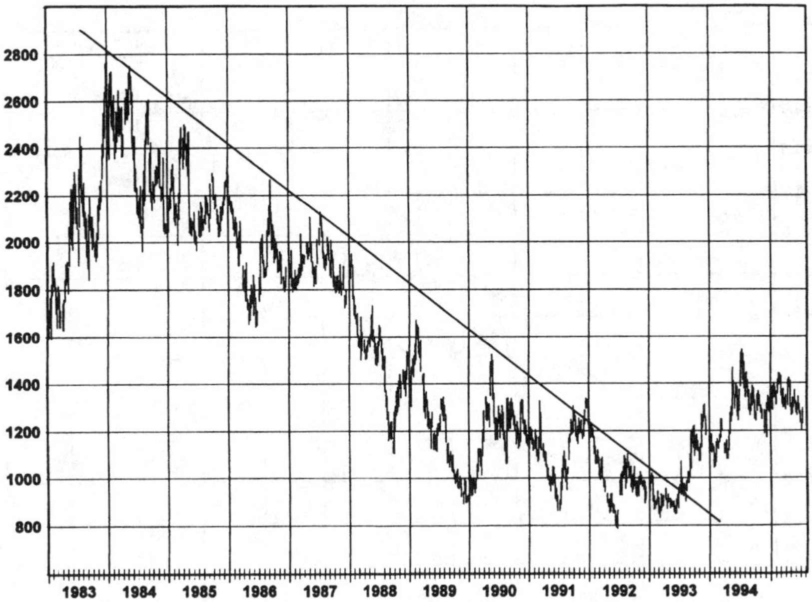

Рисунок 3.8.

**ЛИНИЯ ПОНИЖАТЕЛЬНОГО ТРЕНДА:
НЕПРЕРЫВНЫЕ ФЬЮЧЕРСЫ НА КАКАО**

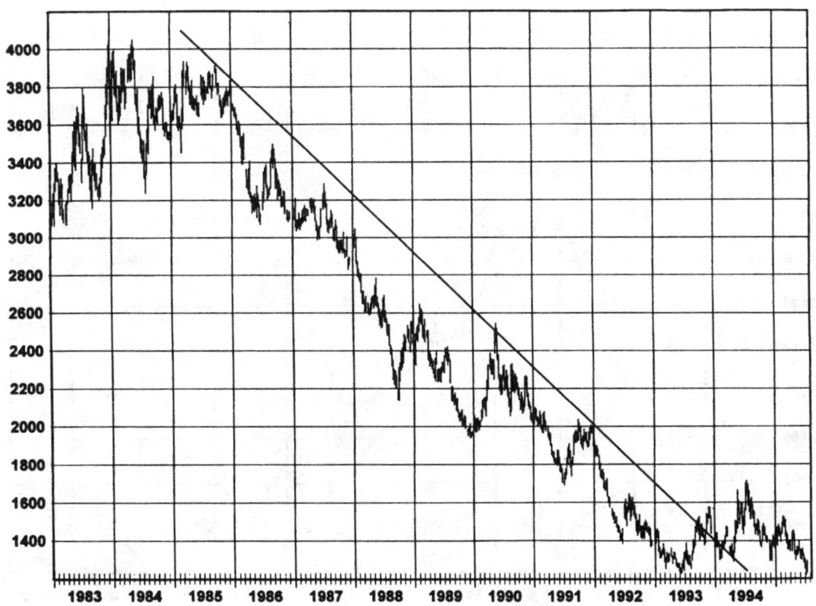

Рисунок 3.9.

ПОВЫШАТЕЛЬНЫЙ ТРЕНДОВЫЙ КОРИДОР: ЕВРОДОЛЛАР, ИЮНЬ 1991

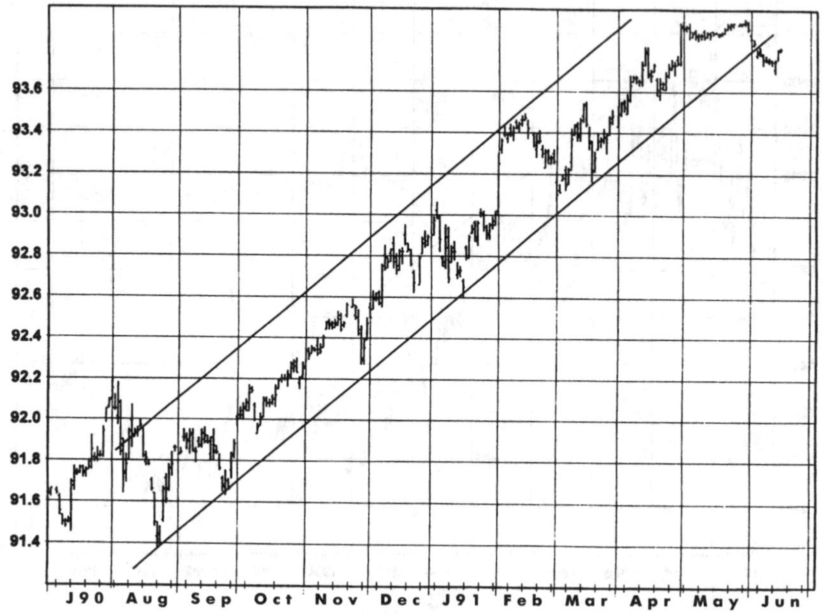

Рисунок 3.10.

ПОНИЖАТЕЛЬНЫЙ ТРЕНДОВЫЙ КОРИДОР: КАКАО, СЕНТЯБРЬ 1992

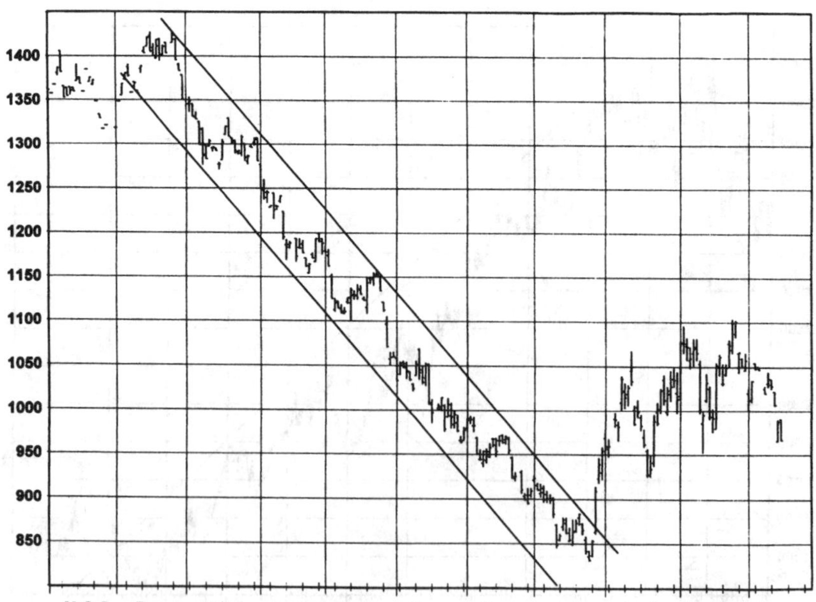

Линия повышательного тренда соединяет последовательность минимумов (рис. 3.4 и 3.5); линия понижательного тренда соединяет последовательность максимумов (рис. 3.6). Линии тренда могут иногда продолжаться многие годы. Например, на рис. 3.7 (график ближайшего контракта) и 3.8 (непрерывные фьючерсы) показаны длившиеся почти десятилетие понижательные тренды цен на какао. Нередко реакция против ценовой тенденции начинается вблизи линии, параллельной линии тренда. Параллельные линии, ограничивающие ценовой тренд, называются *трендовыми коридорами* (trend channels). На рис. 3.9 и 3.10 показаны долговременные повышательные и понижательные трендовые коридоры.

К трендовым линиям и коридорам обычно применимы следующие правила.

1. Понижения цен, приближающиеся к линии повышательного тренда, и подъемы цен, приближающиеся к линии понижательного тренда, часто являются хорошей возможностью для открытия позиций в направлении основной тенденции.
2. Пробой линии повышательного тренда (особенно если он подтвержден ценой закрытия дня) является сигналом к продаже; пробой линии понижательного тренда — сигналом к покупке. Для подтверждения пробоя обычно устанавливается минимальный процент изменения цены или минимальное число дневных закрытий за трендовой линией.
3. Нижняя линия понижательного и верхняя линия повышательного трендового коридора представляют собой потенциальные зоны фиксации прибыли для краткосрочных трейдеров.

Линии тренда и коридоры являются полезными, однако их значение часто преувеличивают. Легко переоценить надежность трендовых линий, когда они наносятся на графики задним числом. При этом нередко упускают из виду, что по мере развития «бычьего» или «медвежьего» рынка линии тренда зачастую нуждаются в корректировке. Таким образом, хотя пробой линии тренда будет иногда служить сигналом раннего предупреждения о развороте тенденции, однако с равным успехом подобное развитие событий может привести всего лишь к простой коррекции линии тренда. Например, рис. 3.11 содержит продолжение графика на рис. 3.4 еще на два месяца. Нижняя линия на рис. 3.11 представляет линию тренда, которую можно было бы провести, опираясь на все имеющиеся данные. Верхняя линия является продолжением трендовой линии на рис. 3.4, построенной по ценовым данным, имевшемся до июня. Июньский пробой этой линии не привел к развороту тенденции, а просто сделал необходимой корректировку трендовой линии. Стоит заметить, что модель более высоких минимумов

Рисунок 3.11.

КОРРЕКТИРОВКА ЛИНИИ ПОВЫШАТЕЛЬНОГО ТРЕНДА: СЕРЕБРО, ИЮЛЬ 1993

Рисунок 3.12.

КОРРЕКТИРОВКА ЛИНИИ ПОВЫШАТЕЛЬНОГО ТРЕНДА: ЕВРОДОЛЛАР, ИЮНЬ 1991

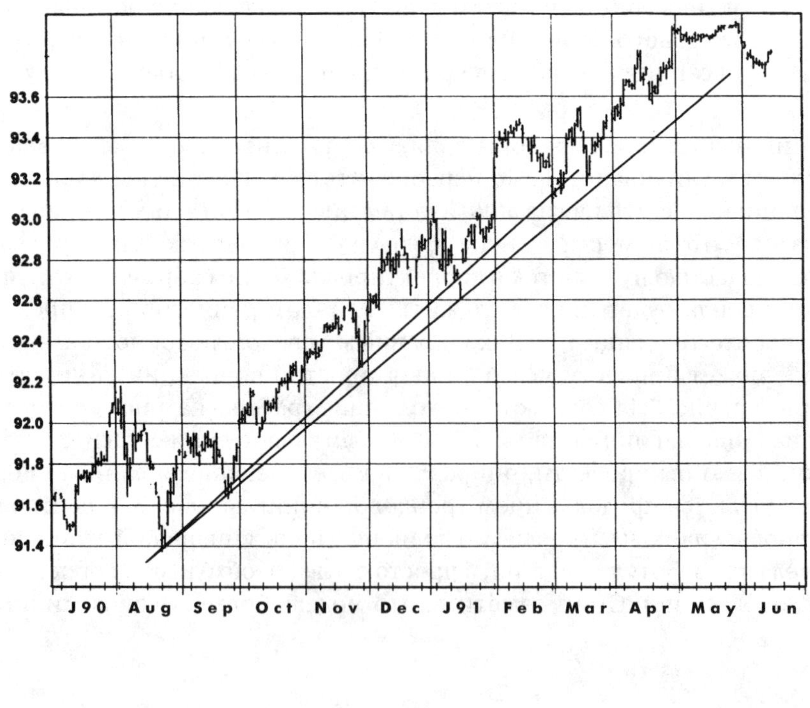

Рисунок 3.13.

КОРРЕКТИРОВКА ЛИНИИ ПОНИЖАТЕЛЬНОГО ТРЕНДА: НЕПРЕРЫВНЫЕ ФЬЮЧЕРСЫ НА ИНДЕКС ФРАНЦУЗСКИХ ОБЛИГАЦИЙ НА БИРЖЕ *MATIF*

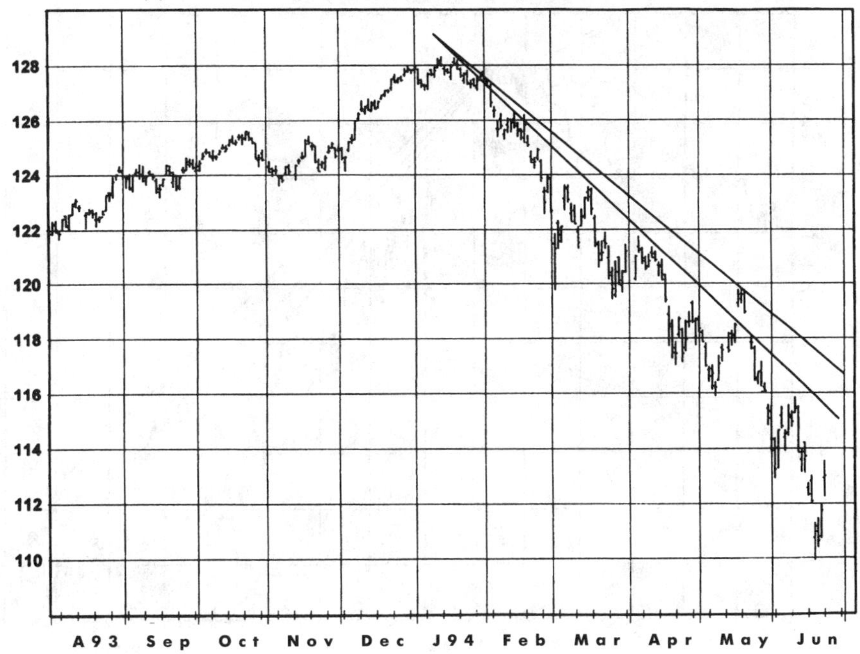

и более высоких максимумов осталась ненарушенной даже после июньского пробоя линии тренда.

Аналогичным образом, рис. 3.12 идентичен рис. 3.5 с той лишь разницей, что изображаемый период продолжен на пять месяцев. Нижняя линия на рис. 3.12 представляет линию повышательного тренда, которую можно было бы нанести, опираясь на новые данные. Верхняя линия воспроизводит трендовую линию рис. 3.5, построенную на информации, имевшейся до января. Январский пробой этой линии не привел к развороту тенденции, а просто сделал необходимой корректировку трендовой линии.

На рис. 3.13 представлен аналогичный пример для понижательной линии тренда. Этот рисунок идентичен рис. 3.6 за исключением того, что изображаемый период продолжен на два месяца. Верхняя линия на рис. 3.13 представляет понижательную линию тренда, которую можно было бы нанести, опираясь на новые данные. Нижняя линия воспроизводит трендовую линию рис. 3.6, построенную на информации, имевшейся до мая. Майский пробой этой линии не привел к развороту тенденции, а просто сделал

Рисунок 3.14.

ДВОЙНАЯ КОРРЕКТИРОВКА ЛИНИИ ПОНИЖАТЕЛЬНОГО ТРЕНДА: НЕПРЕРЫВНЫЕ ФЬЮЧЕРСЫ НА ИНДЕКС ФРАНЦУЗСКИХ ОБЛИГАЦИЙ НА БИРЖЕ *MATIF*

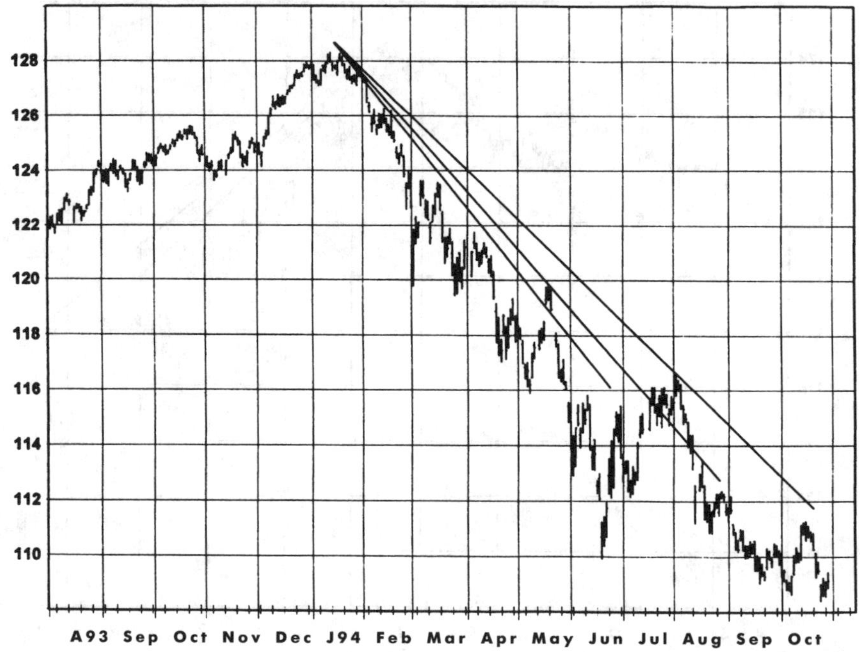

необходимой корректировку трендовой линии. Аналогичным образом, рис. 3.14 идентичен рис. 3.6 и 3.13 с той лишь разницей, что изображаемый период продолжен еще на четыре месяца (относительно рис. 3.13). Нижние линии перенесены с рис. 3.6 и 3.13 и представляют собой линии тренда по состоянию до мая и июля соответственно. Пробой этих линий не привел к развороту тенденции, а просто сделал необходимой корректировку трендовой линии. Этот пример показывает, что линию тренда иногда приходится корректировать несколько раз.

Приведенные примеры свидетельствуют о том, что пробой трендовой линии является скорее правилом, чем исключением. Неоспоримым фактом является то обстоятельство, что линии тренда должны быть пробиты, иногда неоднократно, в ходе их эволюции, что равнозначно словам о том, что линии тренда часто корректируются по мере их продления. Важные выводы из этого наблюдения заключаются в следующем: линии тренда намного лучше работают задним числом, чем в режиме реального времени, и пробои трендовых линий нередко оказываются ложными сигналами. К последнему соображению мы еще вернемся в гл. 11.

ЛИНИИ ТД (ТОМАСА ДЕМАРКА)

В книге «Новая наука технического анализа»* Томас ДеМарк верно замечает, что проведение трендовых линий является весьма произвольным процессом. На одном и том же графике разные люди проведут линии тренда по-разному. Более того, даже один и тот же человек, взяв в руки тот же самый график, но в другое время, вполне может нарисовать трендовую линию иначе.

Легко увидеть причину такой неоднозначности. Линия тренда обычно предполагает соединение нескольких относительных максимумов или относительных минимумов. Если имеются только две подобные точки, то линию тренда можно провести точно. Однако если нужно соединить три или более точки, как часто бывает в действительности, точная линия будет возможна только в том редком случае, когда взаимосвязь между ними — строго линейная. В реальности же нанесенная линия тренда будет точно проходить в лучшем случае через один-два относительных максимума (или минимума), при этом минуя другие. «Самая правильная» линия тренда существует только в воображении того, кто смотрит на график.

ДеМарк признает, что для того, чтобы линия тренда была определена точно и недвусмысленно, она должна базироваться строго на двух точках. ДеМарк также отмечает, что вопреки обыкновению линии тренда следует проводить справа налево, поскольку «недавняя ценовая активность важнее, чем прошлое движение». Эти концепции лежат в основе его подхода к построению трендовых линий. Следующие определения раскрывают методологию ДеМарка в отношении трендовых линий**:

Относительный максимум. Дневной максимум, который выше максимума за N предшествующих и N последующих дней, где N — параметр, значение которого задается. Например, если N = 5, то относительный максимум определяется как максимум, превышающий любой максимум в предыдущие пять дней и последующие пять дней. (Аналогичное определение применимо к любому временному интервалу. Например, на 60-минутном штриховом графике относительным максимумом был бы максимум, который выше, чем максимумы предшествующих и последующих N 60-минутных штрихов.)

Относительный минимум. Дневной минимум, который ниже минимумов за N предшествующих и N последующих дней.

Линия понижательного тренда ТД. Текущая линия понижательного тренда

* Thomas DeMark. The New Science of Technical Analysis. — John Wiley & Sons Inc., New York, 1994.

** Представленные определения и термины отличаются от тех, которые использовал сам ДеМарк, однако предполагаемый ими метод определения трендовых линий в точности соответствует его методу. По моему мнению, использованный ниже подход более понятен и лаконичен, чем собственное изложение ДеМарком данной концепции.

Рисунок 3.15.

ЛИНИЯ ПОНИЖАТЕЛЬНОГО ТРЕНДА ТД (N = 3): СОЯ, ИЮЛЬ 1995

определяется как линия, связывающая самый последний относительный максимум и предыдущий относительный максимум, который *должен быть* выше самого последнего относительного максимума. Последнее условие является важным, поскольку обеспечивает то, что линия тренда, связывающая два относительных максимума, действительно направлена вниз. На рис. 3.15 показана понижательная линия тренда ТД, где для определения относительных максимумов использовалось значение параметра N = 3.

Повышательная линия тренда ТД. Текущая повышательная линия тренда определяется как линия, связывающая самый последний относительный минимум и предыдущий относительный минимум, который *должен быть* ниже самого последнего относительного минимума. На рис. 3.16 показана повышательная линия тренда ТД, где для определения относительных минимумов использовалось значение параметра N = 8.

Определение трендовых линий исходя из самых последних относительных максимумов и минимумов позволяет постоянно корректировать линии тренда по мере появления новых относительных максимумов

Рисунок 3.16.

ЛИНИЯ ПОВЫШАТЕЛЬНОГО ТРЕНДА ТД (N = 8): ШВЕЙЦАРСКИЙ ФРАНК, ДЕКАБРЬ 1994

Рисунок 3.17.

ПОСЛЕДОВАТЕЛЬНОСТЬ ЛИНИЙ ПОВЫШАТЕЛЬНОГО ТРЕНДА ТД (N = 10): САХАР, ОКТЯБРЬ 1992

Примечание: Линии 1—5 являются последовательными повышательными трендовыми линиями ТД при использовании N = 10 для определения относительных минимумов (RL).

Рисунок 3.18.

ПОСЛЕДОВАТЕЛЬНОСТЬ ЛИНИЙ ПОНИЖАТЕЛЬНОГО ТРЕНДА ТД (N = 8): КУКУРУЗА, ДЕКАБРЬ 1992

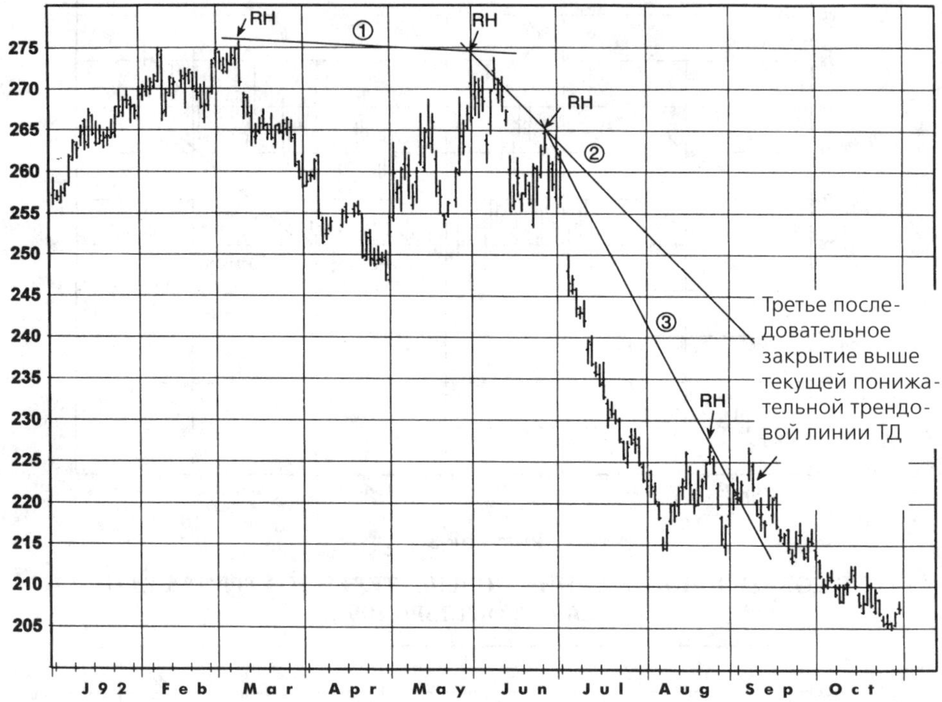

Примечание: Линии 1–3 являются последовательными понижательными трендовыми линиями ТД при использовании N = 8 для определения относительных максимумов (RH).

и относительных минимумов. Например, рис. 3.17 демонстрирует последовательность повышательных трендовых линий ТД, которые были построены вслед за появлением новых относительных минимумов (при N = 10) вплоть до получения сигнала о развороте тренда. На этом графике сигнал разворота тренда определяется как три последовательных закрытия ниже действующей повышательной трендовой линии. Аналогичным образом рис. 3.18 иллюстрирует последовательность понижательных трендовых линий ТД, построенных по относительным максимумам (при N = 8) вплоть до получения сигнала о развороте тенденции (также определяемого как три последовательных закрытия за пределами линии тренда).

Различные значения N приводят к весьма разным трендовым линиям. Например, на рис. 3.19–3.21 представлены различные понижательные линии тренда ТД, полученные на одном и том же графике при использовании трех разных значений N. Чем ниже значение N, тем чаще корректируется

Рисунок 3.19.

ПОСЛЕДОВАТЕЛЬНОСТЬ ЛИНИЙ ПОНИЖАТЕЛЬНОГО ТРЕНДА ТД (N = 2): КАЗНАЧЕЙСКИЕ ОБЛИГАЦИИ, ИЮНЬ 1994

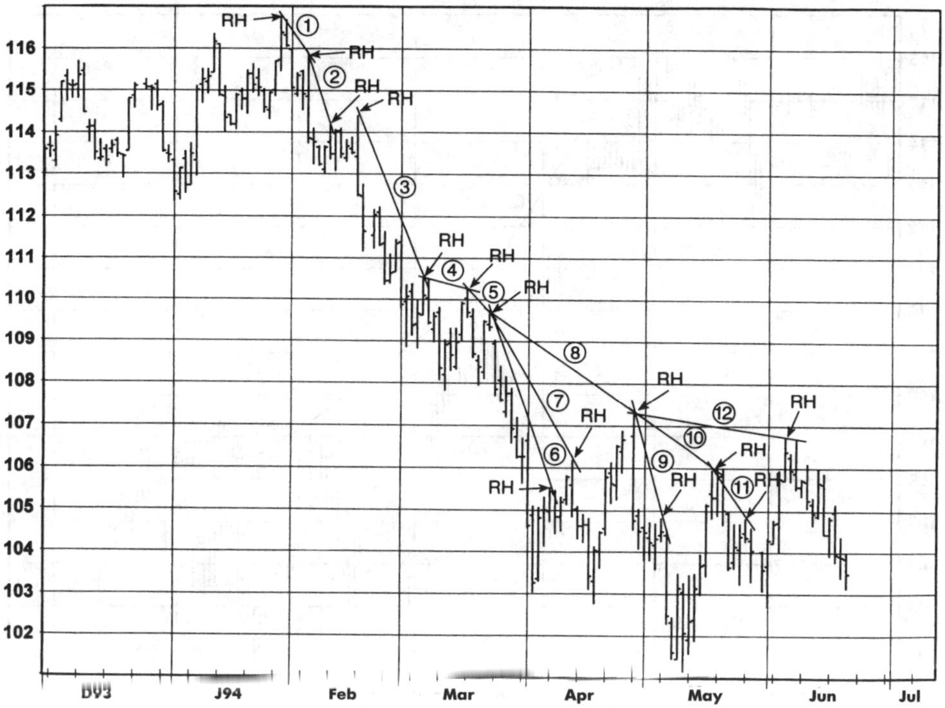

Примечание: Линии 1—12 являются последовательными понижательными трендовыми линиями ТД при использовании N = 2 для определения относительных максимумов (RH).

понижательная линия тренда и тем она более чувствительна к пробою. Сравните, например, дюжину трендовых линий, полученных при N = 2, и всего лишь три линии, когда использовалось значение N = 10.

Аналогичным образом, на рис. 3.22–3.24 сопоставлены повышательные линии тренда ТД, полученные на одном и том же графике при использовании трех разных значений N. Как можно видеть на рис. 3.22, когда значение N является низким (например, N = 2), линия тренда чувствительна к быстрым изменениям цены и корректируется очень часто. Действительно, за период роста цен (август–декабрь) проведено 16 различных трендовых линий. При N = 5 число повышательных трендовых линий сокращается за тот же период до трех, а при N = 10 имеется лишь одна линия тренда. Как показывают эти примеры, выбор значения N оказывает огромное значение на построение линий тренда и принимаемые на их основе торговые решения.

Рисунок 3.20.

ПОСЛЕДОВАТЕЛЬНОСТЬ ЛИНИЙ ПОНИЖАТЕЛЬНОГО ТРЕНДА ТД (N = 5): КАЗНАЧЕЙСКИЕ ОБЛИГАЦИИ, ИЮНЬ 1994

Примечание: Линии 1—6 являются последовательными понижательными трендовыми линиями ТД при использовании N = 5 для определения относительных максимумов (RH).

Определение трендовых линий, данное ДеМарком в его книге, эквивалентно вышеприведенным определениям при N = 1. Хотя он признает, что линии тренда могут строиться с использованием более высоких значений N — «линии ТД большего масштаба», согласно его терминологии, — сам он говорит о своем предпочтении трендовых линий, построенных на основе базисного определения. Мое личное предпочтение является почти противоположным. Хотя вполне очевидно, что использование N = 1 для построения трендовых линий позволит получить более ранние сигналы о реальных пробоях, критическим противовесом этому является то, что подобный подход порождает очень короткие линии тренда, подающие много ложных сигналов о пробоях. В качестве основного принципа, я думаю, стоит руководствоваться следующим: намного важнее избежать плохих сигналов, чем успеть отреагировать на хорошие. Поэтому при построении трендовых линий я предпочитаю использовать более высокие значения N (например, от 3 до 12).

Рисунок 3.21.

ПОСЛЕДОВАТЕЛЬНОСТЬ ЛИНИЙ ПОНИЖАТЕЛЬНОГО ТРЕНДА ТД (N = 10): КАЗНАЧЕЙСКИЕ ОБЛИГАЦИИ, ИЮНЬ 1994

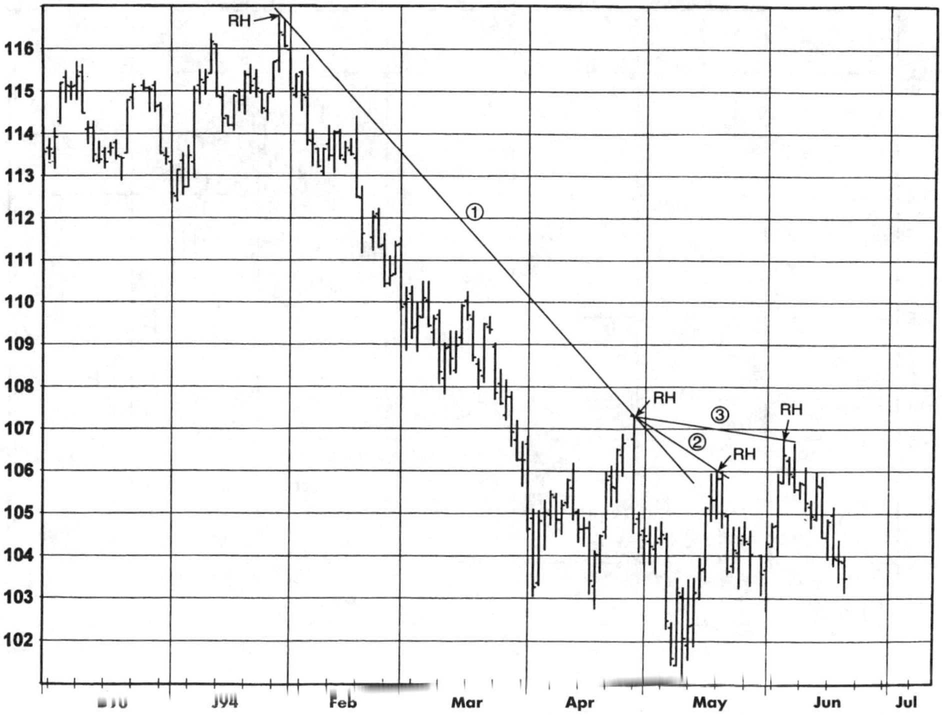

Примечание: Линии 1–3 являются последовательными понижательными трендовыми линиями ТД при использовании N = 10 для определения относительных максимумов (RH).

Однако не существует «правильного» или «ошибочного» выбора значения N; это сугубо вопрос личных предпочтений. Мы приглашаем читателя поэкспериментировать с построением трендовых линий, используя различные значения N. Каждому трейдеру будет удобно работать с определенными величинами N и неудобно с другими. В целом краткосрочные трейдеры тяготеют к низким значениям N, а долгосрочные — к высоким.

Для более точной настройки, которая становится особенно важной, когда линии тренда строятся при значении N = 1, относительные максимумы и относительные минимумы лучше определять на базе истинных максимумов и истинных минимумов, которые определяются следующим образом:

Истинный максимум. Максимум или предыдущая цена закрытия — большее из значений.

Рисунок 3.22.

ПОСЛЕДОВАТЕЛЬНОСТЬ ЛИНИЙ ПОВЫШАТЕЛЬНОГО ТРЕНДА ТД (N = 2): САХАР, ИЮЛЬ 1995

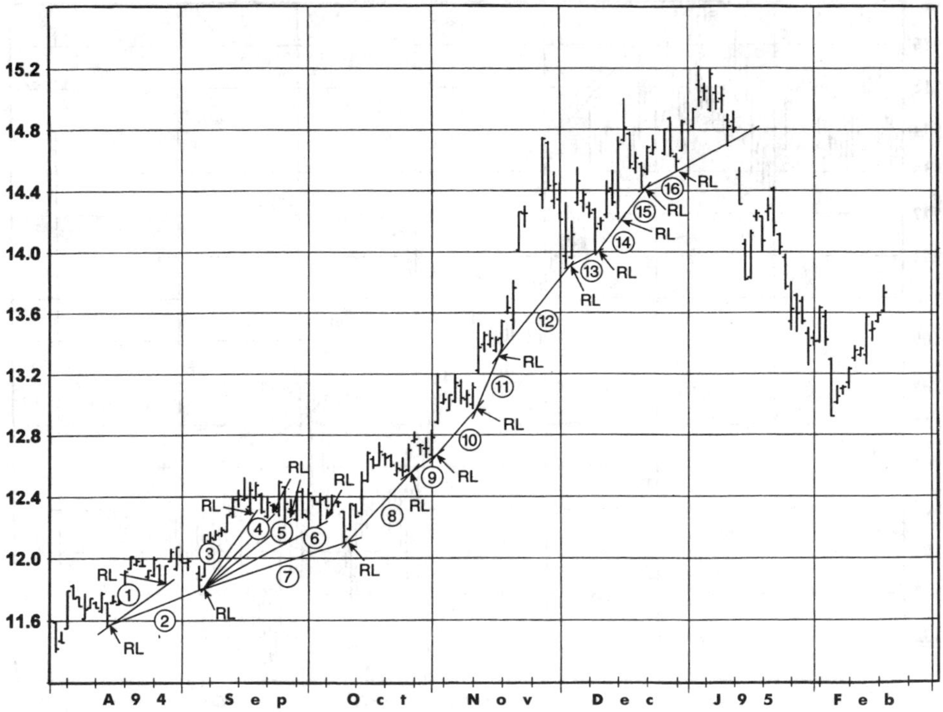

Примечание: Линии 1–16 являются последовательными повышательными трендовыми линиями ТД при использовании N = 2 для определения относительных минимумов (RL).

Истинный минимум. Минимум или предыдущая цена закрытия — меньшее из значений.

Для большинства торговых сессий истинный максимум будет совпадать с дневным максимумом, а истинный минимум — с дневным минимумом. Различия появляются в дни нижних разрывов (когда весь торговый диапазон находится ниже цены закрытия предыдущего дня) и дни верхних разрывов (когда весь торговый диапазон находится выше цены закрытия предыдущего дня). Использование истинных максимумов и истинных минимумов позволяет получить относительные максимумы и минимумы, которые лучше соответствуют нашим интуитивным представлениям о том, что должны отражать эти точки.

Например, на рис. 3.25, где использовано значение N = 1, точку A можно было бы определить как относительный минимум, основанный на номинальном дневном минимуме. Однако эта точка характеризуется как

Рисунок 3.23.

ПОСЛЕДОВАТЕЛЬНОСТЬ ЛИНИЙ ПОВЫШАТЕЛЬНОГО ТРЕНДА ТД (N = 5): САХАР, ИЮЛЬ 1995

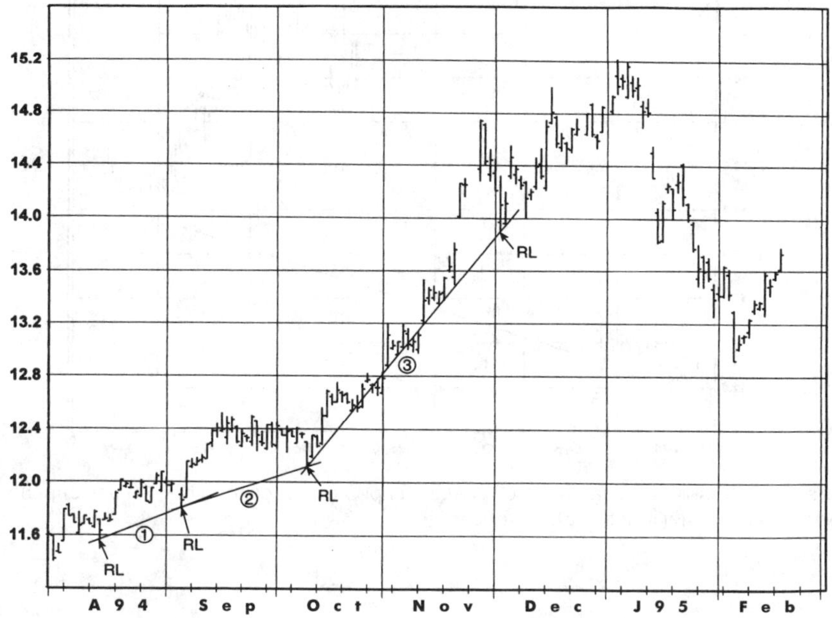

Примечание: Линии 1–3 являются последовательными повышательными трендовыми линиями ТД при использовании N = 5 для определения относительных минимумов (RL).

относительный минимум только потому, что в предыдущий день был резкий верхний разрыв, и она вряд ли отвечает нашему интуитивному представлению об относительном минимуме. Аналогичным образом, точку В можно было бы определить как относительный максимум, основанный на номинальном, а не истинном максимуме (поскольку в предыдущий день, когда случился нижний разрыв, был отмечен более высокий истинный максимум). В обоих случаях использование истинных максимумов и минимумов вместо номинальных дневных максимумов и минимумов позволяет получить интуитивно более правильные координаты относительных максимумов и минимумов.

ВНУТРЕННИЕ ЛИНИИ ТРЕНДА

Стандартные линии тренда обычно проводятся через ценовые экстремумы (т.е. максимумы или минимумы). Однако существует мнение, что экстремальные цены соответствуют кратковременным движениям рынка, связанным

Рисунок 3.24.

ЕДИНСТВЕННАЯ ЛИНИЯ ПОВЫШАТЕЛЬНОГО ТРЕНДА ТД (N = 10): САХАР, ИЮЛЬ 1995

Примечание: Линия повышательного тренда ТД при использовании N = 10 для определения относительных минимумов (RL).

Рисунок 3.25.

НОМИНАЛЬНЫЕ МАКСИМУМЫ И МИНИМУМЫ ПО СРАВНЕНИЮ С ИСТИННЫМИ МАКСИМУМАМИ И МИНИМУМАМИ: ЗОЛОТО, ДЕКАБРЬ 1993

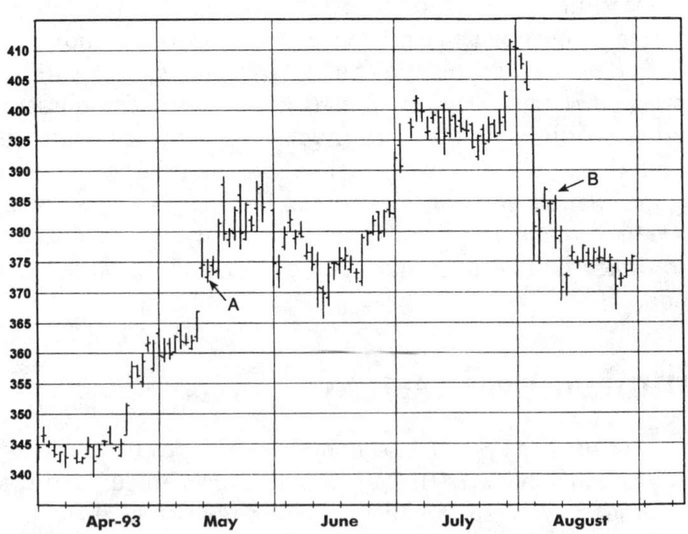

Рисунок 3.26.

ВНУТРЕННЯЯ ЛИНИЯ ТРЕНДА ПО СРАВНЕНИЮ С ОБЫЧНОЙ ЛИНИЕЙ ТРЕНДА: ХЛОПОК, МАРТ 1991

с избытком эмоций у участников торгов, и что поэтому данные точки могут не соответствовать реальной тенденции рынка. Внутренние линии тренда позволяют обойти молчаливо подразумеваемое требование о проведении трендовых линий через экстремальные точки графика. Внутренняя линия тренда проводится максимально близко к большинству относительных максимумов или относительных минимумов и при этом игнорирует экстремальные точки. Иначе говоря, внутреннюю линию тренда можно представить как линейную аппроксимацию точек относительных максимумов или относительных минимумов. На рис. 3.26–3.37 представлен широкий спектр примеров внутренних повышательных и понижательных трендовых линий, охватывающих графики отдельных контрактов, дневные графики непрерывных фьючерсов и недельные графики ближайших фьючерсных контрактов. Для сравнения на этих графиках показаны также обычные линии тренда*, изображенные в виде пунктирных линий.

Одним из недостатков внутренних трендовых линий является их неизбежная произвольность, возможно, даже большая, чем у обычных трендовых линий, которые по крайней мере фиксируются крайними

* В большинстве случаев, чтобы избежать загромождения графиков, показаны только одна-две обычные линии тренда, которые можно было бы провести по ходу движения цен.

Рисунок 3.27.

ВНУТРЕННЯЯ ЛИНИЯ ТРЕНДА ПО СРАВНЕНИЮ С ОБЫЧНОЙ ТРЕНДОВОЙ ЛИНИЕЙ: КАНАДСКИЙ ДОЛЛАР, НЕПРЕРЫВНЫЕ ФЬЮЧЕРСЫ

Рисунок 3.28.

ВНУТРЕННЯЯ ЛИНИЯ ТРЕНДА ПО СРАВНЕНИЮ С ОБЫЧНОЙ ТРЕНДОВОЙ ЛИНИЕЙ: ЯПОНСКАЯ ИЕНА, НЕПРЕРЫВНЫЕ ФЬЮЧЕРСЫ

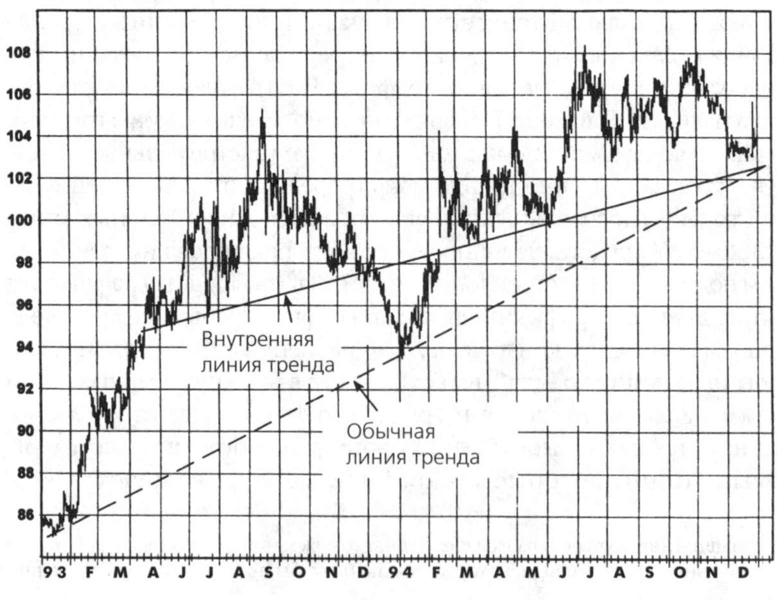

Рисунок 3.29.

ВНУТРЕННЯЯ ЛИНИЯ ТРЕНДА ПО СРАВНЕНИЮ С ОБЫЧНОЙ ТРЕНДОВОЙ ЛИНИЕЙ: КАЗНАЧЕЙСКИЕ ОБЛИГАЦИИ, БЛИЖАЙШИЕ ФЬЮЧЕРСНЫЕ КОНТРАКТЫ

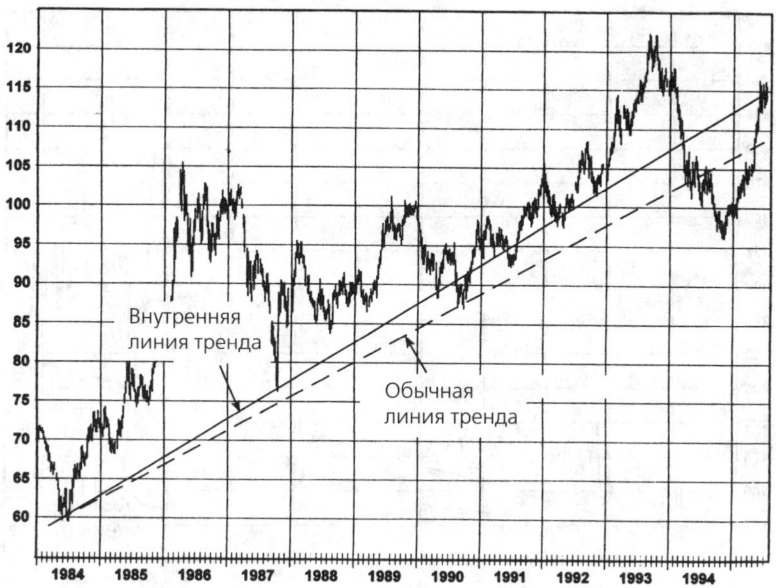

Рисунок 3.30.

ВНУТРЕННЯЯ ЛИНИЯ ТРЕНДА ПО СРАВНЕНИЮ С ОБЫЧНОЙ ТРЕНДОВОЙ ЛИНИЕЙ: САХАР, БЛИЖАЙШИЕ ФЬЮЧЕРСНЫЕ КОНТРАКТЫ

Рисунок 3.31.

ВНУТРЕННЯЯ ЛИНИЯ ТРЕНДА ПО СРАВНЕНИЮ С ОБЫЧНОЙ ТРЕНДОВОЙ ЛИНИЕЙ: ДРЕВЕСИНА, БЛИЖАЙШИЕ ФЬЮЧЕРСНЫЕ КОНТРАКТЫ

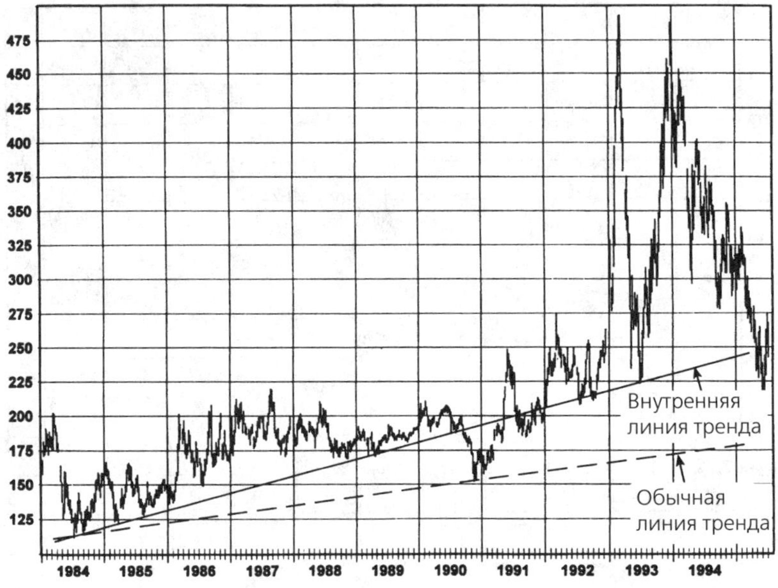

Рисунок 3.32.

ВНУТРЕННЯЯ ЛИНИЯ ТРЕНДА ПО СРАВНЕНИЮ С ОБЫЧНОЙ ТРЕНДОВОЙ ЛИНИЕЙ: ЕВРОДОЛЛАР, ДЕКАБРЬ 1994

Рисунок 3.33.

ВНУТРЕННЯЯ ЛИНИЯ ТРЕНДА ПО СРАВНЕНИЮ С ОБЫЧНОЙ ТРЕНДОВОЙ ЛИНИЕЙ: СЕРЕБРО, ДЕКАБРЬ 1992

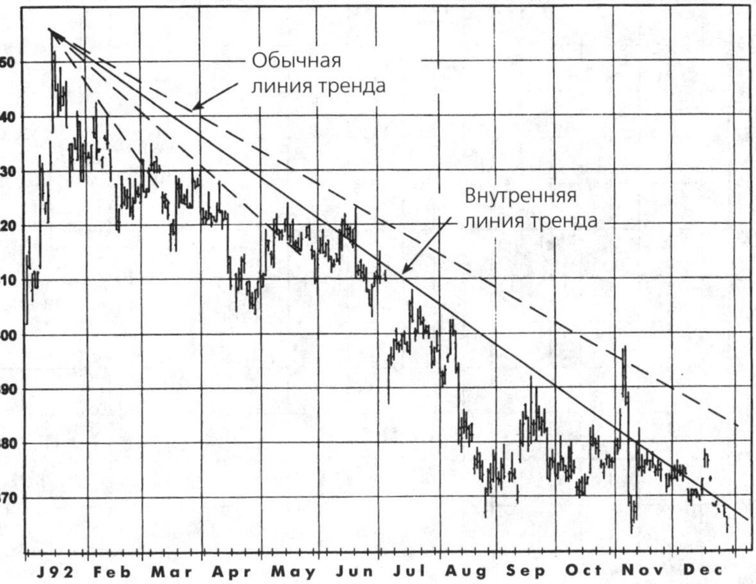

Рисунок 3.34.

ВНУТРЕННЯЯ ЛИНИЯ ТРЕНДА ПО СРАВНЕНИЮ С ОБЫЧНОЙ ТРЕНДОВОЙ ЛИНИЕЙ: СОЕВАЯ МУКА, НЕПРЕРЫВНЫЕ ФЬЮЧЕРСЫ

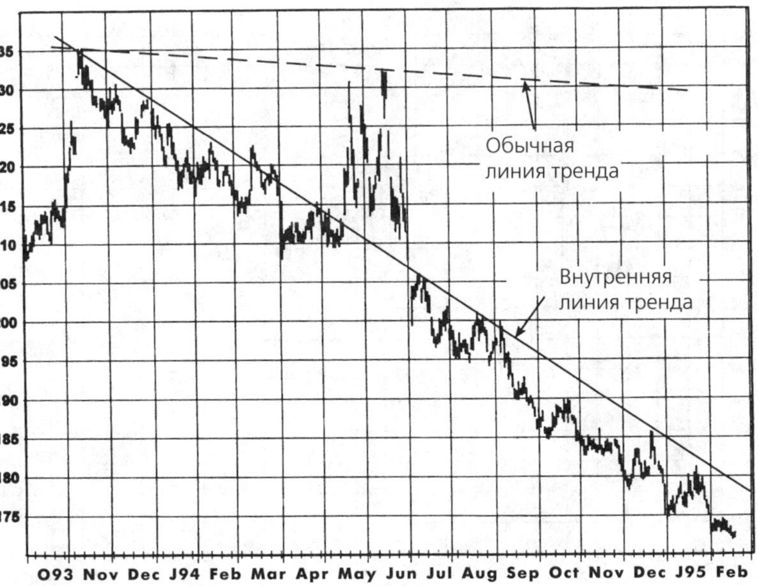

Рисунок 3.35.

ВНУТРЕННЯЯ ЛИНИЯ ТРЕНДА ПО СРАВНЕНИЮ С ОБЫЧНОЙ ТРЕНДОВОЙ ЛИНИЕЙ: МАЗУТ, НЕПРЕРЫВНЫЕ ФЬЮЧЕРСЫ

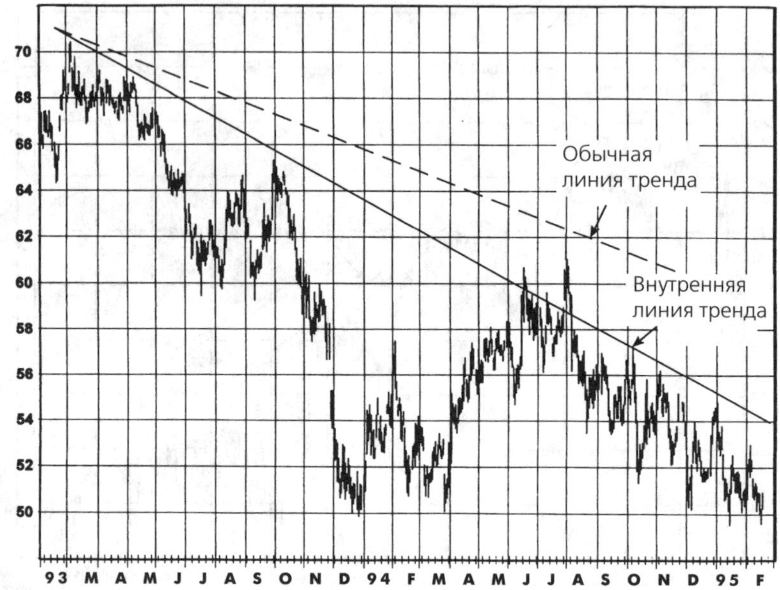

Рисунок 3.36.

ВНУТРЕННЯЯ ЛИНИЯ ТРЕНДА ПО СРАВНЕНИЮ С ОБЫЧНОЙ ЛИНИЕЙ ТРЕНДА: ЗОЛОТО, НЕПРЕРЫВНЫЕ ФЬЮЧЕРСЫ

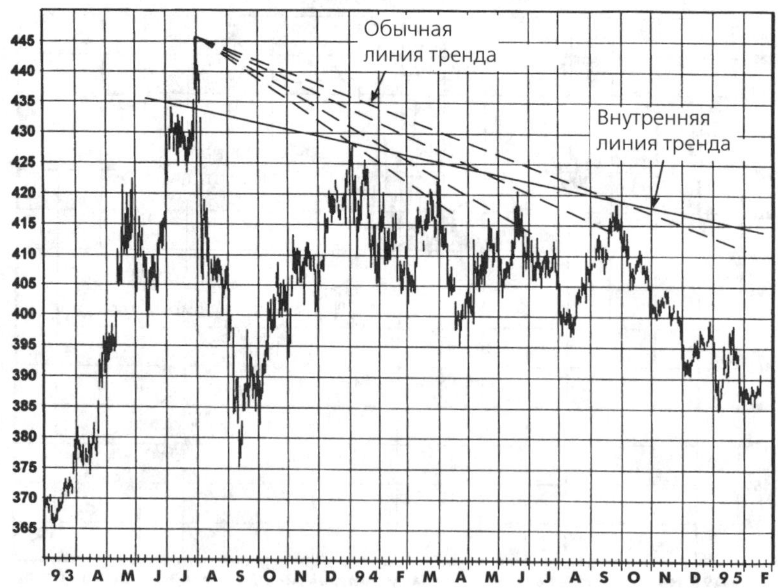

Рисунок 3.37.

ВНУТРЕННЯЯ ЛИНИЯ ТРЕНДА ПО СРАВНЕНИЮ С ОБЫЧНОЙ ЛИНИЕЙ ТРЕНДА: МАЗУТ, БЛИЖАЙШИЕ ФЬЮЧЕРСНЫЕ КОНТРАКТЫ

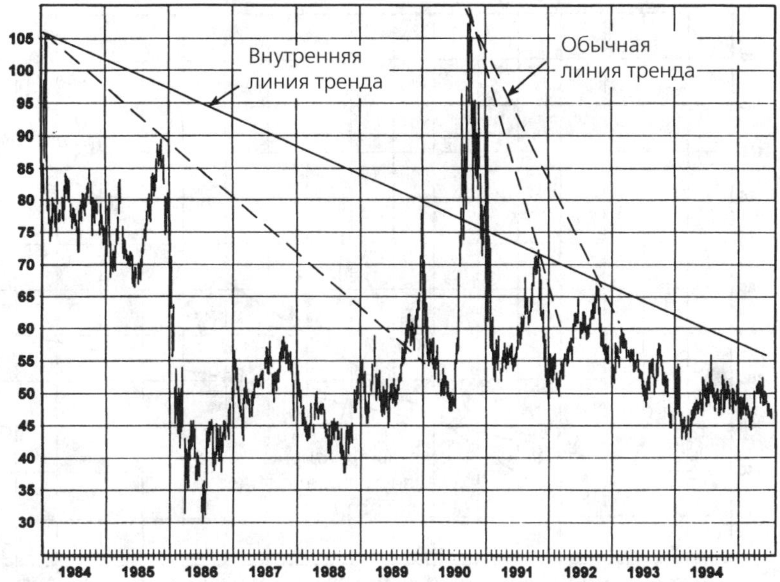

Рисунок 3.38.

АЛЬТЕРНАТИВНЫЕ ВНУТРЕННИЕ ЛИНИИ ТРЕНДА: КОФЕ, ДЕКАБРЬ 1991

Рисунок 3.39.

РАЗЛИЧНЫЕ ВАРИАНТЫ ПОСТРОЕНИЯ ВНУТРЕННИХ ЛИНИЙ ТРЕНДА: ФУНТ СТЕРЛИНГОВ, НЕПРЕРЫВНЫЕ ФЬЮЧЕРСЫ

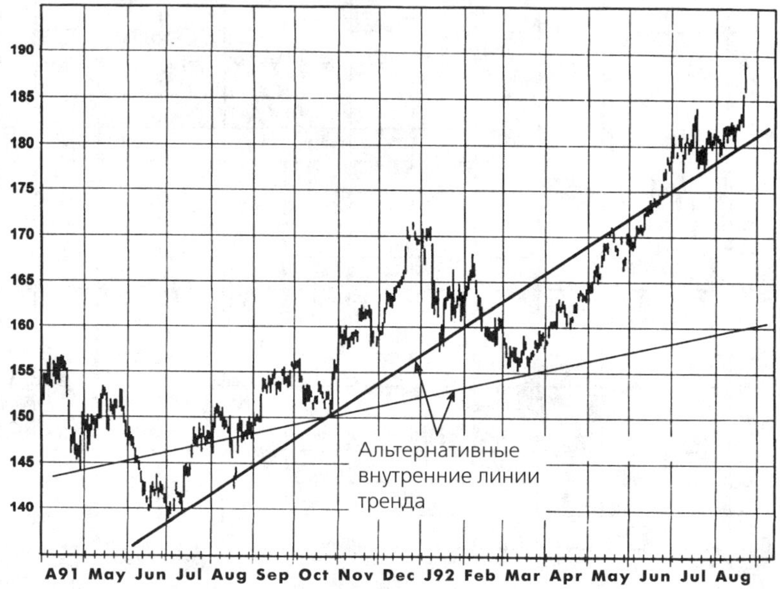

Рисунок 3.40.

РАЗЛИЧНЫЕ ВАРИАНТЫ ПОСТРОЕНИЯ ВНУТРЕННИХ ЛИНИЙ ТРЕНДА: МЕДЬ, НЕПРЕРЫВНЫЕ ФЬЮЧЕРСЫ

максимумами или минимумами. В действительности нередко имеется несколько вариантов проведения внутренней линии тренда на графике (рис. 3.38–3.40). Тем не менее мой опыт свидетельствует, что внутренние линии тренда гораздо полезнее обычных трендовых линий в нахождении потенциальных зон поддержки и сопротивления. Анализ рис. 3.26–3.37 показывает, что внутренние линии тренда, изображенные на этих графиках, в целом лучше указывают, где рынок удержался бы при падениях и остановился бы при взлетах цен, чем это делают обычные линии тренда. Конечно, данный ряд примеров не доказывает превосходства внутренних трендовых линий над обычными, поскольку всегда можно найти графики, которые внешне могут подкрепить практически любую точку зрения, и подобное доказательство здесь, разумеется, не предполагается и не подразумевается. Сравнения, приведенные на этих графиках, направлены скорее на то, чтобы дать читателю почувствовать, что внутренние линии тренда *могут* лучше указывать на потенциальные области поддержки и сопротивления.

Тот факт, что лично я считаю внутренние линии тренда намного более полезными, чем обычные линии тренда, ничего не доказывает — любопытные наблюдения отдельного индивидуума вряд ли могут служить научным доказательством. На самом деле, принимая во внимание субъективный характер внутренних трендовых линий, было бы очень трудно провести научное тестирование их надежности. Тем не менее моя точка зрения состоит в том, что внутренние линии тренда — это то, что серьезному графическому аналитику, безусловно, следовало бы использовать в работе. Я уверен, что, занимаясь этим, многие читатели также придут к выводу, что внутренние линии тренда намного эффективнее обычных трендовых линий или по крайней мере служат полезным дополнением к инструментарию графического аналитика.

СКОЛЬЗЯЩИЕ СРЕДНИЕ

Скользящие средние являются очень простым инструментом сглаживания ценовых рядов, что делает любые тренды более наглядными. Простая скользящая средняя определяется как средняя цена закрытия за последние N дней, заканчивая текущим днем. Например, 40-дневная скользящая средняя будет равна среднему значению последних 40 закрытий* (включая текущий день). Термин *скользящая средняя* означает,

* Как правило, скользящие средние рассчитываются на основе цен закрытия. Тем не менее можно рассчитывать скользящие средние цен открытия, максимумов, минимумов, а также средних значений дневных цен открытия, закрытия, максимума и минимума. Кроме того, скользящие средние можно строить не только на дневных графиках, но на графиках, основанных на другом временном интервале. В этом случае термин «цена закрытия» будет относиться к данному интервалу.

Рисунок 3.41.

СКОЛЬЗЯЩАЯ СРЕДНЯЯ (40-ДНЕВНАЯ) НА РЫНКЕ С ВЫРАЖЕННОЙ ТЕНДЕНЦИЕЙ: ПРИРОДНЫЙ ГАЗ, ДЕКАБРЬ 1994

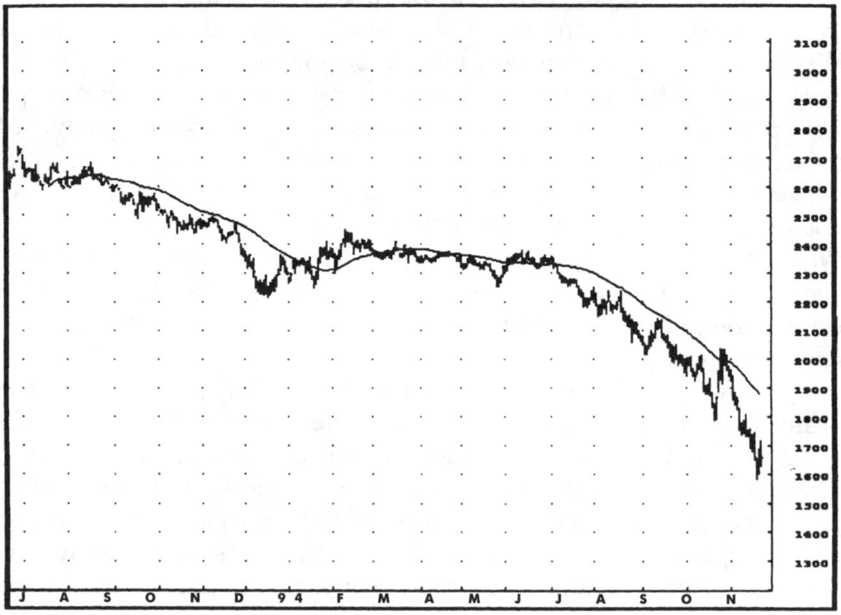

Источник: FutureSource; авторские права © 1986–1994 гг.; все права сохранены.

что набор усредняемых значений непрерывно движется во времени. На рис. 3.41 показана 40-дневная скользящая средняя, наложенная на ценовой ряд. Заметьте, что скользящая средняя четко отражает тенденцию изменения цен и сглаживает их несущественные колебания. На рынках, где ярко выраженная ценовая тенденция отсутствует, скользящая средняя, как правило, изменяется в некотором горизонтальном диапазоне (см., например, период с октября 1993 г. по май 1994 г. на рис. 3.42).

Один очень простой метод использования скользящих средних для распознавания трендов основан на направлении движения скользящей средней. Например, скользящая средняя (и, как подразумевается, тренд) считается *повышающейся*, если сегодняшнее ее значение выше вчерашнего, и *понижающейся*, если сегодняшнее ее значение ниже.

Заметьте, что данное определение повышающейся скользящей средней равнозначно простому условию, что сегодняшняя цена закрытия выше цены закрытия торговой сессии N дней тому назад. Почему? Потому, что вчерашняя скользящая средняя отличается от сегодняшней скользящей

Рисунок 3.42.

СКОЛЬЗЯЩАЯ СРЕДНЯЯ (40-ДНЕВНАЯ) НА РЫНКЕ БЕЗ ВЫРАЖЕННОЙ ЦЕНОВОЙ ТЕНДЕНЦИИ: КАКАО, МАРТ 1995

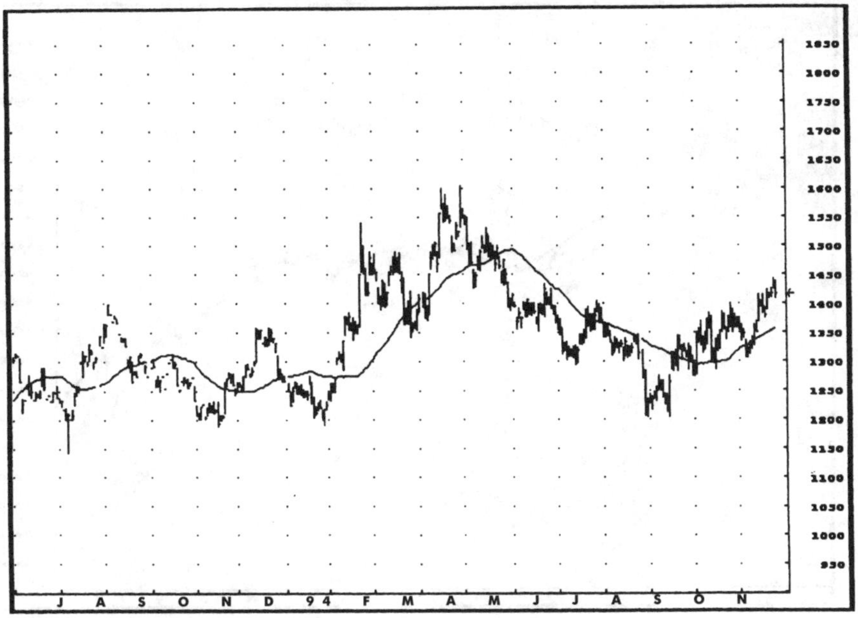

Источник: FutureSource; авторские права © 1986–1994 гг.; все права сохранены.

средней только в том, что она включает цену закрытия N дней тому назад и не включает сегодняшнюю цену закрытия. Следовательно, если сегодняшняя цена закрытия выше цены закрытия N дней тому назад, то сегодняшняя скользящая средняя будет выше вчерашней скользящей средней. Аналогичным образом понижающаяся скользящая средняя эквивалентна условию, что сегодняшняя цена закрытия ниже цены закрытия N дней тому назад.

Сглаживающие свойства скользящей средней достигаются за счет появления лага в информации. Поскольку скользящая средняя по определению равна среднему значению прошлых цен, развороты графиков скользящих средних всегда будут отставать от соответствующих изменений в исходных ценовых рядах. Это свойство наглядно просматривается на рис. 3.41 и 3.42.

На рынках с выраженной тенденцией скользящие средние являются очень простым и эффективным методом ее выявления. Рис. 3.43 воспроизводит рис. 3.41, обозначая сигналы к покупке в точках, где скользящая

Рисунок 3.43.

СИГНАЛЫ, ПОДАВАЕМЫЕ СКОЛЬЗЯЩЕЙ СРЕДНЕЙ НА РЫНКЕ С ВЫРАЖЕННОЙ ТЕНДЕНЦИЕЙ: ПРИРОДНЫЙ ГАЗ, ДЕКАБРЬ 1994

Примечания: «Покупай» — 10-тиковое повышение скользящей средней от ее минимума. «Продавай» — 10-тиковое понижение скользящей средней от ее максимума.

Источник: FutureSource; авторские права © 1986–1994 гг.; все права сохранены.

средняя поворачивает вверх по крайней мере на 10 тиков, и сигналы к продаже в точках, где скользящая средняя поворачивает вниз на такое же минимальное значение. (Причиной установления порогового значения разворота при определении поворотов скользящей средней является необходимость удержать трендовые сигналы от повторяющихся скачков вверх и вниз в периоды, когда изменения скользящей средней близки к нулю.) Как видно на рис. 3.43, эта предельно простая методика дала превосходные торговые сигналы. На протяжении изображенного 17-месячного периода этот метод подал только три сигнала: первый охватил большую часть спада в августе–декабре; результатом второго стал лишь незначительный убыток и третий покрыл фактически все значительное падение цен в 1994 г. Большего невозможно и желать.

Проблема заключается в том, что если на рынках с выраженной тенденцией скользящие средние работают хорошо, то на колеблющихся рынках,

Рисунок 3.44.

СИГНАЛЫ, ПОДАВАЕМЫЕ СКОЛЬЗЯЩЕЙ СРЕДНЕЙ НА РЫНКЕ БЕЗ ВЫРАЖЕННОЙ ЦЕНОВОЙ ТЕНДЕНЦИИ: КАКАО, МАРТ 1995

Примечания: «Покупай» — 10-тиковое повышение скользящей средней от ее минимума. «Продавай» — 10-тиковое понижение скользящей средней от ее максимума.

Источник: FutureSource; авторские права © 1986–1994 гг.; все права сохранены.

где выраженного тренда нет, скользящие средние подают много ложных сигналов. Например, рис. 3.44 воспроизводит рис. 3.42, показывая сигналы к покупке в точках, где скользящая средняя поворачивает вверх по крайней мере на 10 тиков, и сигналы к продаже в точках, фиксирующих такие же повороты вниз. Тот же самый метод, который превосходно работал на рис. 3.43, — покупка при поворотах скользящей средней вверх и продажа при ее поворотах вниз — оказывается провальной стратегией на этом рынке, приводя к шести последовательным убыткам и одной бесприбыльной сделке.

Существует много других способов расчета скользящей средней, помимо описанного в данном разделе. Некоторые из этих методов, а также использование скользящих средних в торговых системах, рассматриваются в гл. 17.

4 Торговые диапазоны

Есть обычный дурак, который все и всегда делает не так, и есть уолл-стритовский дурак, который думает, что все время должен торговать.

Эдвин Лефевр

ТОРГОВЫЕ ДИАПАЗОНЫ: ВАЖНЕЙШИЕ СООБРАЖЕНИЯ

Торговый диапазон — это горизонтальный коридор, охватывающий колебания цен за продолжительный период. В целом, рынки большую часть времени проводят в торговых диапазонах. Однако в них, к сожалению, очень трудно вести прибыльную торговлю. На деле большинство технический трейдеров, вероятно, обнаружат, что наилучшая стратегия, которую они могут применить к торговым диапазонам, — это свести к минимуму свое участие на подобных рынках, что легче сказать, чем сделать.

Хотя существуют методики, которые могут быть прибыльными в торговых диапазонах — например, осцилляторы (см. гл. 15), проблема заключается в том, что их использование на трендовых рынках приводит к катастрофе, и хотя торговые диапазоны легко увидеть в прошлом, их почти невозможно прогнозировать. Следует также отметить, что большинство графических моделей (например, разрывы, флаги и т.п.) теряют свое значение, если они возникают внутри торгового диапазона. (Графические модели рассматриваются в гл. 6.)

Торговые диапазоны часто могут длиться годами. Например, ко времени написания этой книги рынок серебра находился в торговом диапазоне уже четыре года (рис. 4.1). На рис. 4.2 изображен четырехлетний торговый диапазон на рынке соевой муки. Рис. 4.3 и 4.4 показывают многолетние торговые диапазоны на рынке пиломатериалов. Заметьте, что на двух последних иллюстрациях длительность торговых диапазонов различна для ближайших и непрерывных фьючерсов, хотя обычно они ведут себя почти синхронно.

Рисунок 4.1.

МНОГОЛЕТНИЙ ТОРГОВЫЙ ДИАПАЗОН: НЕПРЕРЫВНЫЕ ФЬЮЧЕРСЫ НА СЕРЕБРО

Рисунок 4.2.

МНОГОЛЕТНИЙ ТОРГОВЫЙ ДИАПАЗОН: БЛИЖАЙШИЕ ФЬЮЧЕРСНЫЕ КОНТРАКТЫ НА СОЕВУЮ МУКУ

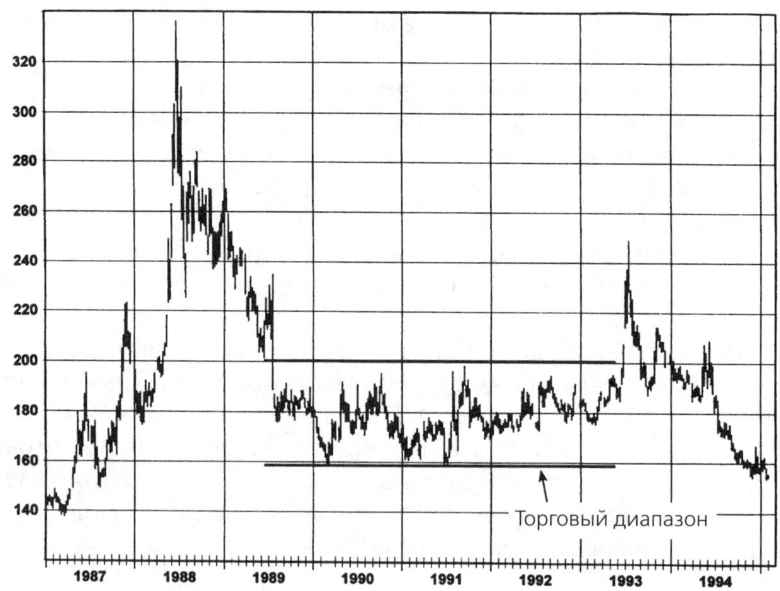

Рисунок 4.3.

МНОГОЛЕТНИЙ ТОРГОВЫЙ ДИАПАЗОН:
БЛИЖАЙШИЕ ФЬЮЧЕРСНЫЕ КОНТРАКТЫ НА ПИЛОМАТЕРИАЛЫ

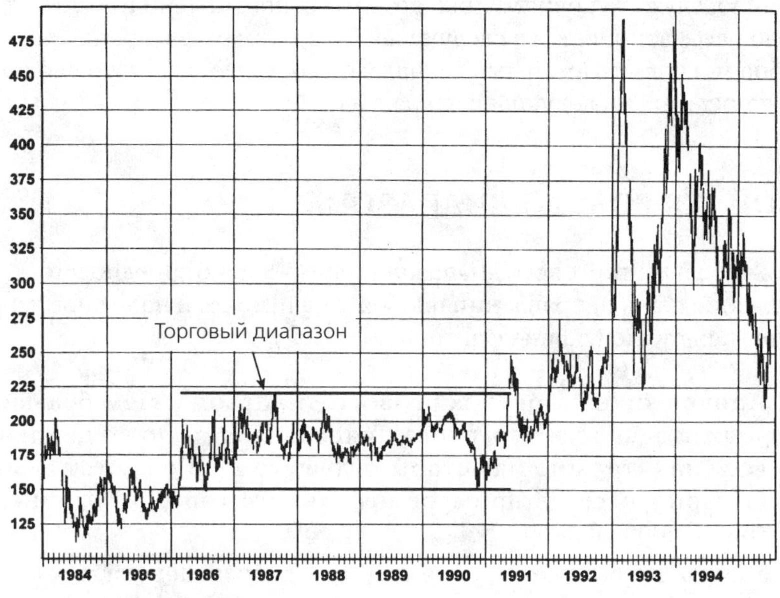

Рисунок 4.4.

МНОГОЛЕТНИЙ ТОРГОВЫЙ ДИАПАЗОН:
НЕПРЕРЫВНЫЕ ФЬЮЧЕРСЫ НА ПИЛОМАТЕРИАЛЫ

Если установился торговый диапазон, то его верхняя и нижняя границы, как правило, служат уровнями поддержки и сопротивления. Эта тема более подробно рассматривается в следующей главе. Пробития границ торгового диапазона могут быть важными сигналами для торговли — это наблюдение является предметом следующего параграфа.

ПРОБОЙ ТОРГОВОГО ДИАПАЗОНА

Пробой за пределы торгового диапазона (рис. 4.5 и 4.6) предполагает грядущее движение цен в направлении пробоя. Значимость и надежность пробоя часто повышают следующие факторы:

1. **Продолжительность торгового диапазона.** Чем больше продолжительность торгового диапазона, тем потенциально более значительны масштабы будущего пробоя. Этот тезис иллюстрируется на примере недельного (рис. 4.7) и дневного (рис. 4.8) графиков.
2. **Узость диапазона.** Пробои из узких диапазонов дают, как правило, особенно надежные сигналы к торговле (рис. 4.9 и 4.10). Более того, такая торговля может быть исключительно привлекательной, поскольку обоснованные защитные остановки предполагают сравнительно низкий денежный риск.
3. **Подтверждение пробоя.** Довольно обычной является ситуация, когда цены вырываются из торгового диапазона всего лишь на небольшую величину или только на несколько дней, а затем возвращаются обратно в диапазон. Одной из причин этого является то, что участники рынка, желая застраховаться от сильного движения цен после пробоя торгового диапазона, выставляют защитные стоп-приказы в области, находящейся недалеко за пределами торгового диапазона. Вследствие этого незначительное движение цен наружу может иногда спровоцировать исполнение значительного числа защитных приказов. Как только этот первоначальный наплыв приказов удовлетворен, пробой иссякает, если под ним нет прочных фундаментальных причин и поддерживающих покупок (или мощных продаж в случае пробоя нижней границы), которые бы закрепляли тенденцию.

Принимая во внимание эти особенности поведения цен, надежность пробоя торгового диапазона в качестве сигнала о начале тенденции значительно повышается, если цены все еще остаются вне диапазона спустя несколько дней (например, пять). Могут использоваться и другие виды подтверждений — минимальное процентное изменение цены после пробоя, заданное число дней быстрого движения цены (описываются в гл. 6) и т.д. Ожидая подтверждения пробоя, мы можем упустить часть прибыли за несколько дней в начале тенденции. Тем не менее это поможет нам избежать многих «ложных» сигналов. Чистый результат этого компромисса будет зависеть от принятых условий подтверждения и должен оцениваться каждым трейдером самостоятельно. Ключевым моментом, однако, является то, что трейдеру следует экспериментировать с различными условиями подтверждения, а не слепо следовать за всеми пробоями. Возможно, этот совет еще более справедлив сейчас (1995 г.), чем десятилетие назад, поскольку возросшее использование технического анализа, по-видимому, привело к более частым случаям ложных пробоев.

Рисунок 4.5.

ПРОБОЙ ВЕРХНЕЙ ГРАНИЦЫ ТОРГОВОГО ДИАПАЗОНА: КАЗНАЧЕЙСКИЕ ОБЛИГАЦИИ, ДЕКАБРЬ 1993

Рисунок 4.6.

ПРОБОЙ НИЖНЕЙ ГРАНИЦЫ ТОРГОВОГО ДИАПАЗОНА: НЕПРЕРЫВНЫЕ ФЬЮЧЕРСЫ, КРУПНЫЙ РОГАТЫЙ СКОТ

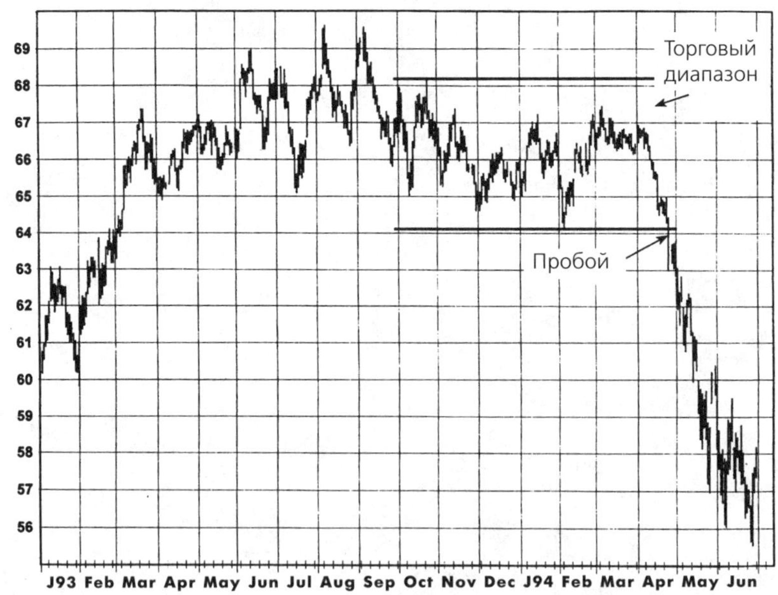

Рисунок 4.7.

ПРОБОЙ ВЕРХНЕЙ ГРАНИЦЫ ДЛИТЕЛЬНОГО ТОРГОВОГО ДИАПАЗОНА: МЕДЬ, БЛИЖАЙШИЕ ФЬЮЧЕРСНЫЕ КОНТРАКТЫ

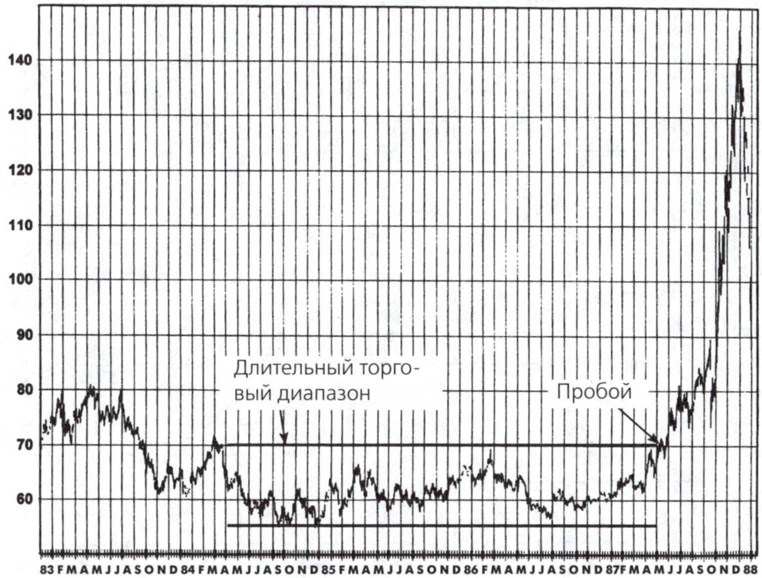

Рисунок 4.8.

ПРОБОЙ ВЕРХНЕЙ ГРАНИЦЫ ДЛИТЕЛЬНОГО ТОРГОВОГО ДИАПАЗОНА: МУКА, ИЮЛЬ 1993

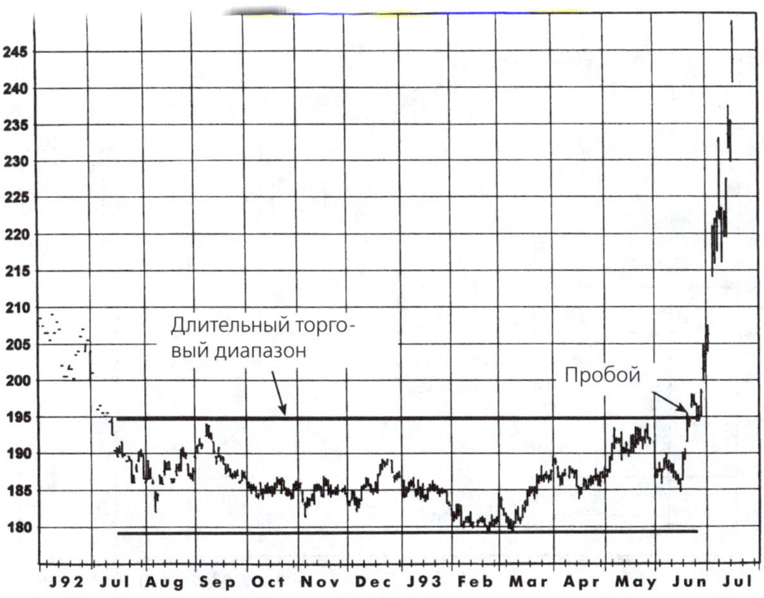

Рисунок 4.9.

ПРОБОЙ ВЕРХНИХ ГРАНИЦ УЗКИХ ТОРГОВЫХ ДИАПАЗОНОВ: ФУНТ СТЕРЛИНГОВ, СЕНТЯБРЬ 1990

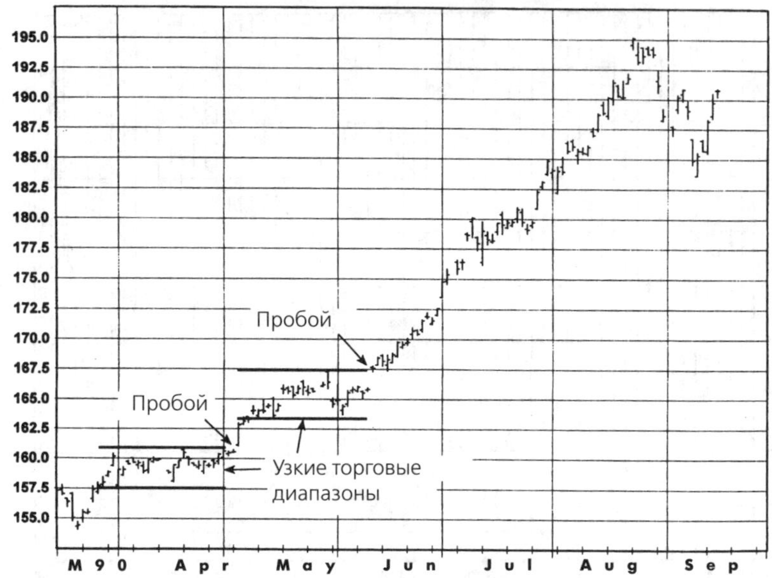

Рисунок 4.10.

ПРОБОЙ ВЕРХНЕЙ ГРАНИЦЫ УЗКОГО ТОРГОВОГО ДИАПАЗОНА: НЕЭТИЛИРОВАННЫЙ БЕНЗИН, ОКТЯБРЬ 1990

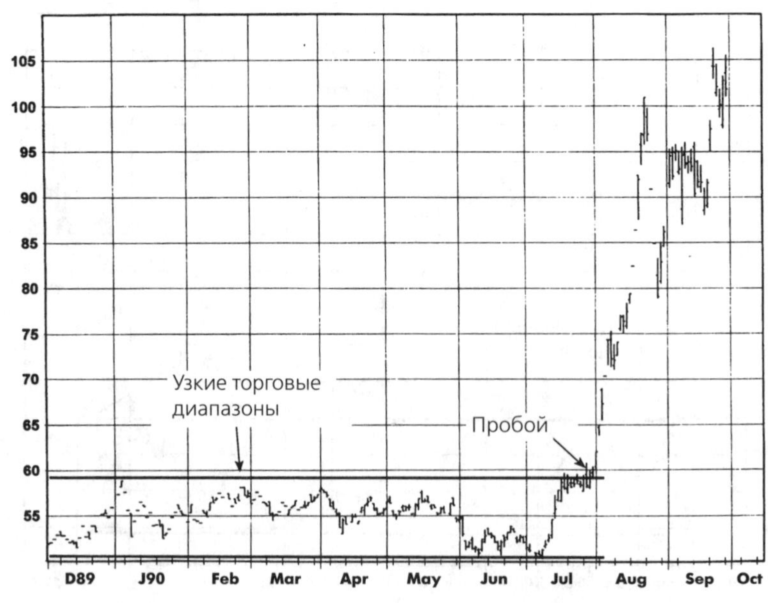

5 Поддержка и сопротивление

На узком рынке, где ценам негде «разгуляться», кроме как в небольшом диапазоне, нет смысла пытаться предугадать, куда направится очередное масштабное движение цен — вверх или вниз.

Эдвин Лефевр

ТОРГОВЫЕ ДИАПАЗОНЫ

В установившемся торговом диапазоне (т.е. существующем один-два месяца), рынок будет встречать сопротивление на верхней границе диапазона и поддержку на его нижней границе. Хотя графический анализ лучше всего использовать в условиях сильного тренда, некоторые проворные трейдеры умудряются зарабатывать в торговых диапазонах, продавая при подъемах цен и покупая при их снижении. В целом, подобную торговую тактику трудно реализовать с успехом. Более того, следует подчеркнуть, что мелкие второстепенные тенденции внутри торгового диапазона могут обернуться катастрофой, если не лимитировать убытки (например, ликвидировать позицию, когда цены выходят из диапазона на заданное минимальное значение, или рынок торгует за пределами диапазона в течение определенного количества дней, либо то и другое вместе).

После того как цены вырываются из торгового диапазона, уровень, служивший ранее сопротивлением, становится поддержкой, и наоборот. В частности, когда цены демонстрируют выход вверх из торгового диапазона, верхняя граница этого диапазона становится зоной ценовой поддержки. Линии на рис. 5.1 и 5.2 являются уровнями поддержки, которые ранее были верхними границами предшествующих торговых диапазонов. В случае выхода цен вниз из торгового диапазона нижняя граница этого диапазона становится зоной ценового сопротивления. Продолженные линии на рис. 5.3 и 5.4 указывают на уровни сопротивления, служившие нижними границами предыдущих торговых диапазонов.

Рисунок 5.1.

ПОДДЕРЖКА ВБЛИЗИ ВЕРХНЕЙ ГРАНИЦЫ ПРЕДШЕСТВУЮЩЕГО ТОРГОВОГО ДИАПАЗОНА: МЕДЬ, БЛИЖАЙШИЕ ФЬЮЧЕРСНЫЕ КОНТРАКТЫ

Рисунок 5.2.

ПОДДЕРЖКА ВБЛИЗИ ВЕРХНЕЙ ГРАНИЦЫ ПРЕДШЕСТВУЮЩЕГО ТОРГОВОГО ДИАПАЗОНА: СОЕВОЕ МАСЛО, ДЕКАБРЬ 1993

Рисунок 5.3.

СОПРОТИВЛЕНИЕ ВБЛИЗИ ДНА ПРЕДШЕСТВУЮЩЕГО ТОРГОВОГО ДИАПАЗОНА: КАНАДСКИЙ ДОЛЛАР, ДЕКАБРЬ 1992

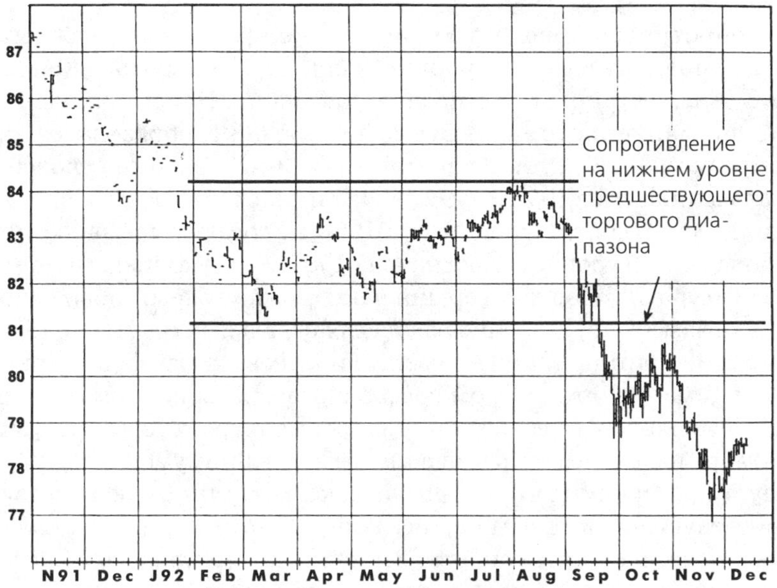

Рисунок 5.4.

СОПРОТИВЛЕНИЕ ВБЛИЗИ ДНА ПРЕДШЕСТВУЮЩЕГО ТОРГОВОГО ДИАПАЗОНА: НЕЭТИЛИРОВАННЫЙ БЕНЗИН, НЕПРЕРЫВНЫЕ ФЬЮЧЕРСЫ

ПРЕДЫДУЩИЕ ВАЖНЫЕ МАКСИМУМЫ И МИНИМУМЫ

Обычно сопротивление возникает на уровне предыдущих важных максимумов, а поддержка — на уровне важных минимумов. Каждый из рис. 5.5–5.7 иллюстрирует обе модели поведения. Например, на рис. 5.5 обратите внимание на то, что крупный пик 1988 г. образовался как раз под максимумом 1985 г., тогда как минимум 1989 г. заложил уровень поддержки для минимумов 1991 и 1992 гг. На рис. 5.6 минимум в конце 1990 г. установился как раз под уровнем дна 1986 г., тогда как разворот 1992 г. сформировался над уровнем пика начала 1989 г. Хотя концепция сопротивления вблизи уровня прошлых вершин и поддержки вблизи уровня прошлых минимумов, возможно, особенно важна для недельных графиков, таких как на рис. 5.5 и 5.6, этот принцип применим и к дневным графикам (рис. 5.7). Обратите внимание, что на этом графике развороты цен в мае и декабре 1994 г. произошли как раз над уровнем пика в январе того же года, а минимум в октябре находился чуть выше июльского минимума.

Следует подчеркнуть, что прошлый максимум отнюдь не подразумевает, что последующие подъемы цен иссякнут *на* этом уровне *или под ним*, а скорее указывает на то, что сопротивление можно предвидеть *вблизи* этого уровня. Аналогичным образом, прошлый минимум отнюдь не означает, что последующие понижения завершатся *на или над* этим уровнем, а скорее, указывает на то, что поддержку можно предсказывать *в целом вблизи* этого уровня. Некоторые технические аналитики относятся к предыдущим максимумам и минимумам, как к точкам, наделенным священной значимостью. Если прошлый максимум равнялся 1078, то они считают 1078 уровнем мощного сопротивления, и когда рынок поднимается, например, до 1085, полагают, что сопротивление сломано. Это не верно. Поддержку и сопротивление нужно рассматривать как приблизительные области, а не точные уровни. Заметьте, что, хотя предыдущие крупные максимумы и минимумы оказались очень важными индикаторами сопротивления и поддержки на всех трех графиках (рис. 5.5–5.7), только на рис. 5.5 последующие подъемы и падения цен, действительно, разворачивались *при* достижении этих уровней *или ранее*. Тип поведения цен, представленный на указанных графиках, является довольно распространенным.

Пробой вверх предыдущего максимума может рассматриваться как сигнал к покупке, а пробой вниз предыдущего минимума — как сигнал к продаже. Однако так же, как и в случае пробоя границ торговых диапазонов, для того чтобы использовать пробития максимумов и минимумов в качестве сигналов к торговле, они должны отвечать некоторым минимальным требованиям (по глубине пробоя в ценовом выражении или по временной продолжительности). Так, например, из предыдущего комментария относительно графиков на рис. 5.6 и 5.7 должно быть понятно, что незначитель-

Рисунок 5.5.

СОПРОТИВЛЕНИЕ НА УРОВНЕ ПРЕДЫДУЩЕГО МАКСИМУМА И ПОДДЕРЖКА НА УРОВНЕ ПРЕДЫДУЩЕГО МИНИМУМА: СОЕВОЕ МАСЛО, БЛИЖАЙШИЕ ФЬЮЧЕРСНЫЕ КОНТРАКТЫ

ный, в рамках одного периода (одного дня для дневных графиков, одной недели для недельных графиков) пробой предшествующего максимума или минимума еще ничего не доказывает. Необходимо более веское подтверждение, нежели простой пробой предыдущего максимума или минимума, чтобы допустить, что подобное развитие событий является сигналом к покупке или продаже. Примерами возможных условий подтверждения могут служить минимальное число закрытий за пределами предыдущего максимума или минимума, минимальное процентное изменение цены после пробоя или оба условия.

Рис. 5.8 и 5.9 иллюстрируют пробои предыдущих максимумов как сигналы к покупке, принимая за условие подтверждения три закрытия над максимумом. Аналогичным образом рис. 5.10 и 5.11 являются примерами пробоев предыдущих минимумов как сигналов к продаже при тех же условиях подтверждения. Обратите внимание на то, что рис. 5.8 дает также хороший пример того, как предыдущий максимум выступает в роли сопротивления (до его фактического пробоя), а предыдущий минимум обеспечивает поддержку, в то время как на рис. 5.11 представлен классический пример предыдущего максимума, выступающего в роли мощного сопротивления.

Рисунок 5.6.

СОПРОТИВЛЕНИЕ НА УРОВНЕ ПРЕДЫДУЩЕГО МАКСИМУМА И ПОДДЕРЖКА НА УРОВНЕ ПРЕДЫДУЩЕГО МИНИМУМА: ПШЕНИЦА, БЛИЖАЙШИЕ ФЬЮЧЕРСНЫЕ КОНТРАКТЫ

Рисунок 5.7.

СОПРОТИВЛЕНИЕ НА УРОВНЕ ПРЕДЫДУЩЕГО МАКСИМУМА И ПОДДЕРЖКА НА УРОВНЕ ПРЕДЫДУЩЕГО МИНИМУМА: СОЕВОЕ МАСЛО, НЕПРЕРЫВНЫЕ ФЬЮЧЕРСЫ

Рисунок 5.8.

ПРОБОЙ ПРЕДЫДУЩЕГО МАКСИМУМА КАК СИГНАЛ К ПОКУПКЕ: НЕМЕЦКАЯ МАРКА, НЕПРЕРЫВНЫЕ ФЬЮЧЕРСЫ

Рисунок 5.9.

ПРОБОЙ ПРЕДЫДУЩЕГО МАКСИМУМА КАК СИГНАЛ К ПОКУПКЕ: НЕМЕЦКАЯ МАРКА, НЕПРЕРЫВНЫЕ ФЬЮЧЕРСЫ

Рисунок 5.10.

ПРОБОЙ ПРЕДЫДУЩЕГО МИНИМУМА КАК СИГНАЛ К ПРОДАЖЕ: КОФЕ, БЛИЖАЙШИЕ ФЬЮЧЕРСНЫЕ КОНТРАКТЫ

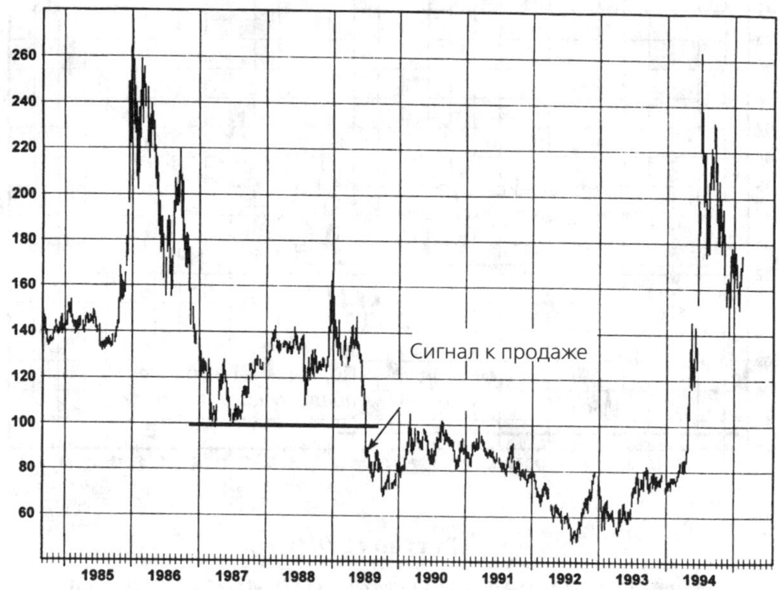

После *подтверждения* пробоя предыдущего максимума или минимума уровень, ранее служивший сопротивлением, становится поддержкой, и наоборот. Иными словами, область предыдущего максимума становится поддержкой, а область предыдущего минимума становится сопротивлением. Например, на рис. 5.12, который повторяет рис. 5.9, февральский максимум 1991 г., пробитый в июле 1992 г., успешно работает как область поддержки в сентябре 1992 г. Сентябрьский минимум, который впоследствии был пробит в октябре, затем оказался областью сопротивления, остановившей рост рынка в конце ноября — начале декабря. На рис. 5.13, повторяющем рис. 5.10, минимум 1987 г., пробитый в 1989 г., оказывается потенциальной областью сопротивления, которая преградила путь неоднократным попыткам подъема цен в 1990 и 1991 гг. (Обратите внимание на то, что этот график также является превосходным примером сопротивления на уровне предыдущего максимума, когда мощный рост 1994 г. развернулся чуть ниже пика начала 1986 г.) Наконец, на рис. 5.14, который повторяет рис. 5.11, апрельский минимум 1994 г., пробитый в июне, оказывается мощной областью сопротивления, которая обусловила разворот цен в сентябре.

Рисунок 5.11.

ПРОБОЙ ПРЕДЫДУЩЕГО МИНИМУМА КАК СИГНАЛ
К ПРОДАЖЕ: СОЕВОЕ МАСЛО, НЕПРЕРЫВНЫЕ ФЬЮЧЕРСЫ

Рисунок 5.12.

ПОДДЕРЖКА НА УРОВНЕ ПРЕДЫДУЩЕГО
ОТНОСИТЕЛЬНОГО МАКСИМУМА И СОПРОТИВЛЕНИЕ
НА УРОВНЕ ПРЕДЫДУЩЕГО ОТНОСИТЕЛЬНОГО МИНИМУМА:
НЕМЕЦКАЯ МАРКА, НЕПРЕРЫВНЫЕ ФЬЮЧЕРСЫ

Рисунок 5.13.

СОПРОТИВЛЕНИЕ НА УРОВНЕ ПРЕДЫДУЩЕГО ОТНОСИТЕЛЬНОГО МИНИМУМА: КОФЕ, БЛИЖАЙШИЕ ФЬЮЧЕРСНЫЕ КОНТРАКТЫ

Рисунок 5.14.

СОПРОТИВЛЕНИЕ НА УРОВНЕ ПРЕДЫДУЩЕГО ОТНОСИТЕЛЬНОГО МИНИМУМА: СОЕВОЕ МАСЛО, НЕПРЕРЫВНЫЕ ФЬЮЧЕРСЫ

КОНЦЕНТРАЦИЯ ОТНОСИТЕЛЬНЫХ МАКСИМУМОВ И ОТНОСИТЕЛЬНЫХ МИНИМУМОВ

В предыдущем параграфе шла речь о поддержке и сопротивлении на уровне предшествующих отдельных максимумов и минимумов. В данном параграфе анализируются поддержка и сопротивление в ценовых зонах с концентрацией относительных максимумов и относительных минимумов, а не с наличием абсолютных вершин и впадин. В частности, относительные максимумы и минимумы нередко приходятся на сравнительно узкую ценовую зону. Эти зоны являются потенциальной областью поддержки, если текущие котировки находятся выше, и сопротивления, если текущие котировки ниже. Указанный метод особенно полезен при прогнозировании областей поддержки и сопротивления на долговременных графиках. На рис. 5.15–5.19 показаны недельные графики с примерами поддержки на уровне предыдущих концентраций относительных максимумов и минимумов. На рис. 5.20–5.21 зоны концентраций относительных максимумов и минимумов являются ценовыми сопротивлениями.

Метод, опирающийся на концентрацию предыдущих относительных максимумов и минимумов с целью определения поддержки и сопротивления, может быть применен также и к дневным графикам непрерывных фьючерсов достаточной продолжительности (например, два года). (Жизненный цикл большинства графиков индивидуальных контрактов является слишком коротким для эффективного использования данного метода.) Например, рис. 5.22–5.24 показывают дневные графики непрерывных фьючерсов с зонами сопротивления, определяемыми по предыдущим относительным максимумам и минимумам.

ТРЕНДОВЫЕ ЛИНИИ, КОРИДОРЫ И ВНУТРЕННИЕ ТРЕНДОВЫЕ ЛИНИИ

Мысль о том, что трендовые линии, коридоры и внутренние трендовые линии указывают на области потенциальной поддержки и сопротивления, уже была детализирована в гл. 3. Как и тогда, опираясь на личный опыт, я считаю внутренние трендовые линии более надежными в этом отношении, чем обычные трендовые линии. Однако вопрос о том, какой вид трендовой линии является лучшим индикатором, имеет весьма субъективный характер, и некоторые читатели вполне могут прийти к противоположному выводу. Действительно, нет даже математически точного определения трендовой линии или внутренней трендовой линии, и то, как эти линии проводятся, зависит от личного вкуса или опыта аналитика.

Рисунок 5.15.

ЗОНА ПОДДЕРЖКИ, ОПРЕДЕЛЯЕМАЯ ПО КОНЦЕНТРАЦИИ ПРЕДЫДУЩИХ ОТНОСИТЕЛЬНЫХ МИНИМУМОВ И МАКСИМУМОВ: ШВЕЙЦАРСКИЙ ФРАНК, БЛИЖАЙШИЕ ФЬЮЧЕРСНЫЕ КОНТРАКТЫ

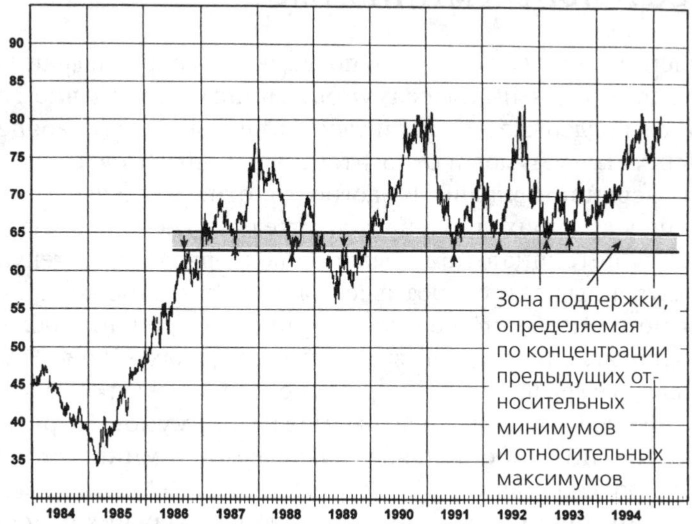

Примечание: ↑ – относительный минимум; ↓ – относительный максимум.

Рисунок 5.16.

ЗОНА ПОДДЕРЖКИ, ОПРЕДЕЛЯЕМАЯ ПО КОНЦЕНТРАЦИИ ПРЕДЫДУЩИХ ОТНОСИТЕЛЬНЫХ МИНИМУМОВ И МАКСИМУМОВ: ЗОЛОТО, БЛИЖАЙШИЕ ФЬЮЧЕРСНЫЕ КОНТРАКТЫ

Примечание: ↑ – относительный минимум; ↓ – относительный максимум.

Рисунок 5.17.

ЗОНА ПОДДЕРЖКИ, ОПРЕДЕЛЯЕМАЯ ПО КОНЦЕНТРАЦИИ ПРЕДЫДУЩИХ ОТНОСИТЕЛЬНЫХ МИНИМУМОВ: ХЛОПОК, БЛИЖАЙШИЕ ФЬЮЧЕРСНЫЕ КОНТРАКТЫ

Примечание: ↑ – относительный минимум.

Рисунок 5.18.

ЗОНА ПОДДЕРЖКИ, ОПРЕДЕЛЯЕМАЯ ПО КОНЦЕНТРАЦИИ ПРЕДЫДУЩИХ ОТНОСИТЕЛЬНЫХ МИНИМУМОВ: СОЕВЫЕ БОБЫ, БЛИЖАЙШИЕ ФЬЮЧЕРСНЫЕ КОНТРАКТЫ

Примечание: ↑ – относительный минимум.

Рисунок 5.19.

ЗОНА ПОДДЕРЖКИ, ОПРЕДЕЛЯЕМАЯ ПО КОНЦЕНТРАЦИИ ПРЕДЫДУЩИХ ОТНОСИТЕЛЬНЫХ МИНИМУМОВ И МАКСИМУМОВ: КУКУРУЗА, БЛИЖАЙШИЕ ФЬЮЧЕРСНЫЕ КОНТРАКТЫ

Примечание: ↑ — относительный минимум; ↓ — относительный максимум.

Рисунок 5.20.

ЗОНА СОПРОТИВЛЕНИЯ, ОПРЕДЕЛЯЕМАЯ ПО КОНЦЕНТРАЦИИ ПРЕДЫДУЩИХ ОТНОСИТЕЛЬНЫХ МАКСИМУМОВ И МИНИМУМОВ: СЫРАЯ НЕФТЬ, БЛИЖАЙШИЕ ФЬЮЧЕРСНЫЕ КОНТРАКТЫ

Примечание: ↑ — относительный минимум; ↓ — относительный максимум.

Рисунок 5.21.

ЗОНА СОПРОТИВЛЕНИЯ, ОПРЕДЕЛЯЕМАЯ ПО КОНЦЕНТРАЦИИ ПРЕДЫДУЩИХ ОТНОСИТЕЛЬНЫХ МАКСИМУМОВ И МИНИМУМОВ: СЕРЕБРО, БЛИЖАЙШИЕ ФЬЮЧЕРСНЫЕ КОНТРАКТЫ

Примечание: ↑ – относительный минимум; ↓ – относительный максимум.

Рисунок 5.22.

ЗОНА СОПРОТИВЛЕНИЯ, ОПРЕДЕЛЯЕМАЯ ПО КОНЦЕНТРАЦИИ ПРЕДЫДУЩИХ ОТНОСИТЕЛЬНЫХ МАКСИМУМОВ И МИНИМУМОВ: НЕМЕЦКАЯ МАРКА, НЕПРЕРЫВНЫЕ ФЬЮЧЕРСЫ

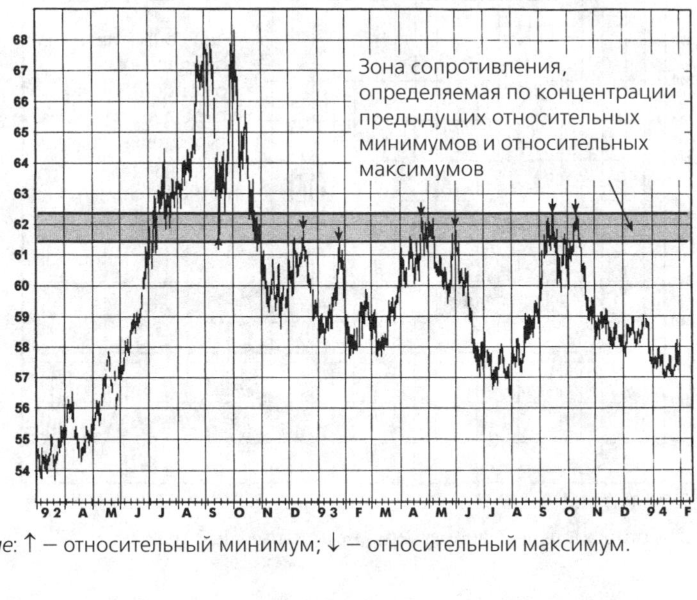

Примечание: ↑ – относительный минимум; ↓ – относительный максимум.

Рисунок 5.23.

ЗОНА СОПРОТИВЛЕНИЯ, ОПРЕДЕЛЯЕМАЯ ПО КОНЦЕНТРАЦИИ ПРЕДЫДУЩИХ ОТНОСИТЕЛЬНЫХ МАКСИМУМОВ: ЗОЛОТО, НЕПРЕРЫВНЫЕ ФЬЮЧЕРСЫ

Примечание: ↓ – относительный максимум.

Рисунок 5.24.

ЗОНА СОПРОТИВЛЕНИЯ, ОПРЕДЕЛЯЕМАЯ ПО КОНЦЕНТРАЦИИ ПРЕДЫДУЩИХ ОТНОСИТЕЛЬНЫХ МАКСИМУМОВ И МИНИМУМОВ: СОЕВЫЕ БОБЫ, НЕПРЕРЫВНЫЕ ФЬЮЧЕРСЫ

Примечание: ↑ – относительный минимум; ↓ – относительный максимум.

ОГИБАЮЩИЕ ЦЕНОВЫЕ ПОЛОСЫ

Огибающая ценовая полоса (price envelope band) может быть получена из скользящей средней. Верхняя линия огибающей полосы определяется как скользящая средняя плюс определенный процент от скользящей средней. Аналогичным образом нижняя линия огибающей полосы определяется как скользящая средняя минус заданный процент от скользящей средней. Например, если текущее значение скользящей средней равно 600 и отклонение установлено на уровне 3%, то верхнее значение полосы составит 618, а нижнее — 582. Выбирая соответствующее процентное отклонение для данной скользящей средней, можно так определить огибающую полосу, что она будет охватывать подавляющую часть ценовой активности, причем верхняя граница будет примерно совпадать с относительными максимумами, а нижняя — с относительными минимумами.

Рис. 5.25 иллюстрирует огибающую ценовую полосу для фьючерсных контрактов на казначейские векселя с поставкой в марте 1995 г., причем используется 20-дневная скользящая средняя и 2,5%-ное отклонение. Как легко убедиться, ценовая огибающая полоса является хорошим индикатором уровней поддержки и сопротивления. Иначе говоря, ценовая огибающая полоса указывает границы зон перекупленности и перепроданности. Например, рис. 5.26 иллюстрирует 1,2%-ную огибающую ценовую полосу, наложенную на 90-минутный штриховой график того же рынка, что и на рис. 5.25 (но, конечно, за более короткий период).

Следует отметить, однако, что огибающая ценовая полоса — это отнюдь не столь эффективный инструмент, как может показаться. Хотя он является достаточно хорошим индикатором возможного приближения к точке разворота тренда, тем не менее цены могут долго оставаться рядом с одной из границ огибающей полосы. Такое поведение, например, легко увидеть на рис. 5.25 в период с февраля по апрель 1994 г. В течение этого времени огибающая полоса неоднократно указывала на перепроданность актива, тогда как цены продолжали упрямо опускаться. Таким образом, несмотря на то, что скачки цен за пределы огибающей ценовой полосы чаще всего бывают ограниченными и временными, факт нахождения цены у границ полосы совсем не обязательно означает неизбежность разворота рынка. В целом, метод огибающей полосы дает возможность определить потенциальные области поддержки и сопротивления, но его, к сожалению, нельзя считать непогрешимым.

Рисунок 5.25.

**ОГИБАЮЩАЯ ЦЕНОВАЯ ПОЛОСА
КАК ИНДИКАТОР ПОДДЕРЖКИ И СОПРОТИВЛЕНИЯ
НА ДНЕВНОМ ШТРИХОВОМ ГРАФИКЕ:
КАЗНАЧЕЙСКИЕ ОБЛИГАЦИИ, МАРТ 1995**

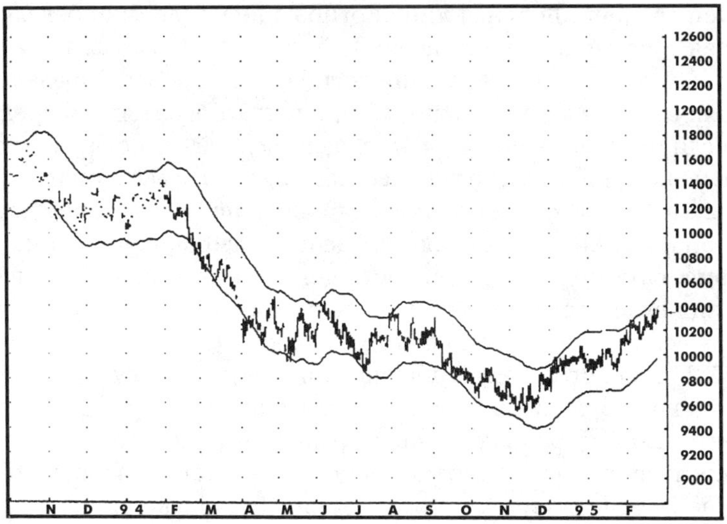

Источник: FutureSource; авторские права © 1986–1995 гг.; все права сохранены.

Рисунок 5.26.

**ОГИБАЮЩАЯ ЦЕНОВАЯ ПОЛОСА
КАК ИНДИКАТОР ПОДДЕРЖКИ И СОПРОТИВЛЕНИЯ
НА 90-МИНУТНОМ ШТРИХОВОМ ГРАФИКЕ:
КАЗНАЧЕЙСКИЕ ОБЛИГАЦИИ, МАРТ 1995**

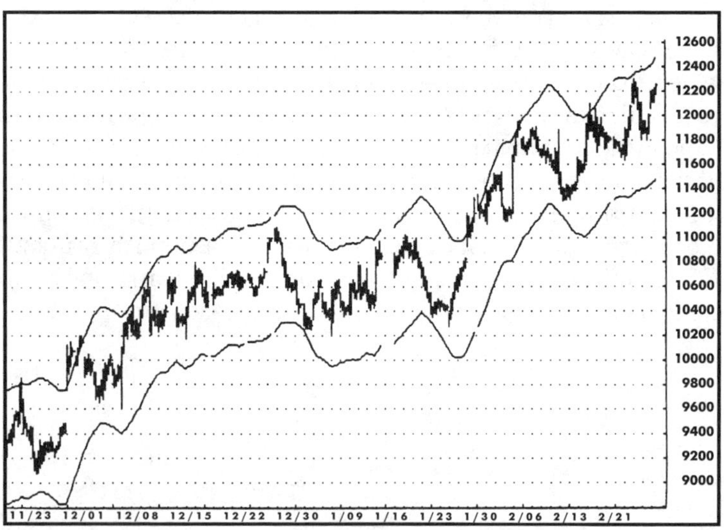

Источник: FutureSource; авторские права © 1986–1995 гг.; все права сохранены.

6 Графические модели

Никогда не путай мастерство с «бычьим» рынком.

Пол Рабин

ОДНОДНЕВНЫЕ МОДЕЛИ

Разрывы (Gaps)

Днем разрыва называется день, минимум которого превышает максимум предыдущего дня либо максимум которого находится ниже минимума предыдущего дня. Существует четыре основных вида разрывов:

1. **Обычный разрыв** (Common Gap). Этот вид разрыва происходит в пределах торгового диапазона и не особенно важен. На рис. 6.1–6.3 показаны несколько обычных разрывов, произошедших на этих графиках.
2. **Разрыв при пробое уровня** (Breakaway Gap). Этот вид разрыва наблюдается, когда цены «вылетают» за пределы торгового диапазона, уходя из области, где велась активная торговля (рис. 6.1 и 6.2). Разрыв при пробое уровня, остающийся незаполненным в течение нескольких дней, является одним из самых важных и надежных графических сигналов.
3. **Разрыв ускорения** (Runaway Gap). Этот вид разрыва имеет место, когда тенденция ускоряется. Он является характерной чертой сильного «бычьего» и «медвежьего» рынков. На особенно мощных рынках «быков» и «медведей» разрывы ускорения могут происходить изо дня в день (рис. 6.1–6.3).

4. **Разрыв истощения** (Exhaustion Gap). Этот вид разрыва наблюдается после значительного движения цен, и за ним вскоре следует разворот тенденции (рис. 6.1 и 6.2). Разрыв истощения может показаться особенно полезным техническим сигналом, пока не поймешь, что различие между ним и разрывом ускорения можно обнаружить только задним числом. Однако в некоторых случаях разрыв истощения можно распознать на очень ранней стадии разворота тенденции (см. обсуждение *островных разворотов* в параграфе «Разворотные формации»).

Шипы (Spikes)

Шип вверх — это дневной максимум, резко возвышающийся над максимумами предыдущих и последующих дней. Часто цена закрытия в этот день находится вблизи нижней границы торгового диапазона этого дня. Шип вверх имеет значение только тогда, когда он образуется после повышения цен, и в этом случае он часто знаменует по крайней мере временную кульминацию покупательского спроса и, следовательно, может рассматриваться как потенциальный относительный максимум. Иногда шипы вверх оказываются крупными пиками.

В целом, значимость шипа вверх усиливают следующие факторы.

1. Большая разница в уровнях между шипом вверх и максимумами предыдущих и последующих дней.
2. Закрытие вблизи нижней границы дневного диапазона.
3. Серьезное повышение цен, предшествовавшее образованию шипа.

Каждый из этих факторов увеличивает вероятность того, что шип вверх окажется важным относительным максимумом или даже крупным пиком.

Аналогичным образом, шип вниз — это дневной минимум, уходящий намного глубже минимумов предыдущих и последующих дней. Часто цена закрытия в день нижнего шипа находится вблизи верхней границы торгового диапазона этого дня. Шип вниз имеет значение только тогда, когда он образуется после понижения цен, и в этом случае он часто знаменует временную кульминацию активности продавцов и, следовательно, может рассматриваться как потенциальный относительный минимум. Иногда шипы вниз оказываются крупными впадинами.

В целом, значимость шипа вниз усиливают следующие факторы.

1. Большая разница в уровнях минимумов предыдущих и последующих дней и шипа вниз.

Рисунок 6.1.

**РАЗРЫВЫ ЦЕН:
КОФЕ, ДЕКАБРЬ 1994**

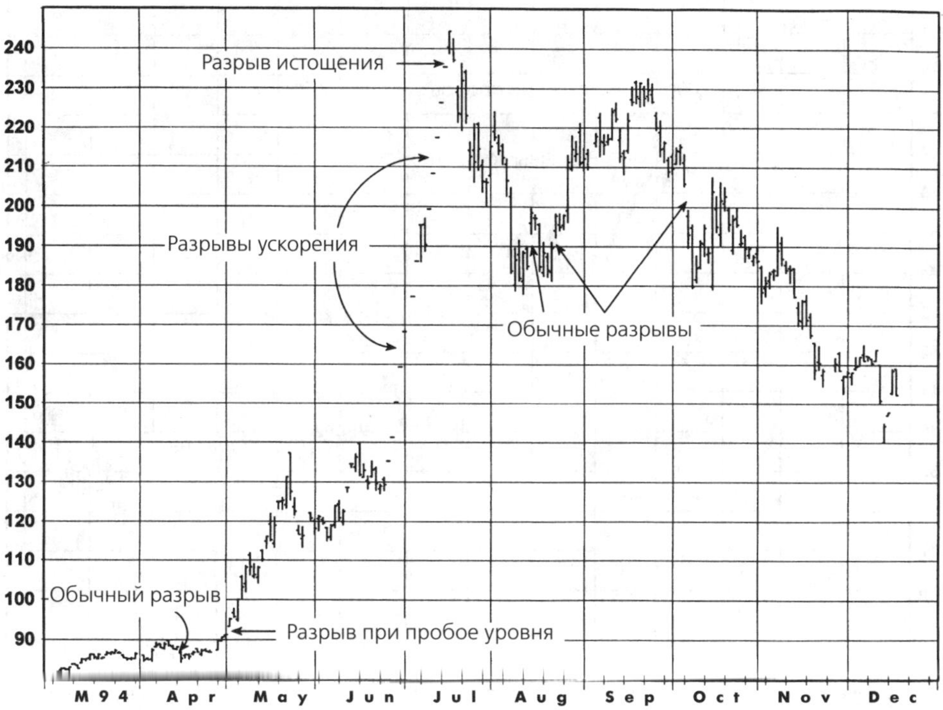

2. Закрытие вблизи верхней границы дневного диапазона.
3. Серьезное понижение цен, предшествовавшее образованию шипа.

Каждый из этих факторов увеличивает вероятность того, что шип вниз окажется важным относительным минимумом или даже крупной впадиной.

На рис. 6.4–6.6 представлено несколько иллюстраций шипов вверх и вниз. Рис. 6.4 является примером трех шипов вверх, возникших на протяжении примерно двух месяцев, причем первый стал относительным максимумом, а два других возникли по соседству с почти равновысокими максимумами и вместе образовали крупную вершину. На рис. 6.5 и 6.6 можно увидеть примеры относительных максимумов и относительных минимумов, образованных шипами.

Предыдущее описание шипов вверх и вниз содержало три важнейшие характеристики, присущие таким дням. Однако определение этих условий было не вполне точным. В частности, насколько большой должна быть

Рисунок 6.2.

РАЗРЫВЫ ЦЕН: СВИНИНА, ФЕВРАЛЬ 1995

разность между максимумом (минимумом) этого дня и максимумами (минимумами) предшествующих и последующих дней, чтобы его можно было квалифицировать как шип вверх (вниз)? Насколько близко цена закрытия должна быть к дневному минимуму (максимуму), чтобы считать этот день шипом вверх (вниз)? Насколько значительным должно быть предыдущее повышение цен, чтобы рассматривать этот день как возможный шип вверх? Ответ на эти вопросы состоит в том, что не существует точных правил; в каждом случае выбор параметров является субъективным. Рис. 6.4–6.6 помогут сформировать интуитивное ощущение подобных «шипообразных» торговых дней.

Тем не менее представляется возможным дать математически точное определение дней-шипов. Примером такого определения для шипа вверх мог бы быть день, удовлетворяющий всем нижеперечисленным условиям (определение для шипа вниз будет аналогичным):

1. $H_t - \mathrm{Max}(H_{t-1}, H_{t+1}) > k \times \mathrm{ADTR}$,

Рисунок 6.3.

**РАЗРЫВЫ ЦЕН:
КОНЦЕНТРАТ АПЕЛЬСИНОВОГО СОКА, МАРТ 1992**

где H_t — максимум данного дня;
H_{t-1} — максимум предыдущего дня;
H_{t+1} — максимум последующего дня;
k — устанавливаемый коэффициент (например, $k = 0{,}75$);
ADTR — средний дневной истинный диапазон в течение последних 10 дней*.

2. $$H_t - C_t > 3 \times (C_t - L_t),$$

где C_t — цена закрытия данного дня;
L_t — минимум данного дня.

* Истинный диапазон равен разности между истинным максимумом и истинным минимумом. Истинный максимум — это большее из значений максимума текущего дня и цены закрытия предыдущего дня. Истинный минимум — это меньшее из значений минимума текущего дня и цены закрытия предыдущего дня. (Определение было дано в гл. 3, с. 61.)

Рисунок 6.4.

ШИПЫ ВВЕРХ: КАКАО, МАРТ 1995

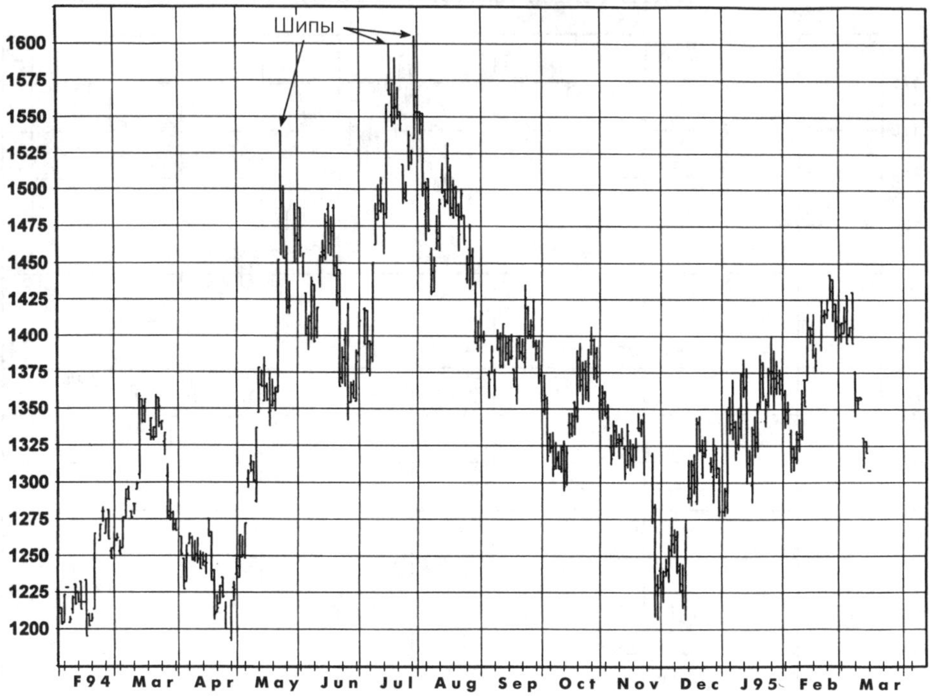

3. $H_t >$ самого высокого максимума за N предшествующих дней,

где N — заданная константа (например, $N = 50$).

Первое из указанных условий гарантирует нам, что шип вверх будет возвышаться над соседними вершинами по крайней мере на три четверти среднего истинного диапазона за последние 10 дней (при значении $k = 0{,}75$). Согласно второму условию, закрытие дня будет находиться в нижней четверти дневного диапазона цен (от максимума до минимума). Третье условие, требующее, чтобы максимум данного дня превышал наивысший максимум за последние 50 дней, гарантирует, что данному дню предшествовало повышательное движение цен. (В целом, более высокое значение N будет требовать большего предыдущего роста.)

Данное определение шипа приведено для того, чтобы показать возможность построения математически точного описания графической модели. Возможны и другие определения.

Рисунок 6.5.

ШИП ВНИЗ И ШИП ВВЕРХ: КОФЕ, ИЮЛЬ 1991

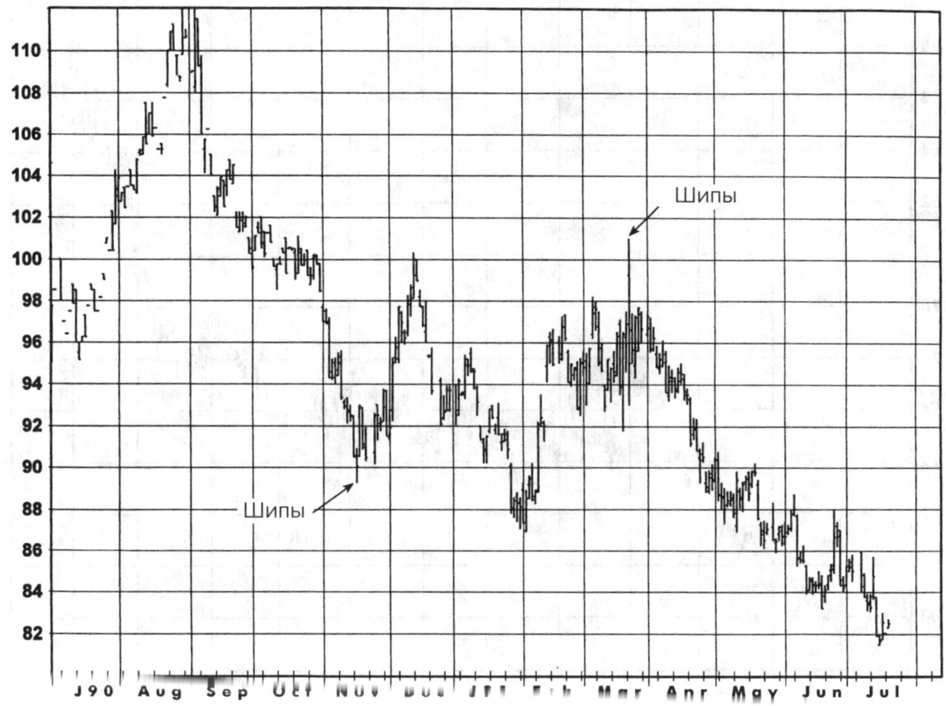

Дни разворота (Reversal Days)

Стандартное определение дня верхнего разворота (reversal high day) следующее: это день, когда достигается новый максимум в повышательном движении цен, затем происходит разворот и рынок закрывается ниже цены закрытия предыдущего дня. Аналогичным образом, день нижнего разворота (reversal low day) — это день, когда достигнут новый минимум в понижательном движении цен, затем происходит разворот и рынок закрывается выше цены закрытия предыдущего дня. Последующие объяснения относятся к дням верхнего разворота, но их зеркальное отражение применимо к дням нижнего разворота.

Подобно шипам вверх день верхнего разворота интерпретируется в целом как день, предполагающий кульминацию покупок и, следовательно, относительный максимум. Однако квалификационное условие, установленное выше для дней верхнего разворота, является сравнительно слабым, делая такие дни весьма заурядным событием. Как следствие, возникает проблема: хотя многие рыночные максимумы и оказываются

Рисунок 6.6.

ШИП ВВЕРХ И ШИП ВНИЗ: ХЛОПОК, МАРТ 1991

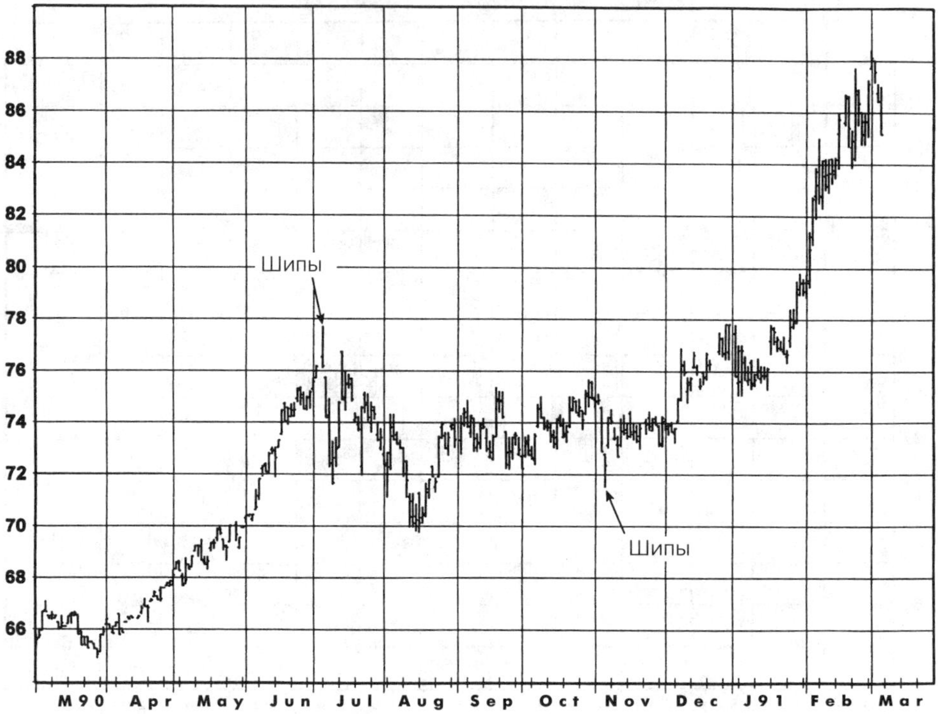

днями разворота, большинство дней верхнего разворота максимумами не являются. График на рис. 6.7, иллюстрирующий этот момент, является довольно типичным. Обратите внимание, что день верхнего разворота произошел почти в точности на пике массивного «бычьего» рынка и мог быть превосходным сигналом к продаже. Однако заметьте и то, что этому дню разворота предшествовали шесть других, которые подавали крайне преждевременные, хотя и в разной степени, сигналы к продаже. На рис. 6.8 показан еще один пример множества преждевременных сигналов, подаваемых днями разворота. В этом примере день разворота в действительности произошел на точном пике мощного «бычьего» рынка. Однако этому прекрасному сигналу к продаже также предшествовали пять других дней разворота, которые произошли задолго перед этим. Всякий, кто торговал на данном рынке, опираясь на сигналы разворота, вероятно, выбросил бы полотенце на ринг задолго до возникновения истинного сигнала.

В приведенных примерах по крайней мере один разворотный день был отмечен вблизи фактического максимума. Однако часто в ходе по-

Рисунок 6.7.

ДНИ РАЗВОРОТА — СИГНАЛ, КОТОРЫЙ КРИЧАЛ «ИДУТ МЕДВЕДИ!»: ХЛОПОК, ИЮЛЬ 1994

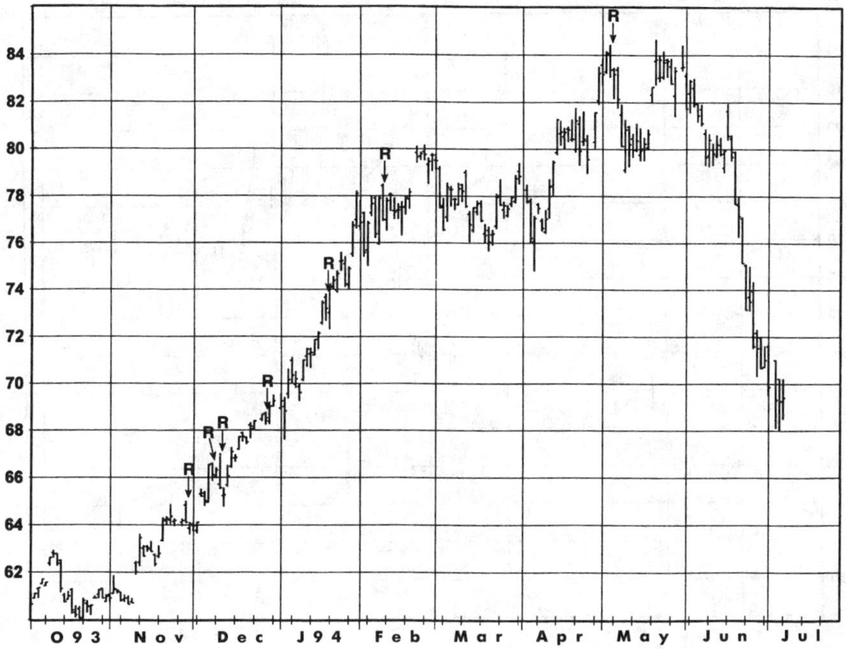

Примечание: R — день разворота.

вышательной тенденции происходит несколько верхних разворотов, которые дают ложные сигналы и не наблюдается дня верхнего разворота вблизи фактической вершины. Можно сказать, что дни верхнего разворота дают 100 сигналов на каждые 10 максимумов. Иными словами, дни разворота иногда подают превосходные сигналы, но гораздо чаще ложные.

На мой взгляд, стандартное определение дня разворота настолько склонно генерировать ложные сигналы, что делает его бесполезным в качестве индикатора рынка. Проблема стандартного определения заключается в том, что простое требование, чтобы цена закрытия была ниже закрытия предыдущего дня, является слишком слабым условием. Вместо этого я предлагаю определять день разворота как день, когда регистрируется новый максимум в повышательном движении цен и затем происходит разворот до уровня закрытия ниже *минимума* предыдущего дня. (При желании, это условие можно сделать даже еще более жестким, установив, чтобы закрытие было ниже минимума двух предыдущих дней.) Это более строгое определение значительно сократит число ложных сигналов разво-

Рисунок 6.8.

**ДНИ РАЗВОРОТА — СИГНАЛ,
КОТОРЫЙ КРИЧАЛ «ИДУТ МЕДВЕДИ!»: ПШЕНИЦА, ИЮЛЬ 1992**

Примечание: R — день разворота.

рота, но оно также отфильтрует некоторые истинные сигналы. Например, это переделанное определение устранило бы все шесть ложных сигналов на рис. 6.7. К сожалению, оно также исключило бы и единственный верный сигнал. Однако на рис. 6.8 более строгое определение дня разворота позволило бы избежать всех пяти преждевременных сигналов, но при этом оставило бы в неприкосновенности единственный верный сигнал.

День разворота может показаться весьма похожим на день шипа, однако эти две модели неравноценны. День шипа не обязательно будет днем разворота, а последний — днем шипа. Например, день шипа вверх может не иметь цену закрытия ниже минимума предыдущего дня (или ниже цены закрытия предыдущего дня, как требует стандартное определение разворотного дня), даже если цена закрытия самого «шипообразного» дня совпадает с минимумом. Что касается разворота, то максимум дня верхнего разворота может превышать максимум предыдущего дня *незначительно*, что не отвечает определению шипа вверх, а также может

Рисунок 6.9.

ШИПЫ И ДНИ РАЗВОРОТА ОДНОВРЕМЕННО: КОФЕ, СЕНТЯБРЬ 1994

быть *ниже* максимума последующего дня, поскольку в определении дня разворота цены последующего дня вообще не учитываются. Кроме того, возможно, что цена закрытия дня разворота не будет находиться вблизи дневного минимума, как требует определение шипа, даже если она ниже цены закрытия предыдущего дня.

Иногда день разворота и день шипа совпадают. Такие дни гораздо важнее, нежели простые дни разворота. Альтернативой более жесткому определению дня разворота является использование стандартного определения, но с условием, чтобы этот день был одновременно и шипом. (Дни, удовлетворяющие жесткому определению дня разворота и определению шипа, случаются довольно редко.) На рис. 6.9 представлен пример мощного «бычьего» рынка. Обратите внимание на два дня, соответствующие определениям дня шипа и дня верхнего разворота. Первый из этих дней был относительным максимумом, который дал весьма преждевременный сигнал. Однако второй день отметил точный пик неистового подъема цен.

Дни разгона (Thrust Days)

Днем верхнего разгона называется день, когда рынок закрывается выше максимума предыдущего дня. День нижнего разгона — это день, когда цена закрытия устанавливается ниже минимума предыдущего дня. Значимость дней разгона связана с представлением о важности цены закрытия дня. Единственный разгонный день не имеет особого значения, поскольку дни разгона являются довольно обычными. Однако несколько дней верхнего разгона (необязательно следующих один за другим) отражает явную силу рынка. Аналогичным образом, серия дней нижнего разгона отражает явную слабость рынка.

В периоды «бычьего» рынка дней верхнего разгона значительно больше, чем дней нижнего разгона (см. период с марта по июль на рис. 6.10). Напротив, в периоды преобладания «медведей» дней нижнего разгона значительно больше, чем дней верхнего разгона (период с февраля по март на рис. 6.11). И, как и следовало ожидать, на боковых рынках количество дней верхнего и нижнего разгона, как правило, примерно одинаково (период апрель-май на рис. 6.11).

Дни ускорения (Run Days)

День ускорения — это день с ярко выраженным трендом. По существу, день ускорения является более сильной версией разгонного дня (хотя день ускорения может и не удовлетворять критерию дня разгона). Дни ускорения определяются следующим образом.

День верхнего ускорения. Это день, который удовлетворяет следующим двум условиям.

1. Истинный максимум дня ускорения выше наивысшего истинного максимума за N предшествующих дней (например, $N = 5$)*.
2. Истинный минимум дня ускорения ниже самого низкого истинного минимума за N последующих дней**.

День нижнего ускорения. Это день, который удовлетворяет следующим двум условиям.

1. Истинный минимум дня ускорения ниже самого низкого истинного минимума за N предшествующих дней

* Истинный максимум, определение которого было дано в гл. 3, — это бóльшая из двух величин: максимум текущего дня и цена закрытия предыдущего дня.

** Истинный минимум, определение которого было дано в гл. 3, — это меньшая из двух величин: минимум текущего дня и цена закрытия предыдущего дня.

Рисунок 6.10.

ДНИ ВЕРХНЕГО И НИЖНЕГО РАЗГОНА НА «БЫЧЬЕМ» РЫНКЕ: ЗОЛОТО, АВГУСТ 1993

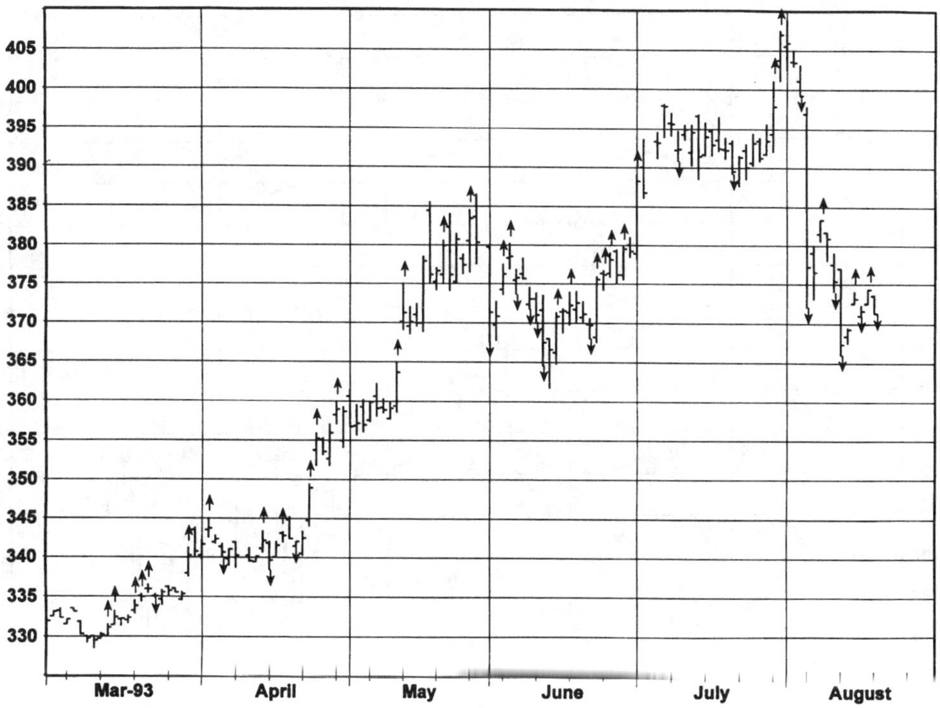

Примечание: ↑ — день верхнего разгона; ↓ — день нижнего разгона.

2. Истинный максимум дня ускорения выше наивысшего истинного максимума за *N* последующих дней.

Как вытекает из этих определений, дни ускорения невозможно распознать, пока не пройдет *N* дней после их появления. Заметьте также, что хотя большинство дней ускорения являются и днями разгона, но не исключено, что критериям дня ускорения будет отвечать день, который не является разгонным днем. Например, вполне возможно, чтобы дневной минимум ниже минимума за последние пять дней, дневной максимум выше максимума последующих пяти дней, и цена закрытия была *выше* минимума предыдущего дня.

Рис. 6.12 и 6.13 показывают примеры дней ускорения (при значении $N = 5$). Как можно видеть, дни ускорения чаще всего возникают при ускорении тренда — отсюда и название. Появление дней верхнего

Рисунок 6.11.

ДНИ ВЕРХНЕГО И НИЖНЕГО РАЗГОНА НА «МЕДВЕЖЬЕМ» РЫНКЕ: КАЗНАЧЕЙСКИЕ ОБЛИГАЦИИ, ИЮНЬ 1994

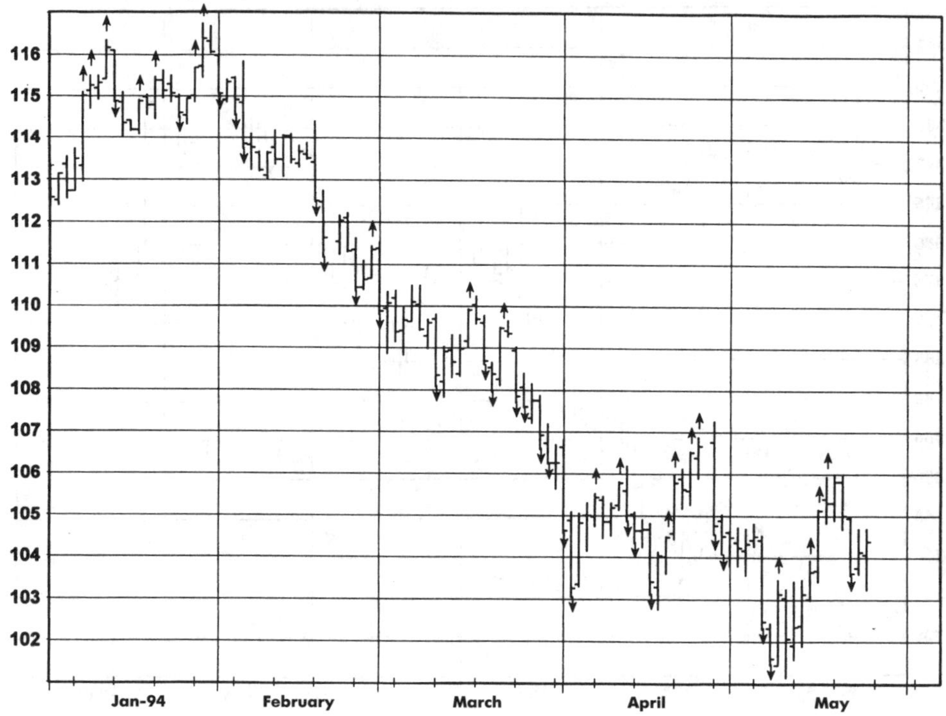

Примечание: ↑ — день верхнего разгона; ↓ — день нижнего разгона.

ускорения, особенно группами, может рассматриваться как свидетельство того, что рынок находится в «бычьей» фазе (рис. 6.12). Аналогичным образом, преобладание дней нижнего ускорения является подтверждением того, что рынок в «медвежьем» состоянии (рис. 6.13). В гл. 18 мы используем концепцию дней ускорения для конструирования торговых систем.

Широкодиапазонные дни (Wide-Ranging Days)

Широкодиапазонным называется день, волатильность которого значительно превышает среднюю волатильность последних торговых дней. Определение широкодиапазонных дней следующее.

Рисунок 6.12.

ДНИ УСКОРЕНИЯ НА «БЫЧЬЕМ» РЫНКЕ: КАЗНАЧЕЙСКИЕ ОБЛИГАЦИИ, МАРТ 1993

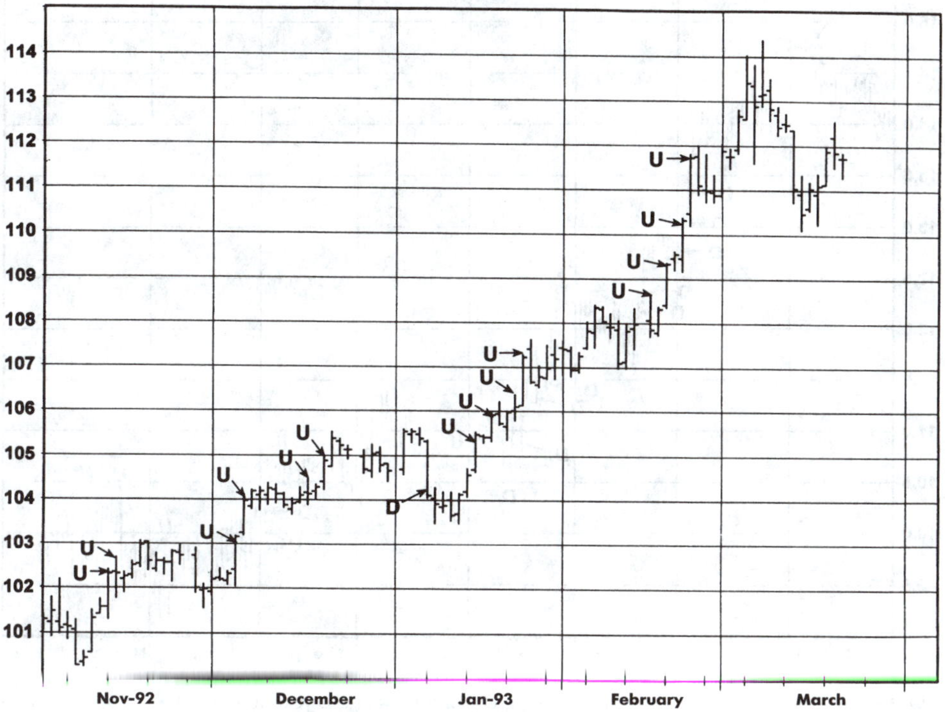

Примечание: U — день верхнего ускорения; D — день нижнего ускорения.

Широкодиапазонный день. День, когда коэффициент волатильности (*volatility ratio* — VR) больше k (например, $k = 2{,}0$). VR равняется истинному диапазону текущего дня, деленному на истинный диапазон предшествующего N-дневного периода (например, $N = 15$).

Широкодиапазонные дни могут иметь особое значение. Например, широкодиапазонный день с высоким закрытием, который случается после продолжительного снижения цен, часто является сигналом разворота тенденции вверх. Рис. 6.14–6.16 показывают примеры широкодиапазонных дней, которые произошли после длительного снижения и дали сигналы к началу сильного роста цен. На рис. 6.16 фактически имеются два соседних широкодиапазонных дня, которые образовались как раз над минимумом предшествующего «медвежьего» рынка.

Аналогичным образом широкодиапазонный день с низким закрытием, который появляется после продолжительного подъема цен, часто

Рисунок 6.13.

ДНИ УСКОРЕНИЯ НА «МЕДВЕЖЬЕМ» РЫНКЕ: САХАР, МАРТ 1991

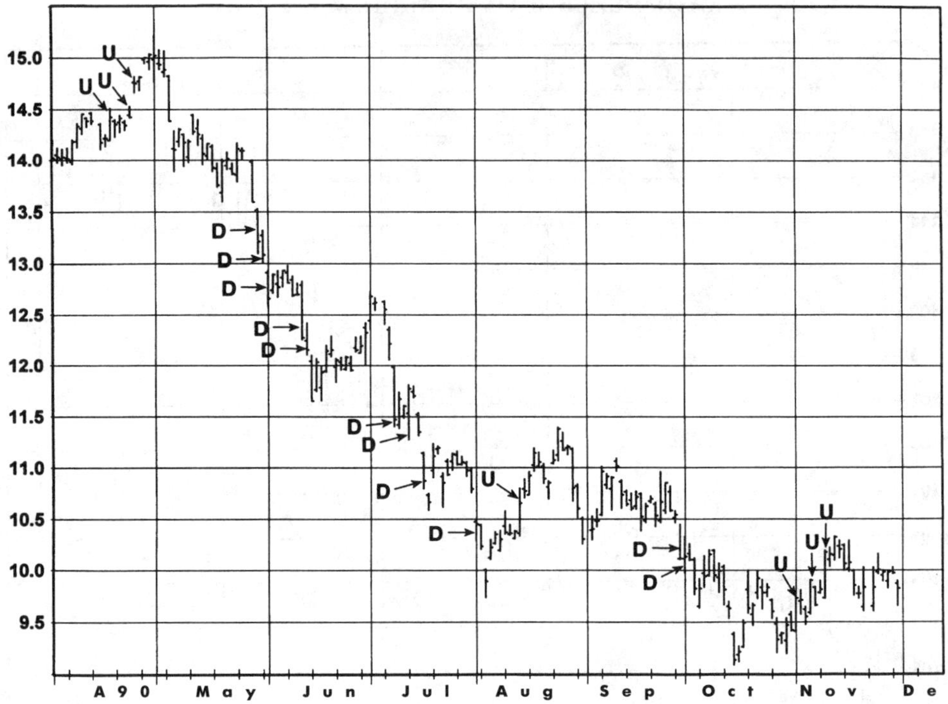

Примечание: U — день верхнего ускорения; D — день нижнего ускорения.

может сигнализировать о развороте тренда вниз. На рис. 6.17 и 6.18 показаны дни-катастрофы, возникшие вблизи пиков предшествующих повышательных тенденций, причем каждый из них стоил недельных продвижений цен вверх. Подобные гигантские широкодиапазонные дни следует рассматривать как серьезное предупреждение о том, что предыдущая крупная тенденция развернулась. Рис. 6.19 демонстрирует невероятную последовательность четырех широкодиапазонных дней, которая стерла четыре месяца предыдущего роста цен. Первый из этих дней появился довольно близко от уровня, который, на самом деле, оказался вершиной семилетнего рынка «быков». Понятие широкодиапазонных дней используется в гл.18 в качестве основного элемента построения возможной торговой системы.

Рисунок 6.14.

ШИРОКОДИАПАЗОННЫЙ ДЕНЬ РОСТА: СЫРАЯ НЕФТЬ, АВГУСТ 1994

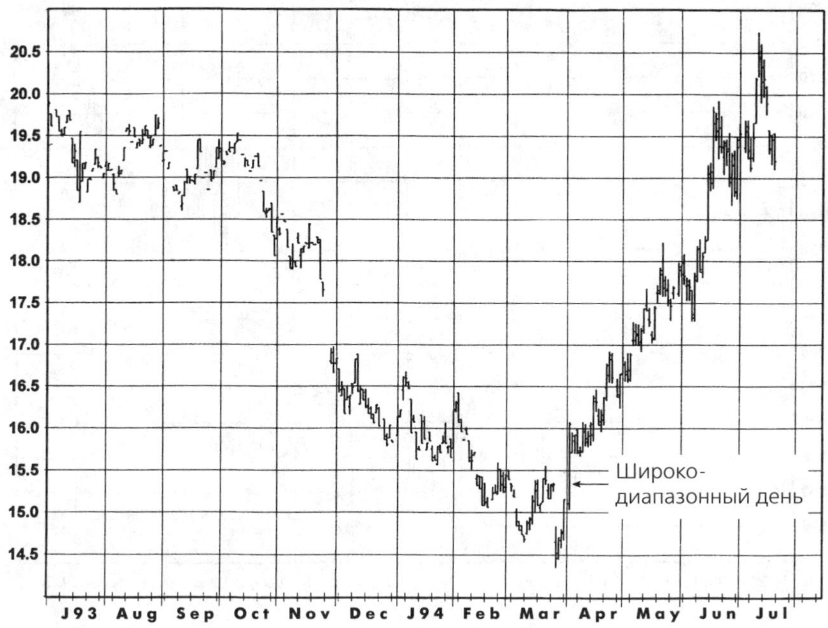

Рисунок 6.15.

ШИРОКОДИАПАЗОННЫЙ ДЕНЬ РОСТА: ХЛОПОК, ИЮЛЬ 1993

Рисунок 6.16.

ШИРОКОДИАПАЗОННЫЙ ДЕНЬ РОСТА: КАКАО, ДЕКАБРЬ 1993

Рисунок 6.17.

ШИРОКОДИАПАЗОННЫЙ ДЕНЬ ПАДЕНИЯ: КАНАДСКИЙ ДОЛЛАР, НЕПРЕРЫВНЫЕ ФЬЮЧЕРСЫ

Рисунок 6.18.

ШИРОКОДИАПАЗОННЫЙ ДЕНЬ ПАДЕНИЯ: ЗОЛОТО, ДЕКАБРЬ 1993

Рисунок 6.19.

ШИРОКОДИАПАЗОННЫЙ ДЕНЬ ПАДЕНИЯ: ФУНТ СТЕРЛИНГОВ, НЕПРЕРЫВНЫЕ ФЬЮЧЕРСЫ

МОДЕЛИ ПРОДОЛЖЕНИЯ (CONTINUATION PATTERNS)

Модели продолжения — это различные типы фаз консолидации цен, которые происходят внутри долговременных тенденций. Как вытекает из названия, ожидается, что модель продолжения завершится движением цен в том же направлении, которое предшествовало ее формированию.

Треугольники (Triangles)

Существуют три основных типа треугольных моделей: симметричные (рис. 6.20 и 6.21), восходящие (рис. 6.22 и 6.23) и нисходящие (рис. 6.24 и 6.25). Симметричный треугольник обычно заканчивается продолжением той тенденции, которая ему предшествовала. Традиционная графическая мудрость предполагает, что несимметричные треугольники будут уступать место тенденции в направлении наклона гипотенузы. Однако направление пробоя треугольной формации является более важным, чем ее тип. Например, на рис. 6.26, несмотря на то что консолидация в апреле-августе 1994 г. является восходящим треугольником, пробой произошел вниз, и за ним последовало резкое снижение.

Флаги и вымпелы (Flags and Pennants)

Флагами и вымпелами называются узкие и краткосрочные (например, от одной до трех недель) фазы консолидации внутри трендов. Фигура называется флагом, когда она ограничена параллельными линиями, и вымпелом, когда линии сходятся. Рис. 6.27 и 6.28 иллюстрируют оба вида моделей. Вымпелы могут показаться похожими на треугольники, но они отличаются во временном измерении: треугольник формируется значительно дольше.

Флаги и вымпелы обычно отражают паузы в сильном тренде. Иначе говоря, за этими моделями, как правило, следует движение цен в том же направлении, которое предшествовало их формированию.

Пробой границы флага или вымпела может рассматриваться как подтверждение того, что тренд продолжается, и как сигнал к торговле в направлении тренда. Однако, поскольку пробои происходят обычно в направлении основного тренда, я предпочитаю открывать позиции в ходе формирования флага или вымпела, не дожидаясь его пробоя. Такой подход обеспечивает более выгодные условия вхождения в рынок, причем без значительного ухудшения процента прибыльных сделок, поскольку развороты после пробоев флагов и вымпелов происходят почти столь же часто, как и пробои в направлении, противоположном

Рисунок 6.20.

СИММЕТРИЧНЫЙ ТРЕУГОЛЬНИК: КОНЦЕНТРАТ АПЕЛЬСИНОВОГО СОКА, НЕПРЕРЫВНЫЕ ФЬЮЧЕРСЫ

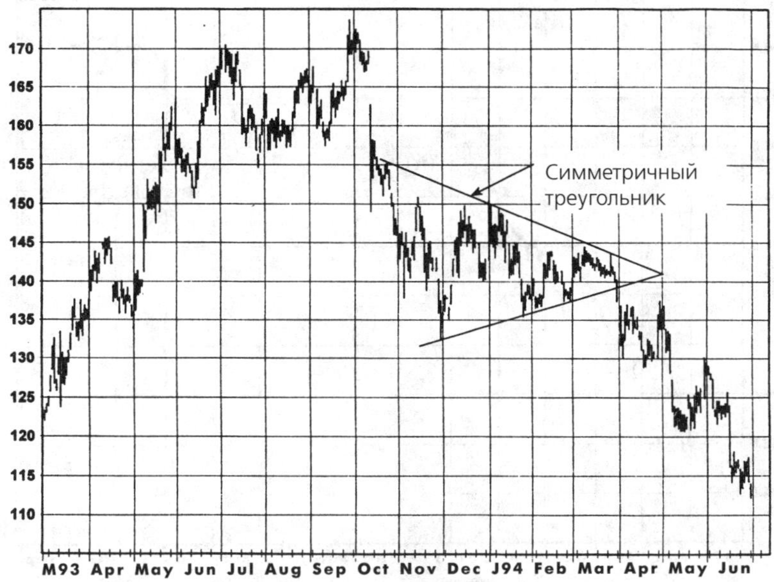

Рисунок 6.21.

СИММЕТРИЧНЫЙ ТРЕУГОЛЬНИК: ШВЕЙЦАРСКИЙ ФРАНК, НЕПРЕРЫВНЫЕ ФЬЮЧЕРСЫ

Рисунок 6.22.

ВОСХОДЯЩИЙ ТРЕУГОЛЬНИК: ЕВРОДОЛЛАР, СЕНТЯБРЬ 1992

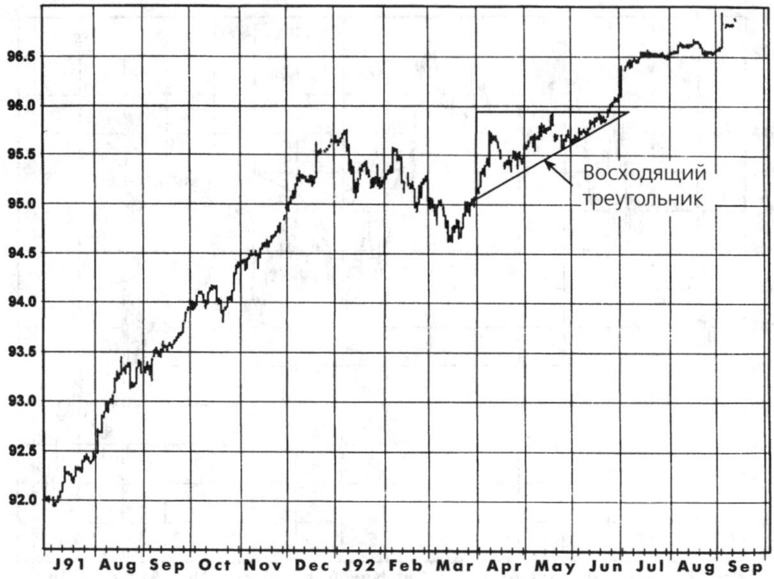

Рисунок 6.23.

ВОСХОДЯЩИЙ ТРЕУГОЛЬНИК: САХАР, ОКТЯБРЬ 1992

Рисунок 6.24.

НИСХОДЯЩИЙ ТРЕУГОЛЬНИК:
СОЕВОЕ МАСЛО, НЕПРЕРЫВНЫЕ ФЬЮЧЕРСЫ

Рисунок 6.25.

НИСХОДЯЩИЙ ТРЕУГОЛЬНИК:
СОЕВАЯ МУКА, НЕПРЕРЫВНЫЕ ФЬЮЧЕРСЫ

Рисунок 6.26.

НИСХОДЯЩИЙ ТРЕУГОЛЬНИК С ПРОБОЕМ ВНИЗ: ЕВРОДОЛЛАР, МАРТ 1995

ожидаемому. После пробоя из флага или вымпела нижнюю точку модели (для случая растущего тренда) можно использовать как ориентировочную защитную остановку.

Значительный пробой за пределы флага или вымпела в направлении, противоположном ожидаемому, т.е. против основной тенденции, может рассматриваться как сигнал потенциального разворота тенденции. Например, на рис. 6.28 обратите внимание на то, что после длинной череды флагов и вымпелов, заканчивавшихся прорывами в направлении основной тенденции, выход из флага в июне в противоположном направлении привел к резкому подъему цен.

Флаги и вымпелы обычно направлены в сторону, противоположную основной тенденции. Эта черта проявляется в большинстве флагов и вымпелов, показанных на рис. 6.27 и 6.28, где изображены довольно типичные графики. Однако направление, в котором смотрят флаги и вымпелы, не является важным фактором. Я не нашел каких-либо существенных различий в надежности флагов и вымпелов, смотрящих по ходу основной тенденции, и более типичными фигурами с противоположным уклоном. Флаги или вымпелы, которые формируются вблизи верхней границы торгового диапазона, могут быть особенно важными

Рисунок 6.27.

ФЛАГИ И ВЫМПЕЛЫ: САХАР, МАРТ 1995

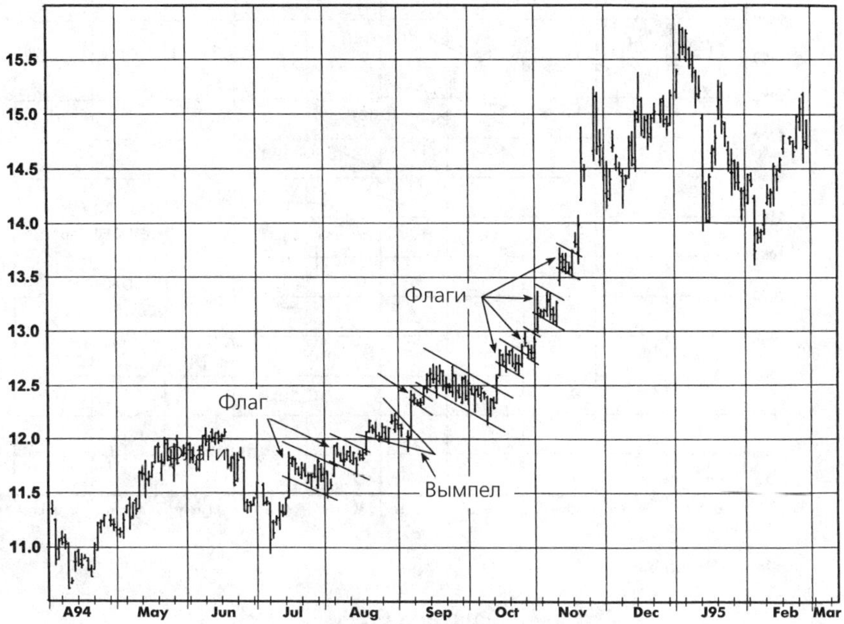

«бычьими» сигналами. В случае, когда флаг или вымпел формируется под верхней границей торгового диапазона, он указывает на то, что рынок не отступает, хотя и достиг области мощного сопротивления — вершины диапазона. Подобное поведение цен имеет повышательные последствия и предполагает, что рынок набирает силу для окончательного рывка вверх. В случае, когда флаг или вымпел формируется над торговым диапазоном, он указывает на то, что цены держатся выше уровня пробоя и таким образом дают ему сильное подтверждение. В целом, чем продолжительнее торговый диапазон, тем больше потенциальная значимость флага или вымпела, формирующегося вблизи его верхней границы. На рис. 6.29–6.32 показаны четыре примера флагов или вымпелов, образовавшихся вблизи верхней границы торговых диапазонов и оказавшихся предвестниками бурных подъемов цен.

По тем же причинам флаги или вымпелы, которые формируются вблизи нижней границы торгового диапазона, являются важными «медвежьими» моделями. На рис. 6.33–6.36 показаны четыре примера флагов или вымпелов, образовавшихся вблизи нижней границы торговых диапазонов или под ней. Как видно из графиков, за ними последовало резкое падение цен.

Рисунок 6.28.

ФЛАГИ И ВЫМПЕЛЫ: КАКАО, ИЮЛЬ 1992

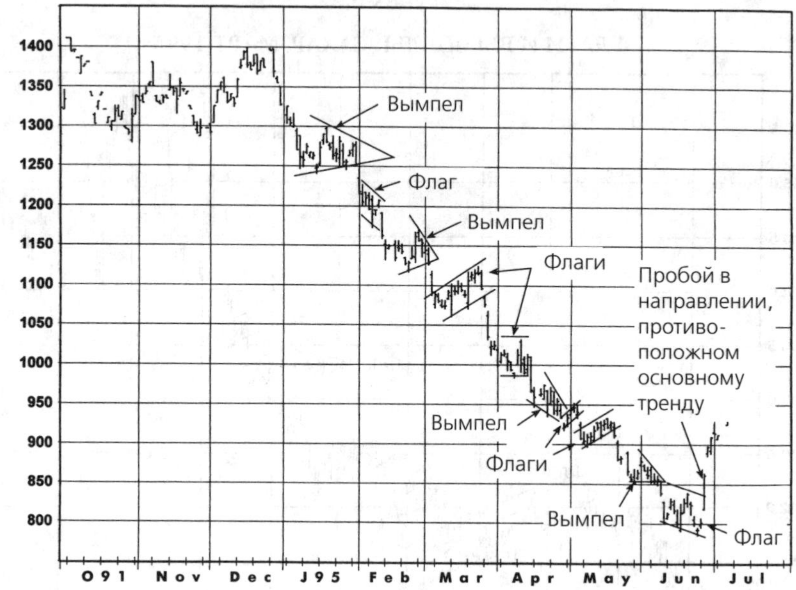

Рисунок 6.29.

ФЛАГ ВБЛИЗИ ВЕРХНЕЙ ГРАНИЦЫ ТОРГОВОГО ДИАПАЗОНА КАК СИГНАЛ РОСТА ЦЕН: МАЗУТ, ОКТЯБРЬ 1990

Рисунок 6.30.

ФЛАГ ВБЛИЗИ ВЕРХНЕЙ ГРАНИЦЫ ТОРГОВОГО ДИАПАЗОНА КАК СИГНАЛ РОСТА ЦЕН: МЕДЬ, ДЕКАБРЬ 1994

Рисунок 6.31.

ВЫМПЕЛ НАД ВЕРХНЕЙ ГРАНИЦЕЙ ТОРГОВОГО ДИАПАЗОНА КАК СИГНАЛ РОСТА ЦЕН: СОЕВЫЕ БОБЫ, ИЮЛЬ 1993

Рисунок 6.32.

ФЛАГ НАД ВЕРХНЕЙ ГРАНИЦЕЙ ТОРГОВОГО ДИАПАЗОНА КАК СИГНАЛ РОСТА ЦЕН: СОЕВАЯ МУКА, ИЮЛЬ 1993

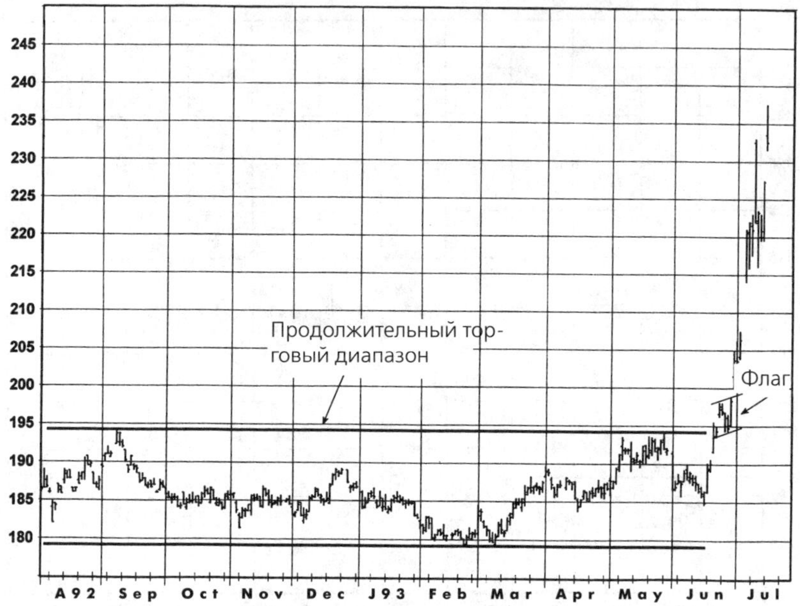

Рисунок 6.33.

ФЛАГ ПОД НИЖНЕЙ ГРАНИЦЕЙ ТОРГОВОГО ДИАПАЗОНА КАК СИГНАЛ СНИЖЕНИЯ ЦЕН: ПЛАТИНА, НЕПРЕРЫВНЫЕ ФЬЮЧЕРСЫ

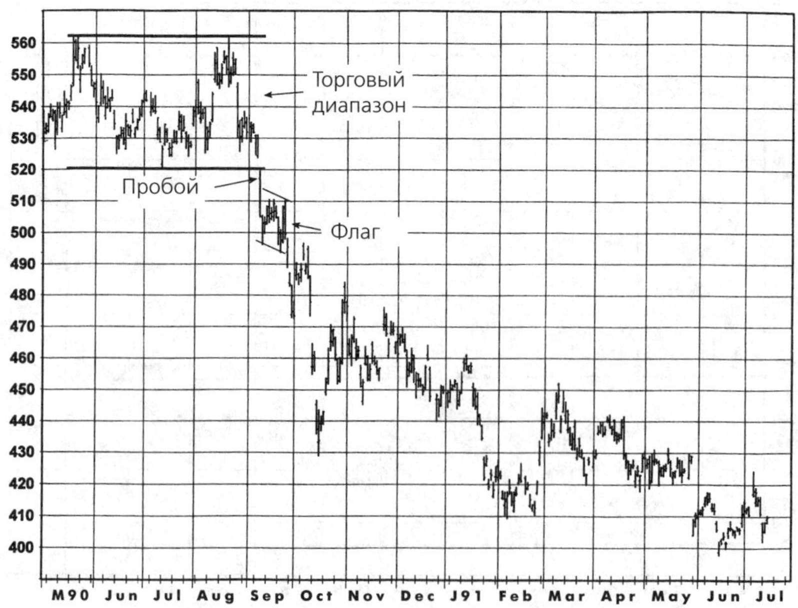

Рисунок 6.34.

ФЛАГ ПОД НИЖНЕЙ ГРАНИЦЕЙ ТОРГОВОГО ДИАПАЗОНА КАК СИГНАЛ СНИЖЕНИЯ ЦЕН: СЫРАЯ НЕФТЬ, НЕПРЕРЫВНЫЕ ФЬЮЧЕРСЫ

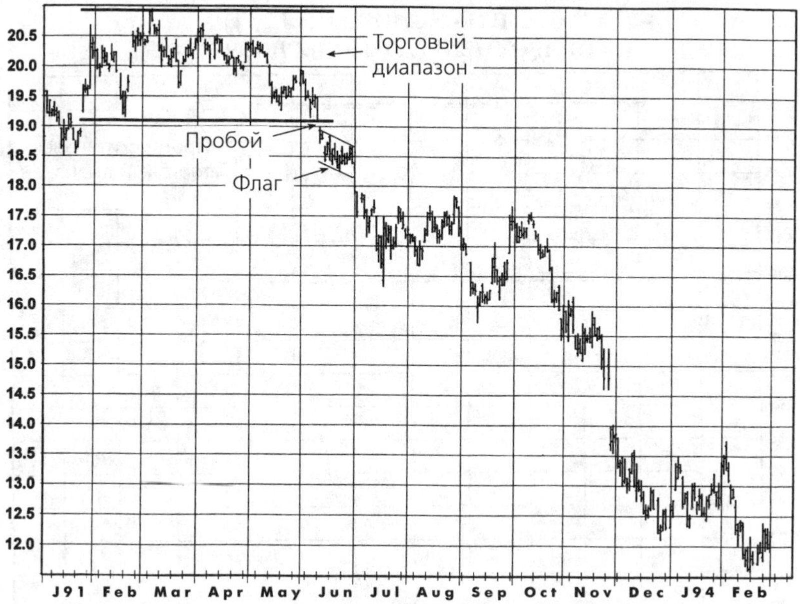

Рисунок 6.35.

ФЛАГ У НИЖНЕЙ ГРАНИЦЫ ТОРГОВОГО ДИАПАЗОНА КАК СИГНАЛ СНИЖЕНИЯ ЦЕН: ЕВРОДОЛЛАР, ИЮНЬ 1994

Рисунок 6.36.

ФЛАГ ПОД НИЖНЕЙ ГРАНИЦЕЙ ТОРГОВОГО ДИАПАЗОНА КАК СИГНАЛ СНИЖЕНИЯ ЦЕН: ПРИРОДНЫЙ ГАЗ, НОЯБРЬ 1994

РАЗВОРОТНЫЕ ФОРМАЦИИ

V-образные вершины и впадины

V-образными называют крупные симметричные вершины (рис. 6.37) или впадины (рис. 6.38). Одной из проблем здесь является то, что такую вершину или впадину порой трудно отличить от резкой коррекции цен, если она не сопровождается другими техническими индикаторами (например, отчетливый шип, явный день разворота, широкий разрыв, день с широким диапазоном). V-образная впадина на рис. 6.38, действительно, имела подобную подсказку — огромный шип, тогда как V-образная вершина на рис. 6.37 не сопровождалась какими-либо иными свидетельствами разворота тенденции.

Двойные вершины и впадины

Двойные вершины и впадины являются именно тем, о чем говорит их название. Разумеется, две вершины (или впадины), образующие модель, не должны быть совершенно одинаковыми, скорее они будут близки по ценам.

Рисунок 6.37.

V-ОБРАЗНАЯ ВЕРШИНА: КАНАДСКИЕ ОБЛИГАЦИИ, НЕПРЕРЫВНЫЕ ФЬЮЧЕРСЫ

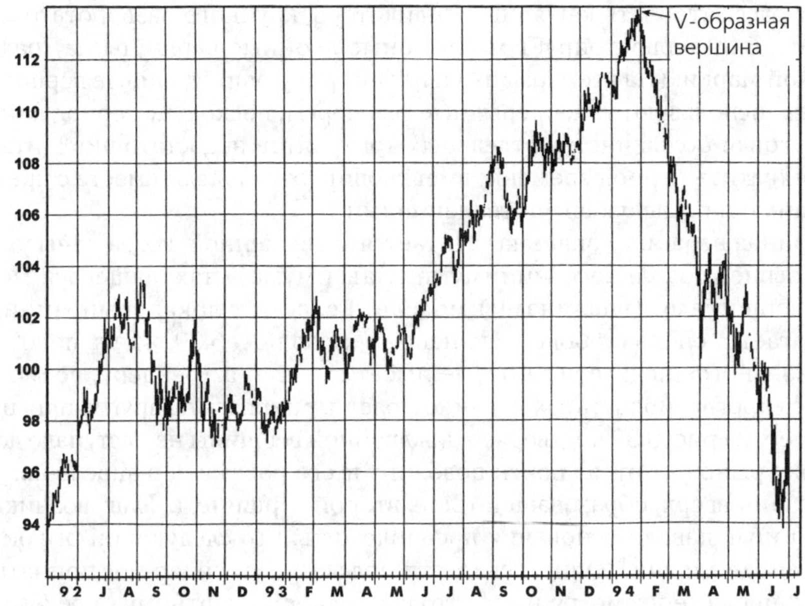

Рисунок 6.38.

V-ОБРАЗНАЯ ВПАДИНА: ИТАЛЬЯНСКИЕ ОБЛИГАЦИИ, НЕПРЕРЫВНЫЕ ФЬЮЧЕРСЫ

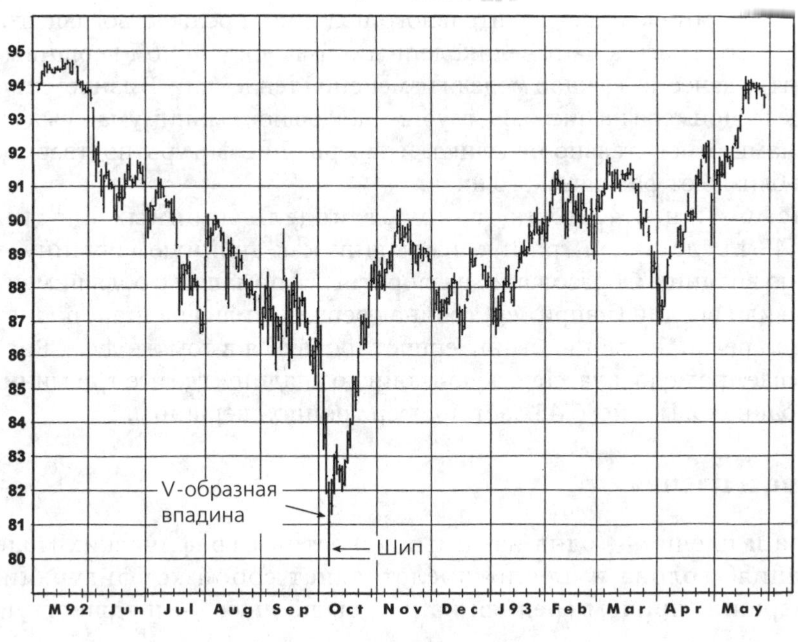

Двойные вершины и впадины, образующиеся после мощного движения цен, следует рассматривать как явные индикаторы крупного разворота тенденции. Рис. 6.39 иллюстрирует масштабные двойные вершины на графике немецкой марки. (На всех графиках, иллюстрирующих двойные вершины и впадины, используются непрерывные фьючерсы, поскольку период ликвидной торговли большинства отдельных контрактов недостаточно длителен, чтобы охватить период времени, вмещающий эти модели вместе с предшествующими и последующими тенденциями.)

Двойная вершина (впадина) считается завершенной, когда цены уходят ниже (выше) локального минимума (максимума), находящегося между двумя вершинами (впадинами) модели. Если этот локальный минимум располагается очень глубоко, как, например, на рис. 6.39, ждать подобного «официального» подтверждения не имеет смысла, и трейдеру, возможно, придется прогнозировать завершение модели, опираясь на другие признаки. Например, на рис. 6.39 подтверждения двойной вершины не наступало до тех пор, пока рынок не отдал почти половину всего роста цен в апреле-августе. Однако шип вверх, образовавшийся на второй вершине, и флаг, возникший вслед за ним, давали основания предположить, что следующий рывок цен будет направлен вниз. Опираясь на эти подсказки, трейдер мог принять решение о продаже несмотря на то, что согласно стандартному определению модель еще не завершилась.

На рис. 6.40 изображена двойная вершина, которая накрыла впечатляющий «бычий» рынок австралийских 10-летних облигаций, наблюдавшийся в начале 1990-х гг. Заметьте, что использован недельный график, чтобы показать всю протяженность длительного подъема, предшествовавшего этой модели. Этот график дает великолепный пример двойной вершины (или впадины) в качестве важной модели изменения тенденции. В данном случае, в отличие от примера на рис. 6.39, глубина локального минимума между двумя вершинами относительно невелика, и завершение фигуры подтверждается совсем близко от фактического пика.

Рис. 6.41 и 6.42 иллюстрируют модели двойных впадин. На рис. 6.43 представлен график, имеющий как двойную вершину, так и двойную впадину. Образование разворотных формаций с большим числом вершин или впадин (например, тройная вершина или впадина) происходит довольно редко, но могло бы интерпретироваться в том же духе. Рис. 6.44 показывает редкую, классическую тройную впадину, где все три минимума почти одинаковы. Рис. 6.45 дает пример тройной вершины.

«Голова и плечи»

«Голова и плечи» — одна из самых известных графических моделей. Формация «голова и плечи» представляет собой конфигурацию из трех вершин, причем средняя из них выше двух — предшествующей

Рисунок 6.39.

**ДВОЙНАЯ ВЕРШИНА:
НЕМЕЦКАЯ МАРКА, НЕПРЕРЫВНЫЕ ФЬЮЧЕРСЫ**

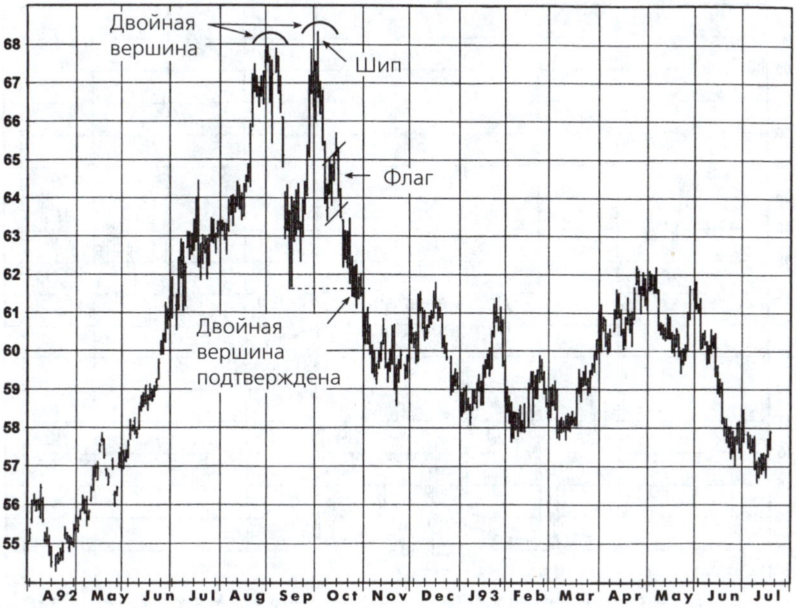

Рисунок 6.40.

**ДВОЙНАЯ ВЕРШИНА:
АВСТРАЛИЙСКИЕ 10-ЛЕТНИЕ ОБЛИГАЦИИ,
НЕДЕЛЬНЫЙ ГРАФИК НЕПРЕРЫВНЫХ ФЬЮЧЕРСОВ**

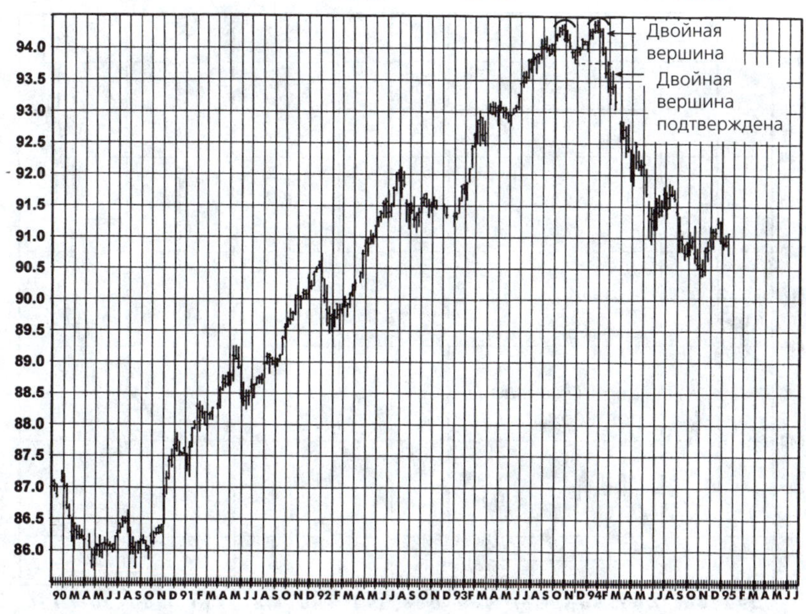

Рисунок 6.41.

**ДВОЙНАЯ ВПАДИНА:
НЕЭТИЛИРОВАННЫЙ БЕНЗИН, НЕПРЕРЫВНЫЕ ФЬЮЧЕРСЫ**

Рисунок 6.42.

**ДВОЙНАЯ ВПАДИНА:
СОЕВЫЕ БОБЫ, НЕПРЕРЫВНЫЕ ФЬЮЧЕРСЫ**

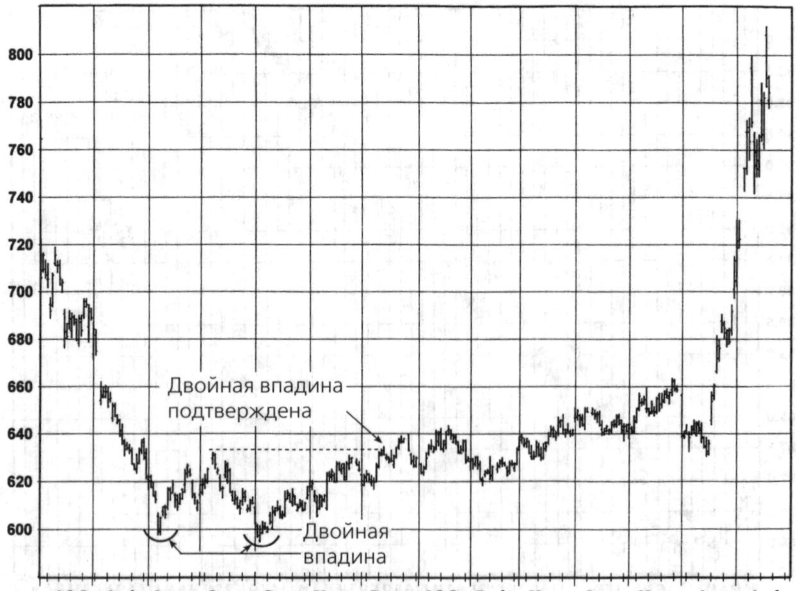

Рисунок 6.43.

ДВОЙНАЯ ВЕРШИНА И ДВОЙНАЯ ВПАДИНА: ЯПОНСКАЯ ИЕНА, НЕПРЕРЫВНЫЕ ФЬЮЧЕРСЫ

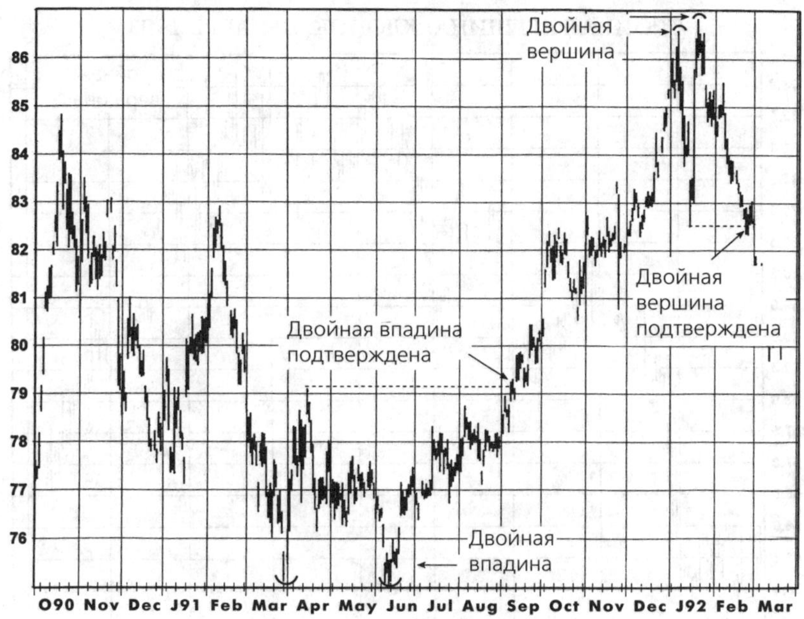

Рисунок 6.44.

ТРОЙНАЯ ВПАДИНА: ЕВРОИЕНА, ИЮНЬ 1992

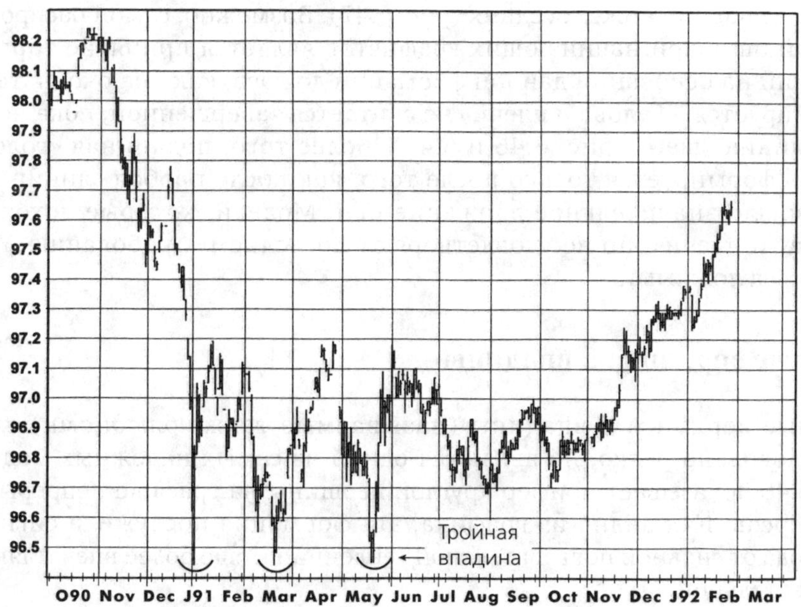

Рисунок 6.45.

ТРОЙНАЯ ВЕРШИНА: ХЛОПОК, ДЕКАБРЬ 1993

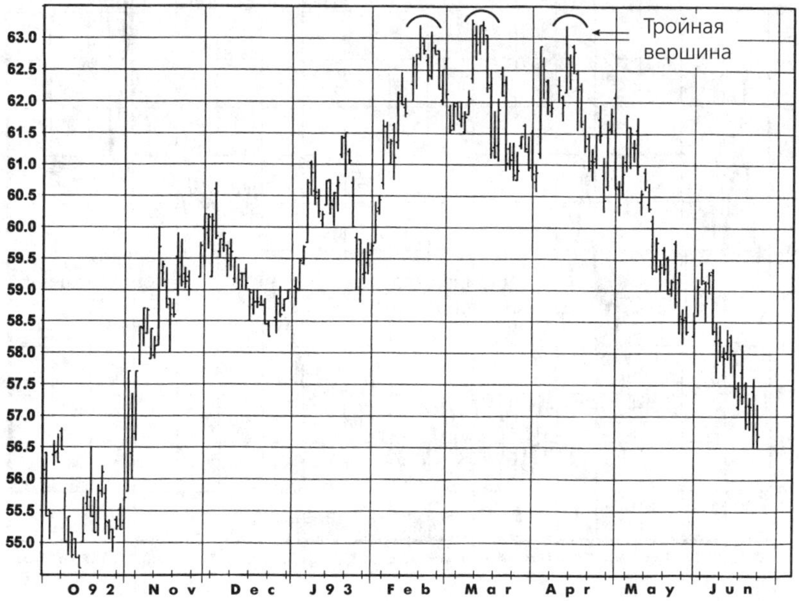

и последующей (рис. 6.46). Аналогичным образом, перевернутая «голова и плечи» представляет собой конфигурацию из трех впадин, причем средняя впадина ниже соседних (рис. 6.47). Возможно, самой распространенной ошибкой начинающих графистов является принятие торговых решений на оснований данной формации до того, как она окончательно сформируется. «Голова и плечи» не считается завершенной, пока не пробита линия «шеи» (рис. 6.46 и 6.47). Более того, подлинная «голова и плечи» формируется только после того, как после пробоя «линии шеи» произошло значительное движение цен. Модели, которые похожи на «голову и плечи», но не удовлетворяют последнему требованию, могут оказаться ложными.

Круглые вершины и впадины

Круглые вершины и впадины (называемые также *блюдцами*) случаются довольно редко, но являются одной из самых надежных моделей. Рис. 6.48 показывает пример круглой вершины на графике непрерывных фьючерсов. Как видно из графика, эта формация послужила сигналом перехода от сильной повышательной тенденции к еще более впечатляющей понижательной.

Рисунок 6.46.

«ГОЛОВА И ПЛЕЧИ»: СЫРАЯ НЕФТЬ, ИЮНЬ 1991

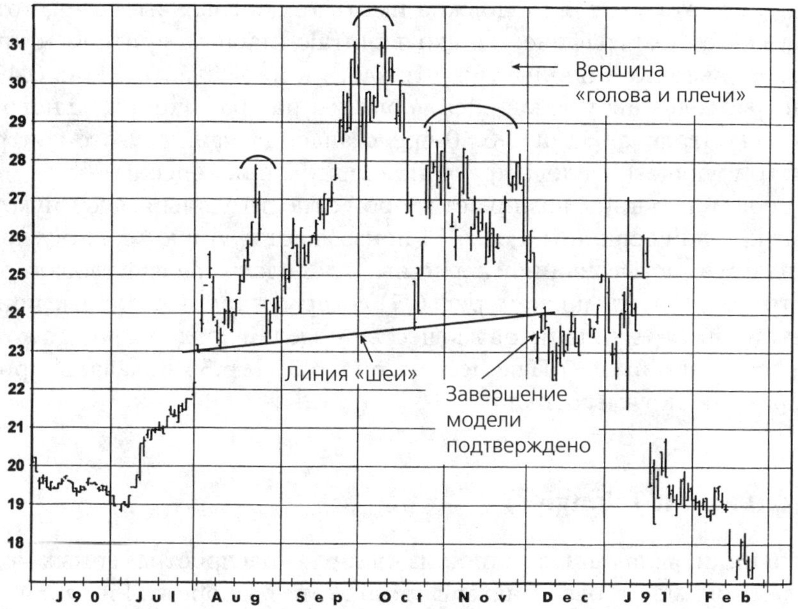

Рисунок 6.47.

ПЕРЕВЕРНУТАЯ «ГОЛОВА И ПЛЕЧИ»: КОФЕ, ДЕКАБРЬ 1992

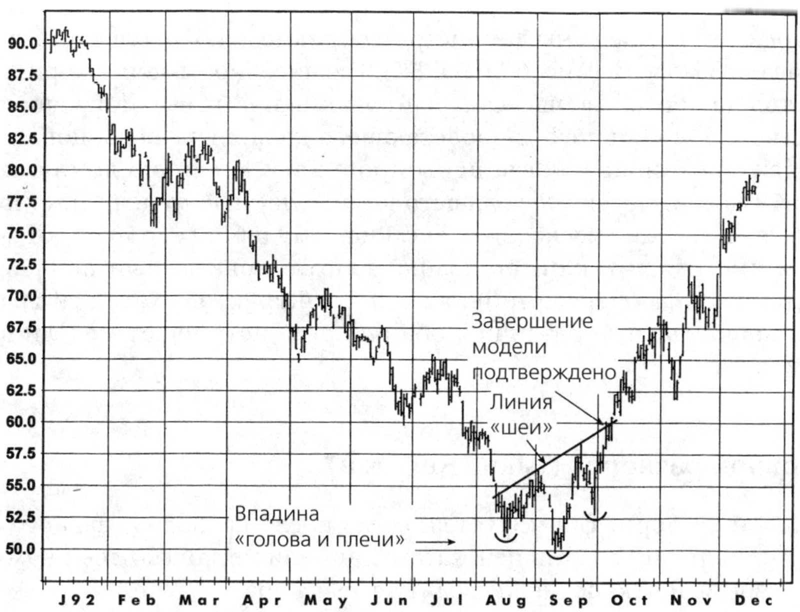

В идеале эта модель не должна иметь тех острых выступов, которые есть на указанном графике; однако я считаю главным критерием круглое очертание внешнего периметра, что здесь и наблюдается. Рис. 6.49 изображает модель закругляющейся вершины на графике отдельного фьючерсного контракта. На рис. 6.50 представлен график другого контракта, демонстрирующего модель круглой вершины с интересным феноменом: после первой вершины возникает второй относительный максимум также в форме круглой вершины. Рис. 6.51 показывает круглую вершину, которая сама является частью двойной вершины. Эта модель предшествовала резкой смене тренда. (Между прочим, рис. 6.51 содержит также отличные примеры симметричных треугольников в качестве моделей продолжения, о которых было рассказано выше.) Наконец, на рис. 6.52 и 6.53 показаны примеры формирования круглых впадин.

Треугольники (Triangles)

Треугольники, являющиеся одной из наиболее распространенных моделей продолжения, могут быть также формациями разворота. Рис. 6.54 и 6.55 иллюстрируют треугольные вершины. Как и в случае модели продолжения, ключевым фактором является направление пробоя треугольника.

Клин (Wedge)

В восходящем клине цены демонстрируют замедляющийся рост в рамках сужающейся модели (рис. 6.56 и 6.57). Неспособность цен ускорить рост, несмотря на продолжающееся зондирование новых высот, предполагает существование сильного и нарастающего давления продавцов. Сигнал к продаже возникает, когда цены пробивают нижнюю линию клина. Рис. 6.58 дает пример нисходящего клина. Данные модели иногда формируются в течение нескольких лет. Рис. 6.59 и 6.60 изображают многолетний нисходящий клин на рынке золота, показанный на графиках непрерывных фьючерсов и ближайших контрактов. Хотя эти графики имеют значительные различия, оба они демонстрируют модели нисходящего клина.

Островной разворот (Island Reversal)

Островной разворот формируется, когда после продолжительного роста возникает верхний разрыв цен, затем один или несколько дней находятся выше разрыва и наконец происходит разрыв вниз.

Рисунок 6.48.

**КРУГЛАЯ ВЕРШИНА:
НЕПРЕРЫВНЫЕ ФЬЮЧЕРСЫ
НА ИНДЕКС ФРАНЦУЗСКИХ ОБЛИГАЦИЙ НА БИРЖЕ *MATIF***

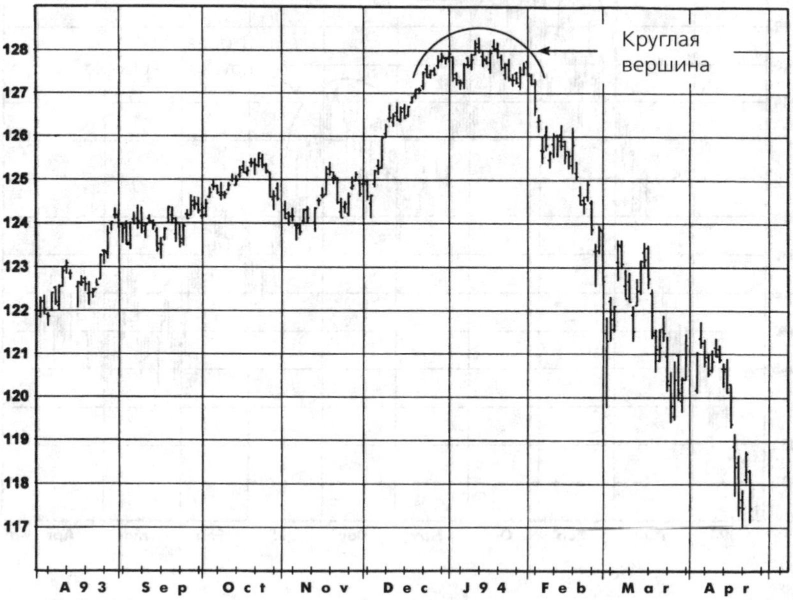

Рисунок 6.49.

КРУГЛАЯ ВЕРШИНА: СВИНИНА, АВГУСТ 1994

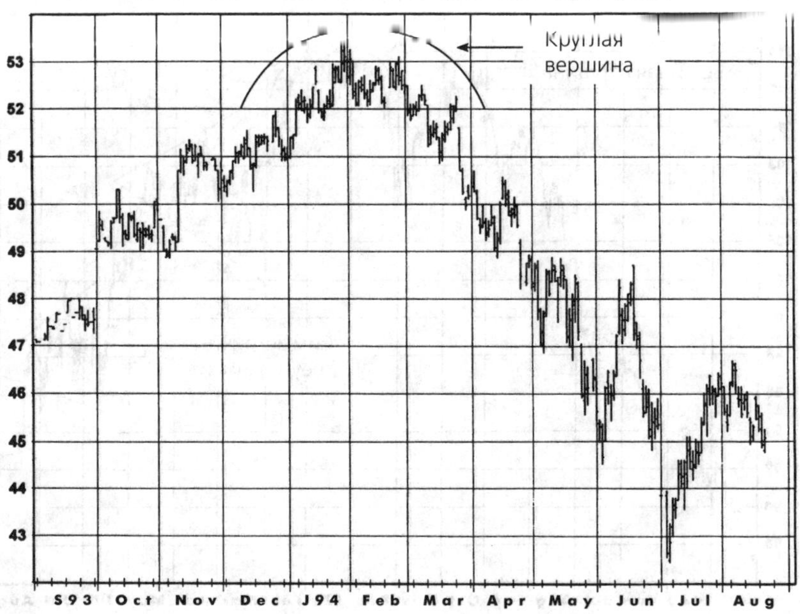

Рисунок 6.50.

ДВЕ КРУГЛЫЕ ВЕРШИНЫ: ПШЕНИЦА, МАЙ 1995

Рисунок 6.51.

КРУГЛАЯ ВЕРШИНА КАК ЧАСТЬ ДВОЙНОЙ ВЕРШИНЫ: ИТАЛЬЯНСКИЕ ОБЛИГАЦИИ, НЕПРЕРЫВНЫЕ ФЬЮЧЕРСЫ

Рисунок 6.52.

КРУГЛАЯ ВПАДИНА: МЕДЬ, МАЙ 1994

Рисунок 6.53.

КРУГЛАЯ ВПАДИНА: ПРИРОДНЫЙ ГАЗ, АВГУСТ 1992

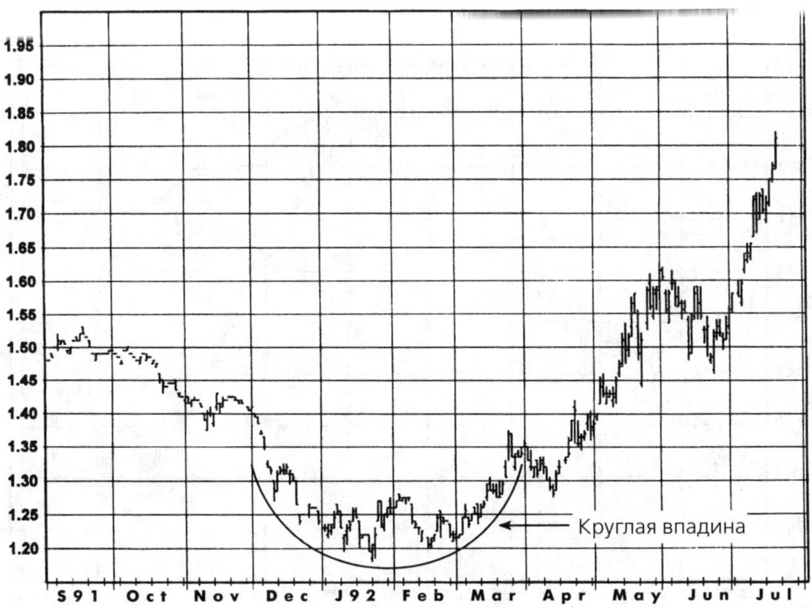

Рисунок 6.54.

ТРЕУГОЛЬНАЯ ВЕРШИНА: СЕРЕБРО, СЕНТЯБРЬ 1991

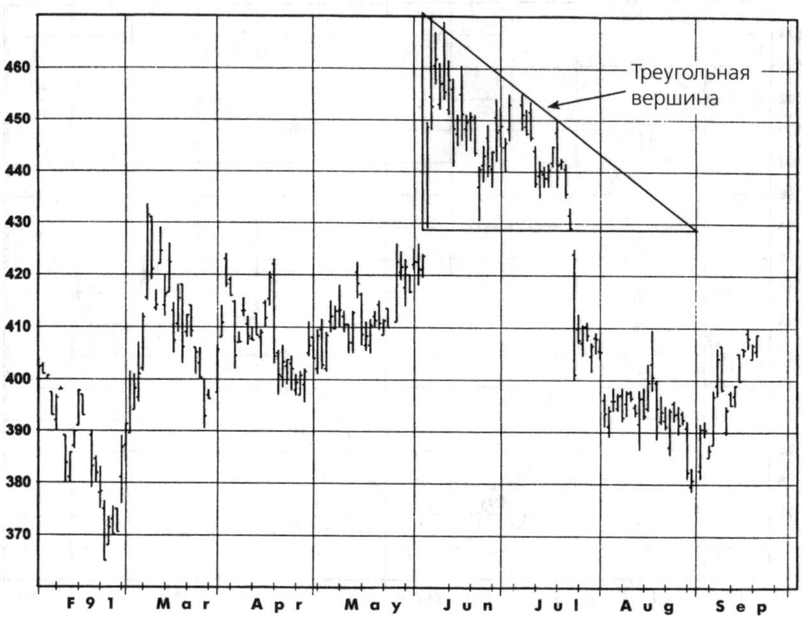

Рисунок 6.55.

ТРЕУГОЛЬНАЯ ВЕРШИНА: КАНАДСКИЙ ДОЛЛАР, МАРТ 1995.

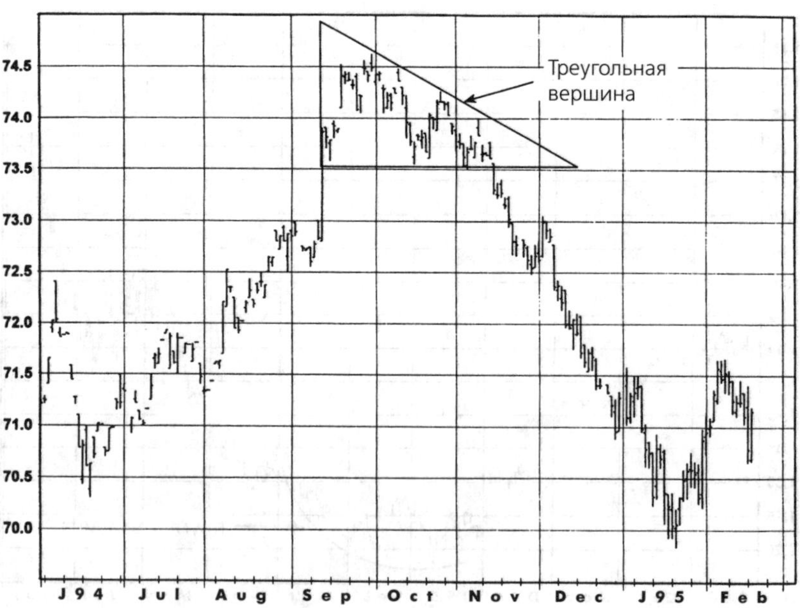

Рисунок 6.56.

ВОСХОДЯЩИЙ КЛИН: ХЛОПОК, ИЮЛЬ 1993

Рисунок 6.57.

**ВОСХОДЯЩИЙ КЛИН:
НЕЭТИЛИРОВАННЫЙ БЕНЗИН, НЕПРЕРЫВНЫЕ ФЬЮЧЕРСЫ**

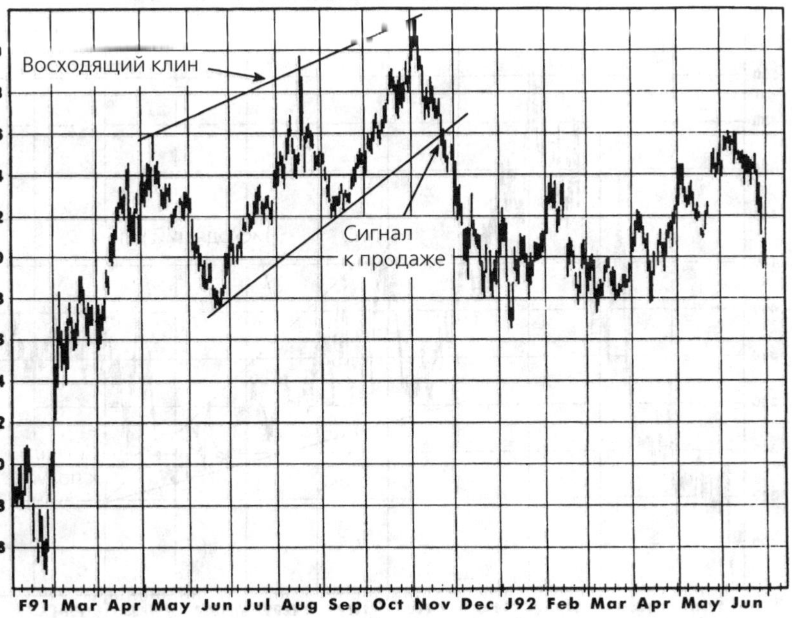

Рисунок 6.58.

**НИСХОДЯЩИЙ КЛИН:
СЫРАЯ НЕФТЬ, НЕПРЕРЫВНЫЕ ФЬЮЧЕРСЫ**

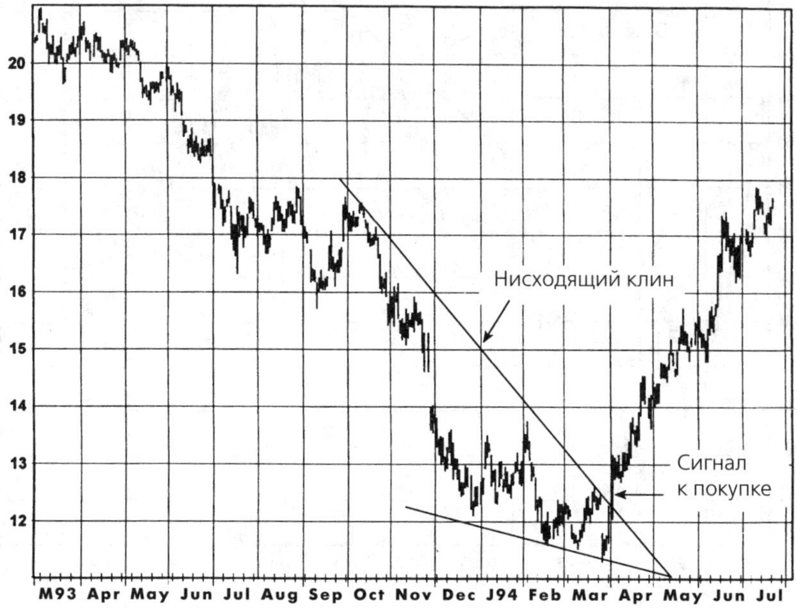

Рисунок 6.59.

**МНОГОЛЕТНИЙ НИСХОДЯЩИЙ КЛИН: ЗОЛОТО, НЕДЕЛЬНЫЙ ГРАФИК
БЛИЖАЙШИХ ФЬЮЧЕРСНЫХ КОНТРАКТОВ**

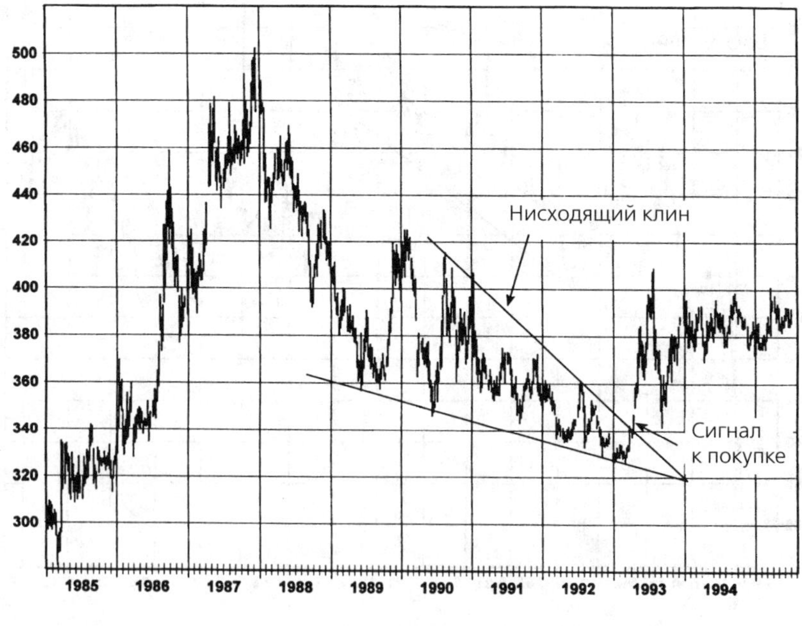

Рисунок 6.60.

МНОГОЛЕТНИЙ НИСХОДЯЩИЙ КЛИН: ЗОЛОТО, НЕДЕЛЬНЫЙ ГРАФИК НЕПРЕРЫВНЫХ ФЬЮЧЕРСОВ

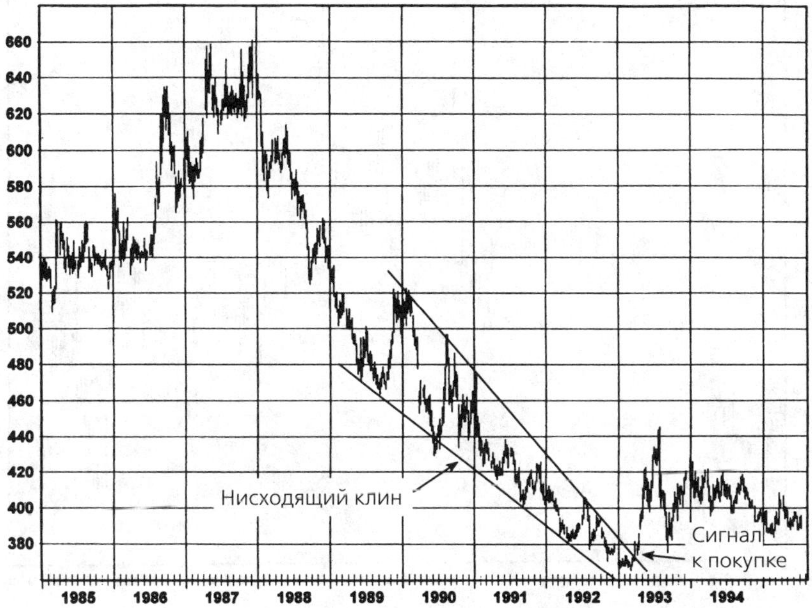

На рис. 6.61 и 6.62 показаны примеры островных вершин, у которых «островная» часть модели представлена одним-единственным днем, тогда как рис. 6.63 иллюстрирует островную вершину, на которой рынок торговался выше первоначального разрыва в течение нескольких дней, прежде чем произошел разрыв к более низкому уровню. Рис. 6.64 изображает островную впадину. Иногда может пройти несколько недель торгов, прежде чем второй разрыв в противоположном направлении завершит данную конфигурацию (рис. 6.65).

Последовательность, состоящая из критического разрыва вверх (вниз) без какого-либо продолжения движения в том же направлении и последующего разрыва вниз (вверх), является важной комбинацией. Островные развороты часто могут сигнализировать о перемене крупных тенденций, и им следует придавать большое значение, если только разрыв в конечном счете не заполняется.

Сигнал островного разворота остается в силе до тех пор, пока последний разрыв в модели не заполнен. Следует отметить, что ложные сигналы островного разворота являются обычным делом, т.е. островные развороты часто заполняются в первые несколько дней после их образования. Следовательно, хорошей идеей обычно бывает подождать по крайней мере 3–5 дней после первоначального формирования «острова», прежде чем делать вывод о том,

Рисунок 6.61.

ОСТРОВНАЯ ВЕРШИНА: МАЗУТ, НОЯБРЬ 1994

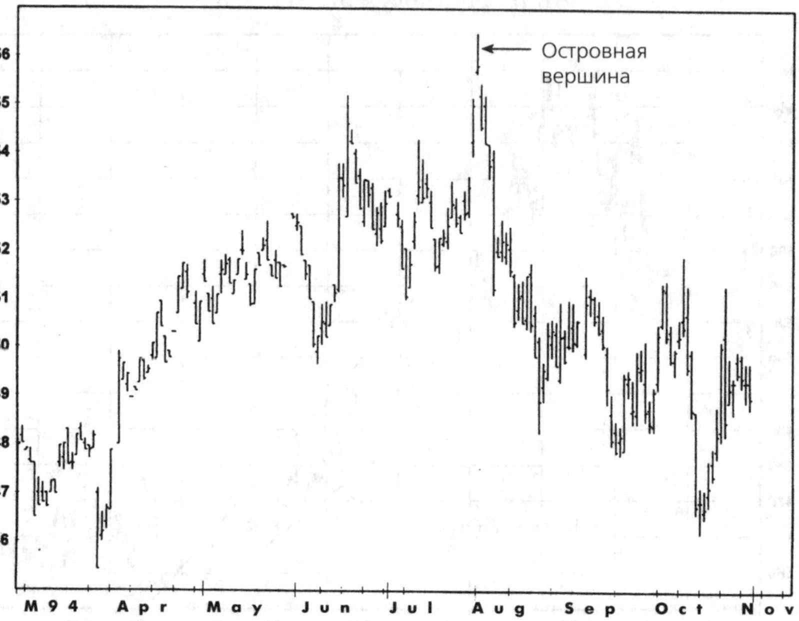

что это действительно сигнал разворота. Однако компромисс здесь состоит в том, что ожидание подтверждения, как правило, приведет к худшему уровню входа в рынок в случаях, когда сигнал островного разворота оказывается достоверным.

Шипы и дни разворота

Эти однодневные модели, которые часто обозначают относительные максимумы и относительные минимумы, а иногда и крупные пики и впадины, рассматривались выше в настоящей главе.

Рисунок 6.62.

ОСТРОВНАЯ ВЕРШИНА: СОЕВОЕ МАСЛО, ДЕКАБРЬ 1994

Рисунок 6.63.

ОСТРОВНАЯ ВЕРШИНА: ПЛАТИНА, ЯНВАРЬ 1994

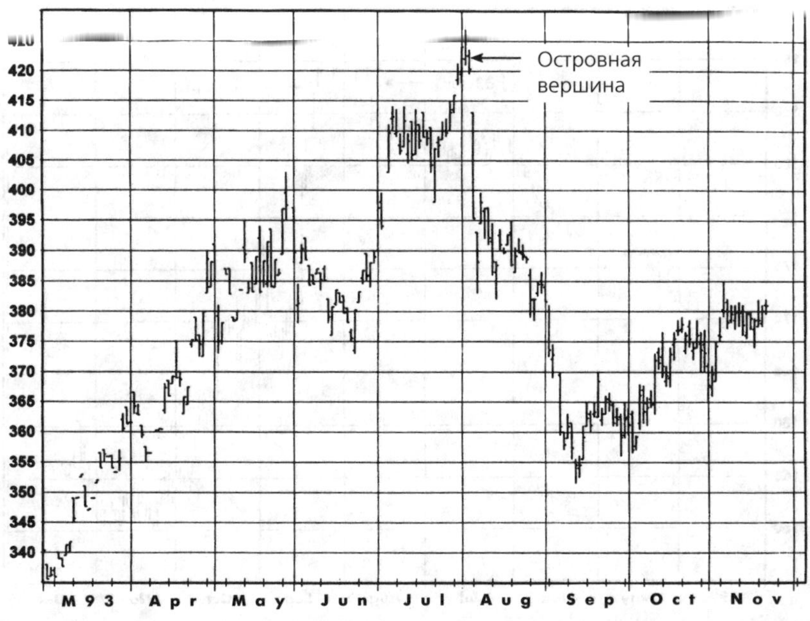

Рисунок 6.64.

ОСТРОВНАЯ ВПАДИНА: САХАР, МАРТ 1992

Рисунок 6.65.

ОСТРОВНАЯ ВЕРШИНА: ФУНТ СТЕРЛИНГОВ, ДЕКАБРЬ 1992

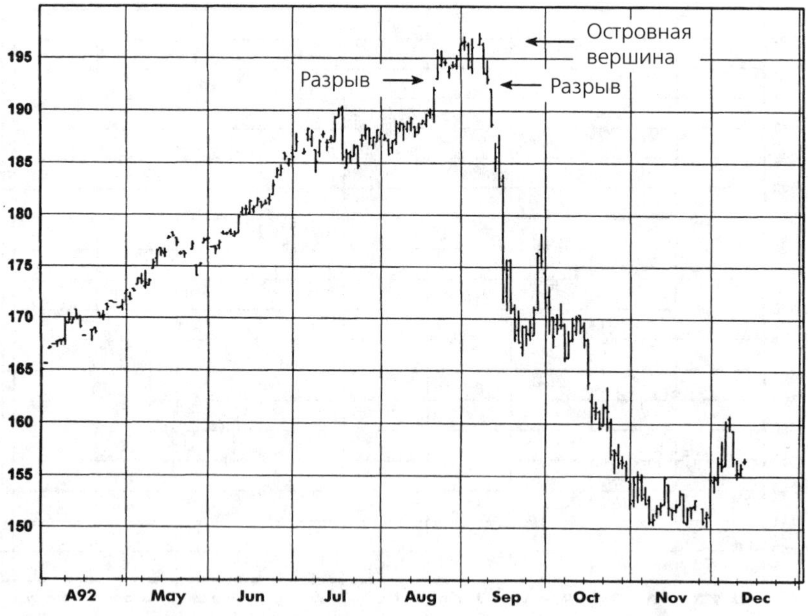

7 Эффективен ли еще графический анализ?

Я всегда смеюсь над людьми, которые говорят: «Я никогда не встречал богатого графиста». Мне это нравится! Это очень чванливая и невежественная позиция. Я пользовался фундаментальным анализом девять лет, а разбогател как технический аналитик.

Марти Шварцт

Многие трейдеры, которые никогда не пользовались графическим анализом (и даже некоторые из тех, кто пользовался), относятся к нему весьма скептически. Обычно возражения звучат примерно так: «Как может быть эффективным столь простой метод?»; «Поскольку ключевые точки графиков отнюдь не являются секретом, то разве не могут трейдеры в “яме” иногда чуть-чуть подтолкнуть рынок, чтобы спровоцировать исполнение защитных приказов, привязанных к графику?»; «Даже если графический анализ хорошо работал до того, как его детально описали во множестве книг, не стал ли этот метод слишком известным, чтобы все еще оставаться эффективным?»

Хотя аргументы, содержащиеся в упомянутых вопросах, являются в целом обоснованными, ряд факторов объясняет, почему графический анализ остается эффективным методом биржевой торговли.

1. Если вы своевременно закрываете убыточные позиции и не фиксируете прибыль слишком рано, то успех вашей торговли не зависит от того, прибыльна ли большая часть ваших сделок или нет. По сути, вы можете проигрывать чаще, чем выигрывать, и при этом увеличивать баланс вашего счета. Рассмотрим, например, действия трейдера, который в марте 1991 г. предположил, что евродолларовые контракты с поставкой в сентябре 1992 г. вошли в очередной торговый диапазон (рис. 7.1), и решил торговать в направлении любого окончательного пробоя, который последует. На рис. 7.2 показаны первоначальные сигналы к торговле и точки закрытия позиций, которые вытекали бы из данной стратегии. Подразумевается,

что защитные остановки размещены на осевой линии торгового диапазона. (Соображения относительно выбора защитной остановки детально обсуждаются в гл. 9.) Как видно на рис. 7.2, первые две сделки сразу закончились бы убытками. Однако рис. 7.3 показывает, что третий сигнал оказался действительно стоящим, вовремя предложив покупку и позволив извлечь выгоду из крупного повышения цен. Прибыль, полученная в последней сделке, намного превзошла убытки по двум предыдущим сделках с неблагоприятным исходом. (Обратите внимание, что торговый диапазон был скорректирован, т.е. расширен после каждого ложного прорыва.)

Стоит отметить, что хотя две из трех сделок были проигрышными, в целом трейдер получил значительную чистую прибыль. Следовательно, дисциплинированное применение принципов управления капиталом является не менее важной составной частью успешного применения графического анализа в торговле, чем сама система принятия торговых решений.

2. Графический анализ можно сделать гораздо более эффективным, введя некоторые дополнительные условия подтверждения торговых сигналов. Существует естественный компромисс в выборе правил подтверждения: чем жестче условия, тем больше потенциальной прибыли будет потеряно из-за позднего входа в рынок; чем мягче условия, тем больше будет ложных сигналов. Вот некоторые из основных методов, которые можно использовать для подтверждения сигналов: ожидание в течение определенного времени после получения сигнала, минимальный процент пробоя уровня и появление конкретных графических моделей (например, сигнал должен быть подтвержден двумя последующими днями разгона в направлении сигнала).

Не существует такой вещи, как наилучший набор условий подтверждения. При любом списке испытанных альтернатив искомая оптимальная стратегия будет меняться во времени, а также при переходе от рынка к рынку. Таким образом, окончательный выбор правил подтверждения будет зависеть от анализа и опыта трейдера. На самом деле, конкретный выбор условий подтверждения является одним из основных направлений, по которым происходит индивидуализация графического анализа.

В качестве иллюстрации условий подтверждения рассмотрим следующий набор правил:

а. Подождать три дня после получения сигнала.

б. При сигнале к покупке открывать позицию, когда после получения сигнала цена закрытия выше дневного максимума или в первый день после дня, удовлетворяющего этому условию. Аналогичное требование применимо к сигналам о продаже.

Как видно на рис. 7.2, эти правила отфильтровали бы проигрышные сигналы в марте и мае и при этом лишь незначительно отодвинули бы точку открытия позиции при последующем высокоприбыльном сигнале к покупке. Конечно, можно привести примеры, где использование условий подтверждения ведет к разрушительным результатам в торговле. Ключевой пункт, однако, в том, что использование правил подтверждения является одним из главных средств преобразования классических графических концепций в более эффективную методику торговли.

3. Графический анализ — это нечто большее, нежели простое распознавание и толкование отдельных моделей. Одним из отличительных качеств успешного графического трейдера является способность сводить воедино различные компоненты всей картины. Например, трейдер, который распознал лишь торговый диапазон на рынке евродолларовых контрактов с поставкой в сентябре 1992 г. (рис. 7.1), одинаково относился бы к прорывам вверх и вниз. Однако более опытный графист взглянул бы на картину в целом. Так, изучая на долгосрочном недельном графике непрерывных фьючерсов период начала 1991 г. (рис. 7.4), аналитик мог бы заметить, что на рынке сформировалась модель флага, причем как раз вблизи верхней границы пятилетнего торгового диапазона. Эта сильная повышательная модель недельного графика очень серьезно предупреждала бы против реагирования на сигналы к продаже, подаваемые дневным графиком. Следовательно, такой более полный графический анализ помог бы аналитику уклониться от ложного сигнала к продаже в марте (рис. 7.2) и занять намного более агрессивную торговую позицию при покупке, чем это было бы оправданно при рассмотрении ситуации только с точки зрения текущего торгового диапазона.

Конечно, приведенный пример опирается на преимущества анализа «задним числом». Однако суть не в том, чтобы доказать, что применение графического анализа к рынку евродолларов начала 1991 г. непременно указало бы на вероятность продолжения долгосрочной повышательной тенденции, а скорее — проиллюстрировать многогранность аналитического мышления опытного графического трейдера. Должно быть понятно, что навыки и субъективное восприятие в таком подходе переносят графический анализ в область искусства, которому невозможно подражать, просто опираясь на набор правил из учебника. Поэтому графические методы остаются эффективными, несмотря на широкую известность.

4. При наличии некоторых навыков фундаментального прогнозирования (когда точность прогноза выше чем 50%), графический анализ может использоваться вместе с фундаментальным, что обеспечило бы более эффективный подход. В частности, если долгосрочный фундаментальный прогноз указывает на вероятность значительно более высоких (низких) цен, то следует реагировать только на повышательные (понижательные) графические сигналы. Если фундаментальный прогноз нейтрален, то будут учитываться и те, и другие сигналы. Таким образом, графический аналитик, разбирающийся и в фундаментальном анализе, имел бы решающее преимущество над большинством трейдеров, основывающих свои решения только на графических данных.

5. Нежелание рынка следовать в направлении ключевого графического сигнала является важнейшим источником информации, которую начинающие графисты часто просматривают. Понимание таких ситуаций и использование их в торговле может значительно повысить эффективность графического анализа. Эта тема детально обсуждается в гл. 11 «Самое важное правило графического анализа».

В заключение отметим, что скептики, вероятно, правы, когда утверждают, что бездумная реакция на графические сигналы, подобная рефлексам животных в опытах академика Павлова, не приведет к успеху на бирже. Однако это никоим образом не противоречит тому, что умелое использование графиков, о котором говорилось выше, действительно, может стержнем эффективного торгового плана. В любом случае графический анализ остается в высшей степени индивидуальным методом, где успехи или неудачи зависят прежде всего от мастерства и опыта трейдера. Нет оснований ждать хорошей игры на скрипке без некоторой практики и врожденного таланта. То же самое справедливо в отношении графического анализа, несмотря на едкие замечания начинающих практиков.

Рисунок 7.1.

**РЫНОК В ТОРГОВОМ ДИАПАЗОНЕ:
ЕВРОДОЛЛАР, СЕНТЯБРЬ 1992**

Рисунок 7.2.

**ЛОЖНЫЕ СИГНАЛЫ ПРОБОЕВ:
ЕВРОДОЛЛАР, СЕНТЯБРЬ 1992**

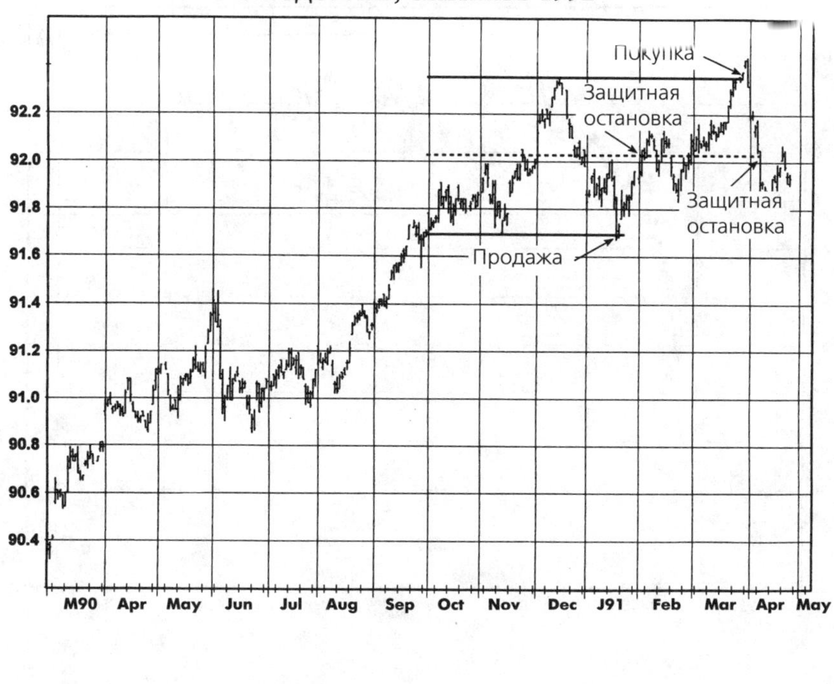

Рисунок 7.3.

ВЫИГРЫШНЫЙ СИГНАЛ ПРОБОЯ ПОСЛЕ ДВУХ ЛОЖНЫХ СИГНАЛОВ: ЕВРОДОЛЛАР, СЕНТЯБРЬ 1992

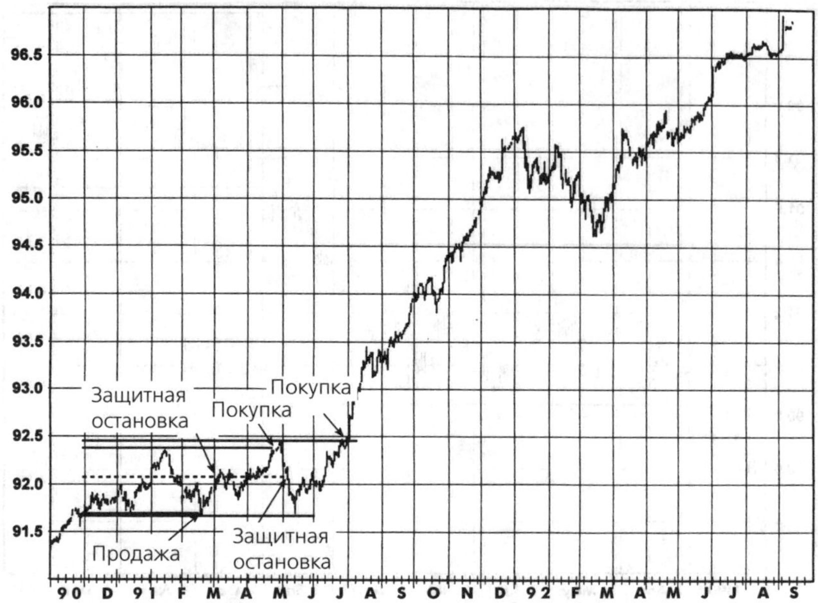

Рисунок 7.4.

ДОЛГОСРОЧНЫЙ ГРАФИК КАК ЧАСТЬ БОЛЕЕ ШИРОКОГО АНАЛИЗА: ЕВРОДОЛЛАР, НЕПРЕРЫВНЫЕ ФЬЮЧЕРСЫ

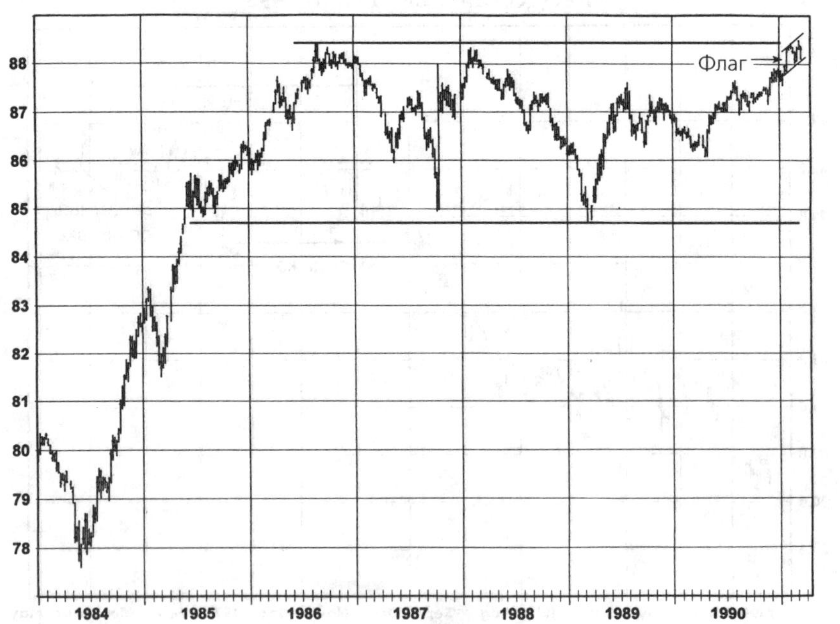

8 Открытие позиций в середине тренда и построение пирамиды

Никто не может поймать все колебания цен.

Эдвин Лефевр

По разным причинам трейдер может оказаться перед выбором: открывать или нет новую позицию в условиях, когда на рынке уже произошло существенное движение цен. Вот несколько примеров: (1) до этого он не следил за данным рынком; (2) стремясь получить лучшую цену, он тщетно ожидал ценовую коррекцию, которая так и не произошла; (3) прежде он скептически относился к надежности данной тенденции, но теперь изменил свое мнение. Столкнувшись с подобной ситуацией, многие трейдеры будут крайне неохотно торговать «по рынку». Эта позиция легко объяснима в психологическом плане. Акт открытия новой позиции после того, как тенденция уже прочно утвердилась, в определенном смысле представляет собой частичное признание собственной неудачи. Даже если сделка прибыльная, спекулянт знает, что ее выгоды были бы намного большими, начни он действовать раньше. Поэтому, даже когда трейдер интуитивно может предвидеть дальнейшее развитие событий, он может подумать: «Раз я уже упустил такой рывок цен, то стоит ли теперь суетиться?»

В качестве примера возьмем ориентированного на графики трейдера, изучающего рынок кофе в середине мая 1994 г. (рис. 8.1), после того, как он пропустил резкий подъем цен накануне. Наш трейдер заметил бы, что рынок пробил верхнюю границу предшествовавшего торгового диапазона, продолжавшегося целый год, причем цены оставались на новой высоте в течение двух недель — весьма «бычья» графическая конфигурация. Кроме того, он увидел бы сформированную модель флага, указы-

Рисунок 8.1.

УПУЩЕННЫЙ РОСТ ЦЕН? КОФЕ, ИЮЛЬ 1994

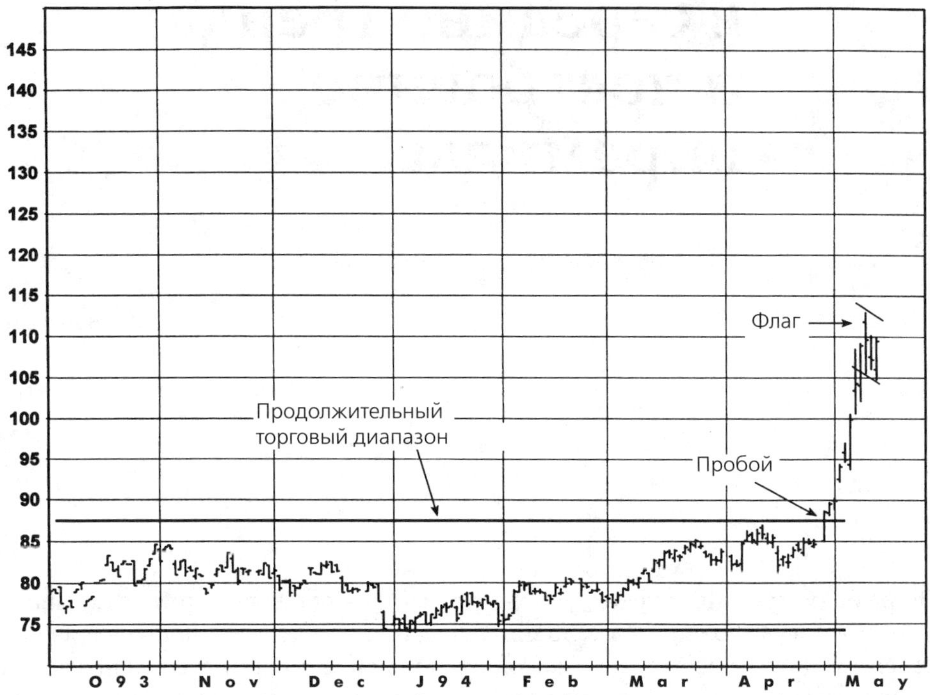

вающую на еще одно неминуемое повышение цен. Однако, обнаружив, что меньше чем за месяц цены уже поднялись на 35% против апрельского минимума, трейдер отказаться открыть новую длинную позицию, считая рынок перегретым.

Рис. 8.2 наглядно демонстрирует ошибочность выводов трейдера. Невероятно, но к середине мая 1994 г. цены на кофе прошли лишь одну пятую часть общего подъема. Более того, остальные четыре пятых были пройдены всего за два месяца. Мораль этой истории мы найдем в наблюдении Эдвина Лефевра, взятом из его книги «Воспоминания биржевого игрока»: «[Цены] никогда не бывают слишком высокими, чтобы начать покупать, или слишком низкими, чтобы начать продавать».

Ключевой вопрос состоит в том, как войти в рынок в разгар крупной тенденции. На самом деле, цели, преследуемые при открытии позиции в середине тренда, те же, что и при открытии любой иной позиции: благоприятное время входа в рынок и контроль риска. Ниже представлены основные стратегии, которые можно использовать для решения данных задач.

Рисунок 8.2.

А ВОТ ЧТО БЫЛО ПОТОМ: КОФЕ, ИЮЛЬ 1994

1. ***Процент коррекции.*** Этот метод основан на стремлении извлечь выгоду из естественной склонности рынка частично отыгрывать назад (или корректировать) предыдущее изменение цен. Вообще говоря, позицию можно открывать всякий раз, когда рынок отыграет назад некоторую часть (выраженную в процентах) последнего движения цен, начавшегося на уровне относительного минимума или максимума. Открывать позицию следует, когда глубина такого отката составит от 35 до 65% предыдущего движения цен. Уровень, близкий к относительному минимуму или относительному максимуму, может рассматриваться как защитная остановка для данной позиции. На рис. 8.3 показаны точки открытия позиций, базирующиеся на таком подходе, при норме коррекции в 50%. Главное преимущество этого метода в том, что он может указывать великолепные пункты вхождения в рынок (как это было на представленном графике). Однако ему свойственен и крупный недостаток: часто установленный порог коррекции вообще не достигает до завершения или разворота тренда.

2. ***Окончание коррекции.*** Этот метод основан на ожидании завершения промежуточной коррекции цен с последующим открытием позиций при

первых признаках возобновления главной тенденции. Разумеется, конкретные действия трейдера будут зависеть от того, как он определяет коррекцию цен и возобновление тенденции. Количество вариантов здесь практически безгранично. Для иллюстрации представим один из возможных наборов определений.

Коррекция считается выявленной всякий раз, когда *счетчик коррекции* достигнет значения 4. Первоначально счетчик коррекции установлен на 0. На растущем рынке счет коррекции будет увеличен на 1 в любой день, максимум и минимум которого равны или ниже максимума и минимума того дня, который принят за пик подъема цен. Счет будет увеличиваться на 1 каждый день, максимум и минимум которого равны или ниже, чем максимум и минимум самого последнего дня, когда счет был увеличен. Счетчик вновь будет поставлен на 0 всякий раз, когда рынок поднимется на новый максимум. Аналогичные правила применимы к нисходящему рынку.

Возобновление основной тенденции считается установленным всякий раз, когда *счетчик разгона* достигнет значения 3. Первоначально счетчик разгона устанавливается на 0 и начинает отслеживаться после выявления коррекции. В случае коррекции на растущем рынке счет разгона будет увеличен на 1 при каждом разгонном дне и вновь поставлен на 0 всякий раз, когда минимум коррекции будет прорван. При появлении сигнала низшая точка коррекции может использоваться как ориентировочная защитная остановка. Например, позиция ликвидируется, если рынок закроется ниже минимума коррекции. Опять же, аналогичный набор условий может применяться к определению возобновления тенденции на нисходящем рынке.

Рис. 8.4 иллюстрирует метод разворота коррекции с использованием приведенных определений. Точки выявления коррекции обозначены символом *RD* (reaction defined), а цифры перед ними показывают счет коррекции. Сигналы покупки проставлены в точках, где счет разгона равняется 3, а латинские буквы перед ними показывают счет разгона. Для любой точки вхождения в рынок защитная остановка обусловлена закрытием ниже самого последнего «уровня остановки», которое в данном примере произошло в январе 1995 г. Обратите внимание, что за последней точкой *RD* так и не последовал сигнал покупки, поскольку рынок закрылся ниже самого последнего уровня остановки прежде, чем включился счетчик разгона.

3. *Пробои моделей продолжения и торговых диапазонов*. Использование моделей продолжения и торговых диапазонов в качестве сигналов открытия позиций рассматривалось в гл. 6. Поскольку графические модели в известном смысле существуют лишь в сознании аналитика, этому методу присущ некоторый субъективизм. На рис. 8.5 представлена одна из интер-

Рисунок 8.3.

СИГНАЛЫ К ПОКУПКЕ ПРИ 50%-НОЙ КОРРЕКЦИИ ЦЕН: НЕМЕЦКАЯ МАРКА, СЕНТЯБРЬ 1994

претаций моделей продолжения (предполагается, что для формирования такой модели требуется по крайней мере пять торговых дней) и показаны соответствующие точки покупки, определяемые исходя из закрытия над указанными образованиями. Следует, однако, отметить, что после того, как наличие тенденции и ее направление установлены, нет необходимости ждать прорыва моделей продолжения для подтверждения сигналов к открытию позиций. Эти модели по определению должны завершиться движением цен в направлении, предшествовавшем их формированию. Поэтому при повышательной тенденции длинные позиции можно открывать в пределах самих моделей в ожидании последующего верхнего прорыва. Нижние границы цен в моделях, изображенных на рис. 8.5, могут использоваться как ориентировочные уровни размещения защитных остановок.

4. ***Коррекция к линии долгосрочной скользящей средней.*** Если при коррекции цена приближается к скользящей средней, то это может свидетельствовать о том, что коррекция основной тенденции близка к завершению. В частности, если трейдер считает, что имеет место повышательная

тенденция, длинные позиции можно открывать всякий раз, когда цены опускаются ниже уровня используемой скользящей средней. Точно так же, когда считают, что налицо понижательная тенденция, короткие позиции можно инициировать при подъемах цен выше уровня скользящей средней. Иллюстрацией данного метода является рис. 8.6, где 40-дневная скользящая средняя наложена на контракты по немецкой марке с поставкой в сентябре 1994 г. Допустим, трейдер решил, что по немецкой марке развивается растущий тренд. Тогда откаты котировок ниже 40-дневной скользящей средней можно использовать в качестве сигналов открытия длинных позиций. Стрелки на рис. 8.6 указывают потенциальные уровни покупки, основанные на таком подходе.

В гл. 17 мы увидим, каким образом пересечение линии скользящей средней может быть использовано в качестве сигнала *разворота тенденции*. В только что описанном методе мы использовали точки пересечения скользящей средней для подачи сигналов к вхождению в рынок в моменты *противотрендового* движения цен. Здесь нет противоречия. Когда пересечения линии скользящей средней применяются для генерирования сигналов о развороте тенденции, то обычно используют две скользящие средние, чтобы сглаживание обоих ценовых рядов уменьшило число ложных сигналов разворота. В том методе, который был детально изложен выше, мы сознательно берем одну скользящую среднюю и используем ее точки пересечения с самим графиком цены, поскольку он является более чувствительным, чем скользящая средняя вследствие отсутствия сглаживания данных. Иными словами, для того, чтобы воспользоваться противотрендовым движением цены, мы используем более чувствительные виды пересечений со скользящей средней, чем для целей выявления разворота тенденции.

Следует заметить, что проблема открытия позиций в средней части тенденции идентична проблеме построения пирамиды*. Обе транзакции предполагают работу с позицией после того, как на рынке уже произошло существенное изменение цен в данном направлении. Вследствие этого методы вхождения в рынок в разгар тенденции, описанные в настоящей главе, могут применяться и к выбору времени увеличения позиции. Вот еще несколько советов, которые пригодятся при строительстве пирамиды. Во-первых, не следует наращивать существующую позицию, если предыдущее наращивание не показывает прибыль. Во-вторых, не следует наращивать существующую позицию, если предполагаемая защитная остановка будет означать чистый убыток по всей позиции. В-третьих, добавочные позиции не должны превышать размер базовой (первоначальной) позиции.

---

* Строительством пирамиды называется постепенное (порционное) наращивание открытой позиции.

Рисунок 8.4.

РАЗВОРОТ КОРРЕКЦИИ: САХАР, МАРТ 1995

Рисунок 8.5.

ПРОРЫВ МОДЕЛИ ПРОДОЛЖЕНИЯ КАК СИГНАЛ ОТКРЫТИЯ ПОЗИЦИИ: ХЛОПОК, МАРТ 1995

Рисунок 8.6.

КОРРЕКЦИЯ К УРОВНЮ ДОЛГОСРОЧНОЙ СКОЛЬЗЯЩЕЙ СРЕДНЕЙ: НЕМЕЦКАЯ МАРКА, СЕНТЯБРЬ 1994

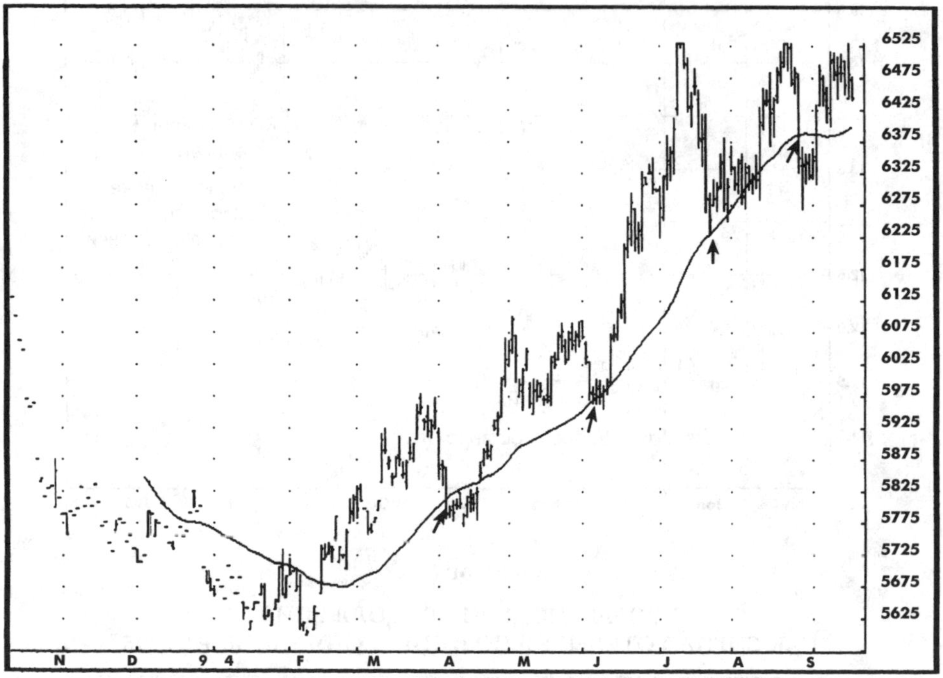

Примечание: ↑ – сигнал к покупке, основанный на коррекции ниже линии 40-дневной скользящей средней.

Источник: FutureSource; авторские права © 1986–1995 гг.; все права сохранены.

9 Выбор защитных остановок (stop-loss points)

У всех это происходило одинаково. Вначале они не пошли на небольшой убыток, а решили сохранить позицию в надежде на восстановление цен, которое позволило бы им «остаться при своих». Но цены все снижались и снижались, пока убыток не стал настолько велик, что единственным разумным решением казалось только дальнейшее сохранение позиции, пусть даже целый год, ведь рано или поздно, но цены должны вернуться на прежний уровень. Однако дальнейший обвал цен выбросил их из рынка, причем цены опустились так низко лишь потому, что очень многие должны были продавать, хотели они этого или нет.

Эдвин Лефевр

Успех торговли, основанной на графическом анализе, в решающей степени зависит от эффективного контроля убытков. Точный момент остановки убытков (stop-loss liquidation point) следует определять *до* открытия позиции. Наиболее дисциплинированным подходом было бы поставить защитный приказ GTC (good till canceled), действующий до тех пор, пока не будет отозван, одновременно с открытием позиции. Однако если трейдер уверен в своих действиях, то он может заранее определить защитную остановку и затем отдавать приказ, действительный только в течение торгового дня, если цена приближается к уровню остановки на расстояние максимального разрешенного дневного изменения цен.

Как должны определяться точки остановки? Основной принцип состоит в том, что позицию следует ликвидировать вблизи или перед точкой, пересечение которой графиком цены означает изменение существующей картины графика. Предположим, трейдер решил продать контракты на казначейские векселя с поставкой в декабре 1994 г. после того, как пробой нижней границы диапазона в конце февраля оставался незакрытым в течение пяти дней (рис. 9.1). В этом случае защитную покупку следует

Рисунок 9.1.

РАЗМЕЩЕНИЕ ЗАЩИТНОЙ ОСТАНОВКИ ПОСЛЕ ПРОБОЯ ТОРГОВОГО ДИАПАЗОНА: КАЗНАЧЕЙСКИЕ ОБЛИГАЦИИ, ДЕКАБРЬ 1994

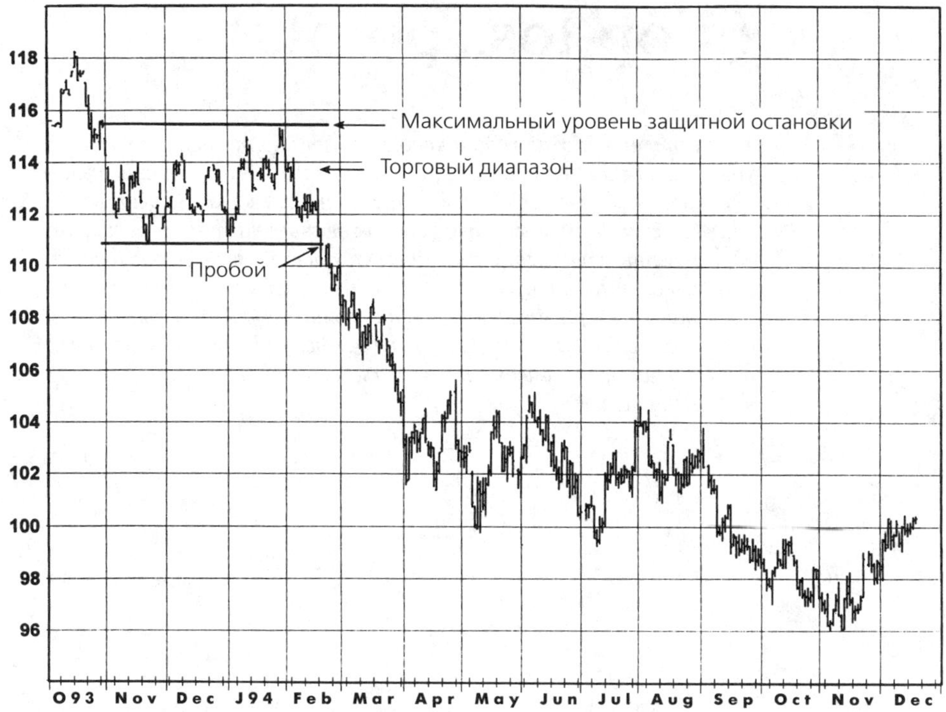

ставить не выше верхней границы торгового диапазона, сложившегося в ноябре-феврале, поскольку выход котировок за эту границу в корне изменил бы картину графика. Ниже представлены некоторые из стандартных графических приемов, которые обычно используются для размещения защитных остановок.

1. ***Трендовые линии.*** Защитная продажа может размещаться под повышательной трендовой линией; защитная покупка — над понижательной линией тренда. Одно из преимуществ этого метода состоит в том, что пробой трендовой линии обычно является одним из первых графических сигналов разворота тенденции. Таким образом, защитная остановка данного типа будет значительно ограничивать масштабы убытка или потери прибыли. Однако это преимущество оплачивается достаточно дорого: пробои линий тренда часто подают ложные сигналы. Как указывалось в гл. 3, по мере развития

Рисунок 9.2.

РАЗМЕЩЕНИЕ ЗАЩИТНОЙ ОСТАНОВКИ ПОСЛЕ ПРОБОЯ МОДЕЛИ ФЛАГА: САХАР, МАРТ 1995

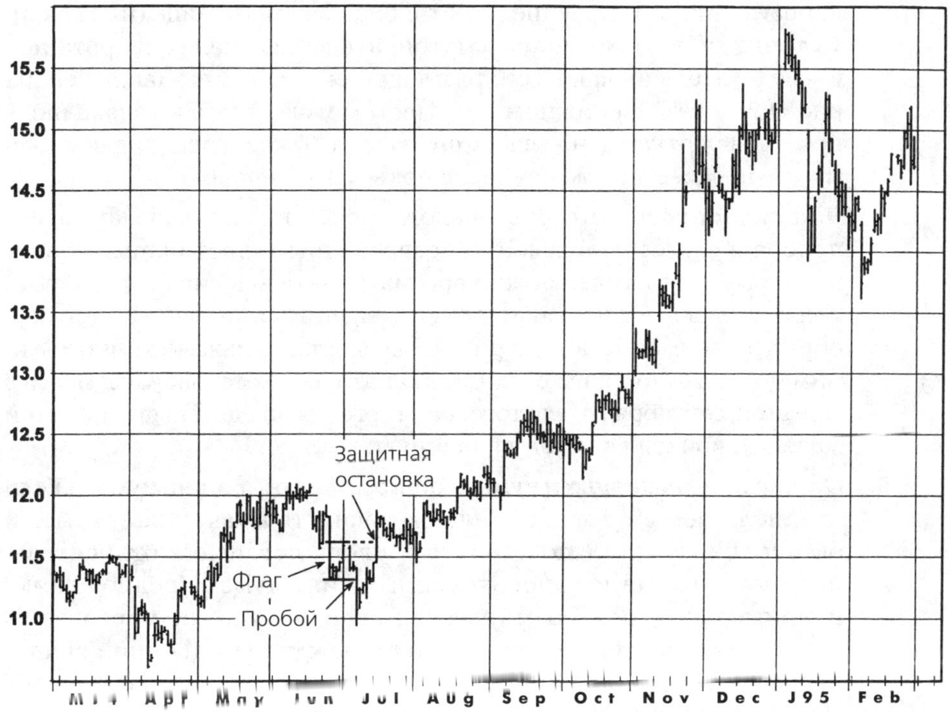

рынка «быков» или «медведей» трендовые линии часто подвергаются корректировке.

2. ***Торговый диапазон.*** В предыдущем примере с декабрьскими казначейскими векселями было показано, как противоположная граница торгового диапазона может служить защитной остановкой. Часто остановку можно размещать ближе (особенно в случае широких торговых диапазонов), поскольку, если пробой подлинный, цены не должны вернуться слишком глубоко внутрь диапазона. Таким образом, остановку можно размещать где-то между осевой линией и дальней границей диапазона. Ближнюю часть торгового диапазона не следует считать правильной зоной остановки. В действительности откаты цен в эту область происходят столь часто, что многие трейдеры предпочитают дождаться подобной коррекции и уж затем открывают позицию. (Использование такой стратегии оттягиваемого входа вслед за пробоем является делом личного выбора: во

многих случаях это дает лучшую цену при открытии позиции, но одновременно является причиной того, что трейдер пропускает некоторые крупные движения рынка.)

3. ***Флаги и вымпелы.*** После пробоя модели флага или вымпела в одном направлении возвращение к противоположной границе (или какой-то точке за ней) можно рассматривать как сигнал разворота цен и, следовательно, как место размещения остановок. Например, на рис. 9.2 за резким нижним прорывом модели флага в начале июля последовал откат цен выше этой модели. Такое движение цен оказалось предвестником крупного подъема котировок.
4. ***Широкодиапазонные дни.*** Аналогично флагам и вымпелам, после пробоя в одном направлении возвращение к противоположному ценовому экстремуму можно рассматривать как сигнал разворота цен и, следовательно, как место размещения остановок. Например, обратите внимание, как на рис. 9.3 возврат цен ниже истинного минимума дня с широким верхним диапазоном, который имел место в середине сентября (после того, как торговля вначале шла выше этой модели), привел к резкому падению на рынке.
5. ***Относительные максимумы и относительные минимумы*.*** Если предполагаемый риск не слишком велик, то в качестве защитной остановки можно использовать уровень последних относительного максимума и относительного минимума. Предположим, например, что трейдер открыл длинную позицию по мартовским контрактам на хлопок вслед за подтверждением двойной впадины в начале ноября (рис. 9.4). В этом случае защитная остановка могла бы ставиться либо под августовским, либо под октябрьским минимумом.

Иногда защитные остановки, выставленные вблизи границ графических моделей согласно изложенным в данной главе методам, предполагают чрезмерно высокий риск. В таком случае трейдер может воспользоваться *денежной остановкой,* т.е. остановкой, которая определяется исходя из приемлемого уровня денежного риска и не связана с графиком цены. Например, рассмотрим ситуацию, в которой оказался трейдер в начале апреля 1993 г., когда после быстрого и крутого перелома цен в марте он пришел к выводу, что рынок пиломатериалов развернулся вниз (рис. 9.5). Трейдер

---

* Определение относительного минимума (относительного максимума) является несколько произвольным. (Приводимое ниже определение касается относительного минимума, но аналогичные подходы применимы к относительному максимуму.) Общее определение относительного минимума следующее: это день, минимум которого ниже минимумов в предшествующие и последующие *N* дней. Конкретное определение относительного минимума будет зависеть от выбора значения *N*. Обоснованный диапазон здесь от 5 до 15.

Рисунок 9.3.

РАЗМЕЩЕНИЕ ЗАЩИТНОЙ ОСТАНОВКИ ПОСЛЕ ПРОБОЯ ШИРОКОДИАПАЗОННОГО ДНЯ: СЕРЕБРО, ДЕКАБРЬ 1994

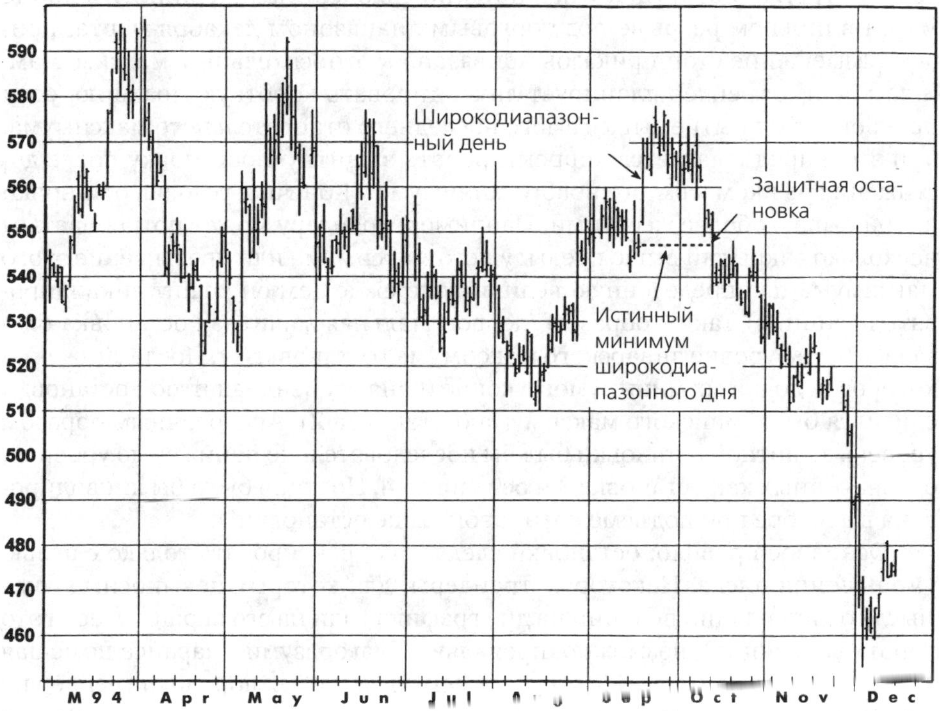

собирается открыть короткую позицию и ищет уровень для размещения защитного приказа на покупку. Ближайшая графически обоснованная защитная остановка — абсолютный максимум (являющийся ближайшим относительным максимумом) — означала бы риск в размере почти $15 000 на один контракт (при открытии позиций в средней части апрельского торгового диапазона)! Риск может быть несколько уменьшен, если для открытия позиции трейдер ждет отскока цен наверх, однако, ожидая подобной коррекции, можно пропустить значительное падение цен и, следовательно, потерять большую часть прибыли. Поэтому в ситуации, когда ближайшая графически обоснованная остановка предполагает очень большой риск, самой разумной торговой стратегией может оказаться рыночный приказ, основанный на денежной остановке.

Остановки следует использовать не только для ограничения убытков, но и для защиты прибыли. При длинной позиции остановку следует периодически поднимать вслед за ростом котировок. Аналогичным образом на нисходящем рынке остановку следует снижать по мере падения цен. Такой вид остановки называется *следящей* остановкой (trailing stop).

Рис. 9.6 демонстрирует использование следящей остановки. Предположим, трейдер открывает позицию по фьючерсам на свинину в конце марта в нижнем разрыве под торговым диапазоном декабря-марта, причем размещение стоп-приказов привязано к относительным максимумам. В частности, трейдер планирует ликвидировать короткую позицию, если произойдет закрытие выше самого последнего относительного максимума, при этом предполагается корректировать защитную остановку после достижения рынком каждого нового минимума. (Конечно, условия остановки порой бывают более жесткими. Например, трейдеру может потребоваться несколько закрытий выше предыдущего максимума или превышение этого максимума на определенную величину, прежде чем он решит ликвидировать позицию.) Таким образом, первоначальная защитная остановка оказалась бы на уровне январского максимума (остановка 1). После снижения котировок до новых минимумов в конце июня уровень защитной остановки снизился бы до майского максимума (остановка 2). Аналогичным образом уровень защитной остановки был бы последовательно понижен до уровней, обозначенных как остановка 3 и остановка 4. Позиция была бы ликвидирована в декабре при подъеме котировок выше остановки 4.

Основное правило: остановки следует корректировать только с целью уменьшения риска. Некоторые трейдеры, для которых невыносима сама мысль о ликвидации позиции на дне графика (или на его вершине, если это короткая позиция), возможно, проявляют благоразумие, заранее помещая защитный приказ типа GTC, который действует до тех пор, пока трейдер не отменит его. Пересмотр остановки с целью повышения риска подрывает саму суть защитной остановки.

Рисунок 9.4.

РАЗМЕЩЕНИЕ ЗАЩИТНОЙ ОСТАНОВКИ НА УРОВНЕ ОТНОСИТЕЛЬНЫХ МИНИМУМОВ: ХЛОПОК, МАРТ 1995

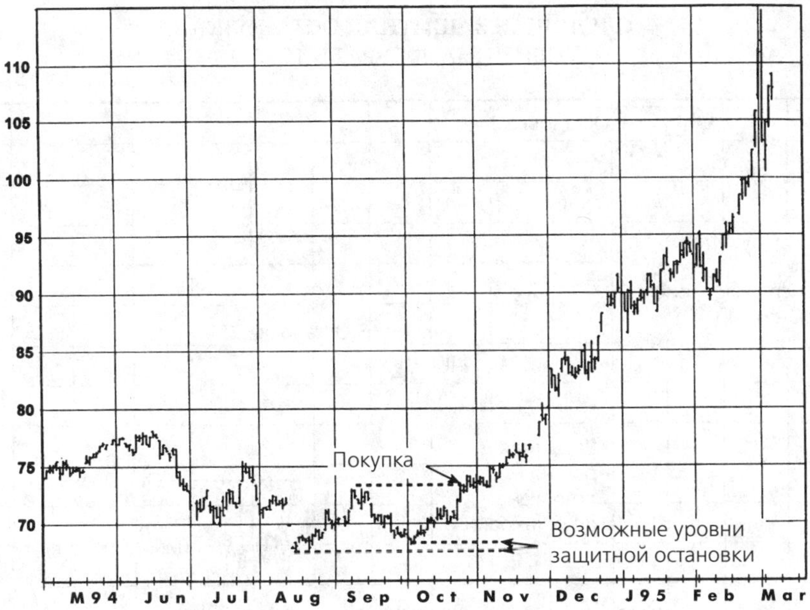

Рисунок 9.5.

ПРИМЕР РЫНКА, ГДЕ РАЗУМНО ИСПОЛЬЗОВАТЬ ДЕНЕЖНУЮ ЗАЩИТНУЮ ОСТАНОВКУ: ПИЛОМАТЕРИАЛЫ, ИЮЛЬ 1993

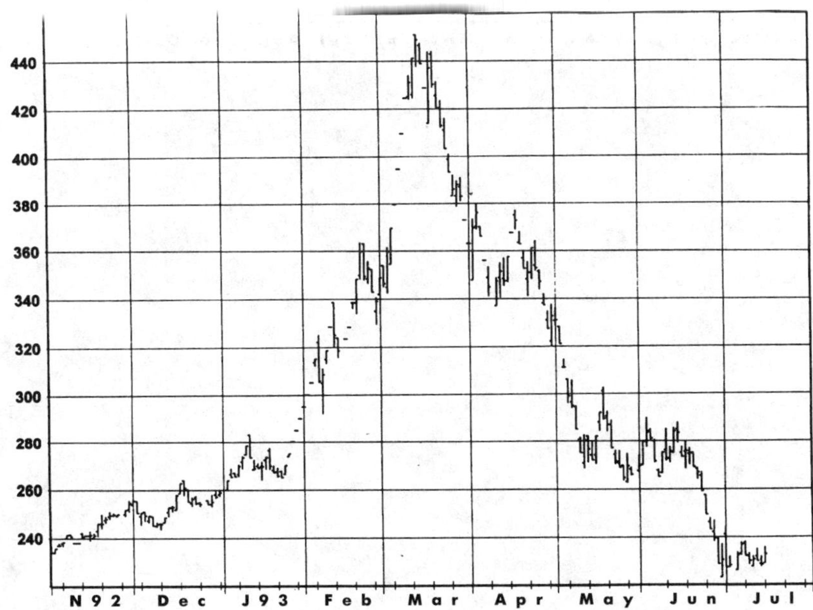

Рисунок 9.6.

СЛЕДЯЩАЯ ЗАЩИТНАЯ ОСТАНОВКА: СВИНИНА, ФЕВРАЛЬ 1995

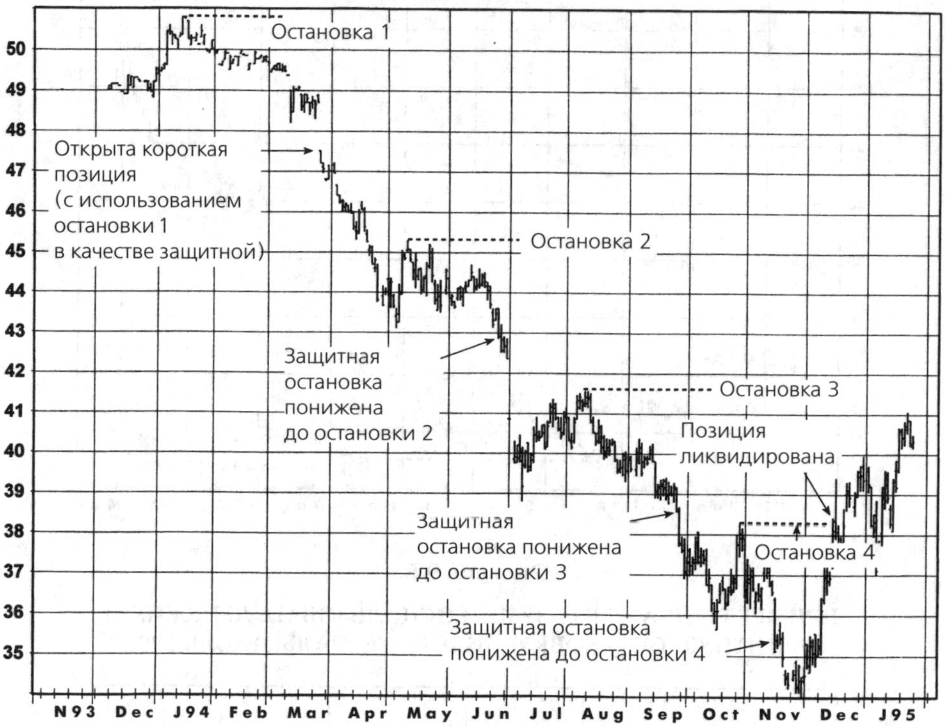

10 Постановка целей и другие критерии закрытия позиций

Свое состояние я заработал отнюдь не своим умом. Все мои деньги принесло мне мое терпение. Ухватили? Мое железное терпение! Угадывать будущее направление движения цен вовсе не самое главное на рынке.

Эдвин Лефевр

Торговля похожа на войну — в нее гораздо проще ввязаться, чем выйти из нее. Если трейдер придерживается принципов управления капиталом, то проигрышная позиция не таит особой неопределенности, ибо ее закрытие предопределено заранее установленной защитной остановкой. Однако выигрышная позиция создает проблему (хотя и желанную). Как определить момент фиксации прибыли? Существует множество решений данной проблемы. Приводимые ниже параграфы описывают некоторые из основных методов.

ОПРЕДЕЛЕНИЕ ЦЕЛЕЙ ЦЕНОВЫХ ДВИЖЕНИЙ НА ОСНОВЕ ГРАФИКОВ

Считается, что многие графические модели дают представление о размахе возможного изменения цен. Например, классическая графическая мудрость гласит: если котировки пробили линию «шеи» модели «голова и плечи», то последующее изменение цен составит по крайней мере половину расстояния от вершины (впадины) до линии «шеи». Другой пример — многие приверженцы «крестиков-ноликов» утверждают, что число столбиков, характеризующих торговый диапазон, дает представление о потенциальном количестве клеток в последующей тенденции. (Пояснения относительно графиков «крестики-нолики» см. в гл. 2.) В целом, графические модели, вероятно, значительно менее надежны в предсказании целей ценовых движений, чем в роли торговых сигналов.

ИЗМЕРЕННОЕ ДВИЖЕНИЕ (MEASURED MOVE)

Этот метод — наиболее простой. В его основе лежит логическая посылка, что изменение на рынках будет примерно таким же, как и предыдущее колебание цен в том же направлении. Иными словами, если рынок поднялся на 30 центов, и затем происходит коррекция, то вывод таков: рост цен от низшей точки коррекции составит примерно 30 центов. Хотя концепция измеренного движения столь проста, что в нее трудно поверить, она дает хорошие прогнозы чаще, чем можно предположить. Кроме того, когда два или более подобных ориентира, построенных независимо друг от друга, указывают на одну и ту же ценовую область, надежность прогноза резко возрастает.

Рис. 10.1 дает прекрасный пример использования метода измеренного движения. Обратите внимание на то, что на одном графике данный метод несколько раз достаточно точно указывал цели ценовых движений. Прогноз ценового движения, полученный из предположения, что снижение котировок после январского максимума 1994 г. будет равняться падению цен с октябрьского пика 1993 г. до относительного минимума в ноябре того же

Рисунок 10.1.

ИЗМЕРЕННЫЕ ДВИЖЕНИЯ: КАЗНАЧЕЙСКИЕ ОБЛИГАЦИИ, ДЕКАБРЬ 1994

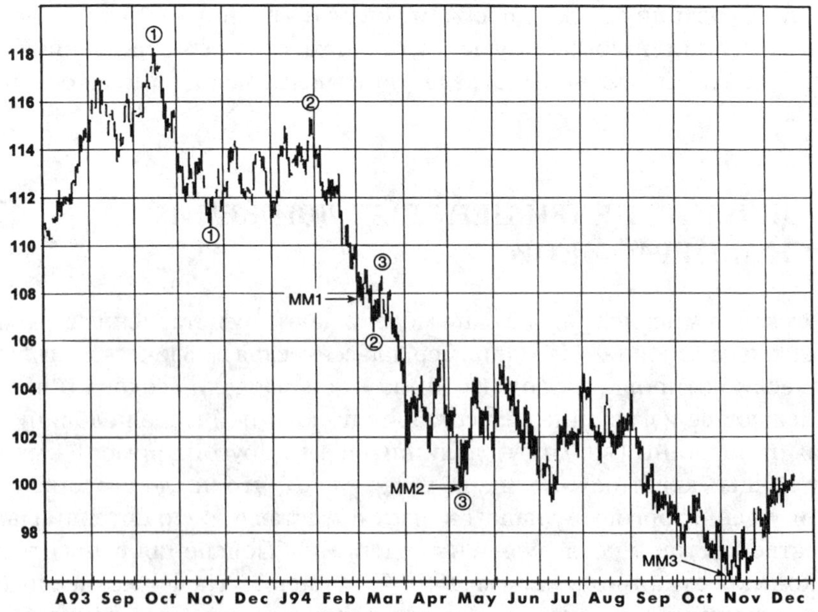

Примечание: ММ – измеренное движение (measured move).

года, указал на уровень 107-26 (MM1). Эта цель для котировок оказалась совсем близко к фактическому относительному минимуму в 106-16 в марте. Прогноз измеренного движения, основанный на предположении, что снижение котировок с мартовского относительного максимума 1994 г. будет равняться падению цен с январского максимума 1994 г. до относительного минимума в марте того же года, указал на уровень 99-27 (MM2). Это целеуказание попало «в яблочко», если сравнить его с фактическим майским минимумом в 99-24. Наконец, прогноз измеренного движения, основанный на предположении, что снижение котировок с июньского максимума 1994 г. будет равняться падению цен с мартовского относительного максимума 1994 г. до минимума в мае того же года, указал на уровень 96-08 (MM3). И вновь прогноз цены почти в точности совпал с фактическим минимумом рынка в 96-01, достигнутым в ноябре.

Поскольку значительные движения цен часто затрагивают длительный период времени, за который успевают смениться несколько фьючерсных контрактов, анализ измеренного движения полезно проводить на более долговременных графиках, связывающих несколько контрактов. В целом, графики непрерывных фьючерсов больше подходят для метода измеренного движения, чем графики ближайших фьючерсных контрактов, поскольку, как было отмечено в гл. 2 и более подробно рассматривается в гл. 12, не-

Рисунок 10.2.

**ИЗМЕРЕННОЕ ДВИЖЕНИЕ:
ПШЕНИЦА, НЕПРЕРЫВНЫЕ ФЬЮЧЕРСЫ**

прерывные фьючерсы точно отображают изменения цен, а ближайшие контракты — нет.

Рис. 10.2 показывает цель измеренного движения, рассчитанную исходя из масштабного роста цен с сентябрьского минимума 1993 г. до январского пика 1994 г. Ориентировочная цель измеренного движения (MM1) основана на предположении, что рост котировок с уровня июльского минимума 1994 г. будет равняться предыдущему подъему цен. Как можно видеть, эта цель точно указала на фактическую вершину рынка в 1994 г.

Рис. 10.3 демонстрирует применение метода измеренного движения к графику непрерывных фьючерсов на кукурузу. Этот график показывает множество удивительно точных целей, полученных данным способом. Цель измеренного движения (MM1), определенная на основе первоначального падения котировок с вершины рынка, достигнутой в январе 1994 г., почти точно совпала с фактическим относительным минимумом в марте того же года. Хотя цель MM2, базирующаяся на падении котировок в феврале — начале марта, оказалась несколько выше фактического минимума в мае, однако цель измеренного движения MM3, полученная исходя из общего снижения цен с уровня январской вершины до относительного минимума в марте, почти абсолютно точно предсказала фактический майский минимум. Особенно поразителен тот факт, что цель самого крупного измеренного движения MM4, основанная на всем снижении цен с январской вершины до майского минимума, почти точно совпала с ноябрьским дном 1994 г. Более того, движение цен вниз в сентябре — начале октября дало аналогичную цель MM5, которая усилила предыдущую цель MM4. Вместе эти два цели стали явным свидетельством того, что рынок находится вблизи крупной впадины, после которой может начаться рост цен.

Как видно из предыдущего примера с кукурузой, часто появляются две или более цели измеренного движения для одного и того же предполагаемого минимума или максимума. Это происходит тогда, когда имеется несколько соответствующих колебаний цен, которые служат базой определения целей измеренных движений. Когда два или более таких ориентира почти совпадают, это обычно повышает надежность ценовых прогнозов, являющихся для рынка важными целевыми зонами.

Рис. 10.4 дает превосходный пример нескольких, почти совпадающих ценовых целей измеренного движения. Как можно видеть, цели, полученные исходя из подъема цен с конца марта по середину мая (MM1), июньского роста (MM2) и повышения с конца июня по середину июля (MM3), примерно совпали, причем как раз над фактической вершиной рынка, сформировавшейся в августе. На рис. 10.5 представлен еще один пример. Цели измеренных движений, рассчитанные исходя из падения цен с конца января по начало марта (MM1) и снижения с середины марта по середину апреля (MM2) примерно совпадают вблизи фактического майского дна рынка.

Рисунок 10.3.

ИЗМЕРЕННЫЕ ДВИЖЕНИЯ: КУКУРУЗА, НЕПРЕРЫВНЫЕ ФЬЮЧЕРСЫ

Рисунок 10.4.

СОВПАДЕНИЕ ЦЕЛЕЙ ИЗМЕРЕННЫХ ДВИЖЕНИЙ: НЕФТЬ, ОКТЯБРЬ 1994

Рисунок 10.5.

СОВПАДЕНИЕ ЦЕЛЕЙ ИЗМЕРЕННЫХ ДВИЖЕНИЙ: ЕВРОДОЛЛАР, ИЮНЬ 1994

«ПРАВИЛО СЕМИ»

Это интересный и простой в использовании метод, который был детально описан в книге Артура Склэрью «Методы профессионального графического аналитика». «Правилом семи» называется набор множителей, используемых для определения ценовых целей, а сами множители получены путем деления 7 соответственно на 5, 4, 3 и 2. Таким образом, множители равны: 7 : 5 = = 1,4; 7 : 4 = 1,75; 7 : 3 = 2,33 и 7 : 2 = 3,5. Произведения каждого из множителей на величину первого скачка цен на «бычьем» рынке прибавляют к значению минимума и получают набор возможных целей движения цены. (На «медвежьем» рынке произведения вычитают из максимума.)

Склэрью предлагает использовать последние три множителя (1,75; 2,33 и 3,5) для расчета целей «бычьего» рынка и первые три множителя (1,4; 1,75 и 2,33) для расчета целей «медвежьего» рынка. Кроме того, он указывает, что цели, основанные на низких значениях множителей, являются более надежными, если целевое изменение цен (скачок цен умноженный на множители) имеет достаточную продолжительность (несколько месяцев), а цели, основанные на высоких значениях множителей, являются более значимыми, если расчеты ведутся для краткосрочных колебаний цен. Конечно, этому методу присуща нскоторая субъективность, поскольку представление о том, что является первым скачком цен в тенденции, может меняться от трейдера к трейдеру.

Рисунок 10.6.

ПРАВИЛО СЕМИ: НЕФТЬ, ОКТЯБРЬ 1994

«Правило семи» показано на рис. 10.6. (Обратите внимание, что это тот же график, который использовался на рис. 10.4 для иллюстрации метода измеренного движения. Вы можете сравнить результаты этих двух методов.) Длина первой волны «бычьего» рынка, начавшейся в конце марта, равнялась 162 пунктам. Руководствуясь указаниями Склэрью, мы используем множители со второго по четвертый (1,75; 2,33 и 3,5), поскольку это растущий рынок. Мартовский минимум, который используется для расчета всех целей, находится на уровне 1465. Вторая цель равняется 1749 (1465 + (1,75 × 162) = 1749). (Мы пропустили первый множитель, поскольку это «бычий» рынок.) Третья цель находится на уровне 1843 (1465 + (2,33 × 162)). Четвертая цель равна 2032 (1465 + + (3,5 × 162)). Все цели обозначены стрелками на рис. 10.6. Обратите внимание, что цель 2 была немного ниже майского максимума 1787, цель 3 несколько ниже июньского максимума 1904 и цель 4 немного не дотянула до августовского максимума 2052. Хотя цели не совпали точно ни с одним из этих максимумов, они вполне правильно указали уровни фиксации прибыли по длинным позициям.

Рис. 10.7 иллюстрирует «правило семи» на нисходящем рынке. Длина первой волны падения равнялась 2-23 пункта. Руководствуясь указаниями Склэрью, мы используем множители с первого по третий (1,4; 1,75 и 2,33), поскольку это «медвежий» рынок. Произведения этих трех множителей и длины первой волны падения вычитаем из максимума

Рисунок 10.7.

ПРАВИЛО СЕМИ:
КАЗНАЧЕЙСКИЕ ОБЛИГАЦИИ, НЕПРЕРЫВНЫЕ ФЬЮЧЕРСЫ

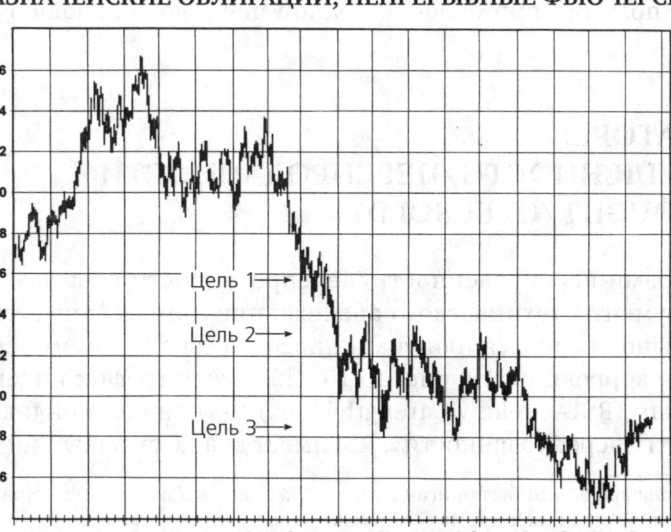

и получаем ценовые цели. Они обозначены стрелками на рис. 10.7. Как можно видеть, первая цель была лишь немногим выше относительного минимума в марте 1994 г. (Цель 2 не совпадает с каким-либо относительным минимумом.)

Нужно отметить, что рис. 10.6 и 10.7, иллюстрирующие «правило семи», отбирались задним числом. В большинстве случаев соответствие прогнозных и фактических максимумов и минимумов не будет столь близким, как в этих двух примерах. Тем не менее, «правило семи» — это вполне приемлемый подход к определению целей ценовых движений, и некоторое экспериментирование с ним может повысить эффективность ваших торговых методов.

УРОВНИ ПОДДЕРЖКИ И СОПРОТИВЛЕНИЯ

Ценовая область вблизи уровня поддержки является обоснованным уровнем фиксации прибыли по коротким позициям. Например, зона, выделенная на рис. 10.8, основана на поддержке, ожидаемой на уровне двух предшествующих относительных максимумов. Аналогичным образом, длинные позиции можно закрывать вблизи уровня сопротивления. Например, зона, показанная на рис. 10.9, расположена около нижней границы предшествующего продолжительного торгового диапазона, которая является важным уровнем сопротивления.

В целом, уровни поддержки и сопротивления обычно являются всего лишь временными, а не окончательными целями движения рынка. Поэтому при использовании этого метода следует стремиться к возобновлению позиции при более выгодной цене, возникающей в процессе коррекции.

ИНДИКАТОРЫ ПЕРЕКУПЛЕННОСТИ/ПЕРЕПРОДАННОСТИ (OVERBOUGHT/OVERSOLD)

Индикаторами перекупленности/перепроданности называются различные инструменты технического анализа, призванные сигнализировать о том, что рынок поднялся или упал слишком резко и, таким образом, стал уязвим для коррекции. На рис. 10.10 изображен график индекса относительной силы (RSI — relative strength index) — типичного индикатора перекупленности/перепроданности*. RSI имеет диапазон значений от 0 до 100.

* Первоначально RSI был описан в книге Дж. Уэллеса Уайлдера-мл. «Новые идеи в технических торговых системах» (J. Welles Wilder, Jr., New Concepts in Technical Trading Systems. — Winston-Salem, North Carolina: Hunter Publishing Co., 1978).

Рисунок 10.8.

ЗОНА ФИКСАЦИИ ПРИБЫЛИ ПО КОРОТКОЙ ПОЗИЦИИ НА УРОВНЕ ПОДДЕРЖКИ: ПШЕНИЦА, ДЕКАБРЬ 1994

Рисунок 10.9.

ЗОНА ФИКСАЦИИ ПРИБЫЛИ ПО КОРОТКОЙ ПОЗИЦИИ НА УРОВНЕ СОПРОТИВЛЕНИЯ: КРУПНЫЙ РОГАТЫЙ СКОТ, НЕПРЕРЫВНЫЕ ФЬЮЧЕРСЫ

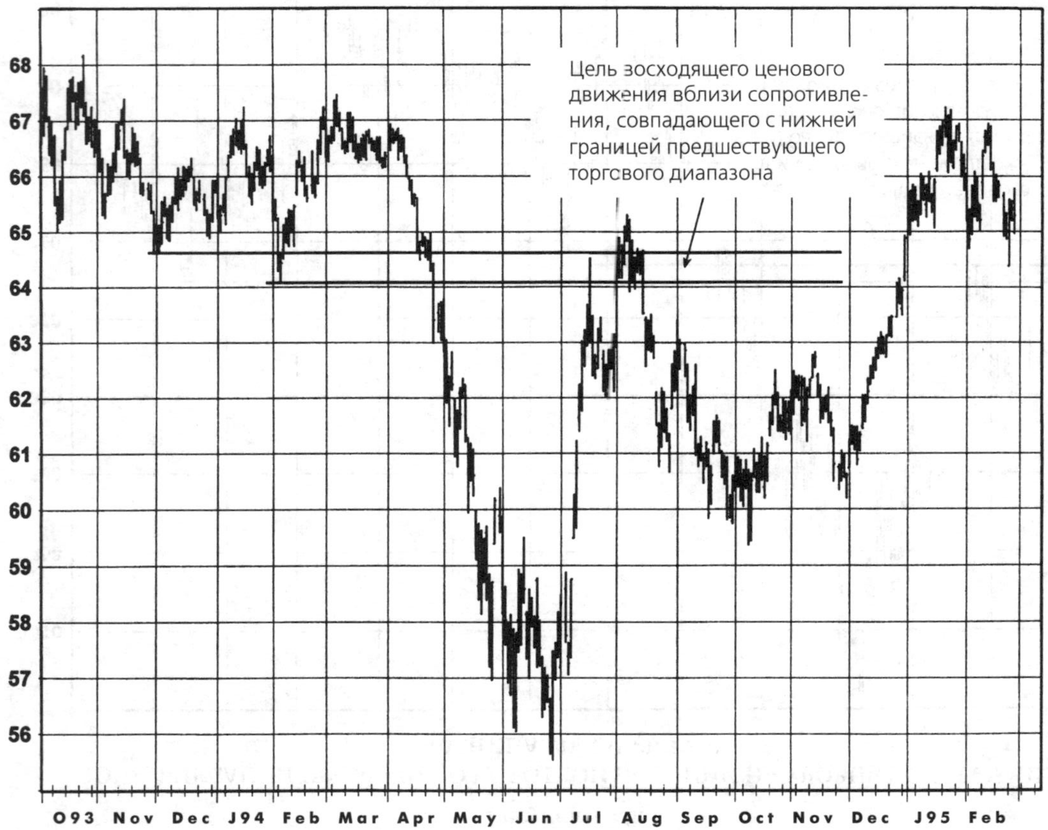

Рисунок 10.10.

ИНДЕКС ОТНОСИТЕЛЬНОЙ СИЛЫ НА РЫНКЕ, НАХОДЯЩЕМСЯ В ТОРГОВОМ ДИАПАЗОНЕ: СОЕВОЕ МАСЛО, МАРТ 1995

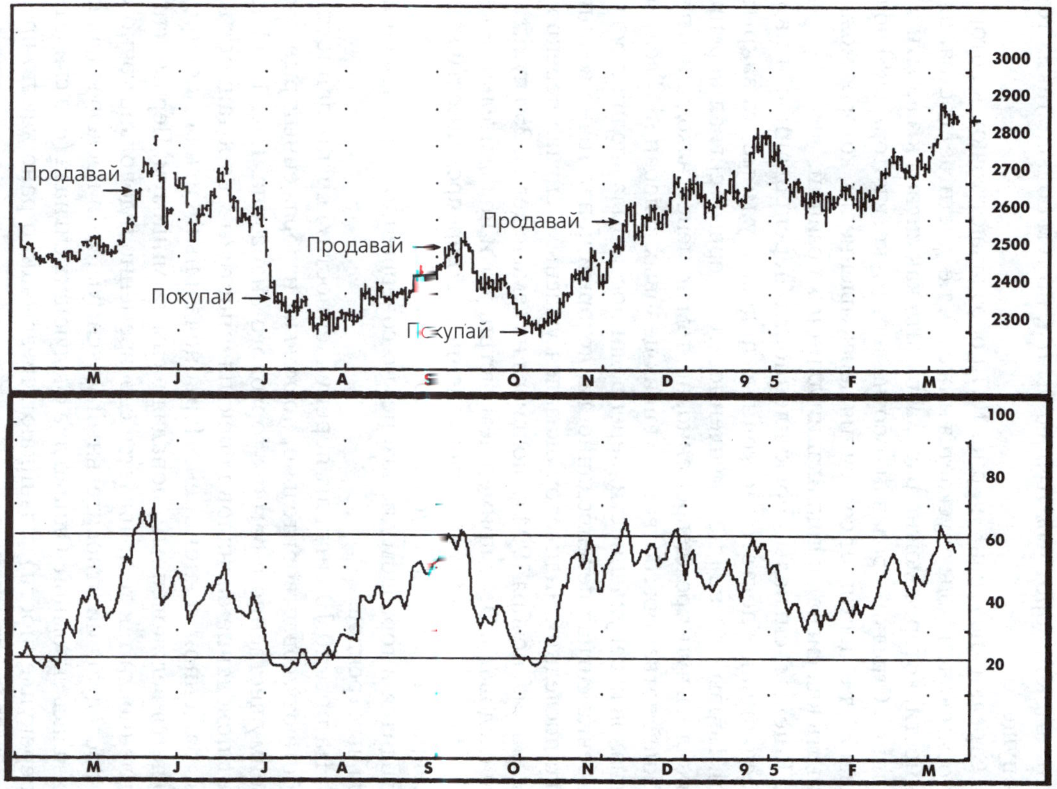

Источник: FutureSource; авторские права © 1986–1995 гг.; все права сохранены.

Согласно стандартной интерпретации, уровни выше 70 означают состояние перекупленности, а ниже 30 — состояние перепроданности.

Выбор конкретных границ перекупленности/перепроданности определяется субъективными предпочтениями. Например, вместо 70 и 30 можно использовать 75 и 25 или 80 и 20. Чем более экстремальны установленные пороги, тем ближе сигналы перекупленности/перепроданности к поворотным точкам рынка, но тем больше таких точек будет пропущено.

Стрелки «покупай» на рис. 10.10 обозначают точки, в которых индекс относительной силы опускается ниже 30, т.е. достигает состояния перепроданности, которое можно рассматривать как сигнал к закрытию коротких позиций. Стрелки «продавай» обозначают точки, в которых RSI поднимается выше 70, т.е. достигает состояния перекупленности, которое можно рассматривать как сигнал к ликвидации длинных позиций.

В целом, сигналы перекупленности/перепроданности на рис. 10.10 обеспечивают достаточно точную подсказку момента закрытия позиций. Первый сигнал перекупленности и первый сигнал перепроданости появились чуть преждевременно, но, тем не менее, находились в верхней и нижней четвертях соответствующих ценовых колебаний. Следующая пара сигналов перекупленности/перепроданности была вполне своевременной, особенно сигнал перепроданности, который попал точно в минимум. Однако последний индикатор оказался ужасным: сигнал перепроданности, поданный 8 ноября 1994 г., появился на семь недель и 250 пунктов раньше, чем следовало. Этот пример демонстрирует и положительные качества, и недостатки индикаторов перекупленности/перепроданности как сигналов к закрытию позиций. Обычно этот метод хорошо работает, когда рынок находится в торговом диапазоне, но совершенно беспомощен в периоды сильных трендов.

На рис. 10.10 сигналы перекупленности/перепроданности в целом работают удовлетворительно, поскольку изображенный рынок оставался преимущественно в рамках торгового диапазона. Рис. 10.11 иллюстрирует поведение сигналов перекупленности/перепроданности на рынке с выраженной тенденцией. Первоначальный сигнал перепроданности является великолепным, попадая в самый минимум. Первый сигнал перекупленности также появляется своевременно и довольно точно указывает на последующий относительный максимум, хотя последующая коррекция оказалась скромной. Однако два следующих сигнала (оба свидетельствуют о перекупленности), возникают чрезвычайно рано как по времени, так и в ценовом отношении.

Вычисление, интерпретация и применение индикаторов перекупленности/перепроданности детально рассматриваются в гл. 15.

Рисунок 10.11.

ИНДЕКС ОТНОСИТЕЛЬНОЕ СИЛЫ НА ТРЕНДОВОМ РЫНКЕ: САХАР, МАРТ 1995

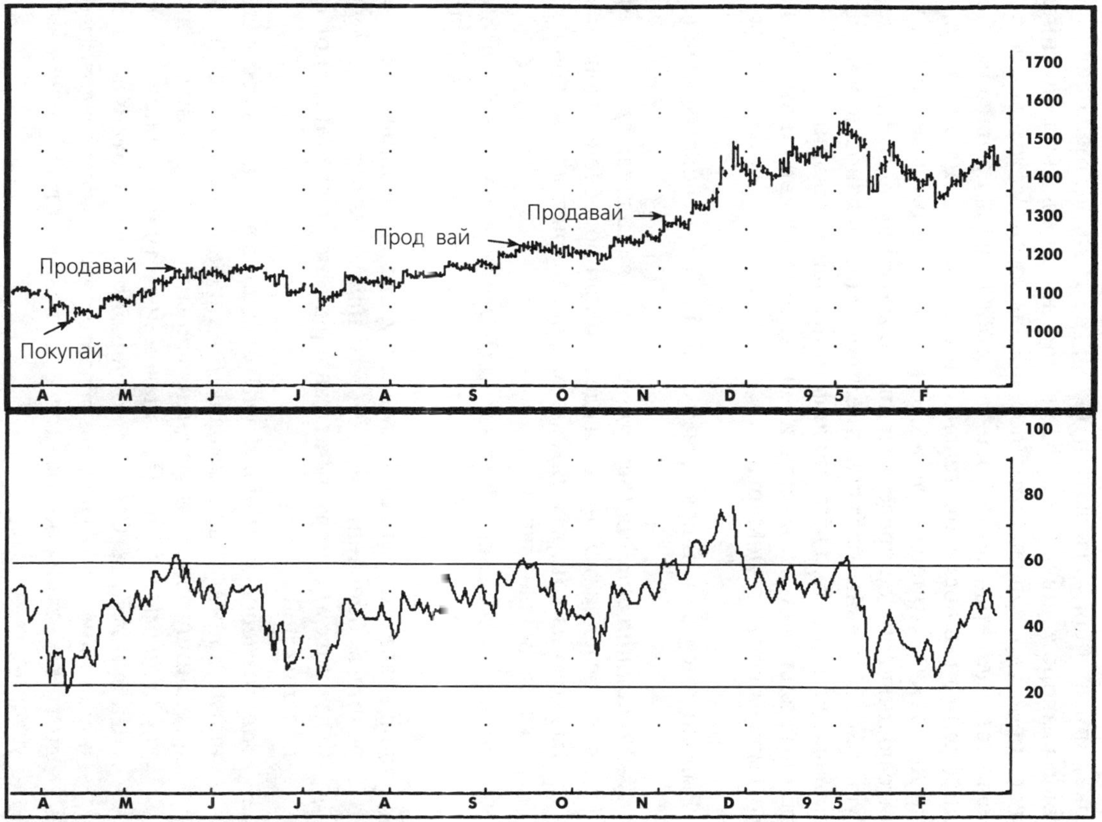

Источник: FutureSource; авторские права © 1 86–1995 гг.; все права сохранены.

ПОСЛЕДОВАТЕЛЬНОСТЬ ДЕМАРКА

Все популярные индикаторы перекупленности/перепроданности (например, RSI, схождение-расхождение скользящих средних, стохастические индикаторы) очень похожи друг на друга. Последовательность Тома ДеМарка, призванная указывать пункты, где тренд потерял силу и рынок готов к развороту, является совершенно иным и весьма оригинальным индикатором перекупленности/перепроданности. Методологию последовательности ДеМарка можно отнести к области распознавания моделей. Полное описание последовательности изложено в одной из глав книги Тома ДеМарка*. Приводимое ниже краткое изложение методики даст читателю лишь общее представление об этом подходе. Читателей, интересующихся детальным объяснением последовательности, включающим несколько дополнительных квалифицирующих условий и обсуждение различных альтернативных правил вхождения в рынок и выхода из него, мы отсылаем к тексту ДеМарка.

Выполнение условий покупки состоит из трех основных этапов.

1. ***Начальная стадия (Setup).*** Начальная стадия предполагает наличие последовательности из девяти или более дней, цена закрытия каждого из которых ниже, чем цена закрытия торговой сессии на четыре дня раньше.
2. ***Точка пересечения (Intersection).*** Это условие требует, чтобы максимум любого дня, начиная с восьмого дня начальной стадии и далее, превышал ценовой минимум, отмеченный на рынке три дня назад или ранее. По существу, это минимально необходимое условие, обеспечивающее, что начальная стадия покупки не будет рассматриваться как завершенная в ситуации обвального падения цен.
3. ***Запуск счетчика (Countdown).*** Счетчик запускается после выполнения двух предыдущих условий. Счет начинается с 0 и увеличивается на единицу в каждый из дней, закрытие которого ниже минимума двумя днями раньше. При значении счетчика, равном 13, подается сигнал покупки. Следует подчеркнуть, что в отличие от начальной стадии дни отсчета не обязательно должны следовать один за другим. Счетчик обнуляется, если возникает любое из следующих условий.

   а. Торговая сессия закрывается по цене, превышающей наивысший внутридневной максимум начальной стадии.

* The New Science of Technical Analysis. — John Wiley & Sons Inc., New York, 1994.

b. Возникает начальная стадия продажи (девять последовательных закрытий выше соответствующих закрытий четырьмя днями ранее).
c. До достижения счетчиком значения 13 начинается еще одна начальная стадия покупки. В этой ситуации преимущество получает новая начальная стадия, и счет вновь начинается с 0, как только появляется точка пересечения.

Выполнение условий продажи является аналогичным.

1. ***Начальная стадия.*** Начальная стадия предполагает девять или более последовательных закрытий выше соответствующих закрытий четырьмя торговыми днями ранее.
2. ***Точка пересечения.*** Это условие требует, чтобы минимум любого дня, начиная с восьмого дня начальной стадии и далее, был ниже максимума торговой сессии тремя днями (или более) ранее. По существу, это минимально необходимое условие, обеспечивающее, что начальная стадия продажи не будет рассматриваться как завершенная в ситуации быстрого роста цен.
3. ***Запуск счетчика.*** Счетчик запускается после выполнения двух предыдущих условий. Счет начинается с 0 и увеличивается на единицу в каждый из дней, закрытие которого выше максимума двумя днями раньше. При счете 13 подается сигнал продажи. Следует подчеркнуть, что в отличие от начальной стадии дни отсчета запуска не обязательно должны следовать один за другим. Счетчик обнуляется, если возникает любое из следующих условий:

   a. Торговая сессия закрывается ниже самого низкого внутридневного минимума на начальной стадии.
   b. Возникает начальная стадия покупки (девять последовательных закрытий ниже соответствующих закрытий четырьмя днями ранее).
   c. До достижения счетчиком значения 13 начинается еще одна начальная стадия продажи. В этой ситуации преимущество получает новая начальная стадия, и при появлении точки пересечения счет вновь начинается с 0.

Рис. 10.12–10.16 демонстрируют рынки, на которых были полностью выполнены условия последовательности ДеМарка. На каждом графике выделены начальная стадия, точка пересечения и показания счетчика. Приведенные выше правила станут понятнее, если читать их параллельно с изучением этих графиков.

Рисунок 10.12.

ПОСЛЕДОВАТЕЛЬНОСТЬ ДЕМАРКА: КАЗНАЧЕЙСКИЕ ОБЛИГАЦИИ, ДЕКАБРЬ 1994

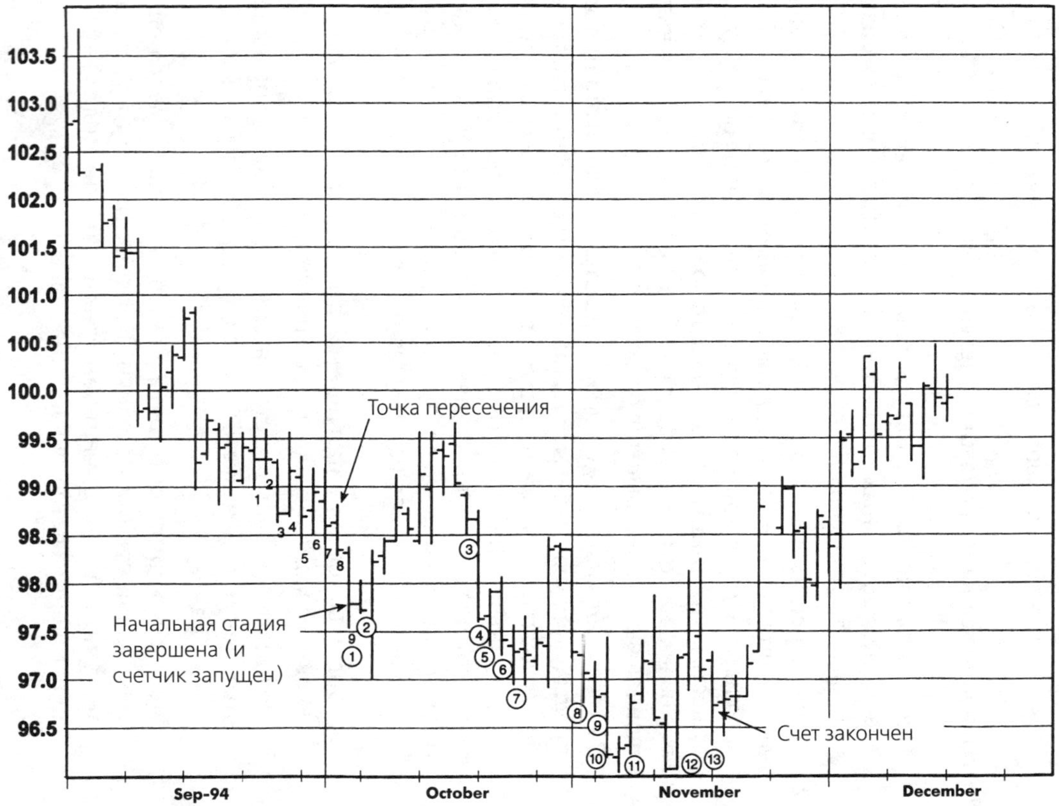

Примечание: 1 — 9 — начальная стадия; ① – ⑬ – счетчик.
Источник: Сигналы, поданные системой CQG.

Рисунок 10.13.

ПОСЛЕДОВАТЕЛЬНОСТЬ ДЕМАРКА: КАКАО, МАРТ 1995

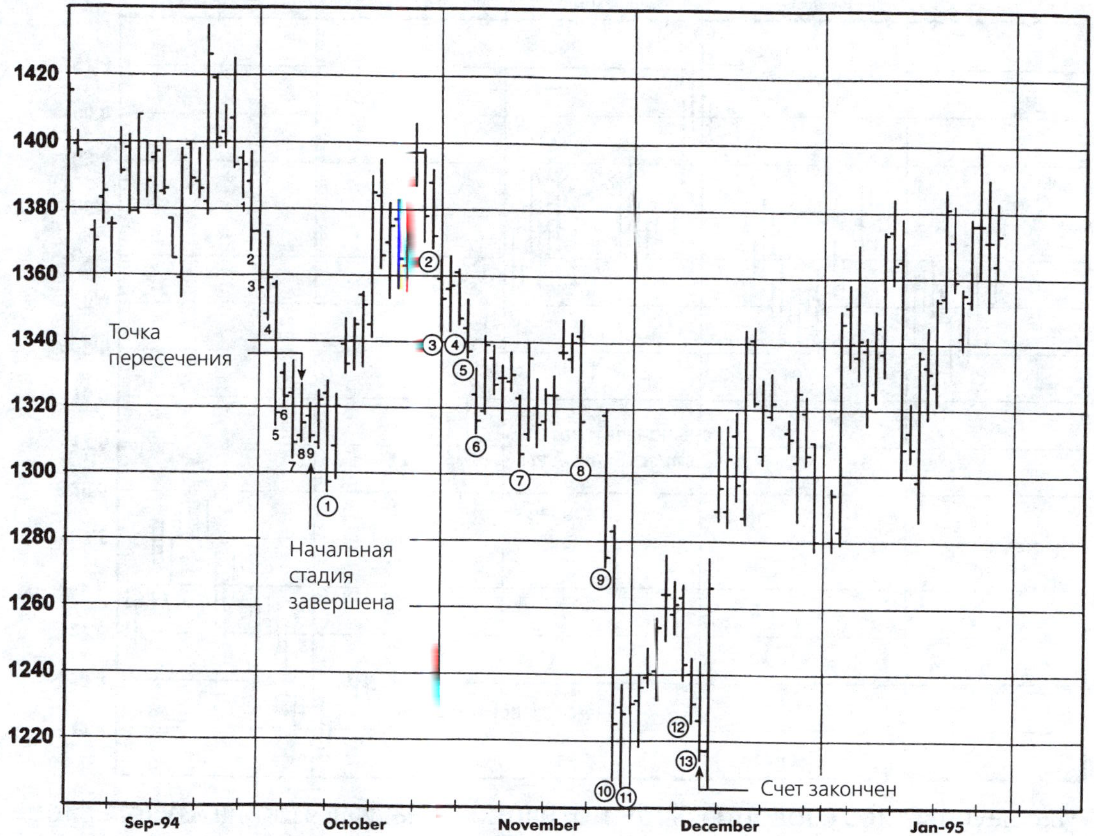

Примечание: 1 – 9 – начальная стадия; ① – ⑬ – счетчик.

Источник: Сигналы, поданные системой CQG.

Рисунок 10.14.

ПОСЛЕДОВАТЕЛЬНОСТЬ ДЕМАРКА: КОНЦЕНТРАТ АПЕЛЬСИНОВОГО СОКА, ЯНВАРЬ 1994

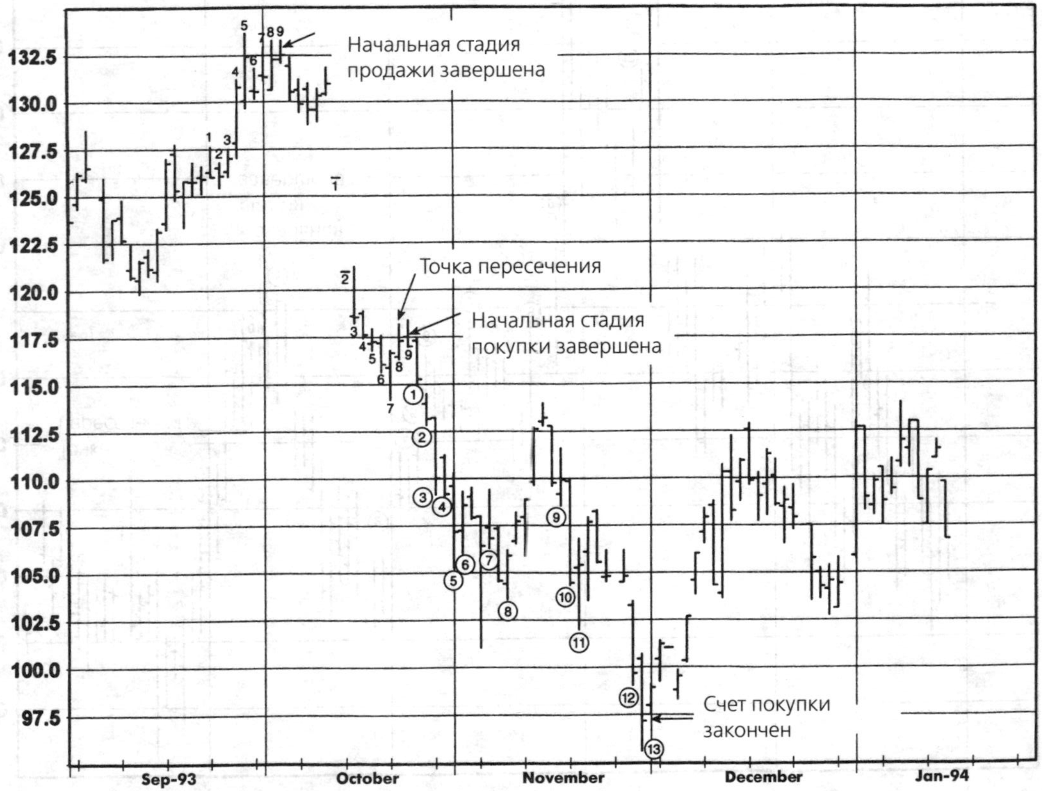

Примечание: 1 – 9 – начальная стадия; ① – ⑬ – счетчик.

Источник: Сигналы, поданные системой CQG.

Рисунок 10.15.

ПОСЛЕДОВАТЕЛЬНОСТЬ ДЕМАРКА: ИНДЕКС ДОЛЛАРА, МАРТ 1995

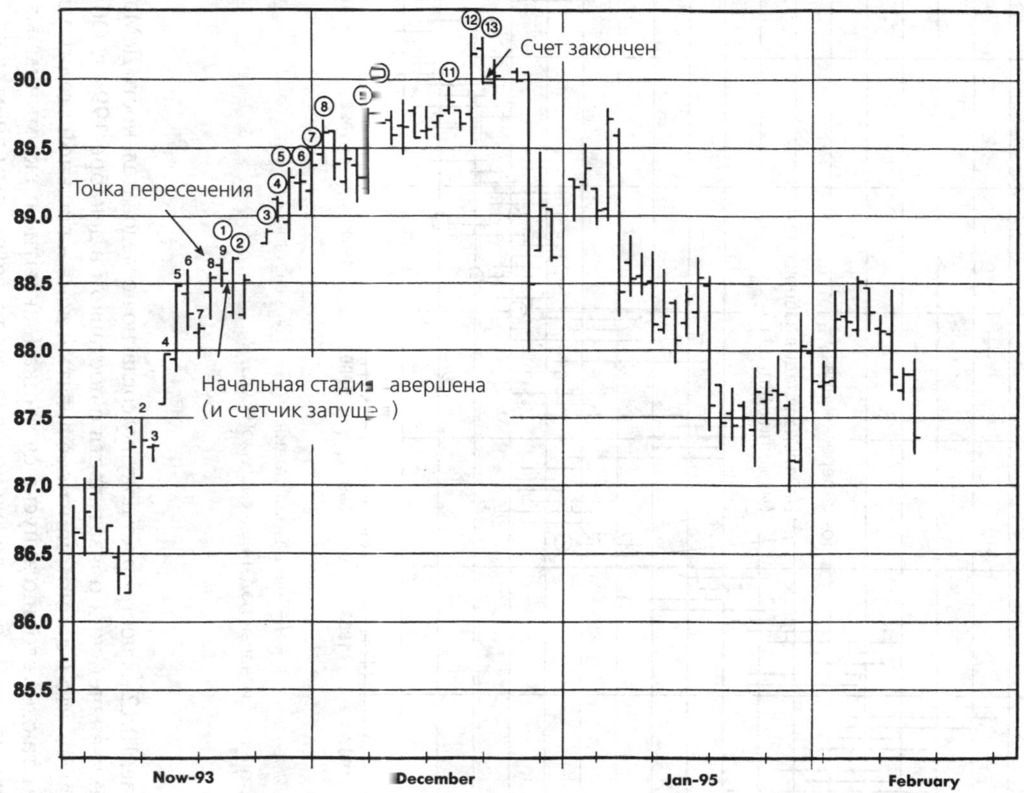

Примечание: 1 — 9 — начальная стадия; ① — ⑬ — счетчик.

Источник: Сигналы, поданные системой CQG.

Рисунок 10.16.

ПОСЛЕДОВАТЕЛЬНОСТЬ ДЕМАРКА: ЗОЛОТО, МЕСЯЧНЫЙ ГРАФИК БЛИЖАЙШИХ ФЬЮЧЕРСНЫХ КОНТРАКТОВ

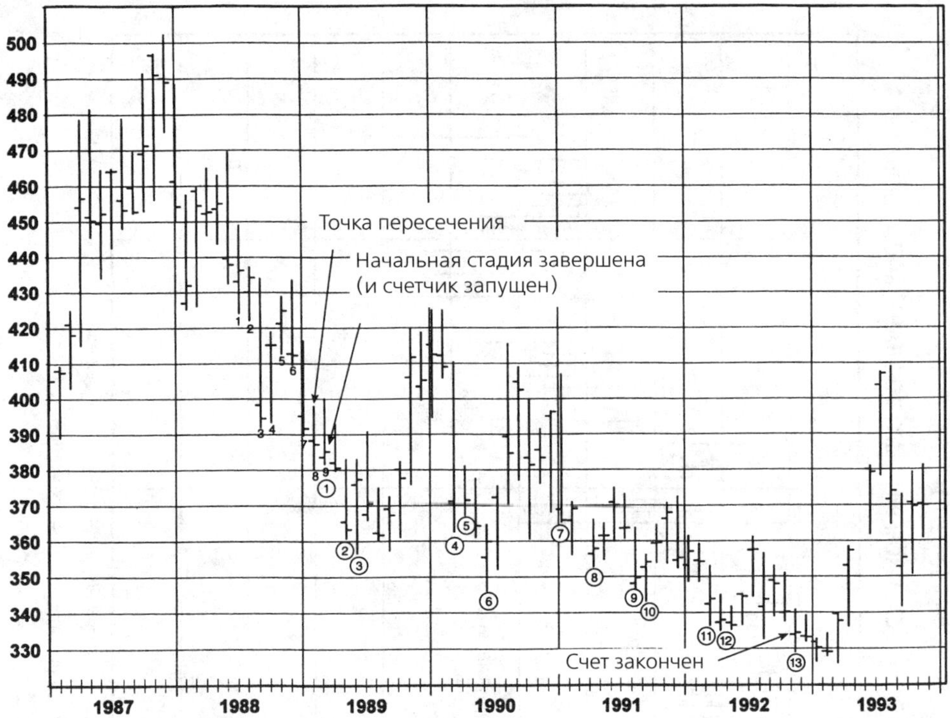

Примечание: 1 — 9 — начальная стадия; ① — ⑬ — счетчик.

Источник: Сигналы, поданные системой CQG.

Рис. 10.12 иллюстрирует покупку согласно последовательности ДеМарка на рынке казначейских обязательств с поставкой в декабре 1994 г. Обратите внимание, что в данном примере девятый день начальной стадии удовлетворяет также условию запуска счетчика (закрытие ниже минимума двумя днями раньше) и, следовательно, является также первым днем счета. (Точка пересечения появилась на восьмой день начальной стадии.) Все условия покупки были полностью выполнены в течение четырех дней после самого низкого закрытия и при цене, очень близкой к цене этого закрытия.

На рис. 10.13 показан еще один пример покупки на основе последовательности ДеМарка, условия для которой выполнились на рынке какао (контракт с поставкой в марте 1995 г.). Однако в этом случае счетчик запускается лишь через два дня после завершения начальной стадии. Также обратите внимание на широкий разрыв между первым и вторым днями счета и на тот факт, что рынок отыграл все снижение цен, происходившее в период счета, прежде чем возобновилась понижательная тенденция. (На самом деле первое условие обнуления счетчика запуска почти выполнилось, однако наибольшая цена закрытия при отскоке рынка немного недотянула до самого высокого внутридневного максимума начальной стадии.) В этом примере последовательность ДеМарка обеспечила прекрасный сигнал, поскольку счетчик достиг 13-ти точно на уровне минимального закрытия.

Рис. 10.14 показывает еще один пример покупки, в данном случае на рынке замороженного концентрата апельсинового сока с поставкой в январе 1994 г. Обратите внимание, что в этом примере начальная стадия покупки следует за завершенной начальной стадией продажи, после которой счетчик так и не был запущен. Здесь сигнал к покупке был получен также точно по цене минимального закрытия, которое в данном случае пришлось, кроме того, на день самого низкого минимума.

Рис. 10.15, изображающий график контрактов на долларовый индекс с истечением в марте 1995 г., является примером продажи согласно последовательности ДеМарка. Заметьте, что запуск счетчика приходится на девятый день начальной стадии. Сигнал к продаже получен всего лишь на день позже максимального закрытия (и одновременно самого высокого внутридневного максимума).

Правила последовательности могут применяться и к штриховым графикам, основанным на других периодах времени, а не только к дневным. Рис. 10.16 демонстрирует последовательную покупку на примере месячного штрихового графика ближайших фьючерсных контрактов на золото. Здесь условия последовательности оказались выполненными за три временных периода (три месяца) до достижения самого низкого месячного закрытия в пятилетний период спада и при цене, лишь немного превышающей минимальное закрытие.

Приведенные примеры, конечно же, были отобраны задним числом для иллюстрации методологии. Разумеется, в реальной биржевой торговле точность последовательности ДеМарка не достигает тех почти безупречных параметров, которые демонстрируют эти примеры. Если бы это было не так, то любой трейдер, использующий в торговле последовательность Демарка вышел бы на пенсию мильтимиллионером. Тем не менее приведенные примеры должны продемонстрировать, что последовательность может быть очень эффективным инструментом, способным подавать исключительно своевременные сигналы. Другое преимущество последовательности состоит в том, что она универсально согласуется с методами слежения за трендом, доминирующими в любом наборе технических инструментов. По этим причинам многие трейдеры, возможно, найдут последовательность ДеМарка очень полезным дополнением к своим методам биржевой торговли.

ПРОТИВОПОЛОЖНОЕ МНЕНИЕ

Теория противоположного мнения (contrary opinion) исходит из того, что всякий раз, когда подавляющее большинство участников рынка ожидает роста цен, те, кто хотел открыть позиции, уже сделали это. Следовательно, новых потенциальных покупателей будет мало, и рынок окажется предрасположенным к понижательной коррекции. Аналогичная интерпретация применима к ситуации, когда большинство трейдеров играет на понижение. Оценки противоположного мнения основываются либо на обзорах рекомендаций инвестиционных компаний, либо на поведении трейдеров и основаны на предположении, что указанные мнения являются достаточно репрезентативными по отношению к настроениям рынка в целом. Пороги перекупленности/перепроданности в индикаторах противоположного мнения, как правило, зависят от источников, публикующих тот или иной индекс.

Хотя противоположное мнение, несомненно, является здравой теоретической концепцией, ахиллесовой пятой этого метода остается трудность точного замера рыночных настроений. Оценки противоположного мнения, публикуемые существующими службами, слишком часто сигнализируют о крупных поворотных пунктах. С другой стороны, отнюдь не редкость, когда индекс противоположного мнения является высоким, а рынок продолжает лезть в гору, или индекс низкий, а рынок по-прежнему падает. В целом, данный метод дает полезную информацию в тех случаях, когда не является единственным руководством к действию.

СЛЕДЯЩИЕ ОСТАНОВКИ

Следящие остановки (trailing stops), возможно, относятся к разряду наименее сложных, зато наиболее благоразумных методов определения пунктов закрытия позиций. Хотя, опираясь на этот метод, никогда не продашь по максимуму и не купишь по минимуму, он ближе других к старому принципу биржевой торговли: стараться не закрывать позицию, пока она приносит прибыль. Следящие остановки были детально рассмотрены в гл. 9.

ПЕРЕМЕНА МНЕНИЯ О РЫНКЕ

Это еще один метод, лишенный внешнего блеска, но зато наделенный большим здравым смыслом. Тут трейдер вообще обходится без заранее установленных целей, а просто сохраняет позицию до тех пор, пока его мнение о рынке не изменится по крайней мере на нейтральное.

11 Самое важное правило графического анализа

Рынок похож на вирус гриппа — как только вы подумали, что победили его, он мутирует в нечто иное.

Уэйн Х. Вагнер

ЛОЖНЫЕ СИГНАЛЫ

Ложный сигнал (failed signal) является одним из наиболее надежных графических сигналов. Когда рынок неспособен двигаться в направлении графического сигнала, это является сильным признаком того, что вероятно значительное движение в противоположном направлении. Например, обратите внимание, как на рис. 11.1 рынок резко изменил курс после пробоя уровней максимума в начале апреля и консолидации в конце апреля — начале мая. Если бы сигнал пробоя был подлинным, то рынок не должен был возвращаться к нижней границе консолидации и даже пробивать ее вниз. Тот факт, что такое отступление произошло почти сразу после пробоя, явно предполагает наличие «бычьей» западни (bull trap). Подобное поведение цен обусловлено тем, что рынок вырос как раз настолько, чтобы активизировать защитные остановки, поставленные за пределами диапазона, но этот рост не был поддержан дополнительным покупательским спросом после пробоя — технически это признак очень слабого рынка. На деле быстрое опровержение явного сигнала к покупке можно рассматривать как прямой призыв продавать.

Теперь, когда мы уяснили важность ложных сигналов, представленные ниже параграфы дадут нам детальное описание их различных типов, а также рекомендации относительно их использования в торговле.

ЛОВУШКИ ДЛЯ «БЫКОВ» И «МЕДВЕДЕЙ»

«Бычьими» и «медвежьими» западнями или ловушками называются значительные пробои уровней, вслед за которыми вскоре следуют внезапные и резкие

Рисунок 11.1.

«БЫЧЬЯ» ЗАПАДНЯ: САХАР, ОКТЯБРЬ 1993

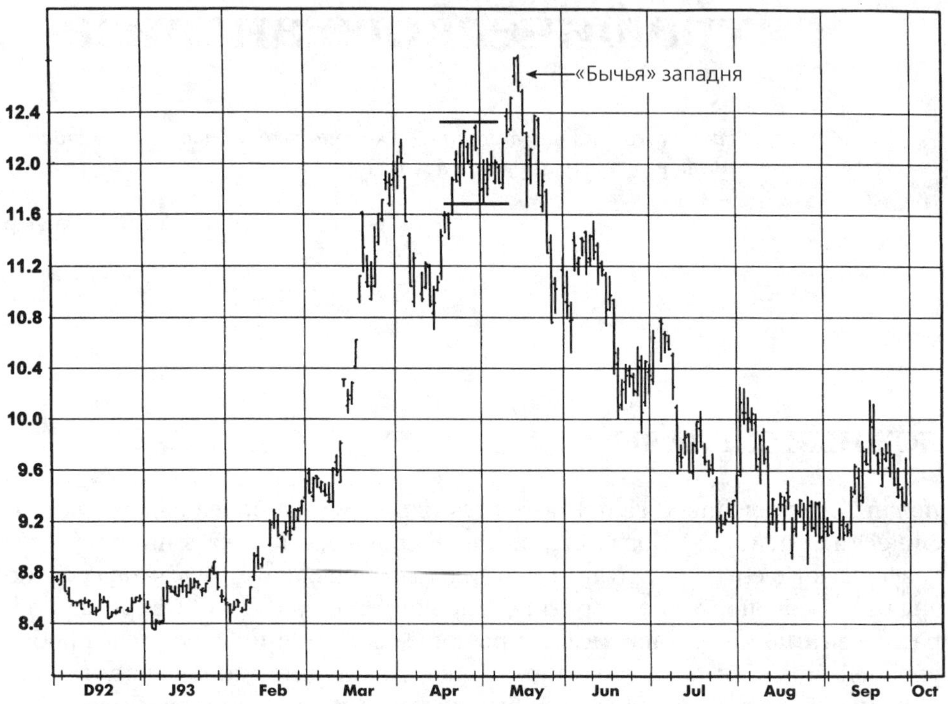

развороты цен в направлении, противоположном пробою. Мой опыт свидетельствует, что такой тип противоречивого движения цен является одним из самых надежных индикаторов крупных вершин и впадин. Пример «бычьей» западни был дан в предыдущем параграфе (рис. 11.1). Другим классическим примером такой ловушки явился октябрьский пик 1993 г. на шестилетнем «бычьем» рынке казначейских облигаций (рис. 11.2). Обратите внимание, что за пробоем верхней границы предшествующего семинедельного торгового диапазона в середине октября и достижением нового максимума сразу последовал резкий обвал цен.

В случае «медвежьей» западни рынок снижается как раз настолько, что исполняются защитные остановки, поставленные под нижней границей торгового диапазона, но дополнительного предложения со стороны продавцов после пробоя нет, что является признаком силы рынка. Подобное быстрое опровержение сигнала к продаже можно рассматривать как сигнал к покупке.

Рис. 11.3, изображающий кульминацию шестилетнего снижения цен на рынке серебра, является классическим примером «медвежьей» западни. В феврале 1993 г. рынок продемонстрировал резкое двухдневное погруже-

Рисунок 11.2.

«БЫЧЬЯ» ЗАПАДНЯ: КАЗНАЧЕЙСКИЕ ОБЛИГАЦИИ, ИЮНЬ 1994

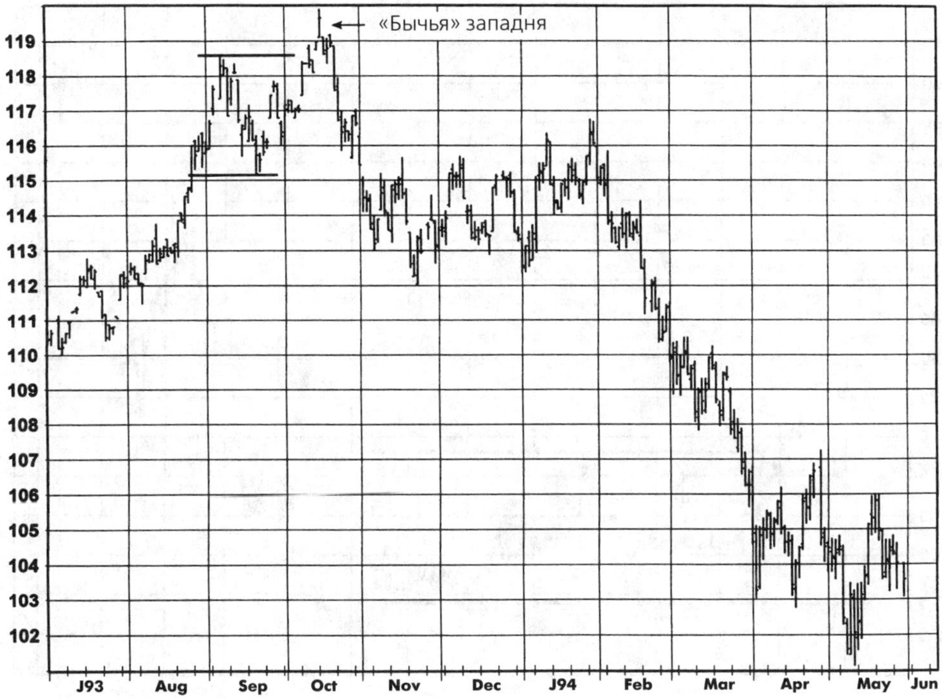

ние как под предыдущий очень узкий трехмесячный торговый диапазон, так и под более широкий шестимесячный торговый диапазон. Затем рынок вместо того, чтобы продолжить снижение, остановился и вернулся в торговый диапазон. Таким образом, сигнал к падению цен был опровергнут рынком, а затем начался долгосрочный рост цен.

На рис. 11.4 представлен еще один пример «медвежьей западни». В конце октября 1992 г., после очень крутого четырехмесячного падения, цены показали новый минимум, пробив нижнюю границу торгового диапазона, который сформировался в последний месяц. Однако продолжения падения не последовало, и за неделю котировки вернулись в верхнюю часть предшествовавшего торгового диапазона. Рынок продолжил рост и в конечном счете отыграл почти весь спад июля-октября. (Интересно, что на этом рисунке есть и «бычья» западня, так как июньский пик 1992 г. образовался в результате широкого ценового разрыва, после которого сразу начался падающий тренд.)

Насколько должны отступить цены, чтобы можно было говорить о наличии «бычьей» или «медвежьей» западни? Ниже приведено несколько возможных условий подтверждения.

Рисунок 11.3.

«МЕДВЕЖЬЯ» ЗАПАДНЯ: СЕРЕБРО, ИЮЛЬ 1993

Первоначальное ценовое подтверждение. Возвращение котировок в среднюю часть консолидационной формации, предшествовавшей пробою.

Сильное ценовое подтверждение. Возвращение котировок к дальней границе (нижней для «бычьей» и верхней для «медвежьей» западни) консолидационной формации, предшествовавшей пробою.

Временное подтверждение. Неспособность рынка в течение определенного времени (например, четырех недель) вернуться к ценовому экстремуму, достигнутому после пробоя.

Выбор между использованием первоначального или сильного ценового подтверждения определяется тем, что первое обеспечивает лучшие условия открытия позиций в ситуации «бычьей» или «медвежьей» западни, тогда как второе подает более надежный сигнал. Временное подтверждение можно использовать как независимо, так и вместе с двумя ценовыми подтверждениями. Рис. 11.5 и 11.6 воспроизводят рис. 11.2 и 11.3, добавляя к ним каждое из условий подтверждения (предполагается, что временное

Рисунок 11.4.

«БЫЧЬЯ» ЗАПАДНЯ И «МЕДВЕЖЬЯ» ЗАПАДНЯ: ХЛОПОК, МАРТ 1993

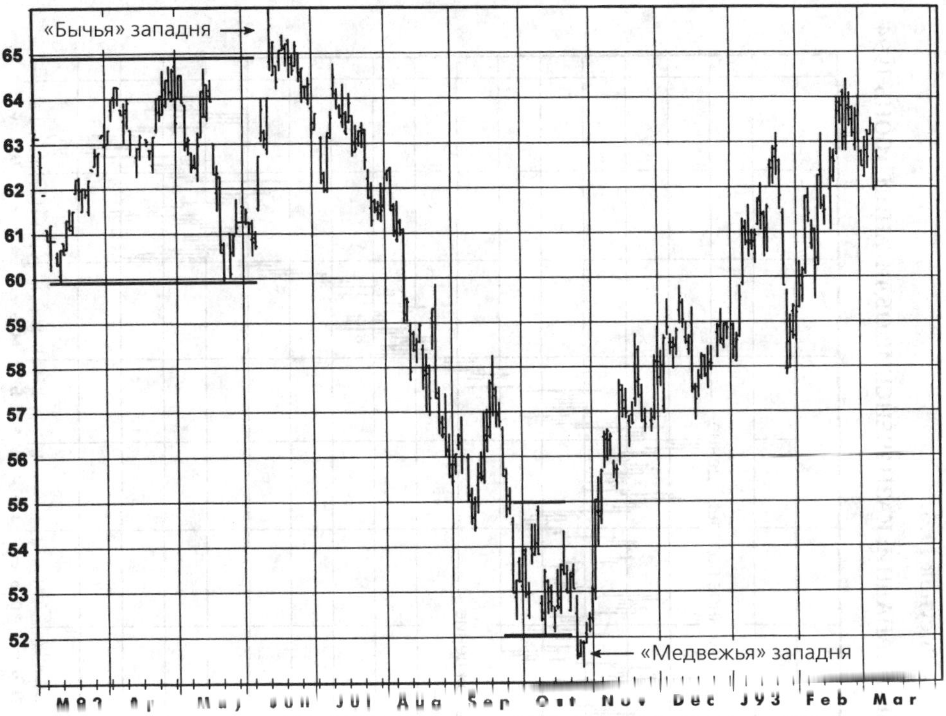

подтверждение наступает не ранее чем через четыре недели). Заметьте, что временное подтверждение может наступить как после обоих ценовых условий подтверждения (рис. 11.5), так и до них (рис. 11.6), а также в любой точке между ними.

Сигнал «бычьей» западни становится недействительным, если рынок возвращается к максимуму, достигнутому после пробоя. Аналогичным образом, сигнал «медвежьей» западни становится недействительным, если рынок возвращается к минимуму, достигнутому после пробоя. Для отмены сигналов «бычьей» или «медвежьей» западни можно использовать более чувствительные условия, если рынок уже достаточно продвинулся в направлении сигнала или истекло установленное время. Примером такого условия является возврат цен к противоположной границе консолидационной формации после того, как был получен сигнал сильного ценового подтверждения (например, в случае «бычьей» западни возврат к верхней части модели после того, как цены упали под ее нижнюю границу). Примером более чувствительного, комбинированного ценового/временного сигнала

Рисунок 11.5.

УСЛОВИЯ ПОДТВЕРЖДЕНИЯ «БЫЧЬЕЙ» ЗАПАДНИ: КАЗНАЧЕЙСКИЕ ОБЛИГАЦИИ, ИЮНЬ 1994

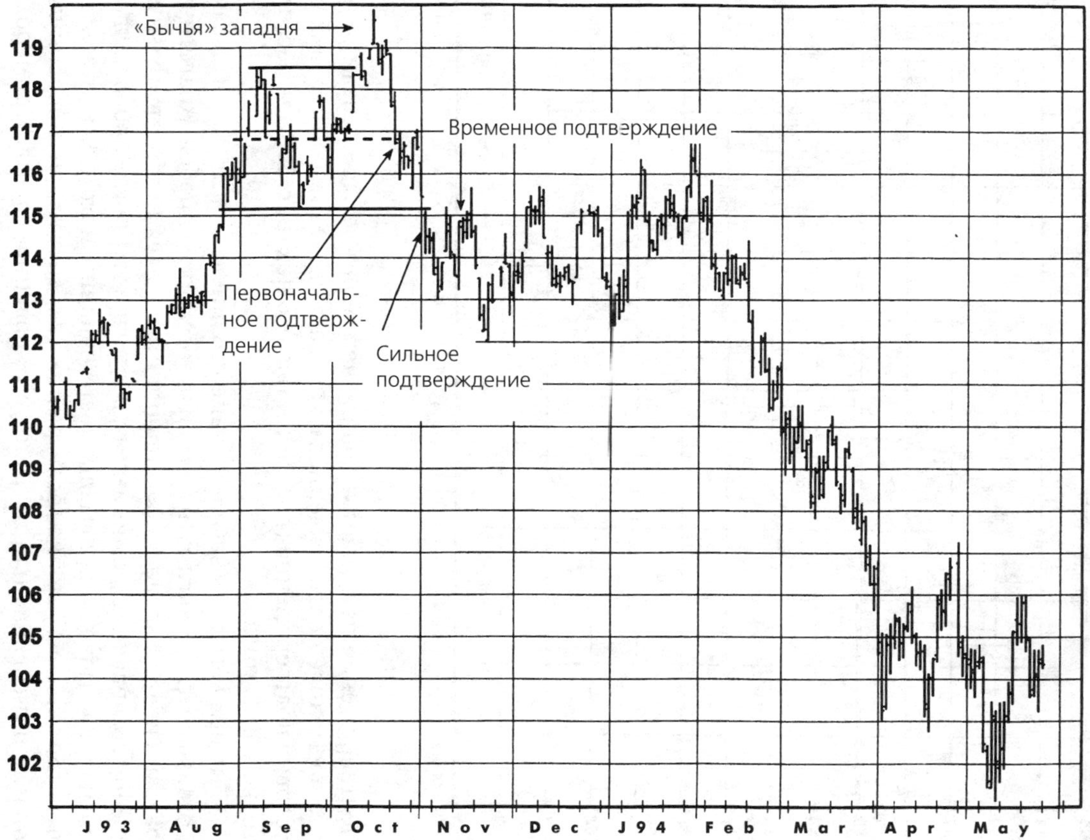

Рисунок 11.6.

УСЛОВИЯ ПОДТВЕРЖДЕНИЯ «МЕДВЕЖЬЕЙ» ЗАПАДНИ: СЕРЕБРО, ИЮЛЬ 1993

отмены является возврат цен в среднюю часть модели (к точке первоначального ценового подтверждения сигналов «бычьей» и «медвежьей» западни) в любое время через четыре или более недель после сильного ценового подтверждения. Чем более чувствительно установленное условие отмены, тем меньше убыток от ложного сигнала «бычьей» или «медвежьей» западни, но тем больше вероятность того, что правильно открытая позиция будет ликвидирована преждевременно.

Если выбранное условие отмены не наступает, то позицию, открытую по сигналу «бычьей» и «медвежьей» западни, лучше держать до достижения рынком выбранной вами ценового цели или другого условия закрытия позиции либо до появления свидетельств разворота тенденции в противоположном направлении.

ЛОЖНЫЕ ПРОБОИ ЛИНИЙ ТРЕНДА

Как отмечалось в гл. 3, трендовые линии особенно склонны к ложным пробоям. Такие ложные пробои можно использовать как сигналы открытия позиций в направлении, противоположном пробою. По моему мнению, сигналы ложных пробоев трендовой линии фактически являются значительно более надежными, чем обычные сигналы пробоев тренда. При понижательной тенденции ложный пробой тренда считается подтвержденным, если вслед за пробоем наверх рынок несколько раз (например, два или три) закрывается ниже линии тренда. Аналогичным образом при повышательной тенденции ложный пробой тренда считается подтвержденным, если вслед за пробоем вниз рынок несколько раз закрывается выше трендовой линии.

На рис. 11.7 показан пример ложного пробоя линии понижательного тренда. Обратите внимание, что вслед за июньским пробоем трендовой линии, проведенной через три предыдущих относительных максимума, цена вскоре пересекла эту линию в обратном направлении. Показанный сигнал был получен, когда два торговых дня закрылись ниже линии.

Вполне возможно появление на графике нескольких сигналов ложных пробоев тренда по мере того, как трендовая линия корректируется. На рис. 11.8 пробой понижательной трендовой линии первоначально произошел в середине декабря. Цены быстро вернулись под линию, причем сигналом отмены считалось второе закрытие под ней. Еще один ложный пробой произошел через несколько недель. В данном случае была пробита трендовая линия, скорректированная по декабрьскому относительному максимуму (трендовая линия II). И снова цены быстро отступили под тренд, подав еще один сигнал ложного пробоя. Трендовая линия, скорректированная по январскому относительному максимуму (трендовая линия III), была на

Рисунок 11.7.

ЛОЖНЫЙ ПРОБОЙ ЛИНИИ ПОНИЖАТЕЛЬНОГО ТРЕНДА: ОВЕС, ДЕКАБРЬ 1994

короткое время пробита вверх в марте, что явилось третьим ложным пробоем тренда.

Рис. 11.9 иллюстрирует ложные пробои тренда на примере линии повышательного тренда. Сигнал отмены здесь также считается подтвержденным после второго закрытия выше трендовой линии. Показаны два таких сигнала к покупке, основанных на подтверждении ложного пробоя тренда.

ЗАПОЛНЕННЫЕ РАЗРЫВЫ

Как было детально показано в гл. 6, разрывы принято считать моделями, предвещающими продолжение тенденции в направлении разрыва. Когда разрыв заполняется, то это квалифицирует его как несработавший сигнал. Значимость заполненных разрывов повышается при следующих дополнительных признаках:

Рисунок 11.8.

НЕСКОЛЬКО ЛОЖНЫХ ПРОБОЕВ ЛИНИЙ ПОНИЖАТЕЛЬНОГО ТРЕНДА: КОНЦЕНТРАТ АПЕЛЬСИНОВОГО СОКА, ИЮЛЬ 1992

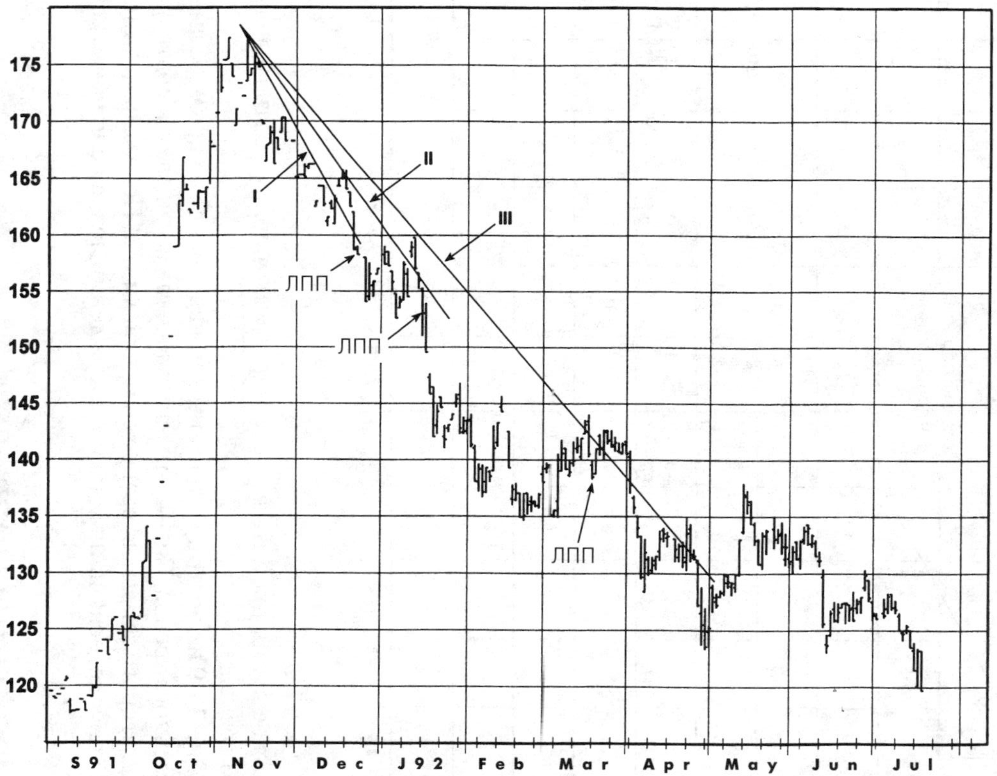

Примечание: ЛПП — ложный пробой подтвержден (два закрытия ниже трендовой линии).

Рисунок 11.9.

НЕСКОЛЬКО ЛОЖНЫХ ПРОБОЕВ ЛИНИЙ ПОНИЖАТЕЛЬНОГО ТРЕНДА: САХАР, ИЮЛЬ 1995

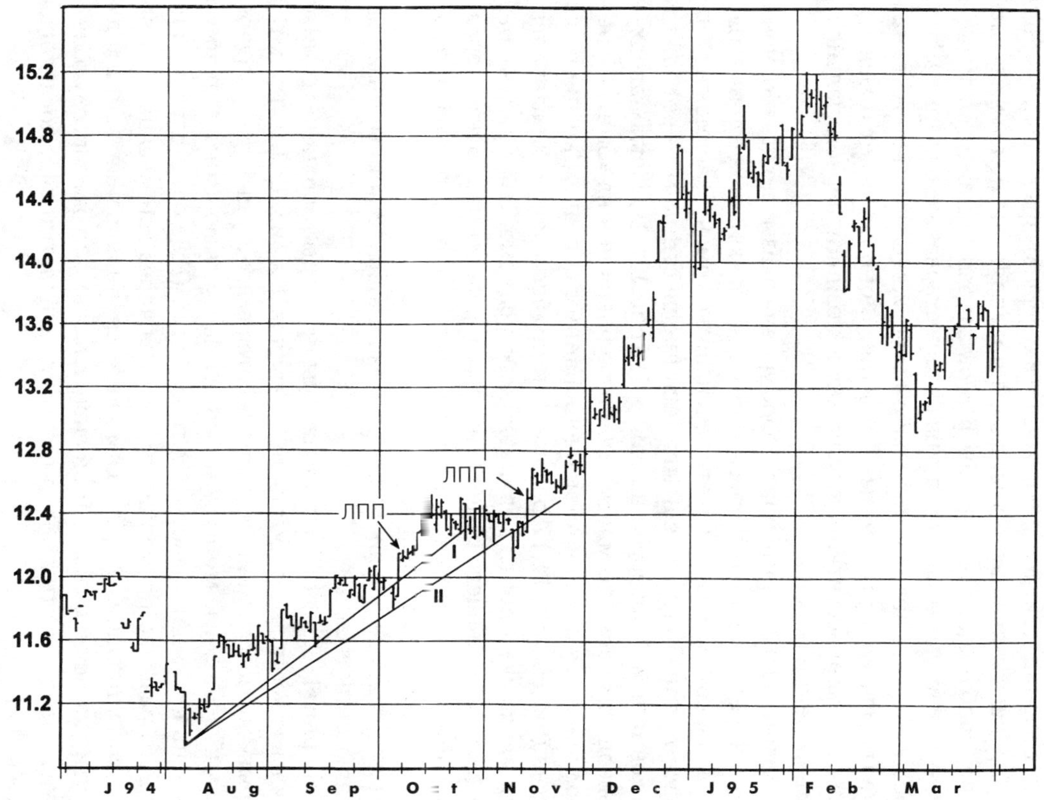

Примечание: ЛПП — ложный пробой подтвержден (два закрытия выше трендовой линии).

- заполненный разрыв является особенно широким;
- заполненный разрыв является разрывом при пробое уровня;
- заполнены два или более последовательных разрыва.

Хотя разрыв обычно считают заполненным, если цена в течение торговой сессии достигает максимума (в случае разрыва вниз — минимума) дня, предшествовавшего разрыву, я предпочитаю более жесткое определение, требующее того, чтобы рынок закрылся ниже (в случае разрыва вниз — выше) цены закрытия дня, предшествовавшего разрыву. Хотя данное определение приводит к небольшой задержке в получении сигнала о продаже (в случае разрыва вниз — покупки), оно помогает избежать многих преждевременных сигналов к закрытию позиции, первоначально открытой в направлении пробоя.

На рис. 11.10 разрыв при пробое уровня оказывается заполненным примерно через неделю. Интересно, что разрыв заполнен в широкодиапазонный день, который сам является сигналом о том, что, возможно, произошел разворот вниз. Эти модели явились предвестниками продолжительного снижения цен фьючерсов на сахар. На рис. 11.11 разрыв наверх, который произошел за день до максимального уровня цен на «бычьем» рынке, был заполнен через два дня, став очень ранним сигналом крупного разворота тенденции. На рис. 11.12 разрыв при пробое уровня образовался точно в день максимума почти вертикального подъема. Этот разрыв был заполнен (исходя из нашего более строгого определения) только через два дня, явившись сигналом раннего предупреждения о резком развороте тенденции, которая успела бы отыграть назад значительную часть предыдущего подъема, прежде чем была бы распознана более привычными методами обнаружения тренда.

На рис. 11.13–11.15 представлены примеры заполненных нижних разрывов в качестве несработавших сигналов. На рис. 11.13 широкий нижний разрыв к новому минимуму заполняется всего лишь через два дня (на следующий день после минимума) и посылает исключительно ранний сигнал об очень крупным разворотом тенденции. (Еще один случай заполнения нижнего разрыва произошел менее чем через три месяца.) На рис. 11.14 день, заполняющий разрыв, сам является широкодиапазонным днем, что, по сути, дает сильный двойной сигнал в одну и ту же торговую сессию. Как можно видеть, за этим объединенным сигналом тотчас последовал крутой подъем цен.

На рис. 11.15 приведен пример заполнения двух последовательных нижних разрывов. Обратите внимание, что хотя поведение цен верно сигнализировало о формировании крупной впадины, однако после заполнения разрывов цены еще некоторое время падали, и только затем начался их устойчивый рост. Следовательно, даже после верного сигнала, поданного рынком при заполнении разрыва, может иметь место временная коррекция цен, прежде чем

Рисунок 11.10.

ЗАПОЛНЕННЫЙ ВЕРХНИЙ РАЗРЫВ: САХАР, МАРТ 1991

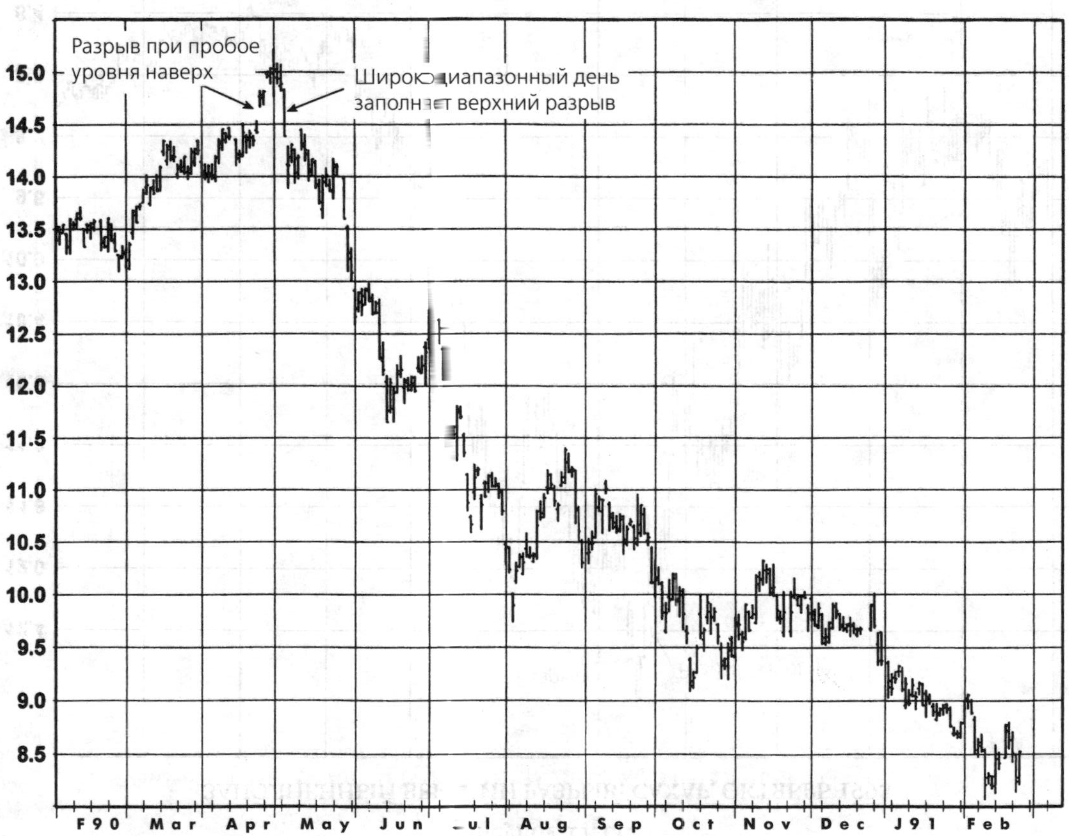

Рисунок 11.11.

ЗАПОЛНЕННЫЙ ВЕРХНИЙ РАЗРЫВ: САХАР, ОКТЯБРЬ 1993

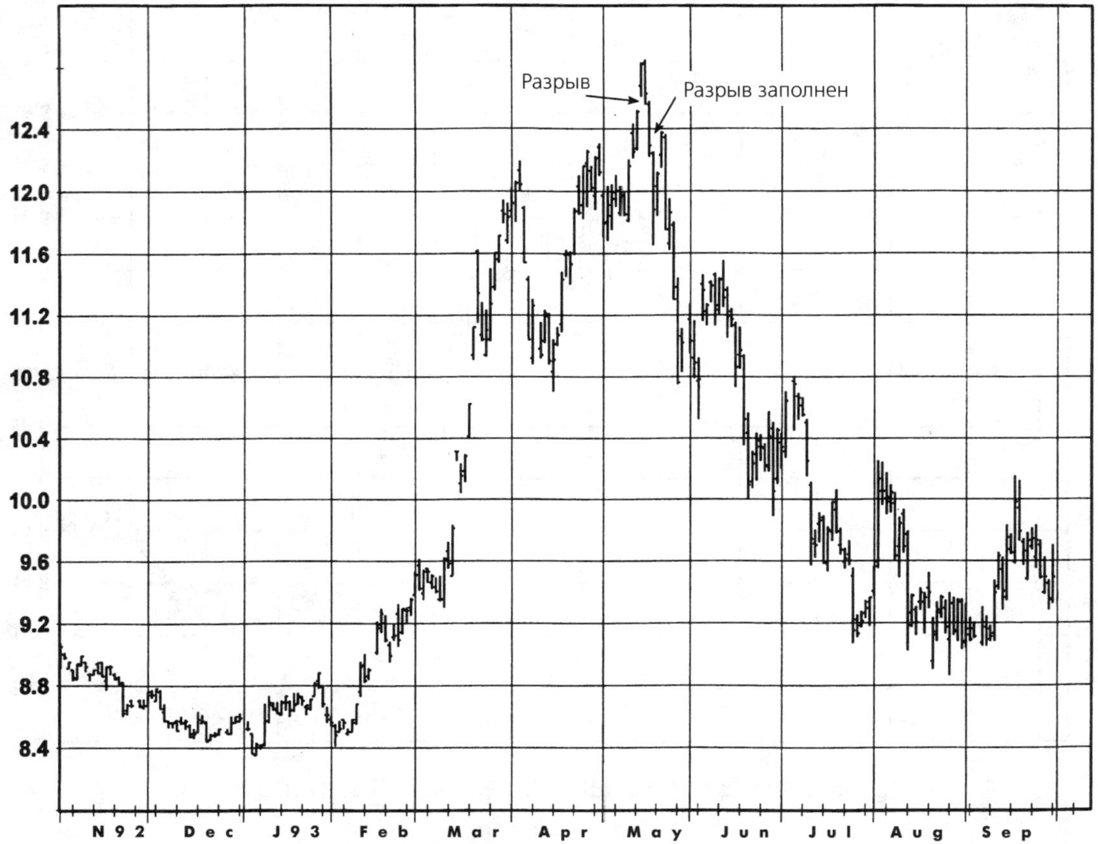

Рисунок 11.12.

ЗАПОЛНЕННЫЙ ВЕРХНИЙ РАЗРЫВ: МУКА, ДЕКАБРЬ 1993

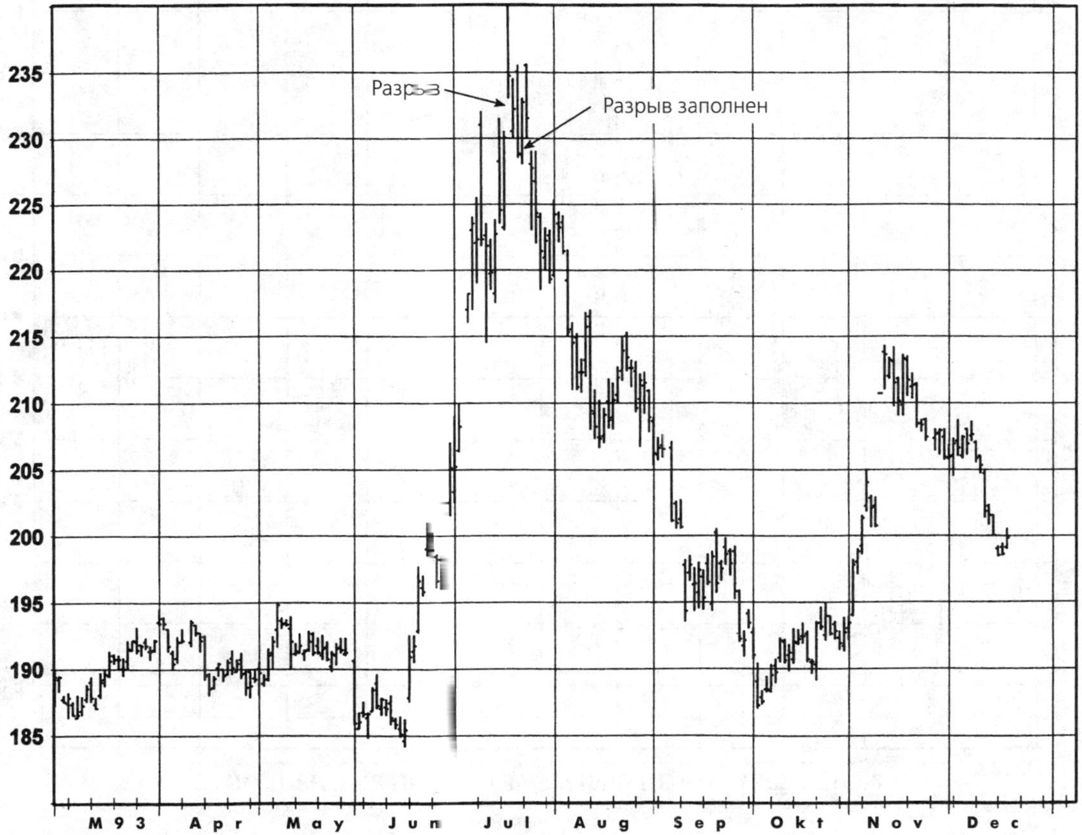

Рисунок 11.13.

ЗАПОЛНЕННЫЕ НИЖНИЕ РАЗРЫВЫ: НЕФТЬ, АВГУСТ 1992

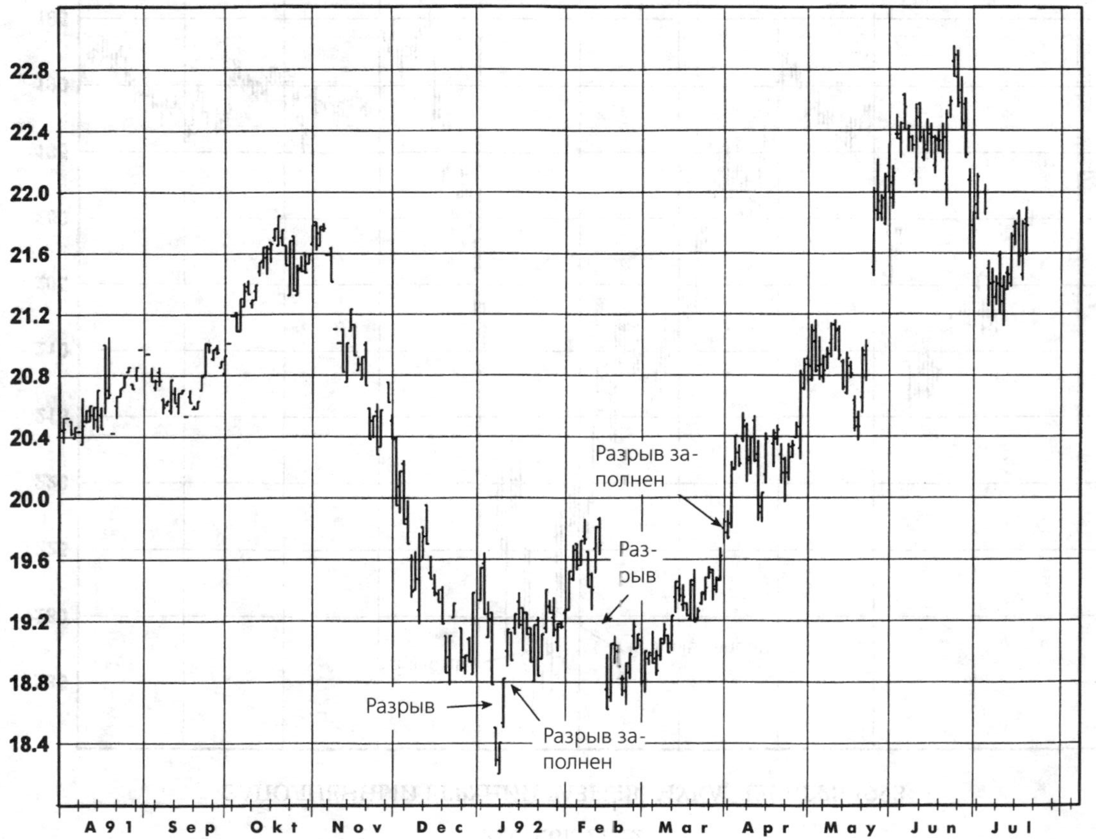

Рисунок 11.14.

ЗАПОЛНЕННЫЙ НИЖНИЙ РАЗРЫВ: САХАР, ИЮЛЬ 1991

Рисунок 11.15.

ЗАПОЛНЕННЫЕ НИЖНИЕ РАЗРЫВЫ: ХЛОПОК, МАРТ 1995

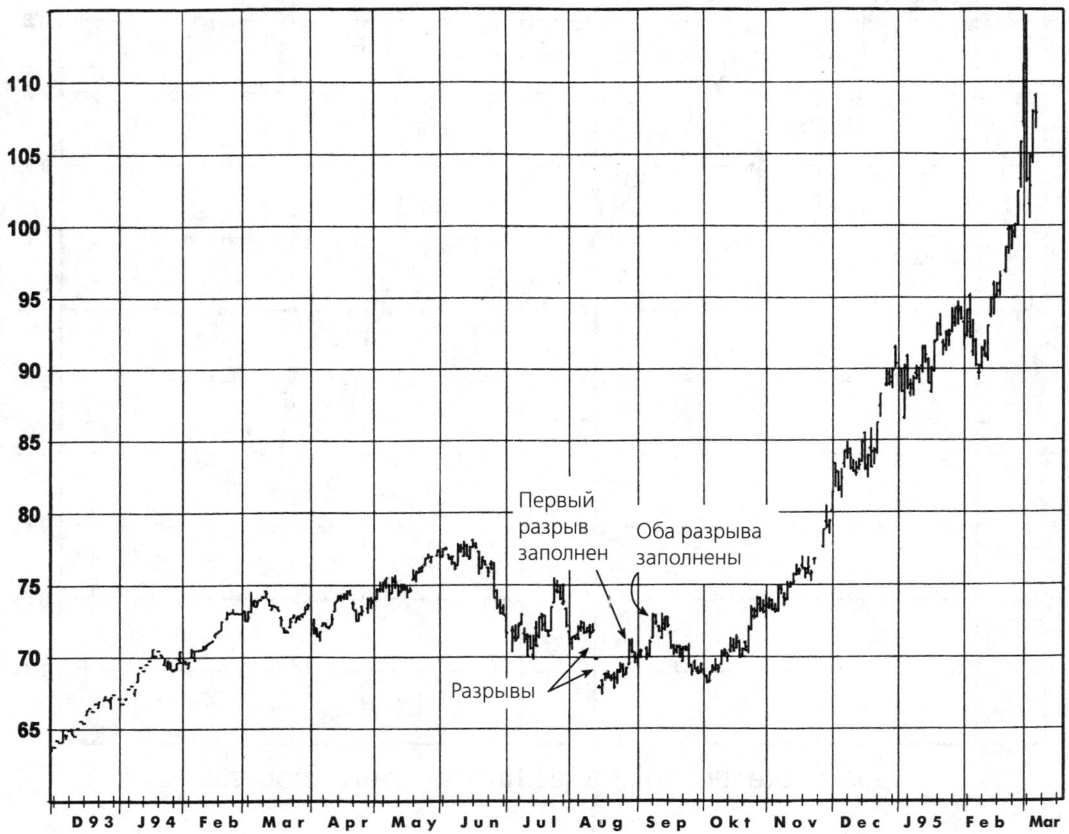

их ожидаемое движение материализуется. В случаях нижних разрывов, сигнал к росту цен, поданный при заполнении разрыва, может рассматриваться как действующий до тех пор, пока цены не закроются ниже разрыва либо самого низкого разрыва, если их несколько. (Аналогичным образом, при верхних разрывах сигнал заполненного разрыва может рассматриваться как действующий до тех пор, пока цены не закроются выше разрыва либо выше наивысшего разрыва, если их несколько.)

ВОЗВРАТ НА МАКСИМУМ ИЛИ МИНИМУМ ШИПА

В гл. 6 было подробно рассказано о том, что шипы часто случаются в моменты важных разворотов цен. Следовательно, возврат цен к экстремуму предыдущего шипа свидетельствует о том, что сигнал к развороту, вызванный появлением шипа на графике цены, не сработал. Чем экстремальнее шип (чем больше величина, на которую максимум шипа превышает максимумы предыдущих и последующих дней либо минимум шипа падает ниже минимумов предыдущих и последующих дней), тем более значимым является пробой его уровня. Значение подобного несработавшего сигнала повышается и в том случае, если с момента появления шипа прошло по крайней мере несколько недель, а еще лучше месяцев.

На рис. 11.16 возвращение котировок на максимум июльского шипа четыре месяца спустя привело к существенному продолжению роста. На рис. 11.17 пробой максимума июльского шипа вверх спустя почти семь месяцев также завершился сильной волной роста цен. На рис. 11.18 представлен пример пробоя минимума шипа, направленного вниз, вслед за которым цены резко упали. Рис. 11.19 содержит примеры пробоев как крупного шипа вверх, так и крупного шипа вниз. В каждом случае рынок демонстрировал впоследствии уверенное продолжение тенденции.

На рис. 11.20 пробой июльского шипа вверх чуть более месяца спустя привел к прогнозируемому дальнейшему подъему. Однако заметьте, что пробой октябрьского шипа вниз через несколько месяцев после этого оказался обманчивым — так сказать, ложный сигнал о несработавшем сигнале. В целом, закрытие за пределами противоположного конца шипа можно считать отрицанием того, что шип не сработал. В данном случае рынок закрылся выше дневного максимума нижнего шипа через четыре дня после пробоя шипа.

Рисунок 11.16.

ПРОБОЙ ШИПА ВВЕРХ: СОЕВОЕ МАСЛО, МАРТ 1994

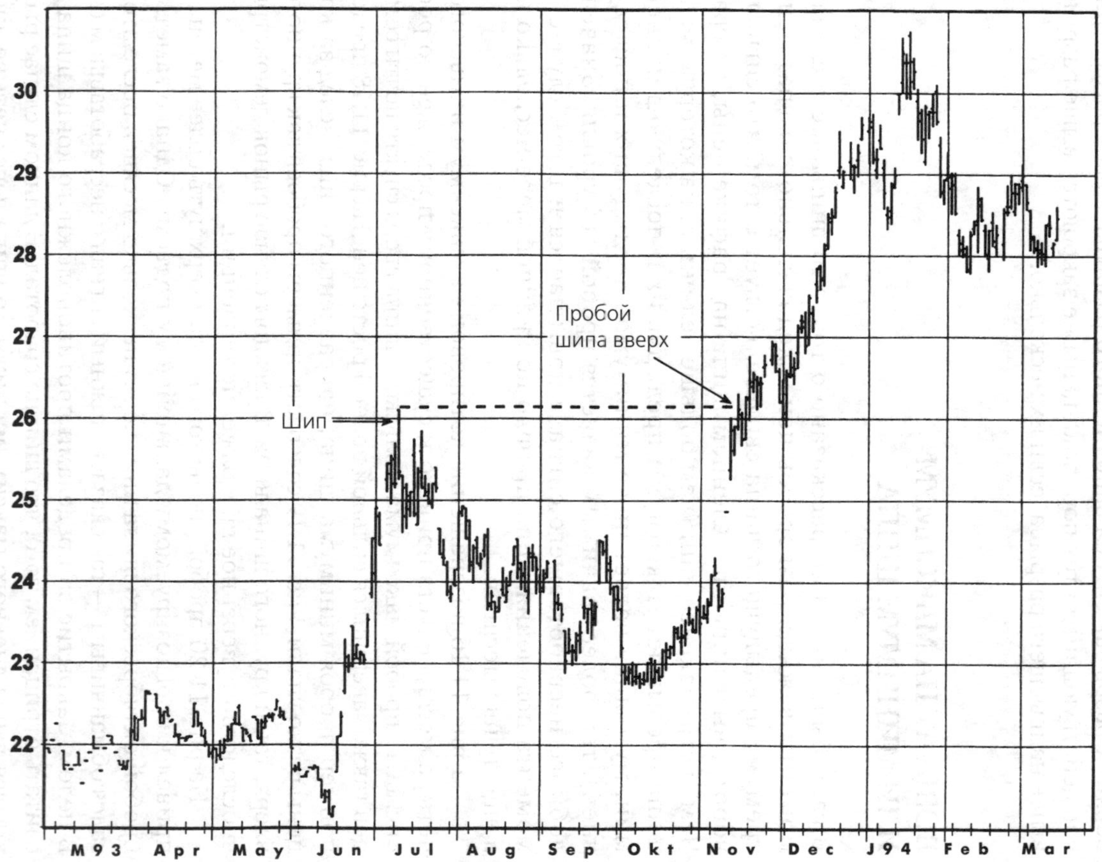

Рисунок 11.17.

ПРОБОЙ ШИПА ВВЕРХ: ХЛОПОК, ИЮЛЬ 1991

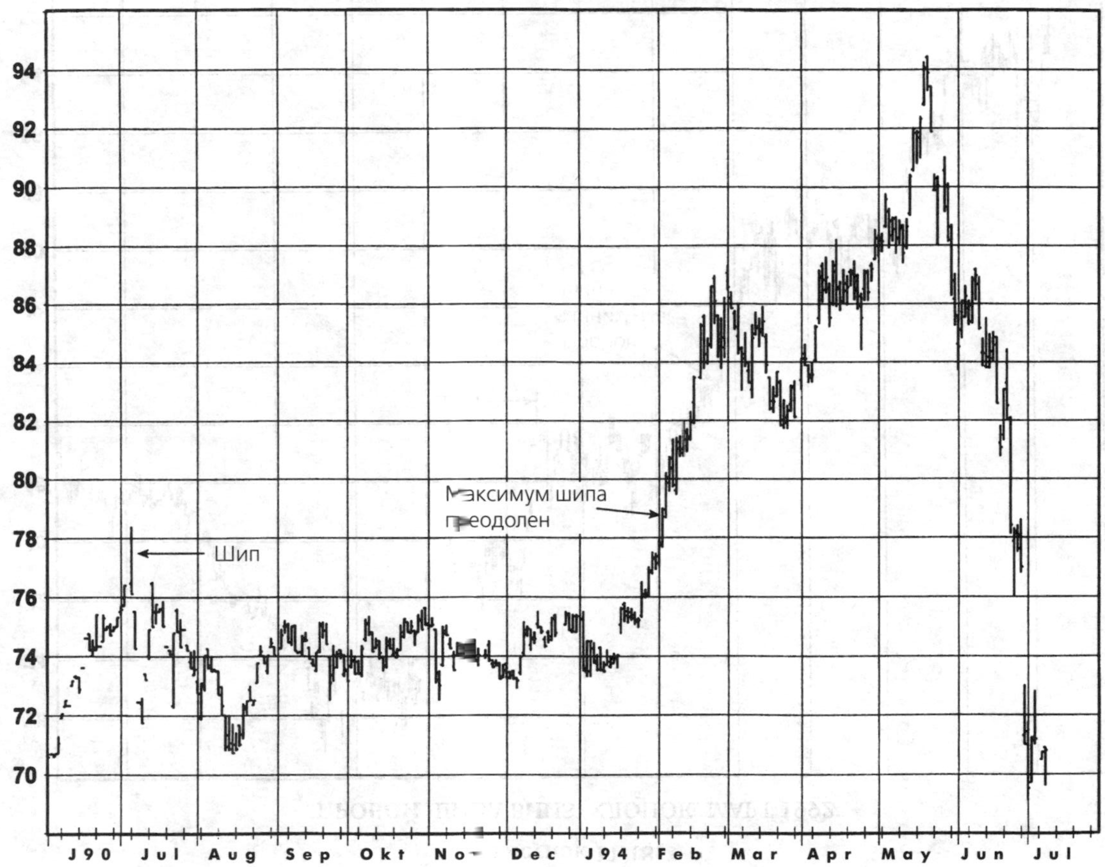

Рисунок 11.18.

ПРОБОЙ ШИПА ВНИЗ: ХЛОПОК, МАРТ 1992

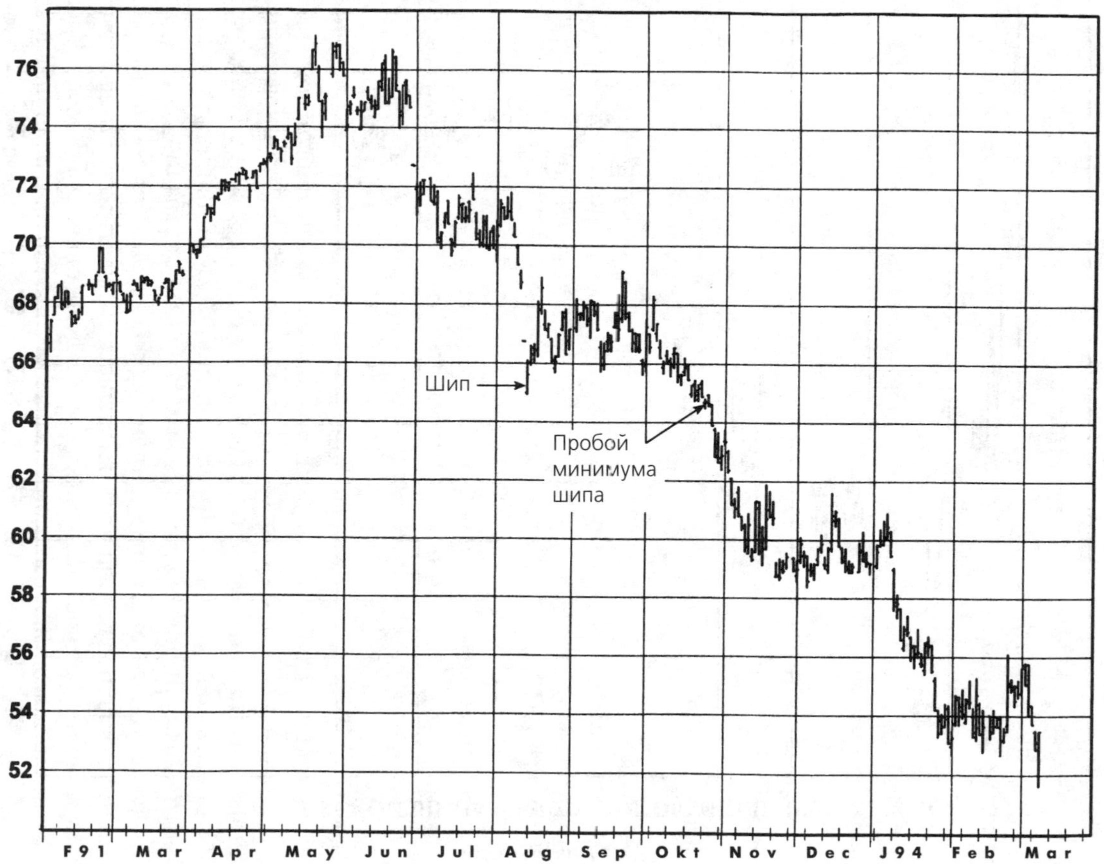

Рисунок 11.19.

ПРОБОЙ ШИПА ВВЕРХ И ШИПА ВНИЗ: КОФЕ, МАРТ 1995

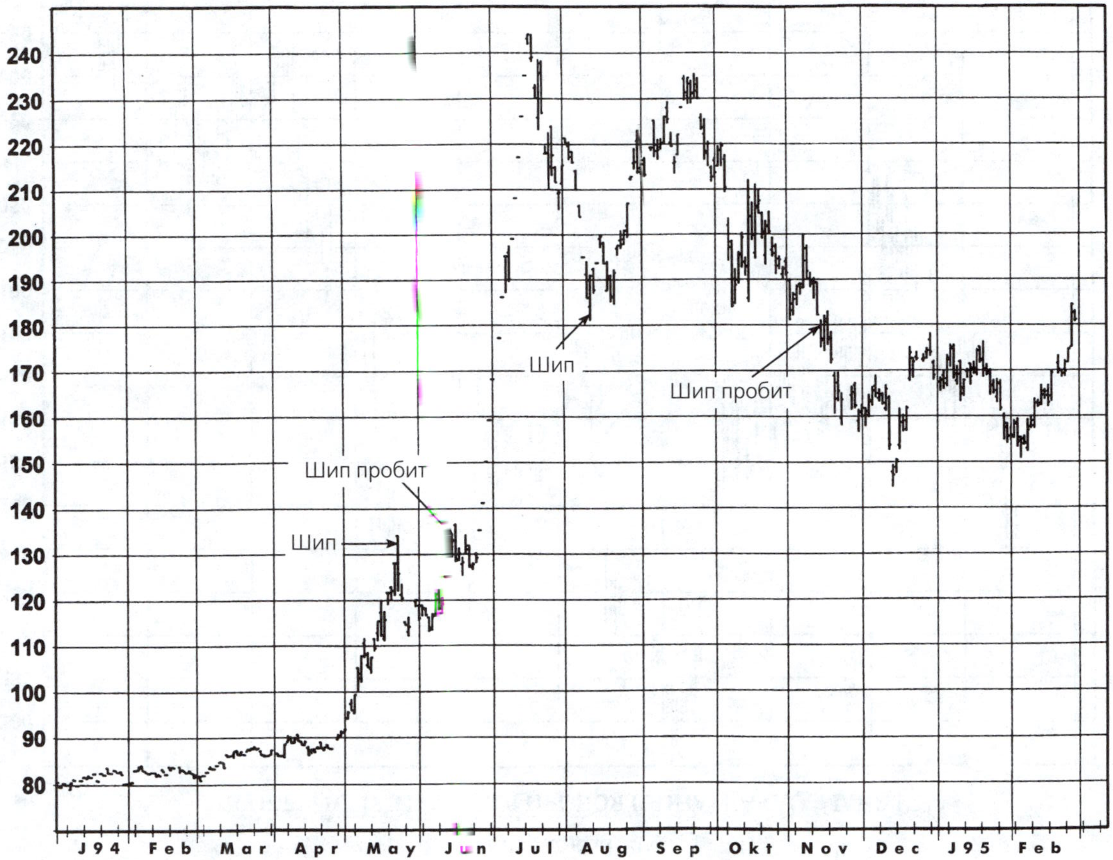

Рисунок 11.20.

ОПРОВЕРГНУТЫЙ СИГНАЛ ПРОБОЯ ШИПА: КАКАО, МАРТ 1994

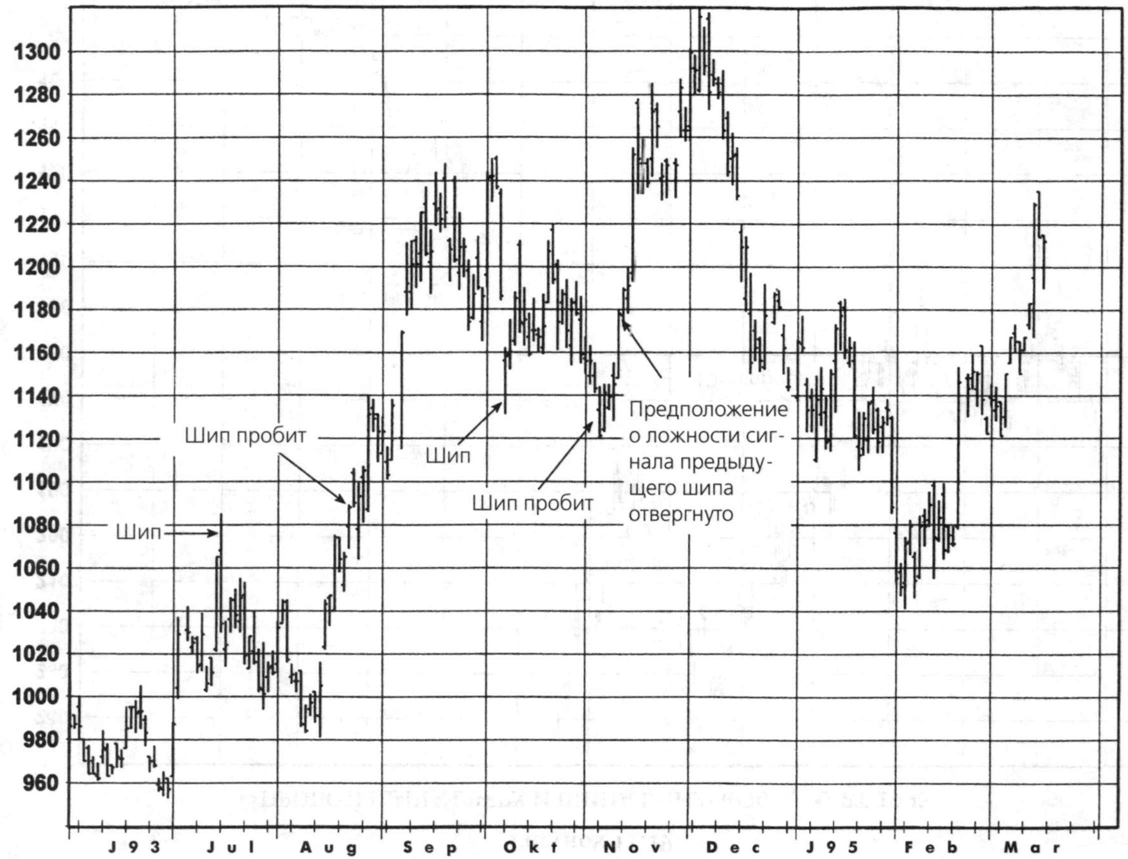

ВОЗВРАТ К ГРАНИЦАМ ШИРОКОДИАПАЗОННОГО ДНЯ

Как было показано в гл. 6, широкодиапазонные дни с особенно сильными или слабыми закрытиями, как правило, ведут к продолжению тенденции в том же направлении. Следовательно, если в течение дня с широким диапазоном цены падали («падающий» день), то закрытие одного из последующих дней выше максимума широкодиапазонного дня говорит о том, что сигнал к падению, поданный этим «падающим» днем, оказался ложным. Аналогичным образом, закрытие ниже минимума «растущего» широкодиапазонного дня свидетельствует о ложности полученного сигнала к росту.

На рис. 11.21 максимум ярко выраженного «падающего» широкодиапазонного дня, появившегося в конце мая, был пробит вверх примерно две недели спустя, что привело к сильнейшему росту цен. Интересно, что это подтверждение ложного сигнала случилось на следующий день после «растущего» дня с широким диапазоном, явившись, по сути, двойным сигналом потенциального разворота тенденции. На рис. 11.22 максимумы двух «падающих» дней с широким диапазоном, образовавшихся по соседству, в последующем были пробиты вверх. Более того, обратите внимание, что между этими двумя пробоями возник день с широким диапазоном вверх. Такое слияние «бычьих» сигналов оказалось провозвестником значительного роста цен.

На рис. 11.23 и 11.24 представлены примеры пробоев «растущих» дней с широким диапазоном. Рис. 11.23 демонстрирует закрытие под минимумом дня с поистине гигантским ценовым диапазоном, образовавшегося за день до разворота тренда, вслед за которым последовало грандиозное падение цен. Заметьте, что закрытию ниже минимума широкодиапазонного дня предшествовал сильный сигнал подтверждения «бычьей» западни. На рис. 11.24 закрытие под нижней границей широкодиапазонного дня, образовавшегося в начале января, само представляло широкодиапазонный день, который оказался ранним сигналом надвигавшегося мощного снижения цен.

ПРОБОЙ ФЛАГА ИЛИ ВЫМПЕЛА В НАПРАВЛЕНИИ, ПРОТИВОПОЛОЖНОМ ОЖИДАЕМОМУ

Как отмечалось в гл. 6, обычно после модели флага или вымпела происходит движение цен в том же направлении, в каком они двигались до образования модели. Следовательно, если модель флага или вымпела завершается пробоем в направлении, противоположном предшествовавшему движению цен, то это характеризует данную модель как ложный сигнал.

На рис. 11.25, как будто предназначенном для иллюстрации положений гл. 6, модели флага и вымпела, возникавшие по ходу понижательной тен-

Рисунок 11.21.

ПРОБОЙ «ПАДАЮЩЕГО» ДНЯ С ШИРОКИМ ДИАПАЗОНОМ: СОЯ, НОЯБРЬ 1993

Рисунок 11.22.

ПРОБОЙ «ПАДАЮЩИХ» ДНЕЙ С ШИРОКИМ ДИАПАЗОНОМ: САХАР, МАРТ 1995

Рисунок 11.23.

ПРОБОЙ «РАСТУЩЕГО» ДНЯ С ШИРОКИМ ДИАПАЗОНОМ: МЕДЬ, ДЕКАБРЬ 1992

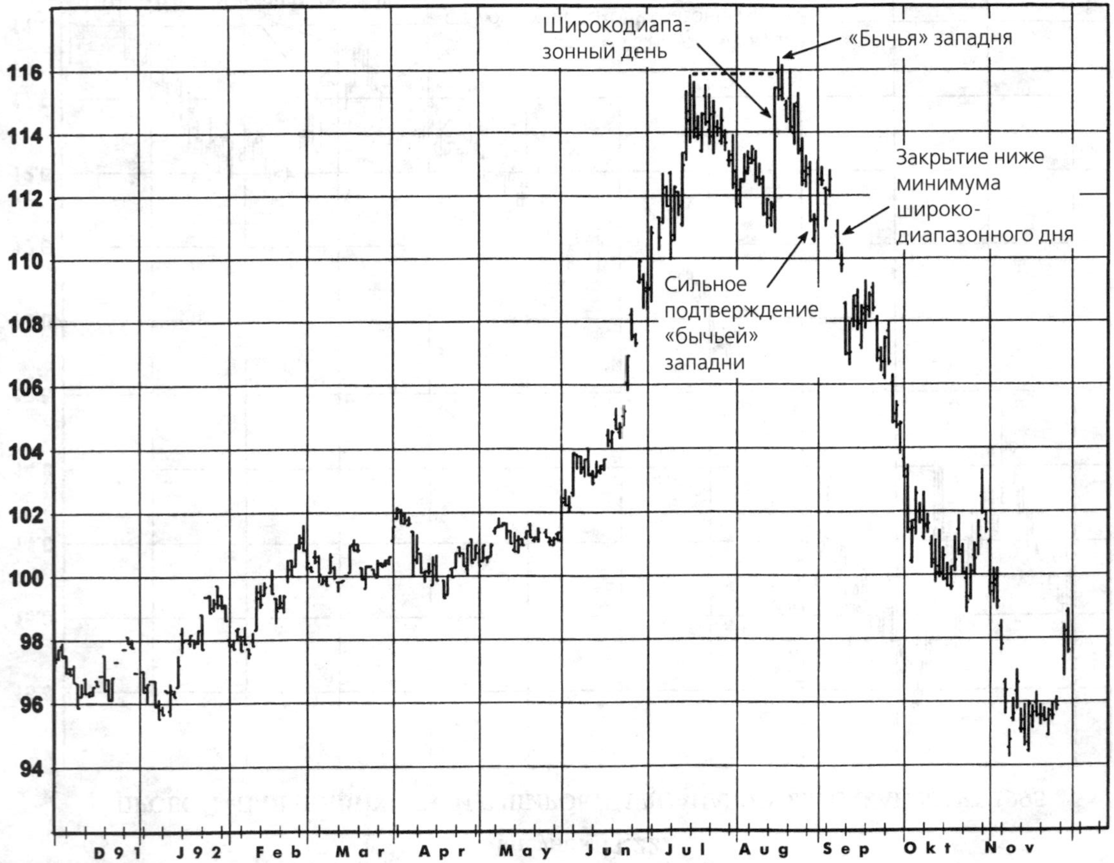

Рисунок 11.24.

ПРОБОЙ «РАСТУЩЕГО» ДНЯ С ШИРОКИМ ДИАПАЗОНОМ: ЕВРОДОЛЛАР, ИЮНЬ 1994

денции, обычно завершались движением цен вниз. Единственным исключением, однако, стал флаг, образовавшийся вслед за достижением нового минимума в марте. Этот флаг был пробит наверх. Такое движение цен в направлении, противоположном ожидаемому, предвещало значительную коррекцию. На рис. 11.26 обратите внимание на то, что оба минимума — и апрельский, и октябрьский — были образованы флагами, пробитыми в направлении, противоположном ожидаемому.

На рис. 11.27 показана крупная впадина, образованная флагом, который был пробит в направлении, противоположном ожидаемому. Однако в данном случае за самим пробоем последовал откат, и только потом начался резкий рост цен. Вывод: пробой в направлении, противоположном ожидаемому, не обязательно должен сопровождаться немедленным продолжением, чтобы служить достоверным подтверждением наличия ложного сигнала. Какой откат котировок допустим, прежде чем гипотеза о наличии ложного сигнала будет опровергнута? Один из возможных подходов состоит в том, что сигнал считается ложным до тех пор, пока один из последующих торговых дней не закроется за противоположной границей соответствующего флага или вымпела. Откат котировок в приведенном примере остановился совсем рядом с такой точкой.

На рис. 11.28–11.30 представлены примеры пробоев флагов или вымпелов, сформировавшихся после подъема цен. В каждом случае флаг или вымпел образовался вблизи абсолютного максимума, что обычно является очень «бычьим» признаком. Однако вместо того, чтобы вести к новым высотам, каждая из моделей завершилась резким пробоем цен вниз. Во всех трех примерах ложные сигналы, подтвержденные пробоем в направлении, противоположном ожидаемому, явились исключительно своевременными индикаторами крупных разворотов тенденции. Обратите внимание, что если на рис. 11.28 и 11.29 цены после пробоя немедленно начали падать, то на рис. 11.30 рынок сначала взметнулся обратно к вымпелу и лишь затем стал опускаться. Однако этот всплеск не поднялся выше вымпела; поэтому, как вытекает из вышеупомянутого правила, указания ложного сигнала продолжали считаться действующими.

ПРОБОЙ ФЛАГА ИЛИ ВЫМПЕЛА В ПРОТИВОПОЛОЖНОМ НАПРАВЛЕНИИ, СЛЕДУЮЩИЙ ЗА ИХ НОРМАЛЬНЫМ ПРОБОЕМ

В некоторых случаях за флагами или вымпелами следуют пробои в ожидаемом направлении, но затем цены разворачиваются и закрываются за противоположной границей модели. Такое смешанное движение цен является еще одним примером ложного сигнала, поскольку за

Рисунок 11.25.

ПРОБОЙ МОДЕЛИ ФЛАГА В НАПРАВЛЕНИИ, ПРОТИВОПОЛОЖНОМ ОЖИДАЕМОМУ: ХЛОПОК, ИЮЛЬ 1992

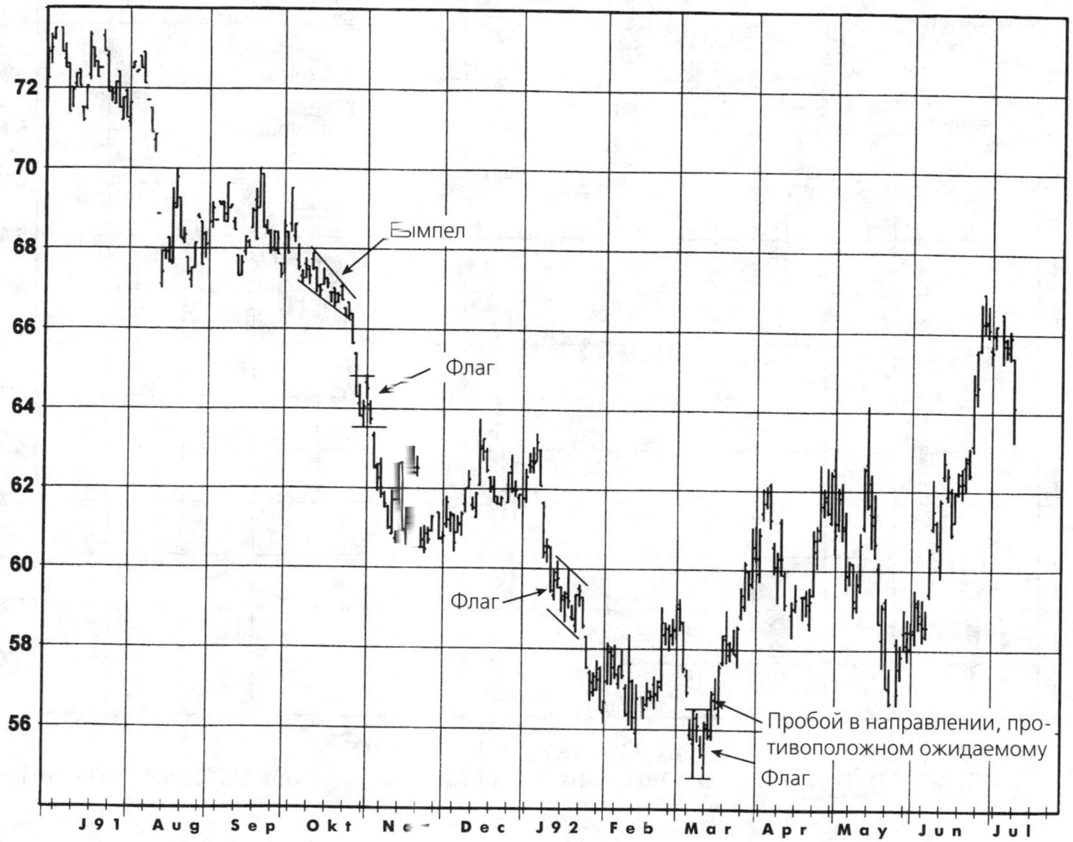

Рисунок 11.26.

ПРОБОЙ МОДЕЛЕЙ ФЛАГА В НАПРАВЛЕНИИ, ПРОТИВОПОЛОЖНОМ ОЖИДАЕМОМУ: СОЕВОЕ МАСЛО, ДЕКАБРЬ 1994

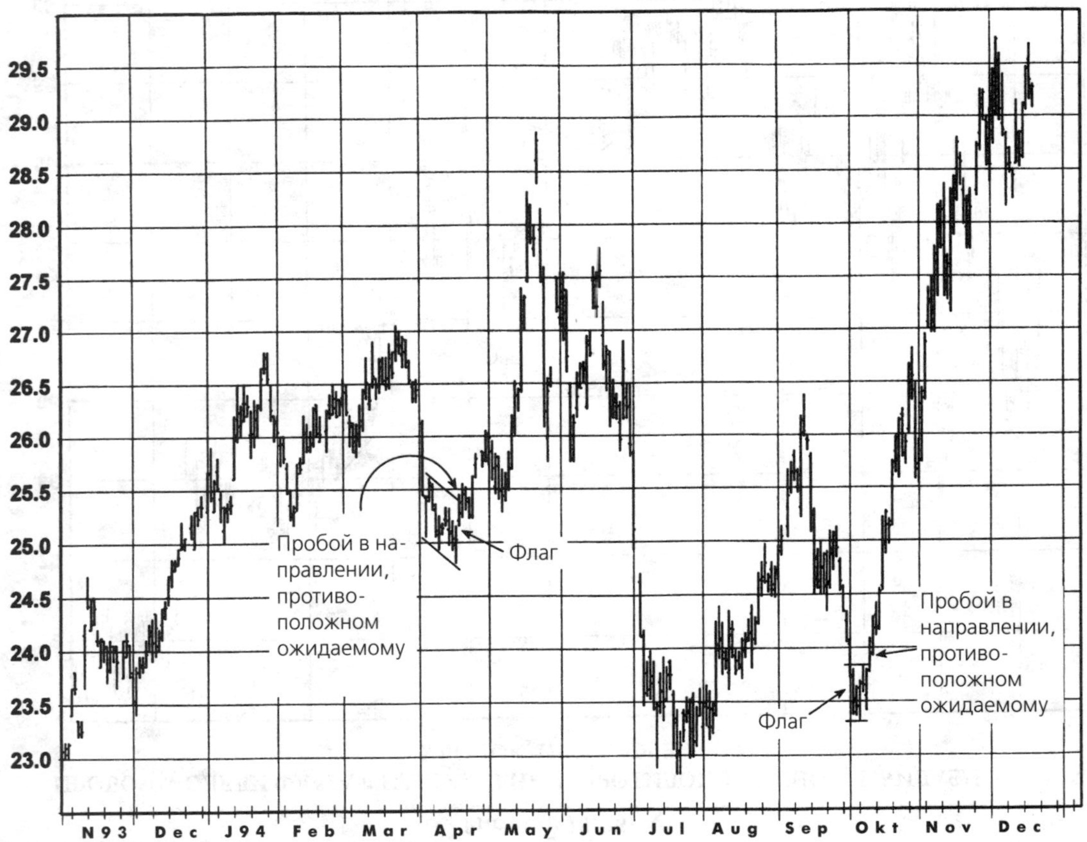

Рисунок 11.27.

ПРОБОЙ МОДЕЛИ ФЛАГА В НАПРАВЛЕНИИ, ПРОТИВОПОЛОЖНОМ ОЖИДАЕМОМУ, ЗА КОТОРЫМ ПОСЛЕДОВАЛА КОРРЕКЦИЯ: ХЛОПОК, МАРТ 1994

Рисунок 11.28.

ПРОБОЙ МОДЕЛИ ФЛАГА В НАПРАВЛЕНИИ, ПРОТИВОПОЛОЖНОМ ОЖИДАЕМОМУ: КАКАО, МАРТ 1992

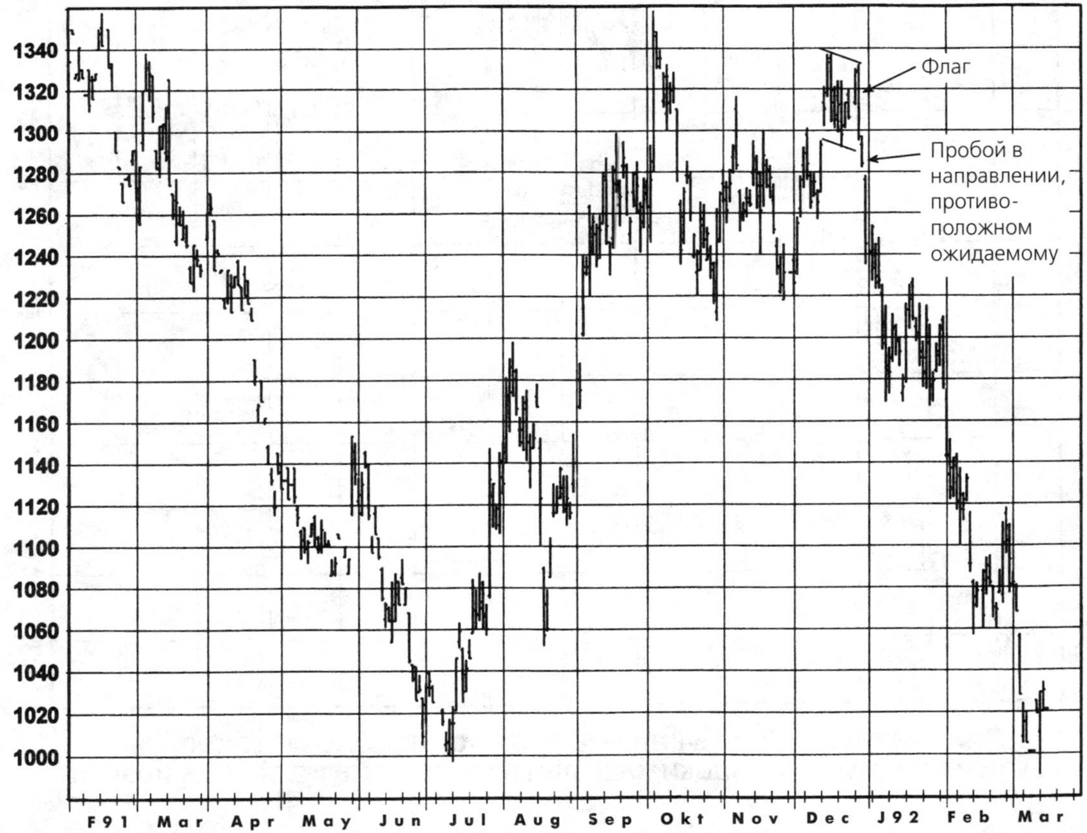

Рисунок 11.29.

ПРОБОЙ МОДЕЛИ ФЛАГА В НАПРАВЛЕНИИ, ПРОТИВОПОЛОЖНОМ ОЖИДАЕМОМУ: ФУНТ СТЕРЛИНГОВ, НЕПРЕРЫВНЫЕ ФЬЮЧЕРСЫ

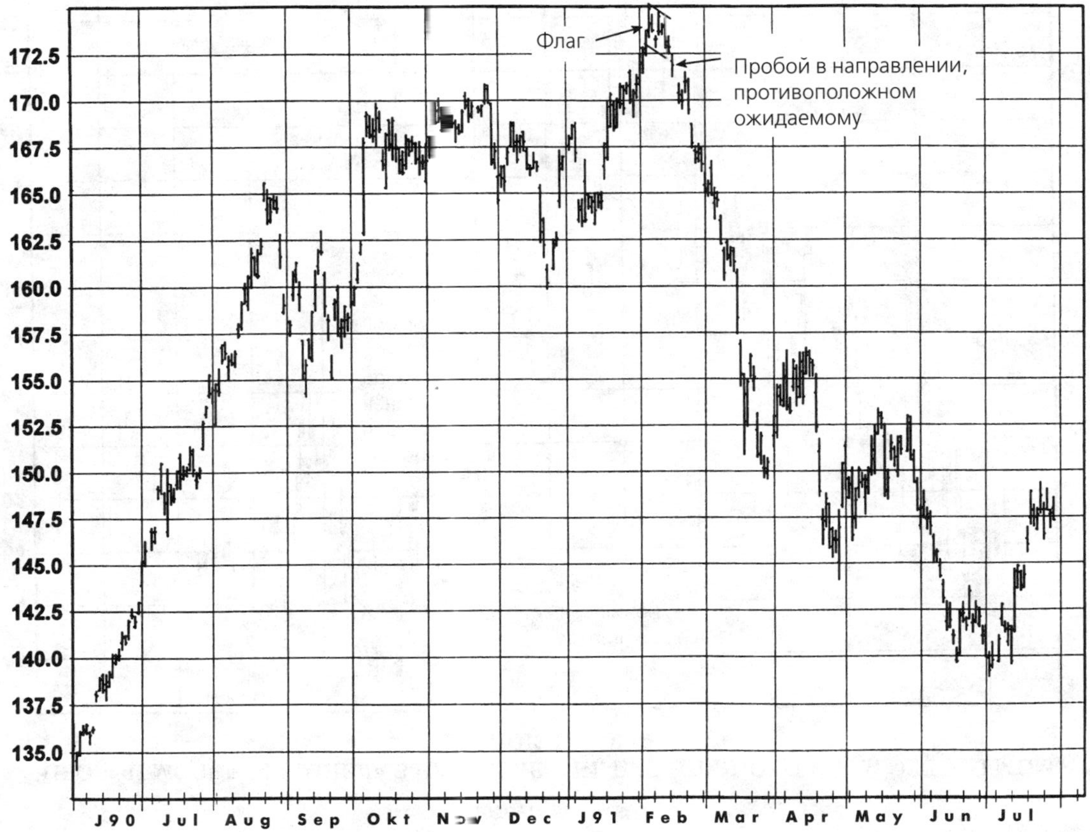

Рисунок 11.30.

ПРОБОЙ МОДЕЛИ ВЫМПЕЛА В НАПРАВЛЕНИИ, ПРОТИВОПОЛОЖНОМ ОЖИДАЕМОМУ: ХЛОПОК, МАРТ 1993

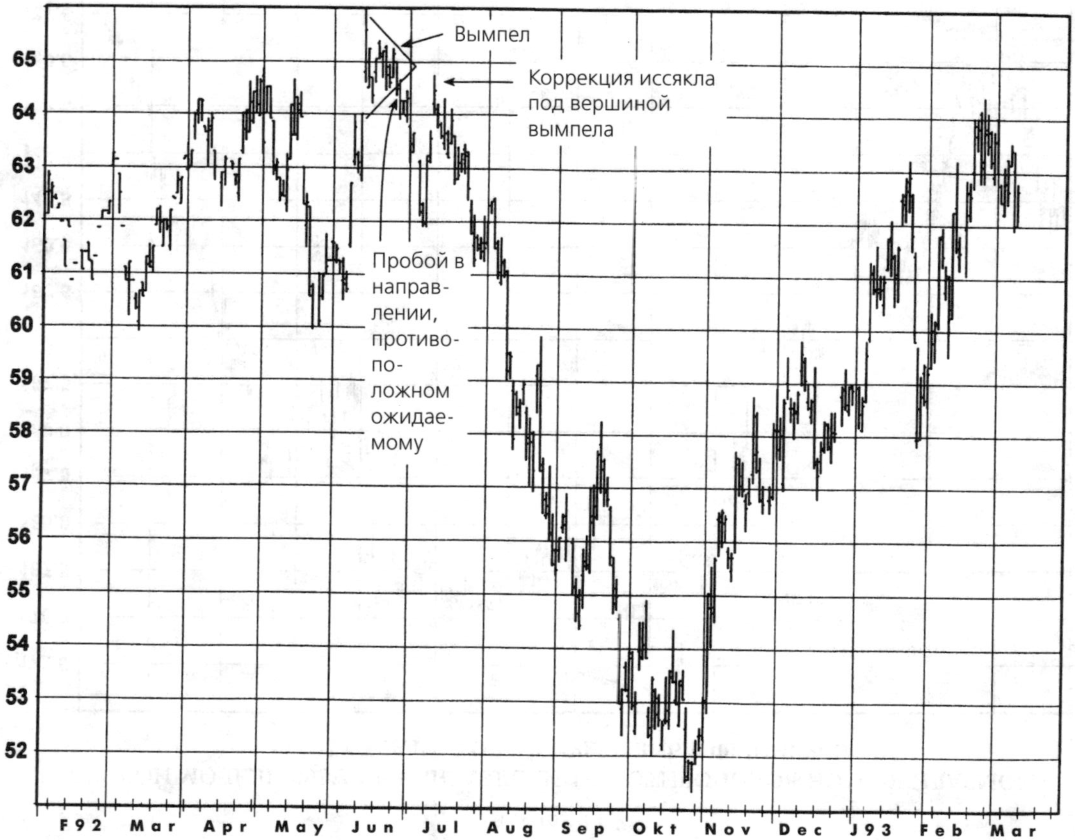

прогнозируемым пробоем флага или вымпела следует разворот цен, а не их движение в том же направлении. Обратите внимание на то, что для подтверждения несработавшего сигнала требуется закрытие за противоположной границей модели, а не просто внутридневной прокол этого уровня. Это более строгое условие приводит к чуть менее своевременному, но значительно более надежному выявлению ложного сигнала.

На рис. 11.31 модель флага, сформировавшаяся у вершины четырехмесячного роста цен, была, как и ожидалось, пробита наверх. Однако вместо демонстрации дальнейшего устойчивого повышения цены шли вверх только два дня и в последующие две недели отступили под нижнюю границу модели. Такое движение цен квалифицировало предшествующий верхний пробой флага как несработавший сигнал. Рис. 11.31 может показаться знакомым. Это тот же график, который был показан ранее в данной главе как рис. 11.11, иллюстрирующий другой несработавший сигнал (заполненный разрыв), произошедший почти в то же время. Таким образом, пик цен на сахар в мае 1993 г. был фактически отмечен двумя несработавшими сигналами.

Рис. 11.32 является еще одной иллюстрацией ложного пробоя флага. На этом графике флаг, сформировавшийся после огромного трехмесячного роста цен, также был пробит наверх, после чего цены опустились под нижнюю границу модели. Заметьте, что в этом примере за первоначальным откатом цен под флаг последовал еще один скачок наверх. Первый пробой под нижнюю границу модели не был, однако, квалифицирован как подтверждение несработавшего сигнала, поскольку рынок не закрылся под флагом — это произошло неделей позже.

Рис. 11.33 иллюстрирует несработавший пробой вымпела, который имел место после продолжительного снижения цен. Этот пробой привел лишь к незначительному дальнейшему понижению, и вскоре рынок опять поднялся над вершиной вымпела, подтвердив наличие несработавшего сигнала и предвещая крупный подъем. На рис. 11.34 представлены две модели флага, которые сформировались после снижения цен и продемонстрировали первоначальные пробои в прогнозируемом направлении и незамедлительные обратные взлеты цен над моделями. Первое такое событие ознаменовало крупную впадину, а второе — важный относительный минимум. Рис. 11.35 является еще одним примером, где коррекция за вершину флага после первоначального пробоя его нижней границы подтвердила относительный минимум, за которым последовал крупный рост цен. Обратите внимание на то, что на данном графике есть также пример другого ложного сигнала — пробоя флага в направлении, противоположном ожидаемому. Это событие произошло на максимуме рынка.

Рисунок 11.31.

ПРОБОЙ ФЛАГА В ПРОТИВОПОЛОЖНОМ НАПРАВЛЕНИИ, СЛЕДУЮЩИЙ ЗА НОРМАЛЬНЫМ ПРОБОЕМ: САХАР, ОКТЯБРЬ 1993

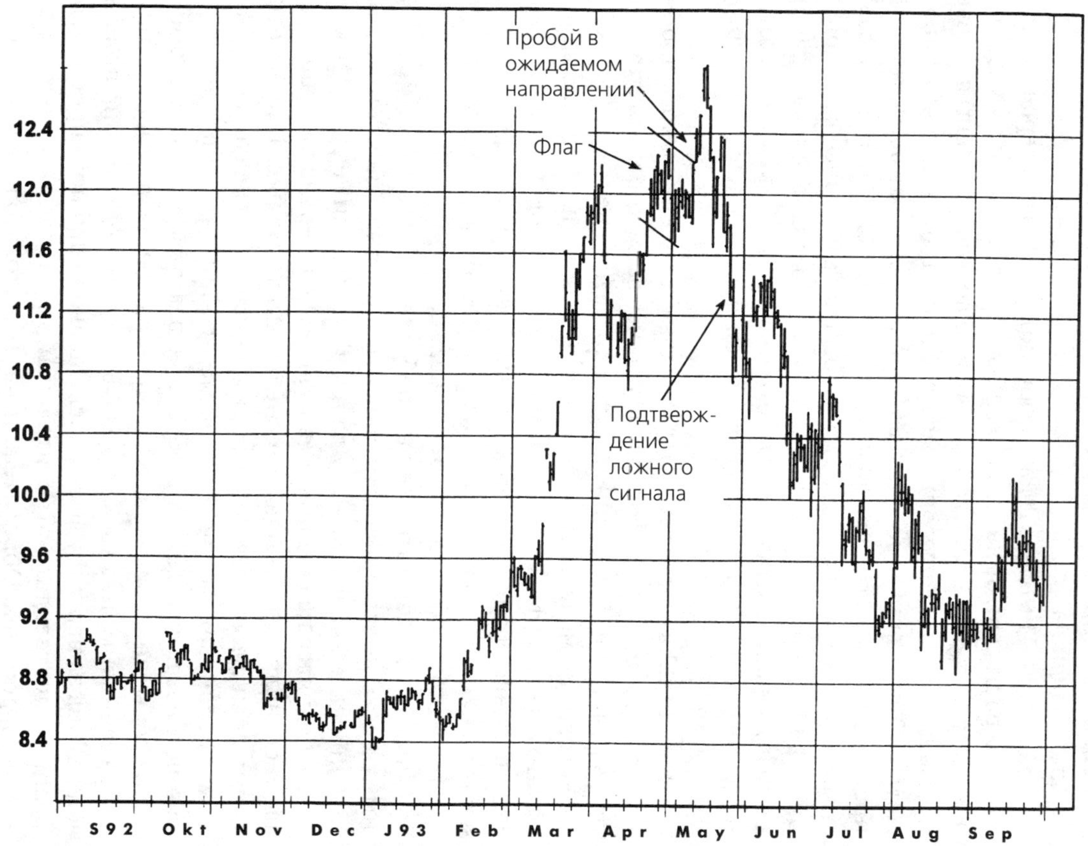

Рисунок 11.32.

ПРОБОЙ ФЛАГА В ПРОТИВОПОЛОЖНОМ НАПРАВЛЕНИИ, СЛЕДУЮЩИЙ ЗА НОРМАЛЬНЫМ ПРОБОЕМ: КОФЕ, ИЮЛЬ 1993

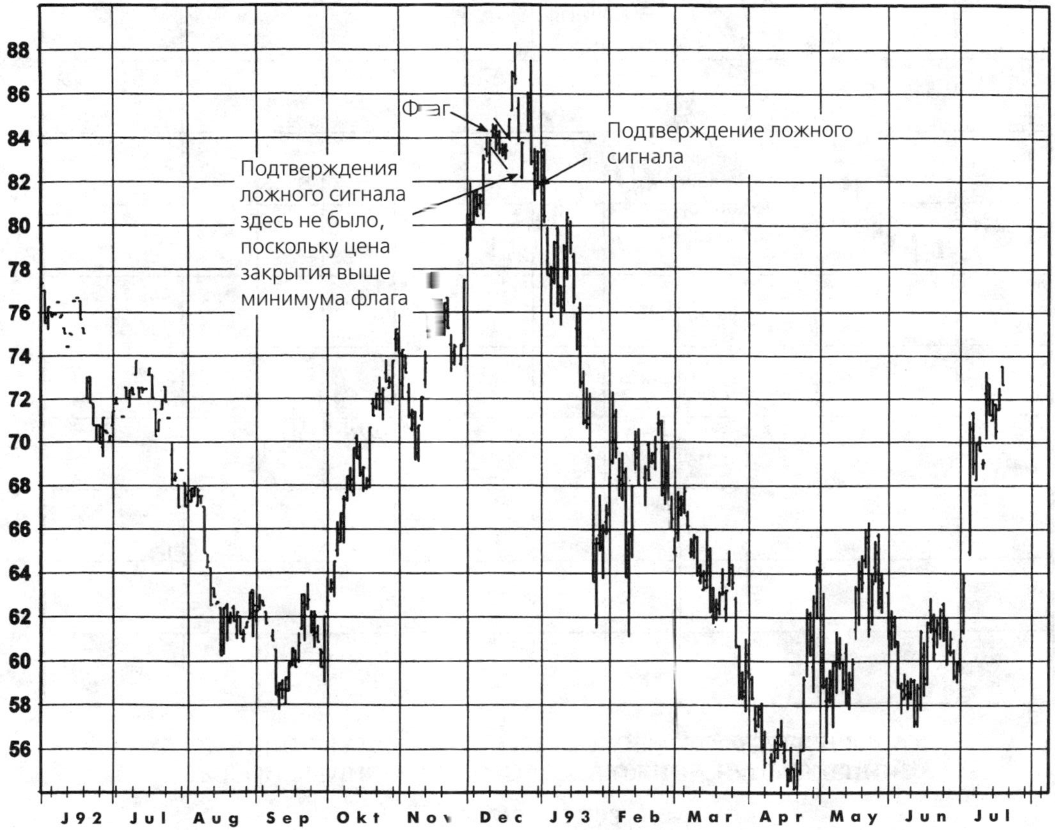

Рисунок 11.33.

ПРОБОЙ ВЫМПЕЛА В ПРОТИВОПОЛОЖНОМ НАПРАВЛЕНИИ, СЛЕДУЮЩИЙ ЗА НОРМАЛЬНЫМ ПРОБОЕМ: КОФЕ, ДЕКАБРЬ 1992

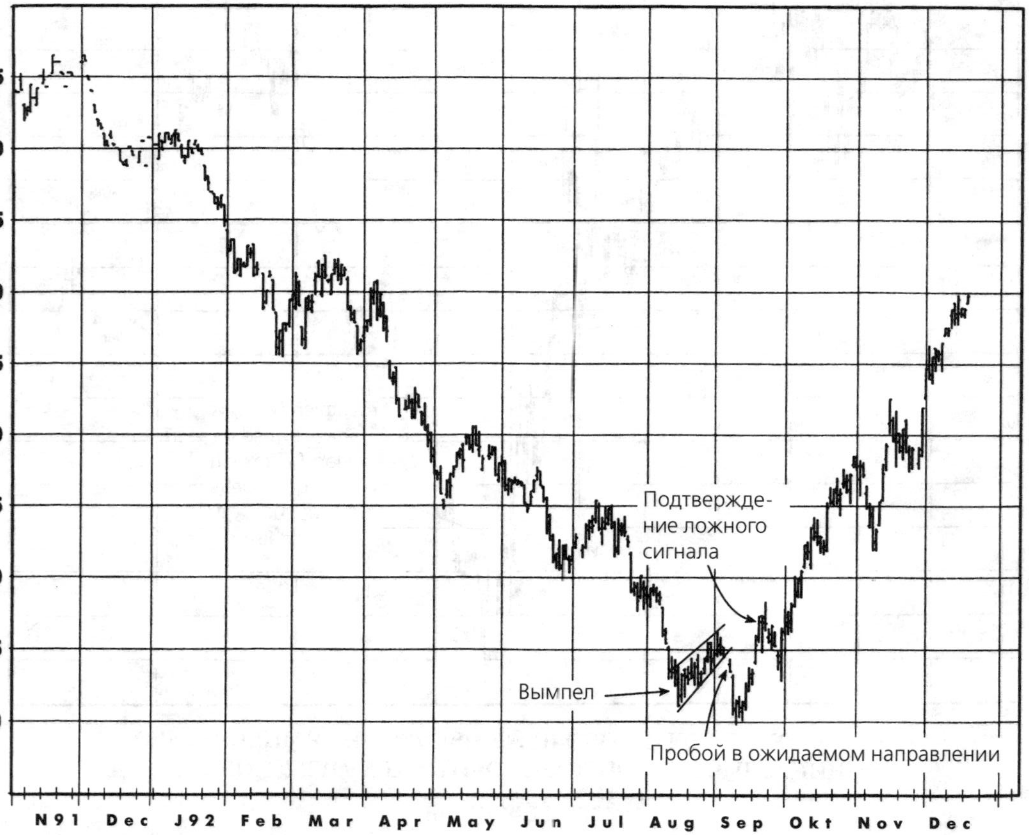

Рисунок 11.34.

ПРОБОИ ФЛАГОВ В ПРОТИВОПОЛОЖНОМ НАПРАВЛЕНИИ, СЛЕДУЮЩИЕ ЗА НОРМАЛЬНЫМИ ПРОБОЯМИ КОНЦЕНТРАТ АПЕЛЬСИНОВОГО СОКА, ИЮЛЬ 1993

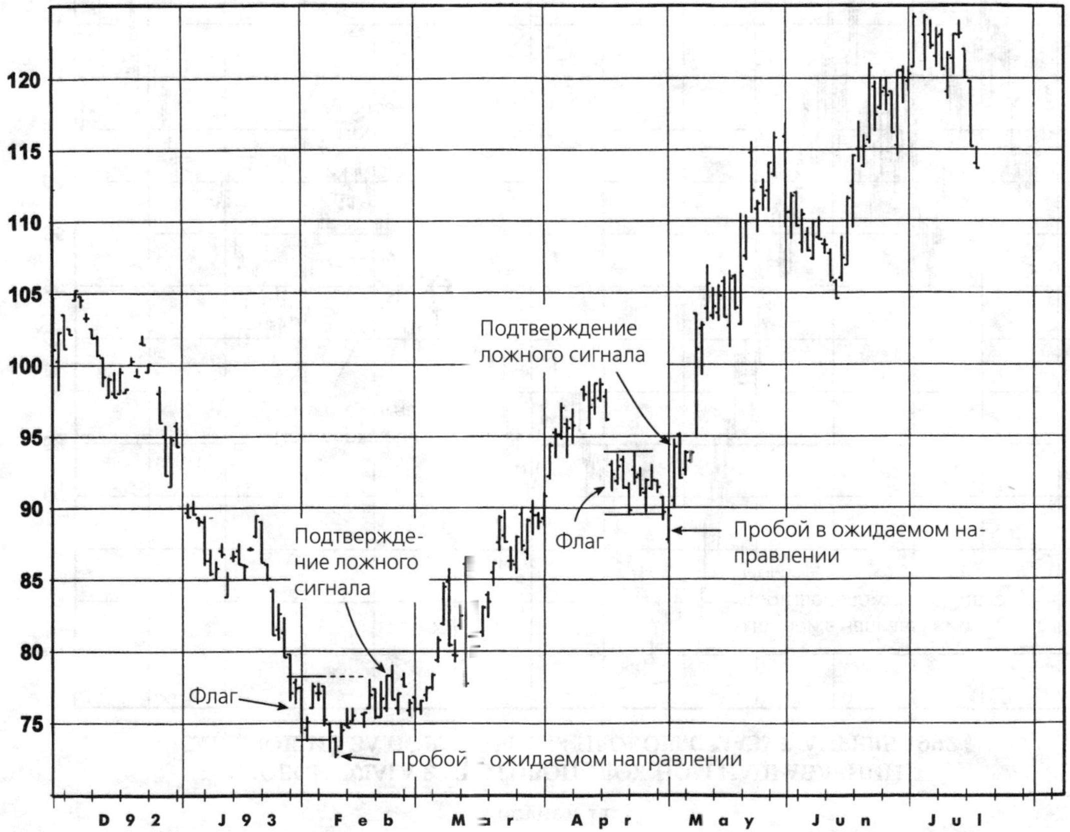

Рисунок 11.35.

ПРОБОЙ ФЛАГА В ПРОТИВОПОЛОЖНОМ НАПРАВЛЕНИИ, СЛЕДУЮЩИЙ ЗА НОРМАЛЬНЫМ ПРОБОЕМ: МАЗУТ, АПРЕЛЬ 1992

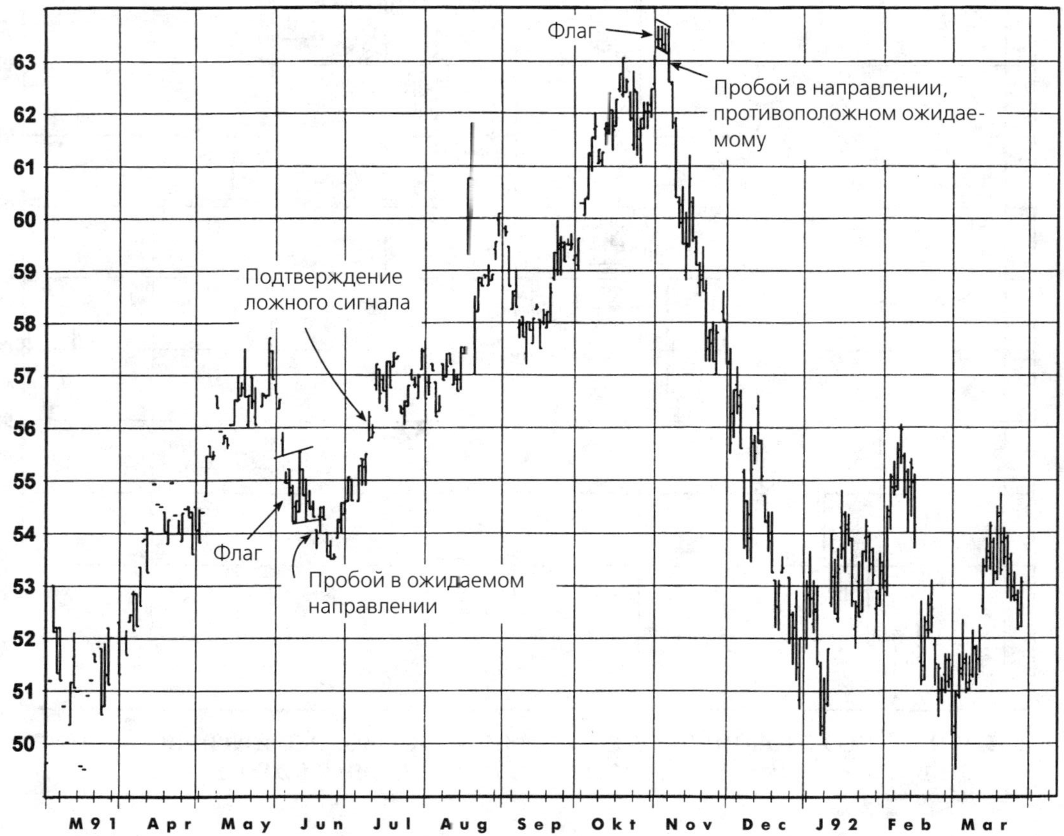

ПРОБОЙ МОДЕЛЕЙ РАЗВОРОТА ТРЕНДА

Пробой моделей, которые обычно ассоциируются с крупными вершинами и впадинами, является еще одним важным видом несработавшего сигнала. Например, на рис. 11.36 показана двойная вершина, образовавшаяся на рынке фьючерсов на кофе с поставкой в мае 1994 г., и пробой этой модели приблизительно семь месяцев спустя. Рис. 11.37, изображающий июльский контракт того же года, демонстрирует грандиозный подъем, который последовал за этим пробоем. Хотя на данном графике двойная вершина в июле-сентябре 1993 г. выглядит не более чем флуктуацией цен в продолжительном и узком торговом диапазоне, рис. 11.36 проясняет, что на то время конфигурация все же представляла собой двойную вершину. И только неистовый размах последующего взлета цен в мае-июле 1994 г. сделал их предыдущие колебания похожими на отрезок узкого торгового диапазона. На рис. 11.38 показан пример пробоя двойного дна на графике непрерывных фьючерсов на канадский доллар — несработавший сигнал, который немедленно повлек за собой резкое снижение цен.

Пробои двойных вершин и двойных впадин подают хорошие сигналы, но встречаются сравнительно редко. Ложные сигналы модели «голова и плечи» являются более распространенными и часто служат превосходными торговыми индикаторами. Как убедиться в том, что модель «голова и плечи» не сработала? В качестве критерия здесь можно предложить подъем цен выше максимума последнего «плеча» (для перевернутых «головы с плечами» — падение цен ниже минимума последнего плеча). Так, на рис. 11.39 подъем котировок над июльским «плечом» был подтверждением того, что модель «голова и плечи» не сработала (дала ложный сигнал). В данном случае за подтверждением ложного сигнала тотчас следует резкое повышение цен. Однако нередко вслед за пробоем «плеча» цены сначала вновь немного падают, даже если в конечном счете происходит значительный подъем (см., к примеру, рис. 11.40 и 11.41). На рис. 11.42 показан несработавший сигнал сложной модели «голова и плечи». (Сложная модель «голова и плечи» имеет два и более «плеча» с обеих сторон «головы».)

Рис. 11.43–11.45 демонстрируют примеры несработавшей перевернутой модели «голова и плечи». Здесь в качестве критерия наличия ложного сигнала используется пробой цен ниже минимума последнего «плеча». Заметьте, что во всех трех примерах после подтверждения наличия ложного сигнала цены сначала поднялись и только потом круто направились вниз. Как следует из приведенных эпизодов, трейдеру часто бывает выгодно подождать коррекцию, прежде чем открывать позицию, базирующуюся на подтверждении ложной модели «голова и плечи». Отрицательная сторона подобной стратегии состоит в том, что в результате будут упущены очень выгодные сделки в случаях, когда коррекция отсутствовала (см. рис. 11.39 и 11.42) либо была крайне незначительной.

Рисунок 11.36.

ПРОБОЙ ДВОЙНОЙ ВЕРШИНЫ: КОФЕ, МАЙ 1994

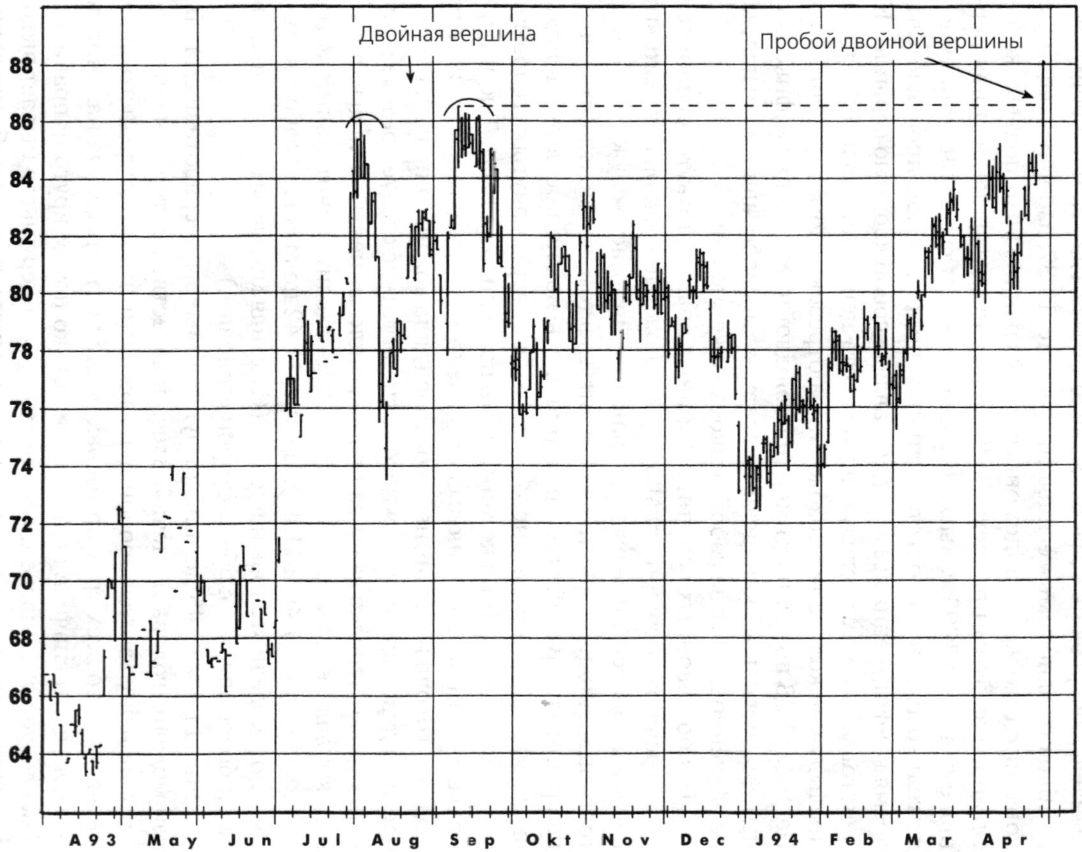

Рисунок 11.37.

ПРОБОЙ ДВОЙНОЙ ВЕРШИНЫ: КОФЕ, ИЮЛЬ 1994

Рисунок 11.38.

ПРОБОЙ ДВОЙНОГО ДНА: КАНАДСКИЙ ДОЛЛАР, НЕПРЕРЫВНЫЕ ФЬЮЧЕРСЫ

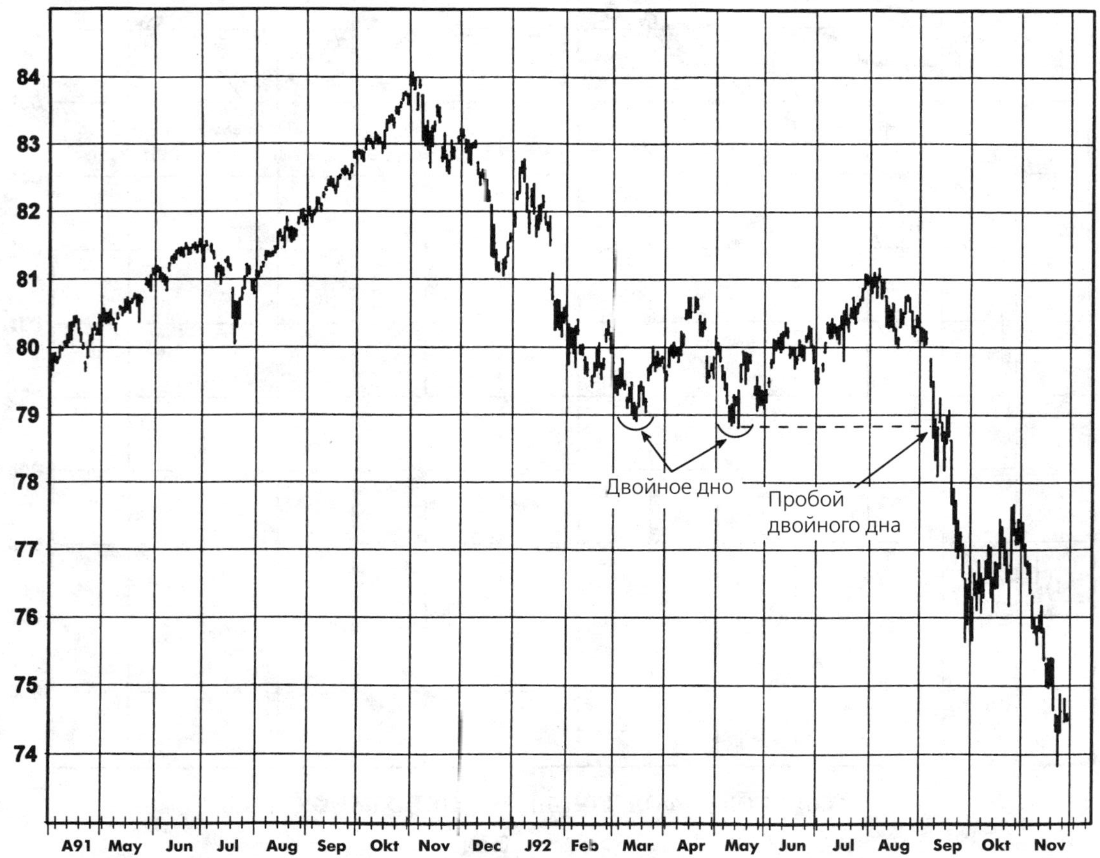

Рисунок 11.39.

НЕСРАБОТАВШАЯ МОДЕЛЬ «ГОЛОВА И ПЛЕЧИ»: ХЛОПОК, МАРТ 1995

Рисунок 11.40.

НЕСРАБОТАВШАЯ МОДЕЛЬ «ГОЛОВА И ПЛЕЧИ»: КАЗНАЧЕЙСКИЕ ОБЛИГАЦИИ, ИЮНЬ 1993

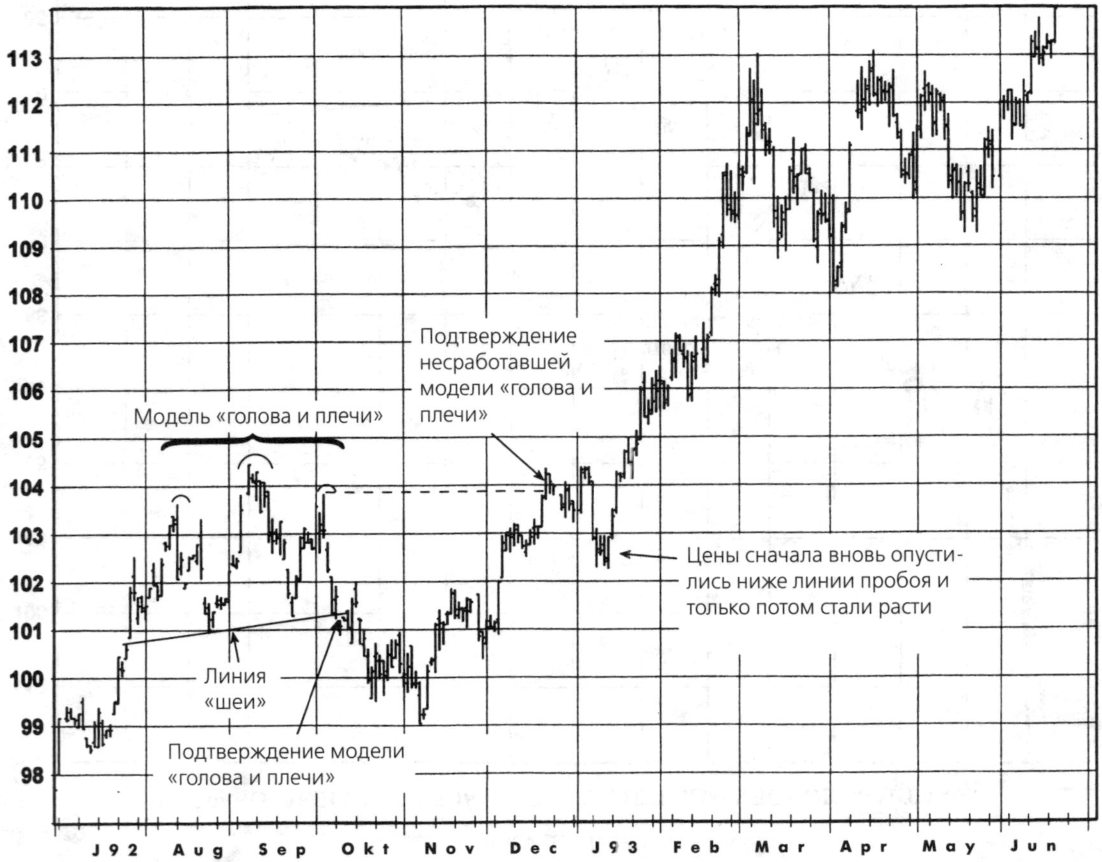

Рисунок 11.41.

НЕСРАБОТАВШАЯ МОДЕЛЬ «ГОЛОВА И ПЛЕЧИ»: ФУНТ СТЕРЛИНГОВ, НЕПРЕРЫВНЫЕ ФЬЮЧЕРСЫ

Рисунок 11.42.

НЕСРАБОТАВШАЯ СЛОЖНАЯ МОДЕЛЬ «ГОЛОВА И ПЛЕЧИ»: СОЕВОЕ МАСЛО, ИЮЛЬ 1993

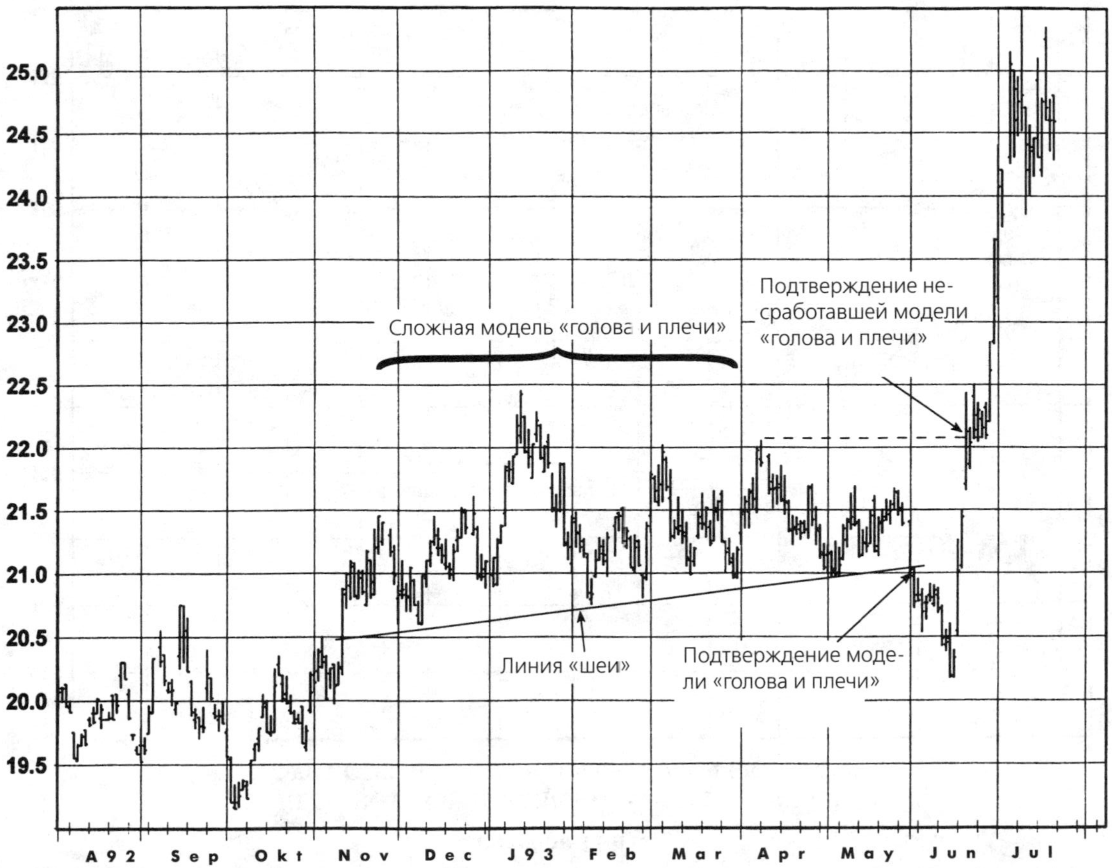

Рисунок 11.43.

НЕСРАБОТАВШАЯ ПЕРЕВЕРНУТАЯ МОДЕЛЬ «ГОЛОВА И ПЛЕЧИ»: СОЕВОЕ МАСЛО, ИЮЛЬ 1991

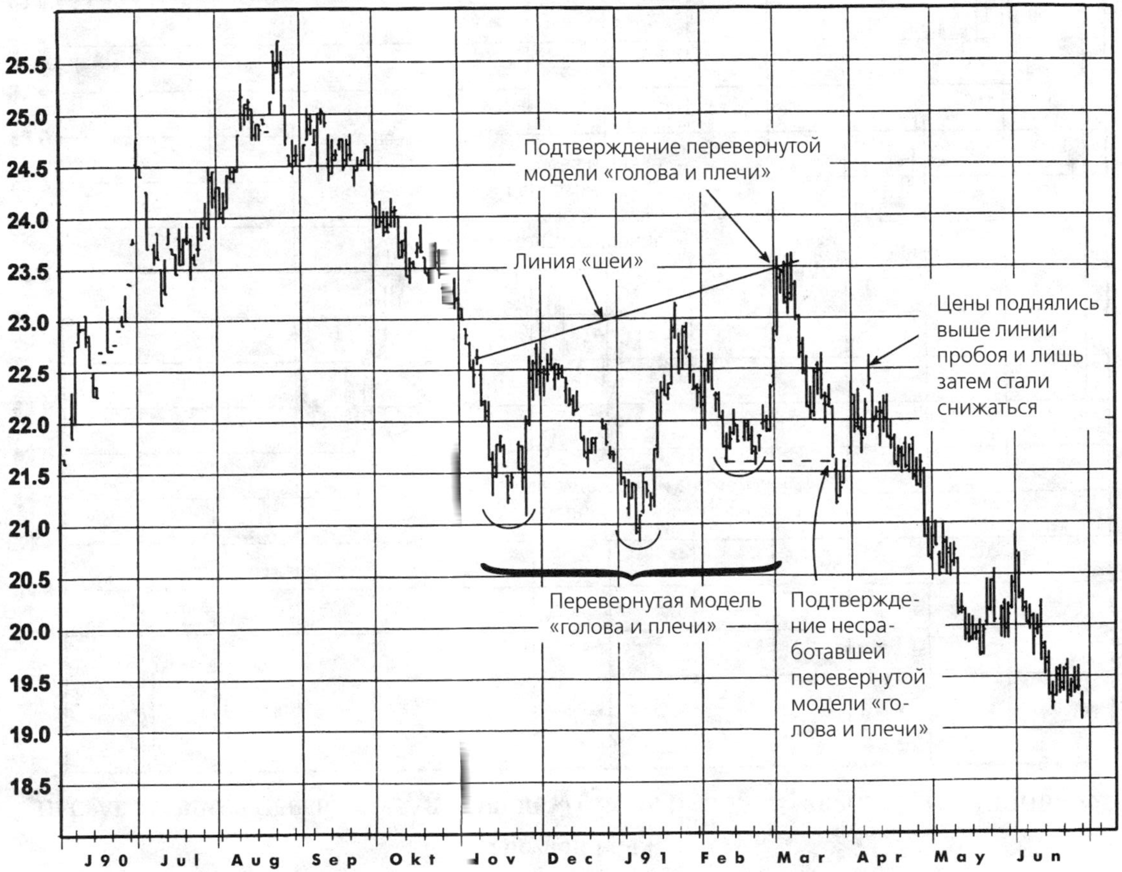

Рисунок 11.44.

НЕСРАБОТАВШАЯ ПЕРЕВЕРНУТАЯ МОДЕЛЬ «ГОЛОВА И ПЛЕЧИ»: ЕВРОДОЛЛАР, ИЮНЬ 1995

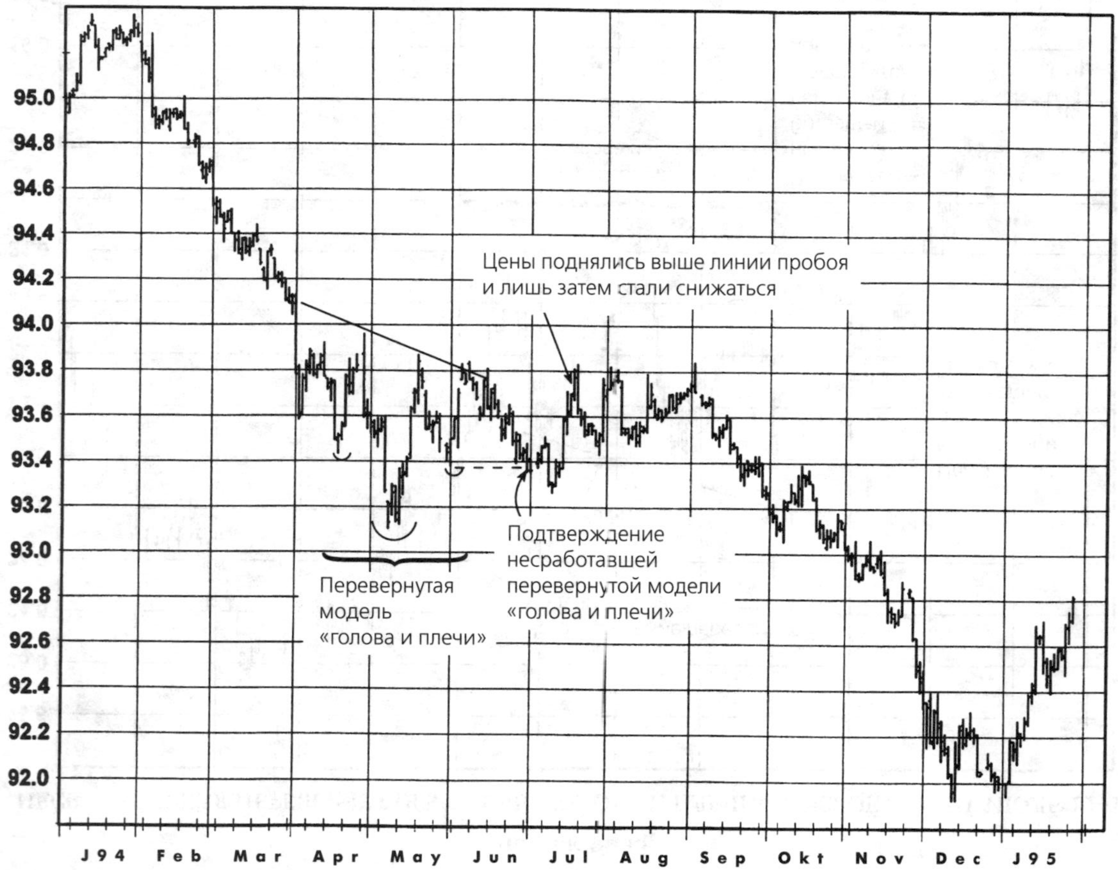

Рисунок 11.45.

НЕСРАБОТАВШАЯ ПЕРЕВЕРНУТАЯ МОДЕЛЬ «ГОЛОВА И ПЛЕЧИ»: КАНАДСКИЙ ДОЛЛАР, НЕПРЕРЫВНЫЕ ФЬЮЧЕРСЫ

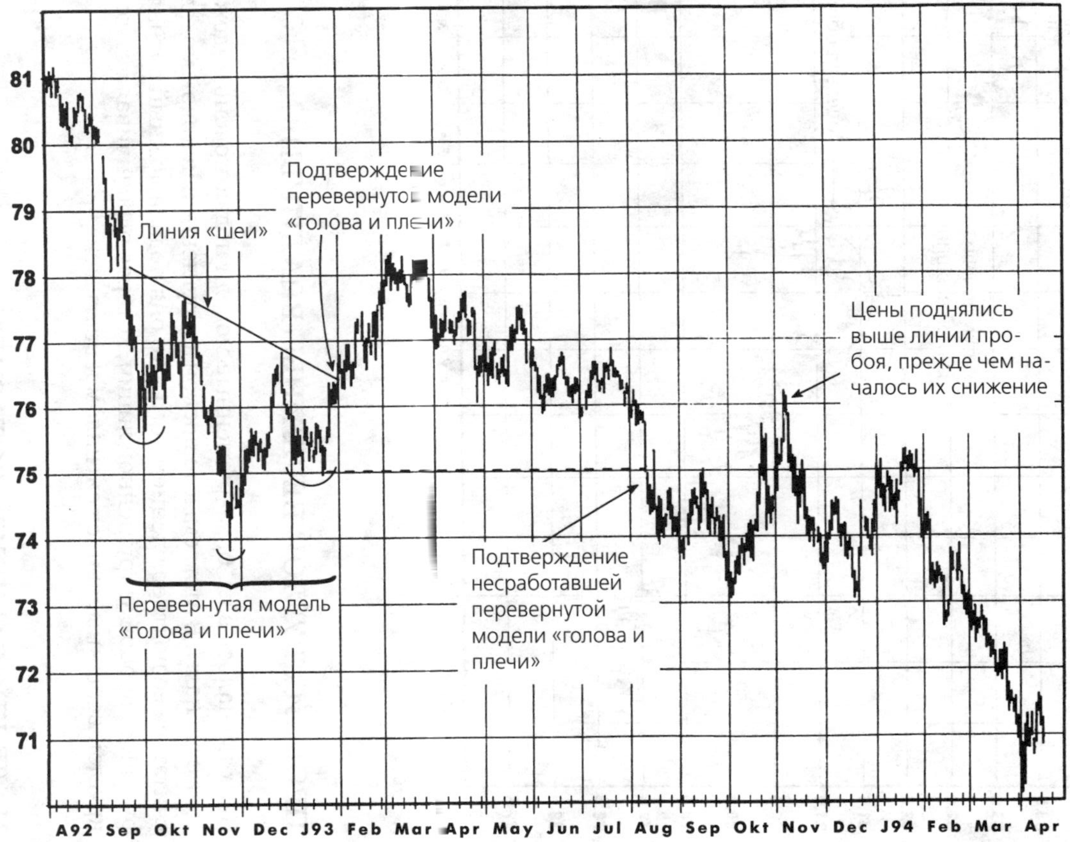

Рисунок 11.46.

**ПРОБОЙ КРУГЛОЙ ВЕРШИНЫ:
КАНАДСКИЙ ДОЛЛАР, НЕПРЕРЫВНЫЕ ФЬЮЧЕРСЫ**

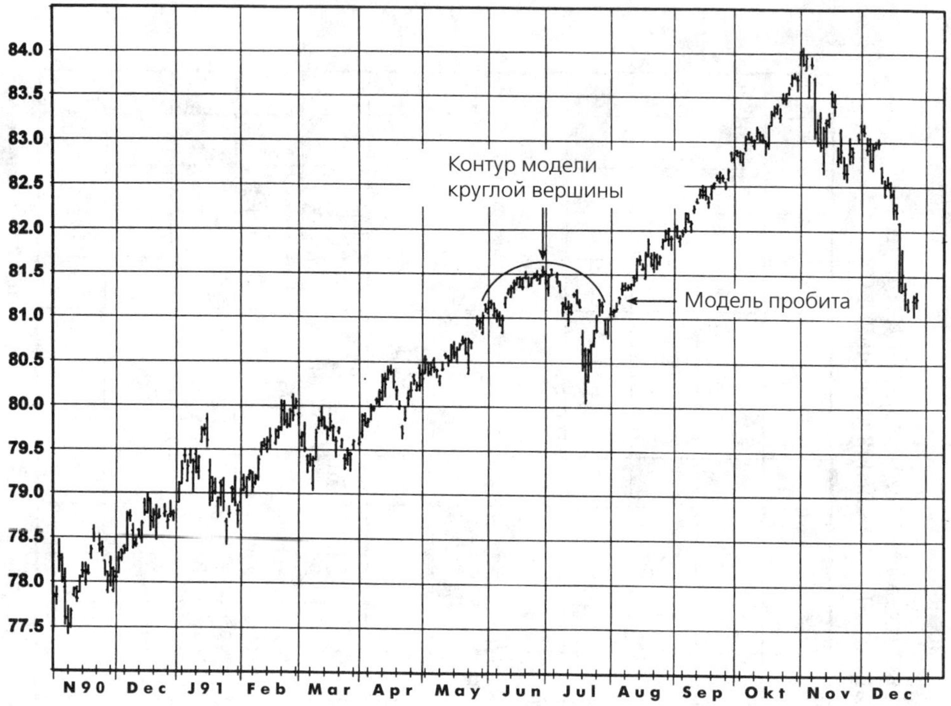

ПРОБОЙ КРУГЛОЙ ВЕРШИНЫ (ВПАДИНЫ)

Как отмечалось в гл. 6, закругленные модели подают очень надежные торговые сигналы. В этом смысле пробой закругленной ценовой модели может считаться ее подтверждением того, что она подала ложный сигнал. Так, на рис. 11.46 пробой закругленной линии, которая ограничивала сверху модель круглой вершины, явился сигналом к росту цен.

НАДЕЖНОСТЬ НЕСРАБОТАВШИХ СИГНАЛОВ В БУДУЩЕМ

Существует обратная зависимость между популярностью индикатора и его эффективностью. Например, до начала 1980-х годов, когда технический анализ использовался немногими биржевыми игроками, графические пробои (движение цен выше или ниже границ предшествующего торгового диапазона), как правило, работали сравнительно хорошо, подавая много превосходных сигналов при небольшом количестве ложных. Мои наблюдения свидетельствуют о том, что, по мере того как технический анализ становился все более распространенным, а пробои — широко используемым инструментом, эффективность данной модели заметно снижалась. Фактически, сейчас дело обстоит таким образом, что развороты цен вслед за пробоями скорее являются правилом, чем исключением.

Как говорилось выше, я считаю ложные сигналы значительно более надежными по сравнению с обычными графическими моделями. Хотя концепция несработавших сигналов отнюдь не нова — в моей собственной книге «Полный курс фьючерсных рынков», написанной в 1984 г., есть глава на эту тему, — мне не известно, чтобы ее где-то активно применяли. Однако если использование несработавших сигналов получит значительное распространение, то в долгосрочном плане это неблагоприятно отразится на их надежности.

И последнее: необходимо подчеркнуть, что в данной главе концепция несработавших сигналов представлена в контексте общепринятого графического анализа в его нынешнем виде. В будущем (особенно отдаленном будущем) популярные методы графического анализа могут сильно измениться. Тем не менее вкупе со обычным здравым смыслом концепция несработавших сигналов может адаптироваться к новым рыночным реалиям. Иными словами, если некая графическая модель станет популярным техническим сигналом в будущем, несрабатывание модели может рассматриваться как более значимое событие, нежели сама модель. В этом более общем смысле концепция несработавших сигналов может оказаться вечной.

ЗАКЛЮЧЕНИЕ

Начинающий трейдер проигнорирует несработавший сигнал, обрекая свою позицию на крупный убыток и надеясь при этом на успех. Более опытный трейдер, постигший важность благоразумного управления денежными средствами, быстро ликвидирует позицию, как только станет очевидно, что он сделал плохую ставку. Однако по-настоящему искусный трейдер сумеет сделать разворот на 180 градусов и перевернуть свою убыточную позицию, если поведение рынка указывает на необходимость подобных действий. Иными словами, требуется жесткая дисциплина, чтобы извлечь выгоду из несработавших сигналов, но такая гибкость является жизненно необходимой для эффективного использования графического анализа в биржевой торговле.

12 Графики ближайших фьючерсных контрактов и непрерывных фьючерсов: соединение исторических данных по отдельным фьючерсным контрактам для построения долгосрочных графиков

НЕОБХОДИМОСТЬ СОЕДИНЕНИЯ ГРАФИКОВ ОТДЕЛЬНЫХ КОНТРАКТОВ

Многие из моделей и методов технического анализа, описанных в гл. 3–6, требуют долгосрочных графиков — часто многолетних. Это особенно относится к выявлению формаций разворота тренда, а также к определению уровней поддержки и сопротивления.

Крупной проблемой, с которой графический аналитик сталкивается на фьючерсном рынке, является то, что большинство фьючерсных контрактов имеют сравнительно ограниченную продолжительность, и еще короче периоды, когда эти контракты активно торгуются. По многим фьючерсным контрактам (например, на валюту, биржевые индексы) торговля почти полностью сконцентрирована в период одного-двух месяцев до истечения их срока. Например, на рис. 12.1 обратите внимание на то, что имеется всего пять месяцев ликвидных котировок для изображенного на нем фьючерсного контракта по швейцарскому франку, который в то время (конец декабря 1994 г.) был доминирующим контрактом на рынке этой валюты. На некоторых рынках, таких как фьючерсы на иностранные облигации, почти вся торговля сконцентрирована в ближайших контрактах (с минимальным сроком до даты поставки), в результате чего значимые данные о ценах имеются только за один-три месяца, как показано на рис. 12.2 и 12.3, изображающих по состоянию на конец 1994 г. контракты на золотообрезные облигации (государственные облигации Великобритании) и итальянские облигации с поставкой в марте 1995 г. Заметьте, что на этих графиках ликвидные данные имеются только за два месяца, несмотря на тот факт, что представленные контракты были в то время наиболее активно торгуемыми на этих рынках.

Ограниченность имеющейся ценовой информации по многим фьючерсным контрактам — даже по тем, которые являются наиболее активно торгуемыми на соответствующих рынках, — по сути, делает невозможным применение большинства методов графического анализа к графикам отдельных контрактов. Даже на тех рынках, где имеется ликвидная информация по индивидуальным контрактам за год и более, углубленный технический анализ все равно предполагает рассмотрение недельных и месячных графиков за много лет. Таким образом, применение графического анализа неизбежно требует соединения графиков последовательных фьючерсных контрактов в единый график. На рынках с очень ограниченной информацией по индивидуальным контрактам подобные сопряженные графики необходимы для того, чтобы провести *любой* более или менее серьезный графический анализ. На других рынках сопряженные графики необходимы для анализа многолетних графических моделей.

МЕТОДЫ ПОСТРОЕНИЯ ГРАФИКОВ СОПРЯЖЕННЫХ КОНТРАКТОВ

Ближайшие фьючерсные контракты

Самый распространенный способ построения графиков соединенных контрактов называется графиком ближайших фьючерсных контрактов. Этот вид ценовых серий строится так: берут график индивидуального контракта до его истечения, затем присоединяют график следующего контракта и т.д.

Хотя на первый взгляд такой подход представляется разумным методом построения графиков сопряженных контрактов, проблема метода ближайших контрактов состоит в том, что между истекающим и новым контрактом существуют разрывы — и часто весьма существенные. Допустим, например, что октябрьский контракт на крупный рогатый скот завершился на уровне 60 центов, а очередной ближайший контракт (декабрьский) закрылся в этот день по 63 цента. Далее предположим, что на следующий день декабрьский контракт пережил дневной лимит снижения

Рисунок 12.1.

ШВЕЙЦАРСКИЙ ФРАНК, МАРТ 1995

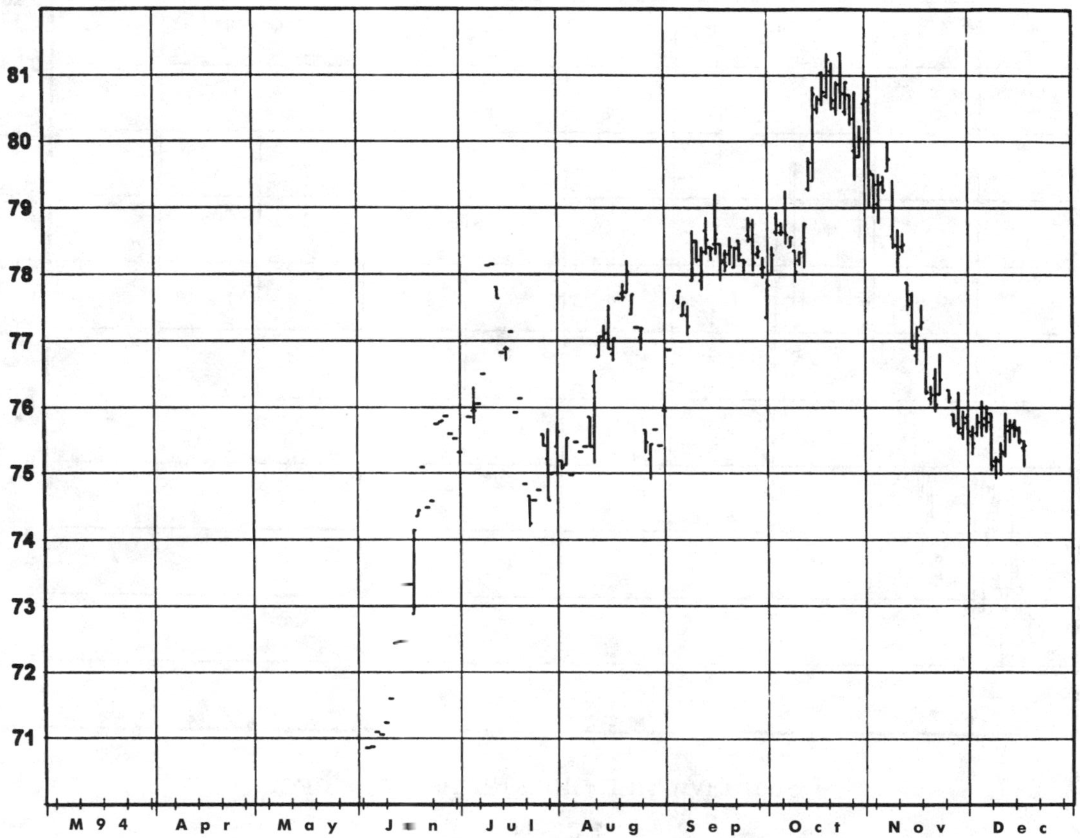

Рисунок 12.2.

ЗОЛОТООБРЕЗНЫЕ ОБЛИГАЦИИ, МАРТ 1995

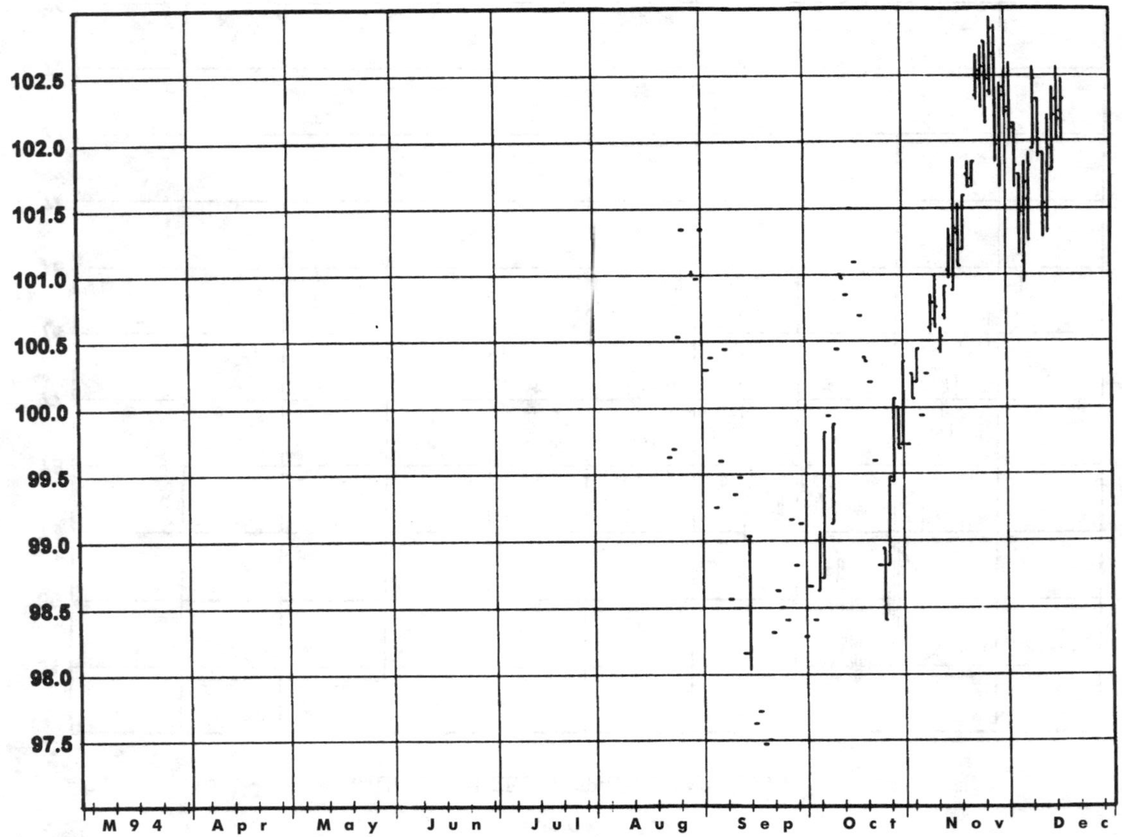

Рисунок 12.3.

ИТАЛЬЯНСКИЕ ОБЛИГАЦИИ, МАРТ 1995

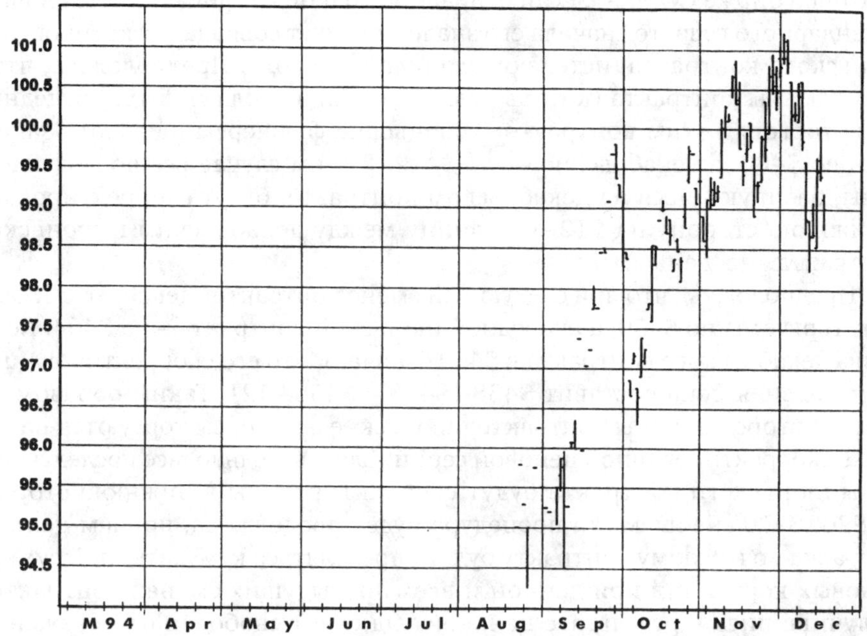

(limit-down), упав с 63 до 61 цента. График цен ближайших фьючерсов покажет следующие уровни закрытия в эти два соседних дня: 60 центов, 61 цент. Иными словами, график ближайших фьючерсных контрактов продемонстрировал бы рост на 1 цент в тот самый день, когда длинные позиции фактически имели убыток в размере дневного лимита снижения, равный 2 центам. Этот пример отнюдь не надуман. Подобные искажения (а на самом деле, и более драматические) являются довольно типичными при смене контрактов на графиках ближайших фьючерсных контрактов.

Их подверженность искажениям в точках смены контрактов делает желательным использование альтернативных методов соединения графиков цен отдельных контрактов. Один из таких методов детально описан в следующем параграфе.

Непрерывные (с коррекцией разрывов) ценовые серии

Ценовые серии с поправкой на разрывы, которые мы обозначаем термином «непрерывные фьючерсы», получают путем добавления к новым сериям накопленной разности котировок старых и новых контрактов в точках смены контрактов. Поясним на примере. Допустим, мы строим график непрерывных ценовых серий для июньских и декабрьских контрактов на золото на бирже COMEX*. Если отправной точкой графика является начало календарного года, то сначала его значения будут совпадать с котировками июньского контракта, истекающего в данном году. Предположим, что в день замены контракта (который не обязательно должен быть последним днем торговли этим контрактом) июньские фьючерсы на золото закрылись по $400, а декабрьские — по $412. В этом случае все последующие цены, базирующиеся на декабрьском контракте, будут скорректированы в нижнюю сторону на $12 — разницу между декабрьским и июньским контрактами в день стыковки.

Предположим, что при следующей смене контрактов декабрьский фьючерс торгуется по $450, а очередной июньский контракт — по $464. Котировка декабрьского контракта в $450 означает, что его скорректированная непрерывная цена составит $438 ($438 = $450 – 12). Таким образом, на момент второй замены контрактов июньские фьючерсы торгуются на $26 выше скорректированной ценовой серии. Следовательно, все последующие цены июньского контракта будут скорректированы в нижнюю сторону на $26. В дальнейшем эта процедура будет продолжена, причем ценовая поправка по каждому контракту будет определяться кумулятивной суммой ценовых коррекций при данной и всех предыдущих сменах контрактов. Получившийся в результате ценовой ряд будет свободен от искажений, вызванных разницей котировок старых и новых контрактов в точках их стыковки.

Построение графиков непрерывных фьючерсов математически эквивалентно тому, что берется график ближайших фьючерсных контрактов, из него вырезаются отрезки, изображающие каждый индивидуальный контракт, и концы этих отрезков склеиваются (при условии, что непрерывная серия включает все контракты и использует те же стыковочные дни, что и график ближайших фьючерсных контрактов). Обычно последним шагом является сдвиг шкалы всего графика на суммарный размер поправки, что делается для удобства пользования. Такой шаг приводит текущую цену графика непрерывных фьючерсов в соответствие с текущими котировками торгуемого в настоящее время контракта, не изменяя при этом сам график. Более подробно построение графиков непрерывных фьючерсов рассматривается в гл. 19 «Выбор серий фьючерсных цен, наиболее подходящих для компьютерного тестирования».

---

* Выбор комбинации контрактов является произвольным. Можно использовать любую комбинацию активно торгуемых месяцев на данном рынке. Например, в случае золота на COMEX диапазон варьируется от построения графика на базе всех шести активно торгуемых контрактов — февраль, апрель, июнь, август, октябрь и декабрь — до графика на основе только одного контракта, например декабрьского.

Сравнение графиков

Важно понимать, что сопряженные серии фьючерсных цен могут точно показывать либо правильные исторические *уровни* котировок, как график ближайших фьючерсных контрактов, либо *изменения* цен, как непрерывные фьючерсы, но не то и другое одновременно — подобно тому, как монета может выпасть орлом или решкой, но не обеими сторонами сразу. Процесс подгонки, применяемый при построении непрерывных серий, означает, что прошлые цены на графиках непрерывных фьючерсов не совпадают с реальными котировками того времени. Однако непрерывные серии точно отражают фактические изменения цен на рынке и строго параллельны колебаниям денежного баланса трейдера, постоянно имеющего длинную позицию (возобновляемую в те же дни, когда происходит замена контрактов при построении непрерывных серий), тогда как цены графиков ближайших фьючерсных контрактов могут быть крайне обманчивыми в этом отношении.

БЛИЖАЙШИЕ ФЬЮЧЕРСНЫЕ КОНТРАКТЫ И НЕПРЕРЫВНЫЕ ФЬЮЧЕРСЫ В ГРАФИЧЕСКОМ АНАЛИЗЕ

Учитывая значительные различия ценовых рядов ближайших контрактов и непрерывных фьючерсов, у читателя, вероятно, возникает закономерный вопрос: какие серии — ближайших контрактов или непрерывных фьючерсов — лучше всего подходят для графического анализа? До некоторой степени это равносильно вопросу о том, что следует принимать во внимание при покупке автомобиля — цену или качество? Очевидный ответ: и то и другое — каждый параметр дает важную информацию о характеристике, которая не оценивается другим фактором. Что касается ценовых серий, то выбор между ближайшими контрактами и непрерывными фьючерсами должен исходить из того, что каждая серия обладает такой информацией, которую не дает другая. В частности, ценовые ряды ближайших фьючерсных контрактов обеспечивают точную информацию о прошлых *уровнях*, но не о *колебаниях* цен, тогда как прямо противоположное утверждение применимо к графикам непрерывных фьючерсов.

Рассмотрим, например, рис. 12.4. Какое катастрофическое событие стало причиной моментального обвала цен на 40 центов, показанного на графике ближайших контрактов на хлопок в 1986 г.? Ответ: абсолютно никакое. Это «призрачное» падение цен отражало всего лишь переход от июльских контрактов старого урожая к октябрьским контрактом нового урожая. (Широкий разрыв цен между двумя кон-

Рисунок 12.4.

ХЛОПОК, БЛИЖАЙШИЕ ФЬЮЧЕРСНЫЕ КОНТРАКТЫ

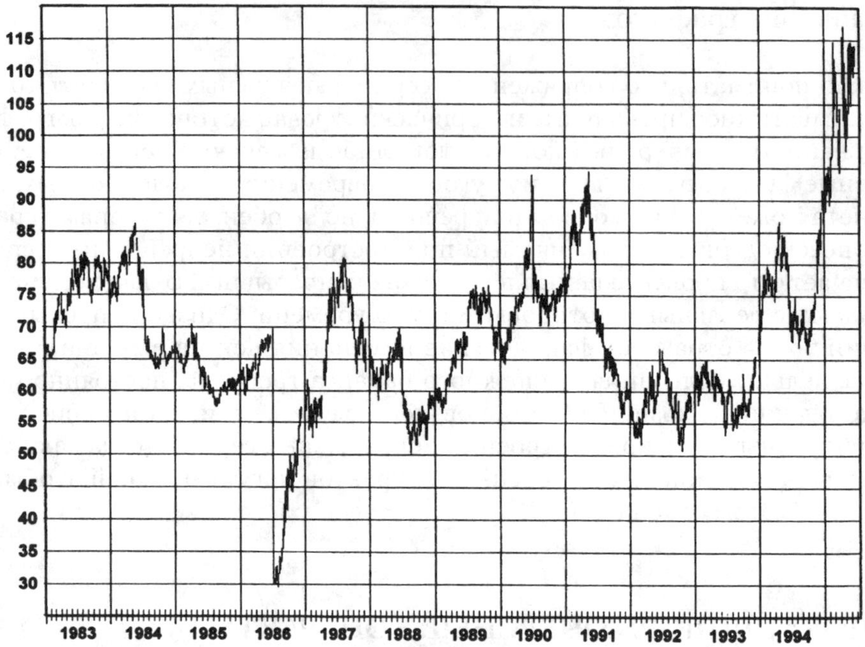

Рисунок 12.5.

ХЛОПОК, НЕПРЕРЫВНЫЕ ФЬЮЧЕРСЫ

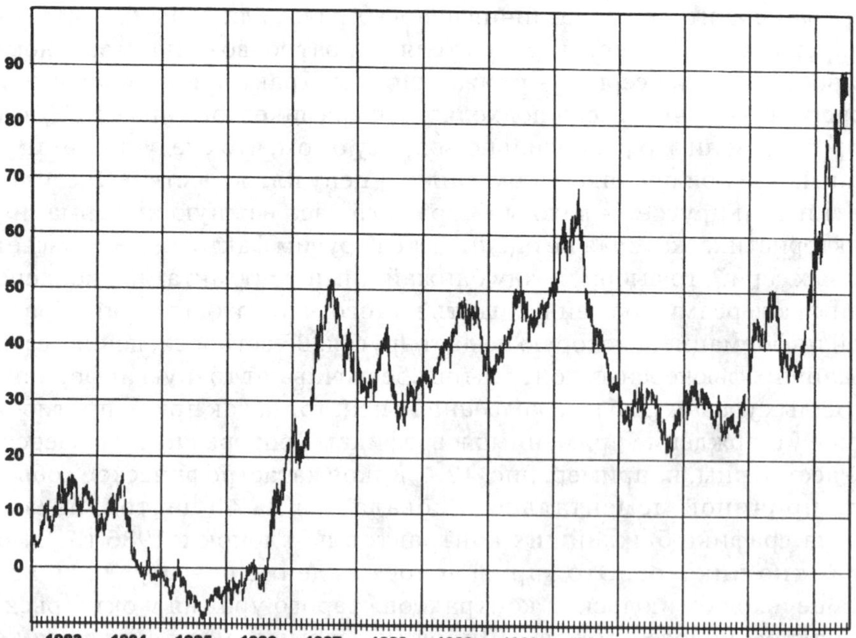

трактами в этом году был обусловлен изменением правительственной программы поддержки фермерских хозяйств, которое резко понизило уровень кредитования, и, как следствие, упал минимальный уровень цен хлопка нового урожая.) На самом деле в период смены указанных контрактов цены фактически находились в растущем тренде! Рис. 12.5, который показывает цену непрерывных фьючерсов того же товара (по определению устраняющих разрывы цен в точках стыковки контрактов), иллюстрирует общую повышательную тенденцию на рынке хлопка в этот период — подъем, который фактически стартовал с крупной впадины, образовавшейся в предыдущем году. Ясно, что подверженность графиков ближайших фьючерсных контрактов искажениям, вызываемым широкими разрывами при смене контрактов, может затруднить их использование для графического анализа, концентрирующегося на ценовых колебаниях.

С другой стороны, на графике непрерывных фьючерсов точность отображения ценовых колебаний достигается за счет неправильного отражения реальных уровней цен в прошлом. Для того чтобы правильно показать размах прошлых ценовых колебаний, цены непрерывных фьючерсов все больше удаляются от фактических котировок прошлого. На деле не так уж редки случаи, когда исторические цены непрерывных фьючерсов принимают отрицательные значения (рис. 12.6). Ясно, что подобные немыслимые исторические цены не имеют никакой ценности при определении будущих уровней поддержки.

Тот факт, что каждый вид ценовых графиков — и ближайших контрактов, и непрерывных фьючерсов — имеет свои врожденные и притом существенные недостатки, является аргументом в пользу их совместного использования с целью всестороннего анализа. Часто эти два вида графиков представляют совершенно разные картины цен. Рассмотрим, например, график ближайших контрактов на свинину, изображенный на рис. 12.7. Глядя на него, возникает соблазн заключить, что на протяжении всех 12 лет рынок свинину находился в торговом диапазоне с широкой амплитудой колебаний. Теперь вернемся назад и посмотрим на рис. 12.6, который является непрерывной версией того же рынка. На этом графике ясно видно, что рынок свинины пережил ряд крупных тенденций, причем эти движения цен были полностью скрыты графиком ближайших контрактов (но могли бы быть реализованы в реальной торговле). Не будет преувеличением сказать, что, если бы графики не были подписаны, было бы практически невозможно определить, что рис. 12.6 и 12.7 изображают один и тот же рынок.

Рисунок 12.6.

СВИНИНА, НЕПРЕРЫВНЫЕ ФЬЮЧЕРСЫ

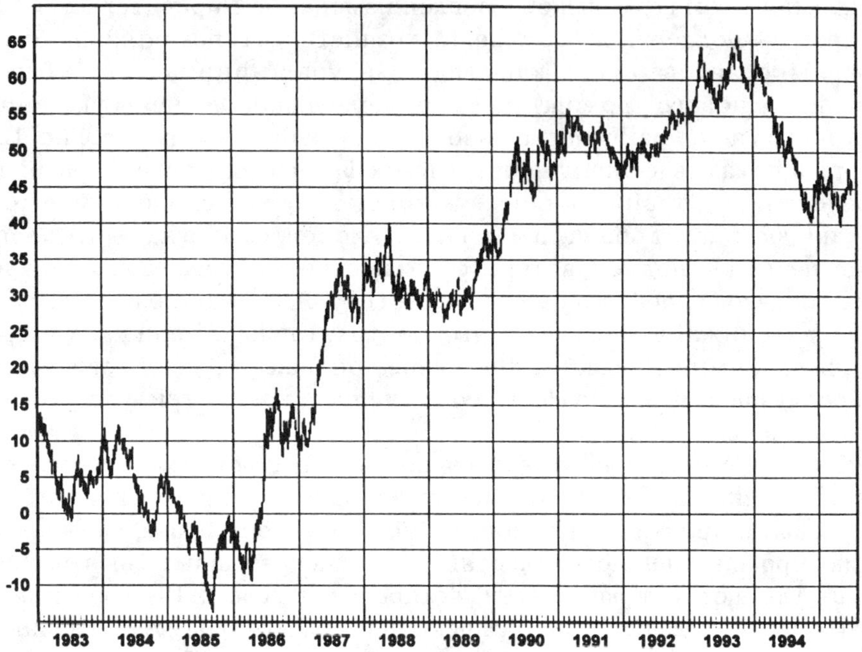

Рисунок 12.7.

СВИНИНА, БЛИЖАЙШИЕ ФЬЮЧЕРСНЫЕ КОНТРАКТЫ

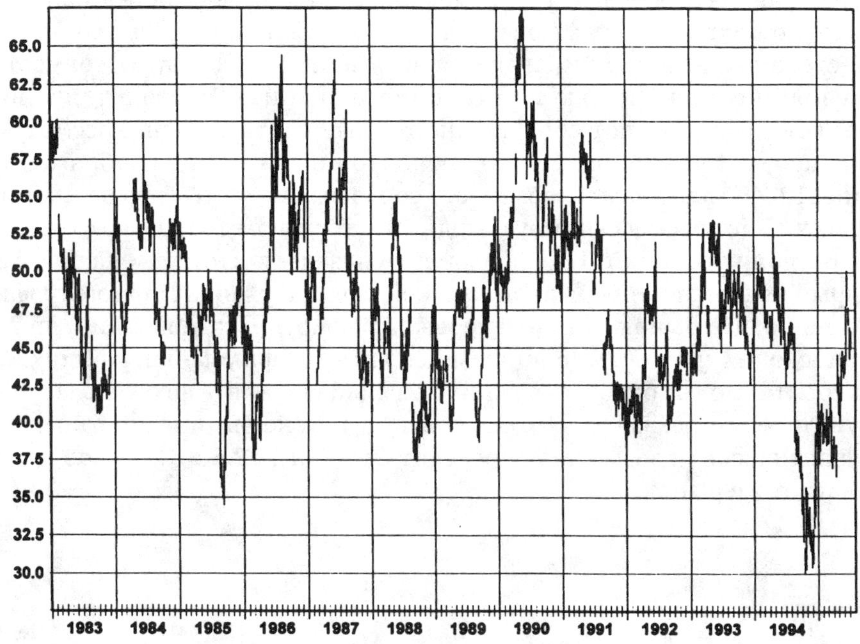

ЗАКЛЮЧЕНИЕ

В целом, техническим аналитикам следует по крайней мере поэкспериментировать с использованием графиков непрерывных фьючерсов в качестве дополнения к обычным графикам ближайших контрактов и посмотреть, повышает ли это надежность их выводов. Ниже представлены графики, которые позволяют сравнить эти два метода построения графиков для важнейших фьючерсных рынков (кроме хлопка и свиней, которые уже были показаны). Напоминаем читателям, что графики непрерывных фьючерсов, которые будут построены в будущем, будут иметь иные шкалы цен, отличные от представленных ниже (хотя изменения цен останутся прежними), поскольку предполагается, что шкалы будут приводиться в соответствие с ценами текущих контрактов.

**КАЗНАЧЕЙСКИЕ ОБЛИГАЦИИ,
БЛИЖАЙШИЕ ФЬЮЧЕРСНЫЕ КОНТРАКТЫ**

КАЗНАЧЕЙСКИЕ ОБЛИГАЦИИ, НЕПРЕРЫВНЫЕ ФЬЮЧЕРСЫ

ЕВРОДОЛЛАР,
БЛИЖАЙШИЕ ФЬЮЧЕРСНЫЕ КОНТРАКТЫ

ЕВРОДОЛЛАР, НЕПРЕРЫВНЫЕ ФЬЮЧЕРСЫ

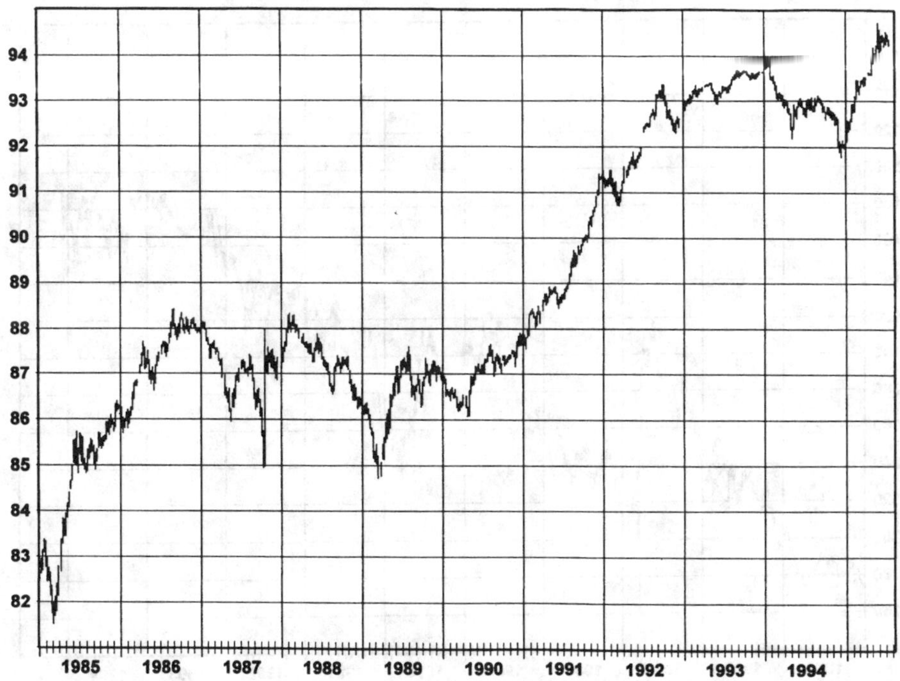

**SP500,
БЛИЖАЙШИЕ ФЬЮЧЕРСНЫЕ КОНТРАКТЫ**

SP500, НЕПРЕРЫВНЫЕ ФЬЮЧЕРСЫ

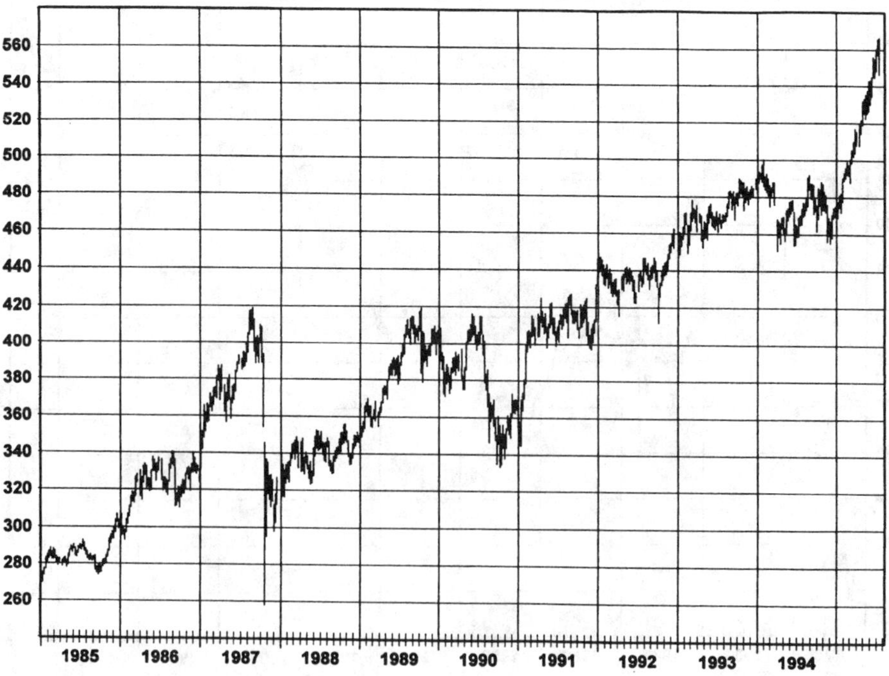

ФУНТ СТЕРЛИНГОВ,
БЛИЖАЙШИЕ ФЬЮЧЕРСНЫЕ КОНТРАКТЫ

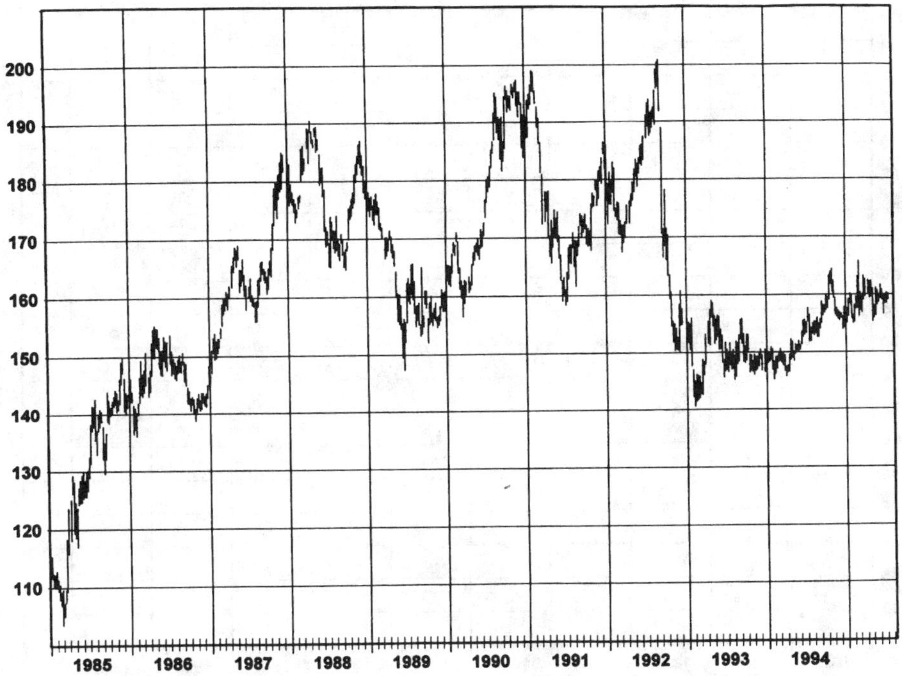

ФУНТ СТЕРЛИНГОВ, НЕПРЕРЫВНЫЕ ФЬЮЧЕРСЫ

ЯПОНСКАЯ ИЕНА,
БЛИЖАЙШИЕ ФЬЮЧЕРСНЫЕ КОНТРАКТЫ

ЯПОНСКАЯ ИЕНА, НЕПРЕРЫВНЫЕ ФЬЮЧЕРСЫ

НЕМЕЦКАЯ МАРКА,
БЛИЖАЙШИЕ ФЬЮЧЕРСНЫЕ КОНТРАКТЫ

НЕМЕЦКАЯ МАРКА, НЕПРЕРЫВНЫЕ ФЬЮЧЕРСЫ

**ШВЕЙЦАРСКИЙ ФРАНК,
БЛИЖАЙШИЕ ФЬЮЧЕРСНЫЕ КОНТРАКТЫ**

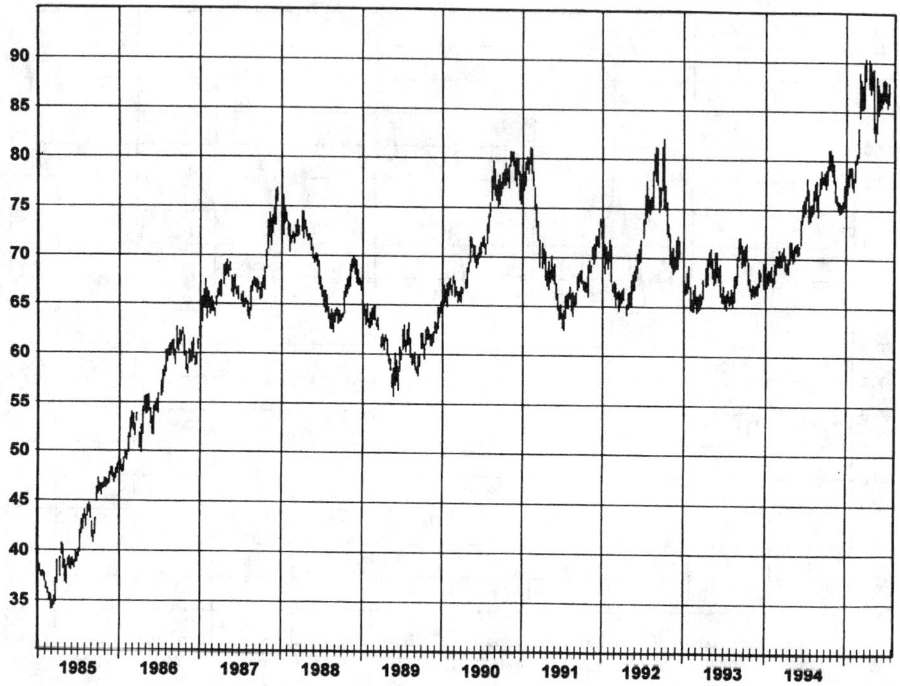

ШВЕЙЦАРСКИЙ ФРАНК, НЕПРЕРЫВНЫЕ ФЬЮЧЕРСЫ

КАНАДСКИЙ ДОЛЛАР, БЛИЖАЙШИЕ ФЬЮЧЕРСНЫЕ КОНТРАКТЫ

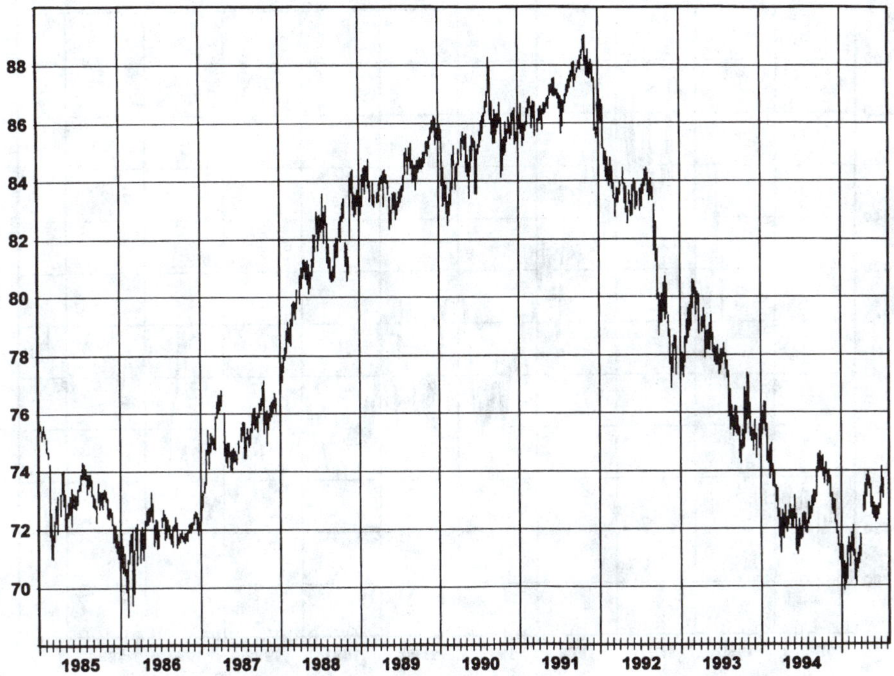

КАНАДСКИЙ ДОЛЛАР, НЕПРЕРЫВНЫЕ ФЬЮЧЕРСЫ

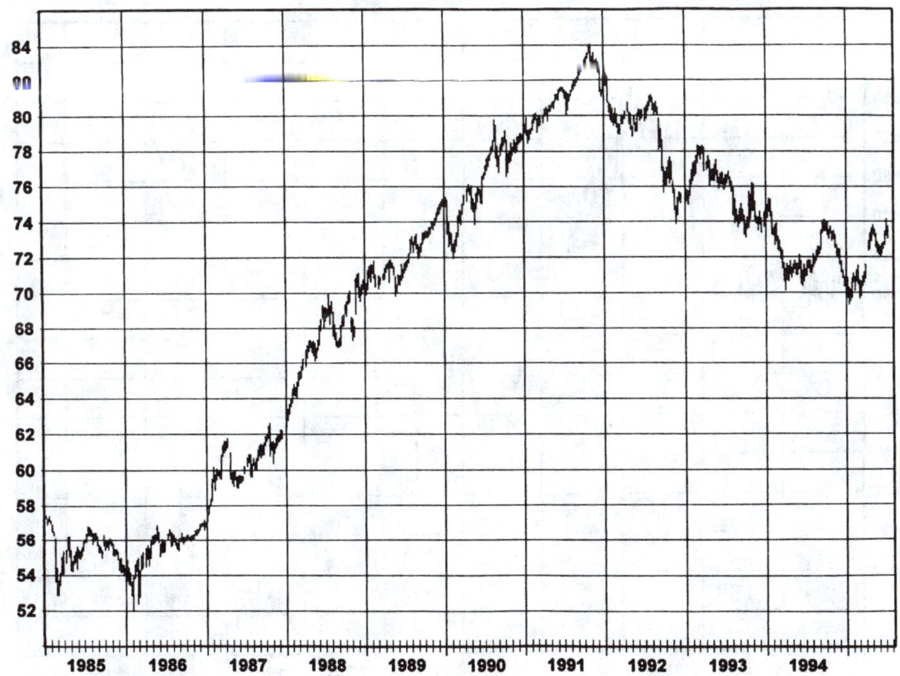

ЗОЛОТО, БЛИЖАЙШИЕ ФЬЮЧЕРСНЫЕ КОНТРАКТЫ

ЗОЛОТО, НЕПРЕРЫВНЫЕ ФЬЮЧЕРСЫ

**ПЛАТИНА,
БЛИЖАЙШИЕ ФЬЮЧЕРСНЫЕ КОНТРАКТЫ**

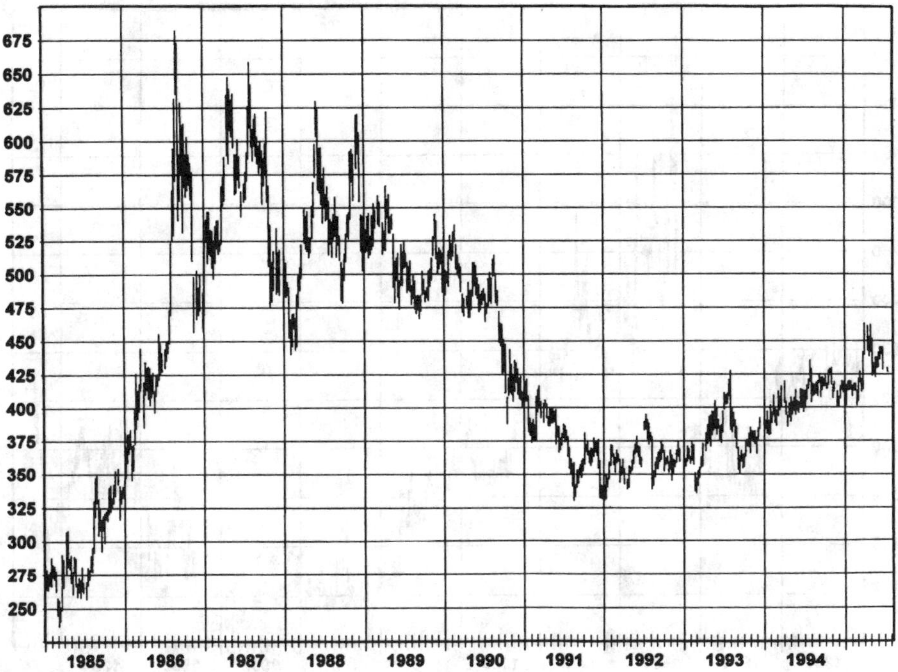

ПЛАТИНА, НЕПРЕРЫВНЫЕ ФЬЮЧЕРСЫ

СЕРЕБРО,
БЛИЖАЙШИЕ ФЬЮЧЕРСНЫЕ КОНТРАКТЫ

СЕРЕБРО, НЕПРЕРЫВНЫЕ ФЬЮЧЕРСЫ

МЕДЬ,
БЛИЖАЙШИЕ ФЬЮЧЕРСНЫЕ КОНТРАКТЫ

МЕДЬ, НЕПРЕРЫВНЫЕ ФЬЮЧЕРСЫ

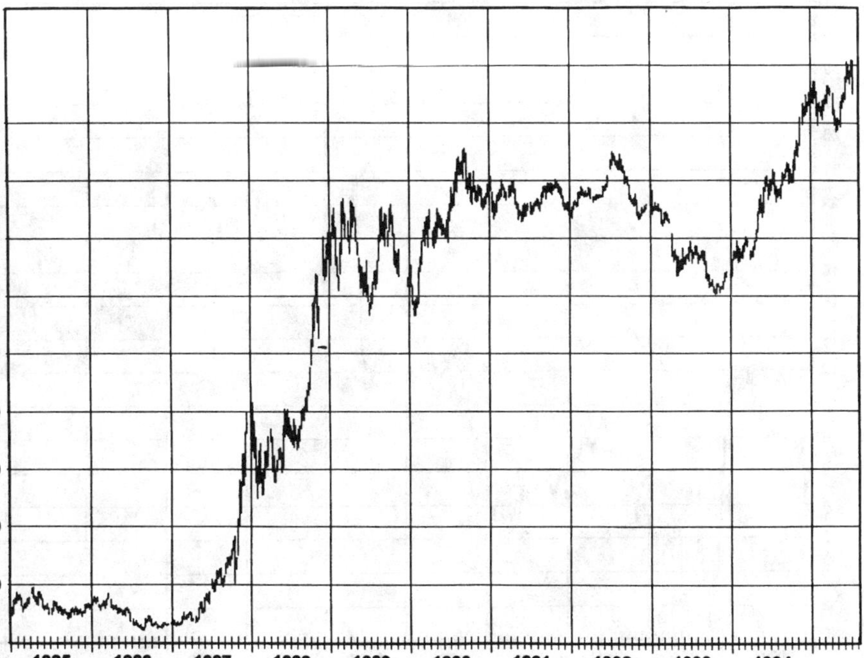

**СЫРАЯ НЕФТЬ,
БЛИЖАЙШИЕ ФЬЮЧЕРСНЫЕ КОНТРАКТЫ**

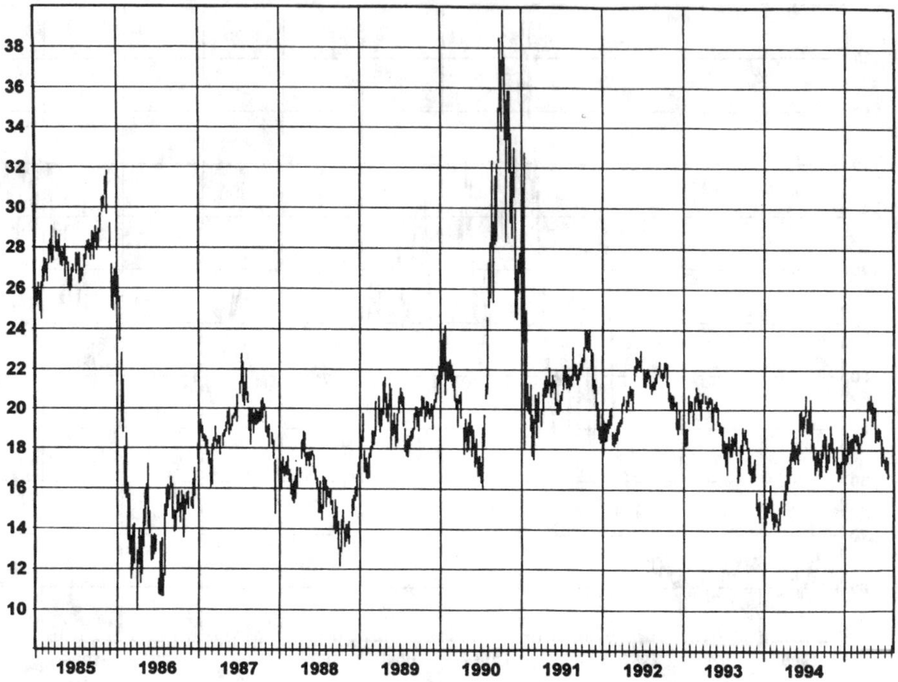

СЫРАЯ НЕФТЬ, НЕПРЕРЫВНЫЕ ФЬЮЧЕРСЫ

МАЗУТ,
БЛИЖАЙШИЕ ФЬЮЧЕРСНЫЕ КОНТРАКТЫ

МАЗУТ, НЕПРЕРЫВНЫЕ ФЬЮЧЕРСЫ

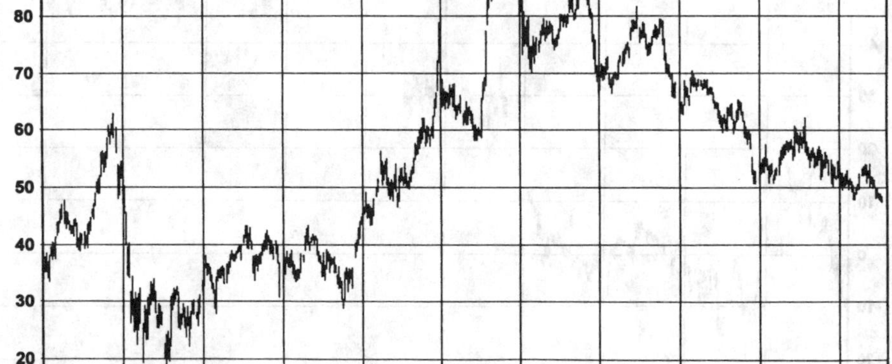

**НЕЭТИЛИРОВАННЫЙ БЕНЗИН,
БЛИЖАЙШИЕ ФЬЮЧЕРСНЫЕ КОНТРАКТЫ**

НЕЭТИЛИРОВАННЫЙ БЕНЗИН, НЕПРЕРЫВНЫЕ ФЬЮЧЕРСЫ

КУКУРУЗА,
БЛИЖАЙШИЕ ФЬЮЧЕРСНЫЕ КОНТРАКТЫ

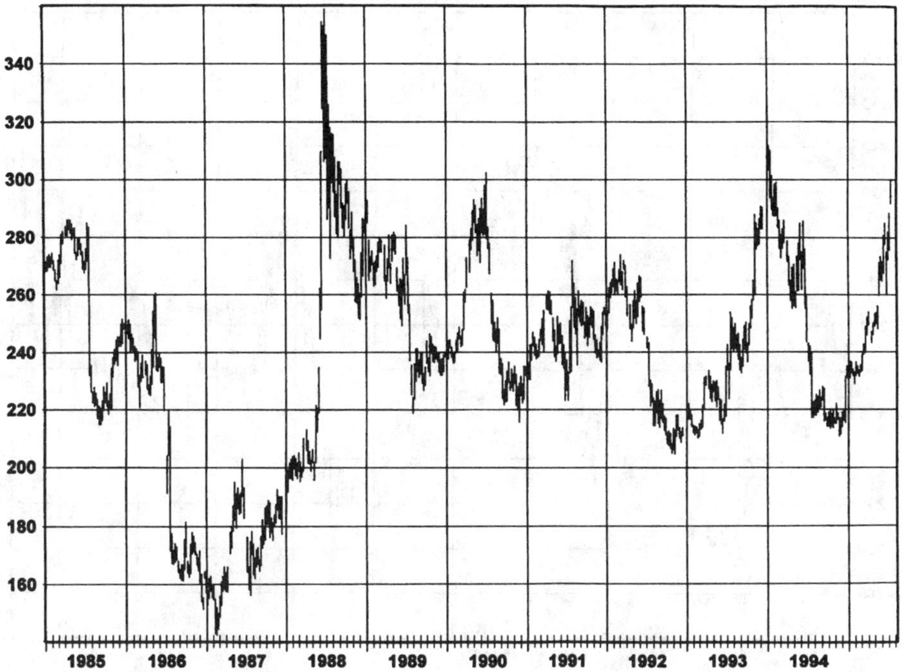

КУКУРУЗА, НЕПРЕРЫВНЫЕ ФЬЮЧЕРСЫ

**ПШЕНИЦА,
БЛИЖАЙШИЕ ФЬЮЧЕРСНЫЕ КОНТРАКТЫ**

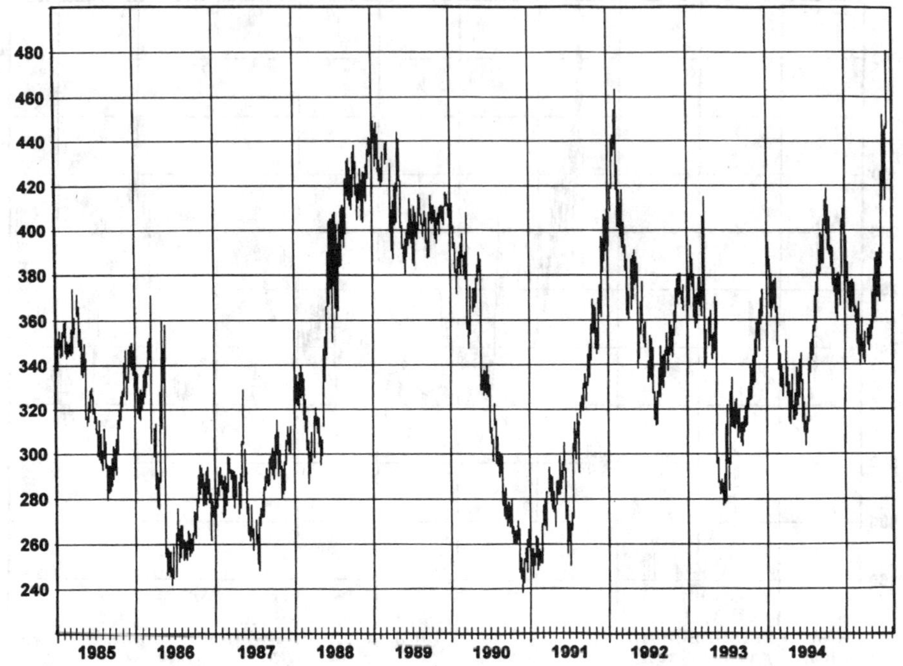

ПШЕНИЦА, НЕПРЕРЫВНЫЕ ФЬЮЧЕРСЫ

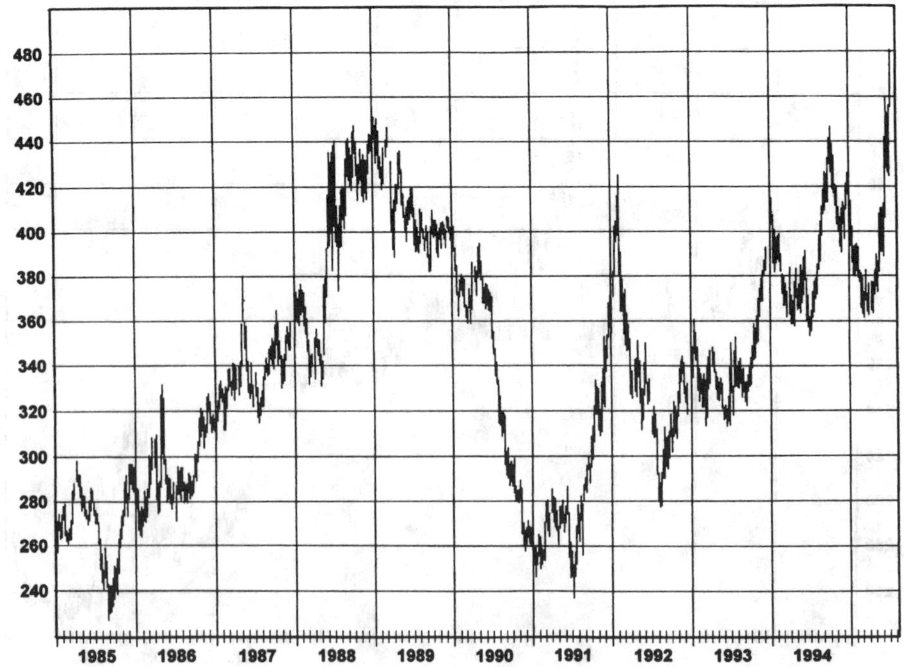

СОЕВЫЕ БОБЫ, БЛИЖАЙШИЕ ФЬЮЧЕРСНЫЕ КОНТРАКТЫ

СОЕВЫЕ БОБЫ, НЕПРЕРЫВНЫЕ ФЬЮЧЕРСЫ

**СОЕВАЯ МУКА,
БЛИЖАЙШИЕ ФЬЮЧЕРСНЫЕ КОНТРАКТЫ**

СОЕВАЯ МУКА, НЕПРЕРЫВНЫЕ ФЬЮЧЕРСЫ

СОЕВОЕ МАСЛО, БЛИЖАЙШИЕ ФЬЮЧЕРСНЫЕ КОНТРАКТЫ

СОЕВОЕ МАСЛО, НЕПРЕРЫВНЫЕ ФЬЮЧЕРСЫ

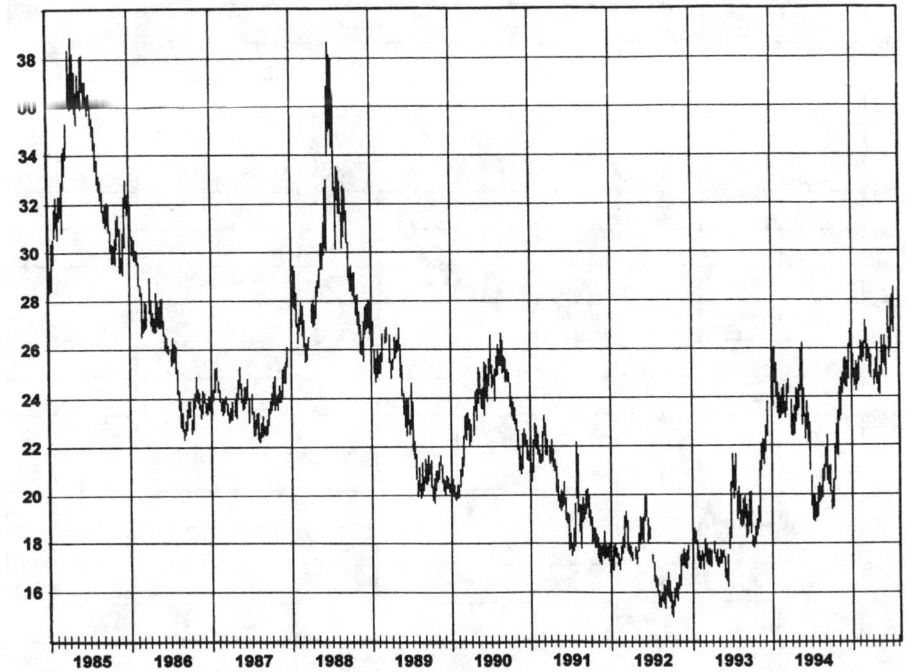

КРУПНЫЙ РОГАТЫЙ СКОТ, БЛИЖАЙШИЕ ФЬЮЧЕРСНЫЕ КОНТРАКТЫ

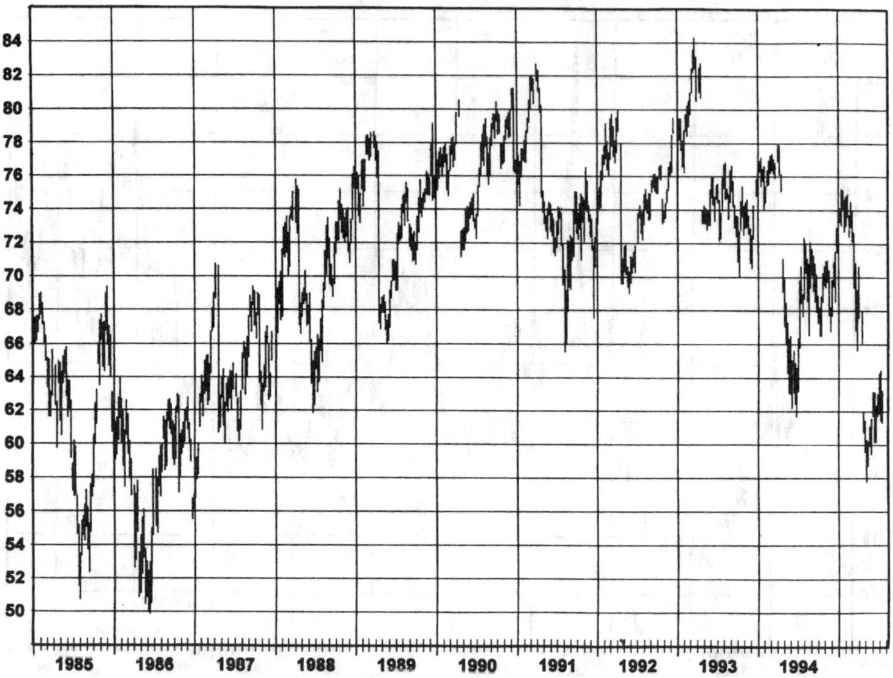

КРУПНЫЙ РОГАТЫЙ СКОТ, НЕПРЕРЫВНЫЕ ФЬЮЧЕРСЫ

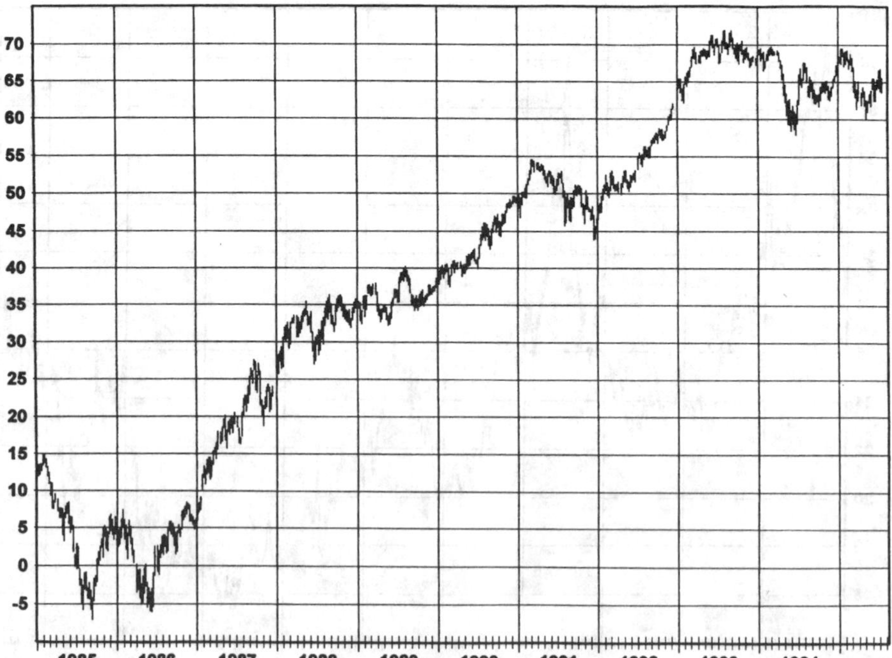

САХАР,
БЛИЖАЙШИЕ ФЬЮЧЕРСНЫЕ КОНТРАКТЫ

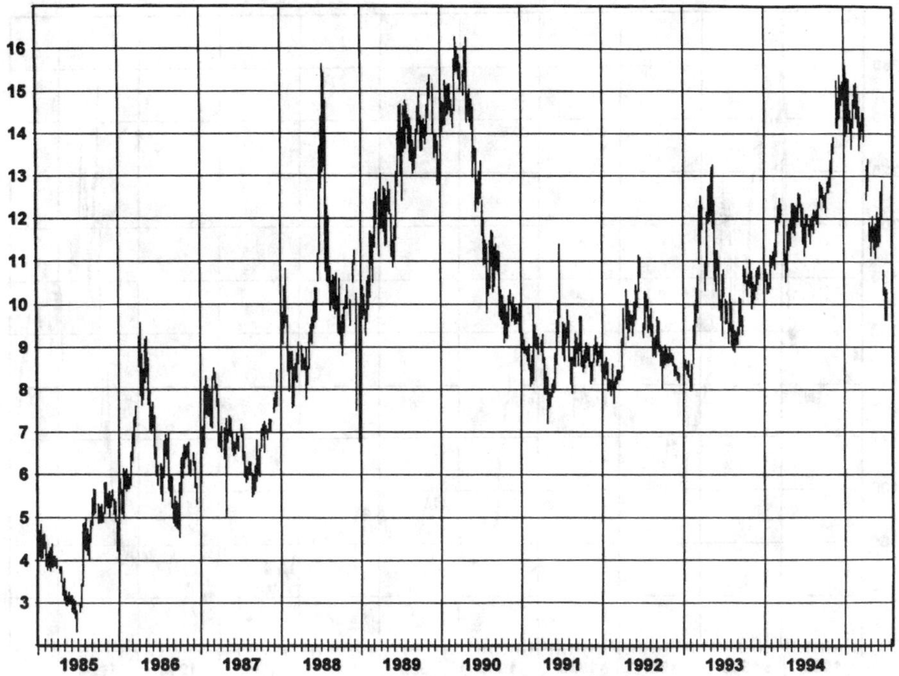

САХАР, НЕПРЕРЫВНЫЕ ФЬЮЧЕРСЫ

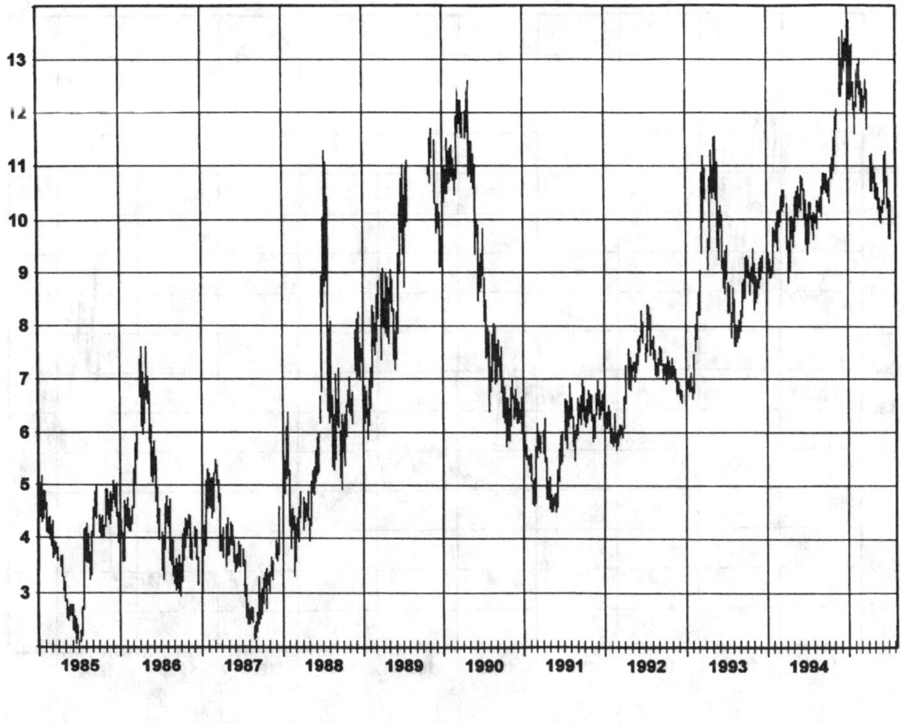

КОФЕ,
БЛИЖАЙШИЕ ФЬЮЧЕРСНЫЕ КОНТРАКТЫ

КОФЕ, НЕПРЕРЫВНЫЕ ФЬЮЧЕРСЫ

КАКАО, БЛИЖАЙШИЕ ФЬЮЧЕРСНЫЕ КОНТРАКТЫ

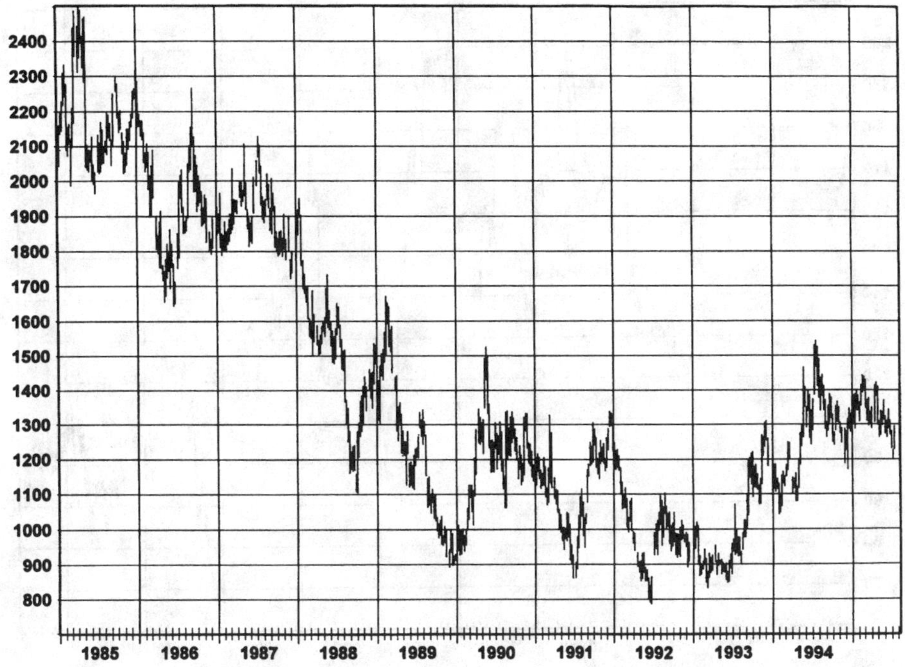

КАКАО, НЕПРЕРЫВНЫЕ ФЬЮЧЕРСЫ

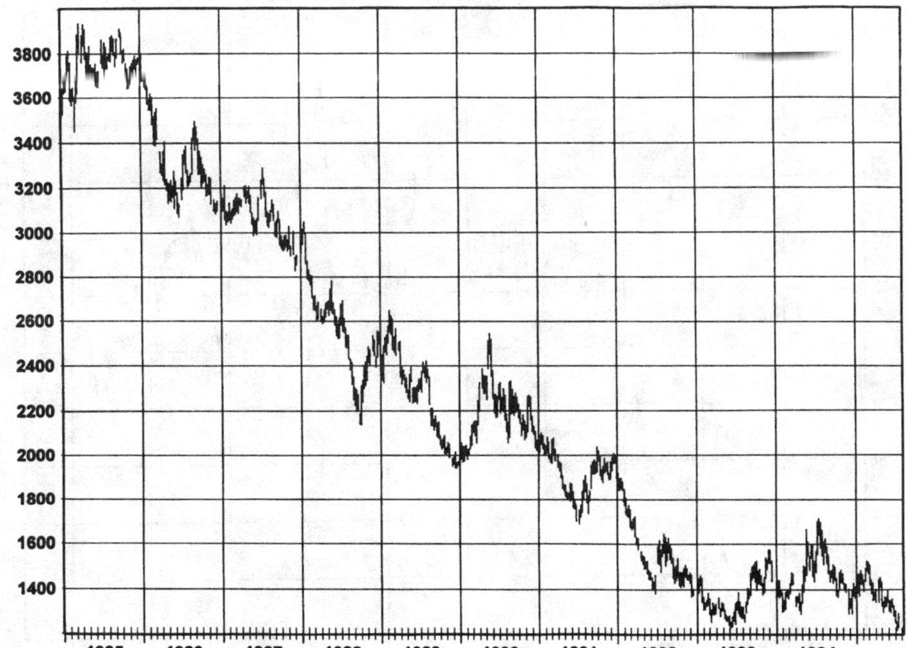

КОНЦЕНТРАТ АПЕЛЬСИНОВОГО СОКА, БЛИЖАЙШИЕ ФЬЮЧЕРСНЫЕ КОНТРАКТЫ

КОНЦЕНТРАТ АПЕЛЬСИНОВОГО СОКА, НЕПРЕРЫВНЫЕ ФЬЮЧЕРСЫ

ПИЛОМАТЕРИАЛЫ, БЛИЖАЙШИЕ ФЬЮЧЕРСНЫЕ КОНТРАКТЫ

ПИЛОМАТЕРИАЛЫ, НЕПРЕРЫВНЫЕ ФЬЮЧЕРСЫ

13 Введение в графики «японские свечи»

Стив Нисон*

(под редакцией Джека Швагера)

Гора, ветер, лес, огонь.

Девиз на знамени, под которым шли в бой войска
генерала Шинджена в Японии XVII века, напоминавший,
что победа в битве требует осознания того, когда нужно быть
неподвижным, как **гора**;
быстрым, как **ветер**;
терпеливым, как **лес**;
неудержимым, как **огонь**.

Графики свечей — наиболее популярная в Японии и самая древняя форма технического анализа. «Японские свечи» появились раньше, чем штриховые графики и графики «крестики-нолики». Японцы осознали важность технического анализа давным-давно. Они первыми стали торговать фьючерсами. В середине XVII в. они торговали «пустыми» рисовыми контрактами (рисом, которого еще не было, — иначе говоря, рисовыми фьючерсами). Главная биржа рисовых фьючерсов находилась в Осаке. Коммерция была настолько

* Господин Нисон является старшим вице-президентом Daiwa Securities America, Inc., Нью-Йорк. Он автор принятой публикой книги «Japanese Candlestick Charting Techniques». Его новая книга называется «Beyond Candlesticks — New Japanese Trading Tecniques». Стив Нисон — известный во всем мире лектор, он проводит популярные семинары, включая специальные презентации для Мирового банка в Вашингтоне. Его деятельности посвящали свои статьи Wall Street Journal, Institutional Investor, L.A. Times, Barron's и Japan Economic Journal. Он регулярно выступает в качестве приглашенного технического аналитика-комментатора на CNBC. Стив Нисон (MBA в области финансов и инвестиций) занимается анализом финансовых рынков на протяжении почти 20 лет. Он является членом Ассоциации технических аналитиков рынка.

важна для этого города, что традиционное приветствие звучало как «Мокариамакка», что означало «Была ли успешной ваша торговля?» — выражение, которое живо и по сей день.

За шесть лет моих попыток открыть «тайны Востока» я перевел с японского на английский более дюжины книг. Следующий очаровательный отрывок взят в одной из них:

«Когда все — “медведи”, есть причина для роста цен. Когда все — “быки”, есть причина ценам падать».

Разве это не похоже на широко распространенный ныне метод противоположного мнения? А ведь эта книга, озаглавленная «Фонтан золота», была написана в 1755 г. Еще до образования Соединенных Штатов японцы уже использовали в торговле метод противоположного мнения! В этой же книге можно найти следующий совет:

«Чтобы узнать о рынке, спросите сам рынок. Только так вы сможете стать грозным демоном рынка».

Что за экспрессия! Кто бы не хотел быть грозным демоном рынка.

Удивительно, но графические методы «японских свечей», которые использовались многими поколениями трейдеров на Дальнем Востоке, были практически неизвестны на Западе до тех пор, пока о них не было рассказано в моей первой книге «Japanese Candlestick Charting Techniques», опубликованной в 1991 г. До этого момента лишь немногие службы предлагали графики свечей в Соединенных Штатах и Европе. Сегодня большинство компьютерных программ для технического анализа и почти все технические службы, работающие в реальном времени, предоставляют своим клиентам графики свечей. Многочисленность служб, предлагающих графики свечей, доказывает их популярность и полезность. Замечательно, что на протяжении почти ста лет двумя главными графическими инструментами на Западе были штриховые графики и графики «крестики-нолики». Тем не менее всего лишь за два года после публикации «Japanese Candlestick Charting Techniques» графики свечей стали базовым графическим инструментом наравне с графиками «крестиков-ноликов» и штриховыми графиками.

В первые годы торговли мехами в Соединенных Штатах существовала компания, известная своей готовностью брать на себя риски и тщательностью своих приготовлений. Торговые экспедиции вызывали большое воодушевление, но, тем не менее, в первый день экспедиции ее участники проходили небольшое расстояние и разбивали лагерь всего в нескольких милях от штаб-квартиры компании. Если на первом привале обнаруживалось, что кто-нибудь из торговцев забыл взять в путешествие необходимую вещь или товар, то всегда можно было за ними вернуться. Таким образом, тщательная подготовка избавляла путешественников от потенциальных трудностей.

Биржевая торговля также требует тщательной подготовки. Для тех, кто не знаком с японскими свечами, в этой главе мы сделаем первые медленные шаги, рассказав об основах теории свечей и используемых фигурах. Но даже обсуждения основных сигналов, подаваемых свечами, достаточно, чтобы показать, что графики свечей открывают новые пути анализа, ранее недоступные. Однажды познакомившись с графиками свечей, многие трейдеры никогда больше не возвращаются к штриховым графикам.

ПОЧЕМУ ГРАФИКИ СВЕЧЕЙ СТАЛИ ТАКИМИ ПОПУЛЯРНЫМИ?

Почему интерес к свечам растет день ото дня? Вот некоторые причины.

1. Инструменты, предоставляемые графиками свечей, настолько разносторонни, что могут использоваться совместно с любыми западными техническими инструментами. Как мы покажем, графики свечей рисуются с использованием тех же данных, что и традиционные штриховые графики: максимальная и минимальная цена, цена открытия и цена закрытия. Важность этого факта состоит в том, что любой из технических аналитических методов, применимых к штриховым графикам (скользящие средние, линии трендов, коррекции), может использоваться и на «свечных» графиках. Более того, графики свечей могут давать сигналы, недоступные при использовании штриховых графиков.
2. Графики свечей широко применимы. Японские свечи могут применяться для анализа спекуляций, инвестирования и хеджирования; ими можно пользоваться, торгуя фьючерсами, акциями, опционами. Другими словами, графики свечей могут использоваться везде, где применим технический анализ.
3. Графики свечей позволяют трейдерам получить преимущество над теми, кто использует только штриховые графики. Могут уйти недели на то, чтобы на штриховом графике сформировался разворот; разворотные сигналы на графиках свечей часто распознаются за несколько сессий.
4. Техника построения графиков свечей, хотя и нова для Запада, но была отточена многими поколениями трейдеров в Японии.
5. Японцы являются одними из основных игроков на большинстве мировых рынков и используют только графики свечей. Следовательно,

знание этого метода технического анализа позволит понять логику японских трейдеров, управляющих колоссальными капиталами и влияющих на поведение многих рынков. Следующая выдержка из журнала «Euroweek» цитирует одного английского трейдера, работающего в японском банке, который говорит о важности графиков свечей для японцев.

«Все японские трейдеры — и на валютной бирже, и на фьючерсных, и на фондовых рынках — используют свечи. Довольно трудно сказать, сколько миллиардов долларов оборачивается в Лондоне благодаря интерпретации этих графиков, но цифра эта внушительна».

Подумайте об этом. Хотя миллиарды долларов оборачиваются ежедневно с использованием сигналов, возникающих на графиках свечей, до недавнего времени у нас не было ключа к разгадке того, как японцы анализируют рынок. В это трудно поверить. Графики свечей в Японии настолько же популярны, насколько штриховые графики в США и Западной Европе. Понимание того, как японцы используют свой самый популярный технический инструмент, может помочь ответить на вопрос, каков будет их следующий шаг.

6. Без сомнения, быстрый рост привлекательности графиков свечей вызван также красотой и образностью той терминологии, которая используется для описания фигур. Кто бы мог подумать, что, глядя на статистические данные биржевых торгов, можно увидеть *вечернюю звезду, висельника* и *темные облака*. Японская терминология придает графикам особый аромат. Многие трейдеры обнаруживают, что, однажды испробовав графики свечей, они не могут без них обходиться.

Японцы хорошо знакомы с западными методами технического анализа. Хотя книги, которые я переводил, в основном были посвящены свечам, каждая из них содержала большие разделы, в которых обсуждались американские технические инструменты. Следующая цитата, взятая из одной такой книги, типична для японского взгляда на соотношение западных и восточных технических приемов:

«Чтобы понимать поведение рынка акций, недостаточно быть знакомым с японскими графическими методами... Необходимо [кроме того] впитать лучшее из западной техники».

Как показывает это утверждение, японцы сочетают использование графиков свечей и западных технических инструментов. Почему бы нам не делать то же самое? Используя лучшее в западном и восточном подходе мы сможем достичь значительно большего. Японцы очень основательно изучили технические инструменты, используемые на Западе. Теперь наша очередь учиться у них.

ИЗОБРАЖЕНИЕ ОДНОГО ТОРГОВОГО ДНЯ НА ГРАФИКЕ СВЕЧЕЙ

На рис. 13.1 и 13.2 показан способ построения одной свечи. Широкая часть свечи называется ее телом. Тело отображает диапазон цен между ценой открытия и ценой закрытия дня. Если цена закрытия сессии ниже, чем цена открытия (рис. 13.1), то тело черное (закрашенное). Если сессия закрылась выше, чем открылась (рис. 13.2), тело белое (незакрашенное).

Тонкие линии над и под телом называются тенями. Это ценовые экстремумы дня. Тень над телом свечи называется верхней тенью, а тень под телом свечи — нижней. Таким образом, верхушка верхней тени — это дневной максимум, а кончик нижней тени — дневной минимум.

Исходя из предыдущих определений, рис. 13.1 изображает сессию, которая открылась вблизи максимума и закрылась недалеко от минимума. Напротив, рис. 13.2 изображает сессию, которая открылась вблизи минимума и закрылась вблизи максимума. Мы видим, почему эти графики называются свечами: отдельные линии часто похожи на свечи с фитилями.

Сила графиков свечей в том, что цвет и форма свечи визуально показывает, кто вышел победителем в схватке «быков» и «медведей». Длинное белое тело говорит нам о том, что ситуацией владеют «быки», в то время как длинное черное тело отражает торговый день, когда правили «медведи». Маленькое тело (белое или черное) показывает период, когда силы «быков» и «медведей» были равны.

Важно заметить, что свечи можно нарисовать для любых временных рамок — от внутридневных до месячных графиков. Например, 60-минутная свеча использует цены открытия, максимума, минимума и закрытия для 60-минутных периодов. Дневной график использовал бы цены открытия, максимума, минимума и закрытия торгового дня. Свеча на недельном графике основывалась бы на цене открытия в понедельник, максимуме и минимуме за неделю и на цене закрытия в пятницу.

Доджи

Рис. 13.3 предлагает несколько примеров доджи. Доджи — это свеча, у которой цены открытия и закрытия совпадают. Таким образом, у доджи нет тела. Даже если свеча имеет цены открытия и закрытия, которые немного

Рисунок 13.1.

ЧЕРНОЕ ТЕЛО

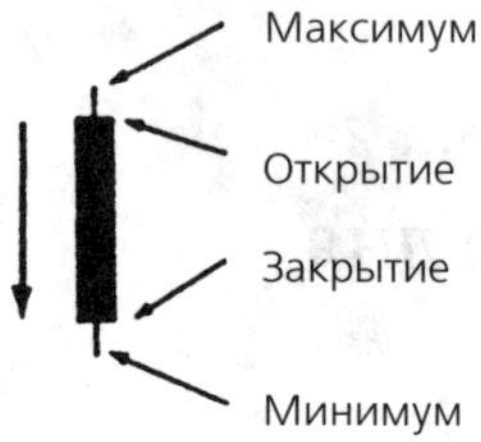

Рисунок 13.2

БЕЛОЕ ТЕЛО

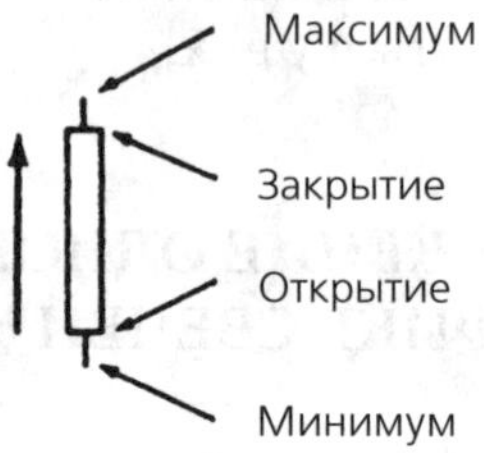

Рисунок 13.3.

ДОДЖИ

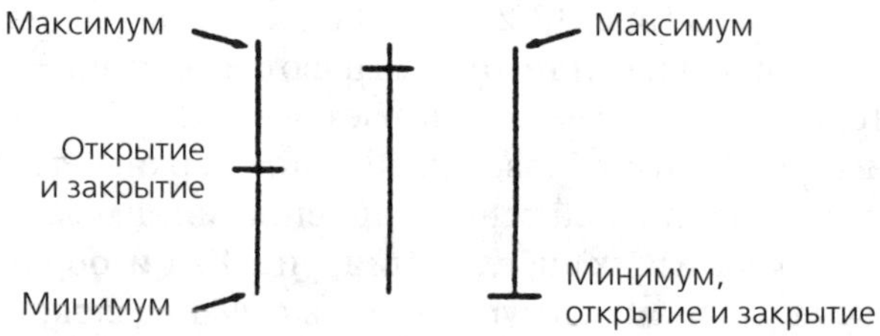

отличаются, но очень близки, ее часто можно рассматривать как доджи. Доджи отражает состояние рынка, на котором «быки» и «медведи» находятся в равновесии.

На боковом рынке доджи нейтрален, поскольку он подчеркивает нейтральное состояние рынка. Однако во время восходящего тренда доджи может оказаться индикатором разворота рынка, поскольку он предупреждает о том, что «быки» начинают терять контроль над рынком. Доджи отражает нерешительность трейдеров. Нерешительность, неуверенность или колебание покупателей не будет поддерживать восходящий тренд. Чтобы поддерживать рост, необходима уверенность покупателей. Если на рынке был продолжительный рост, а затем появился доджи (читай — «неуверенность»), это может означать, что поддержки покупателей больше нет. Следовательно, появляется риск падения рынка. Доджи, который следует за новым высоким максимумом, особенно важен. Японцы говорят о таком доджи, как о «страхе высокой цены».

На рис. 13.4 рост, начавшийся в середине декабря, останавливается после доджи, образовавшегося вслед за высокой белой свечой. Появление этого доджи говорит о равновесии сил «быков» и «медведей», что резко отличается от характера двух предыдущих сессий, когда две высокие белые свечи свидетельствовали о сильном рынке с полным преобладанием «быков». Как

Рисунок 13.4.

ДОДЖИ, СЛЕДУЮЩИЙ ЗА ВЫСОКОЙ БЕЛОЙ СВЕЧОЙ: МАРТ 1994, БРИТАНСКИЙ ФУНТ

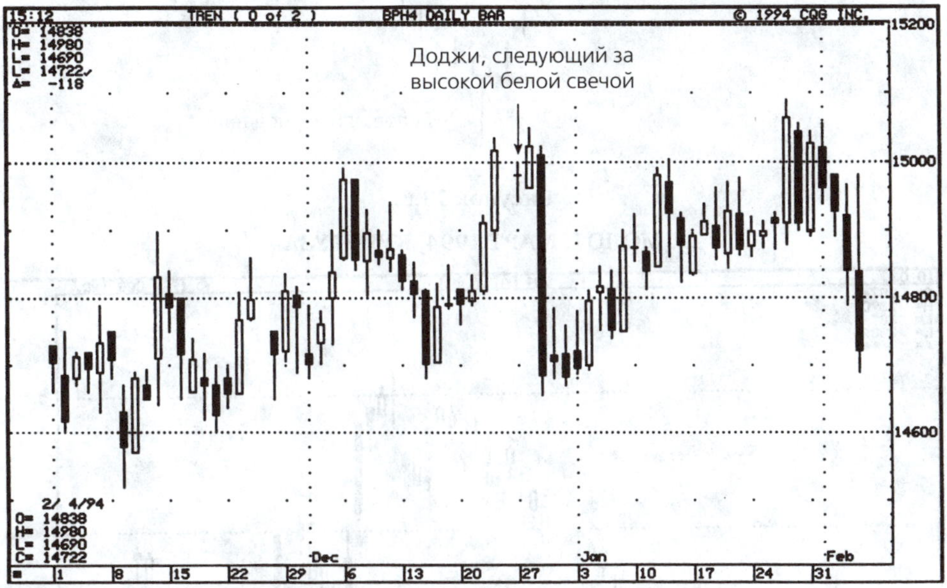

Источник: CQG Inc.; © 1994 CQG Inc.

говорят японцы, появление доджи показывает, что «рынок прощается со своим трендом».

Молот

Свеча с очень длинной нижней тенью и маленьким телом (либо белым, либо черным), расположенным вблизи верхнего края дневного диапазона цен, называется молот (рис. 13.5). Такое название дано этой фигуре не только из-за ее формы, но и из-за представления об ударе молота по наковальне. Появление молота на графике — это удар, за которым следует отскок. Если свеча такого типа появляется во время нисходящего тренда, она может сигнализировать о развороте тренда. Молот можно распознать по трем критериям.

1. Тело расположено у верхнего края дневного диапазона цен (цвет тела не важен).
2. Нижняя тень длинная, по крайней мере вдвое длиннее тела.
3. Очень короткая или полностью отсутствующая верхняя тень.

Рисунок 13.5.

МОЛОТ

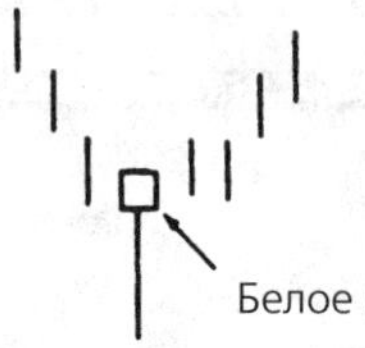

Рисунок 13.6.

МОЛОТ: МАРТ 1994, КУКУРУЗА

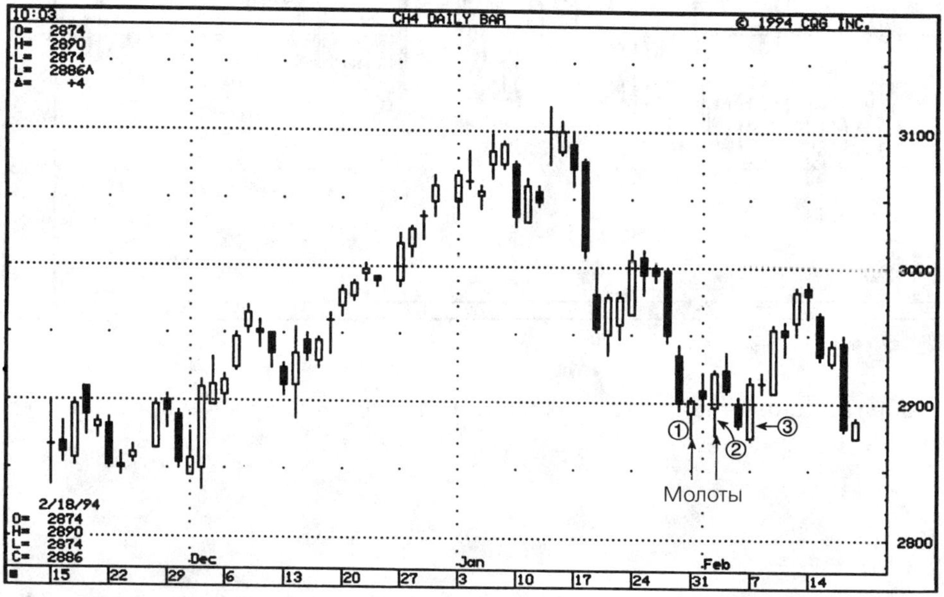

Источник: CQG Inc.; ©1994 CQG Inc.

Чем длиннее нижняя тень, короче верхняя тень и меньше тело свечи, тем важнее «бычий» молот.

Молот наглядно показывает, что торговая сессия открылась вблизи своего максимума, цена падала на протяжении торговой сессии и затем резко поднялась, закрывшись на максимуме торгового дня или около него. Молот может быть превосходным примером того, как график свечей обнаруживает очень важную рыночную информацию с помощью лишь одной свечи.

Если молот следует за резким падением цены, рынок часто еще раз возвращается и проверяет область минимума молота, и, таким образом, расширяет поддержку. Рис. 13.6 предлагает пример подобной ситуации. За-

Рисунок 13.7.

ВИСЕЛЬНИК

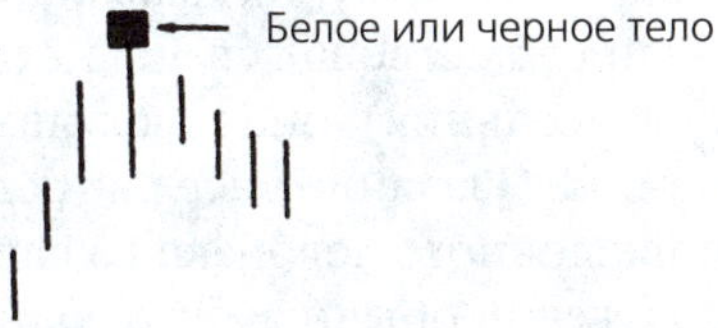

Рисунок 13.8.

ВИСЕЛЬНИК И ПОДТВЕРЖДЕНИЕ: МАРТ 1994, КАКАО

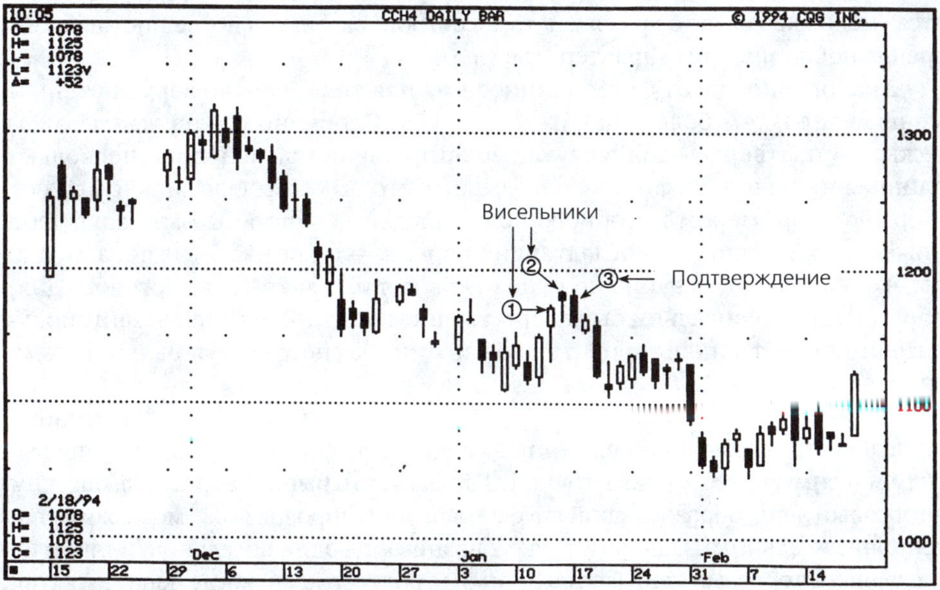

Источник: CQG Inc.; © 1994 CQG Inc.

метьте, что молот в точке 1 в скором времени был проверен другим молотом в точке 2. За этим вторым молотом с длинной нижней тенью спустя три торговых дня последовала свеча с длинным белым телом в точке 3, обнаружившая наличие сильной покупки в области поддержки молота.

Висельник

Висельник (рис. 13.7) имеет ту же форму, что и молот: длинную нижнюю тень и маленькое тело у верхнего края свечи. Различие между этими двумя фигурами состоит в том, что если молот появляется после снижения цен, то висельник появляется после их роста. Иначе говоря, хотя и молот, и висельник имеют одинаковую форму, их называют по-разному в зависимости от того, какой тренд предшествовал свече. Когда фигура образуется после восходящего тренда (висельник), она показывает, что рост рынка может быть близок к завершению. Название висельник дано этой фигуре из-за того, что она похожа на повешенного человека со свисающими ногами.

Может показаться необычным, что одна и та же конфигурация свечи может быть и «бычьей», и «медвежьей». Тем не менее, та же самая двойственность проявляется и в западных графиках. Например, остров на штриховых графиках может быть и «бычьим», и «медвежьим» в зависимости от предшествующего тренда. Остров после продолжительного восходящего тренда является «медвежьим», в то время как та же островная фигура после нисходящего тренда носит «бычий» характер (см. гл. 6).

Аналогично молоту, чем длиннее нижняя тень, короче верхняя тень и меньше тело, тем более значим висельник. Особенно важно ждать «медвежьего» подтверждения в случае возникновения висельника, поскольку длинная нижняя тень фигуры показывает, что быки все еще сильно влияют на рынок. Примером подобного подтверждения могло бы быть закрытие ниже тела висельника в последующий период — такое развитие показывало бы, что каждый, кто купил по цене открытия или закрытия торгового дня, образовавшего висельника, теперь теряет деньги. В этом сценарии покупатели решают ликвидировать свои позиции, способствуя дальнейшему снижению цен.

На рис. 13.8 висельник образовался в точке 1. Однако обратите внимание на недостаточность подтверждения в следующую сессию, когда цены превысили максимум висельника в точке 1. Тот факт, что рынок закрылся выше, чем в торговый день, образовавший висельника, аннулировал весь «медвежий» потенциал висельника. Однако в точке 2 возник еще один висельник, причем на следующий торговый день (точка 3) он был подтвержден, когда цена закрытия опустилась ниже тела висельника.

Падающая звезда

В то время как свеча с длинной нижней тенью (молот) во время нисходящего тренда оказывается потенциально «бычьей» фигурой, свеча с длинной верхней тенью, возникающая после восходящего тренда имеет «медвежью» окраску. Если свеча с очень длинной верхней тенью и маленьким телом вблизи дна дневного диапазона возникает во время восходящего тренда, она называется «падающая звезда» (рис. 13.9). Между телом классической падающей звезды и телом предшествующей свечи существует разрыв. Цвет тел не имеет значения.

Рисунок 13.9.

ПАДАЮЩАЯ ЗВЕЗДА

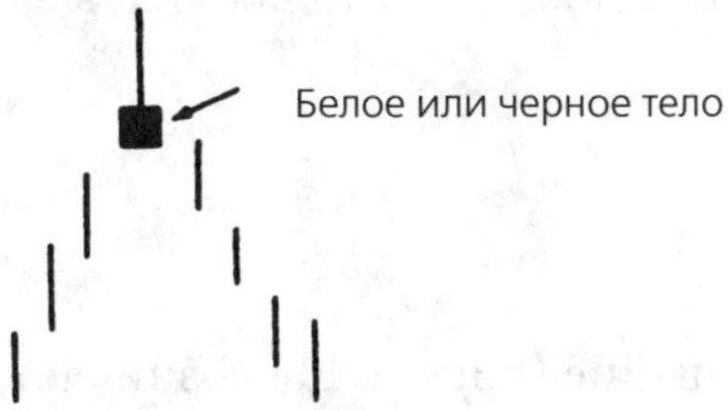

Рисунок 13.10.

ПАДАЮЩАЯ ЗВЕЗДА И «БЫЧЬЕ» ПОГЛОЩЕНИЕ: МАРТ 1994, КАЗНАЧЕЙСКИЕ ОБЛИГАЦИИ

Источник: CQG Inc.; ©1994 CQG Inc.

Японцы уделяют наибольшее внимание телу — они относятся к телу (соотношению между ценами открытия и закрытия) как к существу ценового движения. Однако тени могут играть важную роль в оценке поведения рынка. Например, длинная верхняя тень падающей звезды графически показывает, что агрессивность «медведей» достаточна, чтобы к закрытию сессии опустить цены до минимума.

На рис. 13.10 показана падающая звезда, которая возникла на январском ценовом пике. Эта падающая звезда подтвердила область сопротивления вблизи 118, установленную максимумом предыдущего дня. Появление падающей звезды означает, что рынок открылся вблизи своего дневного минимума, затем мощно рос и наконец к закрытию сессии вновь вернулся на минимум.

Поглощения

«Бычье» поглощение (рис. 13.11) возникает, когда рынок пребывает в нисходящем тренде, и белое тело поглощает черное тело предшествующего периода. «Медвежье» поглощение (рис. 13.12) возникает, когда рынок на восходящем тренде, и черное тело поглощает белое тело предшествующего периода. Для того чтобы поглощение было истинным, на рынке должен присутствовать ясно определенный восходящий или нисходящий тренд, даже если это краткосрочный тренд. Поскольку поглощение требует только того, чтобы второе тело поглотило предшествующее тело (но не тени), эта фигура будет давать сигнал, невидимый на штриховом графике. Чем больше второе тело (поглощающее тело) по отношению к первому, тем более значима фигура.

Фигура поглощения иллюстрирует, каким образом свечи могут привести к более полному пониманию поведения рынков. График свечей, как и штриховой график, показывает тенденцию рынка, но в отличие от штрихового графика свечи, кроме того, показывают силу, управляющую движением. Если рынок — в состоянии нисходящего тренда, это означает, что им управляют «медведи». Если затем длинная белая свеча поглощает черную свечу после нисходящего тренда (т.е. формирует «бычье» поглощение), это показывает, что «быки» отнимают бразды правления у «медведей».

Снова взглянув на рис. 13.10, мы увидим пример «бычьего» поглощения, возникшего в середине ноября. Длинная белая свеча, следующая за коротким черным телом, показывает силу «быков», перехватывающих управление у «медведей», и представляет собой классическую фигуру поглощения. Заметьте, что эта фигура становится поддержкой рынка в декабре и январе.

Рис. 13.13 предлагает пример «медвежьего» поглощения. В начале февраля был пробит уровень сопротивления, расположенный на границе торгового диапазона двух предыдущих месяцев (вблизи $16,00). Однако вскоре после этого возникновение «медвежьего» поглощения указало на то, что у «быков» есть проблемы. Это было классическое «медвежье» поглощение, поскольку второе черное тело было значительно крупнее, чем предшествующее белое тело.

Рис. 13.14 иллюстрирует «медвежье» поглощение на внутридневном графике. Обратите внимание на то, что в этом примере вторая сессия с «медвежьем» поглощением не образует нового максимума. Таким обра-

Рисунок 13.11.

«БЫЧЬЕ» ПОГЛОЩЕНИЕ

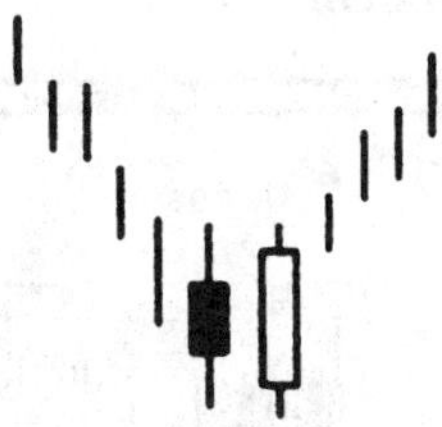

Рисунок 13.12.

«МЕДВЕЖЬЕ» ПОГЛОЩЕНИЕ

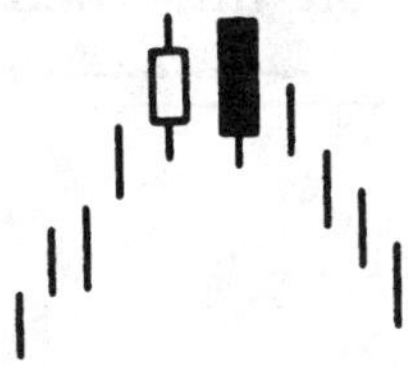

Рисунок 13.13.

«МЕДВЕЖЬЕ» ПОГЛОЩЕНИЕ И УТРЕННЯЯ ЗВЕЗДА: МАРТ 1994, СЫРАЯ НЕФТЬ

Источник: CQG Inc.; © 1994 CQG Inc.

зом, штриховой график не показал бы знака разворота, который требует нового максимума и закрытия ниже предыдущего закрытия. Однако все, что требуется для «медвежьего» поглощения, — это чтобы черное тело второй свечи поглощало белое тело предыдущей свечи. Таким образом, в этом случае график свечей показывает разворотный сигнал (с помощью «медвежьего» поглощения), который не был бы виден на штриховом графике. Это лишь один пример того, как графики свечей могут давать ранний сигнал о развороте, который недоступен пользователям штриховых графиков.

Рисунок 13.14.

«МЕДВЕЖЬЕ» ПОГЛОЩЕНИЕ: МАРТ 1994, 60-МИНУТНЫЙ ГРАФИК КАЗНАЧЕЙСКИХ ОБЛИГАЦИЙ

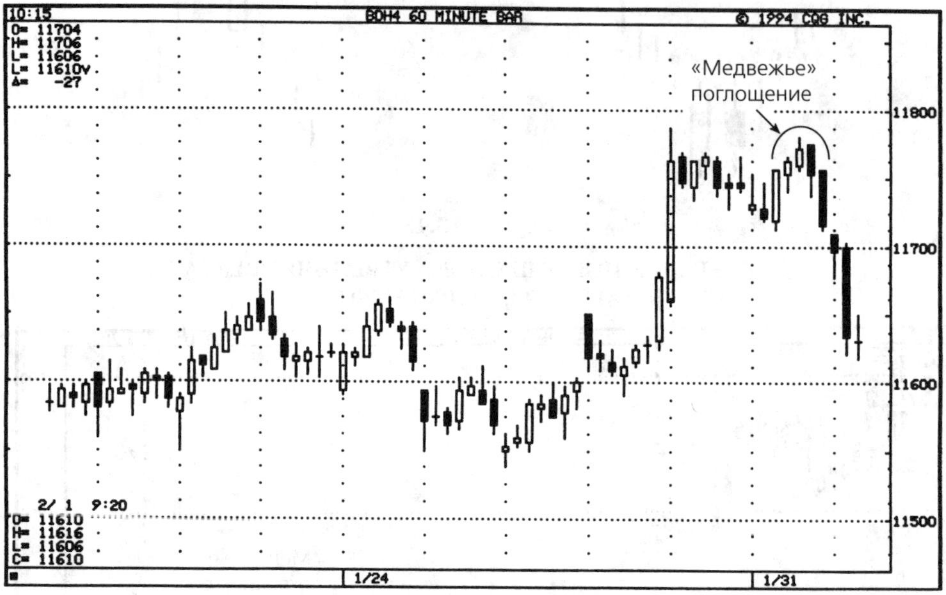

Источник: CQG Inc.; © 1994 CQG Inc.

Темные облака

Темные облака (рис. 13.15) — «медвежий» разворотный сигнал. Первая сессия этой фигуры, состоящей из двух свечей, обязана образовать белое тело. Цена открытия второй сессии должна быть выше максимума предыдущей сессии (выше вершины верхней тени). Однако к концу второй сессии рынок закрывается вблизи минимума сессии, и при этом цена закрытия находится внутри белого тела предыдущей сессии. Темные облака наглядно иллюстрируют, что способность рынка к росту исчерпана.

Чем больше степень проникновения внутрь белого тела, тем сильнее сигнал темных облаков. Некоторые японские технические аналитики требуют, чтобы черное тело проникало по крайней мере на 50% внутрь белого тела. Если черная свеча не закрывается ниже середины белой свечи, возможно, лучше подождать еще одного «медвежьего» подтверждения во время сессии, следующей за темными облаками.

На рис. 13.16 приведен пример темных облаков. На первой сессии этой фигуры «быки» все еще правили рынком. На следующей сессии рынок открылся на новом максимуме. «Быки», очевидно, были еще в силе.

Рисунок 13.15.

ТЕМНЫЕ ОБЛАКА

Рисунок 13.16.

ТЕМНЫЕ ОБЛАКА: МАРТ 1994, МАЗУТ

Источник: CQG Inc.; ©1994 CQG Inc.

Но затем, к концу второй сессии, цены упали, закрывшись значительно ниже середины белого тела предыдущей сессии. При неспособности рынка образовать новые максимумы и при ценах, закрывшихся намного ниже предыдущей цены закрытия, покупатели могут захотеть закрыть свои длинные позиции. Кроме того, видя неспособность «быков» удержать новые высоты, трейдеры, ждущие момента для короткой продажи, могут войти в игру. Замечательно, как много информации может быть извлечено всего лишь из двух свечей, когда они образуют темные облака.

Рисунок 13.17.

УТРЕННЯЯ ЗВЕЗДА

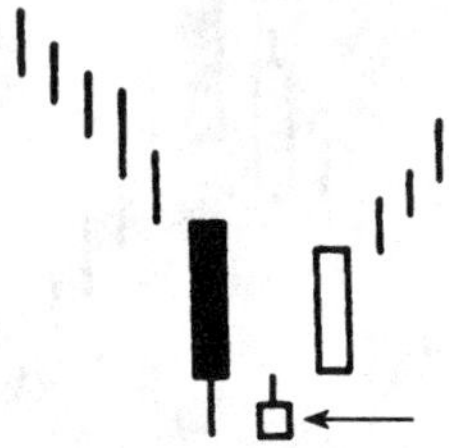

Утренняя звезда

Утренняя звезда (рис. 13.17) — разворотная фигура, образующаяся во впадине. Фигура названа в честь планеты Меркурий, предвещающей восход солнца так же, как и фигура утренней звезды знаменует рост цен. Утренняя звезда — трехдневная фигура, которая состоит из высокого черного тела, за которым следует маленькое тело (белое или черное) с разрывом вниз и, наконец, белое тело, которое достаточно сильно сдвинуто внутрь первого черного тела. Эта фигура сигнализирует о переходе инициативы в руки «быков».

Когда начинает возникать фигура утренней звезды, рынок находится в нисходящем тренде, о чем свидетельствует высокое черное тело последней торговой сессии. В этот момент, очевидно, командуют «медведи». Затем появляется маленькое тело, подразумевающее, что продавцы теряют способность двигать рынок еще ниже. И наконец, на третий день появление большого белого тела демонстрирует, что «быки» взяли верх. Идеальная утренняя звезда имела бы разрывы перед и после тела средней свечи (звезды). Однако второй разрыв бывает редко, и его отсутствие не снижает значимости сигнала.

Возвращаясь к рис. 13.13, мы видим пример утренней звезды, сформировавшейся на впадине в конце декабря. Многие фигуры свечей, такие как обсуждаемая здесь утренняя звезда, становятся важными областями поддержки или сопротивления. Например, заметьте, что доджи, который появляется вслед за большим черным телом в середине января, — фигура, подразумевающая разворот наверх, — сформировался прямо над областью поддержки утренней звезды. (Интересно, что другой доджи, который появился четырьмя днями ранее, следом за высокой белой свечой в начале января, предупреждал о снижении цен.)

Рисунок 13.18.

ВЕЧЕРНЯЯ ЗВЕЗДА

Рисунок 13.19.

ВЕЧЕРНЯЯ ЗВЕЗДА: НЕДЕЛЬНЫЙ ГРАФИК ИТАЛЬЯНСКИХ ОБЛИГАЦИЙ

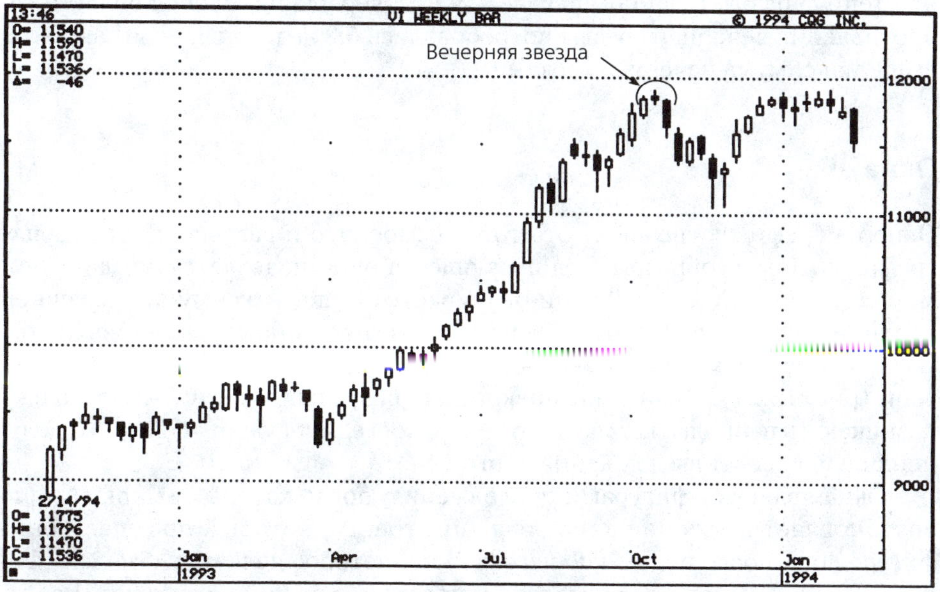

Источник: CQG Inc.; ©1994 CQG Inc.

Вечерняя звезда

Вечерняя звезда (рис. 13.18) — «медвежий» двойник утренней звезды. В случае вечерней звезды за длинным белым телом следует маленькое тело (черное или белое), а за ним черное тело, которое резко перемещается внутрь белого тела первой сессии. Третья свеча подтверждает образовавшуюся вершину и завершает фигуру вечерней звезды, состоящую из трех свечей.

Один из очаровательнейших аспектов графиков свечей — терминология. Например, ранее обсуждаемая утренняя звезда была названа в честь планеты Меркурий, которая появляется на ночном небе перед восходом солнца, — фигура имеет «бычий» характер. Вечерняя звезда названа в честь планеты Венера, которая появляется перед наступлением темноты, — это ассоциация с явным «медвежьим» оттенком. Таким образом, названия фигур свечей передают эмоциональное состояние рынка в момент, когда фигура сформирована.

Так же, как утренняя звезда становится областью поддержки, вечерняя звезда может стать уровнем сопротивления. Как показано на рис. 13.19, вечерняя звезда, сформировавшаяся на недельном графике итальянских облигаций, установила потолок последующего роста рынка. Очевидный провал вечерней звезды потребовал бы закрытия над высшей точкой верхней тени фигуры. В данном случае для подтверждения пробоя области сопротивления вечерней звезды потребовалась бы недельная цена закрытия выше максимума вечерней звезды.

Окна

Окно на графиках свечей — это то же самое, что и разрыв на штриховых графиках. Таким образом, поднимающееся окно появляется, когда минимум сегодняшней нижней тени оказывается выше максимума вчерашней верхней тени (рис. 13.20). Падающее окно возникает, когда верхушка сегодняшней верхней тени находится ниже минимума вчерашней нижней тени (рис. 13.21). Окна дают прекрасные визуальные сигналы, поскольку возникают в периоды, когда участники рынка единодушно оценивают дальнейшие перспективы движения цены.

Окна являются фигурами продолжения, после которых рынок обычно возобновляет движение в направлении тренда, который предшествовал фигуре. Так, после поднимающегося окна, которое является «бычьей» фигурой продолжения, продолжался бы предшествующий восходящий тренд. Падающее окно подразумевает «медвежье» движение, поскольку после него возобновляется предшествующий нисходящий тренд.

Японцы говорят об окнах: «Коррекция доходит до окна». Иначе говоря, окно, как правило, ограничивает коррекцию. Таким образом, в случае поднимающегося окна падение цен остановилось бы внутри окна. Для падающего окна рост остановился бы внутри окна. На рис. 13.22 представлен пример роста рынка, который теряет силы на уровне предшествующего падающего окна. Обратите внимание также на то, как этот разворот был подтвержден падающей звездой.

В смысле использования окон в качестве индикаторов поддержки и сопротивления следует заметить, что цены могут временно опускаться под

Рисунок 13.20.

ПОДНИМАЮЩЕЕСЯ ОКНО

Рисунок 13.21.

ПАДАЮЩЕЕ ОКНО

Рисунок 13.22.

ПАДАЮЩЕЕ ОКНО КАК УРОВЕНЬ СОПРОТИВЛЕНИЯ: МАРТ 1994, НЕЭТИЛИРОВАННЫЙ БЕНЗИН

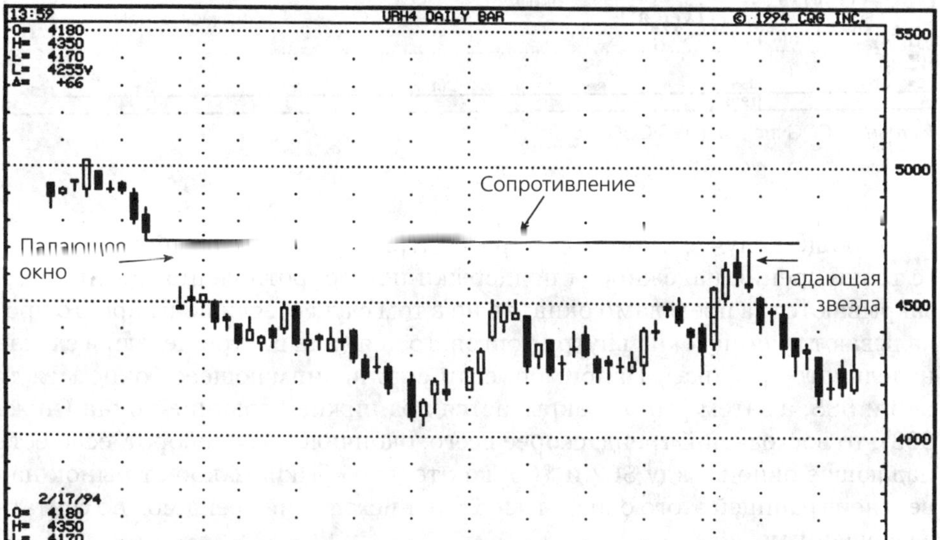

Источник: CQG Inc.; © 1994 CQG Inc.

нижнюю границу поднимающегося окна или подниматься над верхней границей падающего окна, прежде чем двинуться назад в направлении окна. Например, обратите внимание, что на рис. 13.23 сентябрьский минимум проколол нижнюю границу поднимающегося окна.

Рисунок 13.23.

ПОДНИМАЮЩЕЕСЯ ОКНО КАК ПОДДЕРЖКА: НЕДЕЛЬНЫЙ ГРАФИК ЗОЛОТА

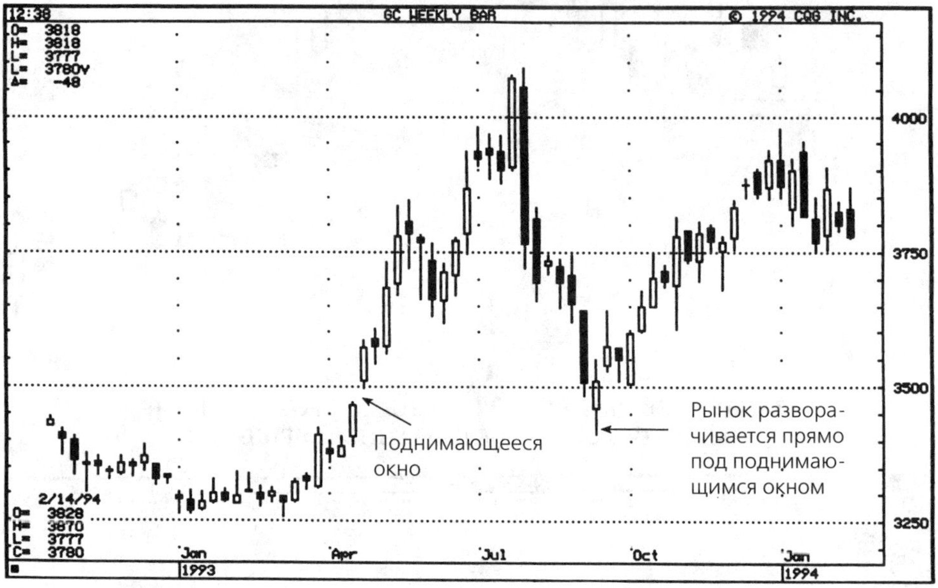

Источник: CQG Inc.; © 1994 CQG Inc.

В общем случае окно может рассматриваться как недействительное (с точки зрения надежности поддержки или сопротивления), если цены закрываются за пределами окна, но не в том случае, если цены просто прокалывают границу окна внутри торгового дня (или внутри недели в случае недельного графика). Например, если есть поднимающееся окно между $83 и $85, а затем рынок закрывается под нижней границей окна (ниже $83), то восходящий тренд, скорее всего, окончился. И наоборот, если есть падающее окно между $62 и $60, как только «быки» закроют рынок над верхней границей этого окна (выше $62), нисходящий тренд можно считать завершенным.

ЗАКЛЮЧЕНИЕ

Японцы говорят: «Психология участников рынка, соотношение спроса и предложения и относительная сила покупателей и продавцов, — все отражено в одной свече или в сочетании свечей». Эта глава была всего-навсего введением в анализ графиков свечей. Существует значительно большее количество фигур, понятий и торговых приемов. Но даже это базовое введение может дать представление о том, какие новые возможности для анализа открывают свечи. Важнее всего то, что графики свечей предоставляют дополнительные возможности, недоступные штриховым графикам, позволяя при этом трейдеру использовать все те же технические методы, которые применяются к штриховым графикам. В идеале графики свечей следует сочетать с западными приемами анализа графиков.

ПОСЛЕСЛОВИЕ (Джек Швагер)

Для большинства классических графических фигур не годятся объективные точные математические определения. То есть несмотря на то, что эти фигуры могут быть определены математически, разные люди определят их весьма по-разному. Например, если попросить 10 достаточно опытных программистов написать код, который идентифицировал бы формацию «голова и плечи», весьма возможно, что все 10 полученных в результате программ выбрали бы разные сегменты данных внутри ценовых рядов, отвечающие, по их мнению, определению этой формации.

Фигуры графиков свечей, тем не менее, отличаются своей простотой — большинство из них требует лишь одного, двух или трех торговых дней, что, вообще говоря, допускает объективное (или почти объективное) математическое определение. Например, хотя разные люди могут по-разному подходить к определению того, насколько длинной должна быть нижняя тень, чтобы день был определен как молот, между разными определениями была бы существенная степень схожести. Более того, некоторые фигуры свечей допускали бы точные математические определения. Например, «медвежье» поглощение — черное тело, которое поглощает белое тело предшествующего периода, — может быть описано с помощью точного математического определения. Это качество фигур на графиках свечей означает, что эффективность этих фигур на исторических данных можно протестировать с помощью компьютера. Возникает очевидный вопрос: можно ли получить прибыль, автоматически открывая и закрывая позиции при возникновении фигур на графиках свечей?

Чтобы ответить на этот вопрос, я обратился к Брюсу Бэбкокку, редактору и издателю «Commodity Traders Consumers Report», который разработал компьютерную программу для тестирования фигур на графиках свечей*.

---

* Использовалась программа Candlestick Professional System Tester, производимая Commodity Traders Consumers Report, 1731 HOWE Street, Sacramento, CA 95825.

Тест, который я попросил Брюса запустить, был прост: будет ли стратегия «купить и держать» («открыть короткую позицию и держать»), следующая за возникновением основных фигур, показывать прибыль на протяжении следующих 5–10 дней?

Шесть фигур — как в «бычьем», так и в «медвежьем» виде — были протестированы на примере десяти рынков с использованием данных за пять лет (1990–1994). По предложению Брюса эти фигуры также были протестированы с пятидневным фильтром (основанным на простейшем осцилляторе), чтобы убедиться, что сделки совершаются в направлении краткосрочного тренда. В каждом случае из результата сделки вычиталось $100 на покрытие проскальзывания и комиссионных. Результаты, собранные в табл. 13.1, не были ободряющими. Лишь малая часть протестированных комбинаций фигура/рынок показали прибыльность на пятилетних данных. Прибыль, полученная по немногим выигрышным сделкам, оказалась довольно маленькой, в то время как максимальные текущие убытки по переоценке незакрытых позиций (drawdowns) были слишком велики по отношению к прибыли. Тем не менее, тесты с использованием фильтра дали лучшие результаты. Следовательно, принятие в рассмотрение тренда — это по крайней мере шаг в правильном направлении.

Только что описанный тест нс доказывает, что фигуры на графиках свечей не имеют ценности, а скорее свидетельствует о том, что упрощенная интерпретация фигур свечей неприбыльна. Результаты тестов предостерегают против слепого следования сигналам, подаваемым комбинациями свечей. Однако вполне вероятно, что более тщательный анализ графиков свечей, принимающий во внимание тот контекст, в котором возникают определенные фигуры (как свечные, так и классические), и использование управления капиталом в стратегии могли бы быть полезными. (Эти вопросы обсуждаются в новой книге Нисона «Beyond Candlesticks».) Кроме того, поскольку графики свечей показывают больше информации, чем штриховые графики, и предлагают альтернативное визуальное изображение ценовых данных, некоторые трейдеры могут найти графики свечей более естественными или полезными, чем традиционные штриховые графики. Подводя итоги, можно сказать, что каждый трейдер должен самостоятельно определить, являются ли графики свечей полезным инструментом. В этом отношении анализ комбинаций свечей схож с классическим анализом графиков — это скорее искусство, чем наука.

Примечания к таблице 13.1:

* Все результаты включают поправку в $100 на проскальзывание и комиссионные.

** Пронизывающая линия, не описанная в данной главе, является «бычьим» вариантом фигуры темных облаков.

Таблица 13.1.

ТЕСТЫ ФИГУР НА ГРАФИКАХ ЯПОНСКИХ СВЕЧЕЙ*

(a) Молоты и висельники (фильтры отсутствуют, позиции держатся 5 дней)

	Кол-во сделок	Процент выигрышей	Макс. убытки по незакрытой позиции	Средняя сделка	Чистая прибыль
Казначейские облигации	38	47	12 425	–261	–9925
Евродоллар	17	53	1775	–49	–825
Немецкая марка	18	61	5688	97	1737
Иена	21	48	7213	50	1050
Золото	26	38	5830	–119	–3090
Серебро	25	36	6835	–246	–6160
Соевые бобы	13	46	2513	9	113
Зерно	19	26	3288	–149	–2838
Сырая нефть	17	47	3180	–14	–230
Сахар	39	31	12 202	–281	–10 945

(b) Молоты и висельники (фильтр на основе осциллятора позиции держатся 5 дней)

	Кол-во сделок	Процент выигрышей	Макс. убытки по незакрытой позиции	Средняя сделка	Чистая прибыль
Казначейские облигации	42	50	9056	–19	–794
Евродоллар	18	56	2800	–60	–1075
Немецкая марка	19	26	8063	–375	–7125
Иена	21	43	7937	–193	–4050
Золото	28	46	3120	39	1100
Серебро	25	52	2285	70	1760
Соевые бобы	13	38	3400	–259	–3363
Зерно	18	33	1538	–76	–1375
Сырая нефть	17	29	5960	–262	–4450
Сахар	39	54	2082	106	4130

(c) Молоты и висельники (фильтры отсутствуют позиции держатся 10 дней)

	Кол-во сделок	Процент выигрышей	Макс. убытки по незакрытой позиции	Средняя сделка	Чистая прибыль
Казначейские облигации	32	50	6588	–38	–1200
Евродоллар	16	44	2550	–158	–2525
Немецкая марка	18	56	5425	349	6287
Иена	19	63	8325	313	5950
Золото	24	33	4330	–125	–2990
Серебро	25	44	6790	–180	–4510
Соевые бобы	12	67	1438	101	1213
Зерно	19	26	5038	–235	–4463
Сырая нефть	17	59	3060	106	1800
Сахар	36	39	13 190	–295	–634

Продолжение табл. 13.1

	Кол-во сделок	Процент выигрышей	Макс. убытки по незакрытой позиции	Средняя сделка	Чистая прибыль
(d) Молоты и висельники (фильтр на основе осциллятора позиции держатся 10 дней)					
Казначейские облигации	40	45	13 119	–313	–12 500
Евродоллар	18	44	4450	–182	–3275
Немецкая марка	19	37	8675	–292	–5550
Иена	21	43	12 100	–275	–5775
Золото	26	46	4830	–118	–3080
Серебро	25	52	3860	89	2230
Соевые бобы	12	33	3475	–271	–3250
Зерно	18	44	1250	–52	–938
Сырая нефть	17	35	6780	–287	–4880
Сахар	37	57	2166	131	4857
(e) Поглощение (фильтры отсутствуют позиции держатся 5 дней)					
Казначейские облигации	102	37	30 069	–235	–23 950
Евродоллар	49	45	6600	–111	–5450
Немецкая марка	71	44	26 563	–323	–22 925
Иена	54	39	16 112	–298	–16 112
Золото	84	37	12 860	–70	–5920
Серебро	93	32	7705	–83	–7695
Соевые бобы	101	35	11 813	–83	–8400
Зерно	65	31	7563	–116	–7563
Сырая нефть	97	40	14 760	–132	–12 780
Сахар	74	35	7784	–105	–7747
(f) Поглощение (фильтр на основе осциллятора позиции держатся 5 дней)					
Казначейские облигации	40	45	12 169	–253	–10 125
Евродоллар	15	33	3050	–170	–2550
Немецкая марка	27	41	16 225	–601	–16 225
Иена	19	26	12 813	–674	–12 813
Золото	29	45	4570	–12	–350
Серебро	32	31	6270	–95	–3050
Соевые бобы	32	53	3288	93	2975
Зерно	23	43	2413	–18	–413
Сырая нефть	37	38	8030	–75	–2760
Сахар	26	35	2870	–106	–2757

Продолжение табл. 13.1

(g) Поглощение (фильтры отсутствуют позиции держатся 10 дней)					
	Кол–во сделок	Процент выигрышей	Макс. убытки по незакрытой позиции	Средняя сделка	Чистая прибыль
Казначейские облигации	91	36	35 663	–263	–23 913
Евродоллар	45	38	7625	–129	–5825
Немецкая марка	65	48	27 625	–335	–21 788
Иена	51	35	31 513	–618	–31 513
Золото	74	42	15 370	–115	–8480
Серебро	78	33	13 795	–177	–13 770
Соевые бобы	83	43	10 763	–78	–6463
Зерно	56	30	7663	–123	–6888
Сырая нефть	89	42	9920	51	4510
Сахар	62	34	10 235	–160	–9896
(h) Поглощение (фильтр на основе осциллятора позиции держатся 10 дней)					
Казначейские облигации	38	47	14 581	–306	–11 613
Евродоллар	15	40	3750	–165	–2475
Немецкая марка	25	32	26 788	–1055	–26 363
Иена	19	26	17 325	–912	–17 325
Золото	29	52	3190	116	3370
Серебро	30	43	7140	–112	–33 60
Соевые бобы	31	45	5038	–23	–725
Зерно	22	55	1875	19	425
Сырая нефть	36	50	3790	212	7650
Сахар	24	38	3690	–111	–2669
(i) Падающая звезда (фильтры отсутствуют позиции держатся 5 дней)					
Казначейские облигации	36	36	14 069	–237	–8538
Евродоллар	15	33	4050	–172	–2575
Немецкая марка	28	36	8575	–109	–3062
Иена	28	50	9612	–146	–4087
Золото	41	39	6770	–129	–5300
Серебро	12	25	2045	–91	–1095
Соевые бобы	27	48	3063	–95	–2563
Зерно	30	37	6450	–127	–3813
Сырая нефть	24	42	4980	–85	–2030
Сахар	36	28	4518	–126	–4518

Продолжение табл. 13.1

	Кол-во сделок	Процент выигрышей	Макс. убытки по незакрытой позиции	Средняя сделка	Чистая прибыль
(j) Падающая звезда (фильтр на основе осциллятора позиции держатся 5 дней)					
Казначейские облигации	25	44	6556	–75	–1875
Евродоллар	13	38	2700	–73	–950
Немецкая марка	18	44	4475	171	3075
Иена	17	47	11 150	–377	–6412
Золото	26	42	3980	–135	–3500
Серебро	4	25	850	–138	–550
Соевые бобы	18	50	1738	153	2763
Зерно	22	36	3888	–81	–1775
Сырая нефть	18	33	4990	–149	–2680
Сахар	24	42	2187	–60	–1448
(k) Падающая звезда (фильтры отсутствуют позиции держатся 10 дней)					
Казначейские облигации	30	37	17 013	–402	–12 063
Евродоллар	15	40	4600	–205	–3075
Немецкая марка	24	38	14 975	–420	–10 075
Иена	26	38	18 137	–440	–11 450
Золото	36	33	5910	–86	–3080
Серебро	11	64	1360	152	1670
Соевые бобы	26	46	3925	–11	–275
Зерно	26	46	4788	–37	–950
Сырая нефть	21	57	1350	162	3410
Сахар	30	33	3026	–69	–2070
(l) Падающая звезда (фильтр на основе осциллятора позиции держатся 10 дней)					
Казначейские облигации	21	52	10 163	159	3338
Евродоллар	13	38	4175	–188	–2450
Немецкая марка	17	35	9150	–272	–4625
Иена	17	41	14 675	–373	–6337
Золото	23	39	3340	–106	–2430
Серебро	4	50	665	–51	–205
Соевые бобы	17	47	1700	259	4400
Зерно	21	48	4200	–42	–875
Сырая нефть	17	47	2010	1	10
Сахар	21	48	1875	119	2503

Продолжение табл. 13.1

(m) Доджи (фильтры отсутствуют позиции держатся 5 дней)					
	Кол–во сделок	Процент выигрышей	Макс. убытки по незакрытой позиции	Средняя сделка	Чистая прибыль
Казначейские облигации	23	43	13 581	–590	–13 581
Евродоллар	93	38	7100	–59	–5525
Немецкая марка	22	50	6012	–98	–2162
Иена	12	25	4838	–327	–3925
Золото	25	44	3530	–128	–3190
Серебро	18	28	3665	79	1425
Соевые бобы	23	39	6188	–269	–6188
Зерно	60	38	2463	–39	–2325
Сырая нефть	23	30	8850	–160	–3690
Сахар	33	21	7166	–201	–6638
(n) Доджи (фильтр на основе осциллятора позиции держатся 5 дней)					
Казначейские облигации	8	38	3819	–416	–3331
Евродоллар	35	31	4900	–123	–4300
Немецкая марка	9	44	1362	–35	–312
Иена	5	0	1450	–290	–1450
Золото	8	38	930	116	–930
Серебро	9	56	815	618	5560
Соевые бобы	8	38	1488	–48	–388
Зерно	18	39	688	–9	–163
Сырая нефть	7	43	1170	–144	–1010
Сахар	13	8	2622	–202	–2622
(o) Доджи (фильтры отсутствуют позиции держатся 10 дней)					
Казначейские облигации	20	25	16 938	–847	–16 938
Евродоллар	79	42	5000	–26	–2050
Немецкая марка	21	52	6975	–26	–538
Иена	12	50	2662	306	3675
Золото	24	46	3300	68	1630
Серебро	18	33	7605	–103	–1850
Соевые бобы	23	30	9138	–397	–9138
Зерно	56	52	1825	45	2513
Сырая нефть	23	35	8550	–313	–7210
Сахар	29	45	4689	–70	–2038

Продолжение табл. 13.1

	Кол-во сделок	Процент выигрышей	Макс. убытки по незакрытой позиции	Средняя сделка	Чистая прибыль
(p) Доджи (фильтр на основе осциллятора позиции держатся 10 дней)					
Казначейские облигации	8	25	5950	–674	–5394
Евродоллар	32	47	5150	–127	–4075
Немецкая марка	9	56	2350	532	4787
Иена	5	40	3350	–365	–1825
Золото	8	25	1350	–169	–1350
Серебро	9	56	2420	533	4975
Соевые бобы	8	38	1638	–77	–613
Зерно	18	56	738	55	988
Сырая нефть	7	29	2210	–316	–2210
Сахар	11	45	2795	–55	–607
(q) Пронизывающая линия и темные облака (фильтры отсутствуют позиции держатся 5 дней)**					
Казначейские облигации	15	20	13 938	–929	–13 938
Евродоллар	5	40	1150	–175	–875
Немецкая марка	8	63	6725	–542	–4338
Иена	11	27	6400	–582	–6400
Золото	14	43	2230	–99	–1380
Серебро	14	29	1820	–56	–790
Соевые бобы	19	32	5938	–294	–5588
Зерно	25	32	2888	–116	–2888
Сырая нефть	25	32	4490	–144	–3610
Сахар	13	38	1463	–60	–785
(r) Пронизывающая линия и темные облака (фильтр на основе осциллятора позиции держатся 5 дней)**					
Казначейские облигации	5	40	3181	–538	–2688
Евродоллар	3	33	825	–233	–700
Немецкая марка	3	67	1088	71	212
Иена	8	25	4275	–534	–4275
Золото	4	75	410	155	620
Серебро	6	50	610	278	1665
Соевые бобы	8	13	4525	–566	–4525
Зерно	12	33	1163	–94	–1125
Сырая нефть	12	17	3580	–250	–3000
Сахар	10	40	1028	–8	–82

Продолжение табл. 13.1

	Кол–во сделок	Процент выигрышей	Макс. убытки по незакрытой позиции	Средняя сделка	Чистая прибыль
(s) Пронизывающая линия и темные облака (фильтры отсутствуют позиции держатся 10 дней)**					
Казначейские облигации	15	33	9344	–623	–9344
Евродоллар	5	40	1825	–260	–1300
Немецкая марка	8	25	11 250	–813	–6500
Иена	11	36	9662	–878	–9662
Золото	14	21	4380	–269	–3760
Серебро	14	21	5335	–381	–5335
Соевые бобы	19	32	6375	–336	–6375
Зерно	24	42	4813	–182	–4363
Сырая нефть	24	21	7350	–290	–6970
Сахар	13	46	1991	8	100
(t) Пронизывающая линия и темные облака (фильтр на основе осциллятора позиции держатся 10 дней)**					
Казначейские облигации	5	60	1475	556	2781
Евродоллар	3	33	1200	–375	–1125
Немецкая марка	3	0	3963	–1321	–3963
Иена	8	38	6200	–775	–6200
Золото	4	50	630	–2	–10
Серебро	6	33	2350	–152	–915
Соевые бобы	8	25	1725	–216	–1725
Зерно	12	42	2350	–170	–2038
Сырая нефть	12	17	4380	–365	–4380
Сахар	10	50	625	155	1554
(u) Утренняя и вечерняя звезда (фильтры отсутствуют позиции держатся 5 дней)					
Казначейские облигации	22	59	6188	–89	–1950
Евродоллар	9	56	1700	–136	–1225
Немецкая марка	18	44	4200	–181	–3262
Иена	14	36	11 925	–733	–10 263
Золото	11	27	2350	–174	–1910
Серебро	21	43	1660	70	1465
Соевые бобы	21	38	7413	–325	–6825
Зерно	12	33	1950	–96	–1150
Сырая нефть	17	41	4050	11	180
Сахар	12	17	3307	–247	–2958

Окончание табл. 13.1

	Кол-во сделок	Процент выигрышей	Макс. убытки по незакрытой позиции	Средняя сделка	Чистая прибыль
(v) Утренняя и вечерняя звезда (фильтр на основе осциллятора позиции держатся 5 дней)					
Казначейские облигации	12	67	3781	–35	–419
Евродоллар	3	33	825	–142	–425
Немецкая марка	12	42	3662	–187	–2250
Иена	5	20	2725	15	75
Золото	5	20	1760	–352	–1760
Серебро	15	53	1410	184	2760
Соевые бобы	8	50	3263	–330	–2638
Зерно	5	20	1650	–208	–1038
Сырая нефть	8	25	2510	–135	–1080
Сахар	8	25	2157	–226	–1808
(w) Утренняя и вечерняя звезда (фильтры отсутствуют позиции держатся 10 дней)					
Казначейские облигации	21	24	17 725	–722	–15 163
Евродоллар	9	44	1850	–178	–1600
Немецкая марка	18	56	4063	351	6325
Иена	13	31	7738	–319	–4150
Золото	10	60	1360	–76	–760
Серебро	19	58	3735	249	4725
Соевые бобы	21	38	8938	–364	–7638
Зерно	12	50	1338	–64	–763
Сырая нефть	16	38	9900	–366	–5860
Сахар	12	42	4034	–336	–4034
(x) Утренняя и вечерняя звезда (фильтр на основе осциллятора позиции держатся 10 дней)					
Казначейские облигации	12	17	8513	–686	–8231
Евродоллар	3	33	1125	–367	–1100
Немецкая марка	12	50	3063	373	4475
Иена	5	20	2475	–288	–1438
Золото	4	50	1080	–170	–680
Серебро	13	77	2575	439	5710
Соевые бобы	8	50	3025	–189	–1513
Зерно	5	40	2500	–395	–1975
Сырая нефть	7	29	7890	–950	–6650
Сахар	8	50	3489	–401	–3208

Часть II

ГРАФИЧЕСКИЙ АНАЛИЗ В РЕАЛЬНОЙ ЖИЗНИ

14 Графический анализ в реальной жизни

Спекулянта постоянно точат изнутри его главные враги. Надежда и страх неотделимы от человеческой натуры. В биржевой спекуляции, когда рынок идет против вас, вы надеетесь, что каждый такой день будет последним, и проигрываете больше, чем могли бы, если бы не прислушивались к своей надежде — тому самому союзнику, который является столь могущественным гарантом успеха для создателей империй и первопроходцев, больших и малых. А когда рынок идет в благоприятном направлении, вы начинаете бояться, что следующий день заберет всю вашу прибыль, и выходите из игры слишком рано. Страх мешает вам сделать столько денег, сколько вы должны были сделать. Успешный трейдер должен бороться с этими двумя глубинными инстинктами. Он должен обращать вспять то, что можно назвать естественными импульсами. Вместо того чтобы надеяться, он должен бояться; вместо страха он должен испытывать надежду. Он должен бояться, что его убыток может перерасти в гораздо больший убыток, и надеяться, что его прибыль может стать большой прибылью.

Эдвин Лефевр

Всегда легко анализировать график задним числом. Совсем другое дело анализировать его в режиме реального времени, когда от выводов зависят практические решения по торговле. Чтобы реалистично показать процесс использования графиков при принятии торговых решений, я, подписав контракт на подготовку данной книги, стал вести дневник всех торговых рекомендаций, которые делал, будучи директором по анализу фьючерсов в «Prudential Securities». По каждой сделке я записывал причины открытия и закрытия позиций, а также все уроки, извлеченные из нее после того, как дым рассеивался.

Таких рекомендаций было сделано очень много, и все они не могли быть представлены в данной книге. Кроме того, поскольку обоснования многих сделок были весьма схожи, пришлось исключить часть рекомендаций, чтобы избежать дублирования. Одновременно оказалось необходимым отразить многие убыточные сделки, чтобы вся картина выглядела максимально реалистичной. (Хотя представленная выборка содержит меньший *процент* убыточных сделок, чем полный список сделок, поскольку значительная часть убыточных сделок приходится на кратковременные позиции, завершившиеся мелкими убытками, — этот фактор уравновешивается тем, что суммарная чистая прибыль по всем приведенным примерам также существенно меньше, чем общая прибыль, полученная от реализации всех торговых рекомендаций, сделанных в рассматриваемый период.)

КАК РАБОТАТЬ С ЭТОЙ ГЛАВОЙ

1. Не читайте эту главу прежде, чем будет прочитана Часть I.
2. Максимальную пользу даст изучение данной главы в форме практической работы. Читателю рекомендуется вначале сделать ксерокопии всех графиков, изображенных на нечетных страницах.
3. По каждой сделке указаны причины открытия позиций. Подумайте, как бы вы интерпретировали данный график. Даже технические аналитики, оперирующие одними и теми же моделями, могут трактовать их по-разному. То, что одному кажется двойной вершиной, другому представляется консолидацией в торговом диапазоне и т.д. Короче, альтернативный подход всячески приветствуется. Не забывайте, что многие из этих сделок оказались убыточными.
4. Приводимые примеры перегружены аналитическими инструментами и графическими моделями, на которые я особенно склонен опираться. Это никоим образом не означает, что эти методы являются самыми важными или точными, а только то, что мне удобнее использовать именно их. Графический анализ — весьма субъективное занятие.

   Многие из методик, описанных в книге, не нашли отражения в приводимых примерах. Некоторым читателям эти незадействованные инструменты анализа могут показаться полезными в качестве дополнительных или даже альтернативных методик. Набор методов, привычных для меня, вероятно, будет заметно отличаться от подхода, удобного для каждого отдельного читателя. Суть дела в том, что каждому практикующему графический анализ необходимо подобрать индивидуальный набор технических инструментов и определить свой собственный аналитический стиль.
5. Используя свой любимый подход, проанализируйте графики на каждой нечетной странице и детально изложите свою собственную стратегию. Если вы сделали ксерокопии, то можете нанести на них все свои соображения. Затем переверните страницу и посмотрите, чем ваш (и мой) анализ обернулся в действительности. На четных страницах указаны причины закрытия позиции и комментарий относительно данной сделки.

Следуя указанной процедуре, а не просто пассивно читая эту главу, вы получите максимальную пользу от ее изучения.

Рисунок 14.1а.

КАЗНАЧЕЙСКИЕ ОБЛИГАЦИИ, СЕНТЯБРЬ 1993

Причины открытия позиции

Флаг, образовавшийся у верхней границы торгового диапазона, обычно является «бычьей» моделью. Отсюда вывод: способность рынка двигаться в горизонтальном направлении вблизи сильного сопротивления (например, верхней границы торгового диапазона), а не отступать вниз отражает значительную силу «быков».

Вы согласны или не согласны с анализом?
Оцените ситуацию перед тем, как переворачивать страницу.

Рисунок 14.1б.

КАЗНАЧЕЙСКИЕ ОБЛИГАЦИИ, СЕНТЯБРЬ 1993

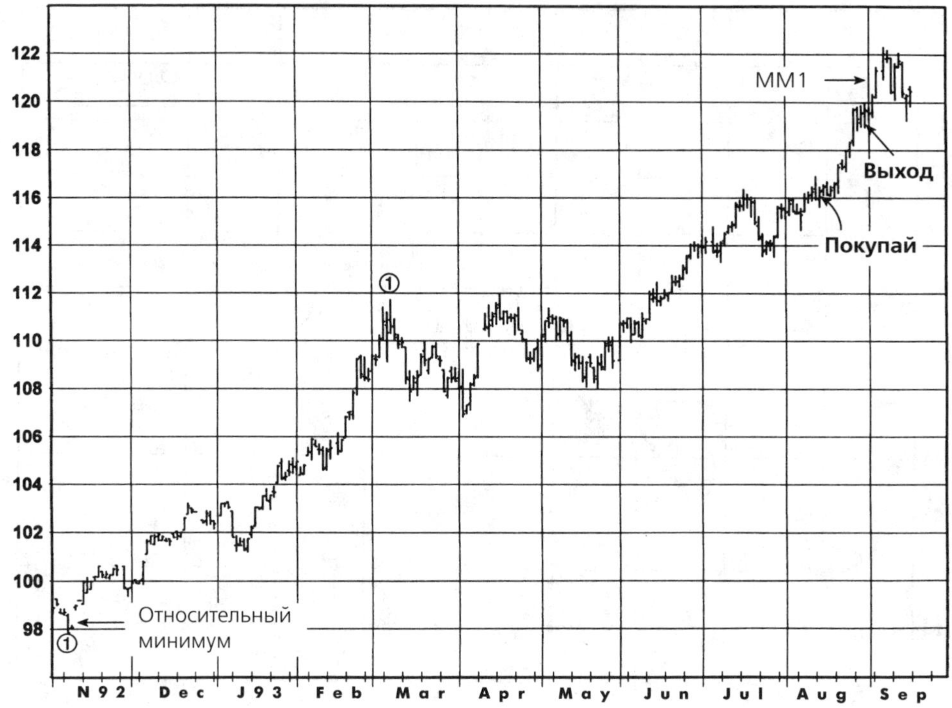

Закрытие позиции

Позиция была закрыта на уровне поднятой защитной остановки. Остановка была повышена до значения, очень близкого к ценовой цели измеренного движения (MM1).

Комментарий

Данная сделка является хорошей иллюстрацией принципа, согласно которому рынок никогда не бывает слишком высоким, чтобы покупать. Заметьте также, что хотя позиция была открыта вблизи рекордно высокого уровня цен, риск сделки был сравнительно низок благодаря возможности точно определить защитную остановку: первоначально она была поставлена сразу под нижней границей флага, изображенного на рис. 14.1а.

Рисунок 14.2а.

КАЗНАЧЕЙСКИЕ ОБЛИГАЦИИ, ДЕКАБРЬ 1993

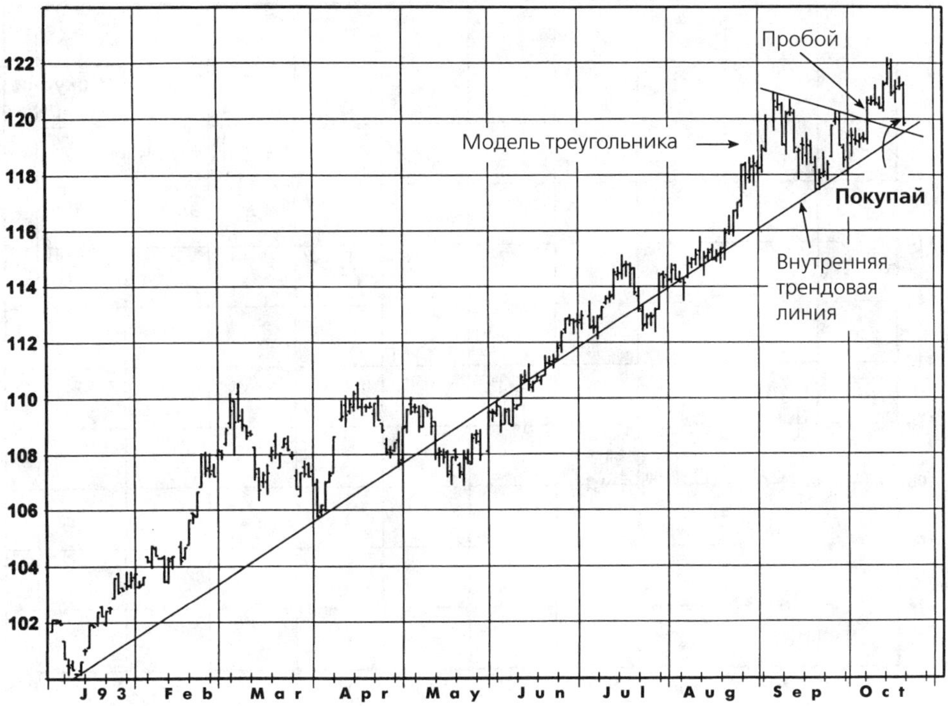

Причины открытия позиции

1. Пробой верхней границы треугольной консолидации предполагал продолжение повышательной тенденции.
2. Откат цен приблизил их к уровню мощной поддержки, обусловленной как протяженной внутренней линией тренда, так и вершиной треугольника.

Вы согласны или не согласны с анализом?
Оцените ситуацию перед тем, как переворачивать страницу.

Рисунок 14.2б.

КАЗНАЧЕЙСКИЕ ОБЛИГАЦИИ, ДЕКАБРЬ 1993

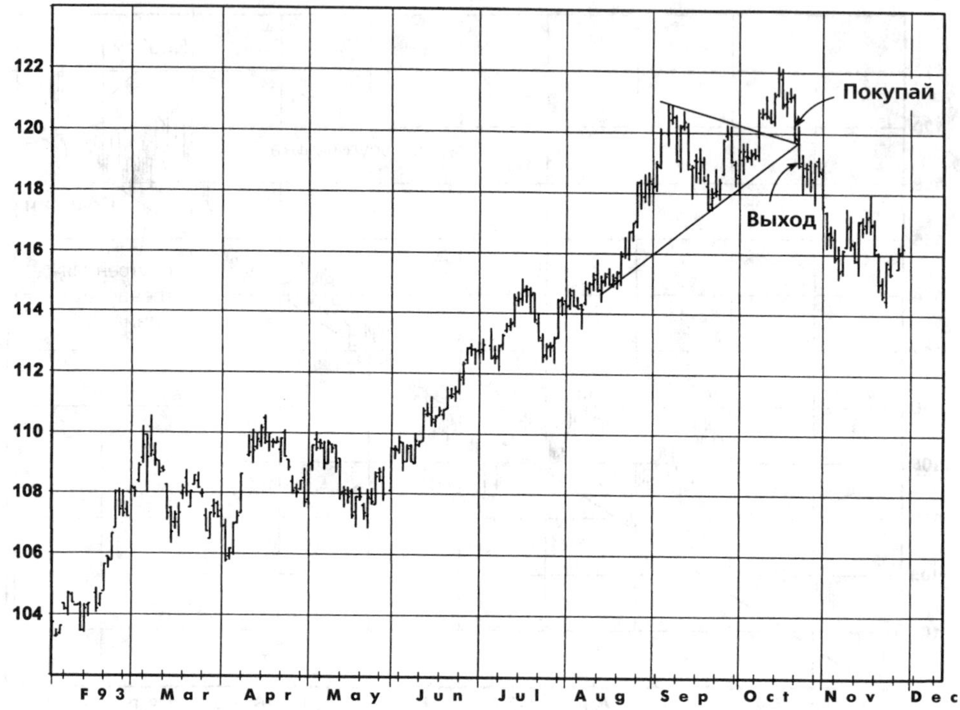

Закрытие позиции

Значительный пробой нижней стороны треугольника отменил первоначальный торговый сигнал.

Комментарий

Позиция всегда должна ликвидироваться, как только основная предпосылка сделки нарушена. В данном примере цены должны были оставаться выше или поблизости от вершины треугольника. Как только цены серьезно прорвались под его нижнюю сторону, обоснованность предыдущего пробоя оказалась под большим вопросом. Выход из позиции при первом признаке того, что рынок нарушил исходную предпосылку сделки, помог удержать убыток сравнительно небольшим. Как можно увидеть на рис. 14.2б, даже короткое промедление было бы весьма дорогостоящим.

Рисунок 14.3а.

КАЗНАЧЕЙСКИЕ ОБЛИГАЦИИ, МАРТ 1993

Причины открытия позиции

1. Октябрьская «бычья» западня на вершине, образовавшейся на рекордно высоком уровне после очень длинного повышения цен, давала повод предположить, что сформирован крупный пик. На тот период времени цены отыграли лишь малую часть предшествующего подъема, начавшегося задолго до данного графика (см. рис. 14.1б), что предполагало значительный потенциал дальнейшего снижения.
2. Пробой верхней границы торгового диапазона ноября-января в конце января и последующий откат в глубь диапазона представляли собой еще одну «бычью» западню.

Заметьте, что было рекомендовано продавать при обратной коррекции до 117-00, а не открывать короткую позицию по текущей цене.

Вы согласны или не согласны с анализом?

Оцените ситуацию перед тем, как переворачивать страницу.

Рисунок 14.3б.

КАЗНАЧЕЙСКИЕ ОБЛИГАЦИИ, МАРТ 1993

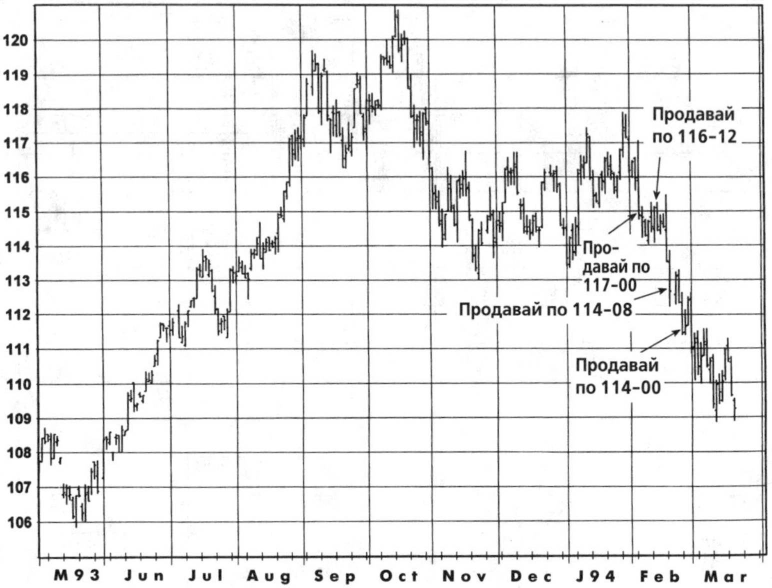

Комментарий

Как видно на графике, рынок не смог подняться до рекомендованного уровня продажи в 117-00. Точка продажи была впоследствии снижена в трех отдельных эпизодах. В каждом случае рынок не сумел достичь рекомендованного уровня продажи. В результате даже несмотря на то, что первоначальная идея была превосходной и рынок демонстрировал мощное и быстрое движение цен в прогнозируемом направлении, благоприятные торговые возможности были упущены.

Для каждой сделки существует компромисс между более выгодной ценой и возможностью открытия позиции. Данная сделка высвечивает потенциальную ловушку, которая возникает, когда ждут лучшего уровня цен вместо того, чтобы открывать позицию «по рынку». Как и в нашем примере, такой осторожный подход может окончиться тем, что крупные выигрышные сделки будут упущены. Это наблюдение не имеет целью убедить, что намеченные сделки всегда нужно начинать «по рынку», но оно действительно подчеркивает отличительную особенность рыночных приказов (market orders): они обеспечивают немедленное открытие позиции. В частности, рыночным приказам следует отдавать предпочтение в долгосрочных сделках, которые, как ожидается, таят в себе потенциально крупную прибыль, как было в данном примере. И, тем не менее, ошибкой в этой сделке было не изначальное использование лимитного приказа (limit order), который, возможно, был оправдан, принимая во внимание сформированный торговый диапазон, а скорее неспособность перейти к рыночному методу входа после того, как поведение цен (например, образование модели флага после первоначальной рекомендации) дало основания предположить, что обратный подъем котировок маловероятен.

Рисунок 14.4а.

КАЗНАЧЕЙСКИЕ ОБЛИГАЦИИ, НЕПРЕРЫВНЫЕ ФЬЮЧЕРСЫ

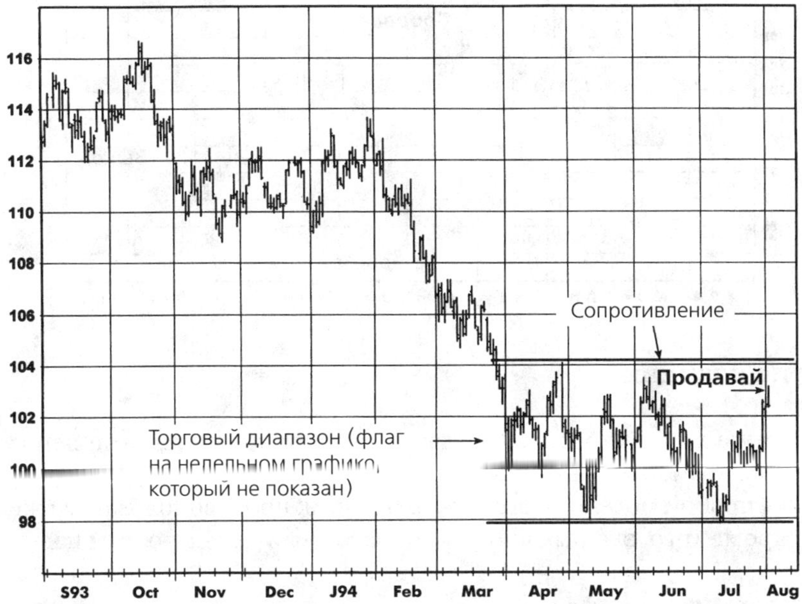

Причины открытия позиции

1. На долгосрочном (недельном) графике торговый диапазон в апреле-июле имел вид модели флага — образования, предполагающего будущее движение цен в том же направлении, которое ему предшествовало.
2. Рынок был близок к уровню сопротивления, обусловленному верхней границей торгового диапазона.

Вы согласны или не согласны с анализом?
Оцените ситуацию перед тем, как переворачивать страницу.

Рисунок 14.4б.

КАЗНАЧЕЙСКИЕ ОБЛИГАЦИИ, НЕПРЕРЫВНЫЕ ФЬЮЧЕРСЫ

Закрытие позиции

Позиция была ликвидирована, когда краткосрочное поведение цен стало указывать на возможность разворота. В частности, в день закрытия позиции произошел пробой модели флага в направлении, противоположном ожидаемому, и, кроме того, это был широкодиапазонный день с ростом цен.

Комментарий

Исходя из дневного штрихового графика, иллюстрирующего открытие позиции (рис. 14.4а), можно было сделать два следующих равновероятных предположения: господствующий торговый диапазон представляет собой двойное дно; и, напротив, он является паузой в незаконченной понижательной тенденции. Однако долгосрочный недельный график (не показан) явно свидетельствовал в пользу последней интерпретации. Отсюда вывод: чтобы составить общее представление о ситуации, желательно вначале изучить долгосрочный график, а потом переходить к более коротким временным масштабам. (Термины *долгосрочный* и *краткосрочный* являются субъективными. Для одних трейдеров долгосрочный означает недельный или месячный, а краткосрочный — дневной; для других — долгосрочный может означать дневной, а краткосрочный — внутридневной.)

Что касается ликвидации позиции, то хотя день закрытия в конечном счете не ознаменовал разворота, тем не менее причины для ликвидации были вполне вескими, особенно принимая во внимание значительное движение цен в благоприятном направлении, реализованное в ходе сделки, повышающее вероятность по крайней мере промежуточной коррекции. И действительно, снижение продолжалось недолго, а затем цены поднялись выше уровня закрытия позиции (рис. 14.5а).

Рисунок 14.5а.

КАЗНАЧЕЙСКИЕ ОБЛИГАЦИИ, НЕПРЕРЫВНЫЕ ФЬЮЧЕРСЫ

Причины открытия позиции

1. Верхний разрыв цен.
2. Пробой верхней границы флага.
3. День с широким диапазоном вверх.

Вы согласны или не согласны с анализом?
Оцените ситуацию перед тем, как переворачивать страницу.

Рисунок 14.5б.

КАЗНАЧЕЙСКИЕ ОБЛИГАЦИИ, НЕПРЕРЫВНЫЕ ФЬЮЧЕРСЫ

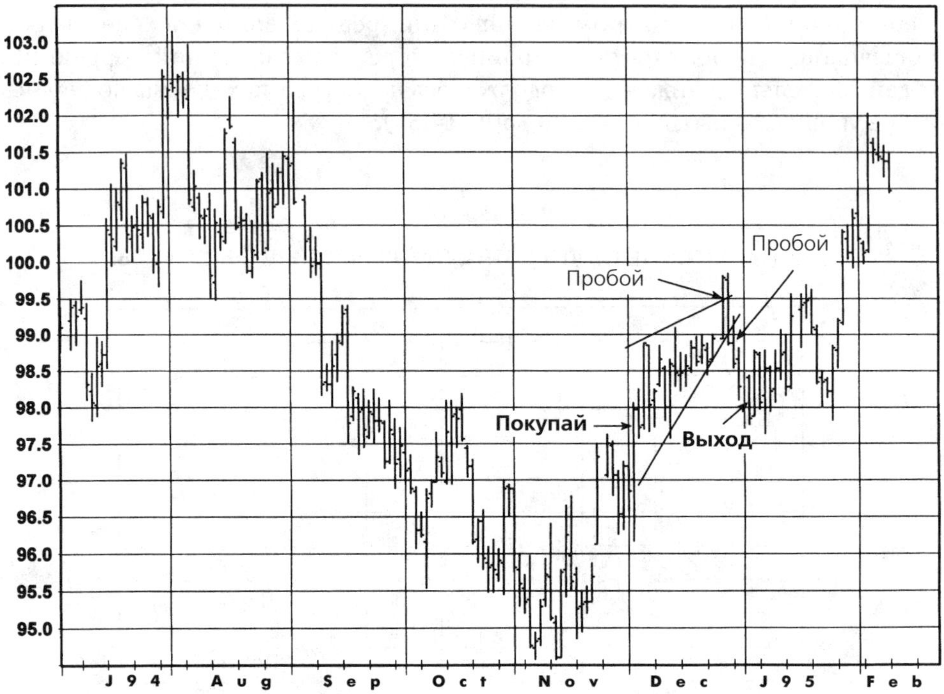

Закрытие позиции

Позиция была ликвидирована вследствие устойчивого пробоя нижней границы треугольника, последовавшего за несработавшим пробоем верхней границы той же модели.

Комментарий

Хотя задним числом видно, что решение ликвидировать позицию оказалось неправильным, я бы не назвал его торговой ошибкой, поскольку в то время казалось, что произошел разворот цен.

Рисунок 14.6а.

КАЗНАЧЕЙСКИЕ ОБЛИГАЦИИ, НЕПРЕРЫВНЫЕ ФЬЮЧЕРСЫ

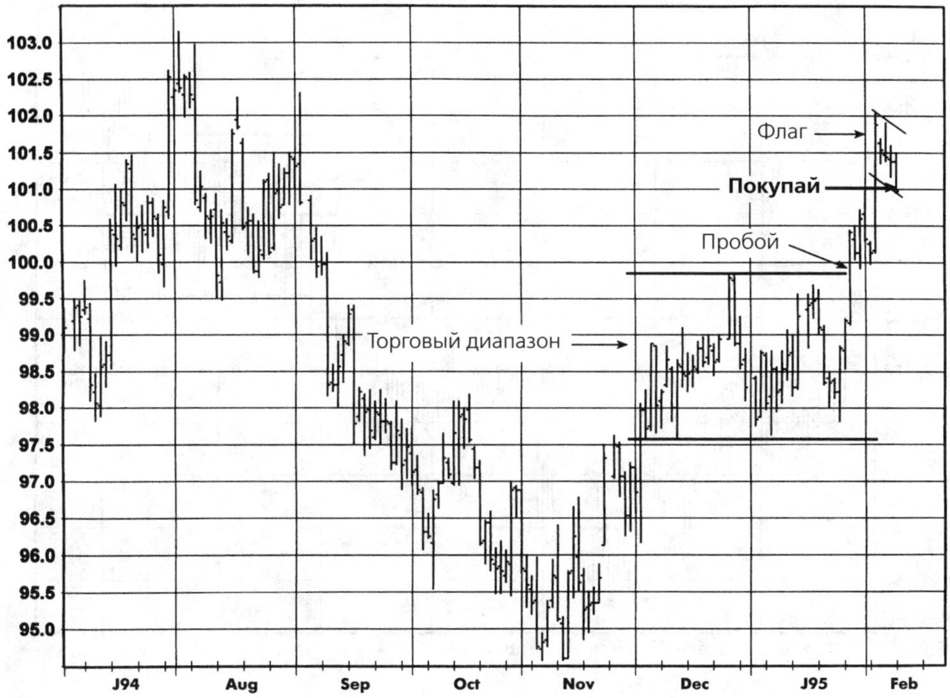

Причины открытия позиции

1. Устойчивый пробой верхней границы торгового диапазона.
2. Модель флага, образовавшаяся над предшествующим торговым диапазоном.

Вы согласны или не согласны с анализом?
Оцените ситуацию перед тем, как переворачивать страницу.

Рисунок 14.6б.

КАЗНАЧЕЙСКИЕ ОБЛИГАЦИИ, НЕПРЕРЫВНЫЕ ФЬЮЧЕРСЫ

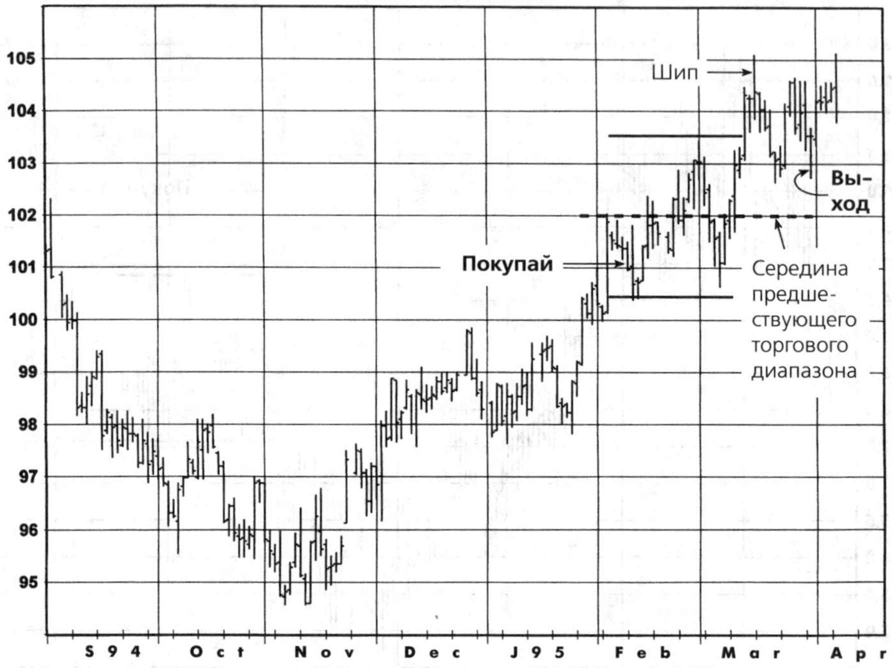

Закрытие позиции

Позиция была ликвидирована при исполнении высоко поднятой защитной остановки. Остановка была расположена близко к верхней границе торгового диапазона, поскольку шип, остававшийся непревзойденным в течение почти двух недель, предупреждал о возможности разворота тренда вниз.

Комментарий

В данном примере закрытие позиции оказалось крайне преждевременным, поскольку после этого рынок поднялся намного выше. Хотя, как отмечалось, наличие шипа вверх являлось некоторым оправданием близкой защитной остановки, следует заметить, что последняя была поднята выше ближайшего обоснованного уровня, каким, вероятно, являлась середина предшествующего торгового диапазона. Отсюда урок: подтягивание защитных остановок ближе их обоснованного уровня нередко приводит к преждевременному закрытию хороших позиций.

Рисунок 14.7а.

ЕВРОДОЛЛАР, ДЕКАБРЬ 1994

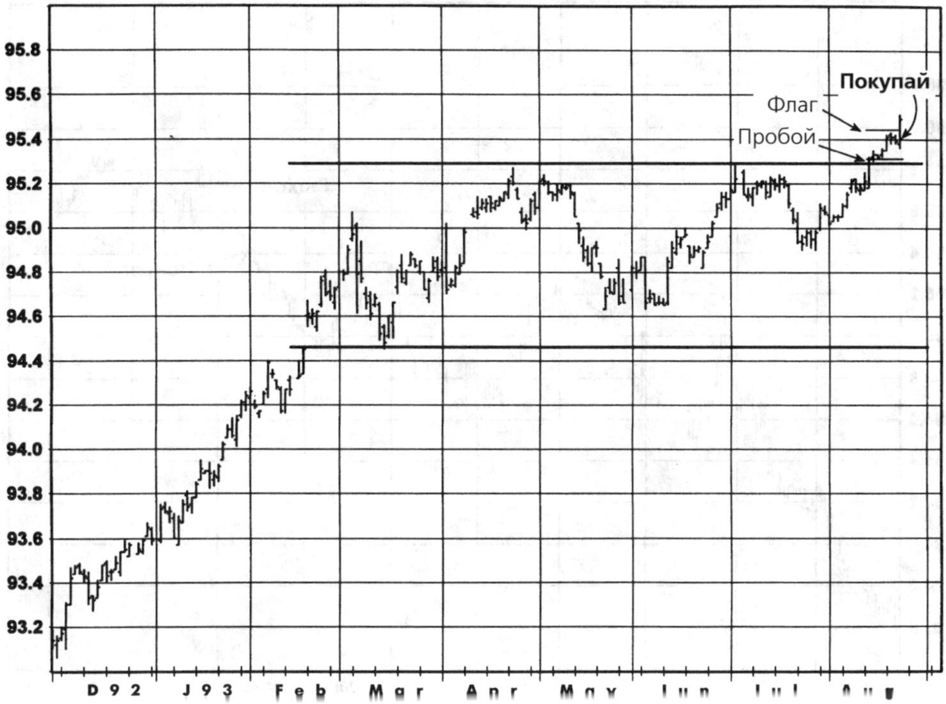

Причины открытия позиции

Флаг, сформировавшийся над продолжительным торговым диапазоном, часто является превосходным сигналом к покупке, так как способность рынка удерживать новый уровень цен после пробоя значительного уровня служит подтверждением этого пробоя.

Вы согласны или не согласны с анализом?
Оцените ситуацию перед тем, как переворачивать страницу.

Рисунок 14.7б.

ЕВРОДОЛЛАР, ДЕКАБРЬ 1994

Закрытие позиции

Позиция была ликвидирована на более высоком уровне при фиксации прибыли по денежной остановке (money management stop). Остановку держали близко из-за масштабов предыдущего подъема цен.

Комментарий

Эта сделка является хорошей иллюстрацией принципа, согласно которому рынок никогда не бывает слишком высоким для покупки (или слишком низким для продажи). Заметьте также, что, даже несмотря на открытие длинной позиции на рекордной высоте, риск удерживался на низком уровне, поскольку оказалось возможным определить сравнительно близкую обоснованную остановку. Первоначальная остановка была размещена на несколько пунктов ниже модели флага, показанной на рис. 14.7а.

Рисунок 14.8а.

ФУНТ СТЕРЛИНГОВ, ДЕКАБРЬ 1994

Причины открытия позиции

1. Устойчивый пробой верхней границы треугольника.
2. Образование вымпела вслед за пробоем треугольника.

Вы согласны или не согласны с анализом?
Оцените ситуацию перед тем, как переворачивать страницу.

Рисунок 14.8б.

ФУНТ СТЕРЛИНГОВ, ДЕКАБРЬ 1994

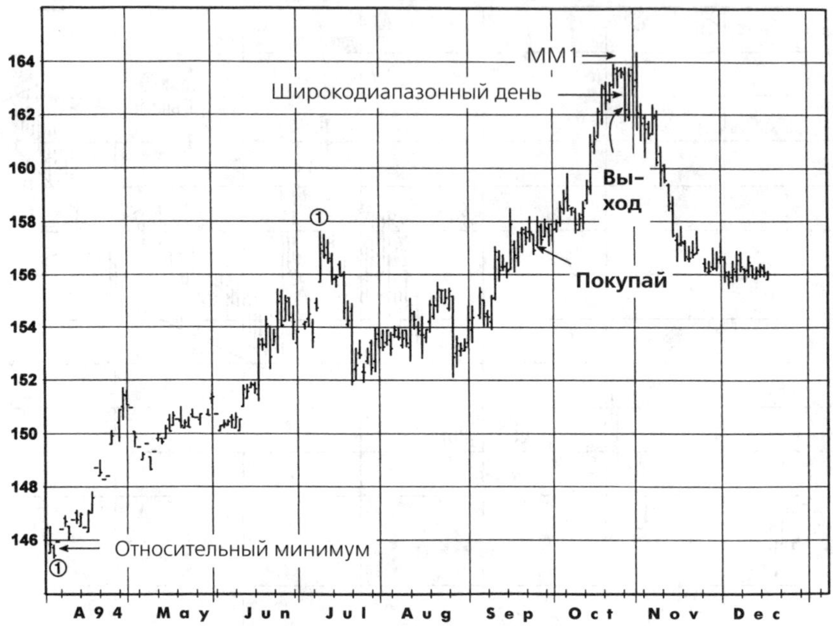

Закрытие позиции

Позиция была ликвидирована в день с широким диапазоном вниз после приблизительного достижения ценовой цели крупного измеренного движения (MM1).

Комментарий

Первоначально данная сделка была рекомендована за несколько недель до указанной точки покупки, причем с использованием лимитного приказа внутри модели треугольника (рис. 14.8а) в ожидании пробоя его верхней границы. Этот уровень покупки так и не был достигнут, и в конце концов было рекомендовано открыть длинную позицию по рынку. Этот шаг помог спасти значительную часть остававшегося потенциала прибыли данной сделки. Общий вывод: если рынок неспособен достичь уровня лимитного приказа и начинает двигаться в прогнозируемом направлении, то часто имеет смысл открыть несколько запоздавшую позицию при менее выгодной цене, нежели отказываться от всей идеи как от упущенной сделки.

Этот пример также показывает, как использование метода измеренного движения в качестве индикатора уровня закрытия позиции при первых признаках убытков может помочь значительно ограничить риск потери незафиксированной прибыли.

Рисунок 14.9а.

ФУНТ СТЕРЛИНГОВ, МАРТ 1995

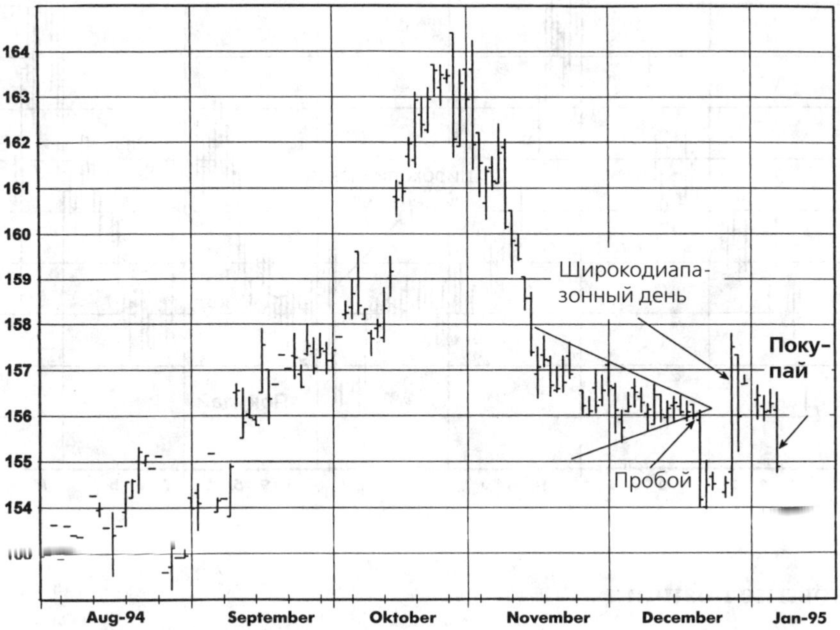

Причины открытия позиции

День с широким диапазоном вверх, который с лихвой перекрыл предыдущий пробой нижней границы треугольника, предполагал, что произошел разворот тренда. Поэтому при последующем «нырке» цен была дана рекомендация покупать в ожидании того, что декабрьский минимум устоит.

Вы согласны или не согласны с анализом?
Оцените ситуацию перед тем, как переворачивать страницу.

Рисунок 14.9б.

ФУНТ СТЕРЛИНГОВ, МАРТ 1995

Закрытие позиции

Позиция была ликвидирована вследствие пробоя нижней границы флага.

Комментарий

Широкодиапазонные дни с закрытием, резко контрастирующим с предыдущей тенденцией, часто являются сигналами раннего предупреждения о развороте тенденции.

Рисунок 14.10а.

ЯПОНСКАЯ ИЕНА, ДЕКАБРЬ 1993

Причины открытия позиции

1. Неспособность цен вернуться к максимуму широкодиапазонного дня в течение месяца повышала вероятность того, что пройдена важная вершина и тренд развернулся вниз.
2. Пробой нижней границы флага, сформировавшегося в начале августа, предполагал слабость рынка.
3. Вслед за снижением котировок рынок консолидировался в горизонтальном торговом диапазоне — такое поведение цен обычно заканчивается еще одним снижением.

Вы согласны или не согласны с анализом?
Оцените ситуацию перед тем, как переворачивать страницу.

Рисунок 14.10б.

ЯПОНСКАЯ ИЕНА, ДЕКАБРЬ 1993

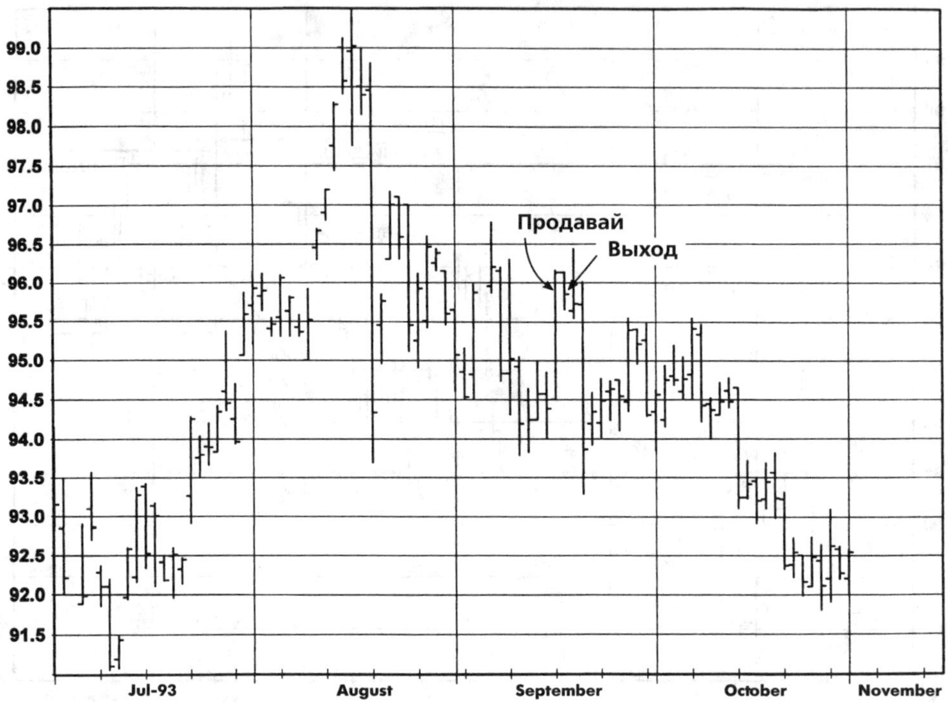

Закрытие позиции

Чтобы жестко лимитировать возможный убыток от сделки, защитная остановка на следующий же день была понижена до 10 пунктов выше цены покупки — рынок лишь слегка коснулся этого уровня.

Комментарий

Рынки редко позволяют вам зарабатывать деньги, если вы не готовы пойти на некоторый риск. Подтянув защитную остановку почти к цене покупки на следующий же день после открытия позиции, а не оставив ее на первоначальном, технически обоснованном уровне (приблизительно 75 пунктов над верхней границей зоны консолидации), я закончил выходом вблизи максимума коррекции и потерей потенциально очень выгодной сделки. Урок: не подтягивайте защитную остановку ближе самого жесткого технически обоснованного пункта, особенно сразу после открытия позиции, если на рынке не происходит ничего, что радикально меняло бы техническую картину.

Рисунок 14.11а.

ЯПОНСКАЯ ИЕНА, ДЕКАБРЬ 1994

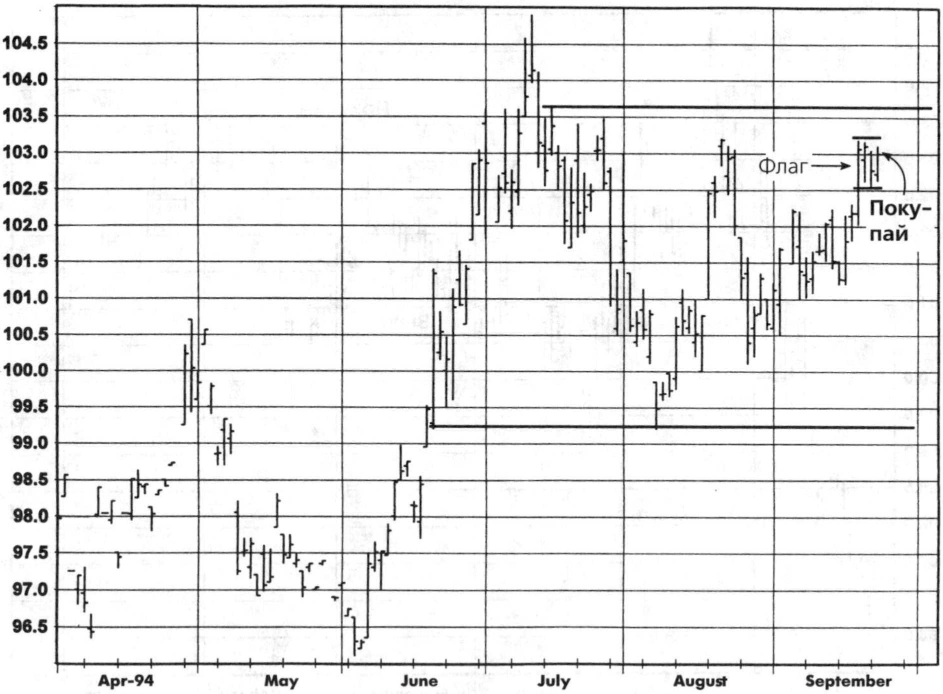

Причины открытия позиции

Модель флага, образовавшаяся вблизи верхней границы торгового диапазона, предполагала возможность пробоя наверх.

Вы согласны или не согласны с анализом?
Оцените ситуацию перед тем, как переворачивать страницу.

Рисунок 14.11б.

ЯПОНСКАЯ ИЕНА, ДЕКАБРЬ 1994

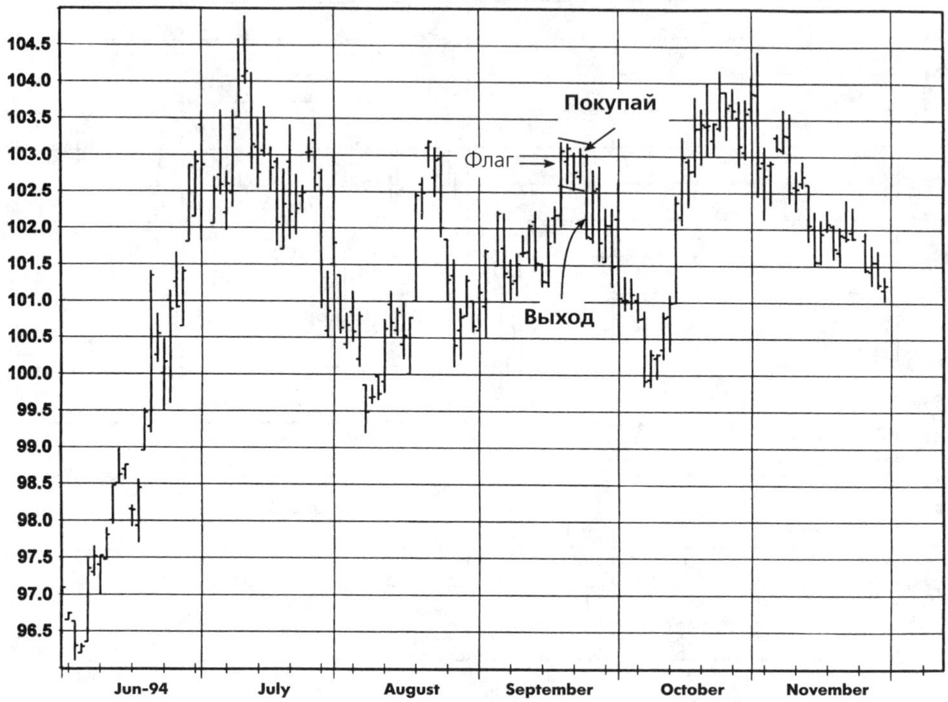

Закрытие позиции

Нижний пробой флага разрушил исходные предпосылки сделки.

Комментарий

В целом, позиция должна быть ликвидирована, если исходная предпосылка перестала действовать. Следование этому принципу минимизировало убыток от данной сделки несмотря на то, что длинная позиция была открыта вблизи вершины рынка.

Рисунок 14.12а.

ЯПОНСКАЯ ИЕНА, МАРТ 1995

Причины открытия позиции

Флаг, образовавшийся под нижней границей продолжительного и широкого торгового диапазона, предупреждал о приближающемся снижении котировок.

Вы согласны или не согласны с анализом?
Оцените ситуацию перед тем, как переворачивать страницу.

Рисунок 14.12б.

ЯПОНСКАЯ ИЕНА, МАРТ 1995

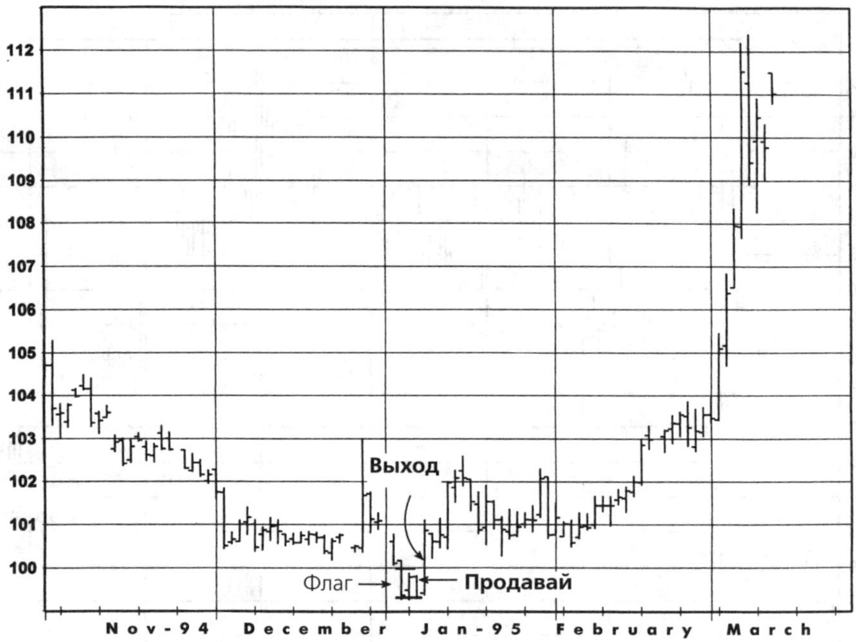

Закрытие позиции

Последующий пробой модели флага вверх, в направлении, противоположном ожидаемому, противоречил исходной предпосылке данной сделки.

Комментарий

Даже надежные модели работают не всегда. Хотя модель флага, образовавшаяся под продолжительным торговым диапазоном, часто является великолепным сигналом к продаже, в данном случае сделка была убыточной. Однако, встретив на графике цены подобную формацию в будущем, я снова открыл бы короткую позицию, поскольку в целом данные фигуры дают надежные сигналы. Не забывайте, что графический анализ — это игра процентов, а не абсолютных величин.

Еще раз обратите внимание на то, что закрытие позиции при первом признаке нарушения исходной предпосылки сделало убыток очень незначительным несмотря на то, что в данном случае короткая позиция была открыта как раз у значительного минимума рынка.

Рисунок 14.13а.

НЕМЕЦКАЯ МАРКА, СЕНТЯБРЬ 1993

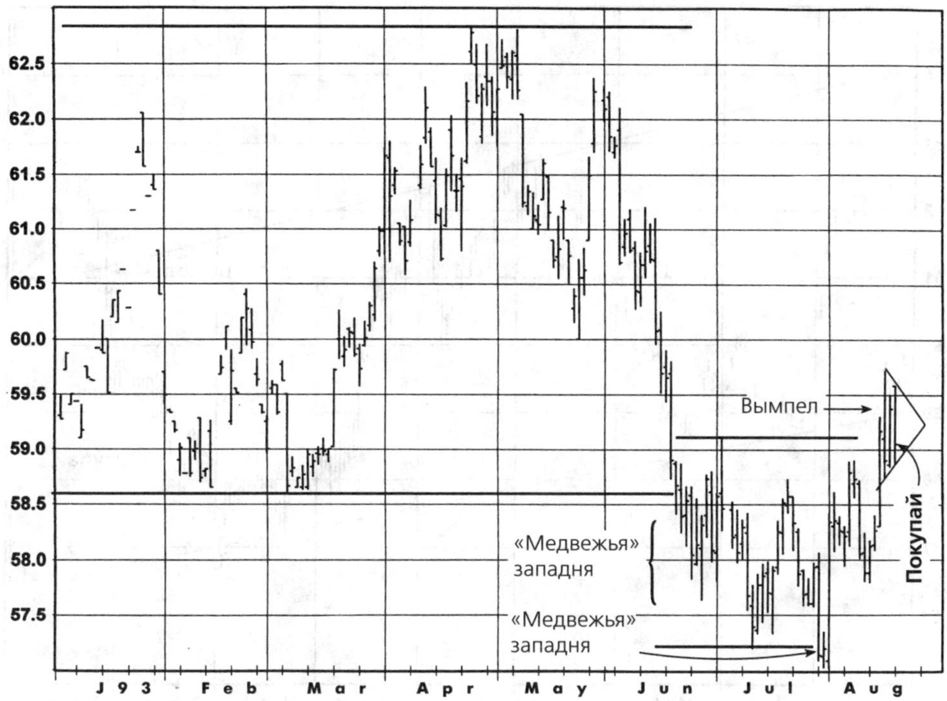

Причины открытия позиции

1. «Медвежья» западня относительно как широкого торгового диапазона ноября 1992 г. — июня 1993 г. (показан начиная с января), так и узкого торгового диапазона с середины июня по июль.
2. Образование вымпела после подтверждения «медвежьей» западни.

Вы согласны или не согласны с анализом?
Оцените ситуацию перед тем, как переворачивать страницу.

Рисунок 14.13б.

НЕМЕЦКАЯ МАРКА, СЕНТЯБРЬ 1993

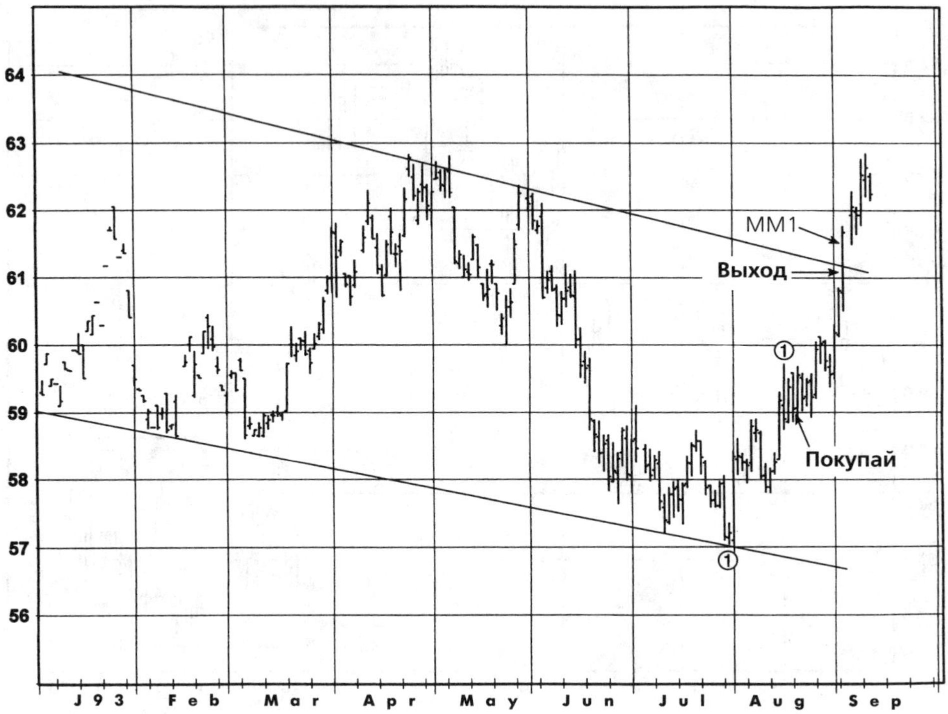

Закрытие позиции

Фиксация прибыли в ходе ненарушенной повышательной тенденции в ожидании близкого сопротивления, основанного на ценовой цели измеренного движения и верхней границе понижательного трендового коридора.

Комментарий

В этом примере закрытие позиции даже без намека на разворот тренда оказалось верным решением. (Сентябрьский пик оказался относительным максимумом.) Однако здесь трудно делать какие-либо обобщения, поскольку фиксация прибыли в разгар благоприятной тенденции часто может иметь результатом преждевременный выход из выгодных сделок.

Рисунок 14.14а.

НЕМЕЦКАЯ МАРКА, ДЕКАБРЬ 1993

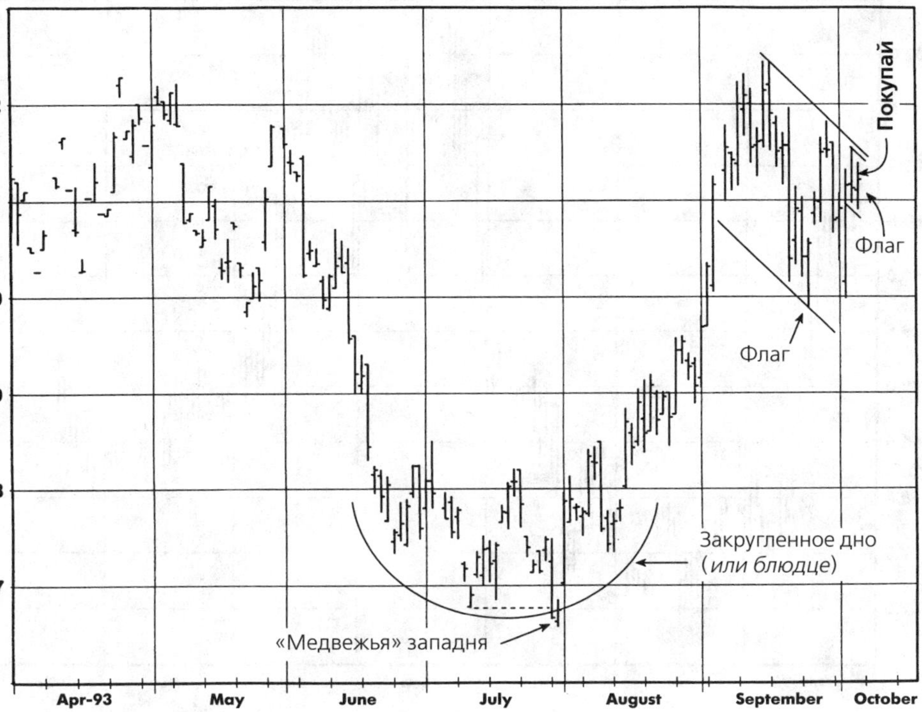

Причины открытия позиции

1. Закругленная ценовая основа и минимум в виде «медвежьей» западни давали основания предположить, что произошел значительный разворот тренда.
2. Как узкий, так и широкий флаги предупреждают о возможности пробоя наверх.

Вы согласны или не согласны с анализом?
Оцените ситуацию перед тем, как переворачивать страницу.

Рисунок 14.14б.

НЕМЕЦКАЯ МАРКА, ДЕКАБРЬ 1993

Закрытие позиции

Хотя первоначально рынок действительно прорвался вверх, эта тенденция не получила развития, и последующий откат ниже середины предшествовавшего флага предполагал слабость рынка.

Комментарий

Закрытие позиции при первых признаках технического сбоя удержал убыток от сделки на очень низком уровне.

Рисунок 14.15а.

НЕМЕЦКАЯ МАРКА, ИЮНЬ 1994

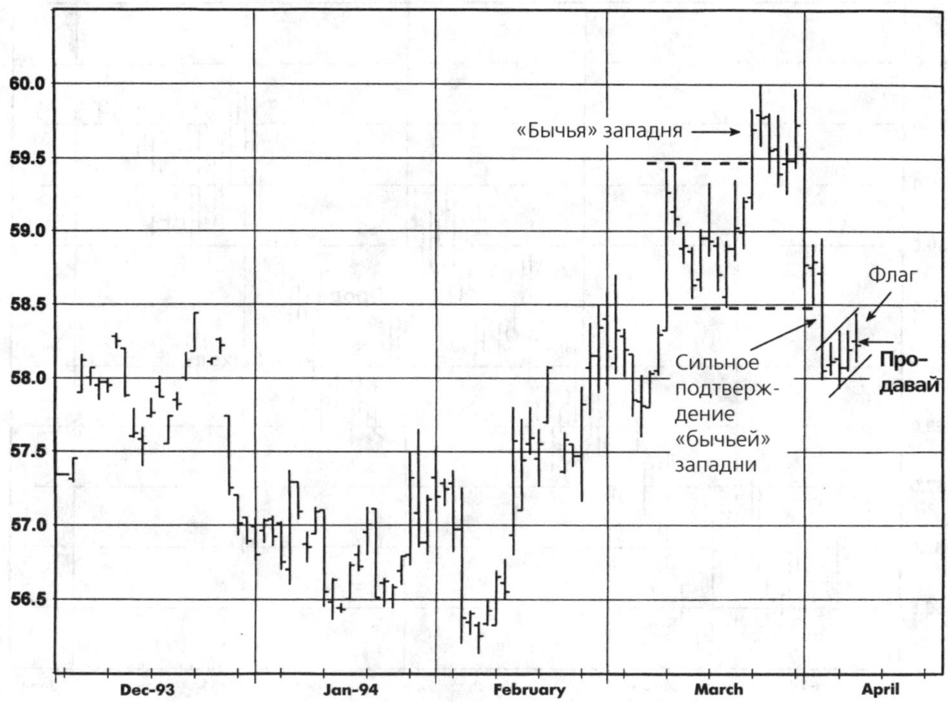

Причины открытия позиции

1. Сильное подтверждение «бычьей» западни.
2. Флаг, сформировавшийся после движения цен вниз, предполагал, что следующее колебание цен тоже будет направлено вниз.

Вы согласны или не согласны с анализом?
Оцените ситуацию перед тем, как переворачивать страницу.

Рисунок 14.15б.

НЕМЕЦКАЯ МАРКА, ИЮНЬ 1994

Закрытие позиции

Пробой флага в направлении, противоположном ожидаемому, говорит о развороте тренда наверх.

Комментарий

Хотя своевременное закрытие позиции сделало убыток незначительным, пробой в направлении, противоположном ожидаемому, можно было использовать для того, чтобы развернуть, а не просто ликвидировать короткую позицию.

Рисунок 14.16а.

НЕМЕЦКАЯ МАРКА, СЕНТЯБРЬ 1994

Причины открытия позиции

1. Флаг, образовавшийся у верхней границы торгового диапазона, является типично «бычьей» формацией.
2. Пробой верхней границы флага.

Вы согласны или не согласны с анализом?
Оцените ситуацию перед тем, как переворачивать страницу.

Рисунок 14.16б.

НЕМЕЦКАЯ МАРКА, СЕНТЯБРЬ 1994

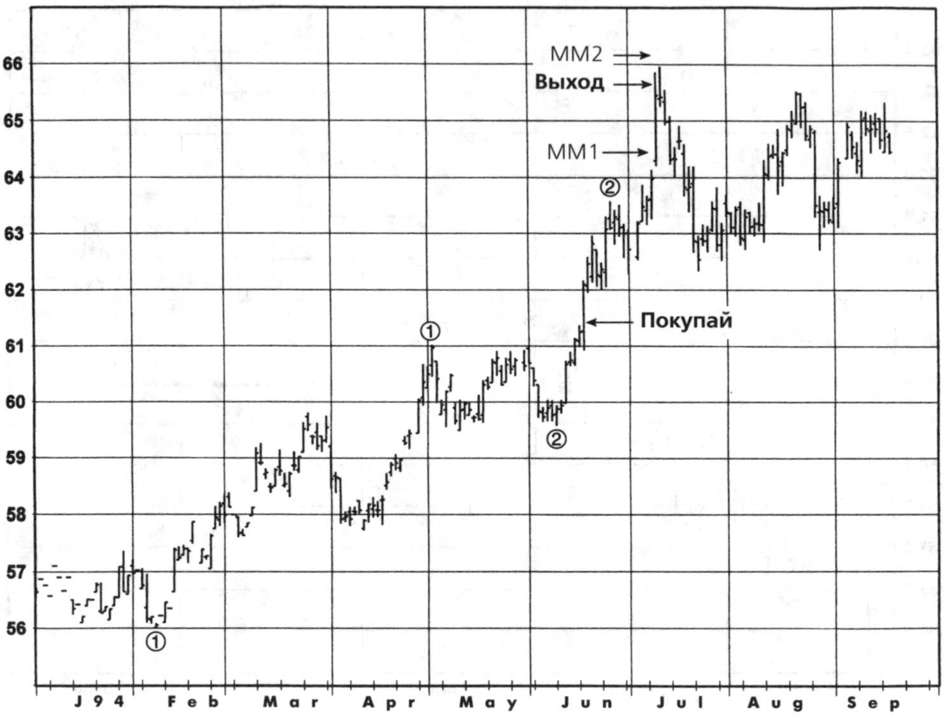

Закрытие позиции

Позиция была ликвидирована после достижения целевого уровня прибыли. Точка фиксации прибыли была установлена в зоне между двумя целями измеренного движения (MM1 и MM2).

Комментарий

Хотя в последующем рынок поднялся намного выше точки закрытия позиции (не показано), тем не менее налицо важное преимущество в фиксации прибыли по достижении крупного ориентира. В частности, фиксация прибыли, когда важная цель достигнута, особенно если это произошло быстро, устраняет опасность оказаться выбитым из сделки в случае временного разворота, подобного тому, что случился в июле, пусть даже в последующем цены идут еще выше.

Рисунок 14.17а.

НЕМЕЦКАЯ МАРКА, ДЕКАБРЬ 1994

Причины открытия позиции

1. Устойчивый пробой верхних границ как узкого, так и широкого торговых диапазонов.
2. Флаг, образовавшийся после пробоя торговых диапазонов.

Вы согласны или не согласны с анализом?
Оцените ситуацию перед тем, как переворачивать страницу.

Рисунок 14.17б.

НЕМЕЦКАЯ МАРКА, ДЕКАБРЬ 1994

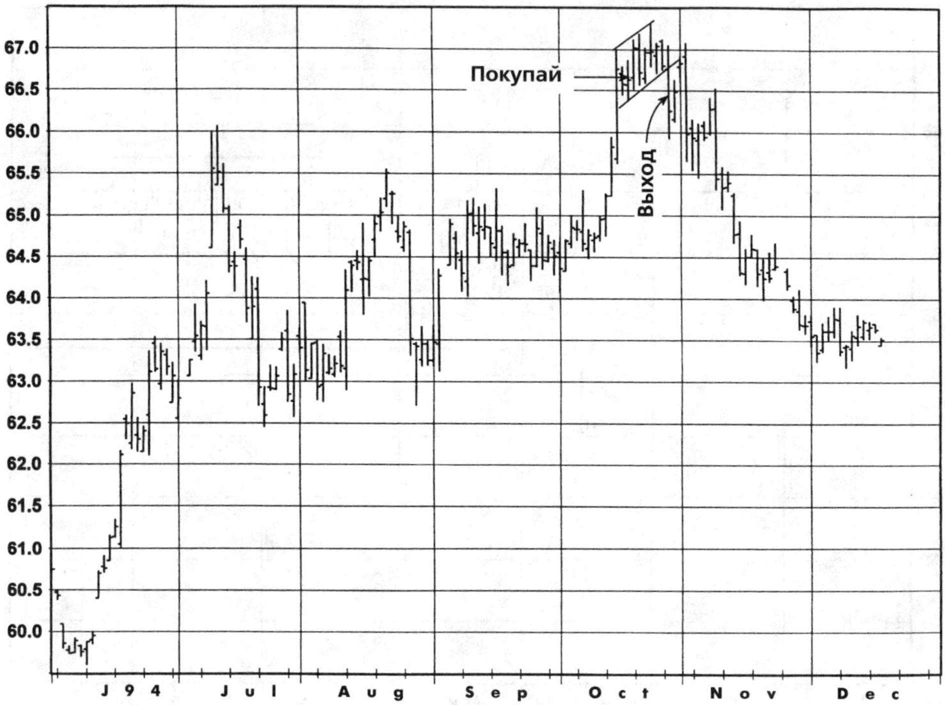

Закрытие позиции

Позиция была ликвидирована, поскольку пробой модели флага в направлении, противоположном ожидаемому, давал основания предполагать, что произошел разворот тренда вниз.

Комментарий

Заметьте, как использование краткосрочного флага в качестве ориентировочного уровня размещения защитной остановки минимизировало убыток, несмотря на то, что длинная позиция была открыта вблизи максимума рынка.

Рисунок 14.18а.

НЕМЕЦКАЯ МАРКА, МАРТ 1995

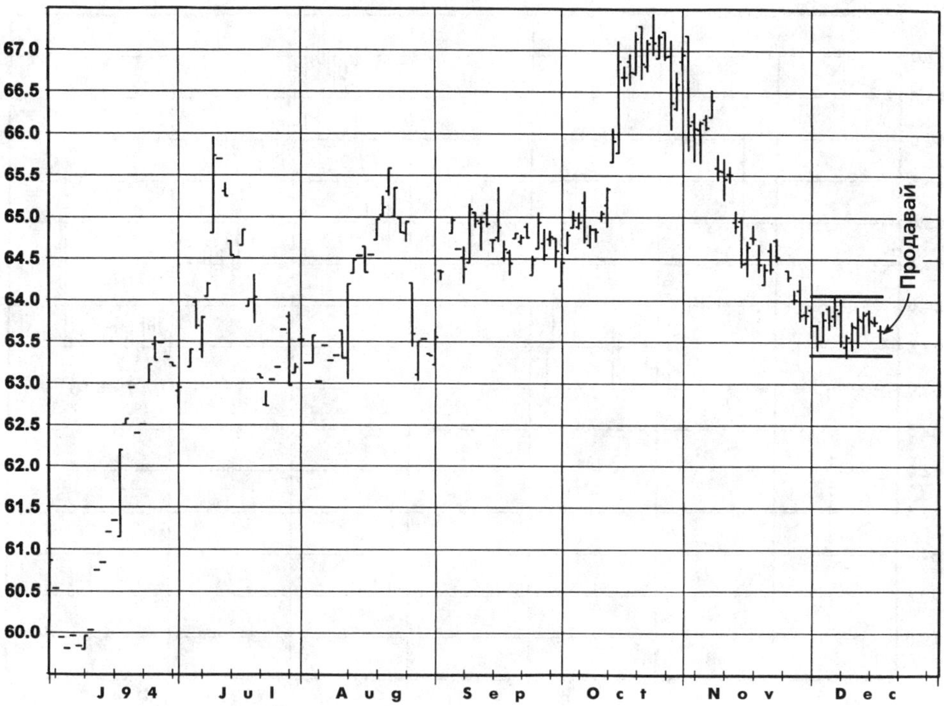

Причины открытия позиции

Узкая консолидационная модель, образовавшаяся после резкого падения цен, предполагала вероятное продолжение понижательной тенденции.

Вы согласны или не согласны с анализом?
Оцените ситуацию перед тем, как переворачивать страницу.

Рисунок 14.18б.

НЕМЕЦКАЯ МАРКА, МАРТ 1995

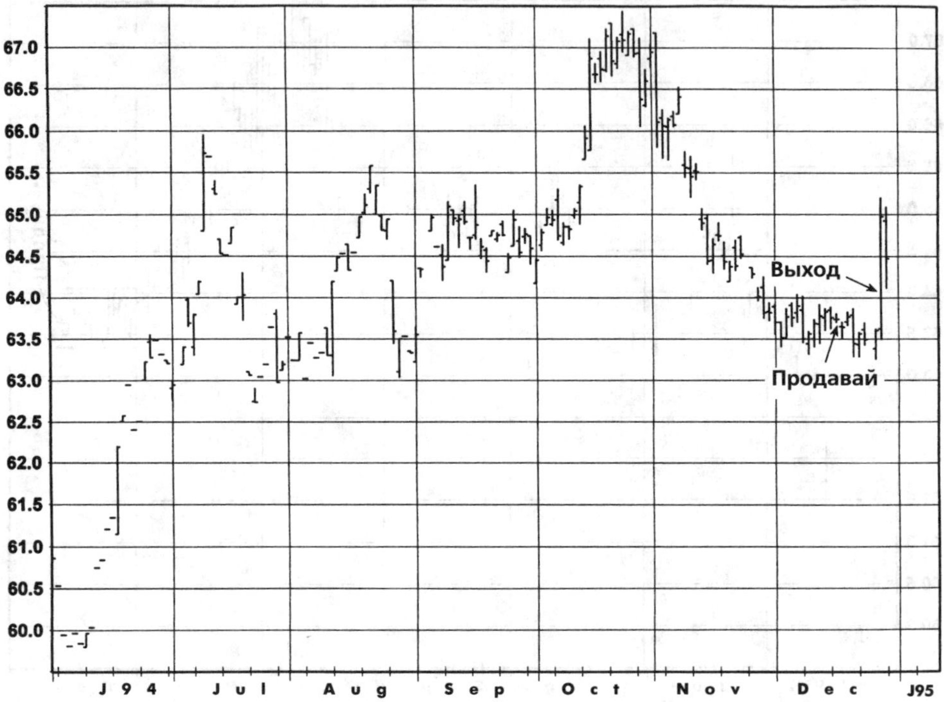

Закрытие позиции

Пробой модели в направлении, противоположном ожидаемому, нарушил исходные предпосылки сделки.

Комментарий

Закрытие позиции при первых признаках нарушения предпосылок сделки сократило возможный убыток.

Рисунок 14.19а.

НЕМЕЦКАЯ МАРКА, МАРТ 1995

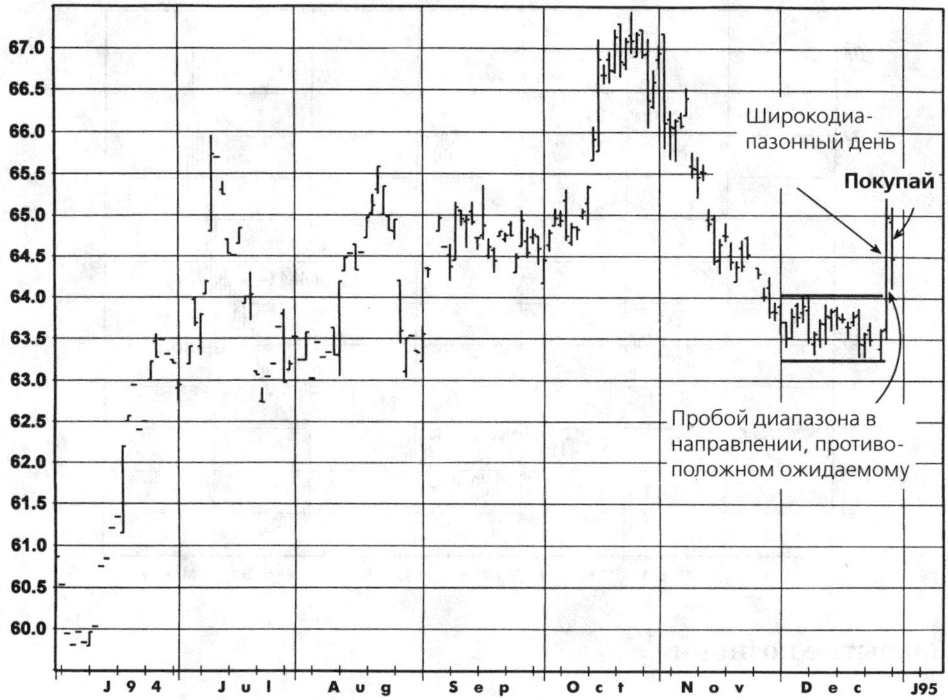

Причины открытия позиции

1. Пробой узкой консолидационной модели в направлении, противоположном ожидаемому, предполагал разворот вверх. (Та же самая причина, по которой была ликвидирована предыдущая позиция — см. рис. 14.18б.)
2. Широкодиапазонный день вблизи относительного минимума часто является сигналом раннего предупреждения о развороте тенденции.

Вы согласны или не согласны с анализом?
Оцените ситуацию перед тем, как переворачивать страницу.

Рисунок 14.19б.

НЕМЕЦКАЯ МАРКА, МАРТ 1995

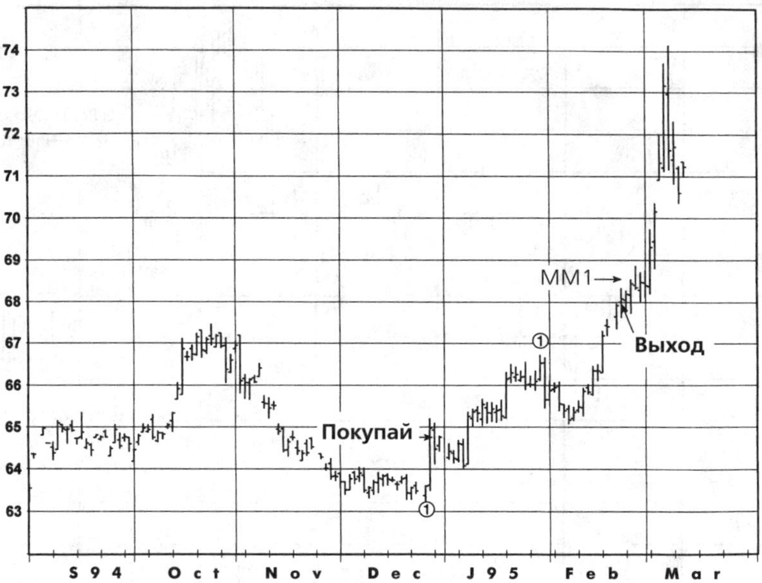

Закрытие позиции

Позиция была ликвидирована при исполнении приказа на остановку, перенесенного высоко наверх вследствие близости ценовой цели измеренного движения.

Комментарий

Эта сделка является превосходным примером необходимости быстро разворачивать торговую стратегию, если рыночные условия меняются. Всего за два дня до открытия этой длинной позиции я был «медведем» и открыл короткую позицию (рис. 14.18б). Однако те же факторы, которые предполагали короткую продажу, также поддержали и идею длинной позиции. К сожалению, чаще всего необходимость подобных разворотов позиции бывает очевидна только задним числом.

В данном примере выход из выигрышной позиции из-за близости важной ценовой цели привел к потере значительного дальнейшего подъема цен. Иногда закрытие позиции вблизи ориентира является правильным решением (рис. 14.8б и14.16б); в других случаях правильнее воздержаться от каких-либо действий и спокойно наблюдать за ростом своей прибыли, как было в этом примере.

Рисунок 14.20а.

ШВЕЙЦАРСКИЙ ФРАНК, СЕНТЯБРЬ 1993

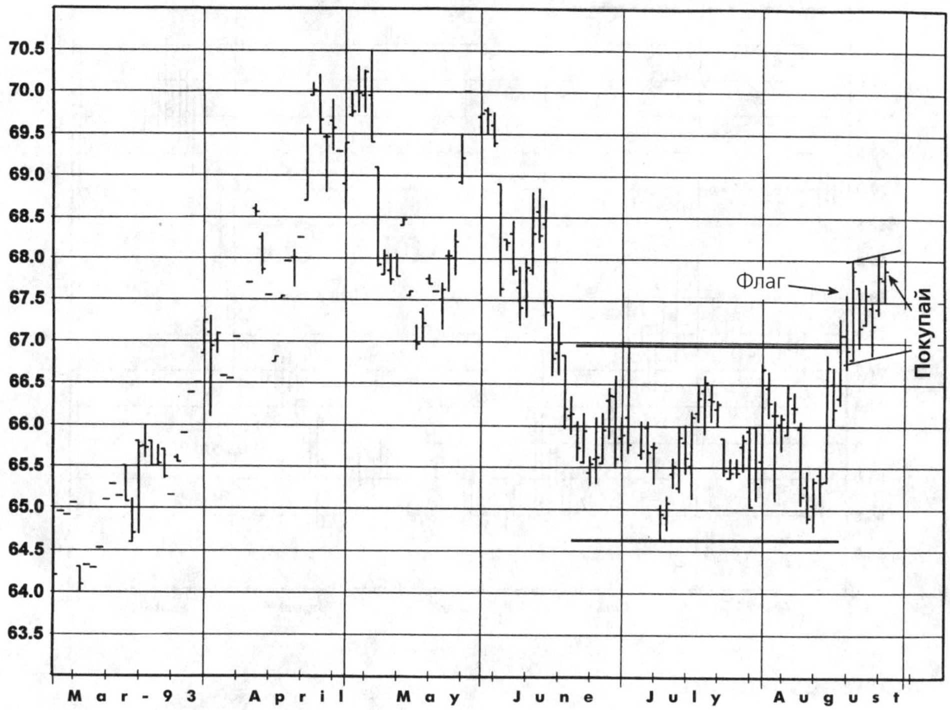

Причины открытия позиции

Флаг, образовавшийся над торговым диапазоном, предполагал вероятное продолжение роста цен.

Вы согласны или не согласны с анализом?
Оцените ситуацию перед тем, как переворачивать страницу.

Рисунок 14.20б.

ШВЕЙЦАРСКИЙ ФРАНК, СЕНТЯБРЬ 1993

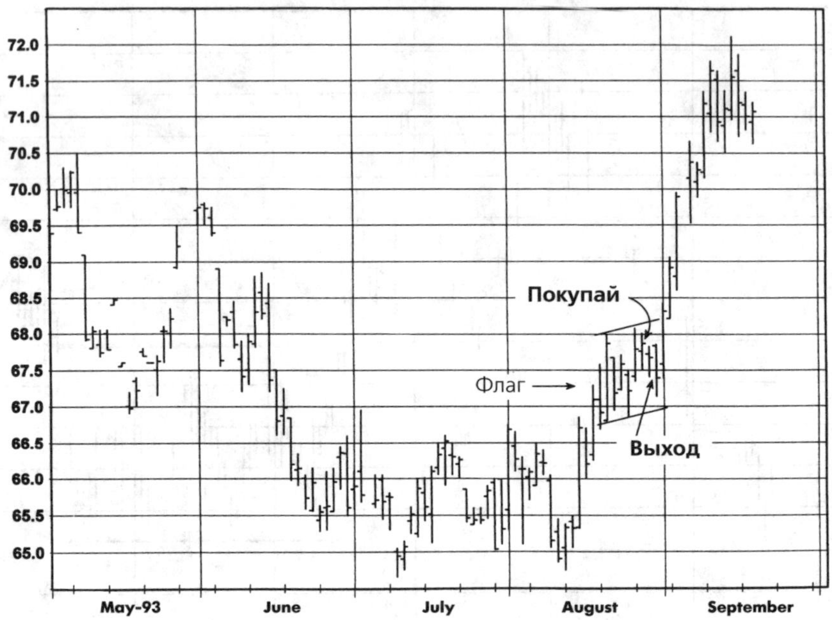

Закрытие позиции

Подъем защитной остановки очень близко к цене покупки вскоре после открытия позиции с целью ограничения возможного убытка.

Комментарий

Первоначальная остановка, поставленная при открытии позиции, так никогда и не была достигнута. Подтягивание защитной остановки слишком близко закончилось тем, что потенциально очень прибыльная сделка была ликвидирована с убытком. Дело в том, что защитная остановка была поднята выше ближайшего обоснованного уровня (нижней границы флага, показанного на рис. 14.20а и 14.20б).

Урок состоит в том, что остановку нельзя помещать настолько близко к уровню открытия позиции, что ее исполнение происходит в условиях, когда исходная предпосылка сделки все еще остается в силе. Так, демонстрируемая позиция основывалась главным образом на модели флага, образовавшейся над предшествующим торговым диапазоном. Поскольку поднятая остановка (но не первоначальная остановка) находилась внутри этой модели, то она не имела никакого технического смысла.

Рисунок 14.21а.

ШВЕЙЦАРСКИЙ ФРАНК, ИЮНЬ 1994

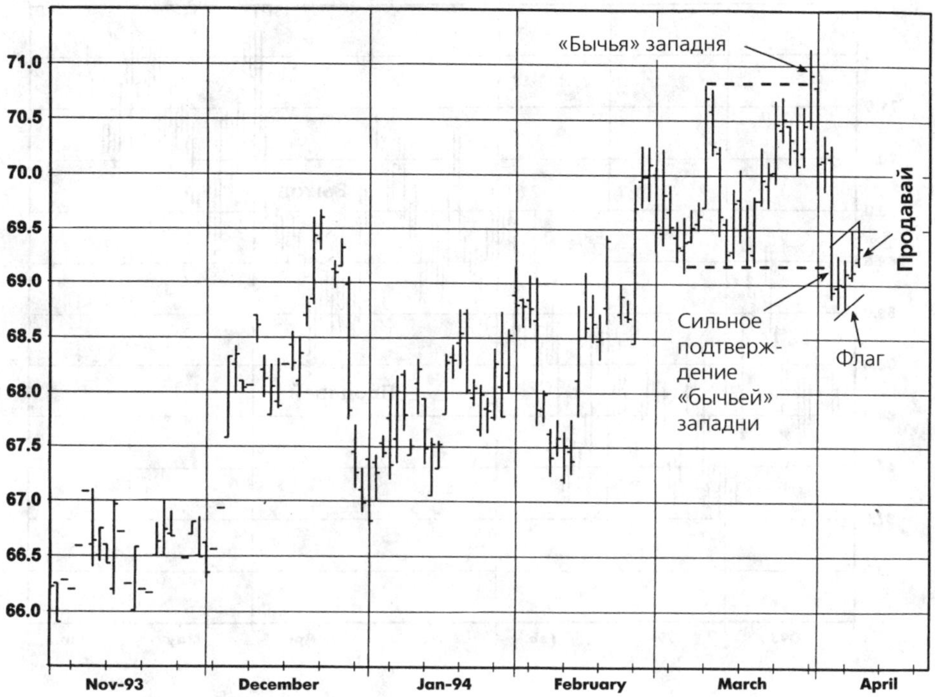

Причины открытия позиции

1. Сильное подтверждение «бычьей» западни.
2. Модель флага, образовавшаяся после подтверждения «бычьей» западни.

Вы согласны или не согласны с анализом?
Оцените ситуацию перед тем, как переворачивать страницу.

Рисунок 14.21б.

ШВЕЙЦАРСКИЙ ФРАНК, ИЮНЬ 1994

Закрытие позиции

Позиция ликвидирована вследствие пробоя флага в направлении, противоположном ожидаемому.

Комментарий

Хотя эта сделка завершилась как убыточная, на мой взгляд, здесь не было торговой ошибки ни при открытии, ни при закрытии позиции. Исходная предпосылка сделки все еще представляется обоснованной, даже если смотреть задним числом, и позиция была закрыта при первых признаках сбоя, что позволило минимизировать убыток. Не следует путать убыточные сделки с торговыми ошибками. Убыточные сделки являются совершенно нормальным делом (на самом деле, они неизбежны) до тех пор, пока трейдер руководствуется *обоснованным* планом торговли. Убыточные сделки, являющиеся результатом следования методике, которая в среднем выигрывает, не мешают достижению конечного успеха в торговле, а торговые ошибки (даже при выигрышных сделках) ведут к разорению.

Рисунок 14.22а.

ШВЕЙЦАРСКИЙ ФРАНК, МАРТ 1995

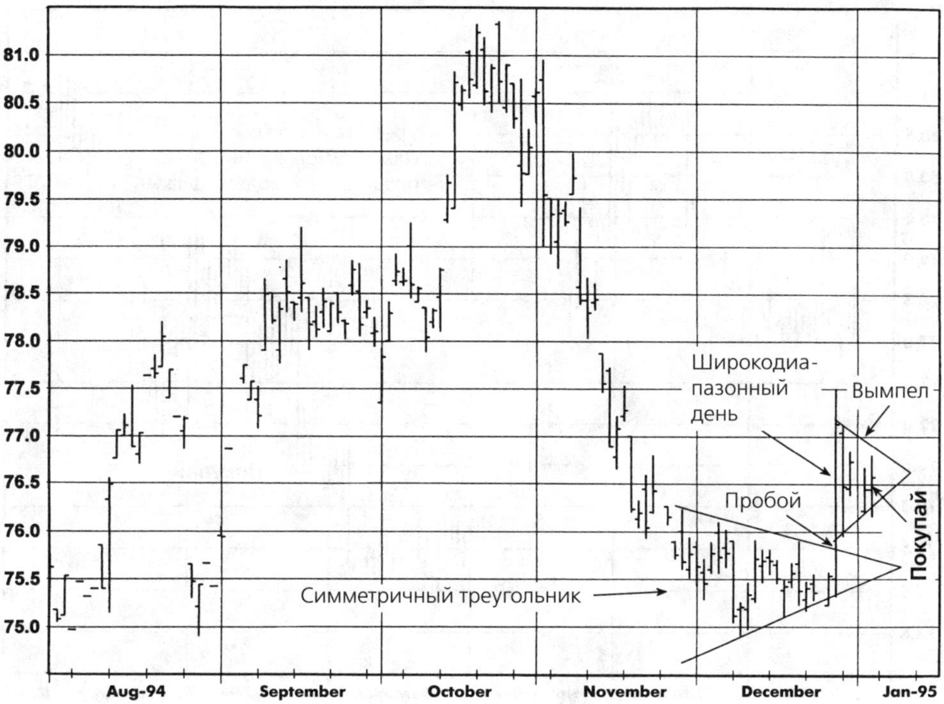

Причины открытия позиции

1. Пробой верхней границы симметричного треугольника.
2. День с широким диапазоном вверх вблизи минимума, последовавшего за крупной понижательной тенденцией.
3. Образование вымпела после роста котировок.

Вы согласны или не согласны с анализом?
Оцените ситуацию перед тем, как переворачивать страницу.

Рисунок 14.22б.

ШВЕЙЦАРСКИЙ ФРАНК, МАРТ 1995

Закрытие позиции

Пробой нижней границы флага и откат ниже середины предыдущего флага представляли собой краткосрочный провал цен.

Комментарий

Очень большой широкодиапазонный день с закрытием вблизи дневного максимума, происходящий после длинной понижательной тенденции, часто является важным сигналом разворота.

Рисунок 14.23а.

КАНАДСКИЙ ДОЛЛАР, МАРТ 1994

Причины открытия позиции

1. Двойное дно.
2. Образование флага после подъема цен.

Вы согласны или не согласны с анализом?
Оцените ситуацию перед тем, как переворачивать страницу.

Рисунок 14.23б.

КАНАДСКИЙ ДОЛЛАР, МАРТ 1994

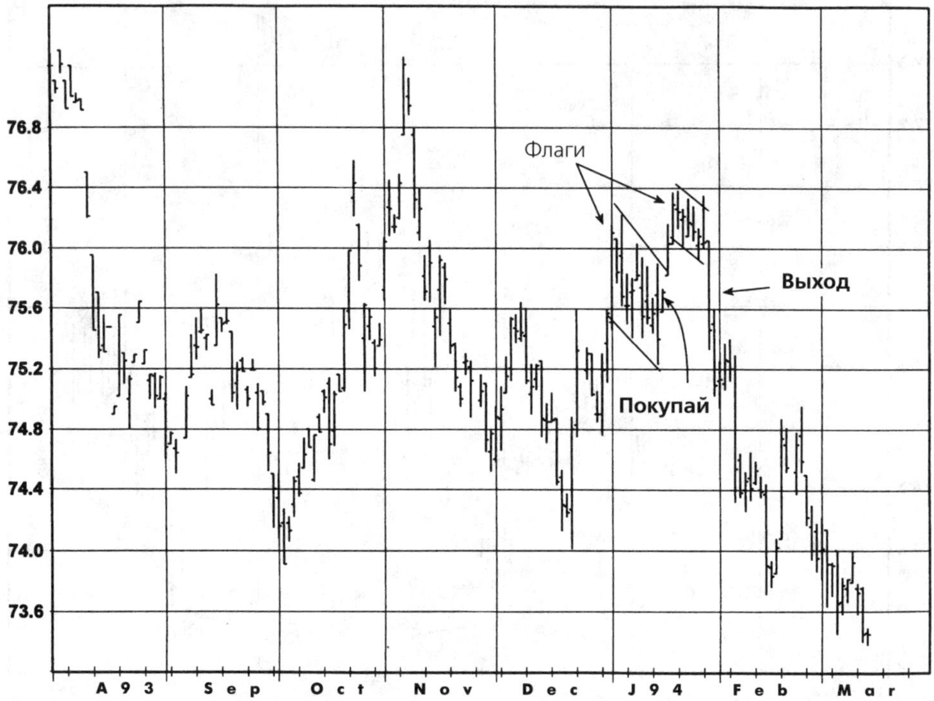

Закрытие позиции

Нижний пробой модели флага предполагал слабость рынка.

Комментарий

Несмотря на то что данная сделка вела к катастрофе, если бы позиция оставалась открытой, своевременный вход и выход, основанные на краткосрочных моделях (флагах), обеспечили почти безубыточный исход — неплохо, учитывая, что разворот рынка вниз произошел спустя три дня после рекомендации покупать.

Рисунок 14.24а.

КАНАДСКИЙ ДОЛЛАР, СЕНТЯБРЬ 1994

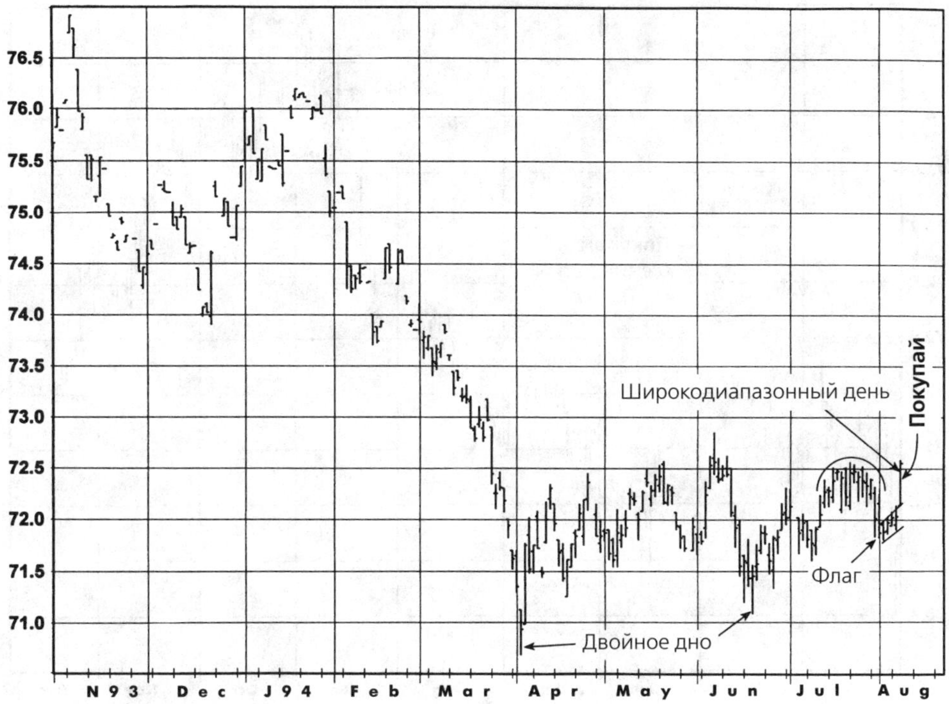

Причины открытия позиции

1. Двойное дно.
2. Закругленная модель пробита вверх.
3. Пробой флага в направлении, противоположном ожидаемому.
4. День с широким диапазоном вверх.

Вы согласны или не согласны с анализом?
Оцените ситуацию перед тем, как переворачивать страницу.

Рисунок 14.24б.

КАНАДСКИЙ ДОЛЛАР, СЕНТЯБРЬ 1994

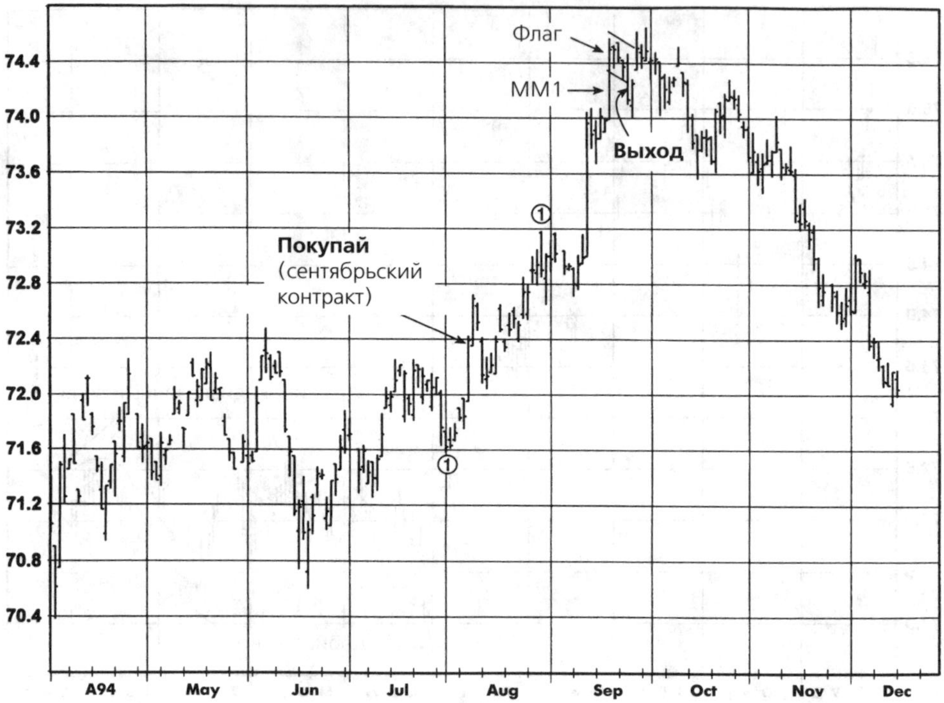

Закрытие позиции

1. После достижения цели измеренного движения (ММ1) защитная остановка была подтянута очень близко.
2. Пробой флага вниз послужил сигналом кратковременной слабости рынка.

Комментарий

Ликвидация позиции при первых признаках слабости рынка после того, как была достигнута цель измеренного движения, позволила продать контракт вблизи максимума и предотвратила потерю значительной части прибыли от данной сделки.

Рисунок 14.25а.

ЗОЛОТО, ОКТЯБРЬ 1993

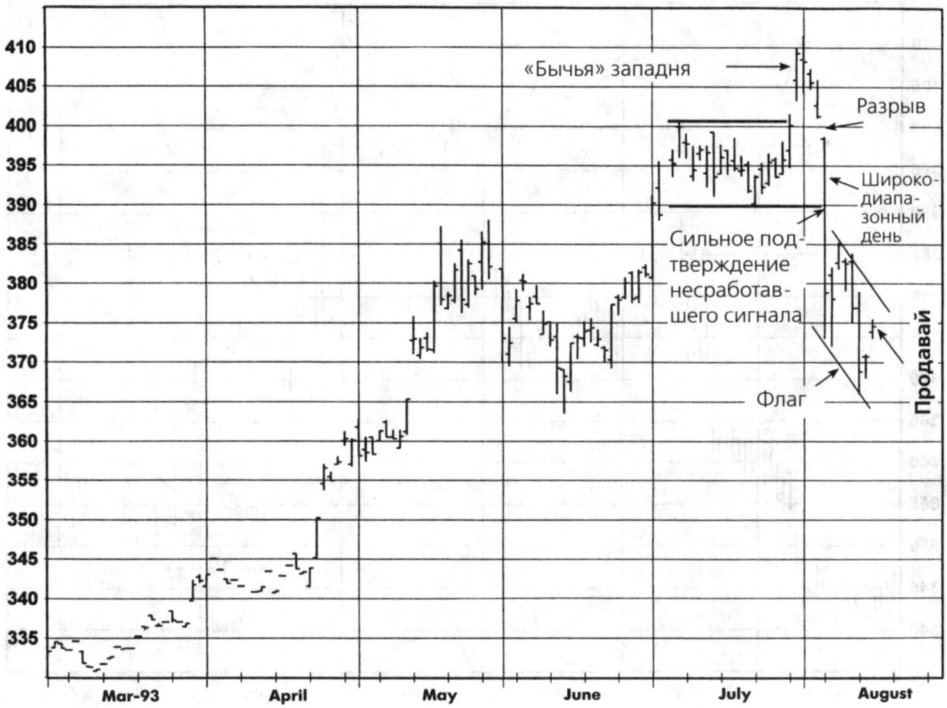

Причины открытия позиции

1. Подтвержденная вершина «бычьей» западни.
2. Незаполненный нижний разрыв.
3. День с широким диапазоном вниз.
4. Образование флага после падения цен.

Вы согласны или не согласны с анализом?
Оцените ситуацию перед тем, как переворачивать страницу.

Рисунок 14.25б.

ЗОЛОТО, ОКТЯБРЬ 1993

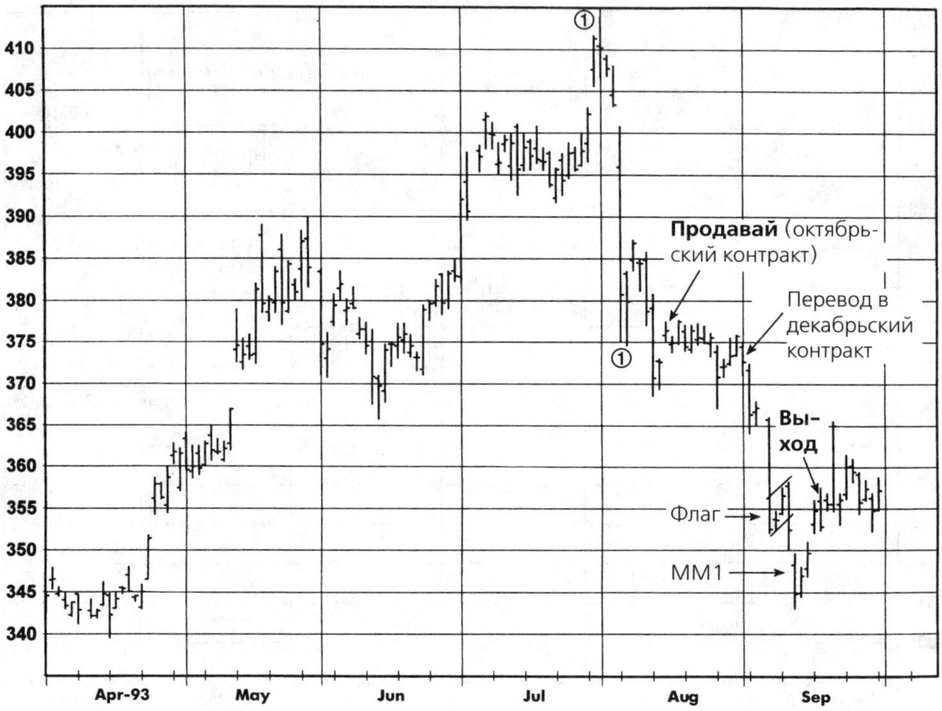

Закрытие позиции

1. После достижения цели измеренного движения (MM1) защитная остановка была подтянута очень близко.
2. Рост цен выше середины предшествующего флага явился первым признаком возможного разворота тенденции.

Комментарий

Подтвержденная «бычья» западня является одним из самых надежных графических сигналов важного разворота тренда. Также заметьте, что достижение цели измеренного движения может служить сигналом к подтягиванию защитной остановки очень близко к текущим рыночным ценам — этот шаг позволит сохранить значительную часть прибыли, оставляя вместе с тем возможность получения дополнительной прибыли, если цены продолжат движение в том же направлении (чего в данном случае не наблюдалось).

Рисунок 14.26а.

ЗОЛОТО, ДЕКАБРЬ 1993

Причины открытия позиции

1. Классическая фигура «бычьей» западни давала основание предположить, что произошел разворот тренда с большой вероятностью дальнейшего падения цен в течение двух и более месяцев.
2. Ценовая коррекция подошла к зоне сопротивления, обусловленной как внутренней трендовой линией, так и уровнем, на котором расположены несколько прошлых относительных минимумов.

Вы согласны или не согласны с анализом?
Оцените ситуацию перед тем, как переворачивать страницу.

Рисунок 14.26б.

ЗОЛОТО, ДЕКАБРЬ 1993

Закрытие позиции

Позиция была ликвидирована вслед за значительным пробоем двух вышеупомянутых линий сопротивления.

Комментарий

Хотя для открытия позиции имелся ряд серьезных оснований, существовал и сильный негативный фактор: наличие флага предполагало, что цены пойдут вверх (см. рис. 14.26а). Я проигнорировал это соображение, полагая, что перечисленные выше «медвежьи» факторы возобладают. Это предположение оказалось неверным. Возможно, урок здесь состоит в том, что, по-видимому, лучше пропускать сделки, где не стыкуются *важные* элементы головоломки. Иными словами, в ситуациях, когда имеются сильные противоречивые сигналы, подаваемые различными индикаторами, лучше всего не входить в рынок.

Обратите внимание на то, что подтягивание защитной остановки на уровень открытия предыдущей короткой позиции (рис. 14.25б) вследствие того, что была достигнута цель измеренного движения, помогло предотвратить потерю значительной части прибыли предыдущей сделки.

Рисунок 14.27а.

ЗОЛОТО, ИЮНЬ 1994

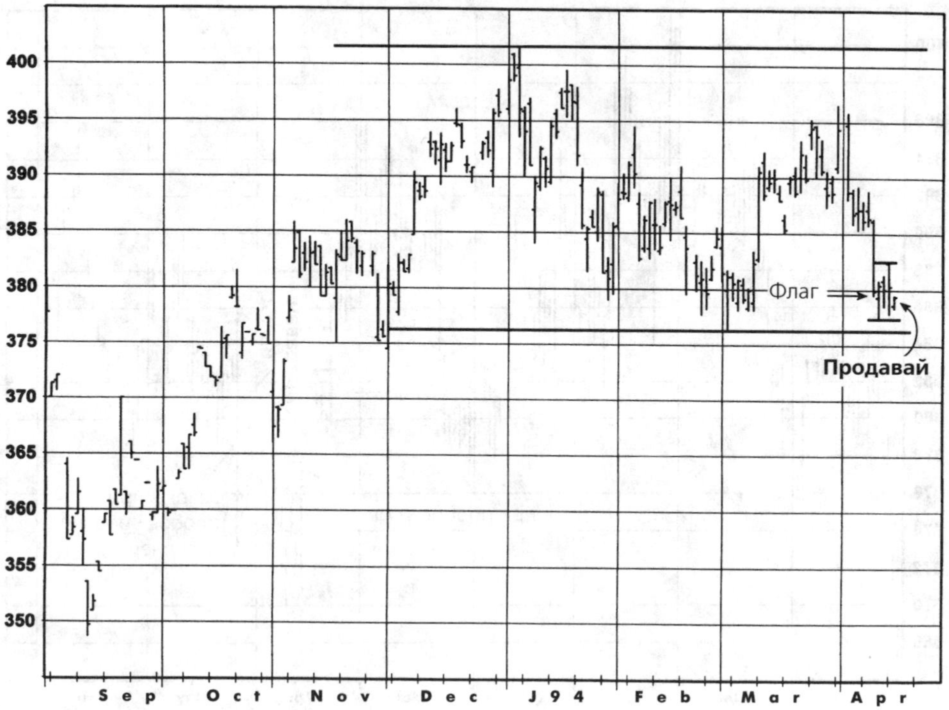

Причины открытия позиции

Флаг, образовавшийся вблизи нижней границы широкого торгового диапазона, свидетельствовал о большой вероятности пробоя вниз.

Вы согласны или не согласны с анализом?
Оцените ситуацию перед тем, как переворачивать страницу.

Рисунок 14.27б.

ЗОЛОТО, ИЮНЬ 1994

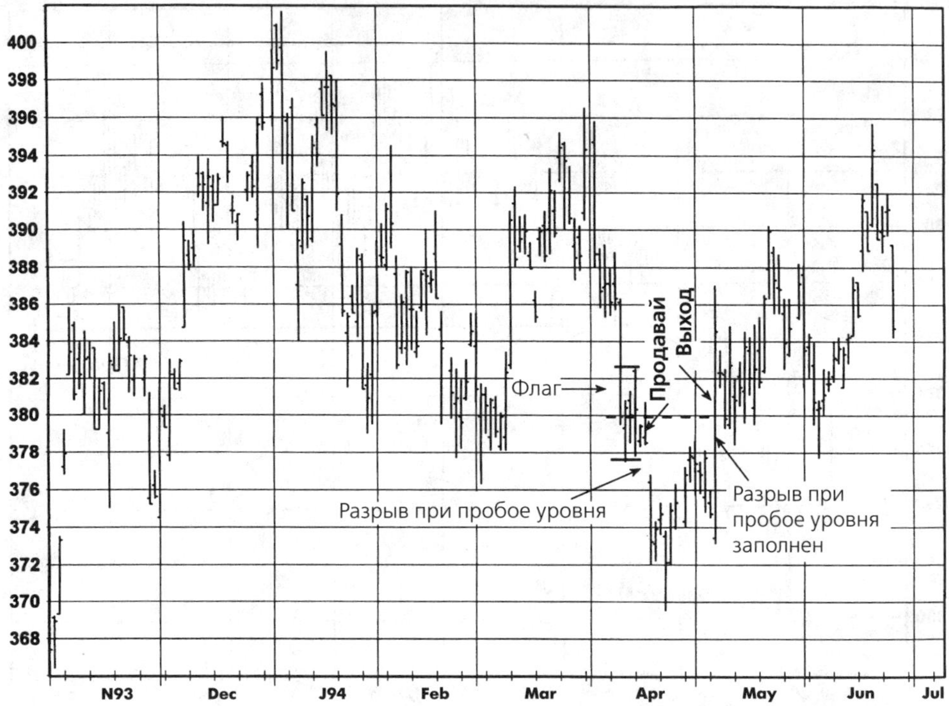

Закрытие позиции

Возврат к середине флага (пунктирная линия) после разрыва при пробое нижней границы торгового диапазона указывало на вероятность разворота вверх.

Комментарий

Обратите внимание на то, что хотя графическая модель, на основе которой была открыта позиция, оказалась недостоверной в предсказании долгосрочного направления рынка, она точно указала направление следующего колебания цен. Это позволило использовать технически обоснованную остановку (уровень цен как раз над серединой флага, использованного в качестве сигнала открытия позиции), которая минимизировала убыток по сделке. Этот пример иллюстрирует одно из главных свойств флага (и вымпела) как сигнала к открытию и закрытию позиций: если в конечном счете эти модели дают ложные сигналы, они часто позволяют удержать убытки на низком уровне.

Рисунок 14.28а.

ЗОЛОТО, ИЮНЬ 1995

Причины открытия позиции

1. Впадина в виде «медвежьей» западни.
2. Верхний пробой протяженной внутренней линии тренда.
3. Широкодиапазонный день вверх.

Вы согласны или не согласны с анализом?
Оцените ситуацию перед тем, как переворачивать страницу.

Рисунок 14.28б.

ЗОЛОТО, ИЮНЬ 1995

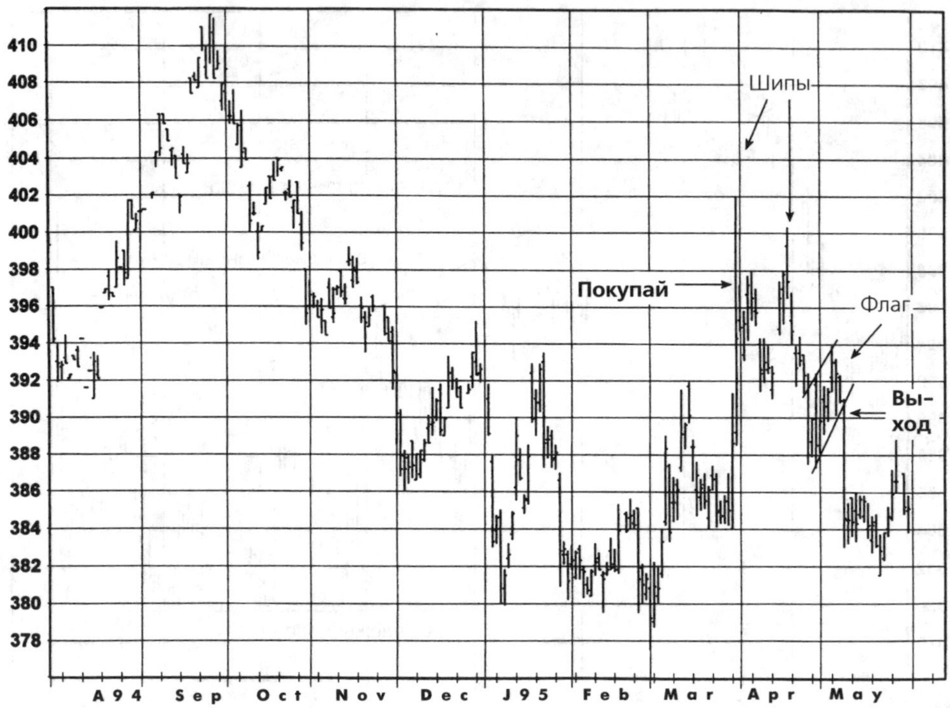

Закрытие позиции

1. Два верхних шипа предполагали возможный разворот цен вниз.
2. Нижний пробой флага сигнализировал о потенциале снижения цен.

Комментарий

Никакая комбинация графических моделей, сколь бы многообещающей она ни была, не является безотказной. В этом примере сочетание «медвежьей» западни после продолжительного снижения цен, значительного пробоя протяженной внутренней трендовой линии и широкодиапазонного дня вверх несомненно выглядело как превосходный сигнал к покупке. Однако последующее поведение цен показало, что сделка была ошибочной. Этот пример подчеркивает важность гибкого изменения мнения о рынке, независимо от степени убежденности в предыдущем сценарии.

Рисунок 14.29а.

ПЛАТИНА, НЕПРЕРЫВНЫЕ ФЬЮЧЕРСЫ

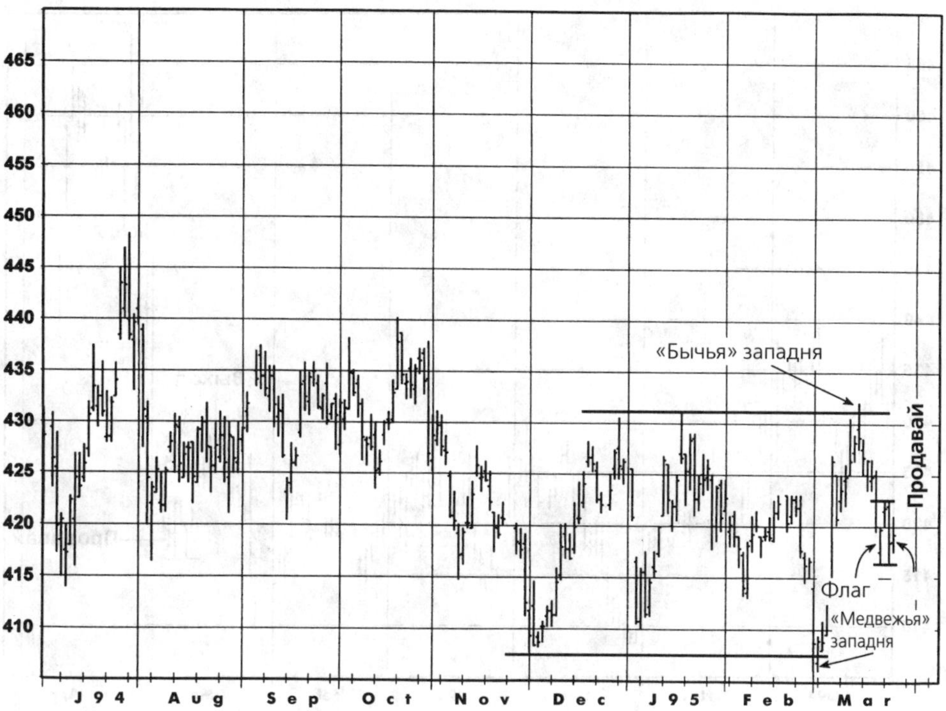

Причины открытия позиции

1. Небольшой пробой верхней границы продолжительного широкого торгового диапазона и падение цен сразу после этого предполагали разворот типа «бычьей» западни.
2. Флаг, образовавшийся после снижения цен, предполагал, что следующее движение цен также будет направлено вниз.

Вы согласны или не согласны с анализом?
Оцените ситуацию перед тем, как переворачивать страницу.

Рисунок 14.29б.

ПЛАТИНА, НЕПРЕРЫВНЫЕ ФЬЮЧЕРСЫ

Закрытие позиции

Последующий пробой флага наверх нарушил одну из основных предпосылок сделки.

Комментарий

Позиция была поистине ужасной: рынок шел вверх семь дней подряд после того, как была открыта короткая позиция, и за это непродолжительное время прибавил почти 12 % к стоимости контракта. Тем не менее выход при первых признаках несостоятельности предпосылок сделки привел к минимально возможным убыткам. Удержание убытков на низком уровне, когда вы ошиблись, важнее для конечного успеха в биржевой торговле, чем необыкновенное мастерство в выборе сделок.

Рисунок 14.30а.

СЕРЕБРО, ДЕКАБРЬ 1993

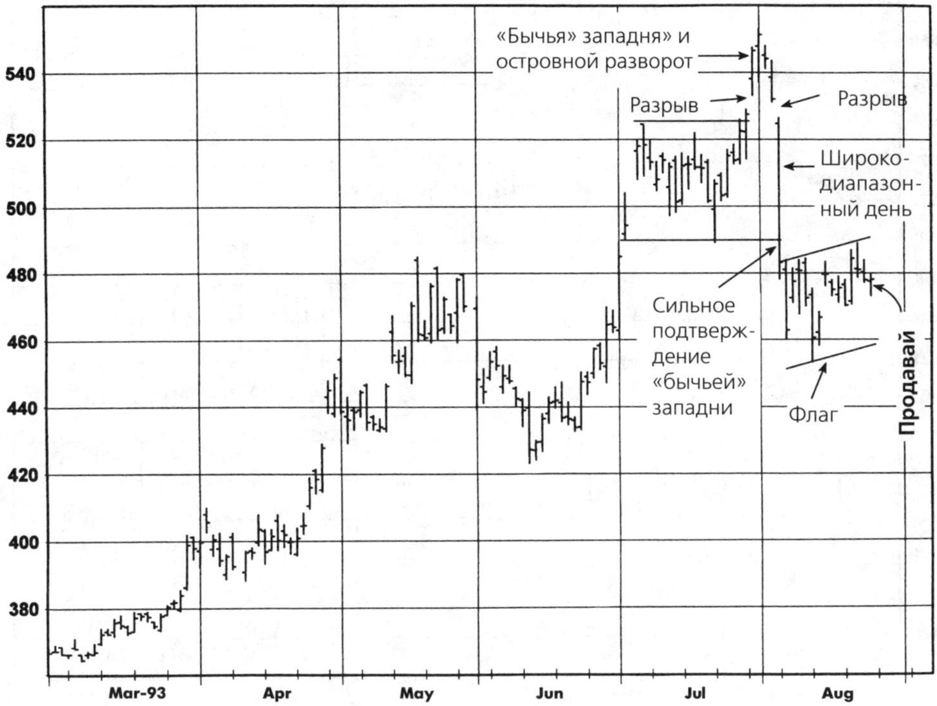

Причины открытия позиции

1. Подтвержденная «бычья» западня.
2. Островной разворот.
3. Широкодиапазонный день вниз.
4. Флаг, образовавшийся после снижения цен.

Вы согласны или не согласны с анализом?
Оцените ситуацию перед тем, как переворачивать страницу.

Рисунок 14.30б.

СЕРЕБРО, ДЕКАБРЬ 1993

Закрытие позиции

Позиция ликвидирована через два дня после открытия позиции из-за чрезмерного понижения защитной остановки.

Комментарий

Позиция попала точно в цель, но я не захотел продолжать использовать технически обоснованную защитную остановку (размещенную по крайней мере на 5 центов выше верхней границы флага). Пониженная остановка, поставленная как раз посредине модели флага, конечно, была абсолютно бессмысленной с технической точки зрения. Между прочим, аналогичные сделки на рынках золота (рис. 14.25а и 14.25б) и платины (не показаны), где действительно использовались обоснованные остановки, оказались очень прибыльными. Урок: часто очень трудно удерживать хорошую позицию, если вы не желаете допустить достаточный риск.

Рисунок 14.31а.

СЕРЕБРО, МАРТ 1994

Причины открытия позиции

1. Подъем остановился как раз под уровнем сопротивления, находящегося на верхней границе разрыва, завершившего модель островного разворота.
2. Пик подъема стал «бычьей» западней.
3. Короткая позиция инициирована на подходе к уровню сопротивления, обусловленному прошлыми относительными максимумами.

Вы согласны или не согласны с анализом?
Оцените ситуацию перед тем, как переворачивать страницу.

Рисунок 14.31б.

СЕРЕБРО, МАРТ 1994

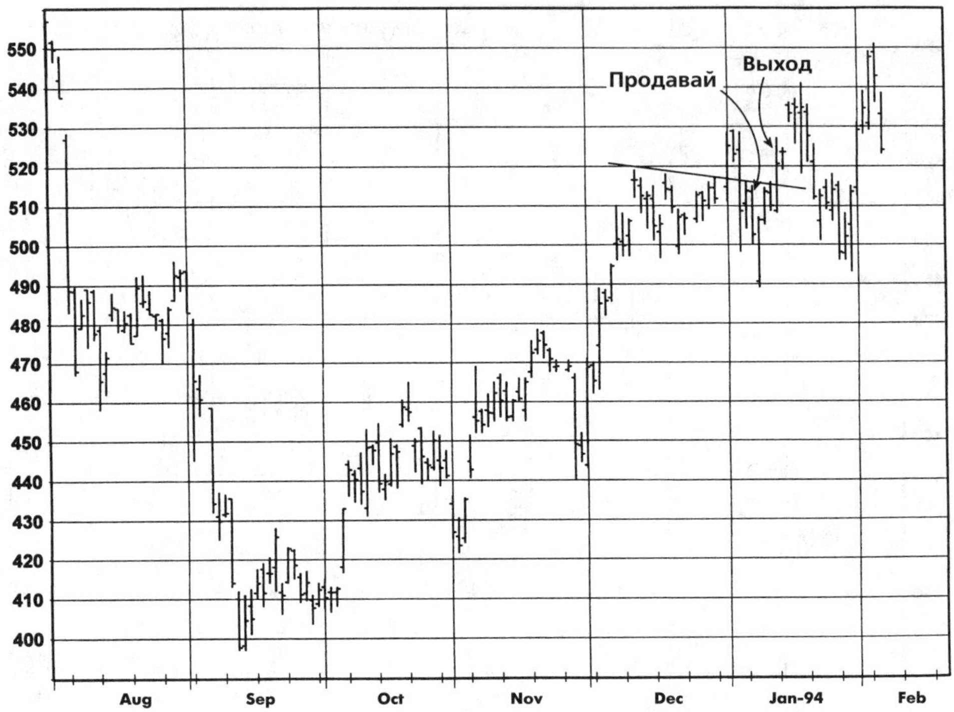

Закрытие позиции

Пробой линии сопротивления и приближение к уровню предыдущего пика подсказывали, что предположение о «бычьей» западне было необоснованным.

Комментарий

Закрытие позиции при первом признаке того, что исходная предпосылка сделки нарушена, помогло минимизировать убыток.

Рисунок 14.32а.

СЕРЕБРО, МАЙ 1994

Причины открытия позиции

1. Обычно флаг, образовавшийся над торговым диапазоном, ведет к пробою наверх. В данном случае пробой цен вниз, в направлении, противоположном ожидаемому, предполагал потенциальный разворот тенденции.
2. Флаг, образовавшийся после небольшого колебания цен вниз, предполагал, что следующее движение цен также пойдет вниз.

Вы согласны или не согласны с анализом?
Оцените ситуацию перед тем, как переворачивать страницу.

Рисунок 14.32б.

СЕРЕБРО, МАЙ 1994

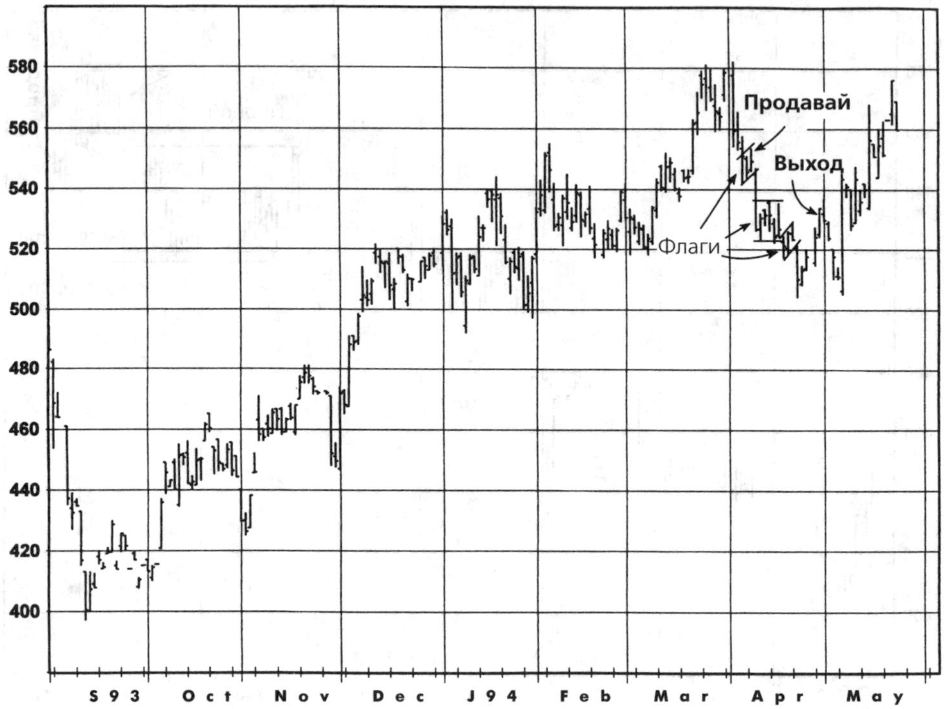

Закрытие позиции

Коррекция выше максимума последнего флага явилась сигналом к росту цен в краткосрочной перспективе.

Комментарий

Эта сделка показывает, как модель флага может быть использована для точной настройки момента открытия и закрытия позиции: в нашем примере это обеспечило прибыль несмотря на то, что первоначальная идея сделки в долгосрочном плане оказалась неправильной. Эта сделка иллюстрирует также более общий принцип: успех в графическом анализе больше зависит от правильного *реагирования* на поведение цен, чем от правильного *прогнозирования* направления движения рынка.

Рисунок 14.33а.

СЕРЕБРО, СЕНТЯБРЬ 1994

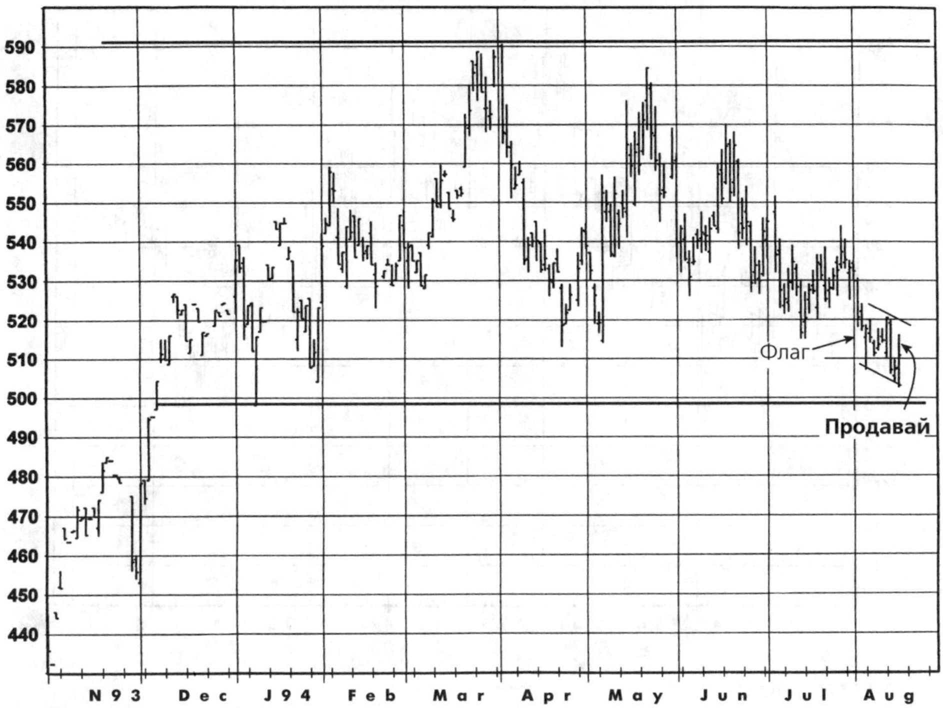

Причины открытия позиции

Модель флага, образовавшаяся у нижней границы продолжительного и широкого торгового диапазона, часто является превосходным сигналом к продаже.

Вы согласны или не согласны с анализом?
Оцените ситуацию перед тем, как переворачивать страницу.

Рисунок 14.33б.

СЕРЕБРО, СЕНТЯБРЬ 1994

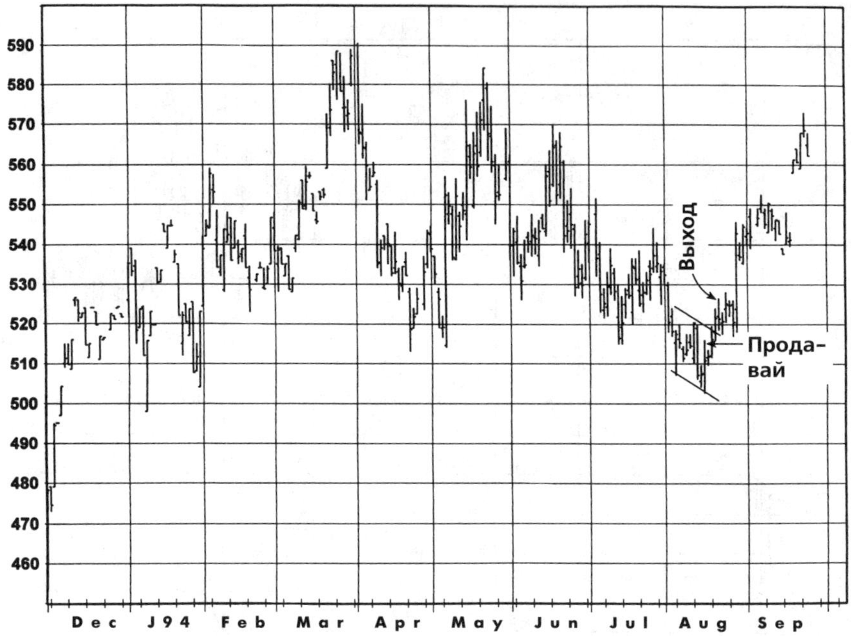

Закрытие позиции

Пробой флага наверх нарушил исходную предпосылку сделки.

Комментарий

Надежная графическая модель вовсе не обязана давать правильный результат более чем в 50% случаев. Напротив, доля правильных сделок, согласно данной модели, может быть ниже 50%. Например, когда модель, которая обусловила данную сделку, — флаг вблизи нижней границы торгового диапазона — оказывается верной, она позволяет трейдеру заработать на сильном движении цен вниз. С другой стороны, когда она ошибочна, то признаки сбоя обнаруживаются быстро — небольшой пробой флага наверх. Иными словами, работа с этой моделью естественным образом обеспечивает намного большую среднюю прибыль от выигрышных сделок, чем средние убытки от проигрышных сделок. Следовательно, данная модель может быть прибыльным инструментом, даже если она чаще дает ложные сигналы, чем правильные.

В целом, было бы ошибкой концентрировать внимание на *доле выигрышных сделок*, обусловленных использованием какой-то системы или методологии. Ключевым фактором является *ожидаемая прибыль в расчете на одну сделку*. (Ожидаемая прибыль на одну сделку равна процентной доле выигрышных сделок, умноженной на среднюю прибыль от одной выигрышной сделки, минус процент проигрышных сделок, умноженный на средний убыток от проигрышной сделки.)

Рисунок 14.34а.

СЕРЕБРО, ДЕКАБРЬ 1994

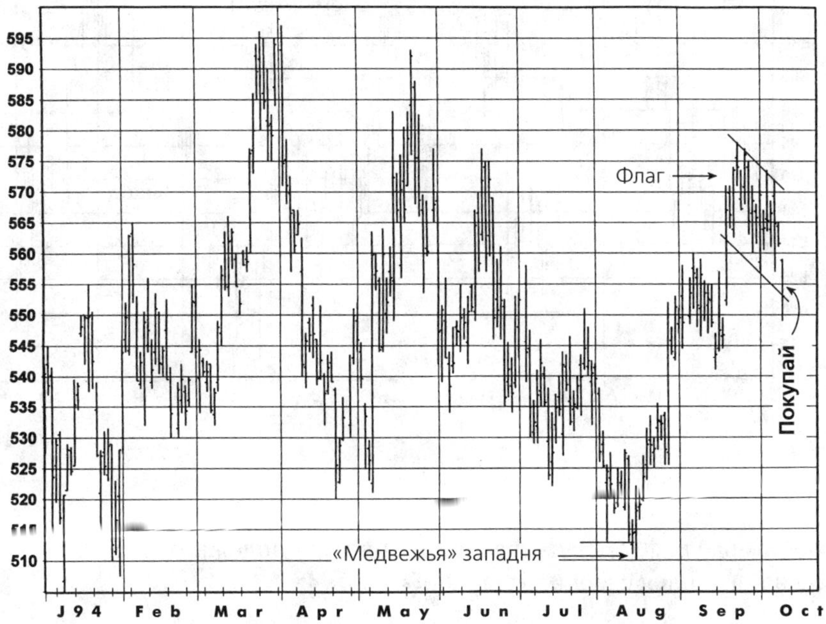

Причины открытия позиции

1. Устойчивая «медвежья» западня предполагала, что рынок развернулся наверх.
2. Модель флага, образовавшаяся после подъема цен, указывала на то, что их следующее движение будет направлено вверх.
3. Покупка инициирована вблизи уровня поддержки, обусловленного нижней границей флага.

Вы согласны или не согласны с анализом?
Оцените ситуацию перед тем, как переворачивать страницу.

Рисунок 14.34б.

СЕРЕБРО, ДЕКАБРЬ 1994

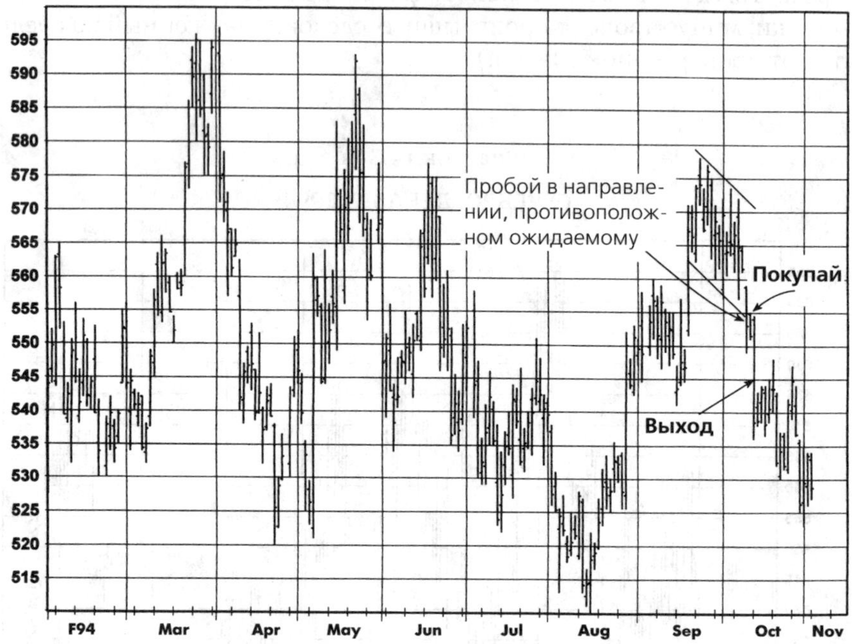

Закрытие позиции

Пробой модели флага в направлении, противоположном ожидаемому, явно означал, что идея сделки была ошибочной.

Комментарий

Когда рынок ведет себя не так, как ожидалось, — выходи! Хотя убыток по этой конкретной сделке был сравнительно небольшим ($500), некоторые читатели, возможно, захотят узнать, нельзя ли было сделать убыток еще меньшим, закрыв позицию ближе к точке пробоя в направлении, противоположном ожидаемому. Может быть, и да, но только ненамного. В целом нельзя считать хорошей идеей размещение защитных остановок слишком близко к критическим пунктам. Например, что касается модели флага, то его форма может меняться по мере развития событий или модель может быть проколота однодневным шипом без какого-либо продолжения. В обоих случаях размещение остановки очень близко к точке пробоя может привести к ликвидации позиции, даже если в конечном счете флаг не будет пробит вниз и первоначальная идея сделки окажется удачной.

Рисунок 14.35а.

СЕРЕБРО, ДЕКАБРЬ 1994

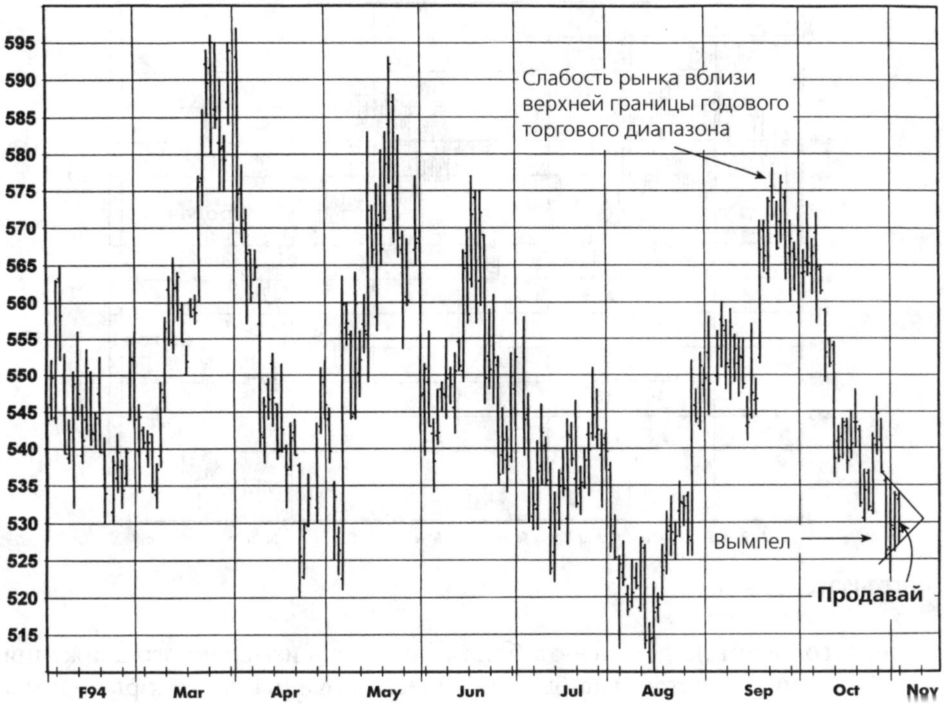

Причины открытия позиции

1. Предыдущий подъем цен завершился вблизи верхней границы годового торгового диапазона, что свидетельствовало о возможном начале сильного падающего тренда.
2. Модель вымпела вблизи нижней границы торгового диапазона указывала на потенциал дальнейшего падения цены.

Вы согласны или не согласны с анализом?
Оцените ситуацию перед тем, как переворачивать страницу.

Рисунок 14.35б.

СЕРЕБРО, ДЕКАБРЬ 1994

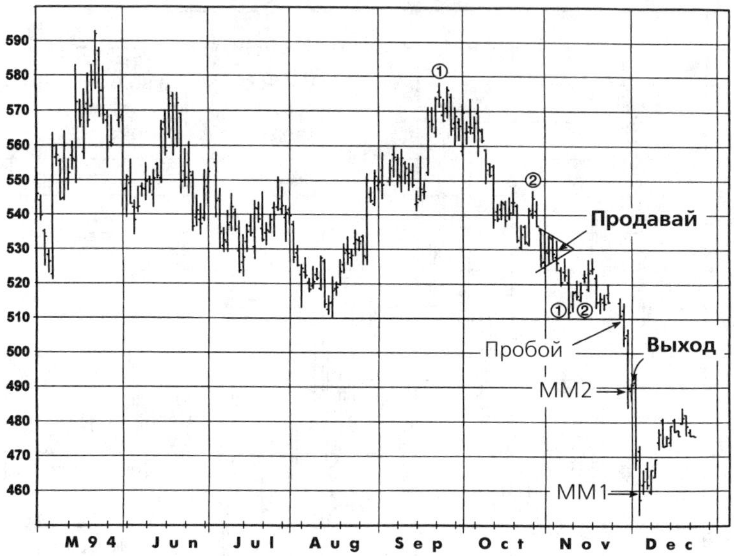

Закрытие позиции

После того как была достигнута ближайшая цель измеренного движения (MM2), защитная остановка была перенесена очень близко к рыночным ценам.

Комментарий

Предыдущие иллюстрации содержали много примеров сделок, которые оказались проигрышными, но не базировались на каких-либо торговых ошибках (по крайней мере, на мой взгляд). Ирония состоит в том, что данная сделка, которая оказалась весьма выигрышной, основывалась на крупной торговой ошибке. В частности, несмотря на почти непрерывное движение рынка в прогнозируемом направлении, остановка была подтянута столь близко, что позиция была ликвидирована благодаря незначительной ценовой флуктуации. Всего лишь через два дня прибыль от сделки могла почти удвоится!

Читателя, возможно, заинтересует, не было ли достижение цели измеренного движения (MM2) теоретическим оправданием использования очень близкой остановки независимо от конечного результата. Хотя подобный вывод в целом справедлив, здесь есть три важных исключения.

1. Имелась другая, более значимая цель измеренного движения (MM1), которая указывала на потенциал дальнейшего снижения

цен, хотя вначале рынок ненадолго остановился у ближайшей цели измеренного движения (ММ2).

2. На рынке только что произошел резкий нижний пробой продолжительного и широкого торгового диапазона — графический сигнал возможного сильного снижения цен (которое и имело место в действительности).
3. Пониженная защитная остановка технически не имела смысла.

Рисунок 14.36а.

МЕДЬ, ДЕКАБРЬ 1993

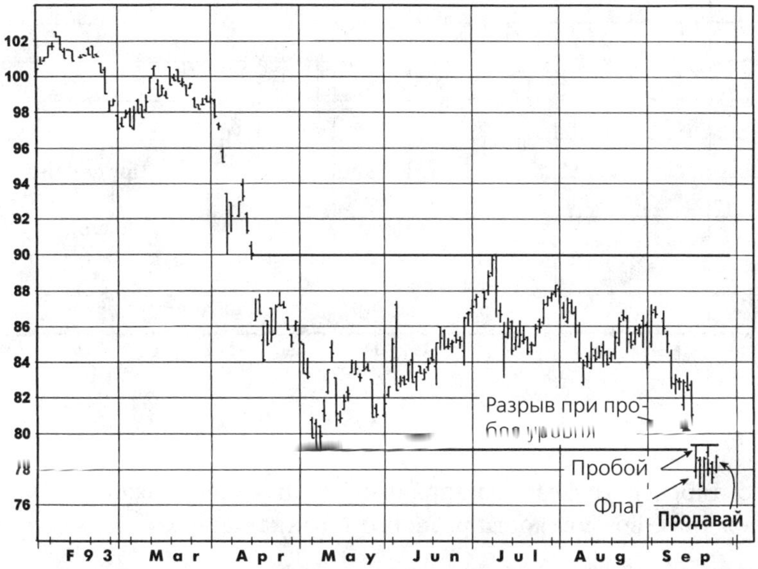

Причины открытия позиции

1. Пробой нижней границы продолжительного торгового диапазона.
2. Значимость пробоя повышается тем, что он произошел в форме ценового разрыва.
3. Модель флага, образовавшаяся как раз под предшествовавшим торговым диапазоном, отражала «медвежий» настрой участников рынка.

Вы согласны или не согласны с анализом?
Оцените ситуацию перед тем, как переворачивать страницу.

Рисунок 14.36б.

МЕДЬ, ДЕКАБРЬ 1993

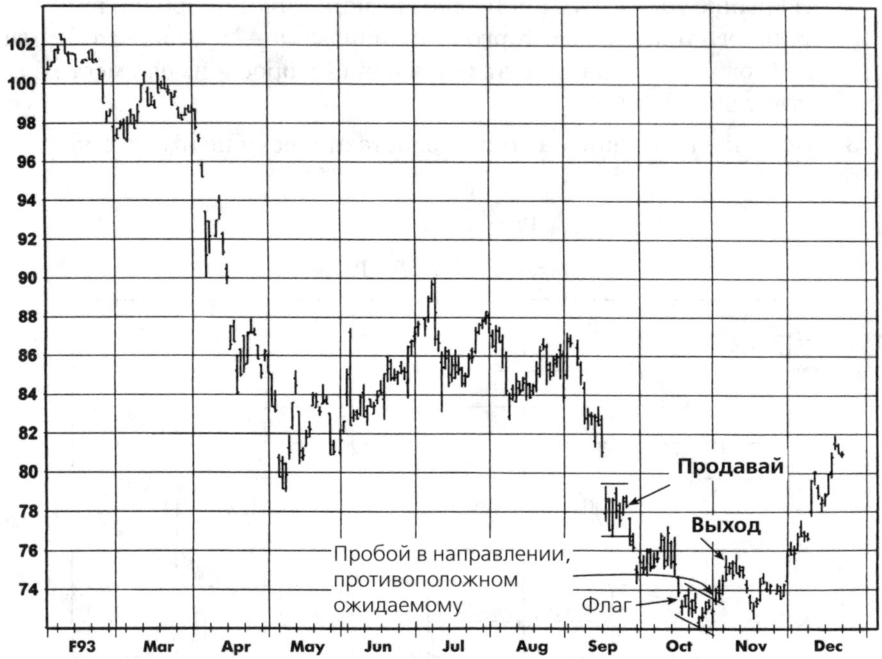

Закрытие позиции

Пробой октябрьского флага в направлении, противоположном ожидаемому, предупреждал о возможности разворота рынка наверх.

Комментарий

Я считаю модели флага или вымпела, образовавшиеся под продолжительным торговым диапазоном, одними из наиболее ценных графических сигналов. По существу, тот факт, что рынок продолжает находиться вблизи или под нижней границей торгового диапазона, является подтверждением пробоя.

Заметьте, что пока разрыв цен оставался незаполненным в течение нескольких дней, была возможность открыть короткую позицию с обоснованной защитной остановкой, поставленной очень близко — на верхней границе разрыва. Следовательно, продажа вблизи минимума (или покупка вблизи максимума) не обязательно потребует допущения значительного риска для того, чтобы появилась возможность использовать обоснованную остановку.

Рис. 14.37а.

МЕДЬ, МАРТ 1994

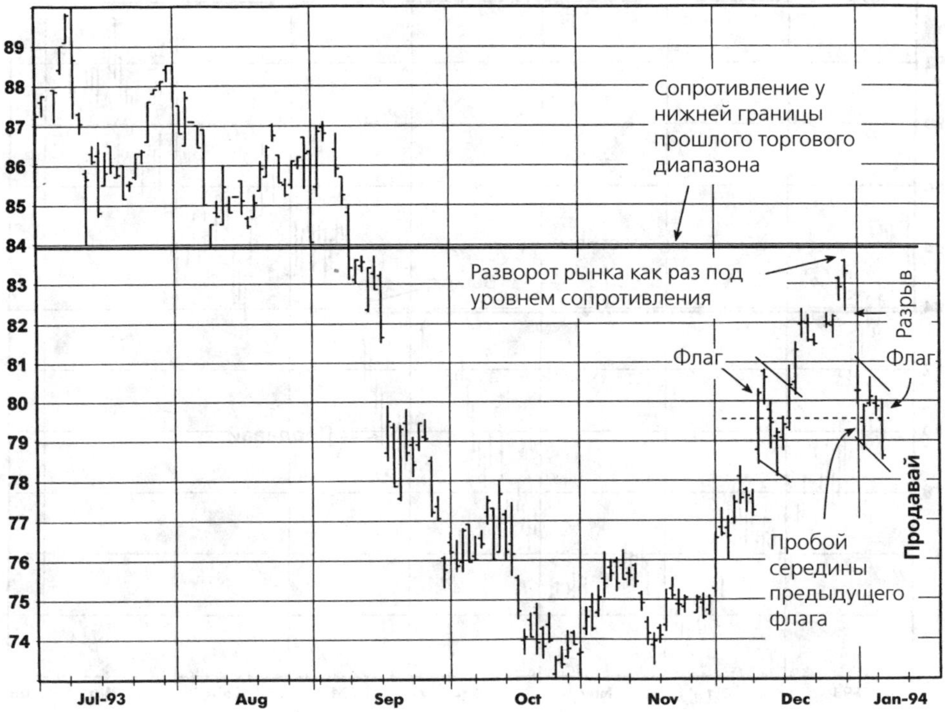

Причины открытия позиции

1. Подъем с ноябрьского минимума завершился как раз под уровнем сильного сопротивления, обусловленного нижней границей прошлого торгового диапазона.
2. Широкий разрыв цен вниз.
3. Флаг, образовавшийся после снижения цен.
4. Обратный пробой цен в нижнюю часть предыдущего флага.

Вы согласны или не согласны с анализом? Оцените ситуацию перед тем, как переворачивать страницу.

Рисунок 14.37б.

МЕДЬ, МАРТ 1994

Закрытие позиции

Позиция была ликвидирована, поскольку однодневное движение цен вверх породило не менее четырех сигналов, противоречивших сделке.

1. Предыдущий разрыв цен вниз был заполнен.
2. Образовался новый разрыв вверх.
3. Рынок закрылся выше линии сильного сопротивления.
4. Рынок закрылся выше предыдущего относительного максимума.

Комментарий

Эта сделка выглядит как хрестоматийный пример благоприятных условий для продажи, причем понижательный прогноз поддерживают четыре графически обоснованных фактора. И действительно, в типичном учебнике сразу вслед за сигналом к продаже была бы видна приятная понижательная тенденция. Все выглядело бы так просто. Однако реальный мир устроен иначе. Какими бы убедительными ни были основания сделки, помните, что она всегда может принести вам убыток. На самом деле эта сделка не продемонстрировала ни одного прибыльного дня! Урок: не следует жестко придерживаться какого-либо мнения о рынке. Умение быстро менять свое мнение может оказаться важнейшим фактором успешного применения графического анализа в биржевой торговле.

Рисунок 14.38а.

МЕДЬ, МАЙ 1994

Причины открытия позиции

1. Вершина в форме «бычьей» западни.
2. Ценовой разрыв вниз.
3. Появление флага после снижения цен.
4. Точка продажи вблизи сопротивления, обусловленного верхней границей флага.

Вы согласны или не согласны с анализом?
Оцените ситуацию перед тем, как переворачивать страницу.

Рисунок 14.38б.

МЕДЬ, МАЙ 1994

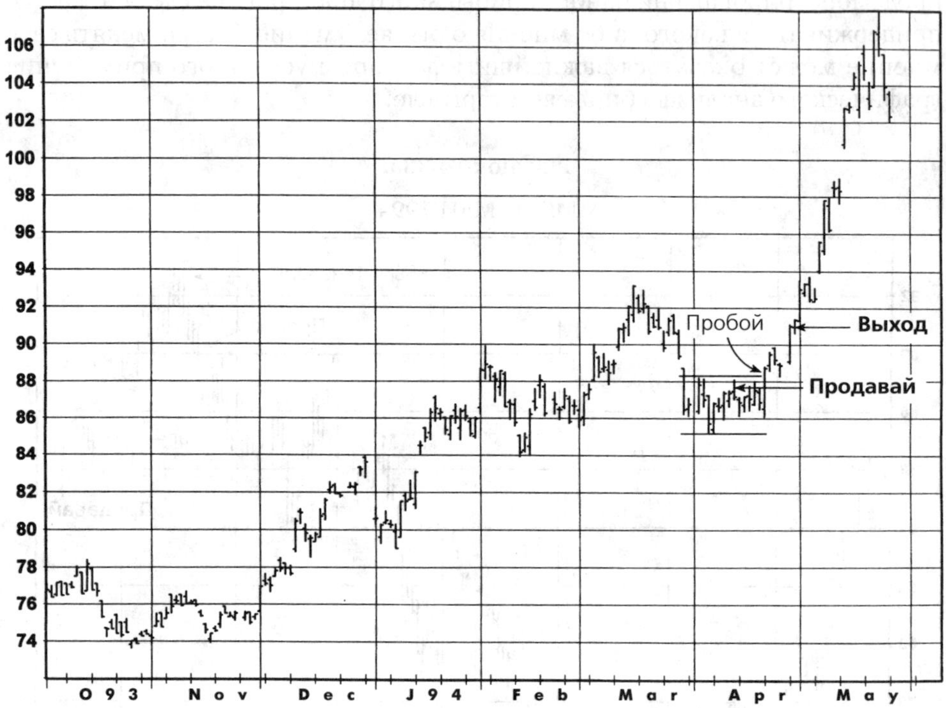

Закрытие позиции

Устойчивый пробой верхней границы горизонтальной консолидации — типичный «бычий» сигнал.

Комментарий

Еще одна внешне идеальная сделка, которая не сработала, причем на том же рынке, но только несколько месяцев спустя.

Сынок, реальный мир — это суровое место. Все комментарии по предыдущей сделке применимы и здесь.

Рисунок 14.39а.

МЕДЬ, ДЕКАБРЬ 1994

Причины открытия позиции

1. Вершина в форме «бычьей» западни.
2. Близость сопротивления, обусловленного внутренней линией тренда.
3. Треугольная консолидация после снижения цен с большей вероятностью будет пробита вниз.

Вы согласны или не согласны с анализом?
Оцените ситуацию перед тем, как переворачивать страницу.

Рисунок 14.39б.

МЕДЬ, ДЕКАБРЬ 1994

Закрытие позиции

Закрытие существенно выше внутренней трендовой линии явилось сильным сигналом к покупке, противоречащим нашей позиции.

Комментарий

Нет, только не это! Еще одна внешне благоприятная возможность для продажи, которая представлялась ведущей как минимум к краткосрочному снижению цен, в действительности оказалась убыточной с самого первого дня, причем опять на том же рынке, только несколькими месяцами позже. Здесь снова применимы комментарии к рис. 14.37б. Кроме того, заметьте, насколько большими были бы убытки по этим трем прошлым сделкам, если бы позиции не были ликвидированы сравнительно быстро в ответ на изменившиеся реалии рынка. Эх, будь я действительно умным, я пошел бы в другом направлении!

Рисунок 14.40а.

МЕДЬ, МАРТ 1995

Причины открытия позиции

Модель флага, образовавшаяся на новом, более высоком уровне цен, обычно ведет по крайней мере к краткосрочному подъему.

Вы согласны или не согласны с анализом?
Оцените ситуацию перед тем, как переворачивать страницу.

Рисунок 14.40б.

МЕДЬ, МАРТ 1995

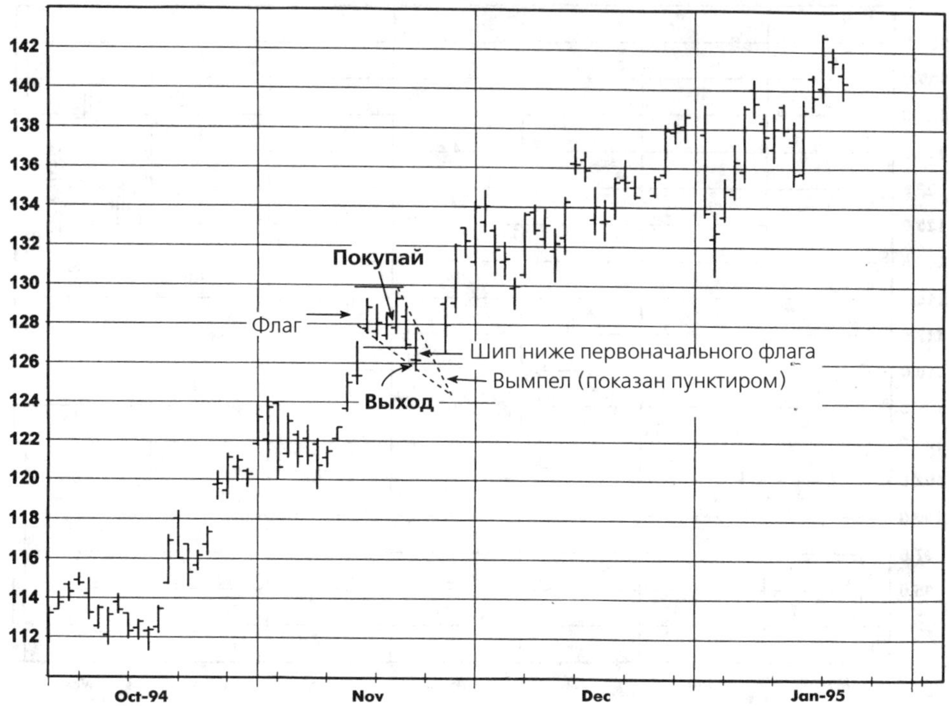

Закрытие позиции

Сделка ликвидирована после пробоя нижней границы флага.

Комментарий

Хотя идея этой сделки в конечном счете оказалась правильной и могла бы быть очень прибыльной, в реальности сделка закончилась убытком. Причина разочаровывающего результата в том, что я совершил торговую ошибку: защитная остановка была подтянута слишком близко. Модели флага и вымпела часто меняют свои очертания по мере развития. Также довольно обычным для этих моделей являются их проколы однодневными шипами. Следовательно, важно, чтобы остановки в таких сделках предполагали некоторый допуск на проколы или изменение формы модели. Демонстрируемая сделка может рассматриваться как любой из вышеупомянутых вариантов развития, т.е. либо как однодневный шип ниже первоначальной модели флага, либо как изменение формы модели (флаг превратился в вымпел).

Рисунок 14.41а.

МЕДЬ, ИЮЛЬ 1995

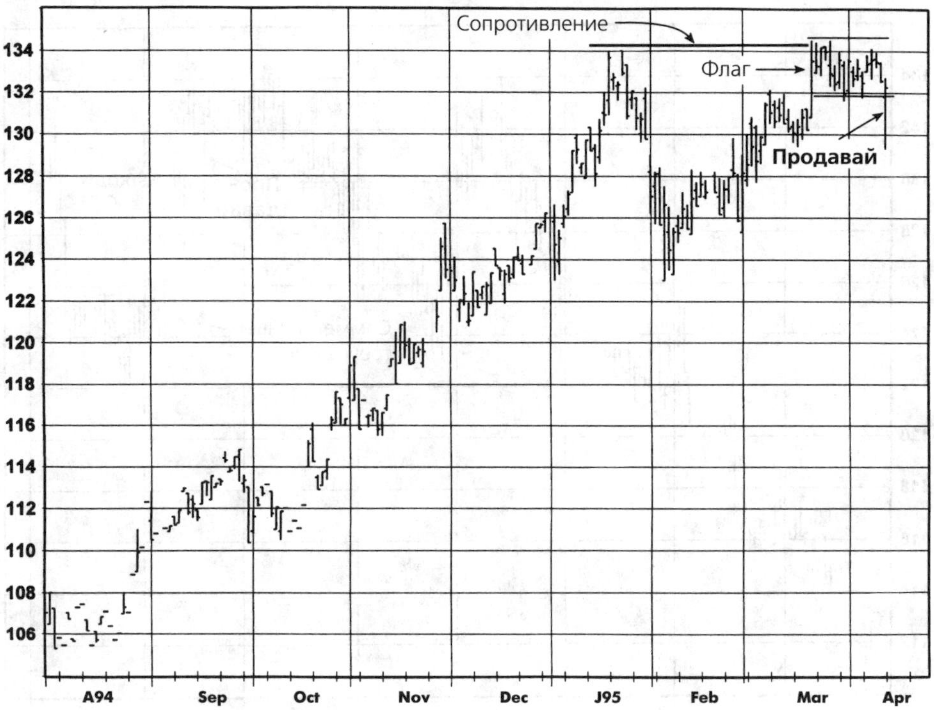

Причины открытия позиции

1. Разворот рынка в непосредственной близости от уровня сопротивления, обусловленного прошлым пиком, предполагал возможность двойной вершины.
2. Пробой флага вниз.

Вы согласны или не согласны с анализом?
Оцените ситуацию перед тем, как переворачивать страницу.

Рисунок 14.41б.

МЕДЬ, ИЮЛЬ 1995

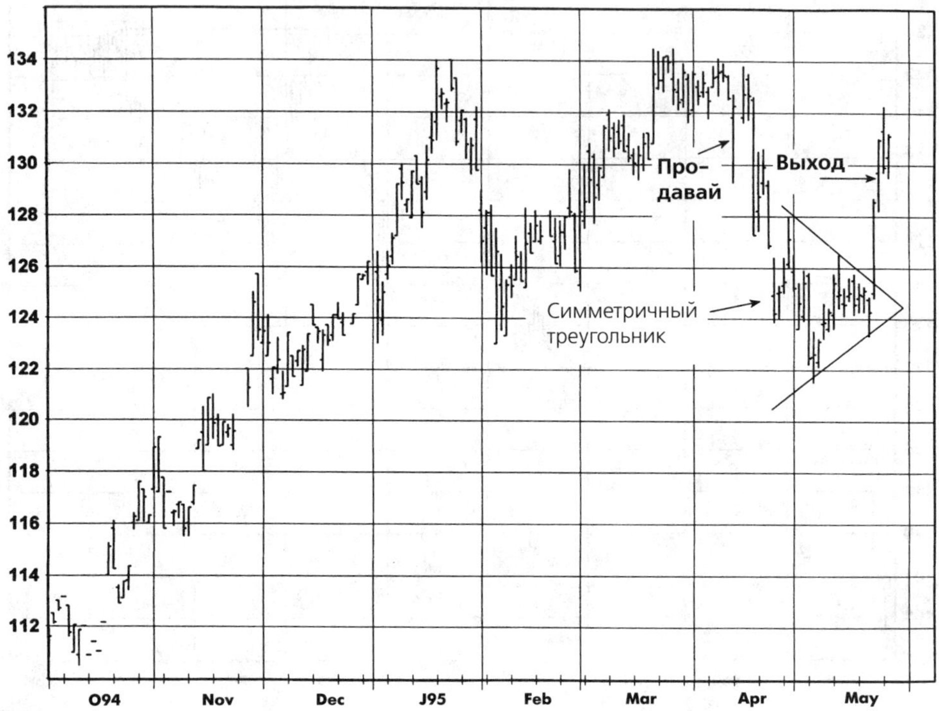

Закрытие позиции

Существенный пробой верхней границы симметричного треугольника.

Комментарий

Хотя эта сделка не сработала, как ожидалось, тот факт, что первоначальное движение цен пошло в прогнозируемом направлении, обеспечил небольшую прибыль. Защитная остановка, вероятно, была чуть шире, чем требовалось, но я был склонен дать рынку больше простора, поскольку сформировавшаяся двойная вершина (которая появилась после более чем годового роста цен) предполагала очень крупную потенциальную прибыль, если бы исходная предпосылка подтвердилась.

Рисунок 14.42а.

СЫРАЯ НЕФТЬ, НОЯБРЬ 1993

Причины открытия позиции

1. Формация, похожая на двойное дно, образована шипом и вторичным минимумом.
2. Образование флага после подъема указывало на вероятность дальнейшего движения цен наверх.
3. Ценовой разрыв наверх.

Вы согласны или не согласны с анализом?
Оцените ситуацию перед тем, как переворачивать страницу.

Рисунок 14.42б.

СЫРАЯ НЕФТЬ, НОЯБРЬ 1993

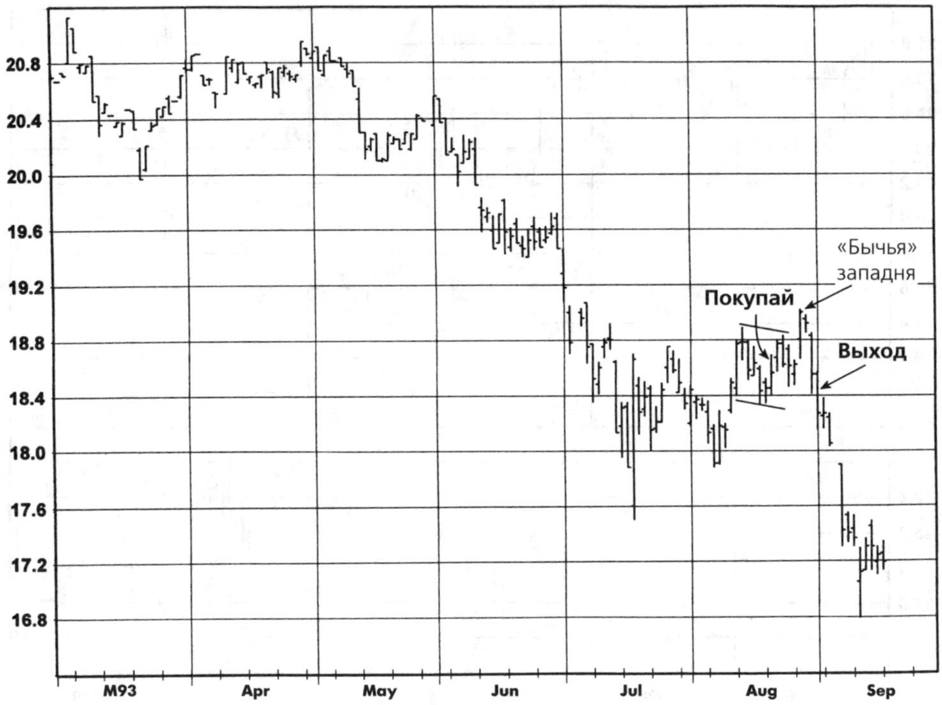

Закрытие позиции

Возвращение к нижней границе флага после пробоя его верхней границы сформировало «бычью» западню.

Комментарий

Внимательное отслеживание изменяющихся условий *после* открытия позиции (в нашем примере — появление «бычьей» западни) помогло минимизировать убыток несмотря на то, что торговое решение было очень неправильным.

Рисунок 14.43a.

СЫРАЯ НЕФТЬ, НЕПРЕРЫВНЫЕ ФЬЮЧЕРСЫ

Причины открытия позиции

1. Вымпел, образовавшийся у нижней границы торгового диапазона, предупреждал о возможности еще одного движения вниз.
2. Широкий разрыв вниз, непосредственно предшествовавший образованию вымпела.

Вы согласны или не согласны с анализом?
Оцените ситуацию перед тем, как переворачивать страницу.

Рисунок 14.43б.

СЫРАЯ НЕФТЬ, НЕПРЕРЫВНЫЕ ФЬЮЧЕРСЫ

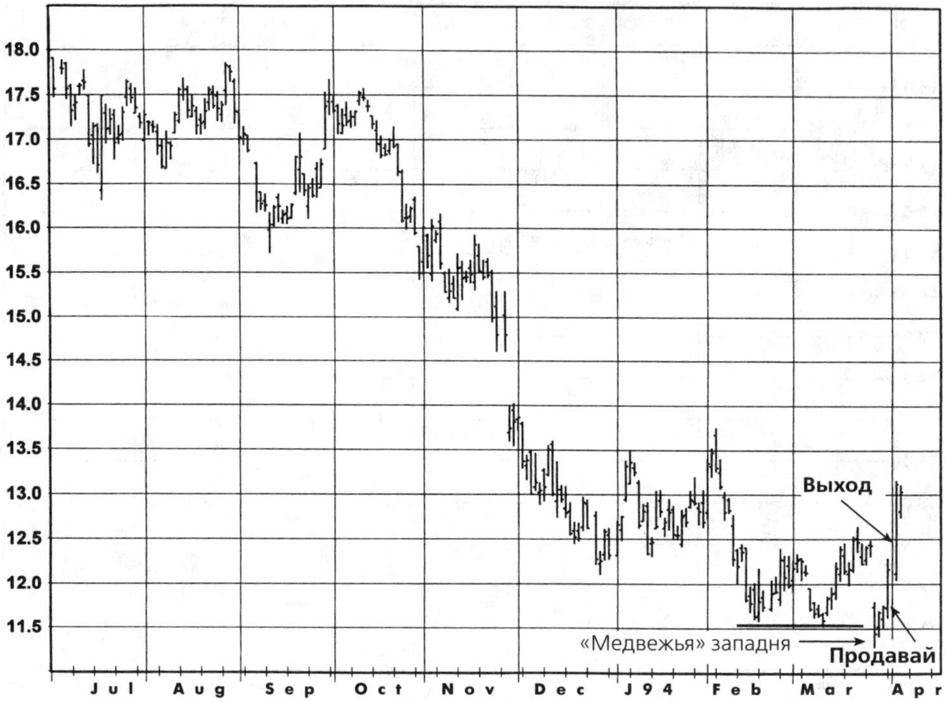

Закрытие позиции

Последующий возврат цен почти к вершине торгового диапазона сделал минимум модели вымпела похожим на разворот в форме «медвежьей» западни.

Комментарий

См. следующую сделку.

Рисунок 14.44а.

СЫРАЯ НЕФТЬ, НЕПРЕРЫВНЫЕ ФЬЮЧЕРСЫ

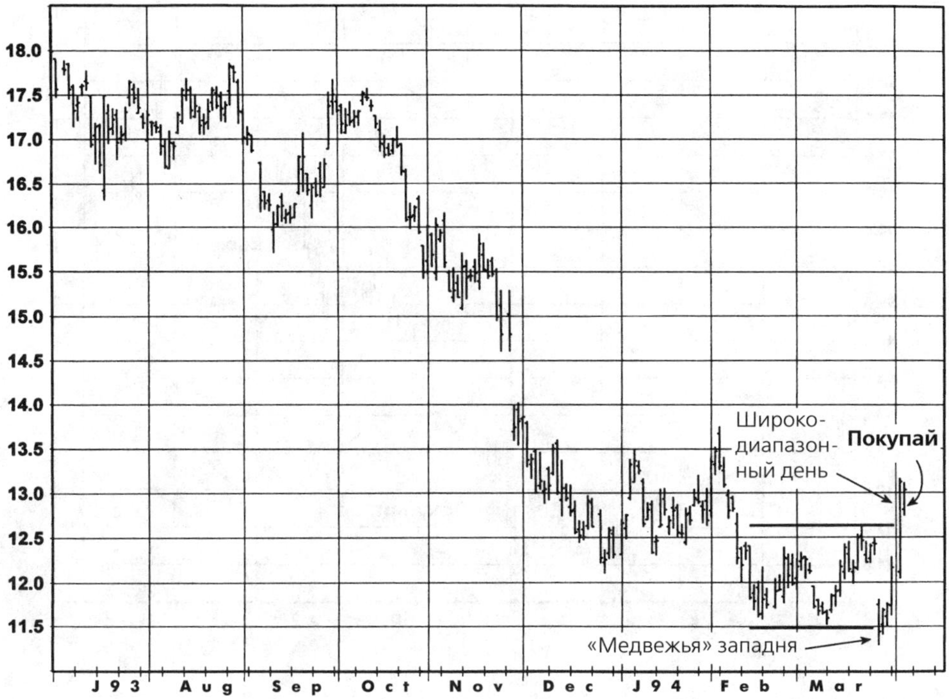

Причины открытия позиции

1. Минимум в форме «медвежьей» западни.
2. Широкодиапазонный день, образовавшийся вблизи минимума длительного снижения цен.

Этот график выглядит знакомым, так как позиция была открыта на следующий день после исполнения защитной остановки в предыдущей сделке.

Вы согласны или не согласны с анализом?
Оцените ситуацию перед тем, как переворачивать страницу.

Рисунок 14.44б.

СЫРАЯ НЕФТЬ, НЕПРЕРЫВНЫЕ ФЬЮЧЕРСЫ

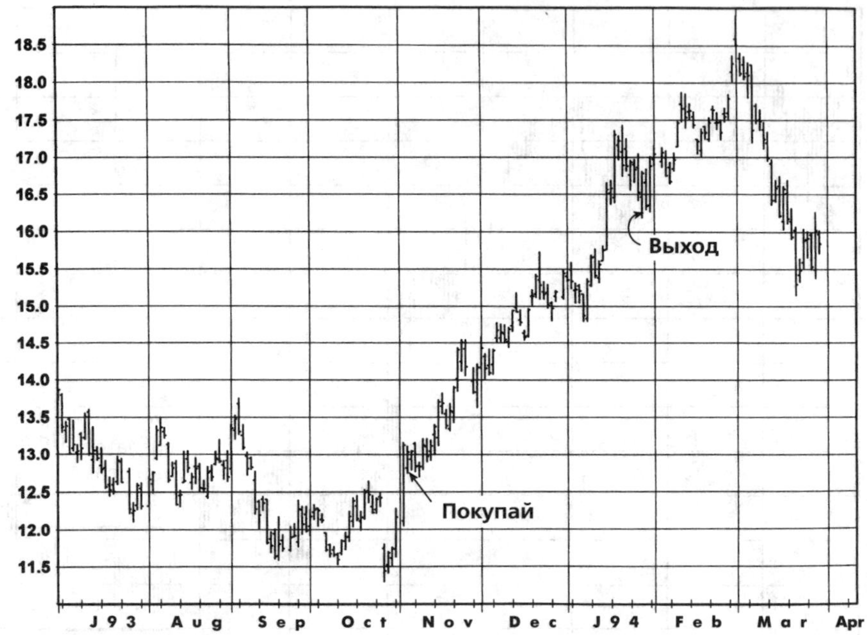

Закрытие позиции

Позиция была ликвидирована при исполнении «следящей» остановки, которая ко времени закрытия была установлена очень близко к рыночным ценам из-за большой текущей прибыли.

Комментарий

Эта сделка была проведена благодаря ложным сигналам, относящимся к предыдущей сделке. Гибкость в признании ошибки и разворот (а не просто ликвидация) первоначальной позиции позволили отвоевать большую прибыль в торговой цепочке, начавшейся с открытия короткой позиции фактически на дне рынка (рис. 14.43а.)! Эта сделка ярко иллюстрирует мысль о том, что способность четко реагировать на постоянно изменяющееся поведение рыночных цен является гораздо более важным качеством, чем мастерство в выборе сделок. (Обратите внимание на то, что для иллюстрации данной сделки были взяты графики непрерывных фьючерсов, поскольку позиция несколько раз перекладывалась в новые контракты.)

Рисунок 14.45а.

СЫРАЯ НЕФТЬ, ИЮНЬ 1995

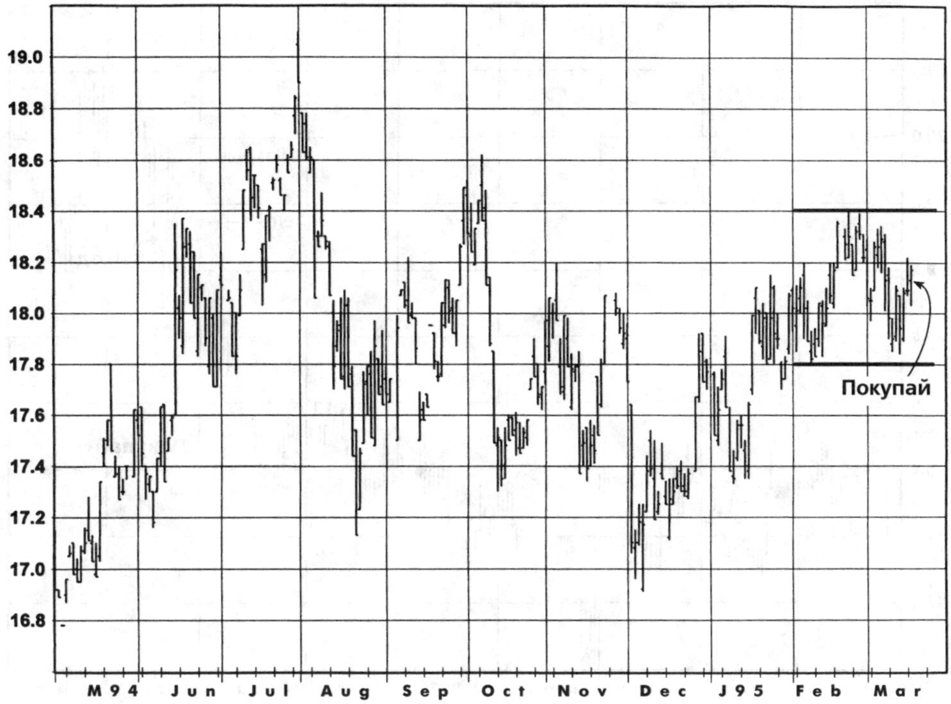

Причины открытия позиции

Узкая консолидация, сформировавшаяся в верхней части более широкого торгового диапазона, свидетельствовала о возможности последующего пробоя наверх.

Вы согласны или не согласны с анализом?
Оцените ситуацию перед тем, как переворачивать страницу.

Рисунок 14.45б.

СЫРАЯ НЕФТЬ, ИЮНЬ 1995

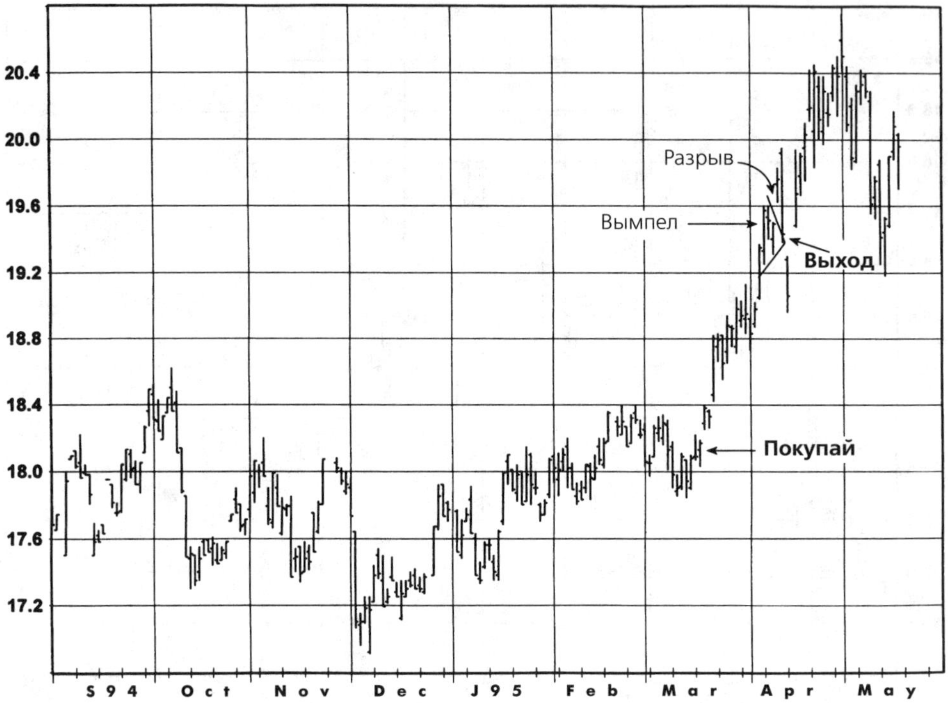

Закрытие позиции

Заполнение разрыва, образовавшегося при пробое модели вымпела, предполагало возможность разворота тенденции.

Комментарий

Торговый диапазон, формирующийся у границы более широкого торгового диапазона, может указывать возможное направление следующего крупного движения цен.

Рисунок 14.46а.

МАЗУТ, ОКТЯБРЬ 1993

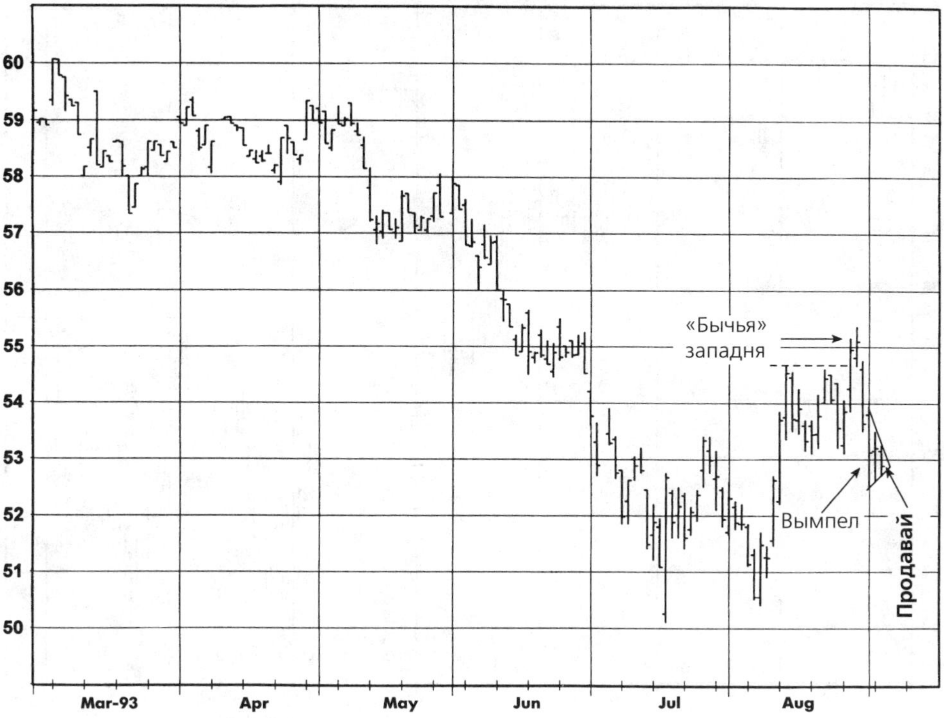

Причины открытия позиции

1. «Бычья» западня.
2. Вымпел, образовавшийся вслед за снижением цен после «бычьей» западни.

Вы согласны или не согласны с анализом?
Оцените ситуацию перед тем, как переворачивать страницу.

Рисунок 14.46б.

МАЗУТ, ОКТЯБРЬ 1993

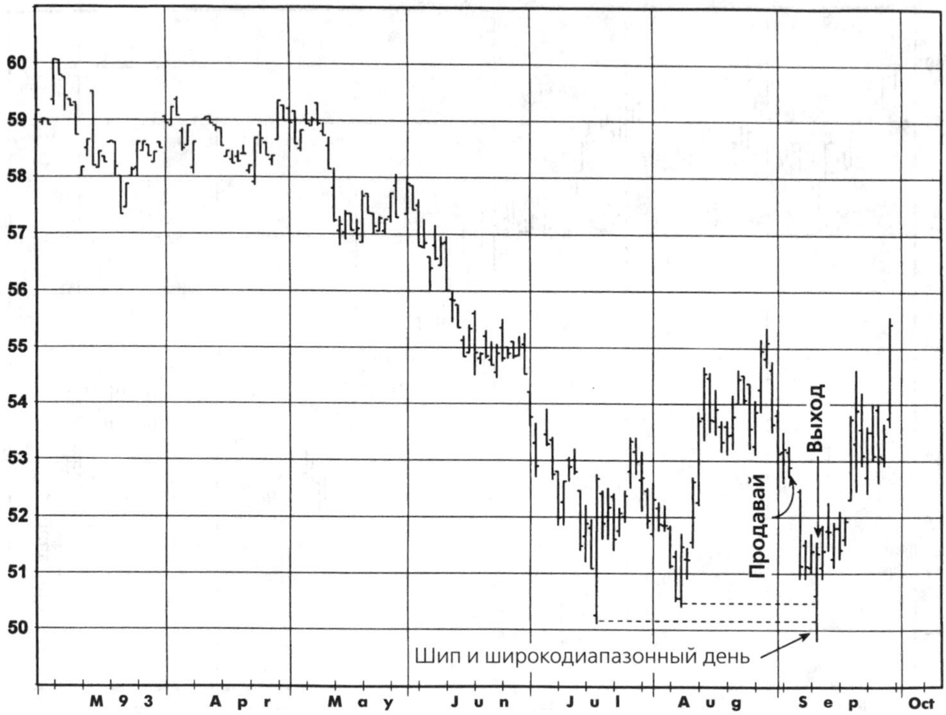

Закрытие позиции

За пробоем июльского и августовского минимумов последовал сильный отскок цен наверх в пределах того же торгового дня, что породило резкий «шипованный» минимум (и широкодиапазонный день), предполагавший возможный разворот тенденции.

Комментарий

Резкие шипы, достигающие новых минимумов (или максимумов) с закрытием в противоположном направлении, могут подавать предупредительный сигнал о развороте рынка.

Рисунок 14.47а.

НЕЭТИЛИРОВАННЫЙ БЕНЗИН, СЕНТЯБРЬ 1994

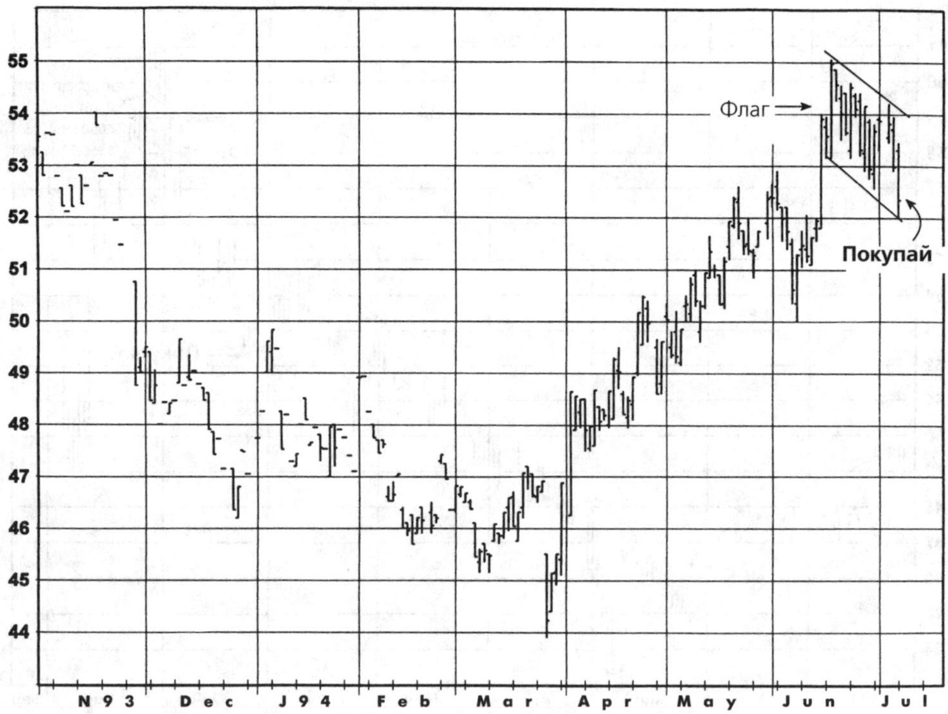

Причины открытия позиции

1. Модель флага в ходе повышательной тенденции предупреждает о возможности нового движения цен наверх.
2. Покупка сделана вблизи поддержки, обусловленной нижней границей флага.

Вы согласны или не согласны с анализом?
Оцените ситуацию перед тем, как переворачивать страницу.

Рисунок 14.47б.

НЕЭТИЛИРОВАННЫЙ БЕНЗИН, СЕНТЯБРЬ 1994

Закрытие позиции

Позиция была ликвидирована, когда флаг, образовавшийся после достижения важной цели измеренного движения, был пробит в направлении, противоположном ожидаемому.

Комментарий

Пробои флага в направлении, противоположном ожидаемому, иногда могут подавать сигналы к закрытию (или развороту) позиции достаточно близко от крупных поворотных пунктов, особенно когда такие сигналы слабости рынка появляются после достижения важной цели измеренного движения.

Рисунок 14.48а.

НЕЭТИЛИРОВАННЫЙ БЕНЗИН, ДЕКАБРЬ 1994

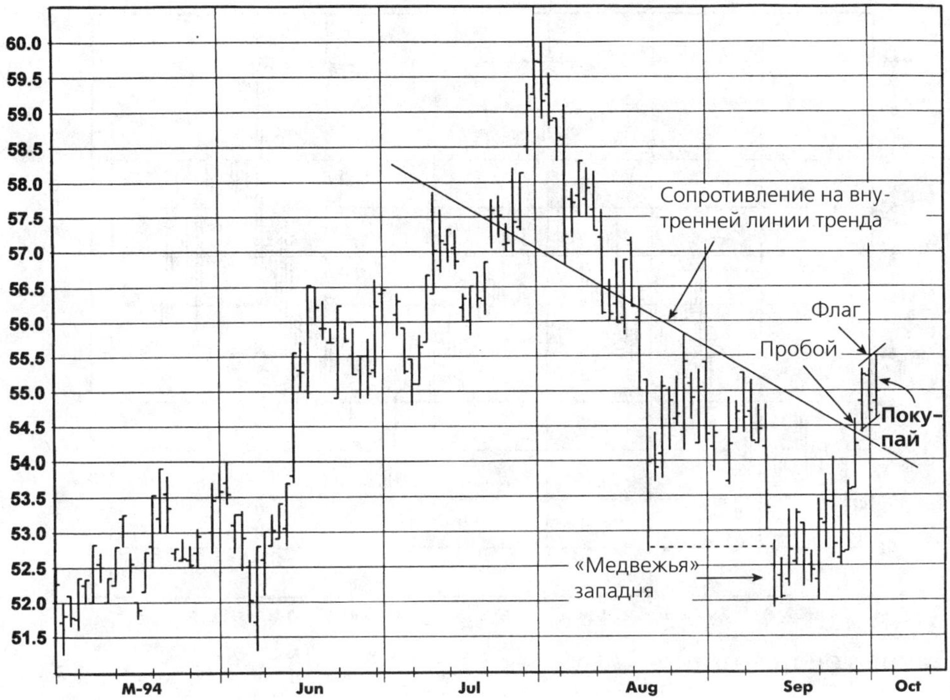

Причины открытия позиции

1. «Медвежья» западня.
2. Пробой сопротивления, обусловленного внутренней линией тренда.
3. Флаг, образовавшийся после подъема цен.

Вы согласны или не согласны с анализом?
Оцените ситуацию перед тем, как переворачивать страницу.

Рисунок 14.48б.

НЕЭТИЛИРОВАННЫЙ БЕНЗИН, ДЕКАБРЬ 1994

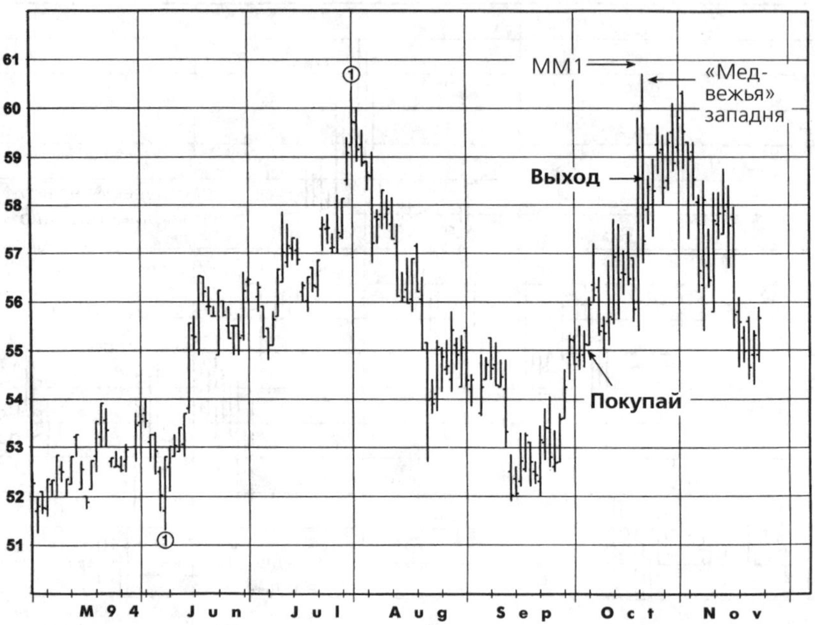

Закрытие позиции

Незначительное превышение предыдущего пика вслед за почти достигнутой важной целью измеренного движения и последующий резкий откат свидетельствовали о возможности разворота типа «медвежьей» западни.

Комментарий

Иногда одновременно могут появиться несколько сигналов, предупреждающих о смене тенденции. Например, обратите внимание, как день пика (в который была закрыта позиция) вобрал в себя все нижеперечисленные «медвежьи» черты.

1. Максимум вблизи важной цели измеренного движения.
2. Шип вверх.
3. «Медвежья» западня.
4. Широкодиапазонный день вниз.

Обычно такие множественные одновременные указания повышают надежность сигнала.

Рисунок 14.49а.

ПРИРОДНЫЙ ГАЗ, ДЕКАБРЬ 1993

Причины открытия позиции

1. На рынке, по-видимому, образовалась широкая разворотная формация. Текущий торговый диапазон должен был, по-видимому, стать вершиной, а не моделью, предшествующей подъему цен, по следующим причинам:
   - **а.** Торговому диапазону предшествовал крупный, многоволновый подъем цен.
   - **б.** Длительный характер торгового диапазона (почти пять месяцев к моменту рекомендации).
   - **в.** Широта торгового диапазона, более характерная для разворотной формации, чем для модели роста.
2. Узкий повышательный коридор, вопреки его направлению, является «медвежьей», а не «бычьей» моделью, т.е. обычно он пробивается вниз.
3. Флаг, образовавшийся вблизи нижней границы повышательного коридора, предупреждал о возможности быстрого пробоя нижней границы коридора.

Вы согласны или не согласны с анализом?
Оцените ситуацию перед тем, как переворачивать страницу.

Рисунок 14.49б.

ПРИРОДНЫЙ ГАЗ, ДЕКАБРЬ 1993

Закрытие позиции

1. Очевидная сильная поддержка вблизи линии клина требовала осторожности ввиду возможности отскока цен наверх. Поэтому следящая остановка была размещена сравнительно близко.
2. Устойчивый пробой верхней границы вымпела являлся в краткосрочном плане «бычьим» сигналом.

Комментарий

Обратите внимание на наращивание первоначальной позиции в точке, отмеченной на графике. Эта прибавка к короткой позиции была обоснована благодаря следующим факторам:

1. Явное наличие тройной вершины.
2. Шип стал свидетельством неудавшегося подъема и, кроме того, позволил поставить сравнительно близкую обоснованную остановку для дополнительной позиции.

Наращивание позиций является очень важным с точки зрения повышения прибыли. Такие добавочные позиции следует открывать в точках, где можно определить сравнительно близкую обоснованную остановку, например вблизи максимума шипа в нашем примере.

Эта сделка также иллюстрирует следующее наблюдение: если рынок вновь и вновь находит поддержку поблизости от линии клина, то это предполагает возможность резкого подъема цен. Поэтому появление удлиняющейся линии клина можно использовать как сигнал к ужесточению защитных остановок. Несмотря на то что в итоге рынок опустился до нового минимума, сравнительно быстрый выход, обусловленный отскоком от линии клина, был выгоден, поскольку весьма вероятно, что и более высокая остановка была бы активирована промежуточным подъемом. Кроме того, короткая позиция была в последующем восстановлена по более высокой цене (в следующем контракте).

Рисунок 14.50а.

ПРИРОДНЫЙ ГАЗ, МАРТ 1994

Причины открытия позиции

Продано на подъеме вследствие:

1. Явного наличия широкой разворотной формации.
2. Близкого сопротивления, обусловленного внутренней линией тренда, нижней границей треугольника и вершиной ценового разрыва, возникшего при пробое нижней границы треугольника.

Вы согласны или не согласны с анализом?
Оцените ситуацию перед тем, как переворачивать страницу.

Рисунок 14.50б.

ПРИРОДНЫЙ ГАЗ, МАРТ 1994

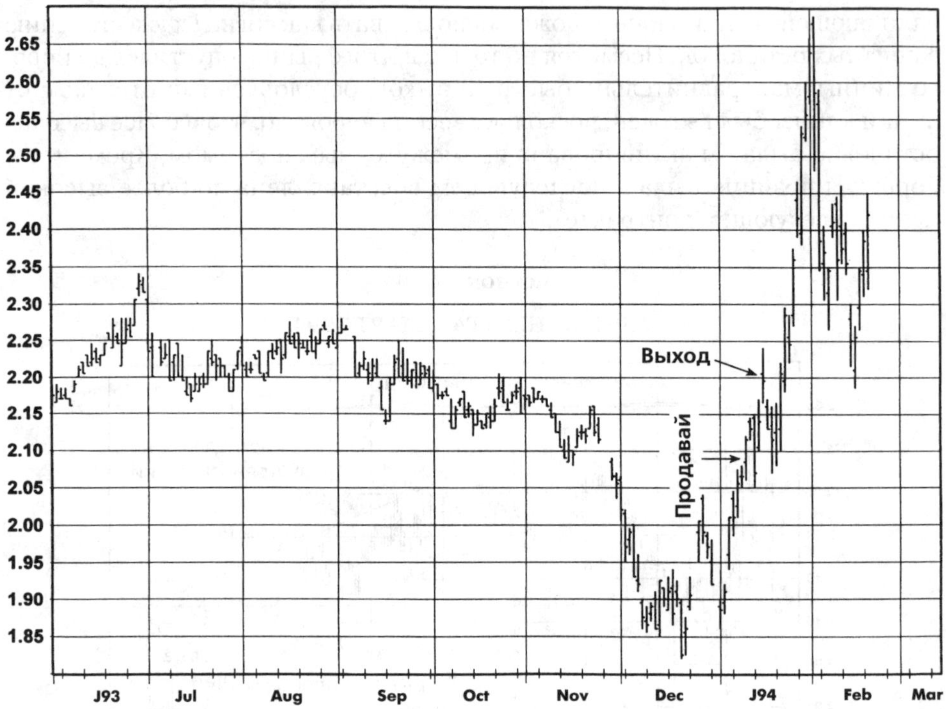

Закрытие позиции

Значительный пробой обоих уровней сопротивления, о которых говорилось выше, свидетельствовал о том, что подъем был началом нового «бычьего» рынка, а не коррекцией на рынке «медведей».

Комментарий

Широкая верхняя разворотная формация (т.е. широкий продолжительный торговый диапазон, за которым следует снижение цен), после пробоя ее нижней границы снизу вверх и возврата цены в ее середину, скорее всего будет пробита наверх развивающимся растущим трендом.

Рисунок 14.51а.

ПРИРОДНЫЙ ГАЗ, СЕНТЯБРЬ 1994

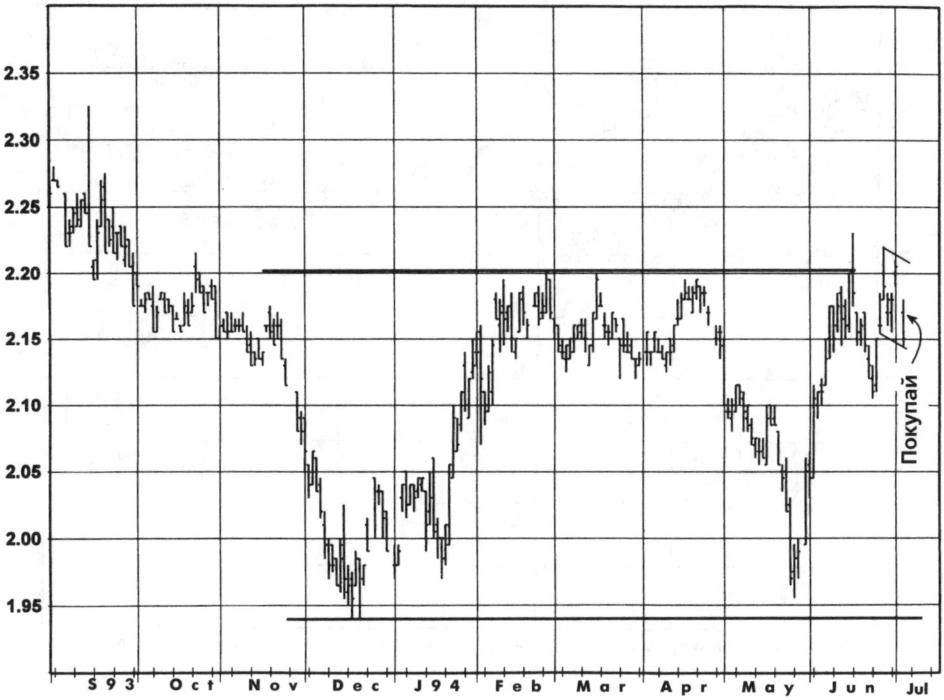

Причины открытия позиции

Флаг, образовавшийся у верхней границы продолжительного и широкого торгового диапазона, свидетельствует о возможности пробоя наверх в ближайшее время.

Вы согласны или не согласны с анализом?
Оцените ситуацию перед тем, как переворачивать страницу.

Рисунок 14.51б.

ПРИРОДНЫЙ ГАЗ, СЕНТЯБРЬ 1994

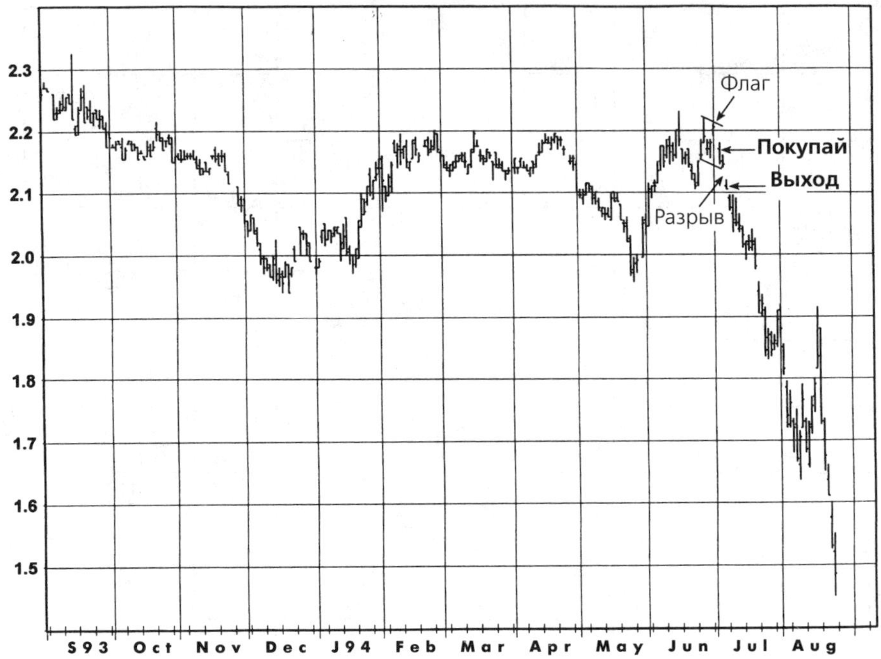

Закрытие позиции

Пробой флага вниз (причем с широким разрывом) нарушил исходную предпосылку сделки.

Комментарий

Эта сделка является замечательной иллюстрацией важности немедленного выхода из позиции, если поведение рынка противоречит исходной предпосылке. Следование этому принципу позволило выйти из рынка с небольшим убытком, несмотря на то что длинная позиция была открыта в самом начале страшного обвала цен. Небольшое промедление могло стать полной катастрофой.

Хотя внешне позиция выглядит ужасно — покупка непосредственно перед обвальным падением цен, даже задним числом я все равно квалифицировал бы ее как «хорошую сделку»: она была инициирована после модели, которая, если последовательно руководствоваться ей в долгосрочном плане, является прибыльной, и, кроме того, сделка была ликвидирована при первых признаках ошибки.

Рисунок 14.52а.

ПРИРОДНЫЙ ГАЗ, АПРЕЛЬ 1994

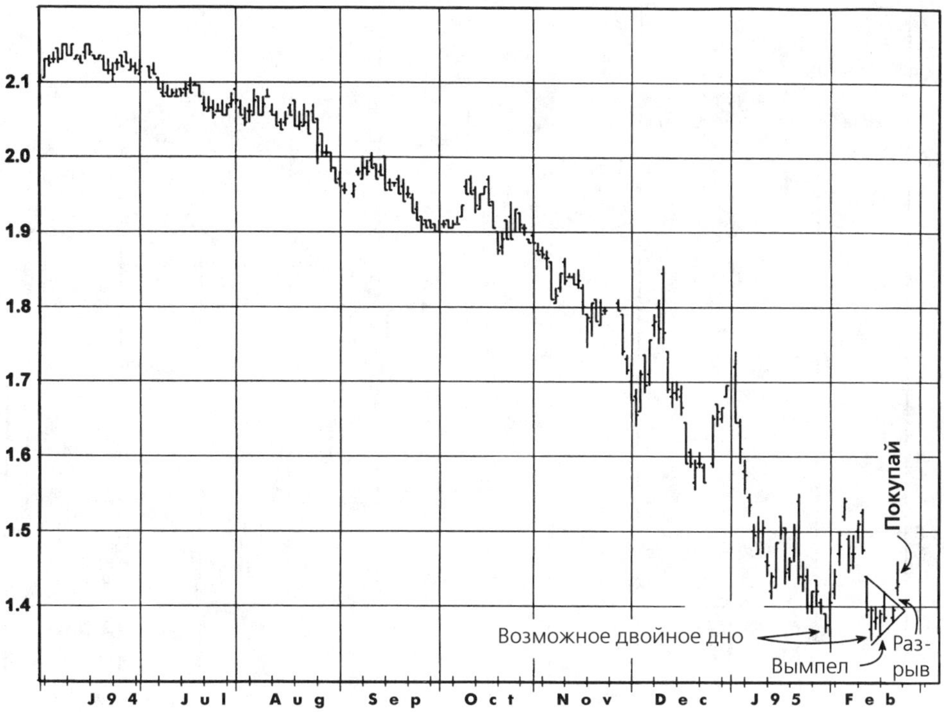

Причины открытия позиции

1. Близость рынка к нижней границе многолетнего торгового диапазона (не показан) предполагала внимательное отношение к сигналам о развороте вверх.
2. Пробой модели вымпела в направлении, противоположном ожидаемому, произошедший в форме разрыва, стал первым подтверждением возможного двойного дна.
3. Хотя свидетельства в пользу двойного дна едва ли были убедительными, одной из привлекательных сторон сделки было то, что предполагаемый риск, соответствующий ближайшей обоснованной защитной остановке, был сравнительно небольшим. (Первоначальная остановка была помещена сразу под вымпелом.)

Вы согласны или не согласны с анализом?
Оцените ситуацию перед тем, как переворачивать страницу.

Рисунок 14.52б.

ПРИРОДНЫЙ ГАЗ, АПРЕЛЬ 1994

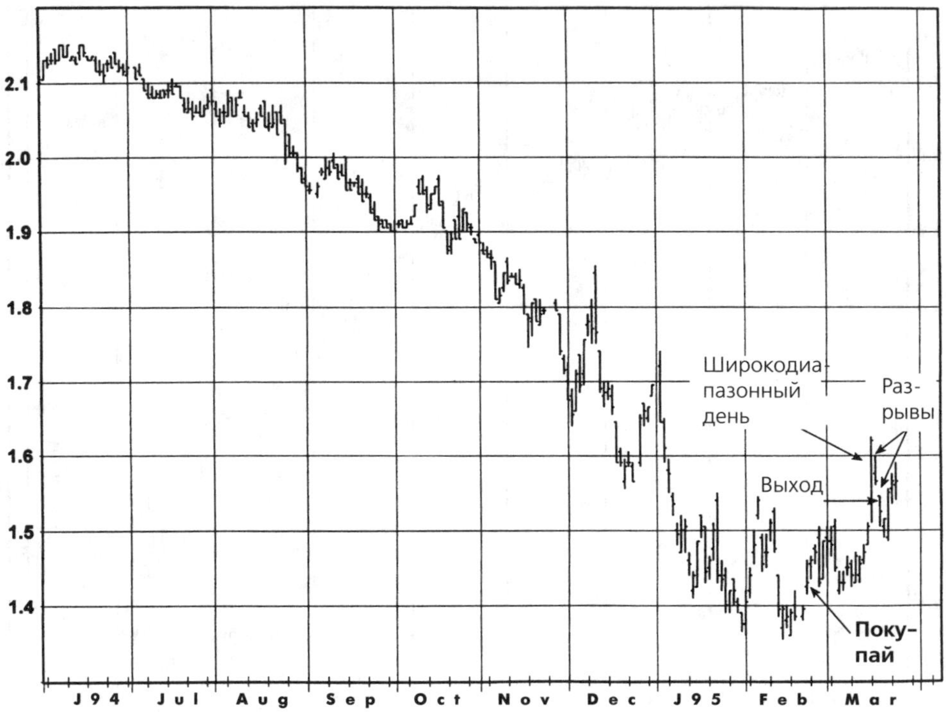

Закрытие позиции

Тот факт, что рынок упал к минимуму растущего широкодиапазонного дня за две последующие торговые сессии (причем с разрывами вниз), указывал на возможность дальнейшего падения цен.

Комментарий

Отнюдь не обязательно всегда ждать доказательств достижения рынком значимого дна (или вершины), прежде чем начинать сделку, основанную на предположении разворота тренда. Иногда, как это было в данном случае, можно открывать позицию при раннем сигнале разворота, если рынок находится вблизи долгосрочного уровня поддержки и может быть определена обоснованная защитная остановка с низким риском.

Рисунок 14.53а.

КУКУРУЗА, ДЕКАБРЬ 1993

Причины открытия позиции

1. Пробой нижней границы громадного нисходящего треугольника.
2. Флаг, образовавшийся под треугольником, указывал на вероятное продолжение понижательной тенденции.

Вы согласны или не согласны с анализом?
Оцените ситуацию перед тем, как переворачивать страницу.

Рисунок 14.53б.

КУКУРУЗА, ДЕКАБРЬ 1993

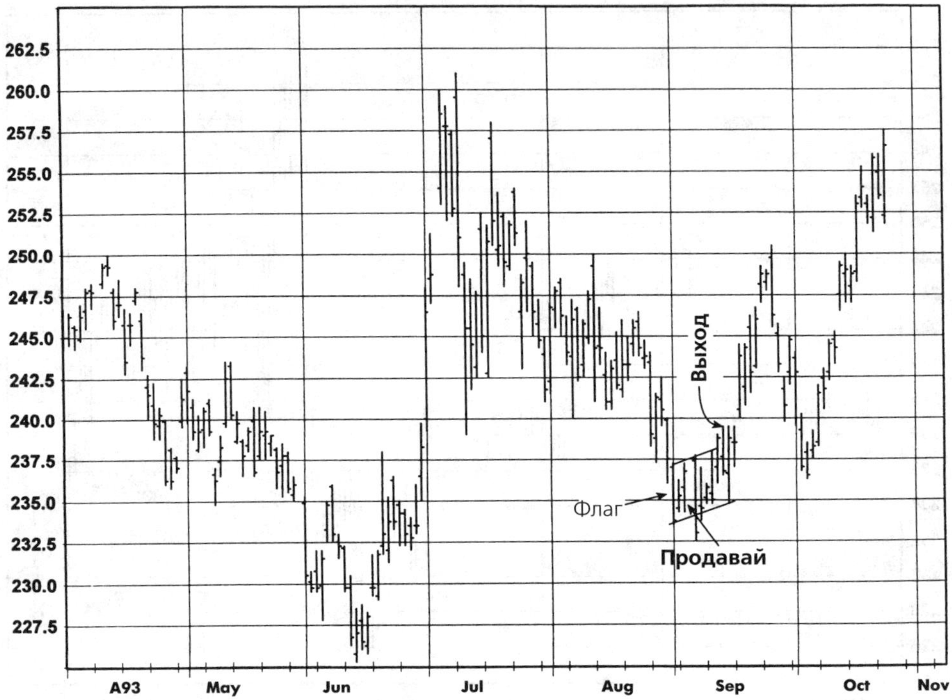

Закрытие позиции

Пробой флага в направлении, противоположном ожидаемому, указывал на то, что произошел разворот вверх.

Комментарий

Выход при первом признаке нарушения исходной предпосылки минимизировал убыток несмотря на то, что предпосылка сделки была ложной.

Рисунок 14.54а.

КУКУРУЗА, ДЕКАБРЬ 1993

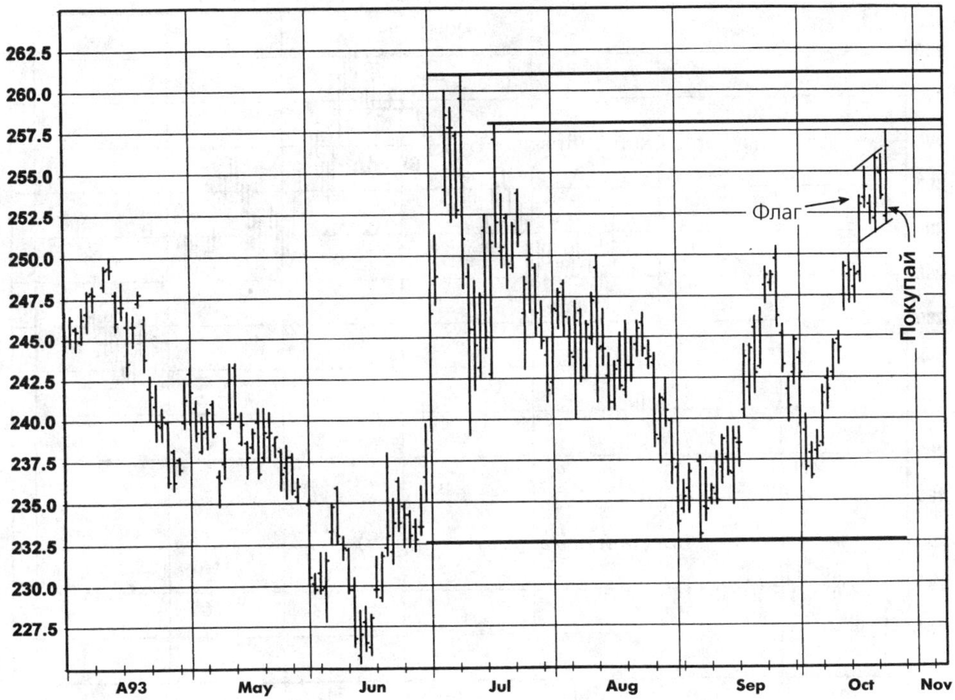

Причины открытия позиции

Флаг, образовавшийся в верхней части широкого торгового диапазона, свидетельствовал о возможности дальнейшего роста цен.

Вы согласны или не согласны с анализом?
Оцените ситуацию перед тем, как переворачивать страницу.

Рисунок 14.54б.

КУКУРУЗА, ДЕКАБРЬ 1993

Закрытие позиции

Учитывая протяженность непрерывного роста цен и близость уровня сопротивления, обусловленного максимумом 1990 г. на недельном графике ближайших фьючерсных контрактов (не показан), стратегия предполагала ликвидацию позиции при первом признаке слабости рынка. Это случилось в день выхода, когда произошел разрыв вниз, а затем незначительный прокол нижней границы последнего флага.

Комментарий

Та же самая модель, которая обусловила эту сделку, — флаг в верхней (или нижней) части широкого торгового диапазона — давала ложные сигналы в ряде предыдущих примеров. Заметьте, однако, насколько больше прибыль от достоверного сигнала, чем убыток от недостоверного.

Рисунок 14.55а.

КУКУРУЗА, МАЙ 1994

Причины открытия позиции

1. Устойчивый пробой линии шеи модели «голова и плечи».
2. Модель флага, образовавшаяся вслед за прорывом, предполагала вероятное продолжение понижательной тенденции.

Вы согласны или не согласны с анализом?
Оцените ситуацию перед тем, как переворачивать страницу.

Рисунок 14.55б.

КУКУРУЗА, МАЙ 1994

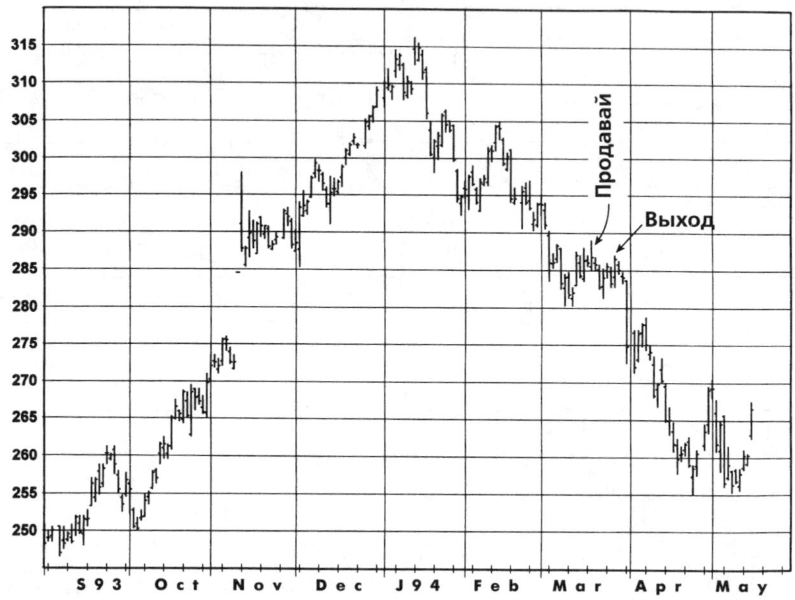

Закрытие позиции

Чрезмерное понижение защитной остановки вскоре после открытия позиции привело к ликвидации сделки с ничтожной прибылью.

Комментарий

Защитная остановка в этой сделке (на графике — «Выход») была поставлена точно на максимум, предшествовавший крупному обвалу цен! Некоторые трейдеры, сталкиваясь с подобным развитием событий, проклинают свою неудачу (или трейдеров из «ямы»). Однако результат был следствием не столько невезения, сколько торговой ошибки. А именно: остановка была перемещена слишком близко к рыночным ценам и очень рано. Как отмечалось в ряде предыдущих примеров, защитную остановку не следует подтягивать ближе самого близкого технически обоснованного уровня. Пониженная остановка в этой сделке была как раз посредине развивающейся консолидации и явно не имела никакого обоснования. Ирония в том, что цена даже не подошла к области убыточности позиции. В стремлении избежать любого риска была упущена возможность быстрого получения крупной прибыли. Мораль: в биржевой торговле нельзя победить, если не готов проиграть.

Рисунок 14.56а.

КУКУРУЗА, МАРТ 1995

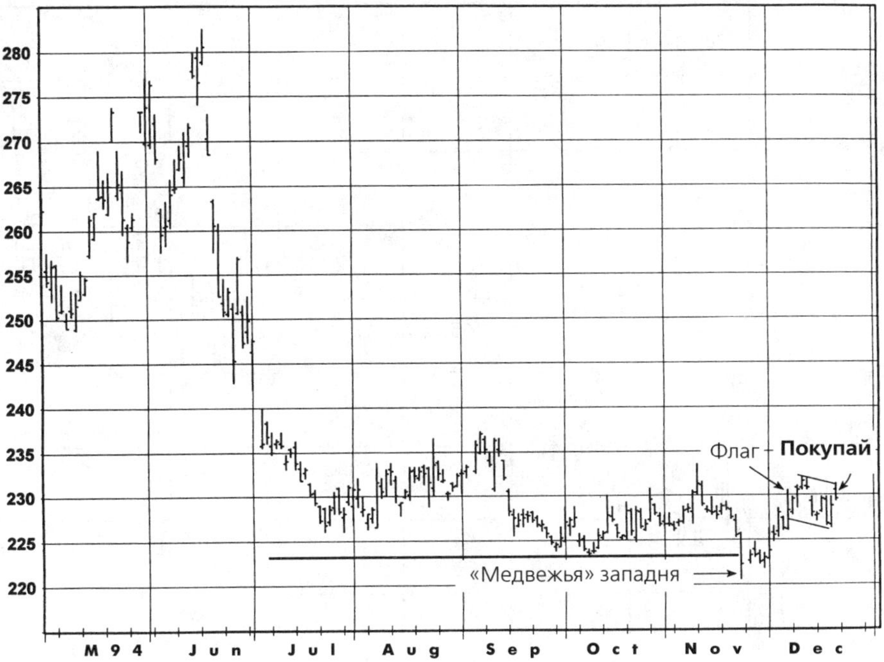

Причины открытия позиции

1. Долгосрочные графики (не показаны) предполагали вероятность формирования разворота тренда наверх. В частности, ноябрьский минимум был в зоне поддержки, обусловленной концентрацией крупных минимумов на графике ближайших фьючерсных контрактов (пять крупных минимумов в полосе цен 212–222 в течение предыдущих девяти лет) и как раз у уровня поддержки, обусловленного минимумом 1993 г. на графике непрерывных фьючерсов.
2. Однодневный шип, проколовший нижнюю границу пятимесячного торгового диапазона и последующий скорый возврат в диапазон образовали классическую модель «медвежьей западни».
3. Флаг, образовавшийся после повышения цен, указывал на то, что следующее движение цен будет направлено вверх.

Вы согласны или не согласны с анализом?
Оцените ситуацию перед тем, как переворачивать страницу.

Рисунок 14.56б.

КУКУРУЗА, ИЮЛЬ 1995

Закрытие позиции

К моменту написания этого раздела позиция все еще была открыта.

Комментарий

Разворот типа «медвежьей» западни, который произошел вблизи сильной поддержки на долгосрочных графиках, является мощным сигналом разворота рынка наверх. Чем дольше разворот типа «медвежьей» западни остается ненарушенным, тем он более надежен как сигнал крупного разворота тенденции.

Важно с максимальной выгодой использовать предполагаемые крупные и благоприятные торговые возможности посредством наращивания позиции по мере того, как рыночная тенденция и возникающие модели подтверждают первоначальную сделку. Добавочные позиции следует открывать в те моменты, когда можно определить близкие и обоснованные защитные остановки. Таким образом, риск по совокупной позиции находится под надежным контролем.

Рисунок 14.57а.

ПШЕНИЦА, ДЕКАБРЬ 1993

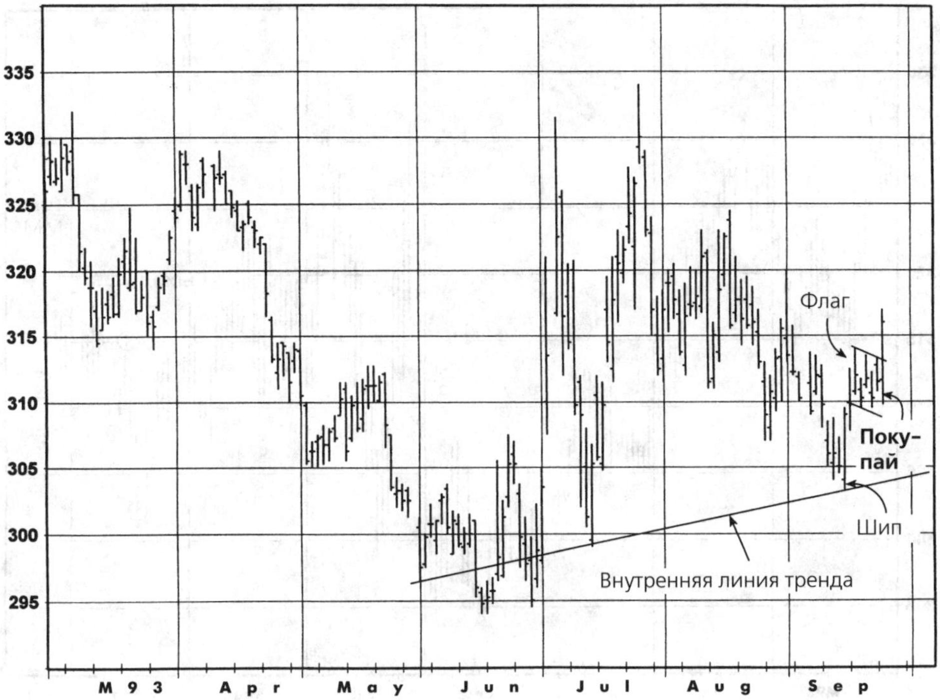

Причины открытия позиции

1. Рынок удерживался на уровне поддержки, обусловленной внутренней трендовой линией.
2. Шип вниз.
3. Флаг, образовавшийся после повышения цен.

Вы согласны или не согласны с анализом?
Оцените ситуацию перед тем, как переворачивать страницу.

Рисунок 14.57б.

ПШЕНИЦА, ДЕКАБРЬ 1993

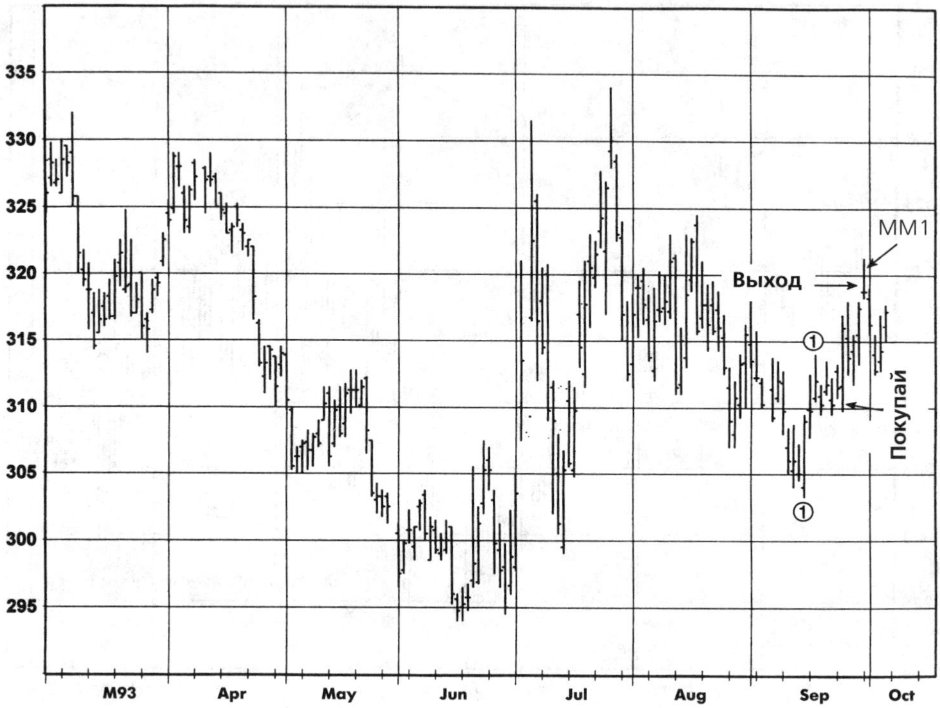

Закрытие позиции

Фиксация прибыли на подходе к цели измеренного движения (MM1).

Комментарий

Когда позиция ликвидируется вследствие достижения запланированной прибыли (а не враждебного поведения цен), нужно быть настроенным на возобновление сделки, если условия благоприятствуют этому (см. следующую сделку).

Рисунок 14.58а.

ПШЕНИЦА, ДЕКАБРЬ 1993

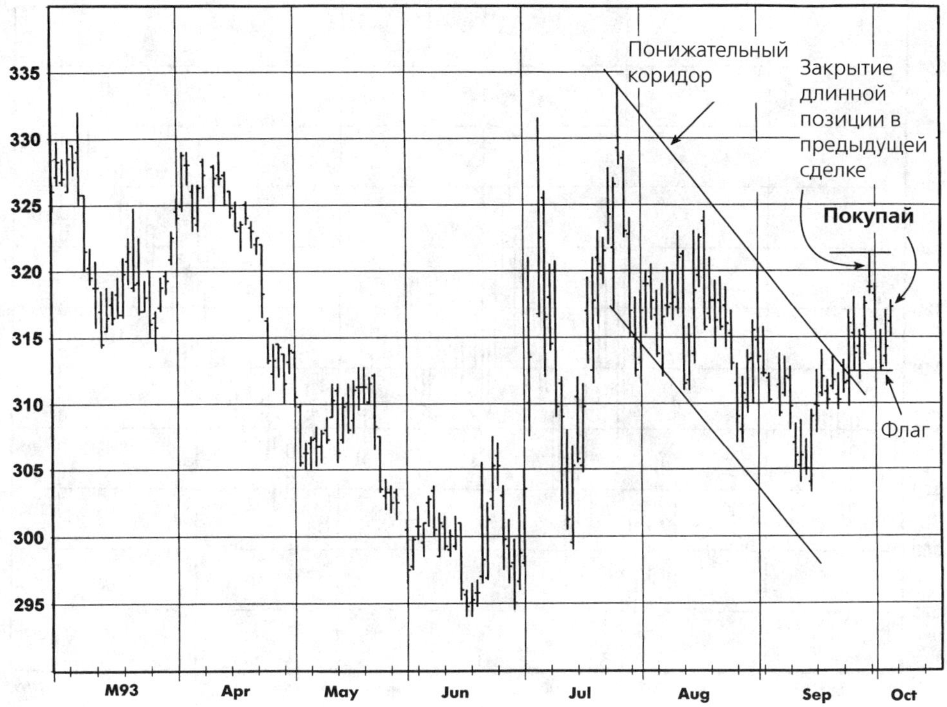

Причины открытия позиции

Флаг, образовавшийся после пробоя верхней границы трендового коридора, предполагал вероятность продолжения роста цен.

Вы согласны или не согласны с анализом?
Оцените ситуацию перед тем, как переворачивать страницу.

Рисунок 14.58б.

ПШЕНИЦА, ДЕКАБРЬ 1993

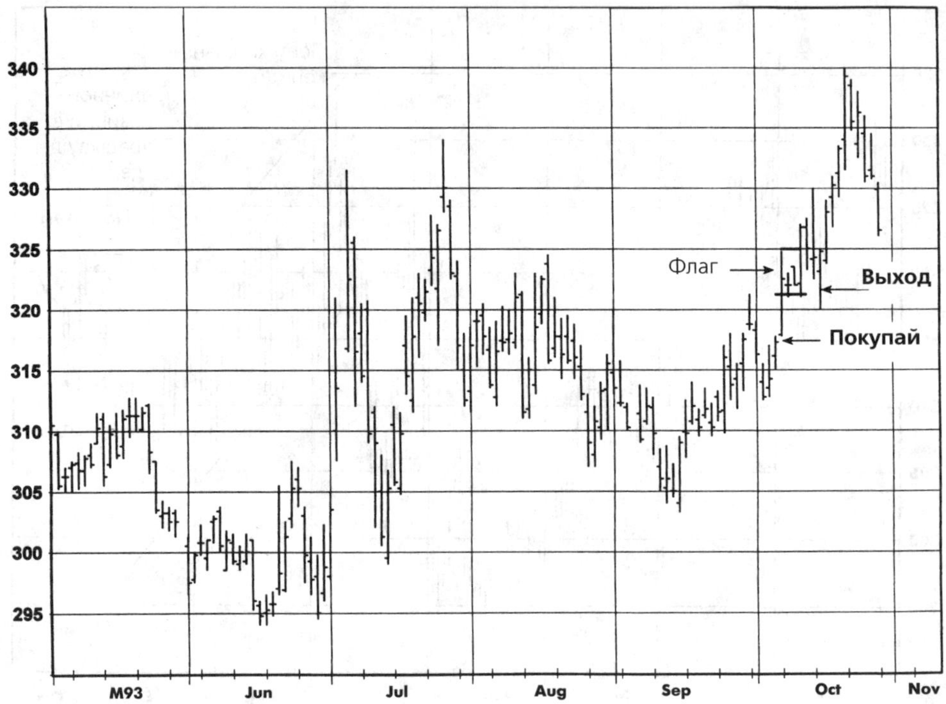

Закрытие позиции

Коррекция к нижней границе последнего флага в краткосрочном плане являлась сигналом слабости рынка.

Комментарий

Даже хотя эта сделка и была прибыльной, тем не менее размещение защитной остановки в точке, отражающей первый признак слабости рынка, привело к тому, что основная часть подъема была упущена. Использование *ближайших* технически обоснованных остановок имеет свои недостатки: в некоторых случаях такой подход обеспечивает очень своевременный выход, однако в других — приводит к преждевременному закрытию хороших позиций (как было в данном примере). Не существует единственного верного ответа на вопрос о том, как использовать подобные остановки; в значительной мере это дело личного выбора. Один из возможных компромиссных подходов состоит в том, чтобы избегать помещения остановки в зону безубыточности в первые две недели после открытия позиции. Это правило предотвратило бы преждевременный выход из данной сделки.

Рисунок 14.59а.

ПШЕНИЦА, ДЕКАБРЬ 1993

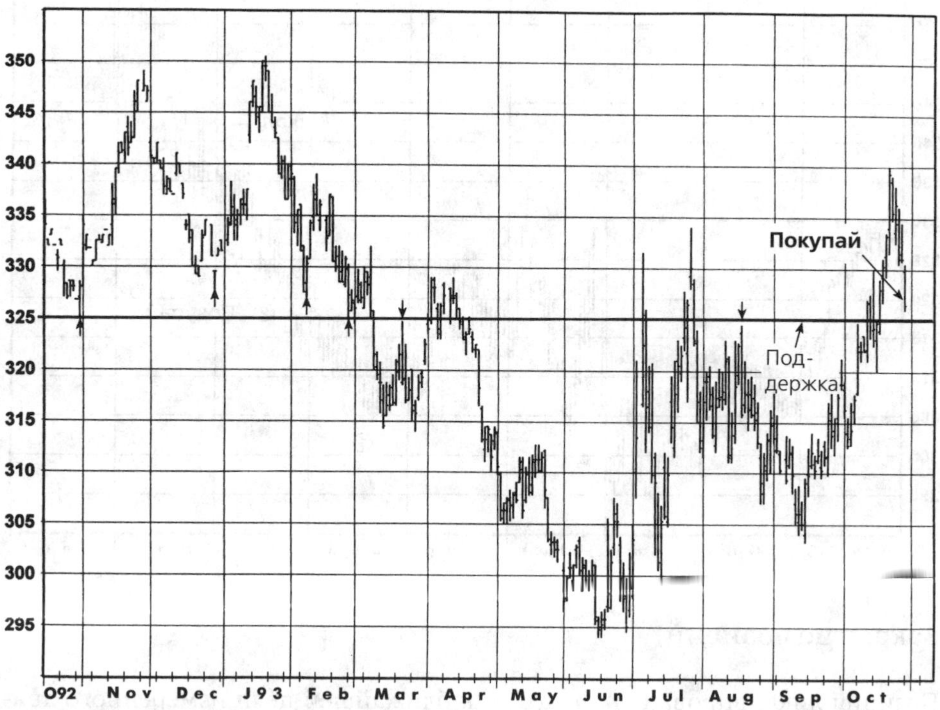

Причины открытия позиции

Рекомендовано открыть длинную позицию вблизи линии поддержки, обусловленной концентрацией прошлых относительных максимумов и относительных минимумов (обозначенных вертикальными стрелками на графике).

Вы согласны или не согласны с анализом?
Оцените ситуацию перед тем, как переворачивать страницу.

Рисунок 14.59б.

ПШЕНИЦА, ДЕКАБРЬ 1993

Закрытие позиции

Позиция ликвидирована на подходе к ближайшей цели измеренного движения (ММ2).

Комментарий

Несмотря на то что сделка прошла, как и планировалось, — покупка у минимума коррекции и фиксация прибыли вблизи краткосрочного относительного максимума, — была потеряна потенциальная прибыль от продолжения повышательного тренда. Обратите внимание, что в конечном счете повышение дошло до следующей цели измеренного движения (ММ1).

Рисунок 14.60а.

ПШЕНИЦА, МАЙ 1994

Причины открытия позиции

1. Возможное формирование двойной вершины.
2. Образование флага после снижения цен.

Вы согласны или не согласны с анализом?
Оцените ситуацию перед тем, как переворачивать страницу.

Рисунок 14.60б.

ПШЕНИЦА, МАЙ 1994

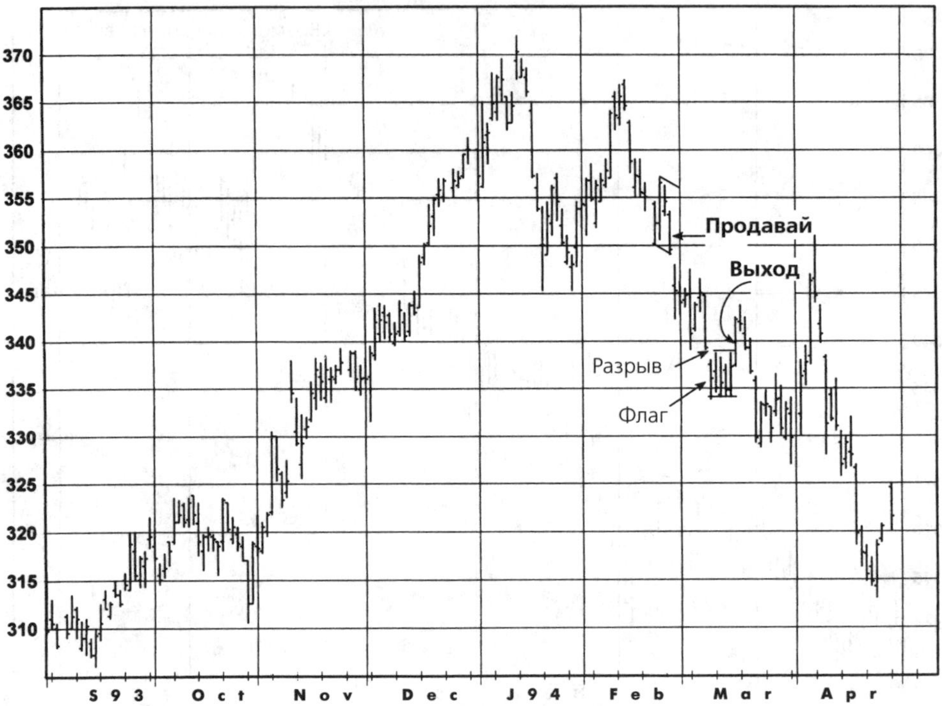

Закрытие позиции

Пробой флага в направлении, противоположном ожидаемому.

Комментарий

Обратите внимание на то, что хотя рынок в конечном итоге пошел значительно ниже, более широкая защитная остановка скорее всего все равно была бы исполнена на худшем уровне в ходе апрельского подъема. Хотя использование широких остановок в попытке удержать позицию в течение всей долгосрочной тенденции — весьма привлекательная идея, в реальной жизни некоторые тренды являются настолько волатильными, что использование подобного подхода привело бы лишь к худшему уровню закрытия позиции.

Рисунок 14.61а.

СОЕВЫЕ БОБЫ, НОЯБРЬ 1993

Причины открытия позиции

1. Крупный шип вверх и «бычья» западня свидетельствовали о возможности долговременного снижения цен.
2. Флаг, образовавшийся вблизи нижней границы более широкой консолидации, указывал на то, что следующее движение цен скорее всего будет направлено вниз.

Вы согласны или не согласны с анализом?
Оцените ситуацию перед тем, как переворачивать страницу.

Рисунок 14.61б.

СОЕВЫЕ БОБЫ, НОЯБРЬ 1993

Закрытие позиции

Фиксация прибыли вследствие близости сильной поддержки, обусловленной целью измеренного движения и верхней границей предшествующего торгового диапазона.

Комментарий

Фиксация прибыли без каких-либо признаков разворота тренда является обоснованной стратегией, если рынок приближается к уровню сильной поддержки после продолжительного снижения (или сопротивления после продолжительного подъема). Даже если в конечном счете цены продолжат свое движение, рынок с большой вероятностью временно отскочит от поддержки, что может привести к закрытию позиции по менее выгодным ценам. В данном случае в итоге рынок упал ниже уровня закрытия короткой позиции. Однако, если бы прибыль не была зафиксирована, существовала реальная возможность ликвидации позиции в ходе промежуточного подъема в сентябре. Кроме того, позицию всегда можно возобновить после фиксации прибыли, если это оправдано дальнейшим поведением цен (см. следующую сделку).

Рисунок 14.62а.

СОЕВЫЕ БОБЫ, НОЯБРЬ 1993

Причины открытия позиции

1. Разрыв при пробое нижней границы торгового диапазона.
2. Флаг, образовавшийся под торговым диапазоном и долгосрочной линией поддержки, предполагал вероятность дальнейшего снижения цен.

Вы согласны или не согласны с анализом?
Оцените ситуацию перед тем, как переворачивать страницу.

Рисунок 14.62б.

СОЕВЫЕ БОБЫ, НОЯБРЬ 1993

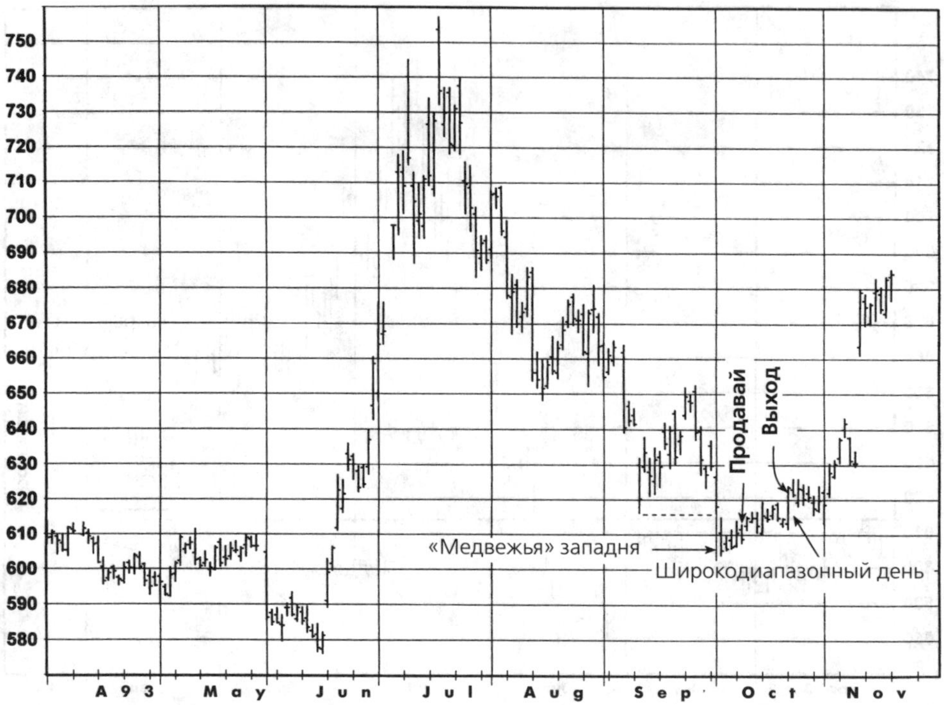

Закрытие позиции

1. Неспособность рынка продемонстрировать какое-либо продолжение понижательной тенденции в последующие недели предполагала возможность разворота типа «медвежьей» западни.
2. Широкодиапазонный день вверх, образовавшийся вблизи минимума рынка, является «бычьим» сигналом.

Комментарий

При открытии этой позиции казалось, что по крайней мере небольшая прибыль нам обеспечена на 100 %. Однако было зафиксировано только одно более низкое закрытие, а потом цены стали устойчиво расти. Вывод: никогда нельзя быть уверенным ни в одной позиции, независимо от того, насколько «медвежьей» или «бычьей» является модель. Следовательно, важно быть в постоянной готовности ликвидировать или развернуть позицию, если дальнейшее поведение цен не соответствует ожиданиям. Хотя эта короткая позиция была открыта вблизи минимума, завершившего продолжительное снижение, готовность быстро ликвидировать сделку в ответ на противоречивое поведение цен позволила выйти из рынка с минимальным убытком.

Рисунок 14.63а.

СОЕВЫЕ БОБЫ, МАЙ 1994

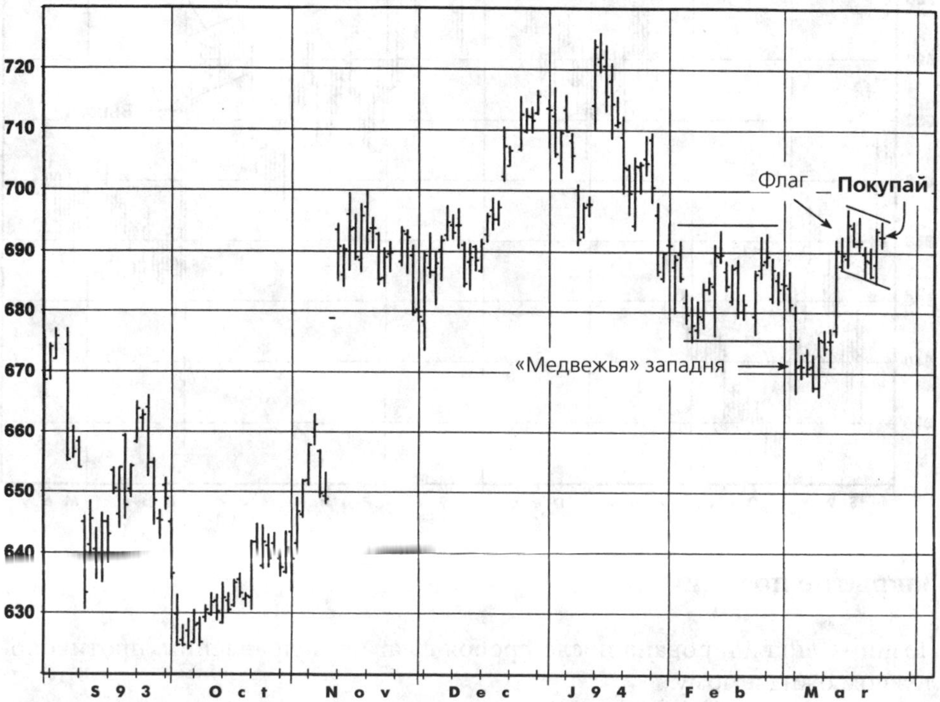

Причины открытия позиции

1. Явная «медвежья» западня.
2. Флаг, образовавшийся после скачка цен наверх.

Вы согласны или не согласны с анализом?
Оцените ситуацию перед тем, как переворачивать страницу.

Рисунок 14.63б.

СОЕВЫЕ БОБЫ, МАЙ 1994

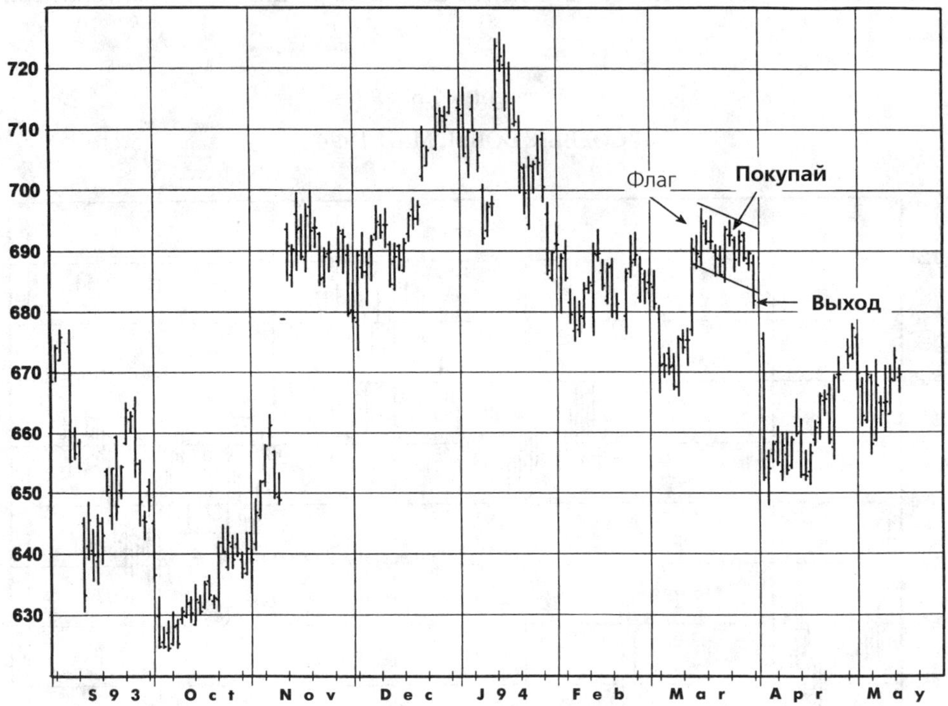

Закрытие позиции

Позиция ликвидирована после пробоя флага в направлении, противоположном ожидаемому.

Комментарий

Даже задним числом трудно назвать решение об открытии данной позиции ошибочным — модель по-прежнему выглядит несомненно «бычьей». Как показывают этот и другие примеры, торговля по графическим моделям базируется на процентных отношениях и на том, чтобы средний убыток оставался намного меньше средней прибыли. Однако факты говорят о том, что значительная часть всех сделок — даже тех, которые выглядят особенно многообещающе, — оказывается убыточной. В данном примере ликвидация позиции при первых признаках сбоя позволила минимизировать убыток.

Рисунок 14.64а.

СОЕВЫЕ БОБЫ, ИЮЛЬ 1994

Причины открытия позиции

1. Коррекция до уровня сопротивления, обусловленного концентрацией прошлых относительных максимумов (обозначена стрелками вниз).
2. Явное наличие фигуры долгосрочного разворота вниз, учитывая следующие факторы:
   а. «Бычья» западня.
   б. Островной разворот.
   в. Шип.
   г. Широкодиапазонный день.

Заметьте, что все четыре перечисленные «медвежьи» модели произошли в один день! (Конечно, островной разворот по определению включает также предыдущий и последующий дни.)

Вы согласны или не согласны с анализом?
Оцените ситуацию перед тем, как переворачивать страницу.

Рисунок 14.64б.

СОЕВЫЕ БОБЫ, ИЮЛЬ 1994

Закрытие позиции

Позиция была ликвидирована на подходе к зоне поддержки, обусловленной концентрацией прошлых относительных минимумов (обозначена стрелками вверх).

Комментарий

При фиксации прибыли желательно держать позицию до появления какого-либо признака разворота. Тем не менее обоснованным исключением являются сделки, одновременно удовлетворяющие следующим условиям:

1. Очень быстрое и сильное движение в предполагаемом направлении.
2. Близость мощной поддержки (или сильного сопротивления, в случае длинных позиций).

Причина в том, что при соблюдении данных условий рынки особенно склонны к внезапным откатам в обратном направлении, и такие корректирующие колебания легко могут привести к ликвидации позиций при гораздо худших ценах (например, вследствие исполнения защитной остановки), *даже если в конечном счете тенденция продолжится*.

Рисунок 14.65а.

СОЕВЫЕ БОБЫ, МАЙ 1995

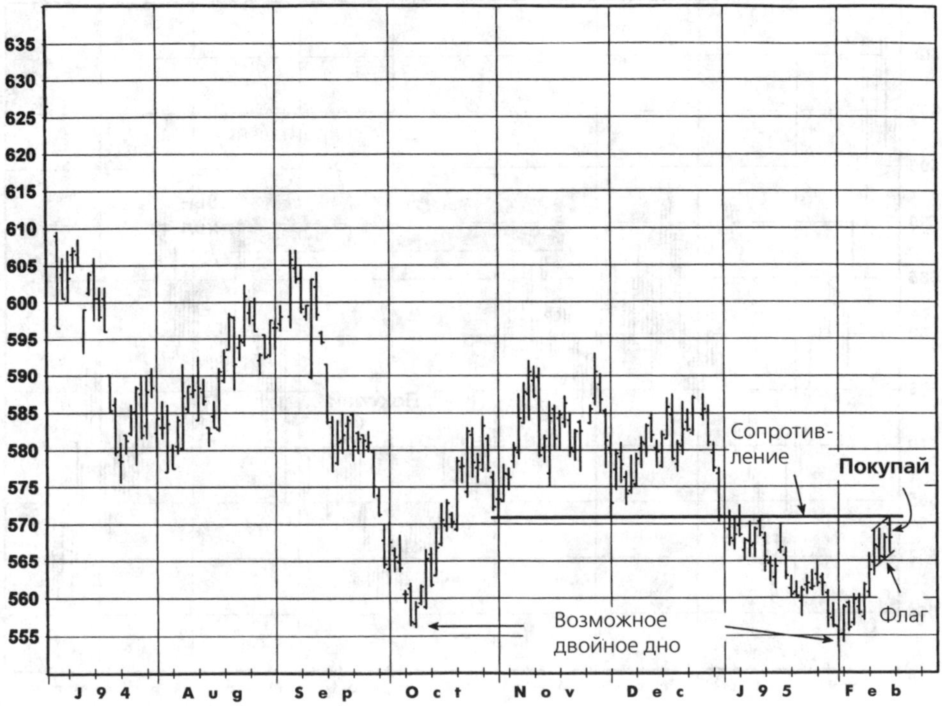

Причины открытия позиции

1. Возможное двойное дно.
2. Вслед за подъемом цен к уровню сопротивления образовалась консолидация (в виде флага), а не откат назад — такое поведение цен указывает на вероятность последующего пробоя уровня сопротивления.

Вы согласны или не согласны с анализом?
Оцените ситуацию перед тем, как переворачивать страницу.

Рисунок 14.65б.

СОЕВЫЕ БОБЫ, МАЙ 1995

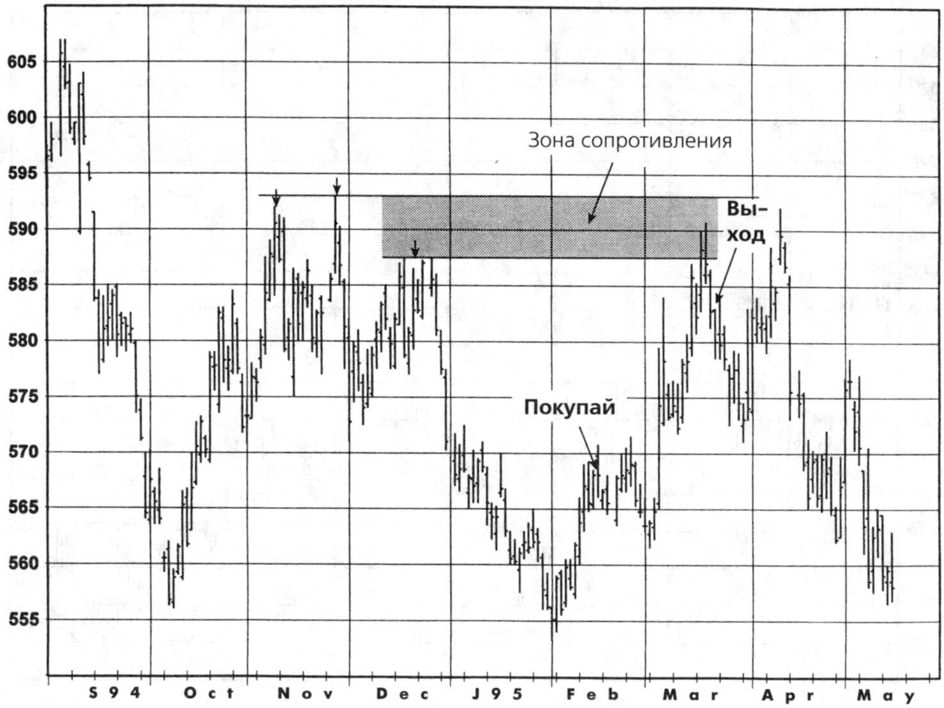

Закрытие позиции

Защитная остановка была перемещена близко к рыночным ценам, поскольку рынок достиг зоны сильного сопротивления, обусловленного прошлыми относительными максимумами (обозначено стрелками вниз).

Комментарий

Причина выхода из этой позиции очень похожа на ту, которая была в предыдущей сделке, за исключением того, что здесь в той же самой ситуации была резко ужесточена защитная остановка (в противоположность автоматической ликвидации позиции). В общем, оба способа закрытия позиции равнозначны. Их отличие заключается лишь в том, что ужесточение защитной остановки иногда позволяет сохранить позицию до дальнейшего значительного продолжения тренда при риске ее ликвидации по немного худшей цене.

Рисунок 14.66а.

СОЕВАЯ МУКА, ДЕКАБРЬ 1993

Причины открытия позиции

1. Наличие крупной разворотной формации (шип и «бычья» западня).
2. Разрыв ускорения, образовавшийся при росте цен, заполнен при их снижении.
3. После снижения цен образовался флаг.

Вы согласны или не согласны с анализом?
Оцените ситуацию перед тем, как переворачивать страницу.

Рисунок 14.66б.

СОЕВАЯ МУКА, ДЕКАБРЬ 1993

Закрытие позиции

Пробой флага в направлении, противоположном ожидаемому.

Комментарий

Защитная остановка для этой позиции оказалась слишком близкой. Хотя точка остановки соответствовала небольшому пробою верхней границы флага, она оказалась как раз у сильной линии сопротивления, показанной на графике. Остановку следовало разместить хотя бы немного дальше этого сопротивления. Урок: слишком близкое размещение защитной остановки может увеличить риск, а не уменьшить его.

Рисунок 14.67а.

СОЕВАЯ МУКА, ДЕКАБРЬ 1993

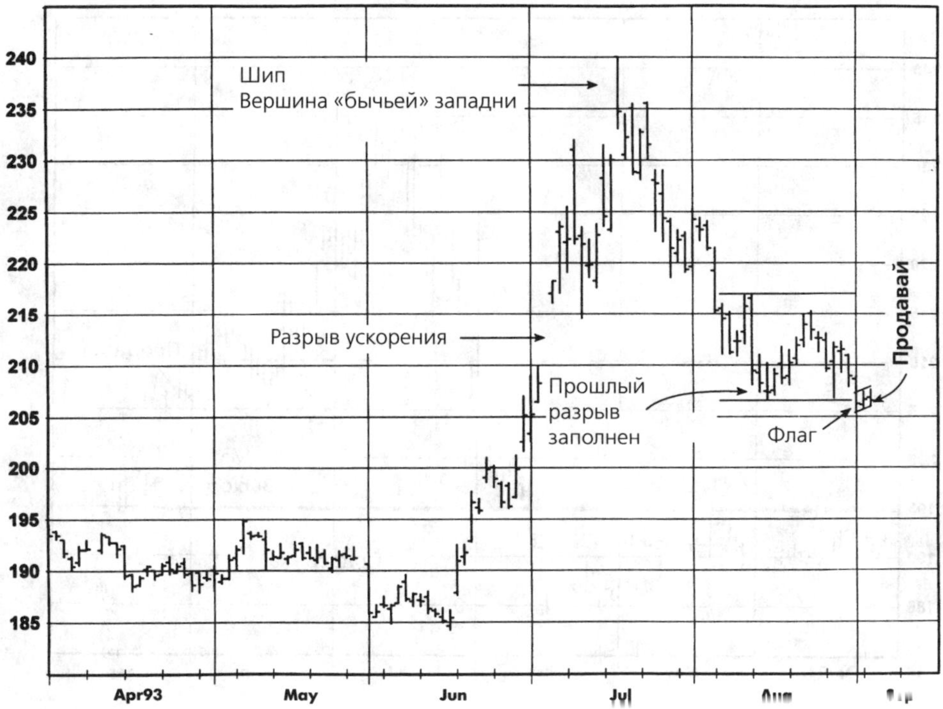

Причины открытия позиции

1. Разворот тренда, подтвержденный шипом и «бычьей» западней.
2. Прошлый разрыв ускорения на подъеме заполнен при снижении цен.
3. Флаг, образовавшийся у нижней границы торгового диапазона.

Вы согласны или не согласны с анализом?
Оцените ситуацию перед тем, как переворачивать страницу.

Рисунок 14.67б.

СОЕВАЯ МУКА, ДЕКАБРЬ 1993

Закрытие позиции

Сделка ликвидирована вследствие близости как к уровню сильной поддержки, так и к ориентиру измеренного изменения (MM1).

Комментарий

Данная сделка проведена на том же рынке, что и предыдущая, менее чем через две недели после ее ликвидации. Заметьте, что была восстановлена та же самая позиция, поскольку ее закрытие было признано ошибкой. Общий принцип заключается в следующем: если поведение рынка говорит о том, что ликвидация сделки оказалась ошибкой, то надо восстановить позицию, *даже если это придется делать при значительно худшем уровне цен*. Этот совет легче давать, чем выполнять. Восстановление позиции при цене, которая значительно хуже уровня ликвидации, является особенно трудной задачей. Хотя здесь я поступил правильно, должен признаться, что в подобных ситуациях мои торговые решения обычно не столь прозорливы.

Рисунок 14.68а.

СОЕВАЯ МУКА, ДЕКАБРЬ 1993

Причины открытия позиции

1. Флаг, образовавшийся после снижения цен.
2. Ценовой разрыв вниз.

Вы согласны или не согласны с анализом?
Оцените ситуацию перед тем, как переворачивать страницу.

Рисунок 14.68б.

СОЕВАЯ МУКА, ДЕКАБРЬ 1993

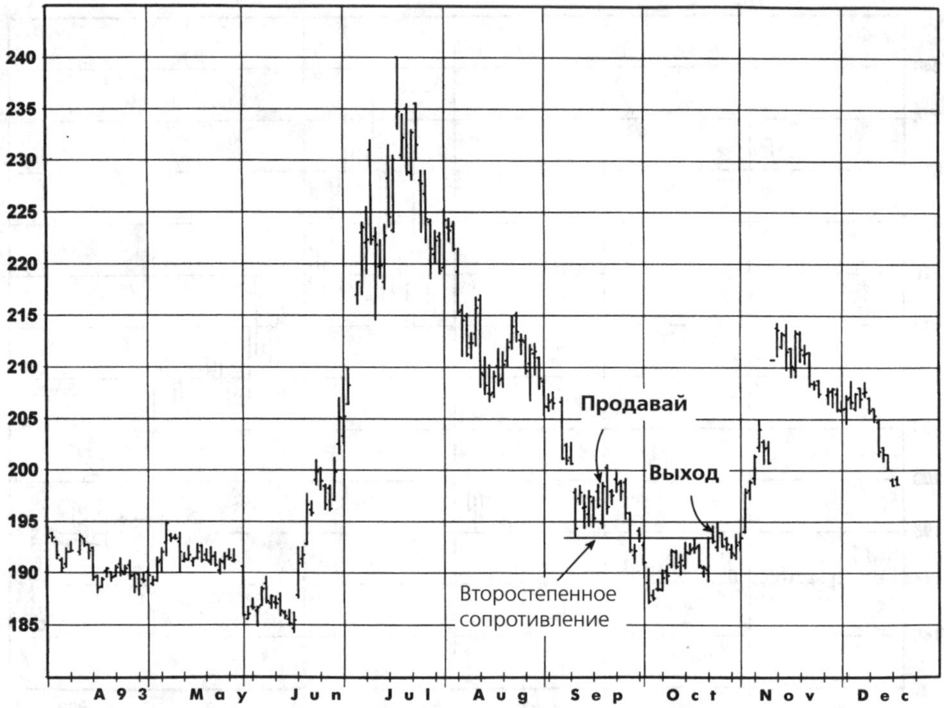

Закрытие позиции

Позиция ликвидирована после верхнего пробоя уровня второстепенного сопротивления, обусловленного нижней границей сентябрьской консолидации и относительным максимумом, образовавшимся после роста цен в октябре.

Комментарий

Это по-прежнему тот же рынок, что и в последней сделке, через неделю после ликвидации позиции. (Ср. с рис. 14.67б и 14.68а.) Предыдущая сделка была ликвидирована из-за опасения, что рынок мог отскочить, по крайней мере временно, от сильного уровня сопротивления и цели измеренного движения. Так как вместо отскока цен на графике образовалась консолидация, был сделан вывод о том, что снижение продолжится. Следовательно, восстановление короткой позиции было оправданно. Обратите внимание на то, что модель флага, возникшая накануне возобновления сделки, позволила использовать сравнительно близкую остановку.

Рисунок 14.69а.

СОЕВАЯ МУКА, ИЮЛЬ 1994

Причины открытия позиции

Флаг, образовавшийся вслед за пробоем нижней границы торгового диапазона, является сильным «медвежьим» сигналом.

Вы согласны или не согласны с анализом?
Оцените ситуацию перед тем, как переворачивать страницу.

Рисунок 14.69б.

СОЕВАЯ МУКА, ИЮЛЬ 1994

Закрытие позиции

1. Превращение первоначального флага в торговый диапазон свело на нет основную предпосылку сделки.
2. Пробой понижательной внутренней линии тренда предполагал разворот вверх.

Комментарий

Даже когда надежные графические модели оказываются обманчивыми, последующее поведение цен иногда достаточно быстро указывает на то, что позицию следует ликвидировать, чтобы избежать сколько-нибудь существенного убытка.

Рисунок 14.70а.

СОЕВОЕ МАСЛО, ДЕКАБРЬ 1994

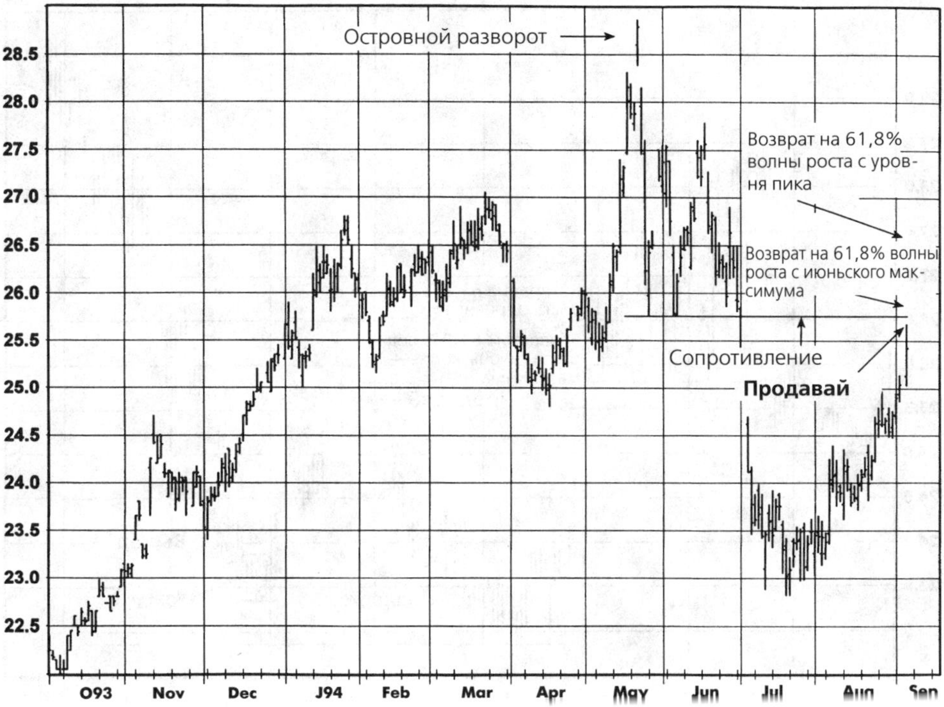

Причины открытия позиции

1. Наличие островного разворота.
2. Близость точки возврата на 61,8% (относительно июньского максимума) и уровня сопротивления, обусловленного нижней границей широкого торгового диапазона, сформировавшегося в мае-июне, предполагала вероятный отскок цен вниз несмотря на то, что в июне сформировался значительный относительный минимум рынка.

Вы согласны или не согласны с анализом?
Оцените ситуацию перед тем, как переворачивать страницу.

Рисунок 14.70б.

СОЕВОЕ МАСЛО, ДЕКАБРЬ 1994

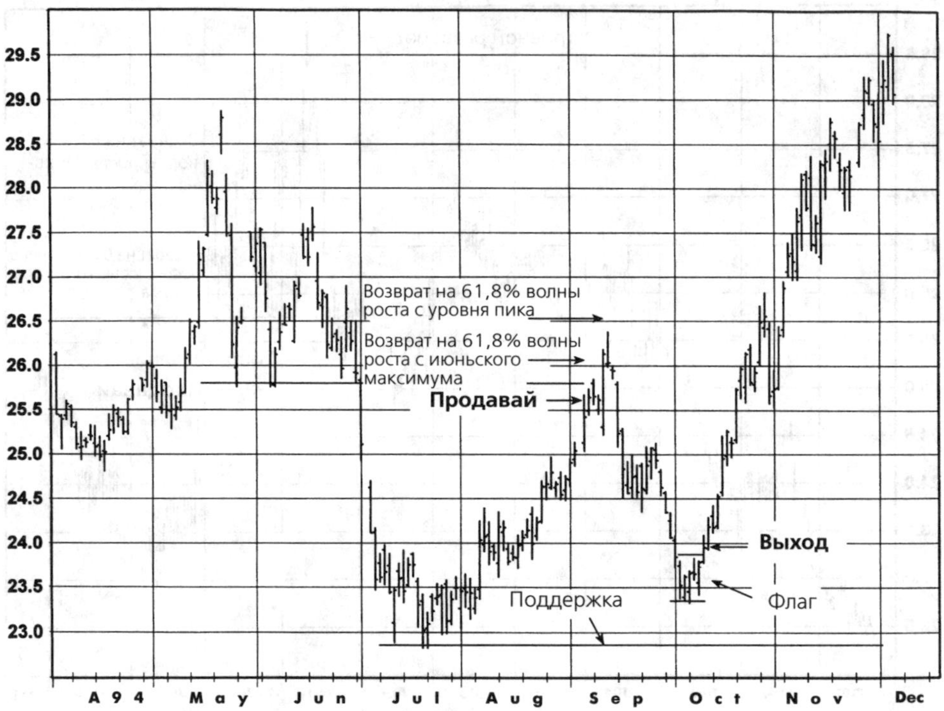

Закрытие позиции

1. Защитная остановка, перемещенная очень близко к рыночным ценам из-за приближения к уровню сильной поддержки.
2. Пробой флага в направлении, противоположном ожидаемому, сигнализировал о возможном развороте рынка вверх.

Комментарий

Хотя подъем цен несколько превысил предполагаемый уровень сопротивления, предпосылка сделки оказалась правильной. Первоначальная остановка была поставлена чуть выше наиболее высокой из двух отмеченных точек возврата на 61,8%. Эта сделка является хорошей иллюстрацией важности не слишком близкого размещения первоначальной защитной остановки.

Рисунок 14.71а.

ОВЕС, ДЕКАБРЬ 1994

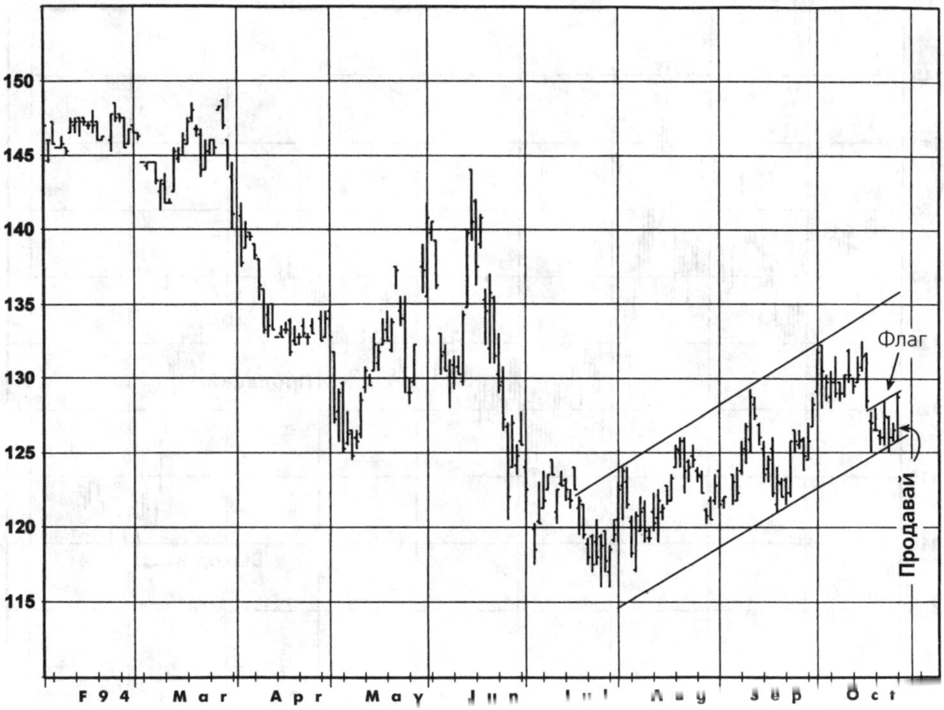

Причины открытия позиции

Флаг, образовавшийся у нижней границы повышательного коридора, предполагал возможность пробоя вниз.

Вы согласны или не согласны с анализом?
Оцените ситуацию перед тем, как переворачивать страницу.

Рисунок 14.71б.

ОВЕС, ДЕКАБРЬ 1994

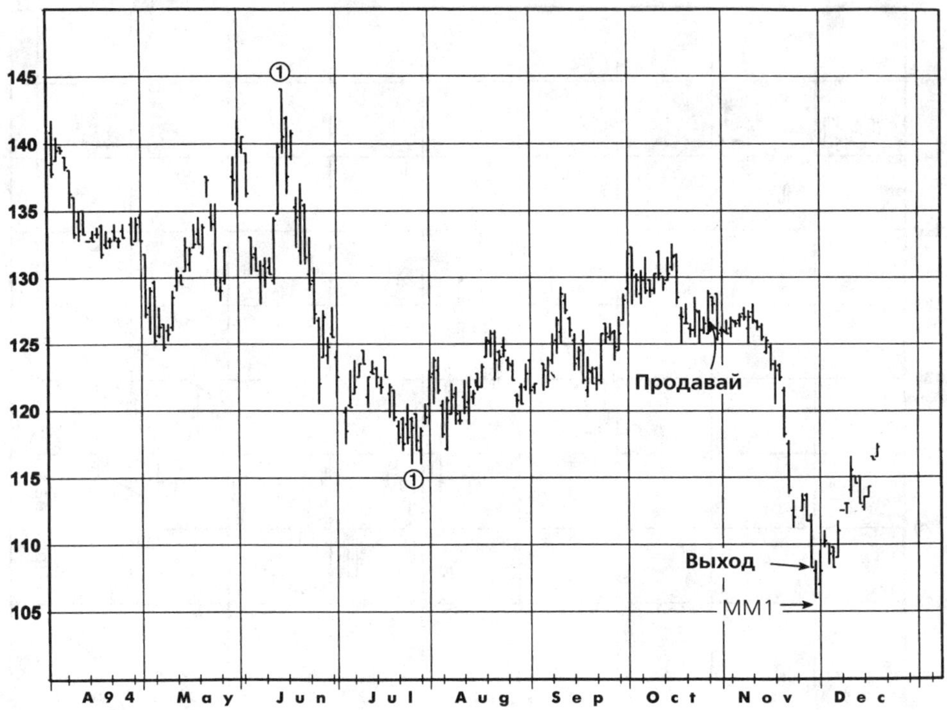

Закрытие позиции

Защитная остановка была подтянута предельно близко из-за подхода рынка к важной цели измеренного движения (MM1).

Комментарий

Если рынок в очень быстром темпе почти достигает важной цели, то обычно рекомендуется либо зафиксировать прибыль, либо резко подтянуть остановку. В подобных случаях опасность пусть даже временного разворота перевешивает потенциальную возможность дальнейшего наращивания прибыли в ближайшей перспективе.

Рисунок 14.72а.

СВИНИНА, ИЮНЬ 1995

Причины открытия позиции

Модель флага, образовавшаяся в верхней части торгового диапазона, предполагала возможность пробоя наверх.

Вы согласны или не согласны с анализом?
Оцените ситуацию перед тем, как переворачивать страницу.

Рисунок 14.72б.

СВИНИНА, ИЮНЬ 1995

Закрытие позиции

Пробой нижней границы консолидации, образовавшейся после пробоя верхней границы широкого торгового диапазона, явился сигналом разворота рынка.

Комментарий

Хотя графическая модель, которая инициировала эту сделку, в конечном счете дала ложный сигнал, тот факт, что она правильно предсказала направление следующего небольшого колебания цен, позволил все же получить в этой сделке небольшую прибыль.

Рисунок 14.73а.

САХАР, МАЙ 1994

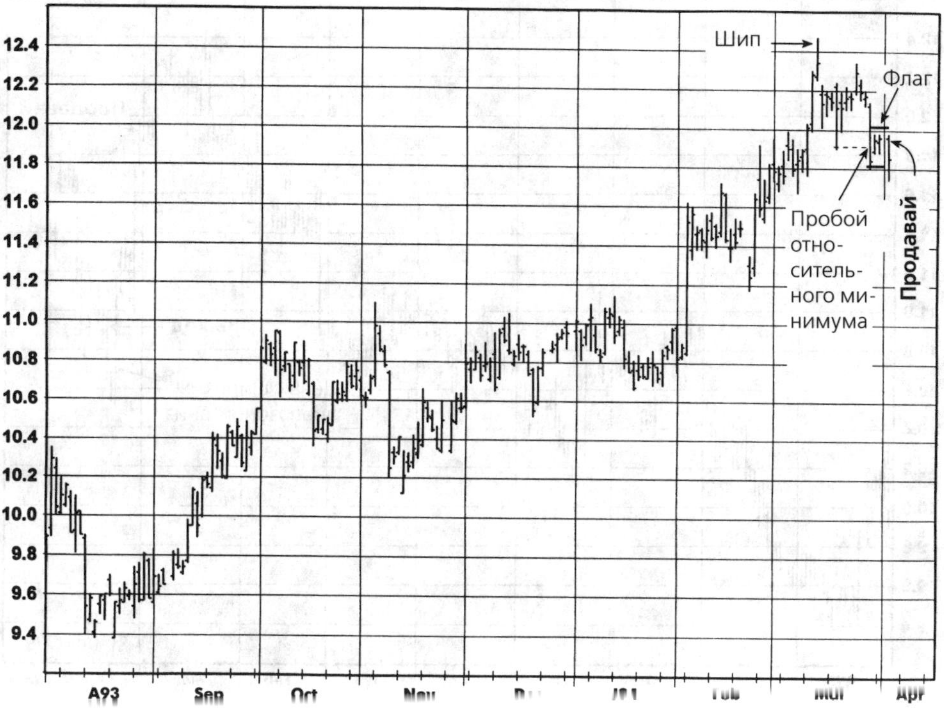

Причины открытия позиции

1. Шип вверх.
2. Пробой относительного минимума.
3. Флаг, образовавшийся после снижения цен, предполагал высокую вероятность того, что следующее колебание цен также будет направлено вниз.

Вы согласны или не согласны с анализом?
Оцените ситуацию перед тем, как переворачивать страницу.

Рисунок 14.73б.

САХАР, МАЙ 1994

Закрытие позиции

1. Защитная остановка была перемещена очень близко к рыночным ценам после быстрого и значительного движения цен в прогнозируемом направлении.
2. Тот факт, что вслед за широкодиапазонным днем с очень слабым закрытием последовал рост, а не продолжение снижения цен, стал предварительным сигналом, предупреждавшим о возможном развороте вверх.

Комментарий

Эта сделка показывает, как использование краткосрочных графических моделей для определения моментов открытия и закрытия позиций может иногда приносить прибыль даже на рынках с огромной волатильностью, где методы следования за трендом обычно заканчиваются катастрофой.

Рисунок 14.74а.

САХАР, ИЮЛЬ 1995

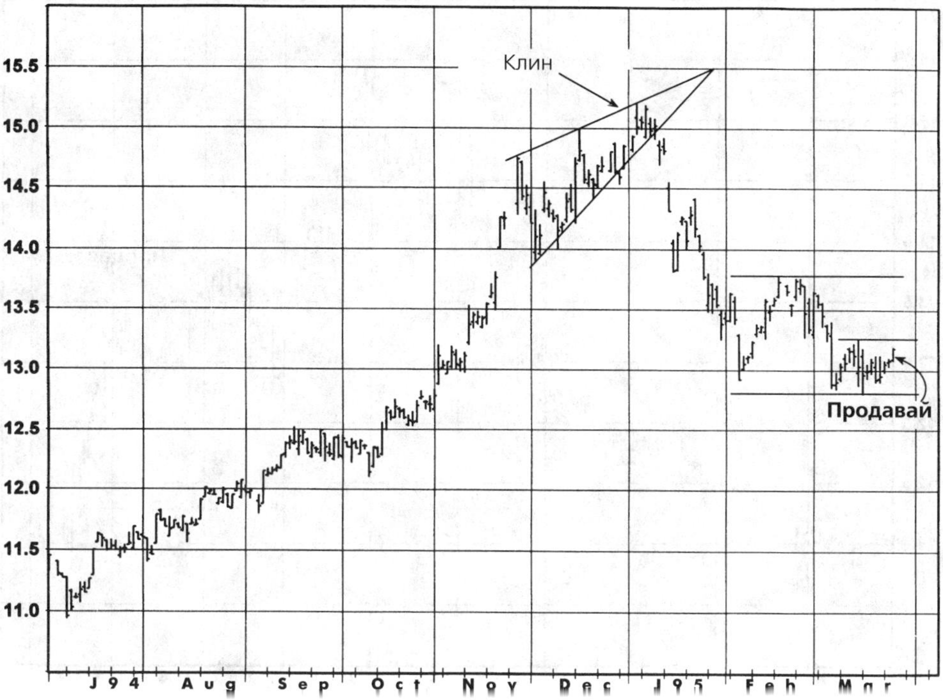

Причины открытия позиции

1. Разворот после пробоя клина предполагал возможность длительного «медвежьего» рынка.
2. Узкая консолидация, образовавшаяся у нижней границы более широкого торгового диапазона, предупреждала о вероятном пробое вниз.

Вы согласны или не согласны с анализом?
Оцените ситуацию перед тем, как переворачивать страницу.

Рисунок 14.74б.

САХАР, ИЮЛЬ 1995

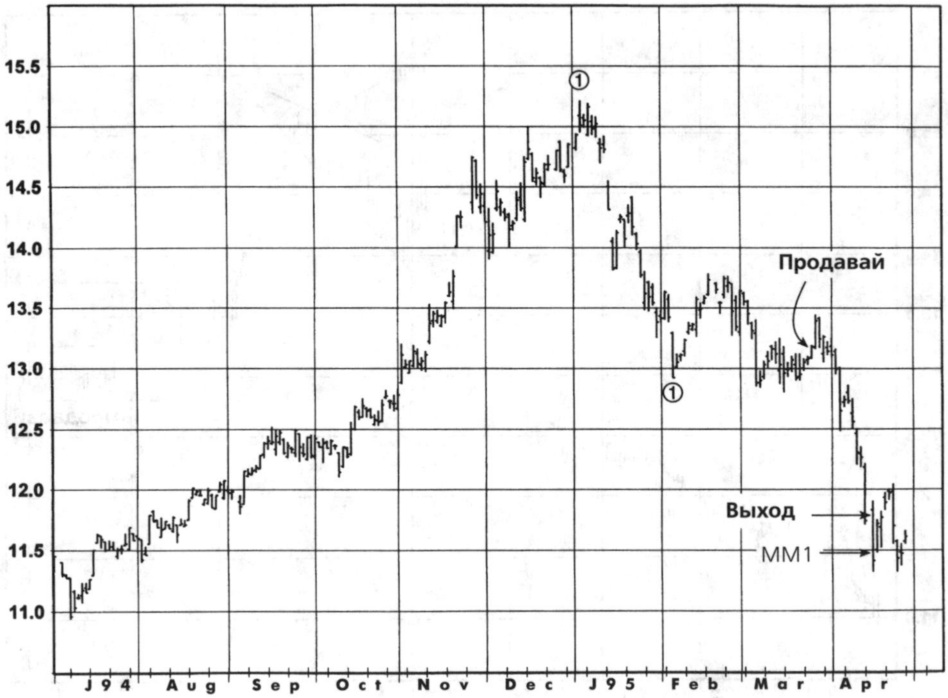

Закрытие позиции

Защитная остановка резко понижена вследствие приближения к важной цели измеренного движения (MM1).

Комментарий

В самом начале сделки, как правило, лучше *не* использовать предельно близкую защитную остановку. Например, если бы первоначальная остановка для данной позиции была поставлена сразу над узкой консолидацией, то сделка завершилась бы небольшим убытком, а не быстрой и значительной прибылью. Остановку можно подтягивать к рыночным ценам, когда позиция открыта уже одну-две недели либо после сильного движения рынка в ожидаемом направлении. Например, в данной сделке защитная остановка не снижалась до вершины узкой консолидации до тех пор, пока цены не пробили нижнюю границу торгового диапазона.

Рисунок 14.75а.

КОФЕ, ДЕКАБРЬ 1993

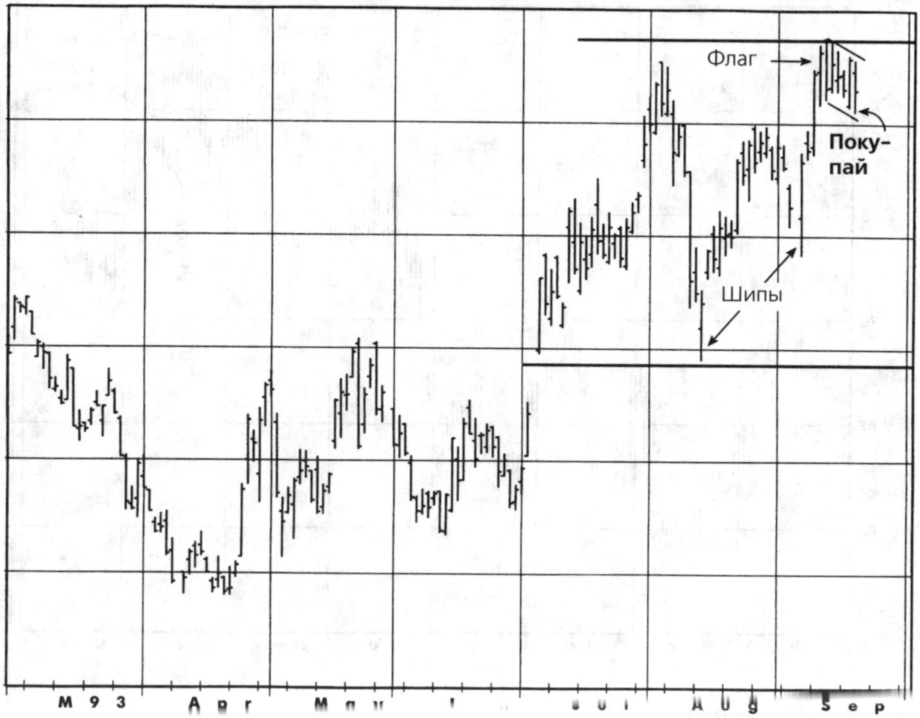

Причины открытия позиции

1. Шипы вниз выглядели как относительные минимумы на развивающемся «бычьем» рынке.
2. Флаг, образовавшийся у верхней границы широкого торгового диапазона, предполагал возможность ее пробоя.

Вы согласны или не согласны с анализом?
Оцените ситуацию перед тем, как переворачивать страницу.

Рисунок 14.75б.

КОФЕ, ДЕКАБРЬ 1993

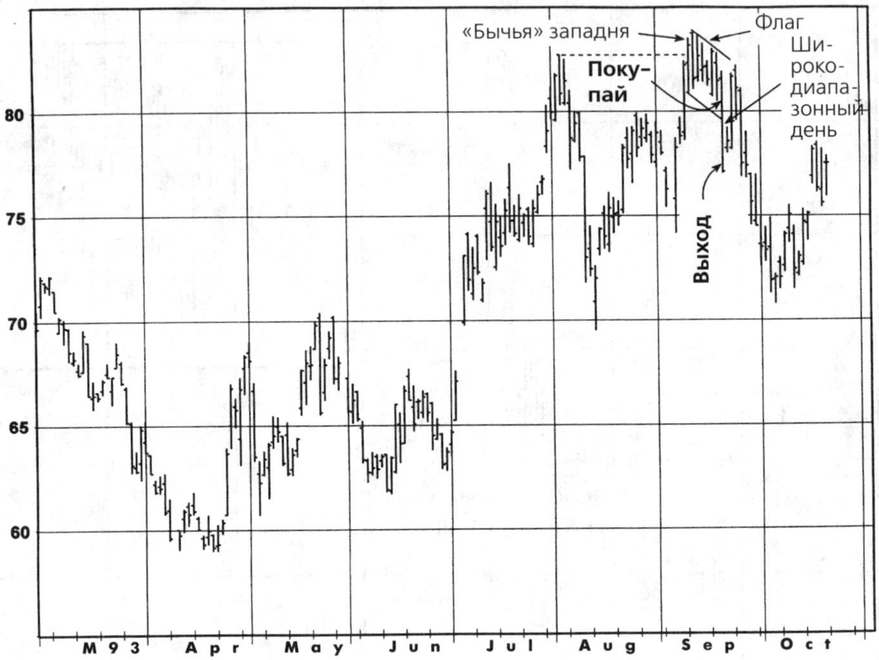

Закрытие позиции

1. Пробой нижней границы флага.
2. Широкодиапазонный день вниз.
3. Пробой цен сделал верхнюю часть флага похожей на «бычью» западню.

Комментарий

Если картина графика меняется достаточно резко, позицию следует ликвидировать даже в день открытия, как было в данном случае. Между прочим, нет противоречия между этим комментарием и комментарием к предыдущей сделке. В этом примере в течение дня произошло сильнейшее изменение всей картины графика. (В предыдущей сделке первоначальное «медвежье» прочтение графика было лишь смягчено, а не развернуто в обратную сторону, краткосрочным поведением цен.) Кроме того, точка остановки в этой сделке находилась не так уж близко, хотя позиция была ликвидирована в день открытия.

Рисунок 14.76а.

КОФЕ, ИЮЛЬ 1994

Причины открытия позиции

1. Очень большой шип вверх после продолжительного роста цен указывал на возможность разворота тренда.
2. Флаг, образовавшийся после снижения цен, предполагал, что следующее движение цен также будет направлено вниз.

Вы согласны или не согласны с анализом?
Оцените ситуацию перед тем, как переворачивать страницу.

Рисунок 14.76б.

КОФЕ, ИЮЛЬ 1994

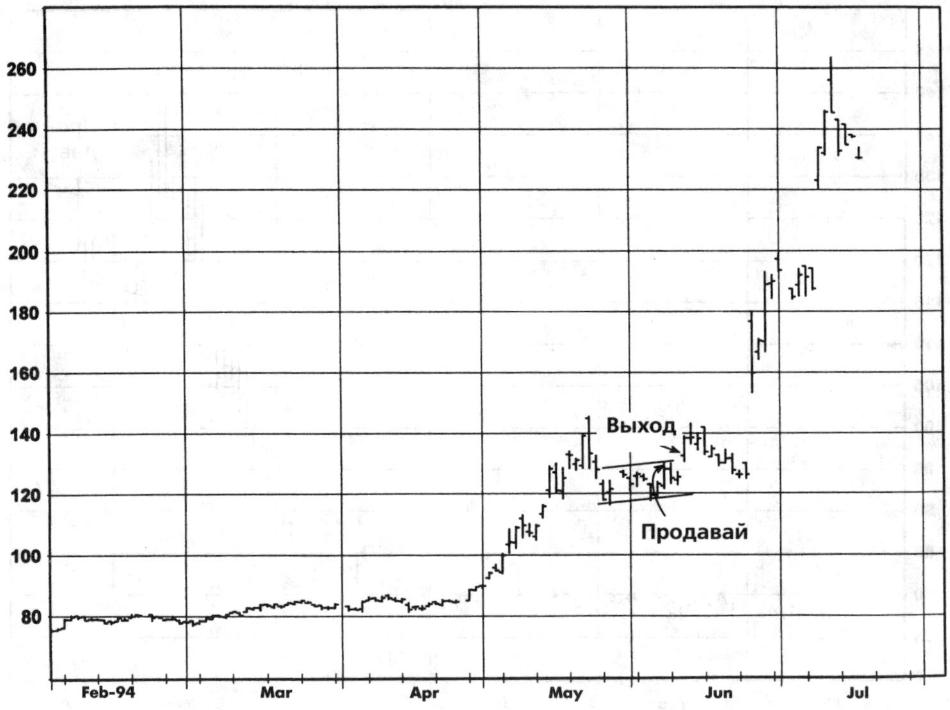

Закрытие позиции

Пробой флага в направлении, противоположном ожидаемому, противоречил основным предпосылкам сделки.

Комментарий

Иногда то, что кажется крупной вершиной, оказывается всего лишь мелким относительным максимумом. Эта сделка является хорошим примером того, почему трейдеры, не готовые своевременно закрывать убыточные позиции, вряд ли сумеют долго участвовать в игре.

Рисунок 14.77а.

КАКАО, ДЕКАБРЬ 1993

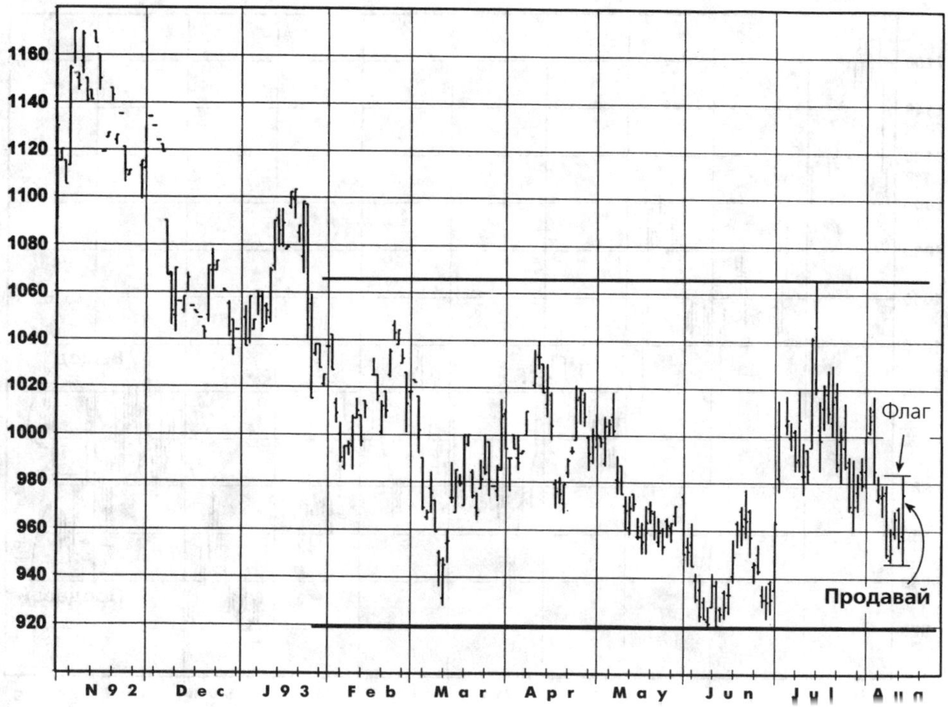

Причины открытия позиции

Флаг, образовавшийся поблизости от нижней границы широкого и продолжительного торгового диапазона, предполагал вероятный пробой вниз.

Вы согласны или не согласны с анализом?
Оцените ситуацию перед тем, как переворачивать страницу.

Рисунок 14.77б.

КАКАО, ДЕКАБРЬ 1993

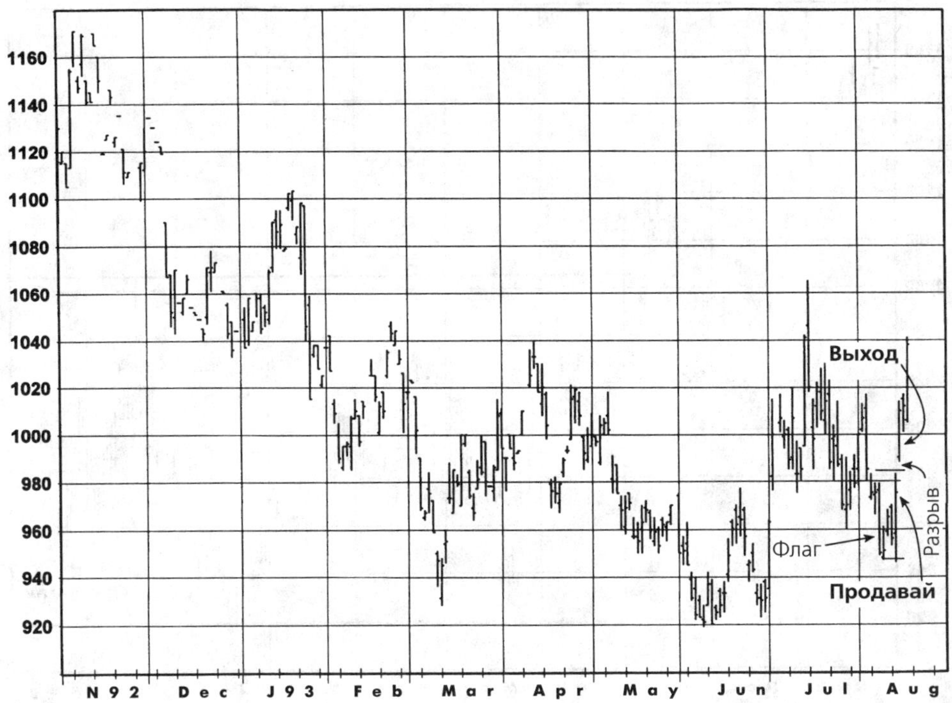

Закрытие позиции

Резкий пробой верхней границы флага (с ценовым разрывом) отменил предпосылку сделки.

Комментарий

Если позиция не работает, как ожидалось, то часто имеет смысл присоединиться к тем, кто идет в другую сторону. (См. следующую сделку.)

Рисунок 14.78а.

КАКАО, ДЕКАБРЬ 1993

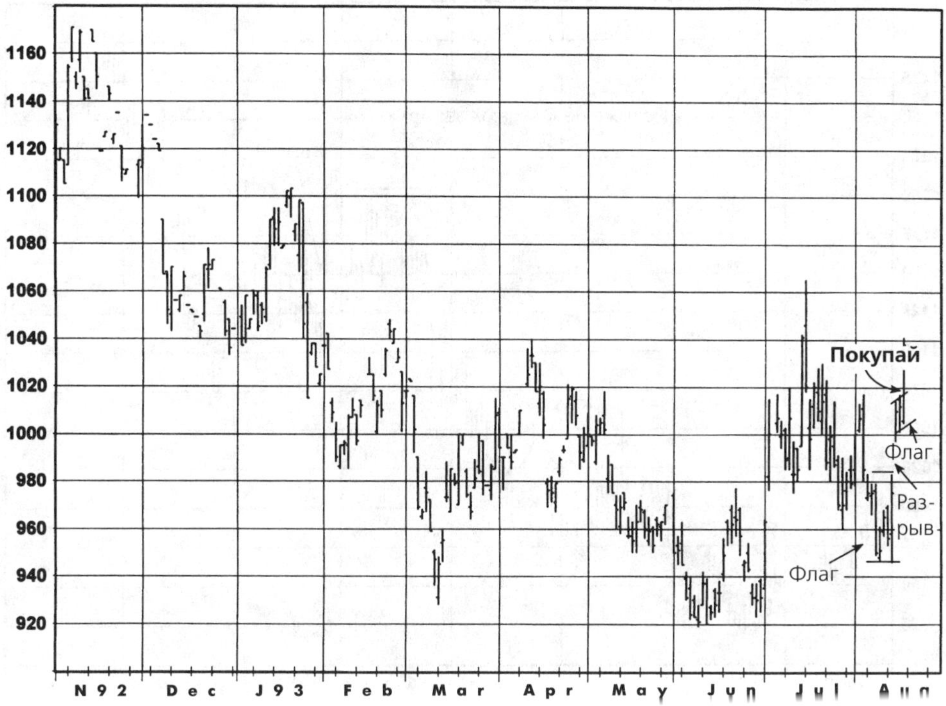

Причины открытия позиции

1. Пробой флага наверх, в направлении, противоположном ожидаемому (та же причина, по которой была ликвидирована предыдущая сделка).
2. Пробой верхней границы еще одного флага.

Вы согласны или не согласны с анализом?
Оцените ситуацию перед тем, как переворачивать страницу.

Рисунок 14.78б.

КАКАО, ДЕКАБРЬ 1993

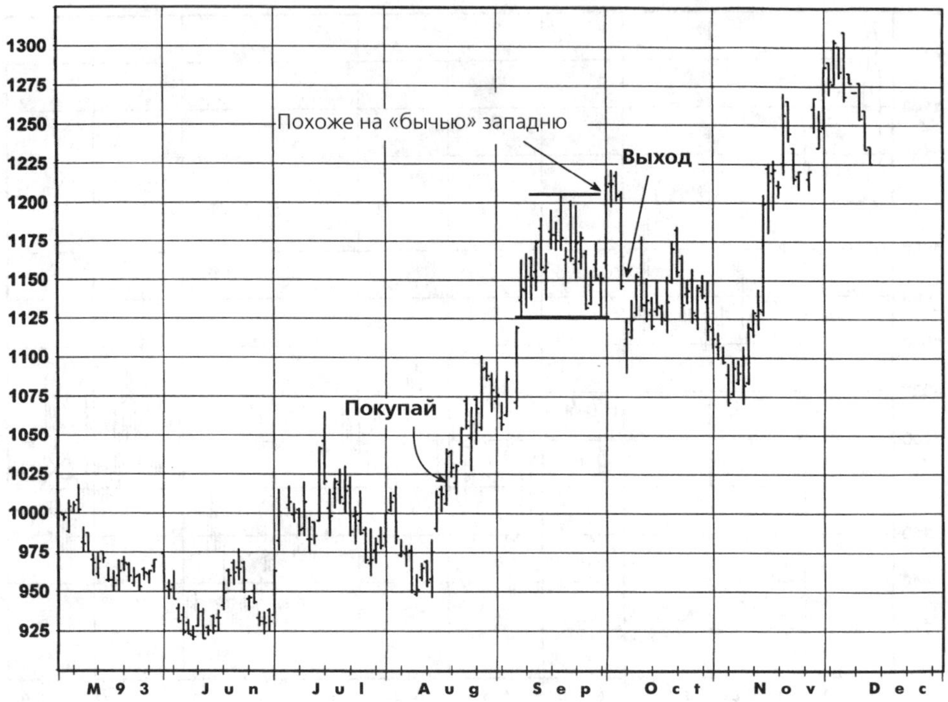

Закрытие позиции

Позиция была ликвидирована в ответ на появление очевидной «бычьей» западни после продолжительного подъема.

Комментарий

Даже несмотря на то, что первоначальная идея предыдущей сделки была крайне ошибочной (см. рис. 14.77б), готовность поменять направление через несколько дней после закрытия первоначальной позиции помогла получить значительную прибыль вместо чистого убытка. Готовность изменять свой взгляд на рынок является для трейдера важным качеством.

Рисунок 14.79а.

КАКАО, МАЙ 1994

Причины открытия позиции

1. «Медвежья» западня.
2. Широкодиапазонный день вверх.
3. Флаг, образовавшийся после повышения цен.

Вы согласны или не согласны с анализом?
Оцените ситуацию перед тем, как переворачивать страницу.

Рисунок 14.79б.

КАКАО, МАЙ 1994

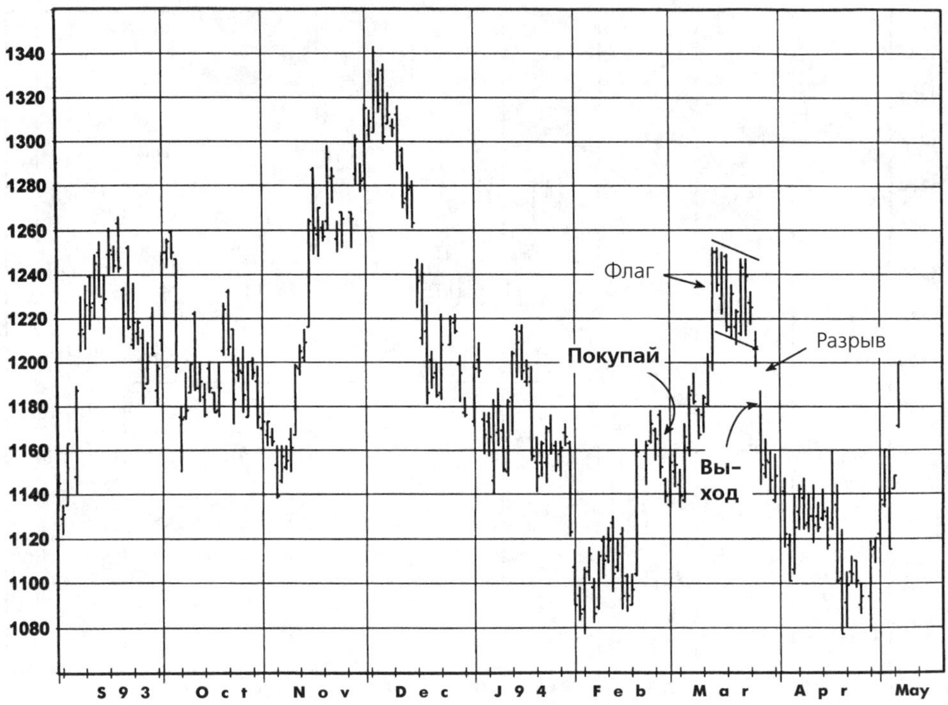

Закрытие позиции

Пробой нижней границы флага с широким разрывом предполагал по крайней мере временный разворот рынка вниз.

Комментарий

Первоначальная идея сделки была ошибочной, так как рынок в конечном счете вернулся к своему минимуму. Тем не менее своевременность входа и выхода, основанная на краткосрочных графических моделях (например, флагах), обеспечила в этой сделке чистую прибыль.

Рисунок 14.80а.

КАКАО, ИЮЛЬ 1994

Причины открытия позиции

1. «Медвежья» западня.
2. Шип вниз.
3. Образование флага после повышения цен.

Вы согласны или не согласны с анализом?
Оцените ситуацию перед тем, как переворачивать страницу.

Рисунок 14.80б.

КАКАО, ИЮЛЬ 1994

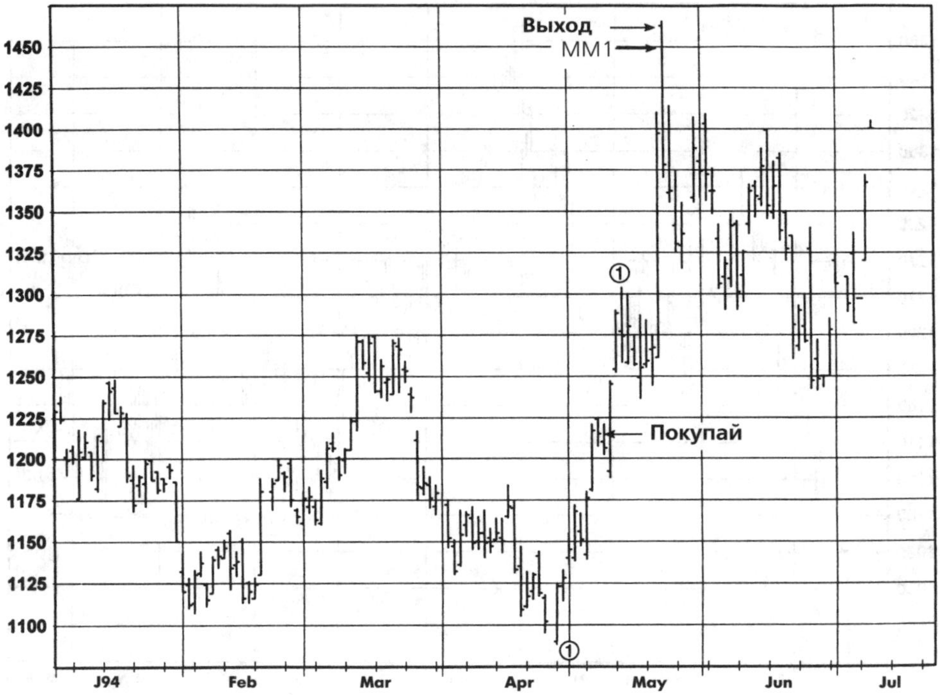

Закрытие позиции

Важная цель измеренного движения (MM1) была достигнута очень быстро после открытия позиции.

Комментарий

Хотя старая поговорка о том, что надо позволить прибыли расти (let your profit run), в целом правильная, я бы сделал исключение для ситуаций, когда рынок достигает *важной цели очень быстро*. Обоснование: даже если долгосрочная тенденция в конечном счете продолжится, тем не менее рынки в такой ситуации особенно склонны к коррекции цен, достаточной для срабатывания большинства защитных остановок. (Некоторые читатели, возможно, захотят узнать, почему я поставил приказ на фиксацию прибыли несколько *выше* цели измеренного движения. Я не делал этого. Просто рынок открылся с разрывом выше моего уровня фиксации прибыли.)

Рисунок 14.81а.

ЗОЛОТООБРЕЗНЫЕ ОБЛИГАЦИИ, НЕПРЕРЫВНЫЕ ФЬЮЧЕРСЫ (ДНЕВНОЙ ГРАФИК)

Причины открытия позиции

Флаг, образовавшийся над широким торговым диапазоном, предполагал потенциальный рост цен.

**Вы согласны или не согласны с анализом?
Оцените ситуацию перед тем, как перевернуть страницу.**

Рисунок 14.81б.

ЗОЛОТООБРЕЗНЫЕ ОБЛИГАЦИИ, НЕПРЕРЫВНЫЕ ФЬЮЧЕРСЫ (ДНЕВНОЙ ГРАФИК)

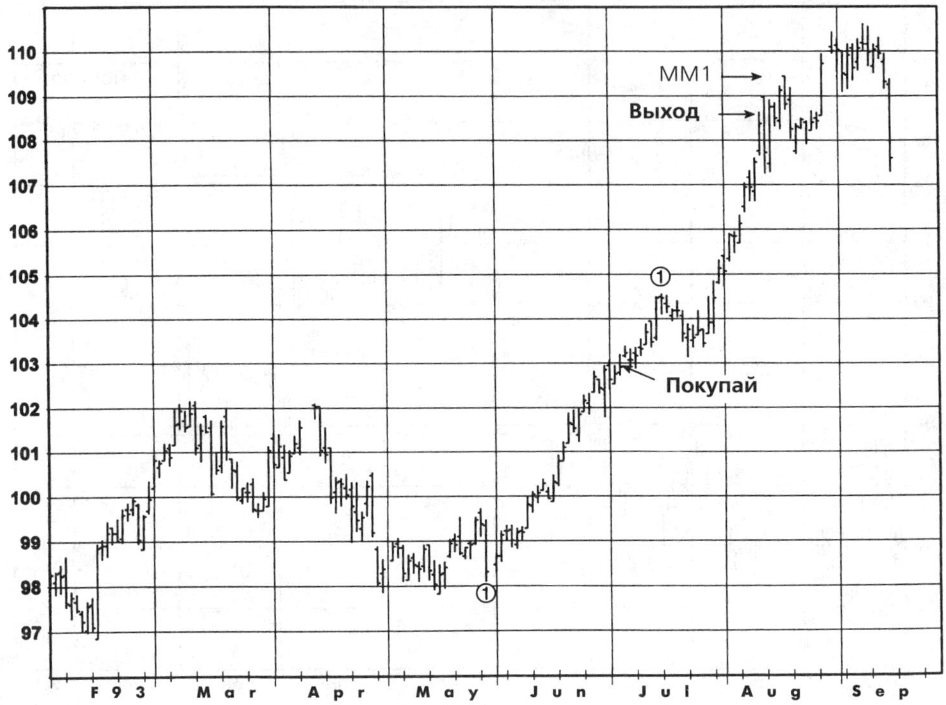

Закрытие позиции

Прибыль была зафиксирована вследствие быстрого приближения к важной цели измеренного движения (MM1), причем практически без промежуточных коррекций.

Комментарий

С точки зрения потенциального риска флаги, образующиеся с внешней стороны широких торговых диапазонов, являются одними из наиболее ценных графических моделей.

Читатель, возможно, заметил, что во всех иллюстрациях рынка золотообрезных облигаций используются графики непрерывных фьючерсов. Причина в том, что данные фьючерсы являются великолепным примером высоколиквидного рынка, где практически вся торговля сконцентрирована в ближайшем контракте вплоть до даты поставки. Поэтому обычно невозможно построить графики индивидуальных контрактов, достаточно продолжительные для проведения полноценного графического анализа.

Рисунок 14.82а.

ЗОЛОТООБРЕЗНЫЕ ОБЛИГАЦИИ, НЕПРЕРЫВНЫЕ ФЬЮЧЕРСЫ (ДНЕВНОЙ ГРАФИК)

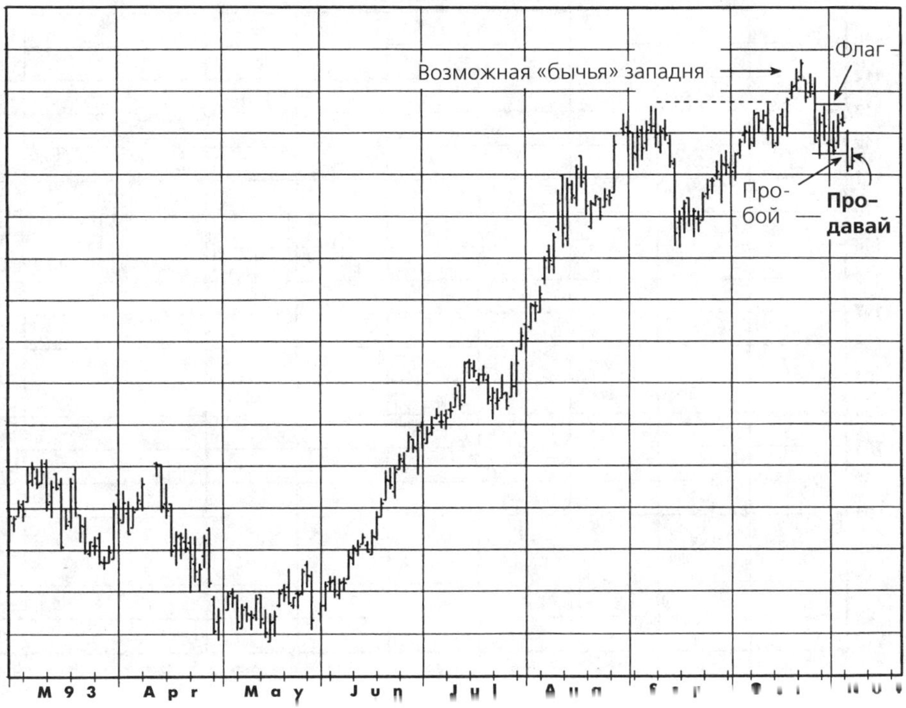

Причины открытия позиции

1. Возможная «бычья» западня.
2. Пробой нижней границы флага.

Вы согласны или не согласны с анализом? Оцените ситуацию перед тем, как перевернуть страницу.

Рисунок 14.82б.

ЗОЛОТООБРЕЗНЫЕ ОБЛИГАЦИИ, НЕПРЕРЫВНЫЕ ФЬЮЧЕРСЫ (ДНЕВНОЙ ГРАФИК)

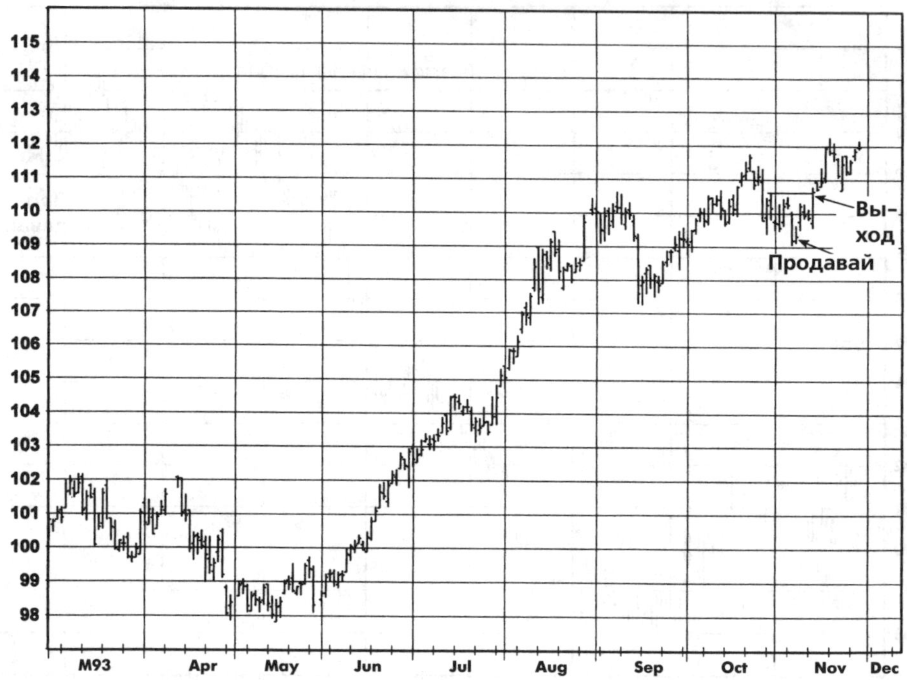

Закрытие позиции

Подъем обратно к верхней границе флага поставил под вопрос исходную предпосылку сделки.

Комментарий

В идеале следует подождать четыре-пять недель, прежде чем квалифицировать «бычью» (или «медвежью») западню как достоверный сигнал. Конечно, при достоверном сигнале столь долгое ожидание может привести к значительно худшей цене открытия позиции. В данном случае я сознательно открыл короткую позицию раньше в попытке получить более хорошую цену входа и использовал очень близкую защитную остановку для ограничения риска, поскольку не было адекватного технического подтверждения. В результате убыток оказался небольшим несмотря на то, что торговая идея была ошибочной. Между прочим, ожидание подтверждения «бычьей» западни в течение минимально необходимых четырех недель предотвратило бы риск полностью.

Рисунок 14.83а.

ЗОЛОТООБРЕЗНЫЕ ОБЛИГАЦИИ, НЕПРЕРЫВНЫЕ ФЬЮЧЕРСЫ (ДНЕВНОЙ ГРАФИК)

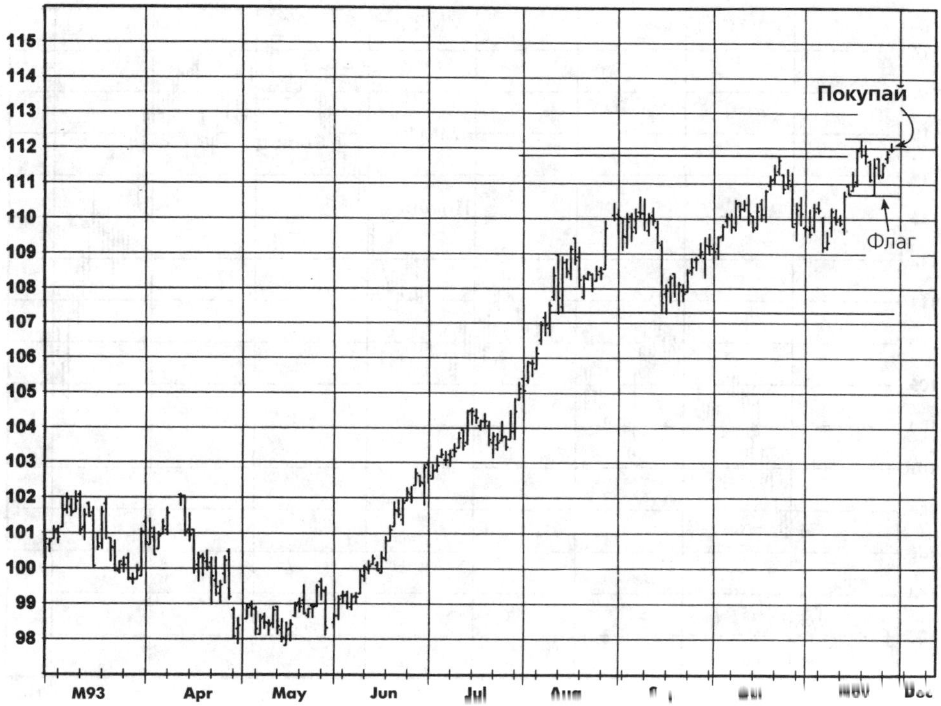

Причины открытия позиции

Флаг, образовавшийся у верхней границы широкого торгового диапазона, предполагал потенциальную возможность еще одного движения наверх.

Вы согласны или не согласны с анализом? Оцените ситуацию перед тем, как перевернуть страницу.

Рисунок 14.83б.

ЗОЛОТООБРЕЗНЫЕ ОБЛИГАЦИИ, НЕПРЕРЫВНЫЕ ФЬЮЧЕРСЫ (ДНЕВНОЙ ГРАФИК)

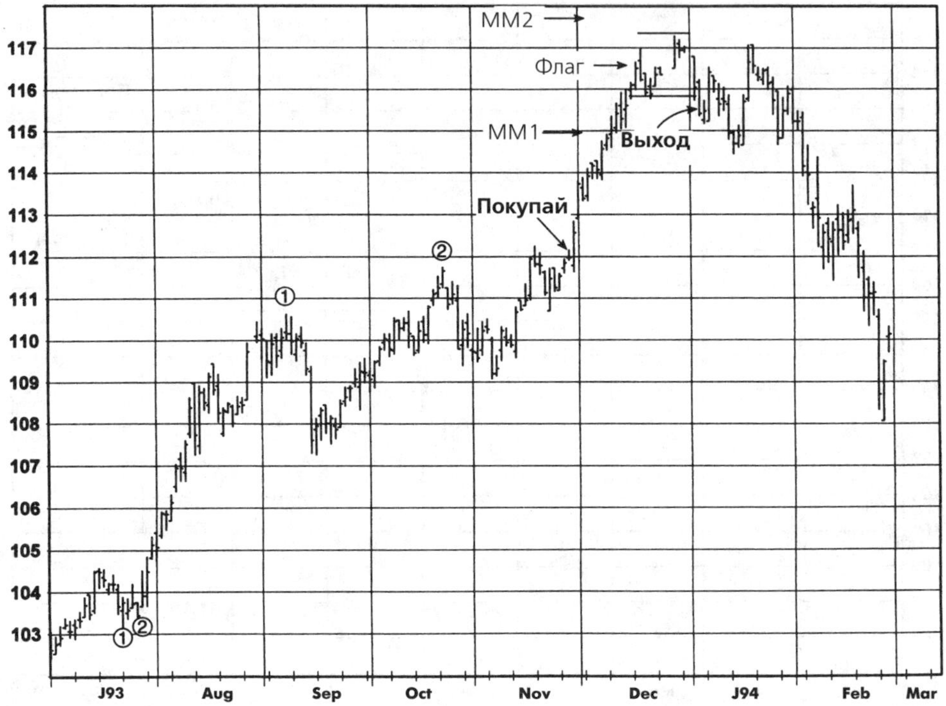

Закрытие позиции

Когда рынок пробил наверх ближайшую цель измеренного движения (MM1) и почти достиг следующей цели (MM2), защитная остановка была подтянута к ближайшему технически обоснованному уровню, которым в данном случае была нижняя граница последнего флага.

Комментарий

Заметьте, что эта позиция была открыта вскоре после того, как была ликвидирована сделка в противоположном направлении (см. рис. 14.82б). Способность изменить мнение, если поведение рынка показывает, что исходная предпосылка ошибочна, является критически важным качеством для успеха в биржевой торговле. Несмотря на ошибку в первой сделке, конечный результат (после открытия позиции в противоположном направлении) принес значительную прибыль, поскольку убыток был зафиксирован быстро, тогда как выигрышная позиция держалась до первого признака слабости рынка.

Эта сделка также показывает, что закрытие позиции при противотрендовом пробое флага может быть использовано в качестве эффективного средства ограничения потери текущей незафиксированной прибыли.

Рисунок 14.84а.

ЗОЛОТООБРЕЗНЫЕ ОБЛИГАЦИИ, НЕПРЕРЫВНЫЕ ФЬЮЧЕРСЫ (ДНЕВНОЙ ГРАФИК)

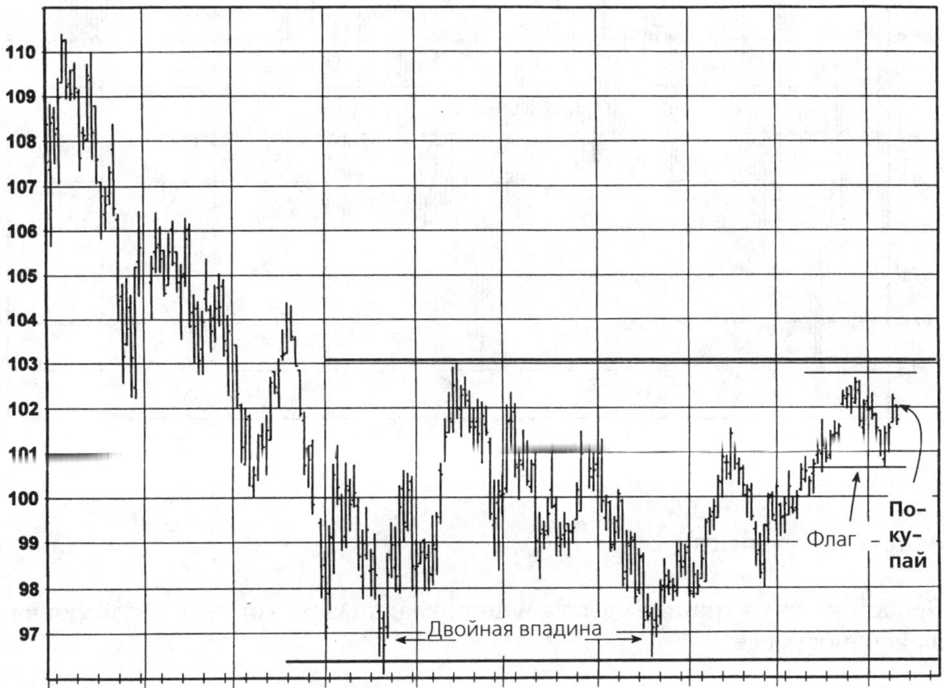

Причины открытия позиции

1. Двойное дно.
2. Флаг, образовавшийся у верхней границы широкого торгового диапазона.

Вы согласны или не согласны с анализом?
Оцените ситуацию перед тем, как перевернуть страницу.

Рисунок 14.84б.

ЗОЛОТООБРЕЗНЫЕ ОБЛИГАЦИИ, НЕПРЕРЫВНЫЕ ФЬЮЧЕРСЫ (ДНЕВНОЙ ГРАФИК)

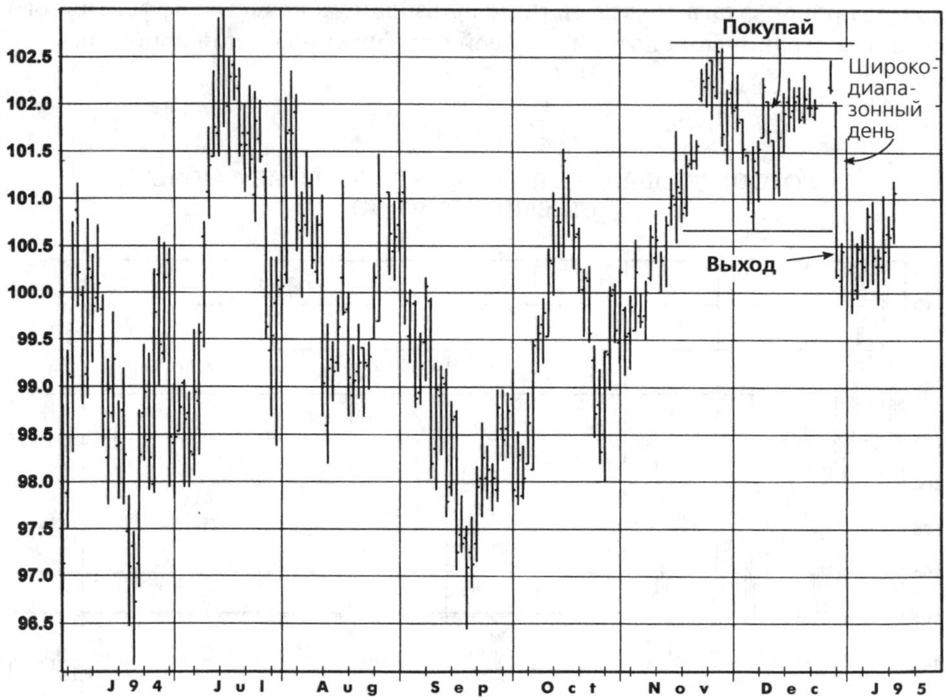

Закрытие позиции

Пробой нижней границы флага в широкодиапазонный день указывал на ошибочность сделки.

Комментарий

Полезно сравнить эту сделку (рис. 14.84а) с предыдущей (рис. 14.83а). Как графические модели, так и исходные предпосылки сделок были весьма схожи. Однако предыдущая сделка принесла значительную прибыль, а эта оказалась проигрышной. Вывод: невозможно заранее предвидеть, какой результат трейдер получит в той или иной сделке. Успех в биржевой торговле зависит не столько от правильного выбора удачных сделок, сколько от ограничения убытков от проигрышных сделок на меньшем уровне, чем прибыль от выигрышных сделок.

Рисунок 14.85а.

ЗОЛОТООБРЕЗНЫЕ ОБЛИГАЦИИ, НЕПРЕРЫВНЫЕ ФЬЮЧЕРСЫ (ДНЕВНОЙ ГРАФИК)

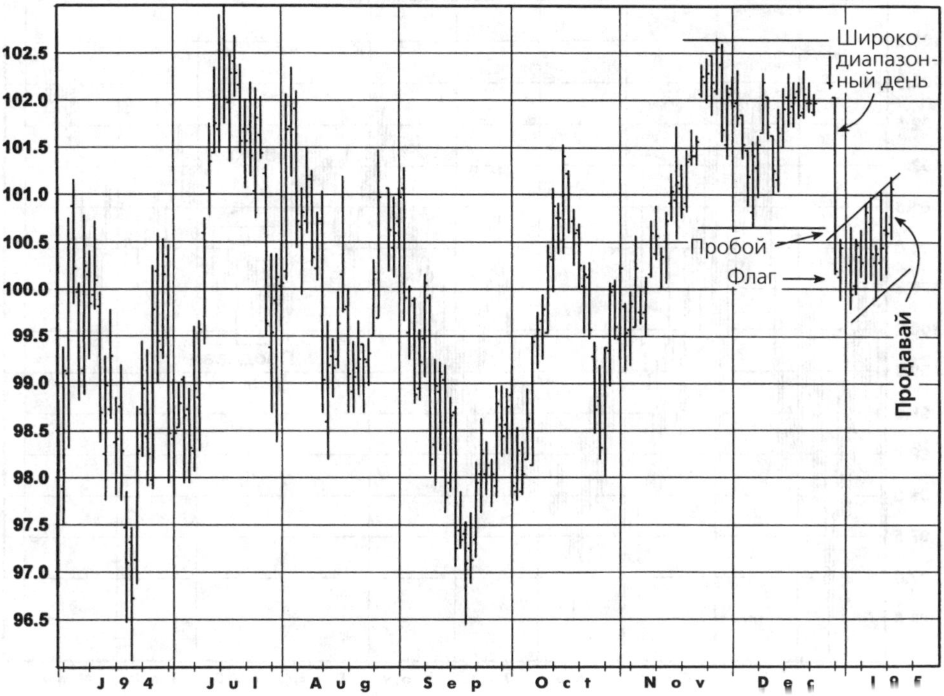

Причины открытия позиции

1. Пробой нижней границы горизонтальной консолидации.
2. Широкодиапазонный день вниз вблизи относительного максимума.
3. Флаг, образовавшийся после снижения цен.

Вы согласны или не согласны с анализом? Оцените ситуацию перед тем, как перевернуть страницу.

Рисунок 14.85б.

ЗОЛОТООБРЕЗНЫЕ ОБЛИГАЦИИ, НЕПРЕРЫВНЫЕ ФЬЮЧЕРСЫ (ДНЕВНОЙ ГРАФИК)

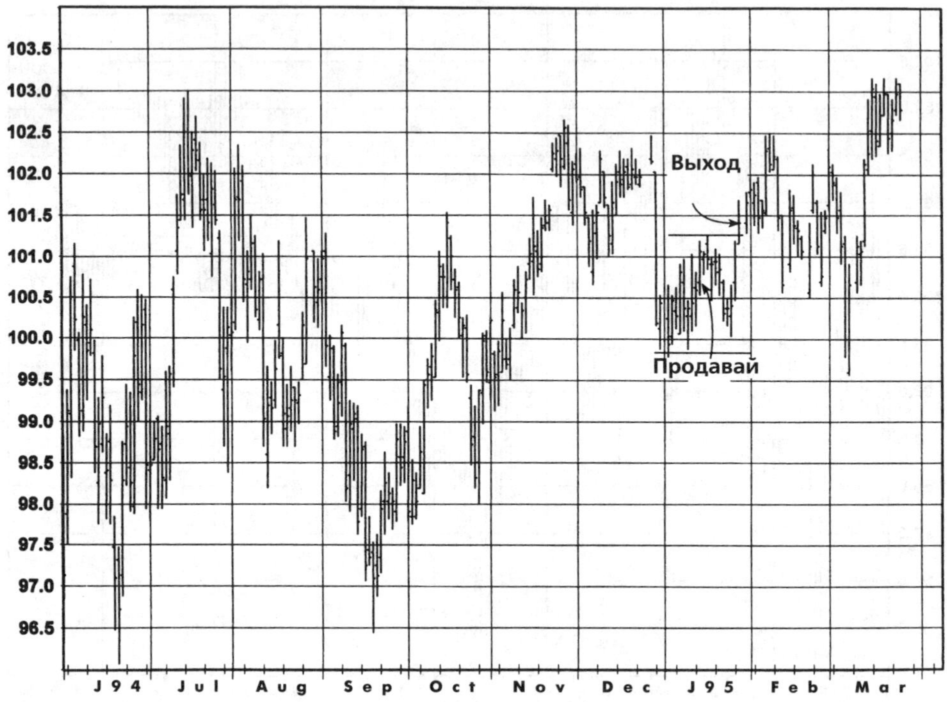

Закрытие позиции

Пробой верхней границы флага опроверг идею сделки.

Комментарий

Обратите внимание, что эта позиция была открыта всего лишь через две недели после ликвидации предыдущей сделки, которая была начата в противоположном направлении. К сожалению, в данном случае готовность развернуть первоначальную позицию привела лишь к еще одному убытку.

Рисунок 14.86а.

ЗОЛОТООБРЕЗНЫЕ ОБЛИГАЦИИ, НЕПРЕРЫВНЫЕ ФЬЮЧЕРСЫ (ДНЕВНОЙ ГРАФИК)

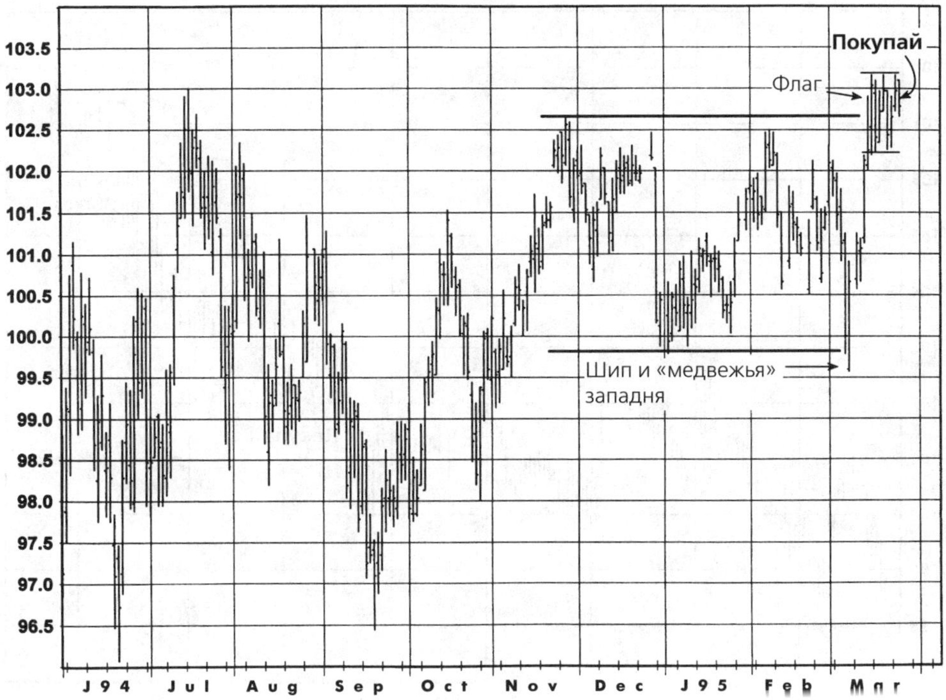

Причины открытия позиции

1. «Медвежья» западня.
2. Разворот после шипа вниз.
3. Флаг, образовавшийся у верхней границы широкого торгового диапазона.

Вы согласны или не согласны с анализом? Оцените ситуацию перед тем, как перевернуть страницу.

Рисунок 14.86б.

ЗОЛОТООБРЕЗНЫЕ ОБЛИГАЦИИ, НЕПРЕРЫВНЫЕ ФЬЮЧЕРСЫ (ДНЕВНОЙ ГРАФИК)

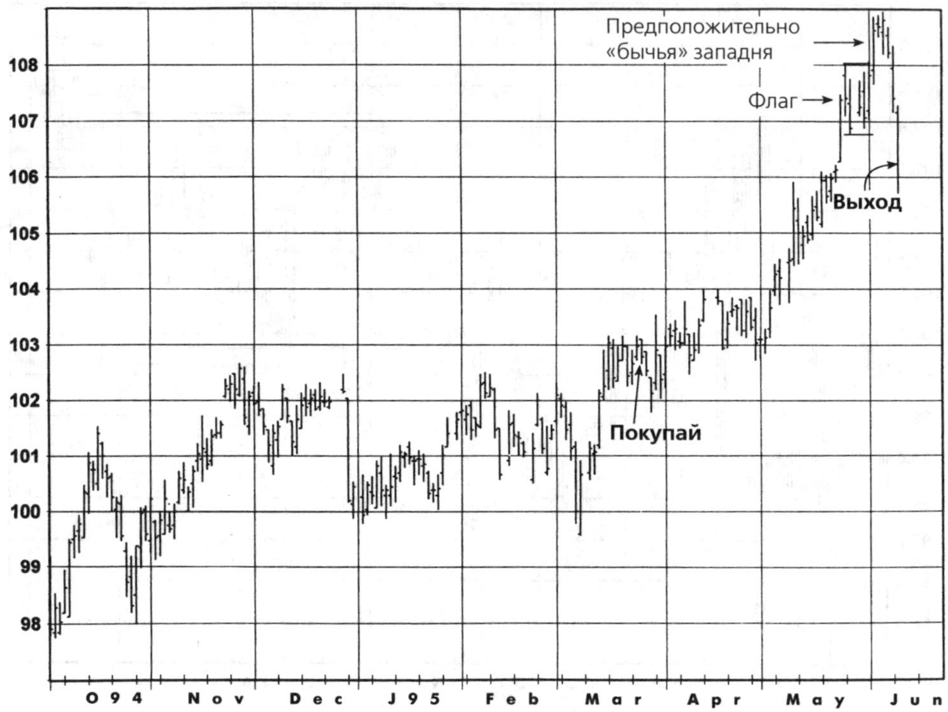

Закрытие позиции

Сделка была ликвидирована после появления вершины, похожей на «бычью» западню, которая была подтверждена значительным пробоем нижней границы предшествующего флага.

Комментарий

Заметьте, что эта сделка, по существу, восстановила длинную позицию сделки, показанной на рис. 14.84а, только на более высоком уровне цен. Иными словами, после двух проигрышей первоначальная позиция была восстановлена по худшей цене. Однако на этот раз сделка оказалась удачной, причем полученная прибыль намного превысила два предыдущих убытка. Урок: до тех пор, пока методика доказывает свою прибыльность в долгосрочном плане, следует настойчиво продолжать ее применение, даже если она дает несколько убытков подряд.

Рисунок 14.87а.

ИТАЛЬЯНСКИЕ ОБЛИГАЦИИ, НЕПРЕРЫВНЫЕ ФЬЮЧЕРСЫ (ДНЕВНОЙ ГРАФИК)

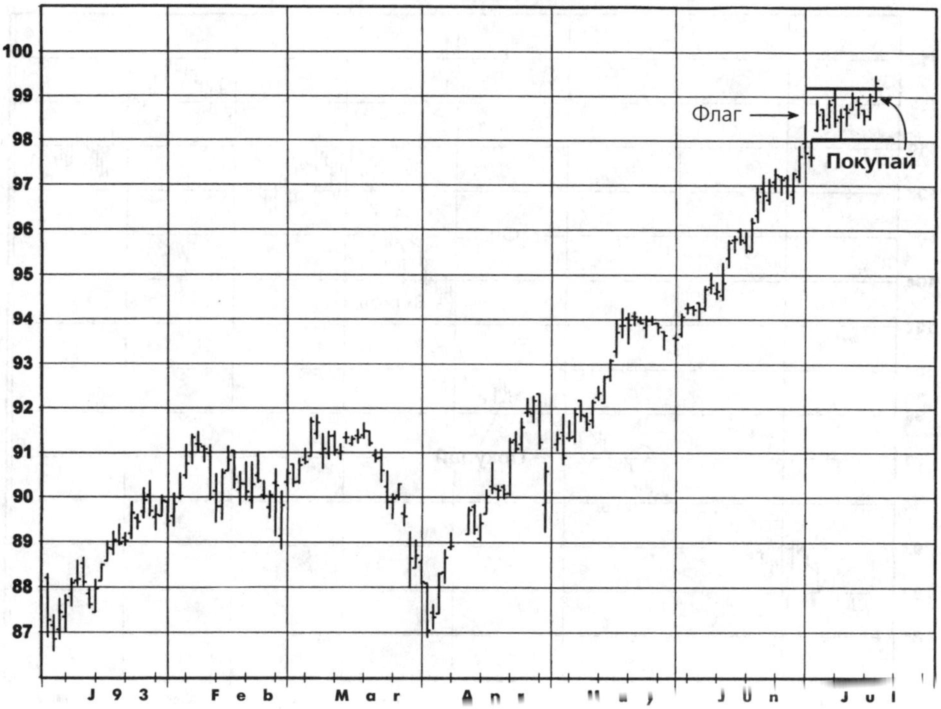

Причины открытия позиции

Образование флага после повышательной тенденции предполагало продолжение роста.

Вы согласны или не согласны с анализом? Оцените ситуацию перед тем, как перевернуть страницу.

Рисунок 14.87б.

ИТАЛЬЯНСКИЕ ОБЛИГАЦИИ, НЕПРЕРЫВНЫЕ ФЬЮЧЕРСЫ (ДНЕВНОЙ ГРАФИК)

Закрытие позиции

Пробой нижней границы флага после крупного подъема говорил об опасности, по крайней мере, временного разворота. (Во всех примерах, показывающих итальянские облигации, используются непрерывные фьючерсы, поскольку, так же как и по золотообрезным облигациям, практически вся торговля сконцентрирована в ближайшем контракте, что делает невозможным построение графиков индивидуальных контрактов, достаточно продолжительных для проведения адекватного технического анализа.)

Комментарий

Эта сделка является хорошей иллюстрацией двух идей:

1. То, что рынок уже продемонстрировал крупный подъем, отнюдь не означает, что уже поздно покупать.

2. Если дождаться соответствующей графической модели, то появится возможность определить сравнительно близкую, технически обоснованную остановку, даже если рынок уже пережил значительный подъем. (В этой сделке первоначальная остановка была поставлена несколько ниже узкой консолидации, образовавшейся как раз накануне открытия позиции.)

Рисунок 14.88а.

ИТАЛЬЯНСКИЕ ОБЛИГАЦИИ, НЕПРЕРЫВНЫЕ ФЬЮЧЕРСЫ (ДНЕВНОЙ ГРАФИК)

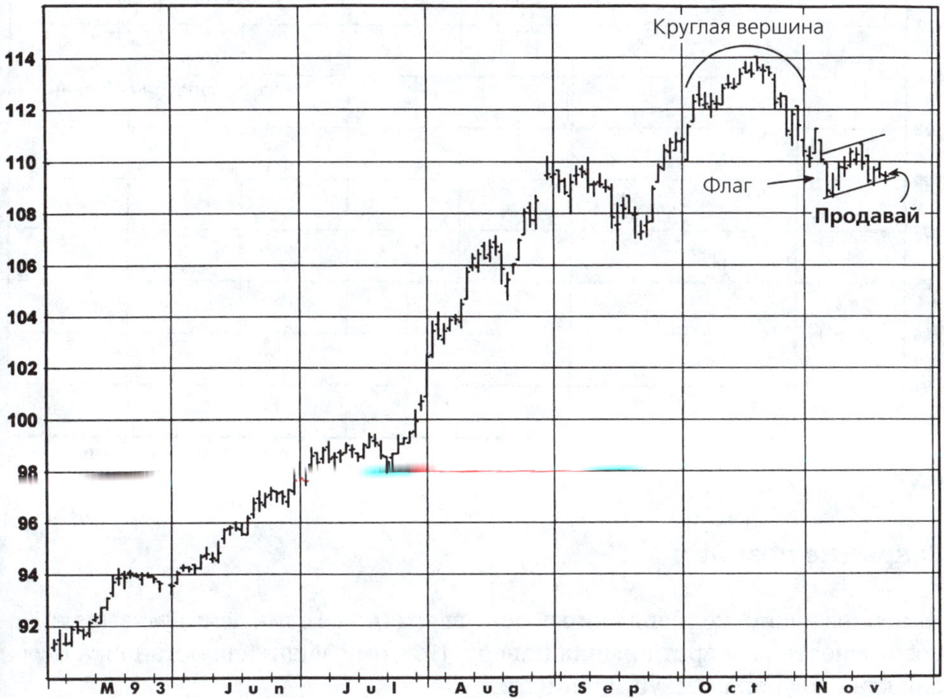

Причины открытия позиции

1. Образование круглой вершины.
2. Флаг, образовавшийся после снижения цен.

Вы согласны или не согласны с анализом? Оцените ситуацию перед тем, как перевернуть страницу.

Рисунок 14.88б.

ИТАЛЬЯНСКИЕ ОБЛИГАЦИИ, НЕПРЕРЫВНЫЕ ФЬЮЧЕРСЫ (ДНЕВНОЙ ГРАФИК)

Закрытие позиции

Шип вниз и широкодиапазонный день вверх (оба в один день) указывали на возможность разворота рынка наверх. Поэтому защитная остановка была снижена до уровня безубыточности.

Комментарий

Хотя в более долгосрочном плане идея сделки оказалась ошибочной, поскольку после первоначального пробоя рынок резко пошел вверх, тонкое реагирование на развивающуюся графическую модель позволило получить безубыточный, а не проигрышный результат. Эта сделка является также хорошим примером того, как широкодиапазонный день может служить индикатором разворота тенденции.

Рисунок 14.89а

ИТАЛЬЯНСКИЕ ОБЛИГАЦИИ, НЕПРЕРЫВНЫЕ ФЬЮЧЕРСЫ (ДНЕВНОЙ ГРАФИК)

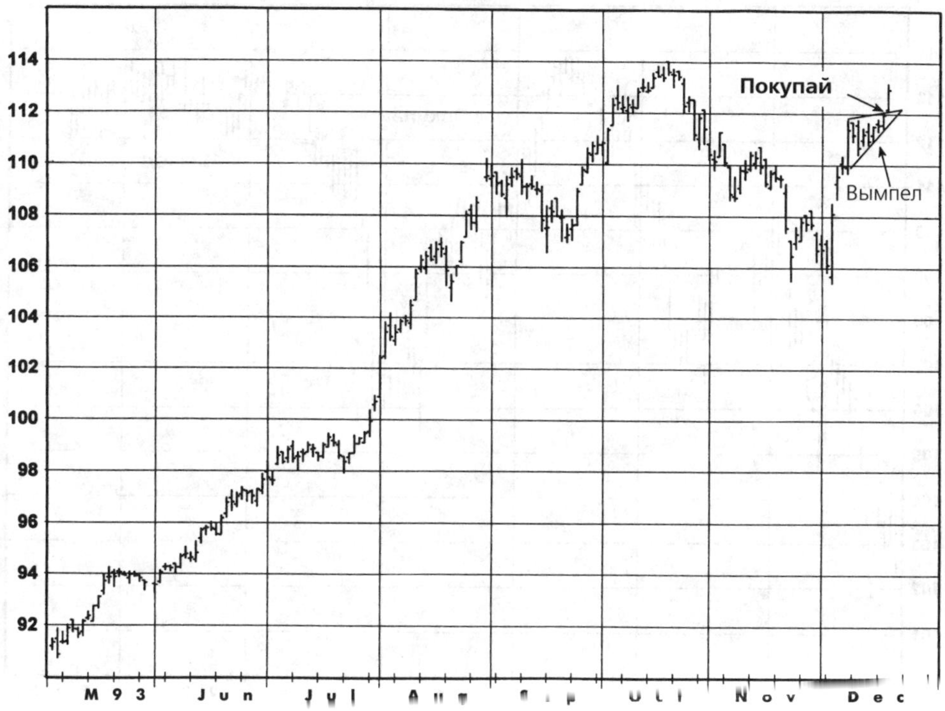

Причины открытия позиции

Модель вымпела, сформировавшаяся после резкого подъема цен, предполагала вероятность еще одного подъема.

Вы согласны или не согласны с анализом? Оцените ситуацию перед тем, как перевернуть страницу.

Рисунок 14.89б.

ИТАЛЬЯНСКИЕ ОБЛИГАЦИИ, НЕПРЕРЫВНЫЕ ФЬЮЧЕРСЫ (ДНЕВНОЙ ГРАФИК)

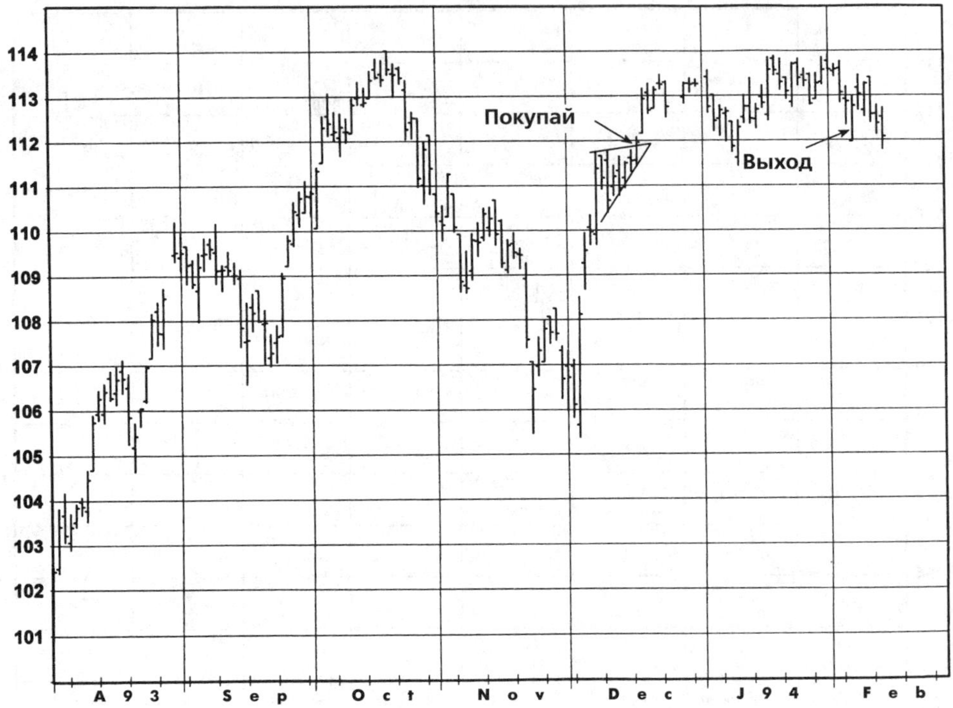

Закрытие позиции

Рынок слишком долго шел в горизонтальном направлении после пробоя верхней границы вымпела. В результате возникли опасения возможности разворота тренда вниз. Поэтому защитная остановка была поднята до уровня открытия позиции.

Комментарий

Вскоре после закрытия этой позиции на графике возникла формация, оправдывавшая открытие позиции в противоположном направлении (см. следующую сделку).

Рисунок 14.90а.

ИТАЛЬЯНСКИЕ ОБЛИГАЦИИ, НЕПРЕРЫВНЫЕ ФЬЮЧЕРСЫ (ДНЕВНОЙ ГРАФИК)

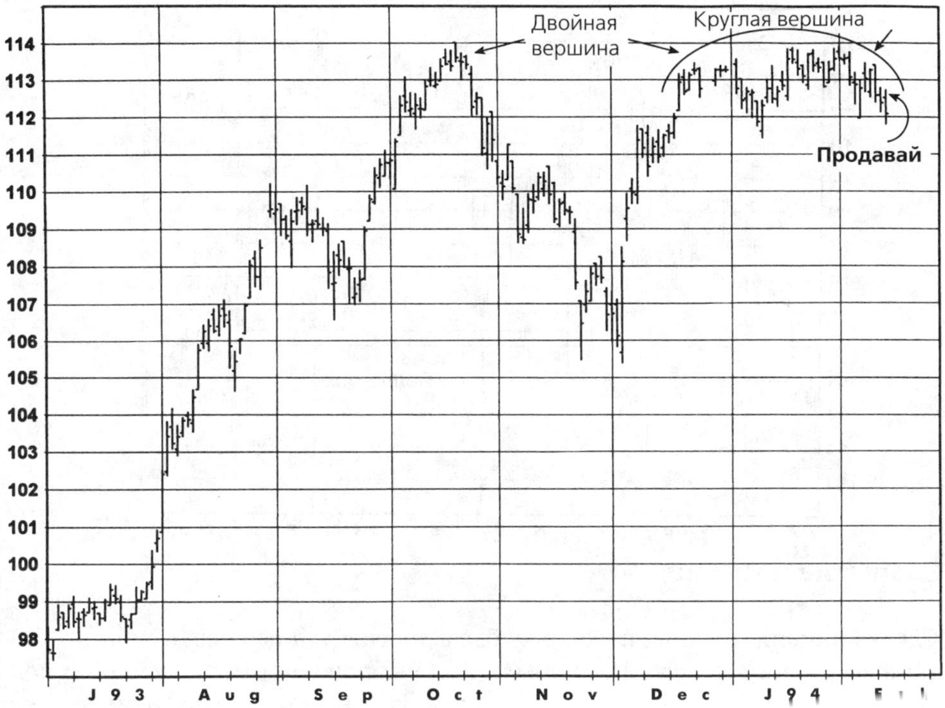

Причины открытия позиции

1. Двойная вершина.
2. Круглая вершина (вторая половина двойной вершины).

Вы согласны или не согласны с анализом? Оцените ситуацию перед тем, как перевернуть страницу.

Рисунок 14.90б.

ИТАЛЬЯНСКИЕ ОБЛИГАЦИИ, НЕПРЕРЫВНЫЕ ФЬЮЧЕРСЫ (ДНЕВНОЙ ГРАФИК)

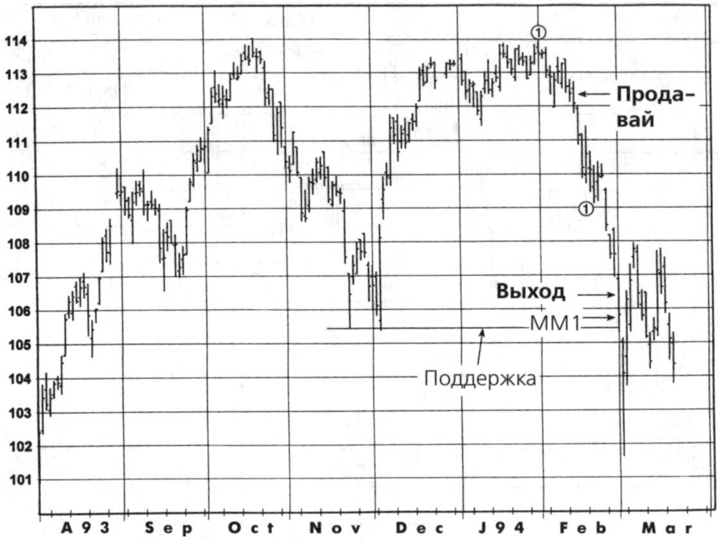

Закрытие позиции

Сделка ликвидирована, поскольку была достигнута целевая прибыль. Указанный уровень фиксации прибыли был выбран как раз над уровнем поддержки, совпадающим с минимумом ноября-декабря, и целью измеренного движения (MM1).

Комментарий

За два месяца до данной сделки у меня была длинная позиция на этом рынке. Короткая позиция была открыта спустя ровно неделю после ликвидации длинной позиции (см. рис. 14.89б). Очень важно при появлении сигналов, противоречащих вашей текущей позиции, не только закрыть ее, но и решиться на открытие позиции в противоположном направлении. В результате изменения первоначальной стратегии я получил крупную чистую прибыль несмотря на то, что первая сделка (длинная позиция) была неудачной во всех отношениях.

Эта сделка также демонстрирует, каким образом цель измеренного движения и прошлый относительный минимум (или относительный максимум) могут быть использованы для определения уровня фиксации прибыли. Хотя рынок резко пошел вниз на следующий день после закрытия позиции, вслед за этим он поднялся выше. Защитная следящая остановка, несомненно, привела бы к худшим условиям выхода.

В общем случае имеет смысл зафиксировать прибыль, если сделка удовлетворяет всем трем нижеперечисленным критериям:

1. Большая текущая прибыль.
2. Прибыль получена очень быстро.
3. Достигнут или почти достигнут важный целевой уровень.

Обоснование: коснувшись такого уровня, рынок с большой вероятностью отскочит в противоположном направлении, что приведет к срабатыванию большинства следящих остановок. Затем, после отскока, рынок может возобновить движение в первоначальном направлении, но уже без вас.

Рисунок 14.91а.

ИТАЛЬЯНСКИЕ ОБЛИГАЦИИ, НЕПРЕРЫВНЫЕ ФЬЮЧЕРСЫ (ДНЕВНОЙ ГРАФИК)

Причины открытия позиции

1. Двойная вершина.
2. Пробой нижней границы консолидации.

Вы согласны или не согласны с анализом? Оцените ситуацию перед тем, как перевернуть страницу.

Рисунок 14.91б.

ИТАЛЬЯНСКИЕ ОБЛИГАЦИИ, НЕПРЕРЫВНЫЕ ФЬЮЧЕРСЫ (ДНЕВНОЙ ГРАФИК)

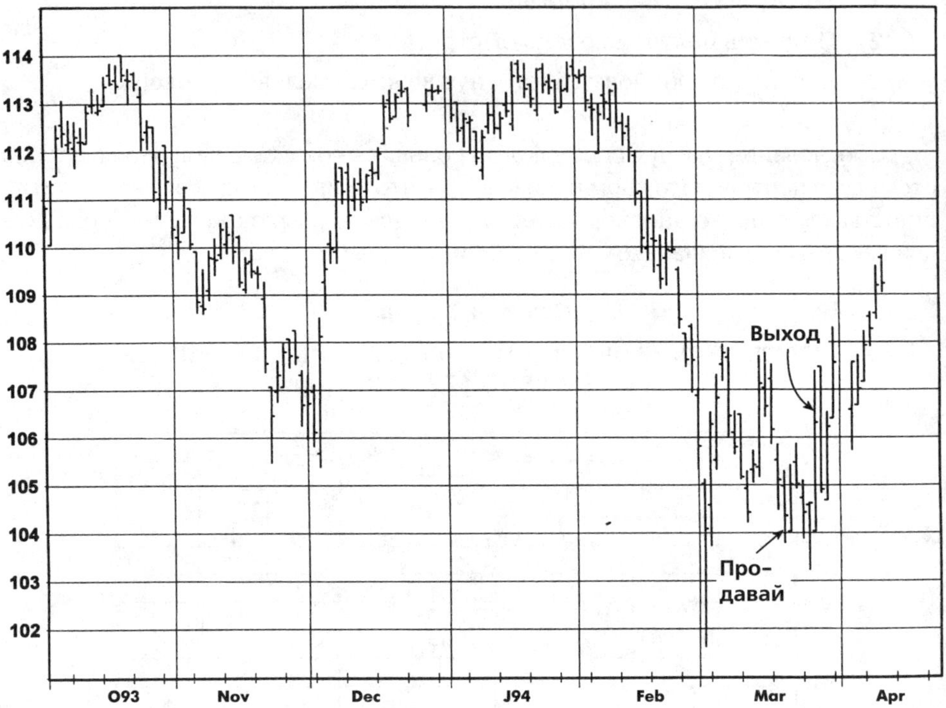

Закрытие позиции

Защитная остановка сработала благодаря резкому движению рынка назад в зону консолидации.

Комментарий

Ликвидация проигрышной позиции не обязательно означает полный отказ от нее. В позицию можно вернуться при более благоприятной цене, как было в этом случае (см. следующую сделку). Было бы ошибкой рассматривать сделку как «одноразовую». Сделку можно воспроизводить до тех пор, пока ее важные исходные предпосылки (в данном случае двойная вершина) остаются в силе.

Рисунок 14.92а.

ИТАЛЬЯНСКИЕ ОБЛИГАЦИИ, НЕПРЕРЫВНЫЕ ФЬЮЧЕРСЫ (ДНЕВНОЙ ГРАФИК)

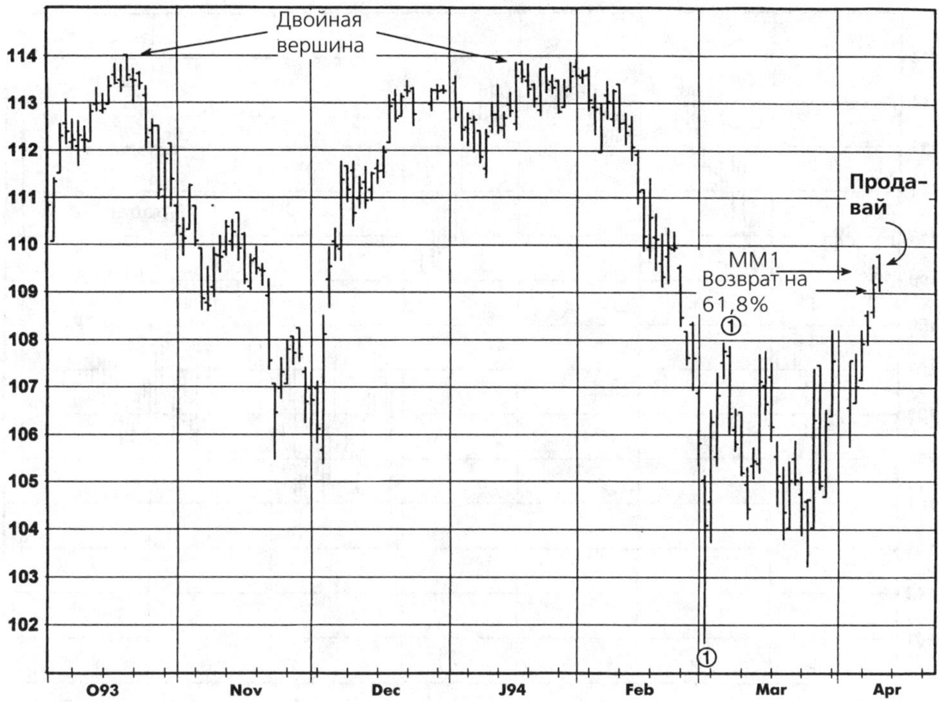

Причины открытия позиции

1. Двойная вершина.
2. Прогнозируемое сопротивление исходя из совпадения цели измеренного движения (ММ1) и коррекции на 61,8% на одном и том же ценовом уровне.

Вы согласны или не согласны с анализом? Оцените ситуацию перед тем, как перевернуть страницу.

Рисунок 14.92б.

ИТАЛЬЯНСКИЕ ОБЛИГАЦИИ, НЕПРЕРЫВНЫЕ ФЬЮЧЕРСЫ (ДНЕВНОЙ ГРАФИК)

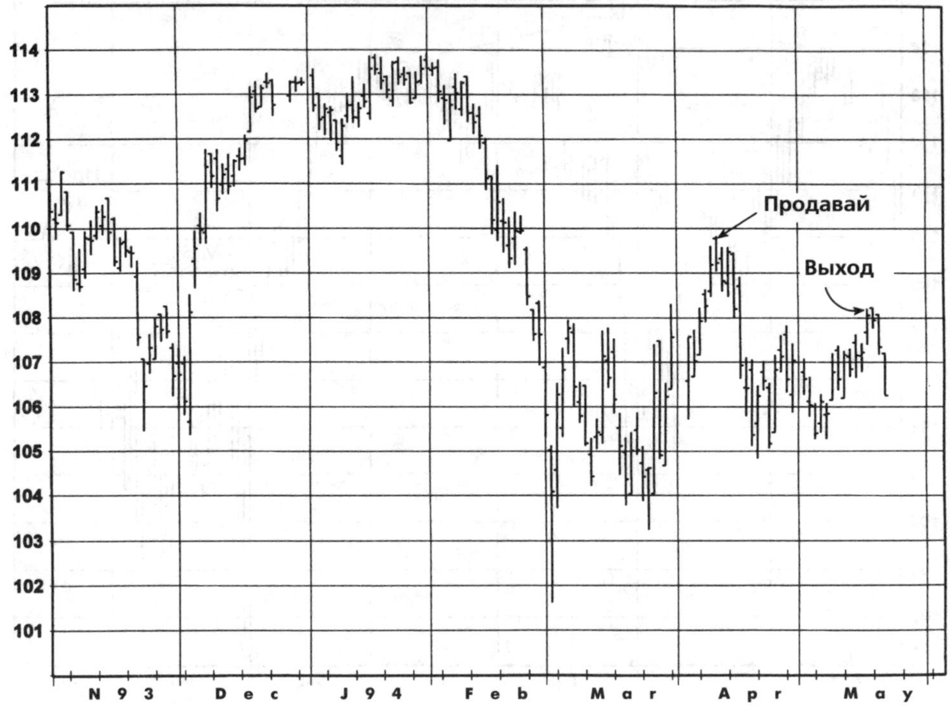

Закрытие позиции

Позиция была ликвидирована на пониженной защитной остановке.

Комментарий

Если есть веская причина считать, что крупная тенденция по-прежнему направлена вниз, то продажа на промежуточном подъеме у предполагаемого сопротивления может обеспечить очень хорошее открытие позиции. Иными словами, открытие позиции против краткосрочной тенденции может оказаться хорошей стратегией, *пока в долгосрочном плане рынок движется в противоположном направлении*.

Анализируя позицию задним числом, я вижу, что понизил защитную остановку слишком близко к рыночным ценам и слишком быстро. Однако обратите внимание на следующую сделку.

Рисунок 14.93а.

ИТАЛЬЯНСКИЕ ОБЛИГАЦИИ, НЕПРЕРЫВНЫЕ ФЬЮЧЕРСЫ (ДНЕВНОЙ ГРАФИК)

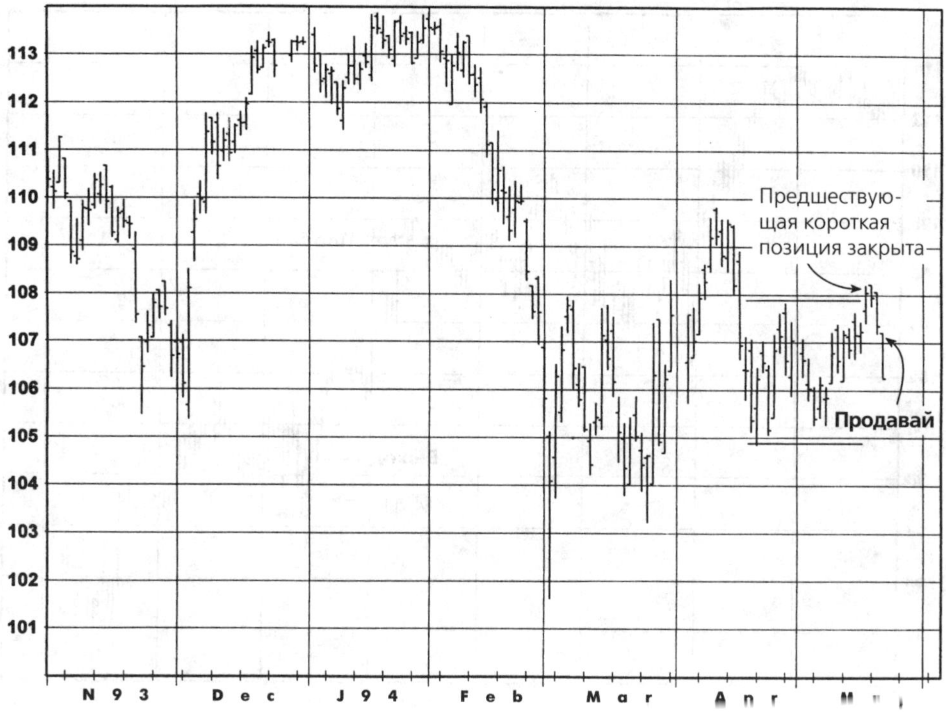

Причины открытия позиции

Эта сделка возобновила предыдущую, поскольку те же самые обоснования все еще действовали. Пробой верхней границы консолидации, который инициировал исполнение пониженной защитной остановки в предыдущей сделке, не получил развития и выглядел как ложное движение. Поэтому позиция была возобновлена.

Вы согласны или не согласны с анализом? Оцените ситуацию перед тем, как перевернуть страницу.

Рисунок 14.93б.

ИТАЛЬЯНСКИЕ ОБЛИГАЦИИ, НЕПРЕРЫВНЫЕ ФЬЮЧЕРСЫ (ДНЕВНОЙ ГРАФИК)

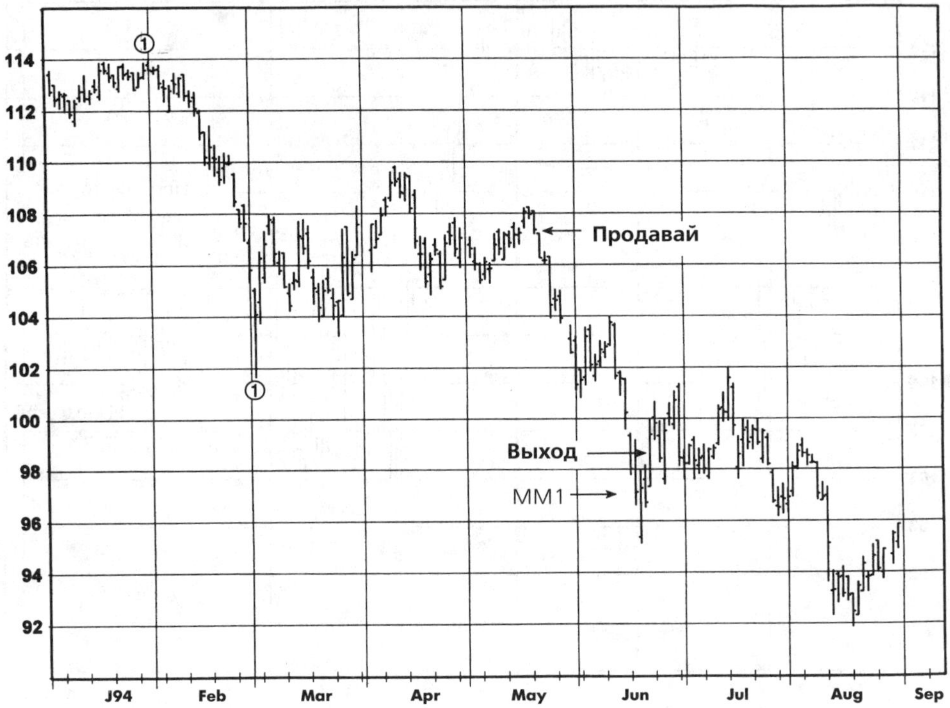

Закрытие позиции

Достижение цели измеренного движения (MM1) побудило к резкому снижению защитной остановки.

Комментарий

Если ваша остановка сработала на незначительном отскоке цен и вы все еще уверены в правильности сделки, то сожмите зубы и вновь откройте позицию. Эта сделка является еще одной иллюстрацией того, что биржевая позиция — это продолжающийся процесс, который не следует считать завершенным из-за исполнения защитной остановки. В данном случае готовность вновь открыть ту же позицию помогла получить крупную прибыль, которая иначе была бы безвозвратно потеряна.

Рисунок 14.94а.

ИТАЛЬЯНСКИЕ ОБЛИГАЦИИ, НЕПРЕРЫВНЫЕ ФЬЮЧЕРСЫ (ДНЕВНОЙ ГРАФИК)

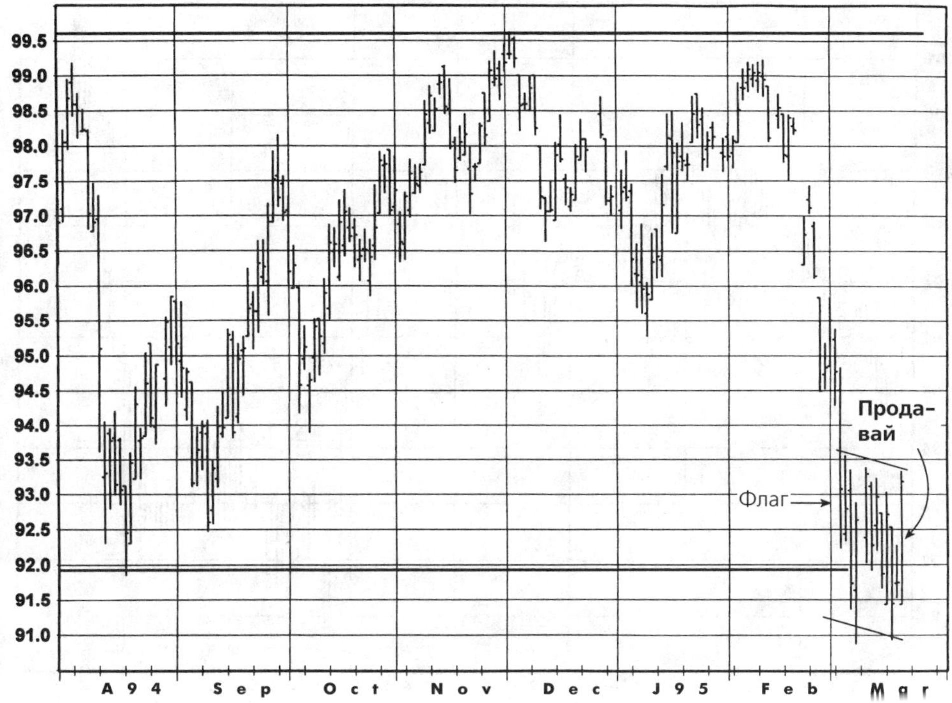

Причины открытия позиции

Модель флага, образовавшаяся у нижней границы широкого торгового диапазона, предполагала потенциал еще одного снижения цен.

Вы согласны или не согласны с анализом? Оцените ситуацию перед тем, как перевернуть страницу.

Рисунок 14.94б.

ИТАЛЬЯНСКИЕ ОБЛИГАЦИИ, НЕПРЕРЫВНЫЕ ФЬЮЧЕРСЫ (ДНЕВНОЙ ГРАФИК)

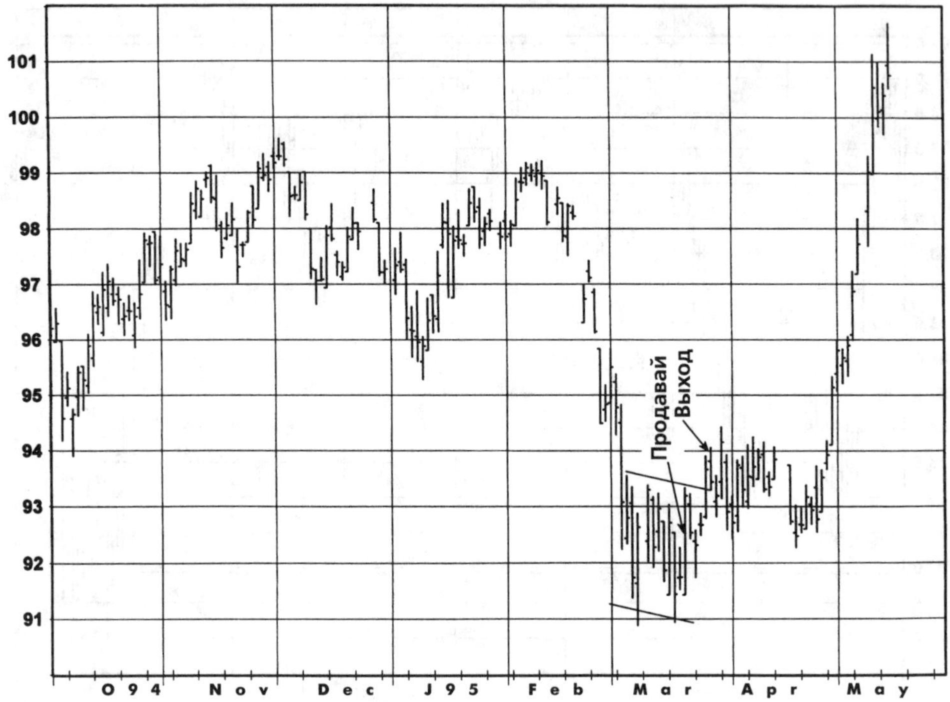

Закрытие позиции

Пробой верхней границы флага нарушил предпосылку сделки.

Комментарий

Вот еще один пример того, как выход при первом технически значимом признаке ошибочности торговой предпосылки предотвратил катастрофический результат.

Рисунок 14.95а.

ИТАЛЬЯНСКИЕ ОБЛИГАЦИИ, НЕПРЕРЫВНЫЕ ФЬЮЧЕРСЫ (ДНЕВНОЙ ГРАФИК)

Причины открытия позиции

Узкий флаг, образовавшийся над широким торговым диапазоном, подразумевал вероятное продолжение роста цен.

Вы согласны или не согласны с анализом? Оцените ситуацию перед тем, как перевернуть страницу.

Рисунок 14.95б.

ИТАЛЬЯНСКИЕ ОБЛИГАЦИИ, НЕПРЕРЫВНЫЕ ФЬЮЧЕРСЫ (ДНЕВНОЙ ГРАФИК)

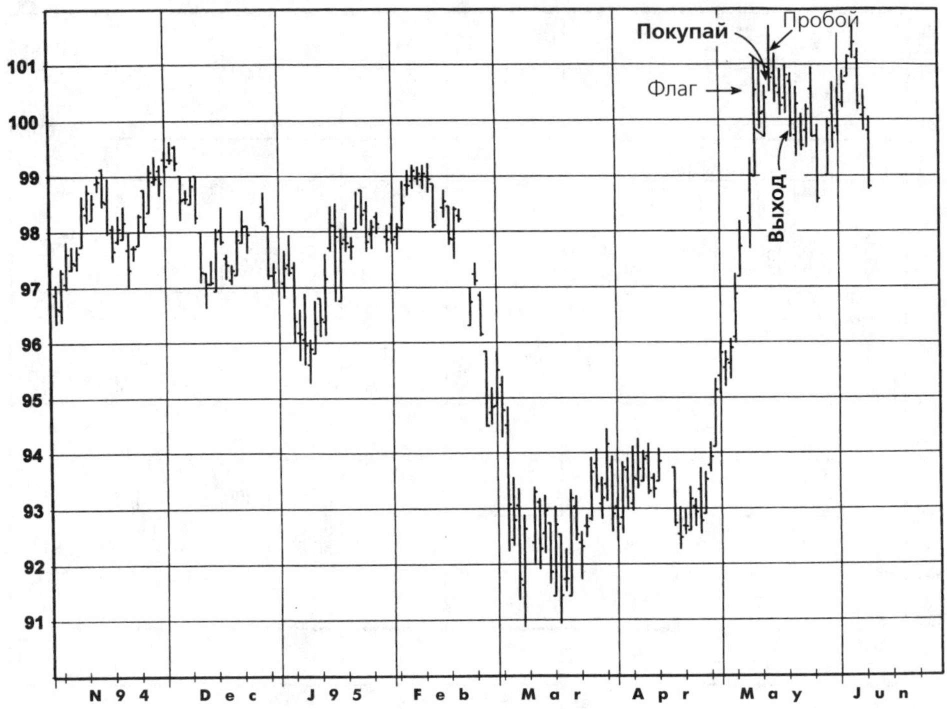

Закрытие позиции

Возврат к нижней границе флага после прокола его верхней границы отражал краткосрочную слабость рынка.

Комментарий

Одной из привлекательных сторон использования моделей флага и вымпела в качестве торговых ориентиров является возможность значительного ограничения риска даже при подаче ими ложных сигналов.

Рисунок 14.96а.

ФРАНЦУЗСКИЕ ОБЛИГАЦИИ, НЕПРЕРЫВНЫЕ ФЬЮЧЕРСЫ (ДНЕВНОЙ ГРАФИК)

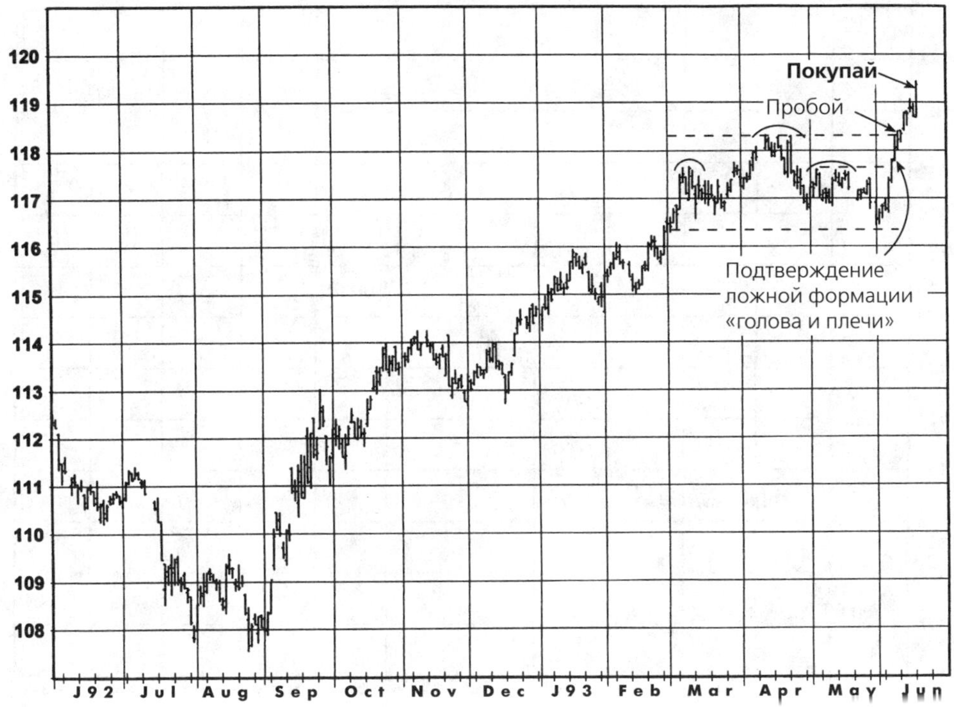

Причины открытия позиции

1. Подтверждение того, что формация «голова и плечи» дала ложный сигнал к падению цен.
2. Устойчивый пробой верхней границы предшествующего торгового диапазона.

Вы согласны или не согласны с анализом? Оцените ситуацию перед тем, как перевернуть страницу.

Рисунок 14.96б.

ФРАНЦУЗСКИЕ ОБЛИГАЦИИ, НЕПРЕРЫВНЫЕ ФЬЮЧЕРСЫ (ДНЕВНОЙ ГРАФИК)

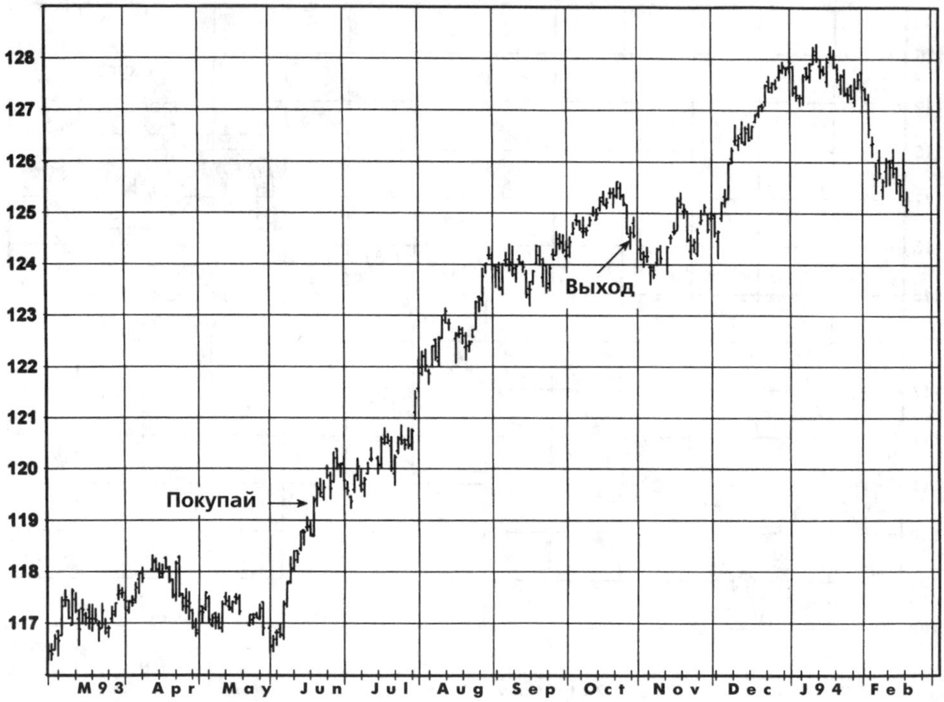

Закрытие позиции

Позиция ликвидирована защитной следящей остановкой, которая была перемещена близко к рыночным ценам после сильного движения наверх.

Комментарий

Неспособность классической графической модели развиваться в ожидаемом направлении, подобно формации «голова и плечи» в данном примере, часто является превосходным торговым сигналом.

Рисунок 14.97а.

ФРАНЦУЗСКИЕ ОБЛИГАЦИИ, НЕПРЕРЫВНЫЕ ФЬЮЧЕРСЫ (ДНЕВНОЙ ГРАФИК)

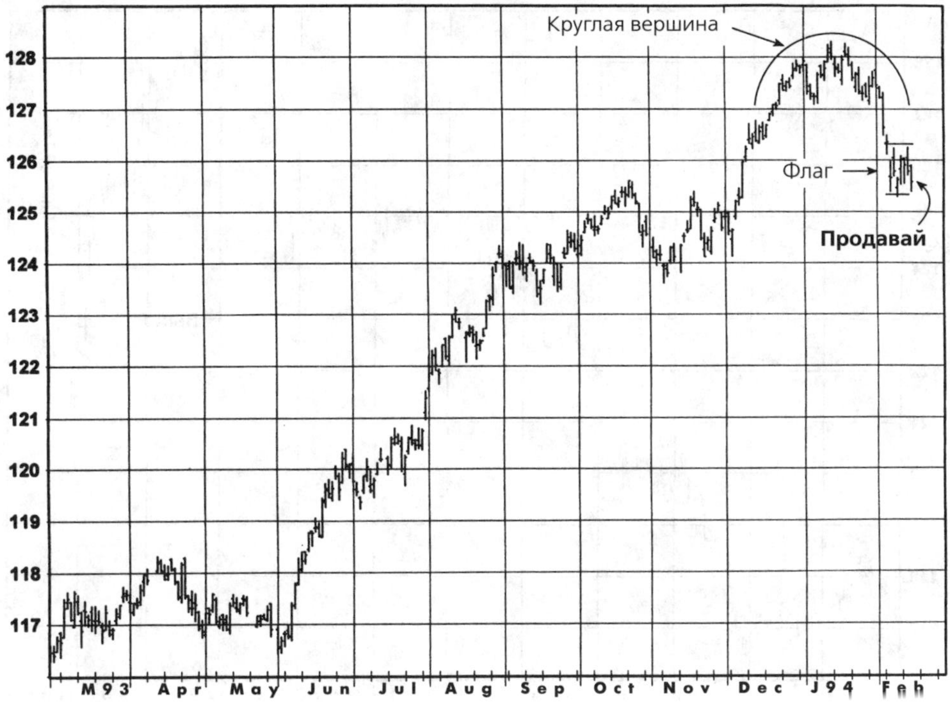

Причины открытия позиции

1. Круглая вершина указывала на возможность разворота тренда.
2. Образование флага после снижения предполагало, что следующее движение цен также будет направлено вниз.

Вы согласны или не согласны с анализом?
Оцените ситуацию перед тем, как переворачивать страницу.

Рисунок 14.97б.

ФРАНЦУЗСКИЕ ОБЛИГАЦИИ, НЕПРЕРЫВНЫЕ ФЬЮЧЕРСЫ (ДНЕВНОЙ ГРАФИК)

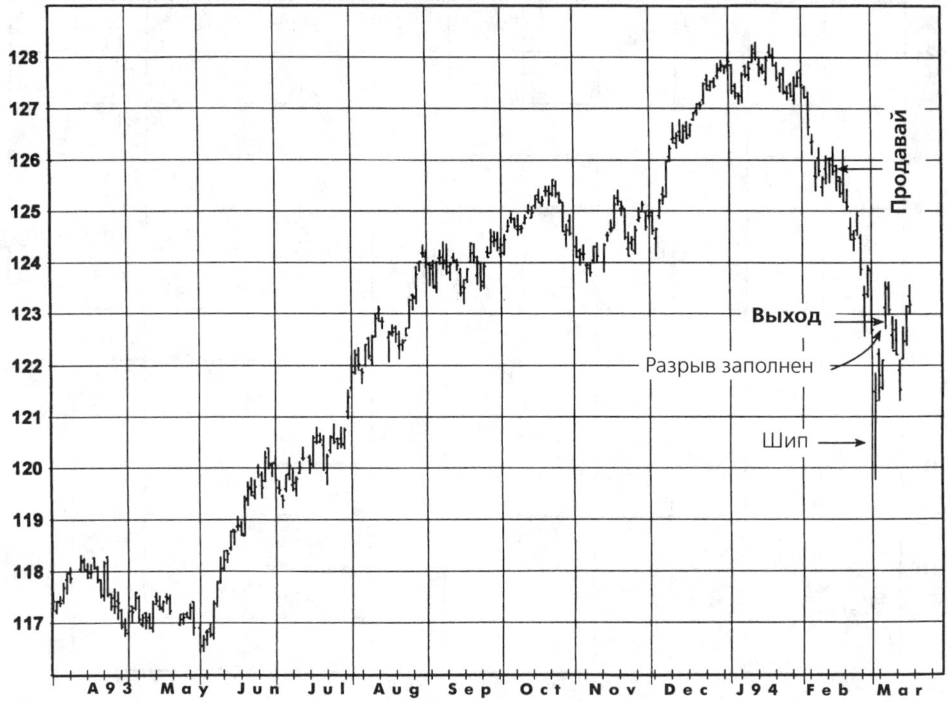

Закрытие позиции

Резкий шип вниз и заполнение предшествующего разрыва явно говорили о возможности разворота тенденции наверх.

Комментарий

Хотя графическая картина в целом по-прежнему свидетельствовала о наличии значительного падающего тренда, краткосрочное поведение цен к моменту закрытия позиции указывало на возможный временный разворот наверх. Идея состояла в том, чтобы зафиксировать прибыль и искать возможность возобновления короткой позиции при дальнейшем подъеме цен.

Рисунок 14.98а.

ФРАНЦУЗСКИЕ ОБЛИГАЦИИ, НЕПРЕРЫВНЫЕ ФЬЮЧЕРСЫ (ДНЕВНОЙ ГРАФИК)

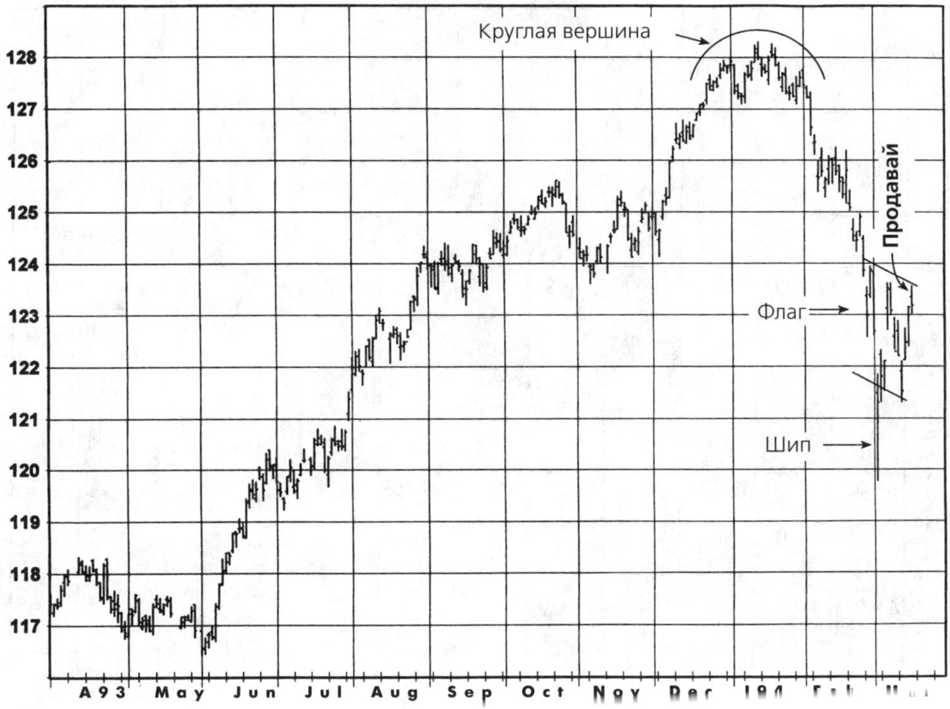

Причины открытия позиции

1. Эта продажа является возобновлением предыдущей короткой позиции, которая была закрыта чуть более недели назад (рис. 14.97б). Исходной предпосылкой сделки по-прежнему оставалась формация широкой круглой вершины — образование, предполагающее долгосрочный разворот тренда вниз.
2. Анализ графика без учета шипа указал на то, что цены образовали модель флага — консолидацию, предполагающую возможность еще одного снижения. Точка продажи была намечена у верхней границы этой модели.

Вы согласны или не согласны с анализом?
Оцените ситуацию перед тем, как переворачивать страницу.

Рисунок 14.98б.

ФРАНЦУЗСКИЕ ОБЛИГАЦИИ, НЕПРЕРЫВНЫЕ ФЬЮЧЕРСЫ (ДНЕВНОЙ ГРАФИК)

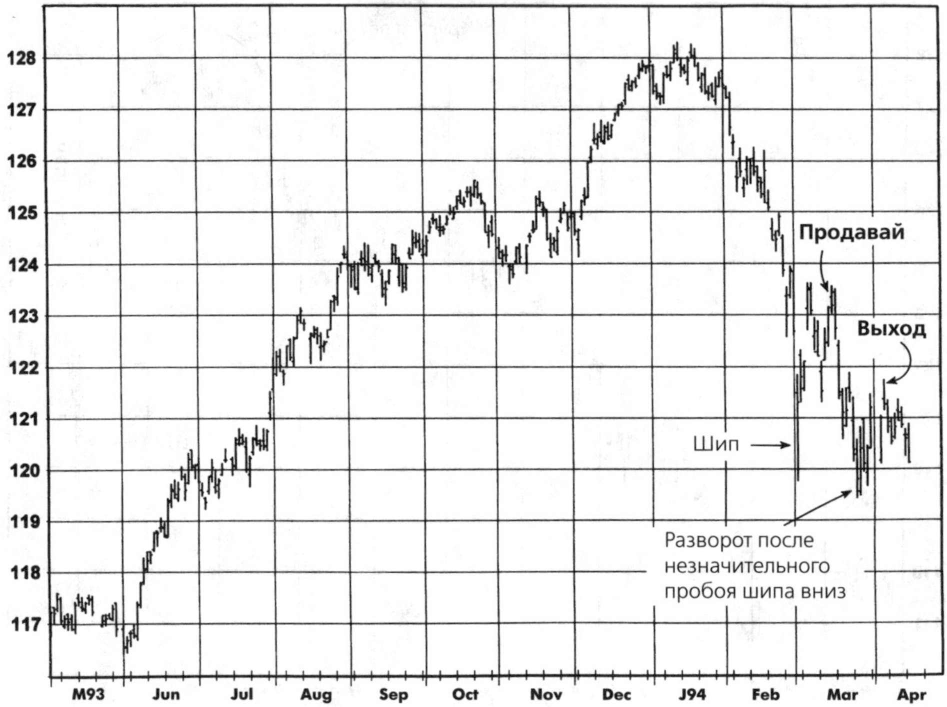

Закрытие позиции

Позиция ликвидирована на сниженной защитной остановке после пробоя минимума шипа снизу вверх в ответ на возможный разворот тренда.

Комментарий

Зачастую при наличии резких шипов, как это было при открытии данной позиции, полезно провести анализ графика, исключив из рассмотрения день с шипом. Обоснованием такого подхода является то, что шипы часто отражают флуктуации цен, возникающие вследствие избытка эмоций на рынке, и, следовательно, искажают графическую картину в целом.

Задним числом видно, что защитная остановка в этой сделке явно была перемещена слишком близко к рыночным ценам. Тем не менее в момент пробоя минимума шипа снизу вверх было сильное ощущение начала роста цен к верхней части торгового диапазона предыдущего месяца. Первоначально игровой план состоял в возобновлении продажи по более высоким ценам. Однако позиция была возобновлена, когда стало ясно, что дальнейшего роста не будет (см. следующую сделку).

Рисунок 14.99а.

ФРАНЦУЗСКИЕ ОБЛИГАЦИИ, НЕПРЕРЫВНЫЕ ФЬЮЧЕРСЫ (ДНЕВНОЙ ГРАФИК)

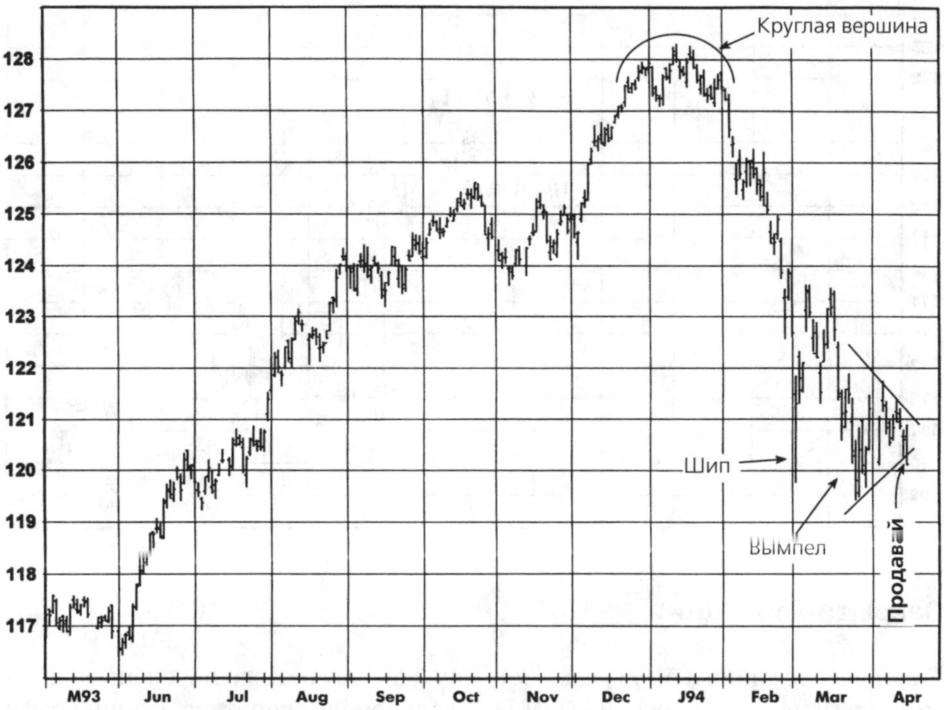

Причины открытия позиции

1. Образование вымпела у нижней границы торгового диапазона предполагало вероятность пробоя вниз.
2. Возврат котировок на уровень минимума мартовского шипа вниз являлся «медвежьим» сигналом.
3. На долгосрочной графической картине по-прежнему доминировала очень «медвежья» круглая вершина.

Вы согласны или не согласны с анализом?
Оцените ситуацию перед тем, как переворачивать страницу.

Рисунок 14.99б.

ФРАНЦУЗСКИЕ ОБЛИГАЦИИ, НЕПРЕРЫВНЫЕ ФЬЮЧЕРСЫ (ДНЕВНОЙ ГРАФИК)

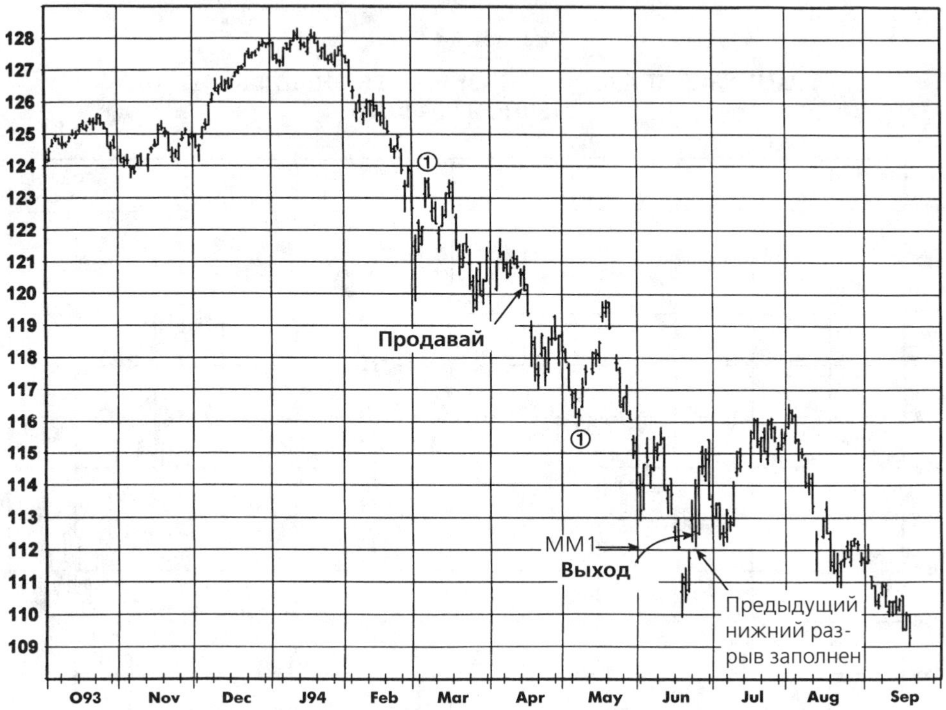

Закрытие позиции

Защитная остановка была резко понижена после достижения очень важной цели измеренного движения (MM1). В дальнейшем короткая позиция была ликвидирована как раз над точкой, в которой был заполнен предыдущий разрыв вниз: это движение цен стало первым сигналом возможного разворота тенденции.

Комментарий

Хотя в конечном итоге понижательная тенденция возобновилась, снижение защитной остановки после того, как рынок достиг цели измеренного движения (MM1), помогло получить намного лучший выход из сделки, поскольку последующий подъем вызвал бы исполнение остановки при гораздо худшей цене. Кроме того, короткая позиция была возобновлена при почти такой же цене примерно через два месяца, когда рынок вновь развернулся вниз (см. следующую сделку).

Рисунок 14.100а.

ФРАНЦУЗСКИЕ ОБЛИГАЦИИ, НЕПРЕРЫВНЫЕ ФЬЮЧЕРСЫ (ДНЕВНОЙ ГРАФИК)

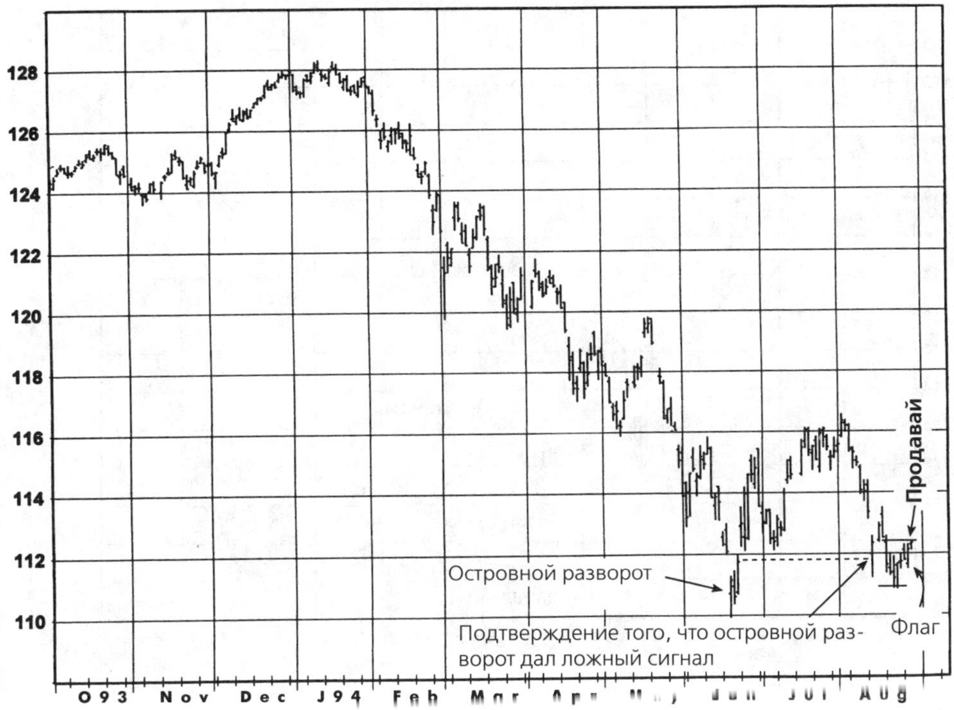

Причины открытия позиции

1. Флаг, образовавшийся у нижней границы широкого торгового диапазона, указывал на возможность пробоя вниз.
2. Снижение цен заполнило разрыв предшествующего островного разворота, став подтверждением того, что сигнал «острова» был ложным.
3. Короткая позиция была возобновлена в соответствии с доминирующей крупной тенденцией.

Вы согласны или не согласны с анализом?
Оцените ситуацию перед тем, как переворачивать страницу.

Рисунок 14.100б.

ФРАНЦУЗСКИЕ ОБЛИГАЦИИ, НЕПРЕРЫВНЫЕ ФЬЮЧЕРСЫ (ДНЕВНОЙ ГРАФИК)

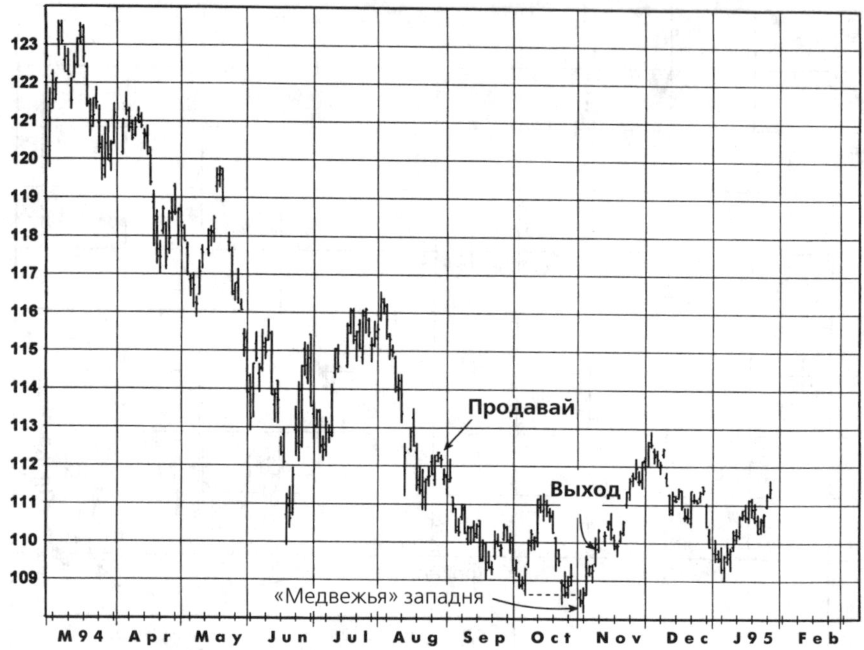

Закрытие позиции

Признак «медвежьей» западни — в начале ноября незначительный пробой нижней границы предшествующего торгового диапазона и последующий быстрый подъем обратно в диапазон — явился достаточным основанием для резкого снижения защитной остановки, которая была быстро исполнена.

Комментарий

Хотя для подтверждения разворотной формации типа «медвежья» западня необходимо, чтобы по крайней мере три-четыре недели цены оставались выше ее минимума либо отступили назад в верхнюю часть предшествующего торгового диапазона, тем не менее при решении вопроса о снижении защитной остановки в короткой позиции можно использовать гораздо менее строгие условия. Поскольку рынок продемонстрировал выраженный спад, то даже первые признаки разворота типа «медвежья» западня были достаточным основанием для подтягивания защитной остановки. Выявление признаков возможной «медвежьей» западни позволило ликвидировать данную позицию достаточно близко от минимума рынка.

Рисунок 14.101а.

ПИБОР, СЕНТЯБРЬ 1993

Причины открытия позиции

1. Пробой закругленной формации указывал на возможный разворот рынка вверх.
2. Флаг, образовавшийся в верхней части широкого торгового диапазона, предполагал, что следующее движение цен будет направлено вверх.

Вы согласны или не согласны с анализом?
Оцените ситуацию перед тем, как переворачивать страницу.

Рисунок 14.101б.

ПИБОР, СЕНТЯБРЬ 1993

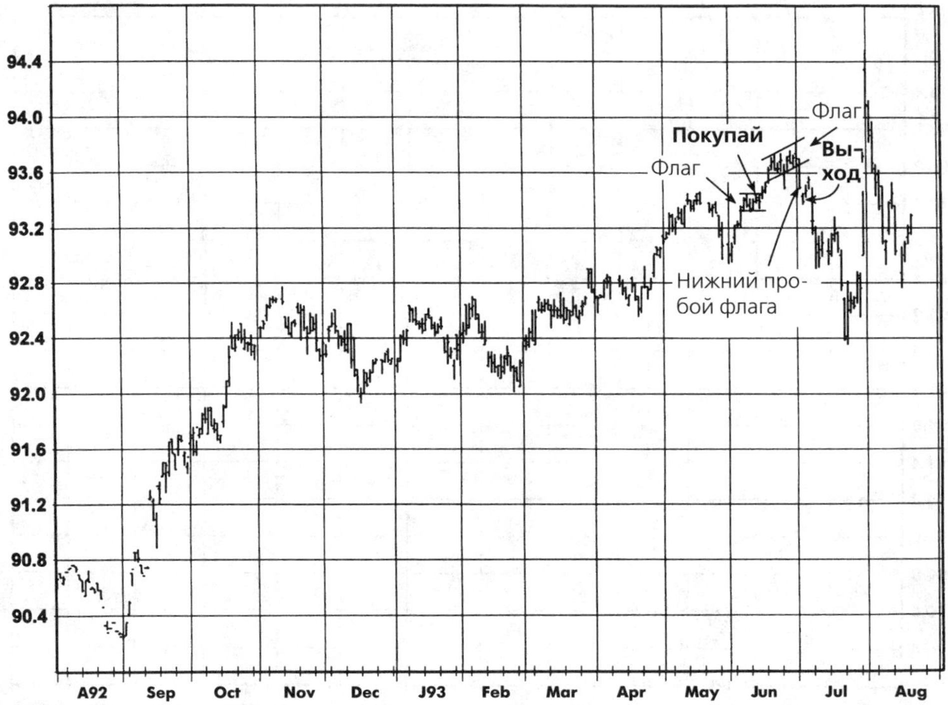

Закрытие позиции

Пробой флага в направлении, противоположном ожидаемому, указывал на слабость рынка.

Комментарий

Хотя первоначальная идея сделки оказалась неправильной, так как точка покупки располагалась недалеко от крупного относительного максимума, флаг все же точно указал направление следующего небольшого колебания цен, что позволило поднять защитную остановку до почти безубыточного уровня. Кроме того, образование следующего флага дало возможность определить сравнительно близкую обоснованную остановку. Обратите внимание на то, как поведение цен, противоречащее ожидаемому, стало сигналом к очень раннему выходу из сделки, которая могла завершиться существенным убытком.

Рисунок 14.102а.

ПИБОР, СЕНТЯБРЬ 1993

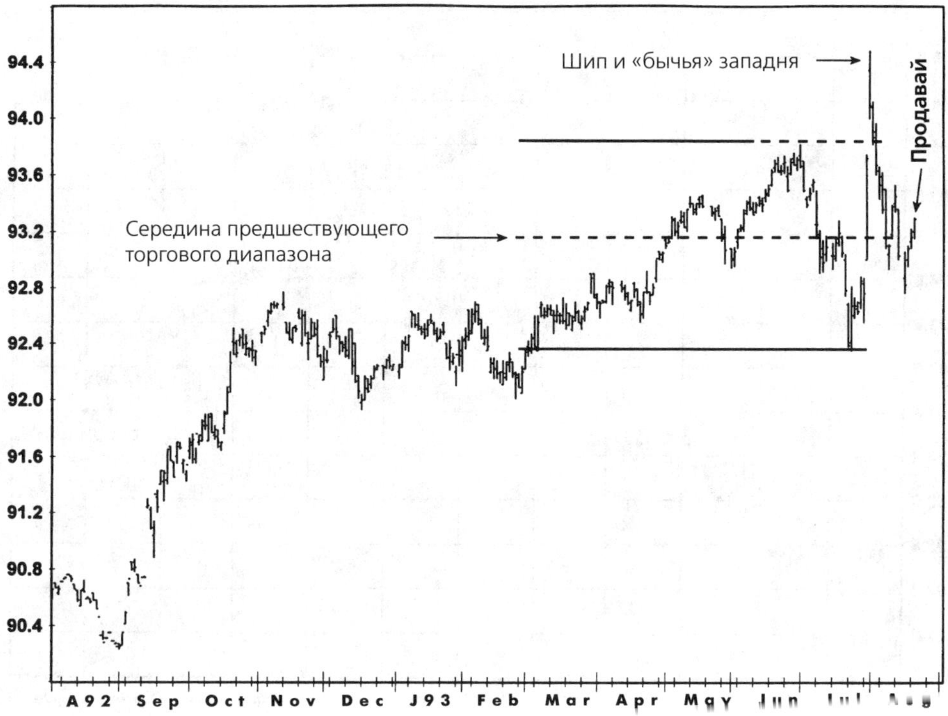

Причины открытия позиции

1. Шип вверх указывал на возможный разворот рынка вниз.
2. Последующий возврат цен назад в торговый диапазон предполагал образование «бычьей» западни, получившей предварительное подтверждение при пробое середины диапазона вниз.

Вы согласны или не согласны с анализом?
Оцените ситуацию перед тем, как переворачивать страницу.

Рисунок 14.102б.

ПИБОР, СЕНТЯБРЬ 1993

Закрытие позиции

Широкодиапазонный день, идущий против открытой позиции, предполагал возможный разворот тенденции и обусловил быстрое снижение защитной остановки с целью сохранения прибыли.

Комментарий

И опять «бычья» западня, которая была главным основанием открытия короткой позиции, подала ценный торговый сигнал. Эта западня была более очевидной в сентябрьском контракте (рис. 14.102а), в котором была открыта первоначальная позиция. В дальнейшем короткая позиция была переложена в декабрьский контракт.

Задним числом видно, что закрытие позиции оказалось весьма преждевременным (см. следующую сделку). Однако основания для снижения защитной остановки выглядят вескими даже в ретроспективе.

Рисунок 14.103а.

ПИБОР, ДЕКАБРЬ 1993

Причины открытия позиции

Образование модели вымпела дало возможность нарастить имеющуюся короткую позицию, используя сравнительно близкую остановку. (Мотивы первоначального открытия позиции изложены в описании предыдущей сделки.) Основной идеей было открыть позицию внутри вымпела в предвкушении его пробоя вниз, поскольку предыдущее движение рынка было понижательным. Вымпел позволил удвоить позицию с весьма умеренным увеличением риска, поскольку обоснованная остановка могла быть размещена сразу над моделью.

Вы согласны или не согласны с анализом?
Оцените ситуацию перед тем, как переворачивать страницу.

Рисунок 14.103б.

ПИБОР, ДЕКАБРЬ 1993

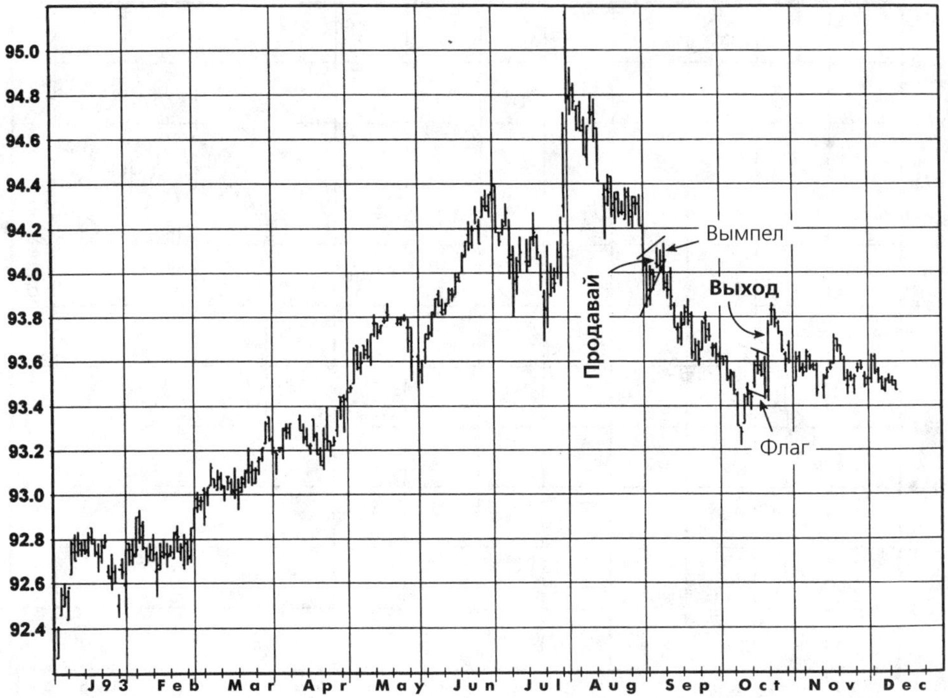

Закрытие позиции

Сделка была ликвидирована на сниженной защитной остановке, когда пробой верхней границы нового флага поднял вопрос о возможности начала роста цен.

Комментарий

Как показывает пример этой сделки, модели вымпелов и флагов часто являются хорошим средством наращивания существующей позиции, делая возможным использование достаточно близкой технически обоснованной остановки в отношении добавочной части сделки.

Рисунок 14.104а.

ПИБОР, МАРТ 1994

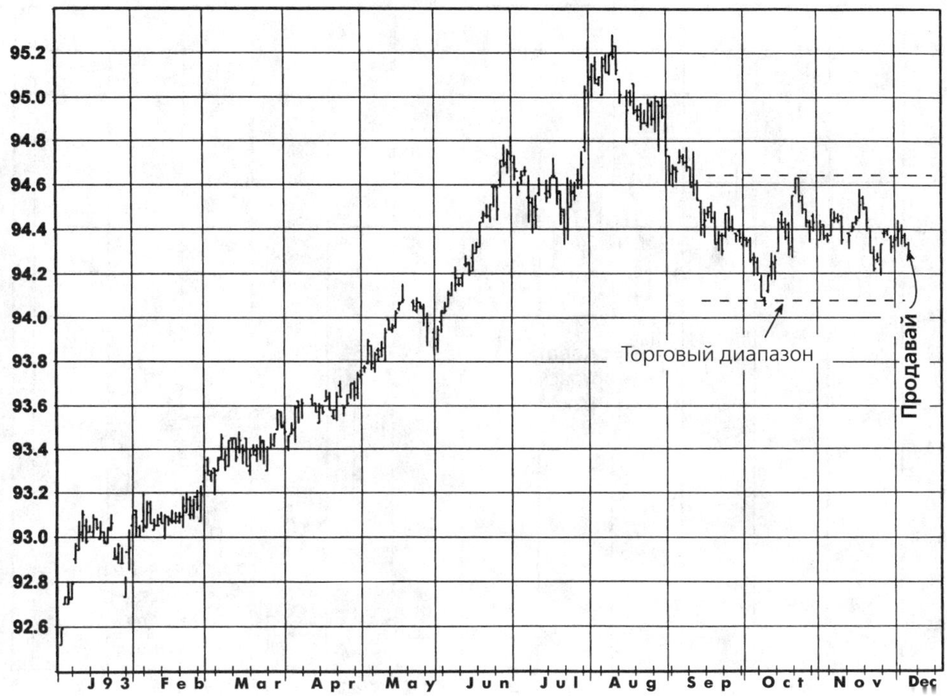

Причины открытия позиции

Торговый диапазон, образовавшийся после падения рынка с крупного максимума, предполагал возможность еще одного значительного падения цен. Новый диапазон мог рассматриваться как базовая графическая модель только при наличии нескольких колебаний цен внутри него (между его границами) и большей продолжительности падения цен перед его появлением (по крайней мере, от шести до девяти месяцев).

Вы согласны или не согласны с анализом?
Оцените ситуацию перед тем, как переворачивать страницу.

Рисунок 14.104б.

ПИБОР, ИЮНЬ 1994

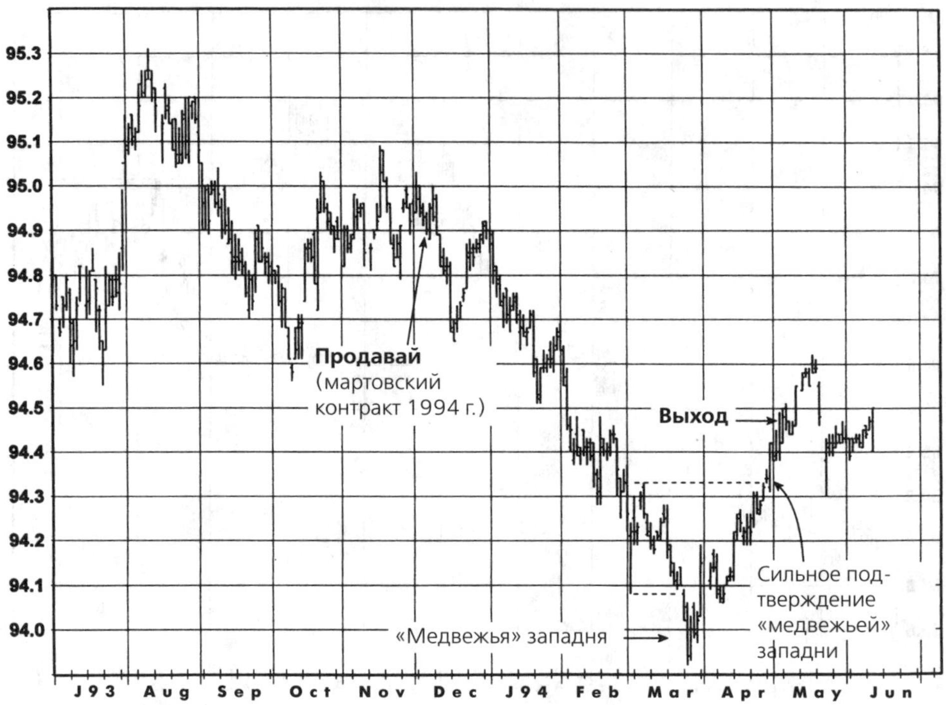

Закрытие позиции

Сделка была закрыта с помощью сравнительно широкой следящей остановки.

Комментарий

Заметьте, что «медвежья» западня получила сильное подтверждение, когда цены сумели вернуться к верхней границе предшествующего торгового диапазона после пробоя к новым минимумам. Использование такой широкой защитной остановки, как у меня, было ошибкой, причем не потому, что рынок пошел выше, а потому, что это игнорировало важный сигнал разворота тренда. Таким образом, хотя позиция была хорошей, недостаточное внимание к ее закрытию обернулось неоправданной жертвой части потенциальной прибыли.

Рисунок 14.105а.

ПИБОР, ДЕКАБРЬ 1994

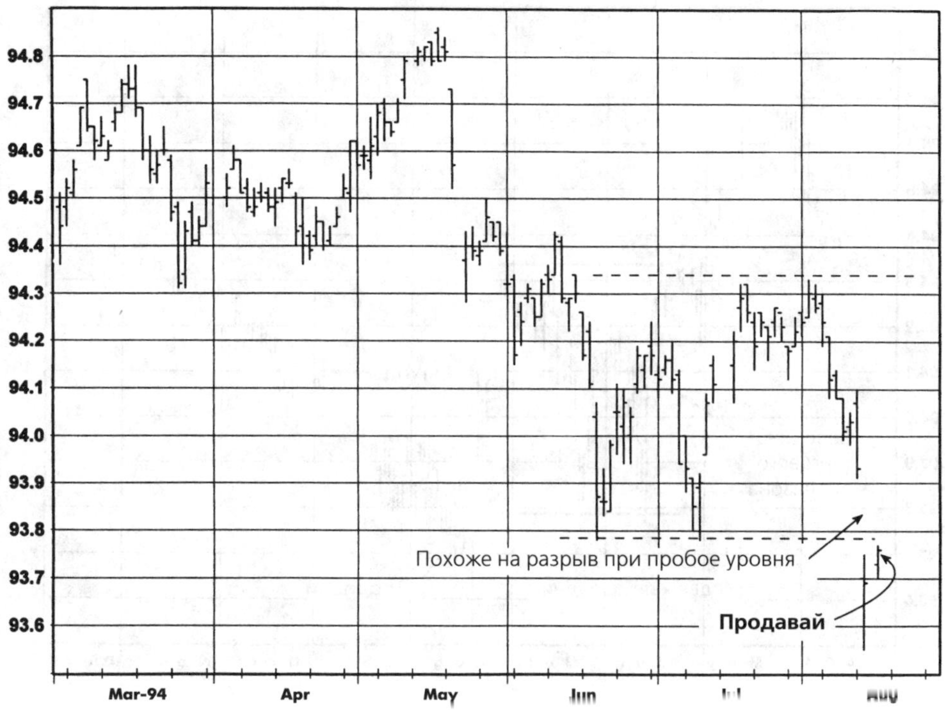

Причины открытия позиции

1. На рынке была долгосрочная понижательная тенденция.
2. Разрыв при пробое нижней границы предшествующего торгового диапазона сигнализировал о возможном начале нового снижения цен.

Вы согласны или не согласны с анализом?
Оцените ситуацию перед тем, как переворачивать страницу.

Рисунок 14.105б.

ПИБОР, ДЕКАБРЬ 1994

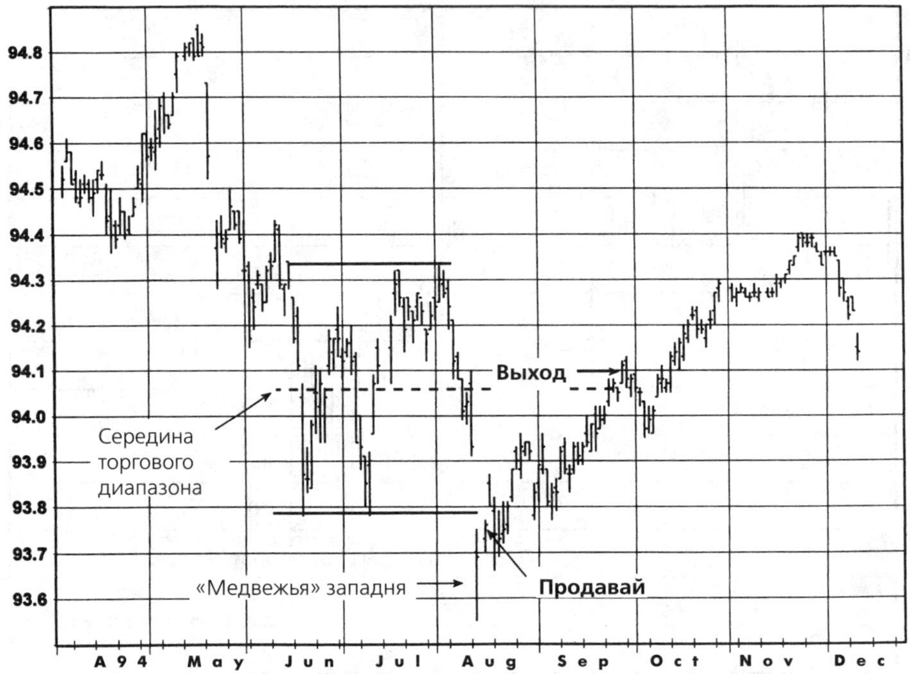

Закрытие позиции

Откат рынка к середине предшествующего торгового диапазона предполагал, что произошел разворот типа «медвежья» западня.

Комментарий

Хотя сделка была ужасной — продажа через день после крупного минимума, тем не менее предпосылка сделки была обоснованной. Этот тип моделей чаще заканчивается прибыльным результатом, чем проигрышем, но в данном случае он не сработал. Даже самые эффективные модели иногда дают сбой. Это все вопрос вероятности. Успех зависит от того, чтобы быть правым в большей степени, чем неправым. Существует различие между торговой ошибкой и сделкой, которая не сработала. Однако важнее всего иметь план закрытия позиции на случай, если сделка оказалась ошибочной. В данном примере предположительный разворот типа «медвежья» западня был подтвержден пробоем к середине предшествующего диапазона, дав сигнал к закрытию позиции и фиксации убытка.

Часть III

ОСЦИЛЛЯТОРЫ И ЦИКЛЫ

15 Осцилляторы

Томас А. Бировиц*

Я знаю миллионы методов,
которые не работают.
Я действительно многому научился.

Томас А. Эдисон

Осцилляторы являются не только одним из самых ценных инструментов имеющихся в распоряжении технических аналитиков, но также одним из самых плохо понимаемых и неправильно применяемых инструментов. В данной главе мы рассмотрим теорию осцилляторов и методы их практического использования.

Тенденция (или тренд) рынка — это общее направление движения цен: вверх, вниз или вбок. Скорость рынка (momentum) — это темп роста или падения цены. Осциллятор — это математическое выражение скорости рынка. Еще в 1920-х годах технические аналитики конструировали осцилляторы, чтобы измерять скорость рынка, а не ограничиваться простой констатацией рыночной тенденции.

При любой тенденции цены наращивают, сохраняют или теряют скорость. Снижение скорости повышательной или понижательной тенденции (т.е. цены растут или падают в замедляющемся темпе) является ранним предупредительным сигналом о том, что тенденция вскоре может измениться. Поэтому, когда осциллятор показывает, что повышательная тенденция теряет скорость, это предупреждение о возможном развороте тенденции. Аналогичным образом, когда осциллятор указывает на потерю скорости понижательной тенденцией, это может предвещать ее возможный конец.

---

* Том Бировиц является автором книги «Синергичный метод прибыльной биржевой торговли» (*A Synergetic Approach to Profitable Trading*) и преподавателем видеокурса «Синергичный технический анализ». Его ежедневная консультационная служба «Синергичный факс» (*Synergy Fax*) высылает конкретные рекомендации по американским фьючерсным рынкам. Бировиц выступал с семинарами более чем в 25 странах шести континентов, и, кроме того, он организовал курсы для трейдеров — от начинающих до профессионалов — в своем офисе в Уитоне, штат Иллинойс.

ОСЦИЛЛЯТОР ДСС И ОСНОВНЫЕ КОНЦЕПЦИИ ОСЦИЛЛЯТОРОВ

Простой осциллятор можно построить на основе известного индикатора слежения за трендом: *двойной скользящей средней* (ДСС). Будучи методом отслеживания тренда, ДСС использует пересечения быстрой, чувствительной скользящей средней и медленной, менее чувствительной скользящей средней для подачи торговых сигналов. В данном разделе мы используем 5-дневную *экспоненциальную скользящую среднюю* (ЭСС) в качестве быстрой линии и 20-дневную ЭСС в качестве медленной линии.

Чтобы преобразовать ДСС из индикатора слежения за трендом в осциллятор, вычтем медленную скользящую среднюю (ЭСС:20) из быстрой (ЭСС:5). Этот несложный осциллятор измеряет расстояние между двумя скользящими средними и позволяет определить, набирает или теряет скорость данная тенденция (рис. 15.1). Когда быстрая скользящая средняя с ускорением удаляется от медленной, скорость цен возрастает; когда быстрая скользящая средняя замедляется по сравнению с медленной, скорость цен уменьшается. Нулевой уровень осциллятора соответствует точке, где быстрая и медленная скользящие средние равны. Если быстрая скользящая средняя выше медленной и расстояние между ними увеличивается, то повышательная тенденция набирает «бычью» скорость; если расстояние уменьшается, то повышательная тенденция теряет скорость. Если быстрая скользящая средняя ниже медленной и расстояние между ними увеличивается (т.е. значения осциллятора становятся более отрицательными), то понижательная тенденция набирает «медвежью» скорость; а если расстояние уменьшается, то понижательная тенденция теряет скорость.

Уровни перекупленности и перепроданности

Уровни перекупленности и перепроданности осциллятора позволяют составить более глубокое представление о поведении цен. Рынок считается перекупленным, когда осциллятор поднимается до чрезвычайно высокого уровня, и перепроданным, когда осциллятор падает до необычно низкого уровня. Перекупленный рынок, возможно, поднялся слишком высоко и слишком быстро, а перепроданный рынок, возможно, упал слишком низко и слишком быстро. Считается, что рынки, где осциллятор находится в зонах перекупленности или перепроданности, ждет консолидация или разворот тенденции.

Однако трейдерам не следует автоматически продавать на перекупленном рынке и покупать на перепроданном рынке. Хотя такая стратегия может хорошо работать на рынке, находящемся в торговом диапазоне, она приведет к катастрофе на трендовом рынке. Более эффективные методы использования осцилляторов будут рассмотрены ниже в данной главе.

Уровни перекупленности и перепроданности нашего простого осциллятора изображены в виде горизонтальных линий, проходящих через самые высокие пики и самые глубокие впадины осциллятора. Последний должен находиться на территории перекупленности и перепроданности только примерно 10% всего времени. Иными словами, 90% значений осциллятора должны находиться между крайними уровнями, которые устанавливает аналитик (рис. 15.2).

Расхождение (Divergence)

Еще одним важным качеством осциллятора является *расхождение* между новыми максимумами или новыми минимумами цен и неспособностью осциллятора достичь более высоких максимумов или более низких минимумов. «Бычье» расхождение наблюдается в случаях, когда рынок проходит минимум, затем поднимается и опускается до более низкого минимума, тогда как осциллятор проходит минимум вместе с рынком, поднимается и затем не опускается до нового минимума (рис. 15.3). «Медвежье» расхождение наблюдается, когда рынок проходит максимум, снижается и затем поднимается к более высокому максимуму, тогда как осциллятор проходит максимум вместе с рынком, снижается и затем не поднимается до нового максимума (рис. 15.4).

Расхождение является сигналом раннего предупреждения о том, что рынок, возможно, находится в процессе смены тенденции. Когда осцилляторный сигнал расхождения является достоверным, он позволяет трейдеру покупать вблизи дна рынка и продавать у его вершины. К сожалению, осцилляторные сигналы расхождения часто оказываются ложными. В конце концов они всегда идут в противоположном направлении к тенденции, которую измеряют, и трейдеры покупают вскоре после того, как рынок снижается до более низкого минимума или продают вскоре после того, как рынок поднимается к более высокому максимуму. При длительном движении цен может быть два, три или даже более расхождений, прежде чем тенденция наконец разворачивается. Однако надежность расхождений можно значительно повысить, если дождаться, когда цены подтвердят сигналы осциллятора. Само поведение рынка должно продемонстрировать, что текущий сигнал осциллятора с высокой степенью вероятности является достоверным. Пробои линий тренда (рис. 15.5), пробои скользящих средних (рис. 15.6) и дни разворота (рис. 15.7) — вот лишь некоторые из множества способов получить подтверждение осцилляторных сигналов расхождения. После рассмотрения пяти популярных осцилляторов мы

Рисунок 15.1.

ОСЦИЛЛЯТОР ДВОЙНОЙ СКОЛЬЗЯЩЕЙ СРЕДНЕЙ

Примечание: Осциллятор ДСС измеряет расстояние между 5-дневной и 20-дневной ЭСС, чтобы дать представление о скорости рынка.
Источник: FutureSource; авторские права © 1986–1995 гг.; все права сохранены.

Рисунок 15.2.

УРОВНИ ПЕРЕКУПЛЕННОСТИ И ПЕРЕПРОДАННОСТИ

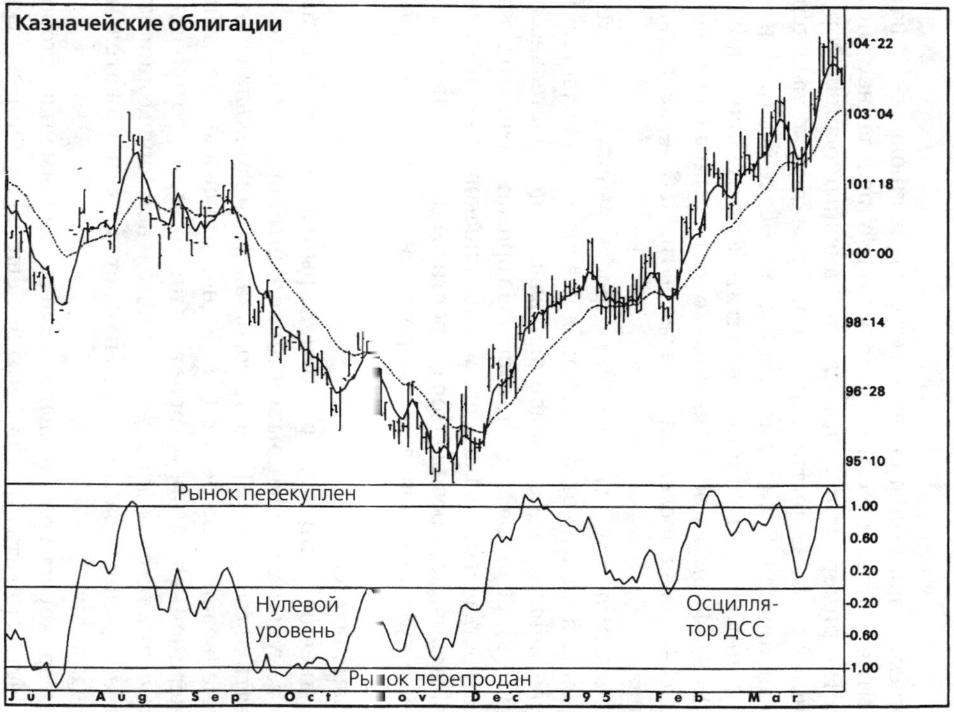

Примечание: Нулевой уровень осциллятора ДСС соответствует точке, где 5-дневная и 20-дневная ЭСС равны. Линия перекупленности проведена на уровне +1,00, а линия перепроданности — на уровне −1,00.

Источник: FutureSource; авторские права © 1986–1995 гг.; все права сохранены.

изучим два особенно эффективных метода подтверждения осцилляторных сигналов расхождения: *коридор скользящих средних* и *вершины микро-М/впадины микро-W*.

ОСЦИЛЛЯТОР СКОРОСТИ РЫНКА (THE MOMENTUM OSCILLATOR)

Осциллятор скорости рынка сравнивает сегодняшнюю цену закрытия с ценой закрытия торговой сессии, которая была определенное число дней тому назад. Например, чтобы вычислить 9-дневный осциллятор, нужно из сегодняшней цены закрытия вычесть цену закрытия, зафиксированную девять дней назад. Если вы хотите сделать более быстрый или более медленный осциллятор, то просто сократите или увеличьте количество дней (рис. 15.8). Формула осциллятора скорости рынка следующая: $M = C - C_n$, где C — самая последняя цена закрытия, а C_n — цена закрытия n дней тому назад.

Предположим $n = 9$, осциллятор скорости рынка находится выше нулевого уровня и повышается, 9-дневная разность цен является положительной и увеличивается, т.е. тенденция является повышательной и ускоряется (рис. 15.9). Если график осциллятора горизонтален, это значит, что 9-дневная разность цен оставалась примерно одинаковой в течение периода бокового движения. Если осциллятор скорости рынка начинает снижаться, находясь выше нулевого уровня, то прирост цен за последние девять дней меньше соответствующего прироста в предыдущие дни, т.е. повышательная тенденция замедляется.

Когда 9-дневный осциллятор скорости рынка падает ниже нулевого уровня, то текущая цена закрытия ниже цены закрытия, зафиксированной девять дней назад. По мере того как понижательная тенденция набирает «медвежье» ускорение (т.е. 9-дневные снижения становятся больше), инерционная линия ускоряется вниз от нулевого уровня. Разворот графика осциллятора наверх на отрицательной территории означает, что величина 9-дневных различий уменьшается, т.е. понижательная тенденция замедляется.

Осциллятор скорости рынка является опережающим индикатором — он перестает расти (падать), когда цены все еще растут при повышательной тенденции (падают при понижательной), и меняет свое направление, когда тенденция начинает замедляться. Поскольку тренды обычно демонстрируют снижение скорости перед тем, как изменить свое направление, осциллятор скорости рынка может давать раннее предупреждение о том, что, возможно, надвигается смена тенденции.

ТЕМП ИЗМЕНЕНИЙ (RATE OF CHANGE)

Темп изменений (ROC) является еще одним осциллятором, сравнивающим сегодняшнюю цену закрытия с тем, как закрылся рынок несколько дней тому назад. Внешне он очень похож на осциллятор скорости рынка и интерпретируется точно таким же образом (рис. 15.10).

Чтобы рассчитать 9-дневный ROC, надо разделить сегодняшнюю цену закрытия на цену закрытия девять дней назад. Если сегодняшняя цена закрытия и цена закрытия девять дней назад одинаковы, ROC будет равняться 1. Если сегодняшняя цена закрытия выше цены закрытия девять дней назад, то ROC будет больше 1, а если сегодняшняя цена закрытия ниже цены закрытия девять дней назад, то ROC будет меньше 1. Формула осциллятора ROC следующая: ROC = C/C_n, где C — последняя цена закрытия, а C_n — цена закрытия n дней назад.

Технические аналитики следят за осциллятором скорости рынка и темпами изменений, чтобы выявить всплески перекупленности и перепроданности, а также «бычьи» и «медвежьи» расхождения. Уровни перекупленности и перепроданности для осциллятора скорости рынка и ROC определяются точно так же, как и для осциллятора ДСС. Горизонтальные линии проводят через самые высокие пики и самые глубокие впадины так, чтобы лишь примерно 10 % значений осциллятора находились на территории перекупленности и перепроданности. Крайние значения осциллятора скорости рынка и ROC говорят о малой вероятности того, что тенденция продвинется намного дальше без коррекции или консолидации. «Бычье» или «медвежье» расхождение является дополнительным указанием на то, что текущая тенденция теряет свою силу. Когда осциллятор скорости рынка и ROC демонстрируют «бычье» расхождение на территории перепроданности, внимательно следите за сигналом покупки, подаваемым ценами (рис. 15.11); а когда они демонстрируют «медвежье» расхождение на территории перекупленности, ждите подтверждения ценами того, что пора продавать.

СХОЖДЕНИЕ-РАСХОЖДЕНИЕ СКОЛЬЗЯЩИХ СРЕДНИХ (MOVING AVERAGE CONVERGENCE-DIVERGENCE)

Схождение-расхождение скользящих средних (MACD), разработанное Джеральдом Аппелем, является одним из самых интересных и надежных технических индикаторов. Он объединяет положительные качества осцилляторов и индикаторов слежения за трендом. В результате мы имеем индикатор, который может измерять скорость рынка, не утрачивая при этом способности следовать за трендом.

Рисунок 15.3.

«БЫЧЬЕ» РАСХОЖДЕНИЕ

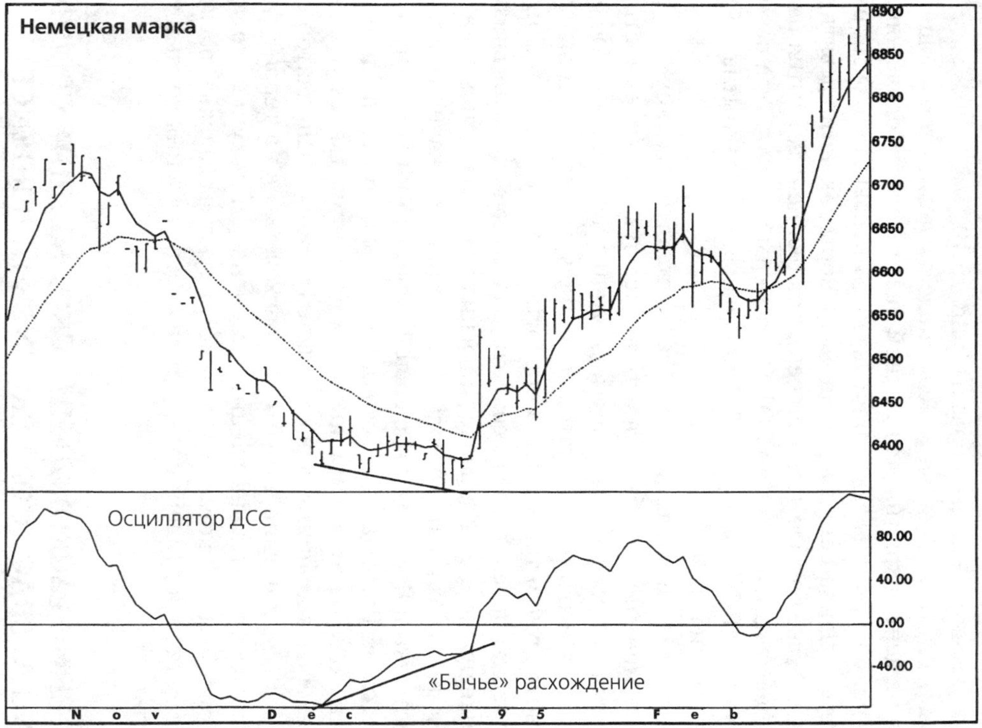

Примечание: «Бычье» расхождение между более низким минимумом цен и более высоким минимумом осциллятора ДСС предшествовало новой повышательной тенденции.

Источник: FutureSource; авторские права © 1986–1995 гг.; все права сохранены.

Рисунок 15.4.

«МЕДВЕЖЬЕ» РАСХОЖДЕНИЕ

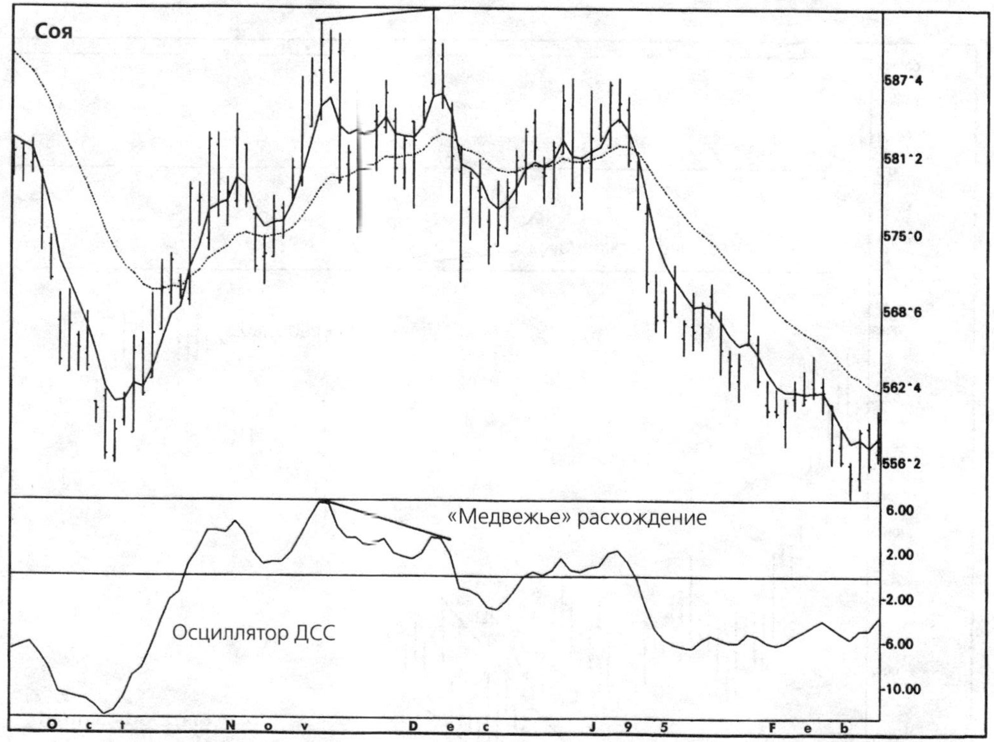

Примечание: Осциллятор ДСС отказался подтвердить более высокий максимум на рынке сои. За этим «медвежьим» расхождением последовала новая понижательная тенденция.

Источник: FutureSource; авторские права © 1986–1995 гг.; все права сохранены.

Рисунок 15.5.

ПРОБОЙ ЛИНИИ ТРЕНДА В КАЧЕСТВЕ ПОДТВЕРЖДЕНИЯ

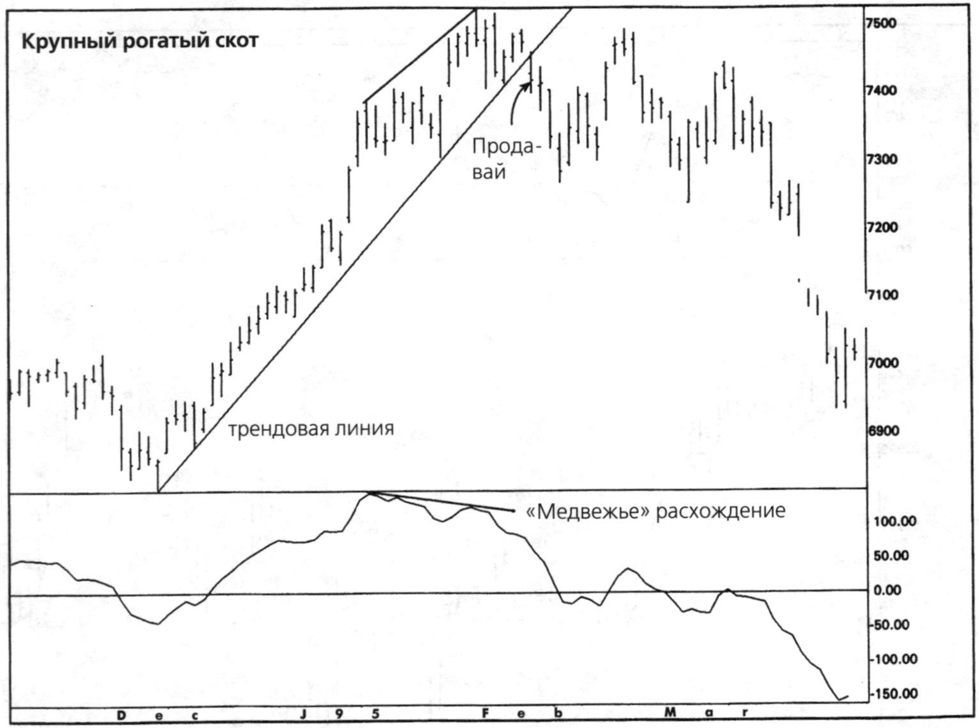

Примечание: После «медвежьего» расхождения между ценами и осциллятором ДСС рынок крупного рогатого скота прорвал «бычью» трендовую линию. Прорыв линии тренда подтвердил сигнал осциллятора.

Источник: FutureSource; авторские права © 1986–1995 гг.; все права сохранены.

Рисунок 15.6.

ПРОБОЙ ЭСС В КАЧЕСТВЕ ПОДТВЕРЖДЕНИЯ

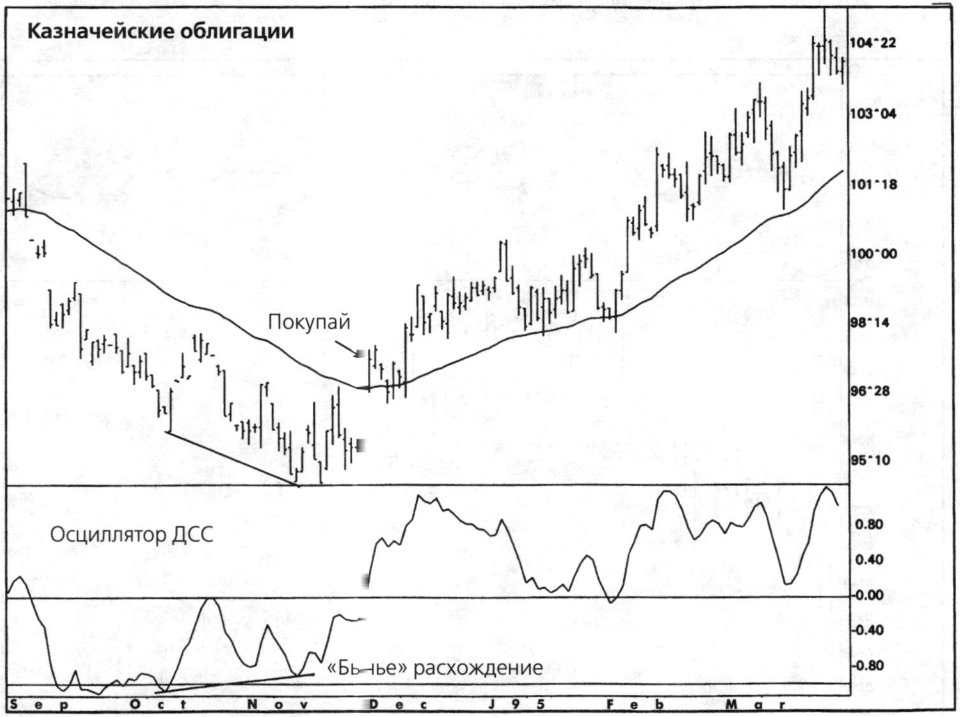

Примечание: Закрытие выше 50-дневной ЭСС в ноябре 1994 г. подтвердило сигнал «бычьего» расхождения, поданный осциллятором ДСС.
Источник: FutureSource; авторские права © 1986–1995 гг.; все права сохранены.

Рисунок 15.7.

ДЕНЬ РАЗВОРОТА В КАЧЕСТВЕ ПОДТВЕРЖДЕНИЯ

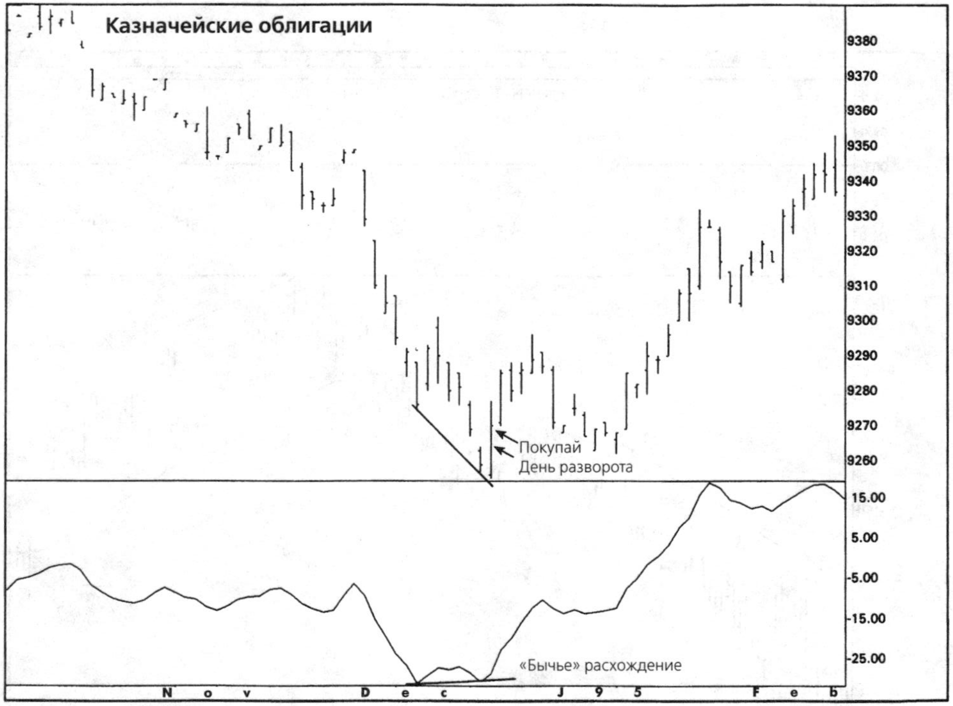

Примечание: В ситуации «бычьего» расхождения в декабре 1994 г. казначейские облигации достигли нового минимума понижательной тенденции, но развернулись и закрылись выше максимума предыдущего дня. День разворота стал еще одним свидетельством в пользу надвигающегося изменения тренда.

Источник: FutureSource; авторские права © 1986–1995 гг.; все права сохранены.

Рисунок 15.8.

СРАВНЕНИЕ РАЗЛИЧНЫХ ЗНАЧЕНИЙ *N* В ОСЦИЛЛЯТОРЕ СКОРОСТИ РЫНКА

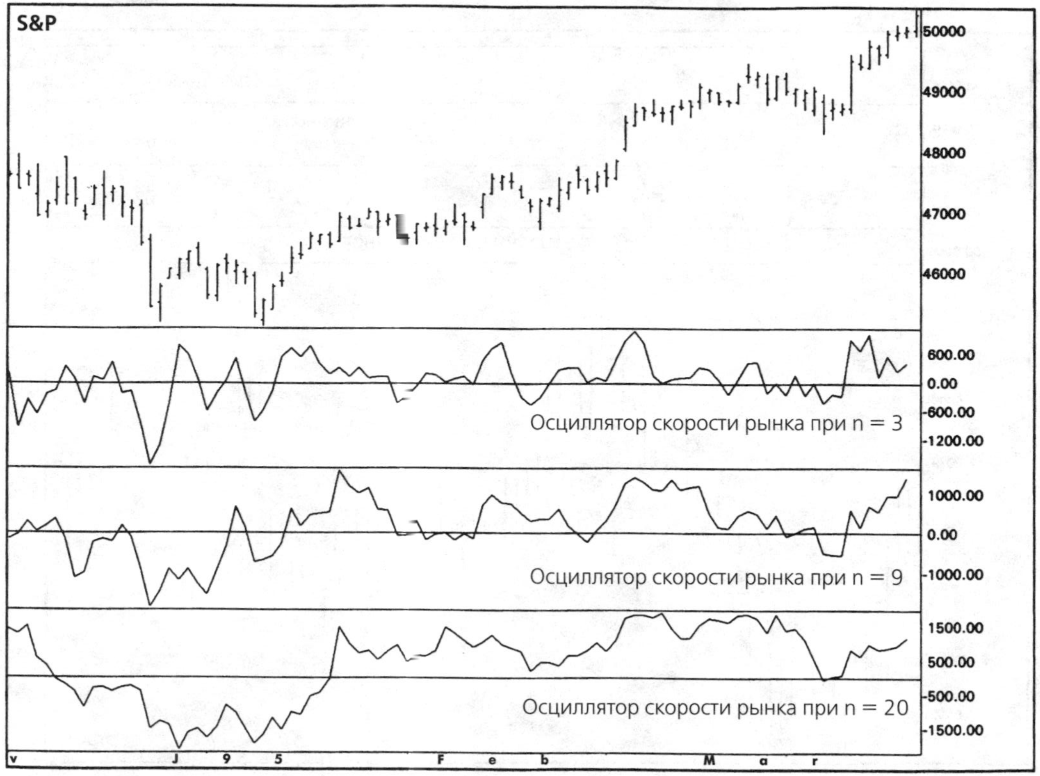

Примечание: На этом графике показаны фьючерсы на индекс S&P с 3-, 9- и 20-дневными осцилляторами скорости рынка.
Источник: FutureSource; авторские права © 1986–1995 гг.; все права сохранены.

Рис. 15.9.

ОСЦИЛЛЯТОР СКОРОСТИ РЫНКА

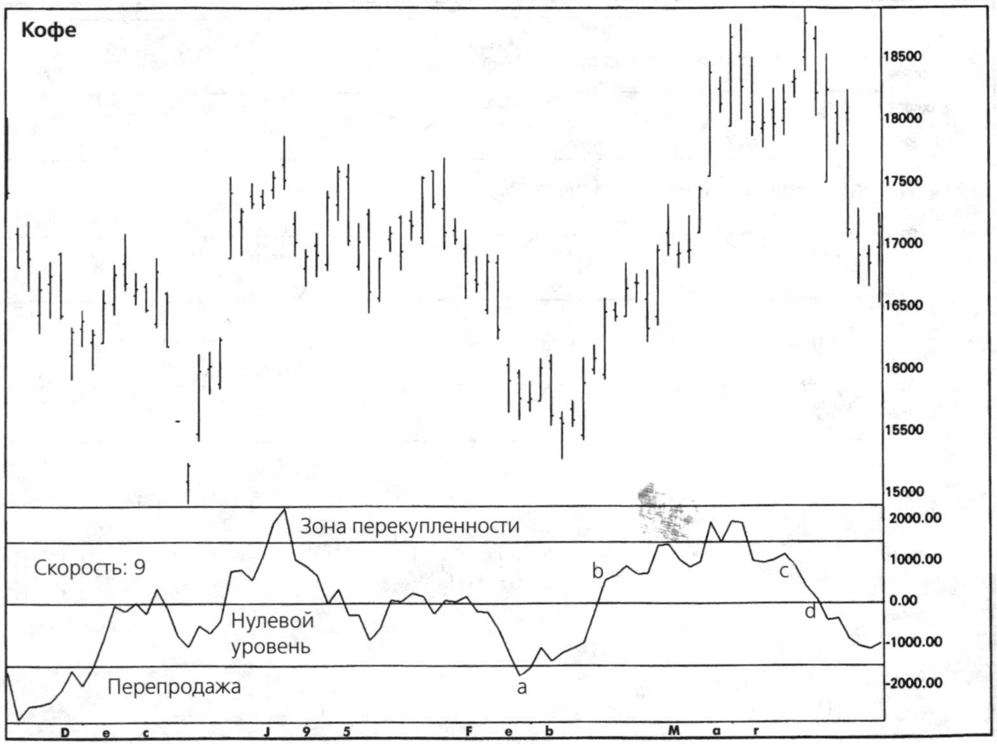

Примечание: После точки **a** «медвежья» скорость рынка кофе снижалась. В точке **b** скорость стала повышательной. «Бычья» скорость кофе стала ослабевать в точке **c**. В точке **d** скорость стала понижательной.

Источник: FutureSource; авторские права © 1986–1995 гг.; все права сохранены.

Рисунок 15.10.

СРАВНЕНИЕ ОСЦИЛЛЯТОРА СКОРОСТИ РЫНКА И ТЕМПА ИЗМЕНЕНИЙ

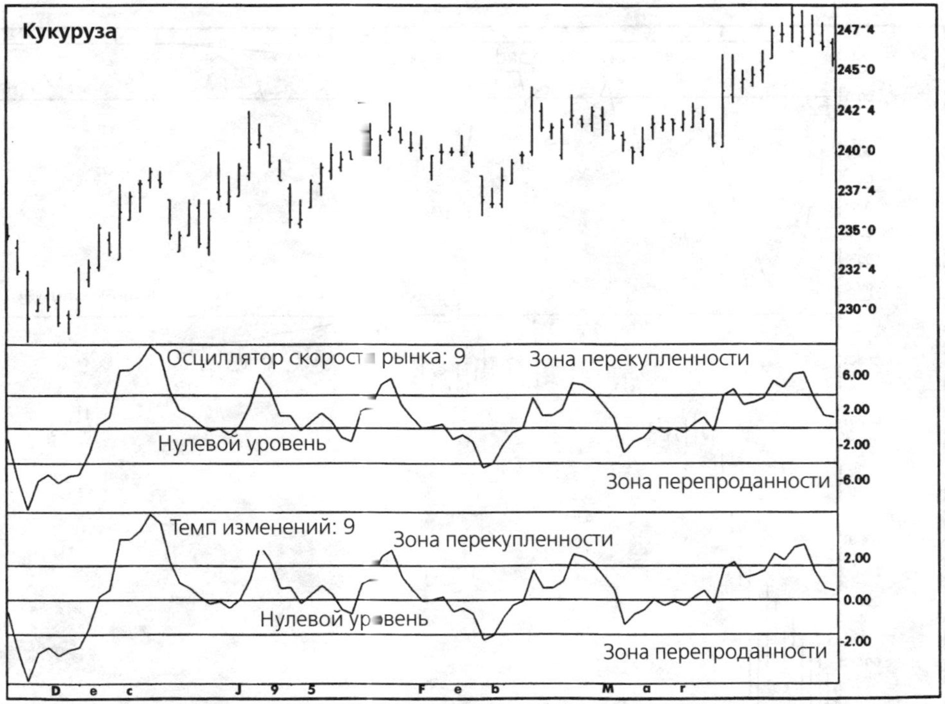

Примечание: Осциллятор скорости рынка и темп изменений рассчитывались по-разному, но в результате получились очень похожие линии. И тот, и другой являются простыми, но логичными методами измерения скорости, с которой меняются цены. Обратите внимание, что масштаб вертикальной шкалы осцилляторов неодинаков, однако это не влияет на их интерпретацию.

Источник: FutureSource; авторские права © 1986–1995 гг.; все права сохранены.

Рисунок 15.11.

«БЫЧЬЕ» РАСХОЖДЕНИЕ С ГРАФИКОМ ТЕМПА ИЗМЕНЕНИЙ

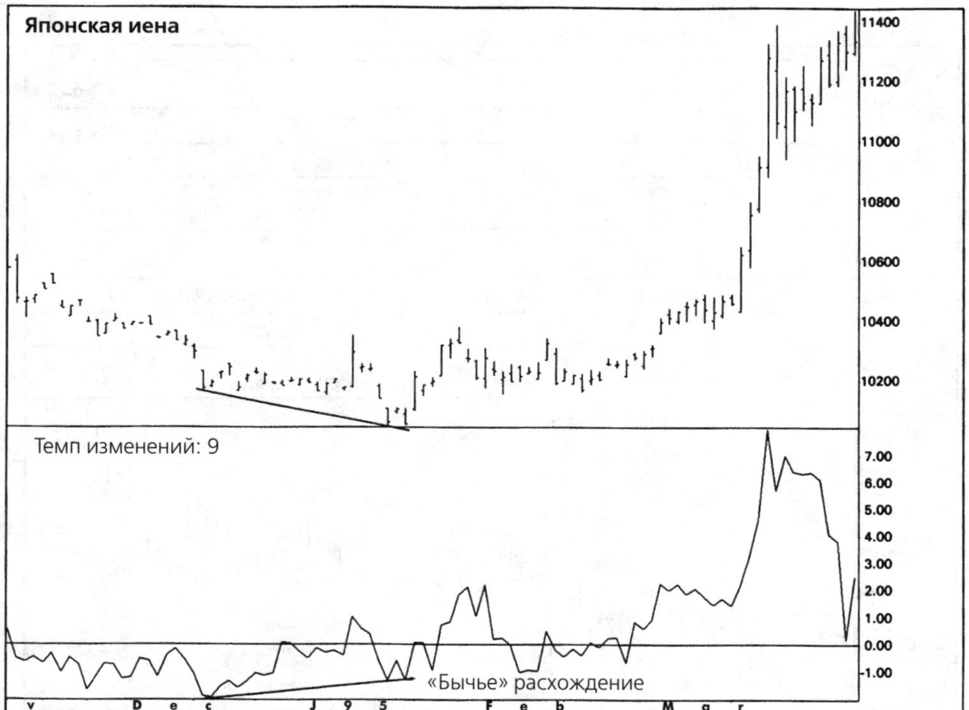

Примечание: Иена упала до более низкого минимума в январе 1995 г., но 9-дневный темп изменений не смог достичь нового минимума. Неспособность ROC пробить свой предыдущий минимум была сигналом раннего предупреждения о возможном изменении тенденции.

Источник: FutureSource; авторские права © 1986–1995 гг.; все права сохранены.

В противоположность другим популярным осцилляторам (таким, как RSI-индекс относительной силы и стохастические индексы), колебания MACD не ограничены фиксированными верхней и нижней границами*.

MACD будет продолжать взбираться на новые максимумы или падать до новых минимумов вместе с ценами до тех пор, пока скорость тренда нарастает (т.е. расстояние между быстрой и медленной скользящими средними увеличивается). В этом отношении MACD ведет себя и как индикатор слежения за трендом. Кроме того, поскольку MACD измеряет темп ускорения или замедления расхождения двух скользящих средних, он ведет себя как осциллятор, определяющий, набирает рынок скорость или теряет ее.

MACD состоит из двух линий, которые получены из трех ЭСС. *Линия MACD* — это разность между 12-периодной ЭСС цены и 26-периодной ЭСС цены; *сигнальная линия* — это 9-периодная ЭСС самой линии MACD (рис. 15.12). Многие технические аналитики меняют эти параметры в стремлении оптимизировать MACD для конкретных рынков, тогда как другие используют один набор значений для сигналов MACD о покупке и другой — о продаже. Я предпочитаю сохранять 12-26-9 MACD для всех рынков, причем как для покупки, так и для продажи.

Популярным вариантом линии MACD и сигнальной линии является гистограмма MACD. Она получается путем вычитания сигнальной линии из линии MACD и изображения разности в виде последовательности вертикальных столбиков над и под нулевым уровнем (рис. 15.12). Некоторые технические аналитики полагают, что гистограмма MACD подает более своевременные и более прибыльные сигналы, нежели MACD и сигнальная линия. Я считаю, что гистограмма MACD слишком чувствительна и малопригодна для большинства аналитических задач.

Основной метод торговли с помощью MACD заключается в том, чтобы покупать, когда линия MACD пересекает сигнальную линию снизу вверх, и продавать, когда линия MACD пересекает сигнальную линию сверху вниз. Однако открытие и закрытие позиций, основанное только на пересечениях MACD и сигнальной линии, часто приводит к убыткам в ситуациях, когда благодаря высокой волатильности рынка MACD быстро пересекает сигнальную линию в противоположном направлении, отменяя предыдущий сигнал. Чтобы использовать MACD наиболее эффективно, следует подождать таких пересечений, которым предшествует расхождение и которые подтверждаются последующим поведением рыночных цен (рис. 15.13 и 15.14).

---

* Три осциллятора, которые были рассмотрены выше в данной главе, также не ограничены фиксированными границами.

Рисунок 15.12.

MACD

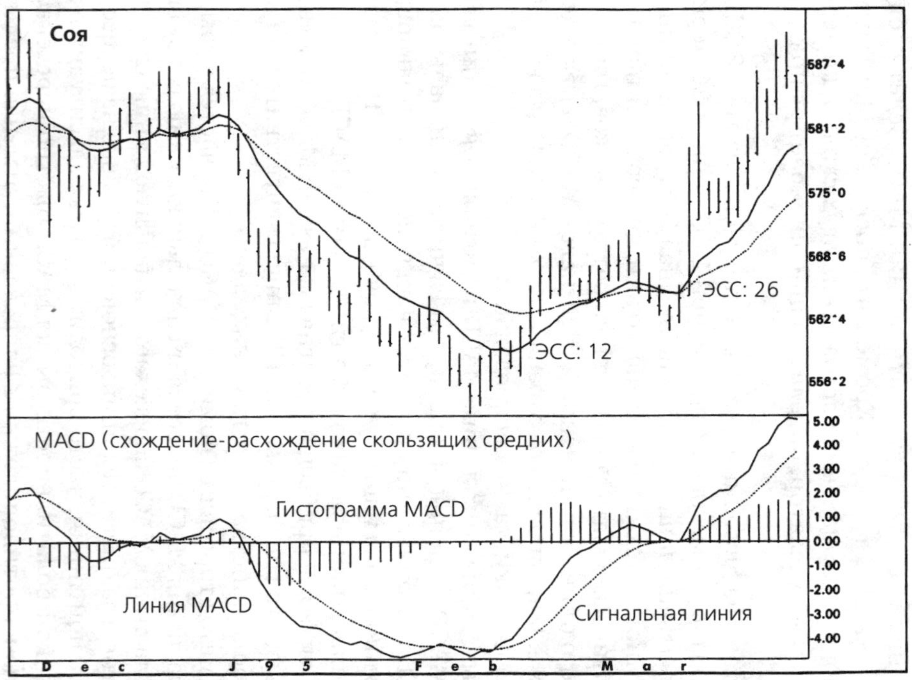

Примечание: Верхнее окно показывает 12- и 26-дневные ЭСС, из которых получена линия MACD. В нижнем окне она изображена в виде сплошной линии. Сигнальная линия, являющаяся 9-дневной ЭСС линии MACD, представлена пунктирной линией. Вертикальные штрихи, поднимающиеся над или опускающиеся под нулевой уровень, называются гистограммой MACD. Эта разновидность индикатора MACD получена путем вычитания сигнальной линии из линии MACD.

Источник: FutureSource; авторские права © 1986–1995 гг.; все права сохранены.

Рисунок 15.13.

«БЫЧЬЕ» РАСХОЖДЕНИЕ С ГРАФИКОМ MACD

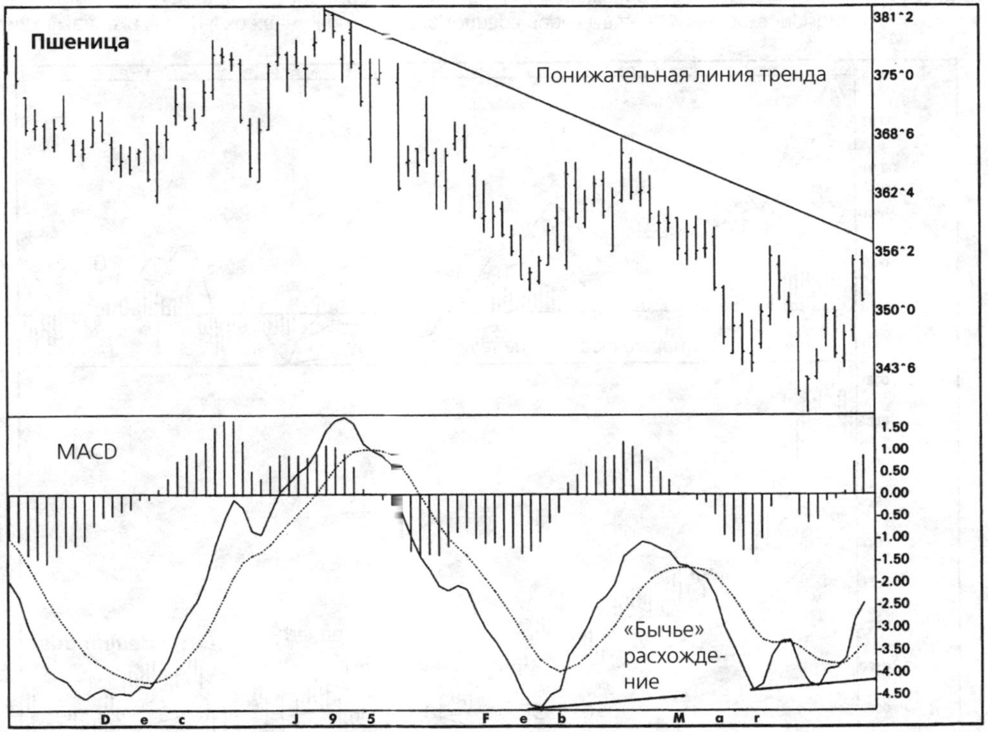

Примечание: Хотя имеется «бычье» расхождение между новым минимумом цен на пшеницу и более высоким минимумом MACD, рекомендуется не открывать длинную позицию, пока рынок не пробьет понижательную трендовую линию.

Источник: FutureSource; авторские права © 1986–1995 гг.; все права сохранены.

Рисунок 15.14.

«МЕДВЕЖЬЕ» РАСХОЖДЕНИЕ И ПОДТВЕРЖДЕНИЕ ПЕРЕСЕЧЕНИЯ MACD

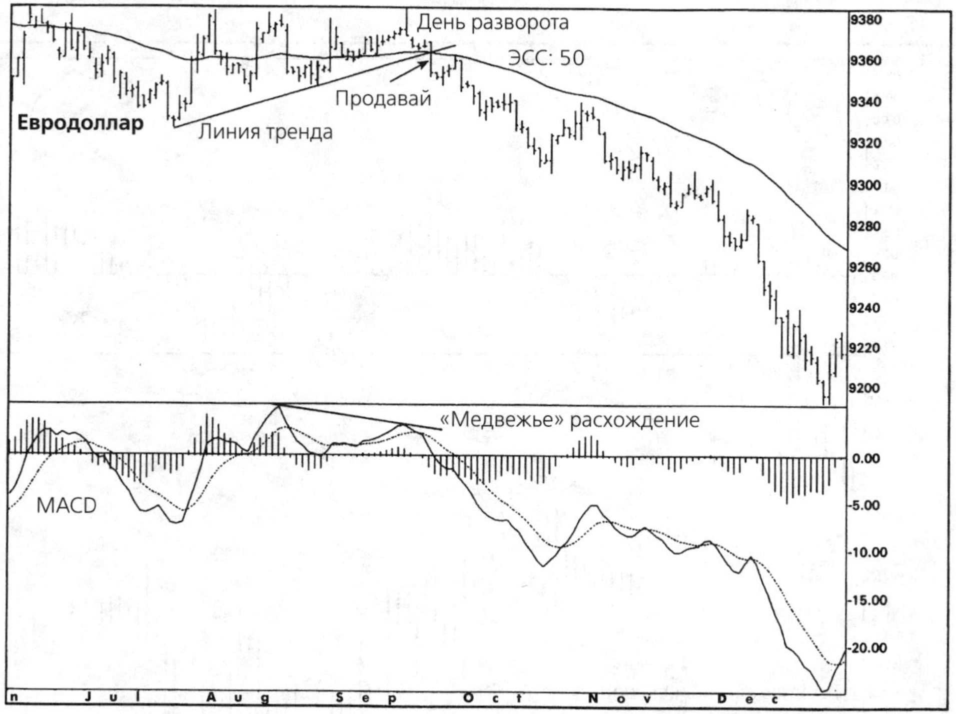

Примечание: В условиях «медвежьего» расхождения рынок евродоллара пережил день разворота, пробил «бычью» трендовую линию и закрылся ниже ЭСС. Эта комбинация сигналов подтвердила сигнал MACD к продаже и предполагала высокую вероятность успеха. Отмеченная точка продажи соответствует ценовому подтверждению (т.е. пробою линии тренда и закрытию под ЭСС).

Источник: FutureSource; авторские права © 1986–1995 гг.; все права сохранены.

Рисунок 15.15.

ПОДТВЕРЖДЕНИЕ «БЫЧЬЕГО» РАСХОЖДЕНИЯ В RSI

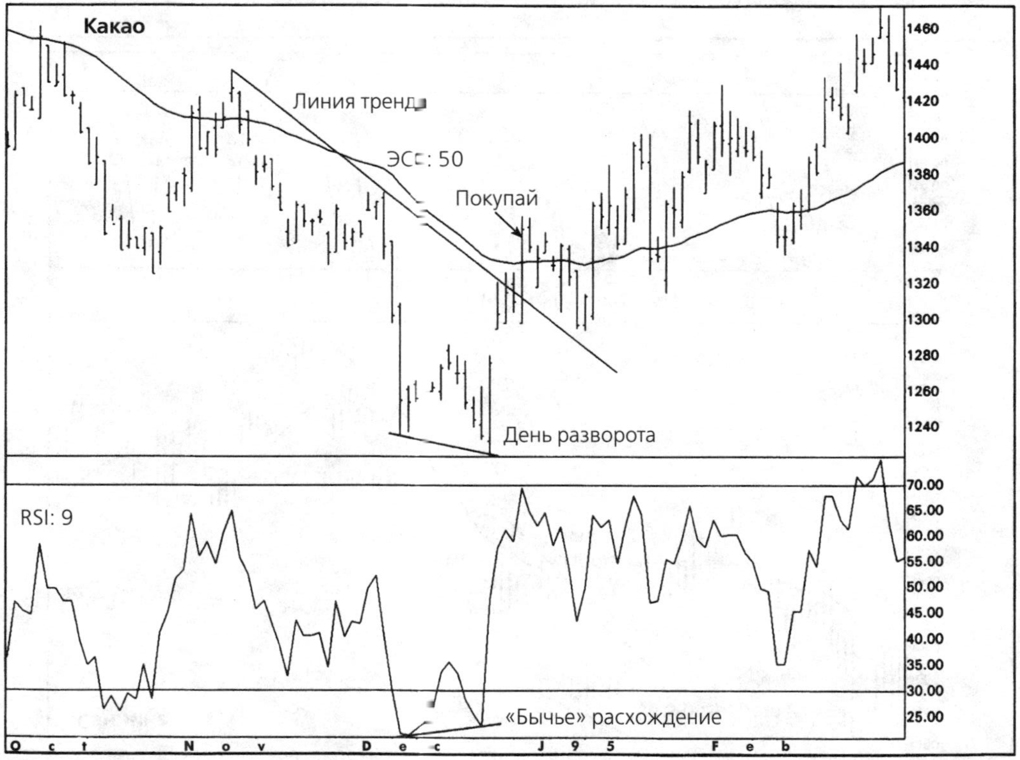

Примечание: В декабре 1994 г. рынок какао подал несколько сигналов к покупке: «бычье» расхождение, день разворота и подъем выше линии тренда и ЭСС.

Источник: FutureSource; авторские права © 1986–1995 гг.; все права сохранены.

Рисунок 15.16.

ПОДТВЕРЖДЕНИЕ «МЕДВЕЖЬЕГО» РАСХОЖДЕНИЯ В RSI

Примечание: Осцилляторные сигналы расхождения, даже с подтверждением от индикатора слежения за трендом, не всегда завершаются замечательными сделками. После «медвежьего» расхождения, дня разворота и закрытия ниже трендовой линии и ЭСС этот рынок падал всего 13 дней, после чего начался подъем к новым максимумам.

Источник: FutureSource; авторские права © 1986–1995 гг.; все права сохранены.

ИНДЕКС ОТНОСИТЕЛЬНОЙ СИЛЫ (RELATIVE STRENGH INDEX)

Индекс относительной силы (RSI) был представлен Дж. Уэллесом Уайлдером-мл. в его книге «Новые концепции технических систем биржевой торговли» (*New Concepts in Technical Trading Systems*), опубликованной в 1978 г. Из всех широко применяемых ныне осцилляторов RSI наилучшим образом соответствует основным методам технического анализа, таким как трендовые линии, графические модели, поддержка и сопротивление. Применение этих методов вместе с RSI в сочетании с уровнями перекупленности/перепроданности и расхождениями может дать очень ценное понимание сути рыночных процессов.

RSI сравнивает относительную силу прироста цен в дни с закрытием выше предыдущего дня с ценовыми потерями в дни с закрытием ниже предыдущего дня. Формула RSI следующая:

$$\text{RSI} = 100 - [100/1 + RS],$$

где RS — среднее значение положительных изменений цены закрытия за определенное число дней, деленное на среднее значение отрицательных изменений цены закрытия за то же число дней.

Например, чтобы рассчитать 9-дневный RSI, сначала надо сложить все ценовые приращения (в пунктах) в дни роста за 9-дневный период и разделить сумму на девять. Затем суммируют все отрицательные изменения цены, отмеченные в дни снижения за 9-дневный период, и делят сумму на девять. После этого находят относительную силу (RS) путем деления среднего положительного ценового изменения на среднее отрицательное. Наконец, подставляют значение RS в формулу RSI и получают осциллятор с амплитудой колебаний от нуля до 100.

Можно построить RSI для любого количества периодов, которое по вкусу техническому аналитику. Уайлдер первоначально предлагал 14 дней, но сегодня многие аналитики предпочитают более быстрый и чувствительный индикатор, такой как 5-, 7- или 9-дневный RSI. Уровни перекупленности и перепроданности обычно устанавливают на 70 и 30 или 80 и 20. Некоторые аналитики пытаются оптимизировать количество дней в расчете RSI для каждого рынка в отдельности либо изменяют уровни перекупленности и перепроданности, подстраивая их под текущую тенденцию каждого рынка. Я предпочитаю сохранять постоянный 9-дневный RSI с уровнями перекупленности и перепроданности на 70 и 30 для всех рынков.

Наиболее надежные сигналы RSI к покупке или продаже обычно подаются после того, как RSI не смог подтвердить новый минимум или новый максимум цен. «Бычье» расхождение между более низкой впадиной цен и более высокой впадиной RSI создает благоприятную возможность для покупки (рис. 15.15), а «медвежье» расхождение между более высокой вершиной цен и менее высокой вершиной RSI создает благоприятную возможность для продажи (рис. 15.16). Когда трейдер выявляет «бычье» или «медвежье» расхождение RSI, он должен сконцентрировать свое внимание на поведении самих рыночных цен и ждать, когда они подтвердят сигнал RSI.

СТОХАСТИЧЕСКИЙ ОСЦИЛЛЯТОР (STOCHASTIC)

Стохастический осциллятор был разработан в конце 1950-х годов Джорджем Лэйном, президентом корпорации «Investment Educators». Стохастик оценивает скорость рынка путем определения относительного положения цен закрытия в диапазоне между максимумом и минимумом за определенное число дней. Например, 14-дневный стохастический индикатор измеряет положение цен закрытия в рамках всего диапазона между максимумом и минимумом за предыдущие 14 дней. Стохастик выражает отношение между ценой закрытия и диапазоном «максимум-минимум» в виде процентной величины от нуля до 100. Значение стохастического осциллятора, равное 70 и выше, показывает, что цена закрытия находится вблизи верхней границы диапазона; стохастик, равный 30 и ниже, означает, что цена закрытия находится вблизи нижней границы диапазона.

При мощной повышательной тенденции цены обычно закрываются вблизи верхней границы недавнего диапазона; при сильной понижательной тенденции цены обычно закрываются у дна диапазона. Когда повышательная тенденция приближается к точке разворота, цены начинают закрываться все дальше от вершины диапазона, а когда ослабевает понижательная тенденция, цены склонны закрываться все дальше от нижней границы диапазона. Задача стохастического осциллятора — предупредить аналитика о неспособности «быков» закрыть позиции вблизи максимумов повышательной тенденции или неспособности «медведей» закрыться вблизи минимумов понижательной тенденции.

Стохастик наносится в виде двух линий: $\%K$ и $\%D$. Формула $\%K$ следующая: $\%K = 100\ [(C - L_n)/(H_n - L_n)]$, где C — это последняя цена закрытия, L_n — минимум n-дневного периода и H_n — максимум n-дневного периода. Формула $\%D$ следующая: $\%D = 100\ (H_з/L_з)]$, где $H_з$ — это трехдневная сумма $(C - L_n)$, а $L_з$ — трехдневная сумма $(H_n - L_n)$.

Формулы $\%K$ и $\%D$ дают *быстрый стохастический* осциллятор, который обычно считают слишком чувствительным и ненадежным. Однако быстрый стохастик можно подвергнуть дальнейшему трехдневному сглаживанию, что дает *медленный стохастик*, предпочитаемый большинством аналитиков.

В сглаженной версии стохастика быстрый %*D* становится медленным %*K*, а трехдневная скользящая средняя быстрого %*D* становится медленным %*D*. Медленный %*K* обычно изображают в виде сплошной линии, а медленный %*D* — в виде пунктирной линии или точками (рис. 15.17).

Я предпочитаю наблюдать за 14-дневным медленным стохастиком с уровнями перекупленности/перепроданности на 70 и 30 в поисках расхождений между ценами и линией %*K* или %*D*. Если стохастик не в силах подтвердить новый максимум цен, ждите, когда %*K* пересечет %*D* сверху вниз и опустится ниже 70; если стохастик отказывается делать новый минимум вместе с ценами, ждите, когда %*K* пересечет %*D* снизу вверх и поднимется выше 30. После выявления «бычьего» или «медвежьего» расхождения следите за поведением рыночных цен в поисках подтверждения сигнала к покупке или продаже. На рис. 15.18 показано подтверждение сигнала к покупке (базирующееся на двойном условии), а на рис. 15.19 изображен аналогичный пример подтверждения сигнала к продаже.

КОРИДОР СКОЛЬЗЯЩИХ СРЕДНИХ (THE MOVING AVERAGE CHANNEL)

Коридор скользящих средних (КСС) является простым, но эффективным способом получения подтверждения осцилляторных сигналов расхождения. КСС особенно подходит для начинающих трейдеров. Он позволяет определить не только логичный пункт входа в рынок, но также первоначальную защитную остановку и следящую остановку для управления позицией.

КСС — это ценовой коридор, ограниченный n-дневной ЭСС максимумов и n-дневной ЭСС минимумов. Я предпочитаю использовать $n = 28$. Границы коридора часто выступают в роли поддержки и сопротивления для цен. Кроме того, КСС является хорошим измерителем волатильности — он расширяется по мере роста волатильности и сжимается по мере ее уменьшения.

Покупка с помощью осцилляторов и КСС

Подъем рынка выше КСС является ценным трендовым подтверждением сигнала осциллятора (рис. 15.20). Поведение рыночных цен говорит вам, что сигнал осциллятора является достоверным с высокой долей вероятности.

Нижеследующее описание иллюстрирует, как можно использовать КСС вместе с расхождением для определения момента входа и выхода с рынка. После «бычьего» расхождения между ценами и осциллятором ставьте приказ на покупку на один тик выше скользящей средней максимумов. Если рынок не пробивает верхнюю границу коридора скользящих средних в первый день

Рисунок 15.17.

БЫСТРЫЙ И МЕДЛЕННЫЙ СТОХАСТИКИ

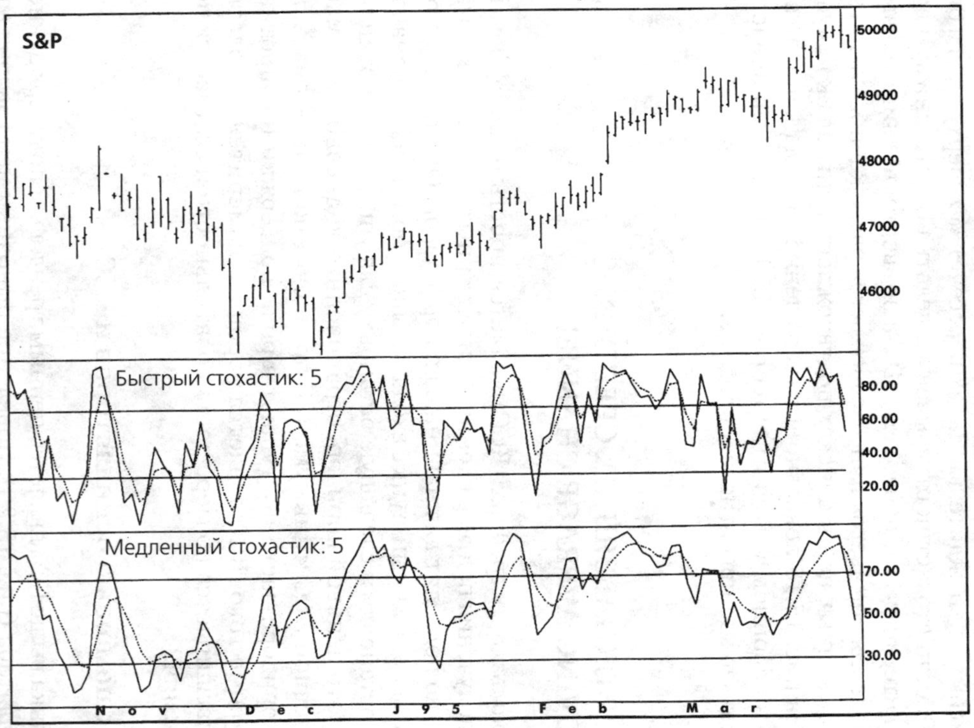

Примечание: Этот график показывает различие между 5-дневным быстрым стохастиком и более широко применяемым 5-дневным медленным стохастиком.

Источник: FutureSource; авторские права © 1986–1995 гг.; все права сохранены.

Рисунок 15.18.

ПОДТВЕРЖДЕНИЕ «БЫЧЬЕГО» РАСХОЖДЕНИЯ С ГРАФИКОМ СТОХАСТИЧЕСКОГО ОСЦИЛЛЯТОРА

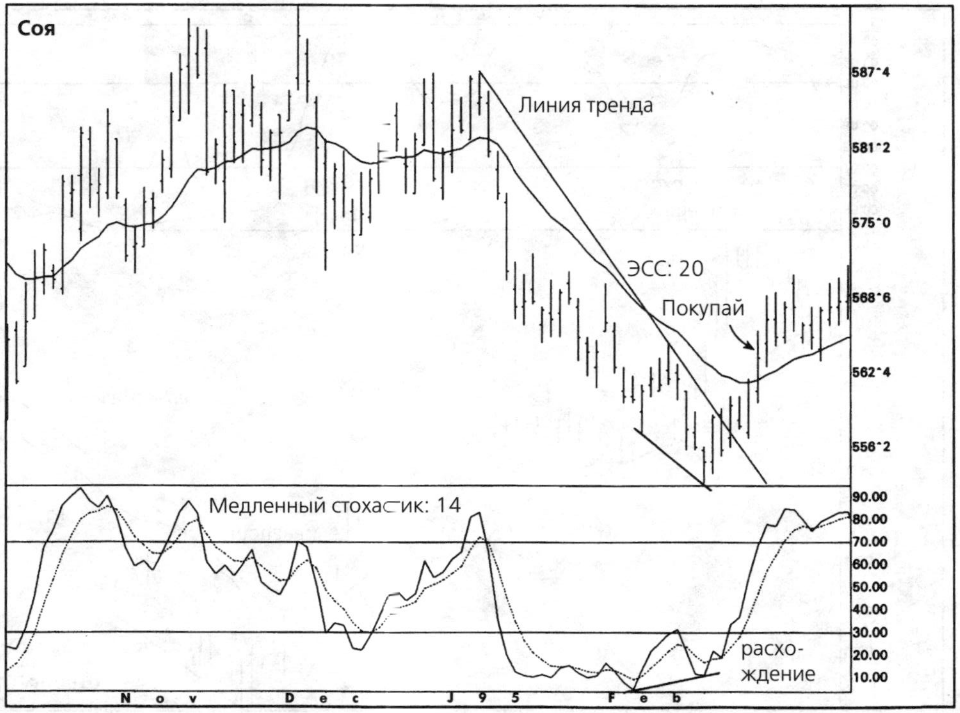

Примечание: Новой повышательной тенденции на рынке сои предшествовало «бычье» расхождение стохастика, пробой линии тренда и закрытие выше ЭСС.
Источник: FutureSource; авторские права © 1986–1995 гг.; все права сохранены.

Рисунок 15.19.

ПОДТВЕРЖДЕНИЕ «МЕДВЕЖЬЕГО» РАСХОЖДЕНИЯ С ГРАФИКОМ СТОХАСТИЧЕСКОГО ОСЦИЛЛЯТОРА

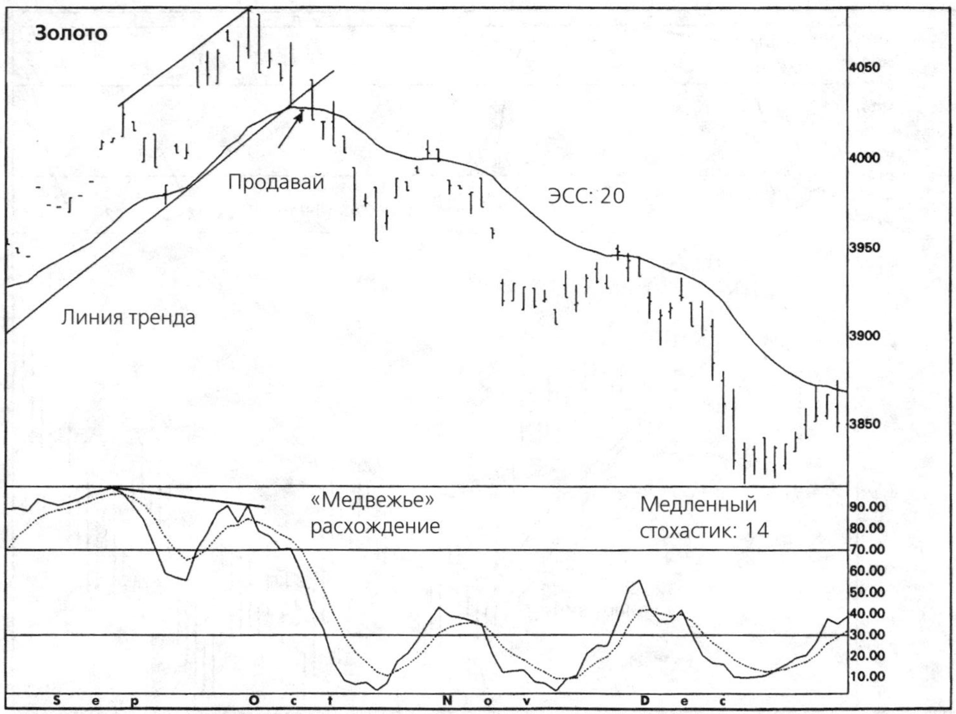

Примечание: «Медвежье» расхождение стохастика, прорыв линии тренда и закрытие ниже ЭСС привело к крупному снижению цен на рынке золота.

Источник: FutureSource;

Рисунок 15.20.

ПРОБОЙ ВЕРХНЕЙ ГРАНИЦЫ КСС КАК ПОДТВЕРЖДЕНИЕ ПОКУПКИ

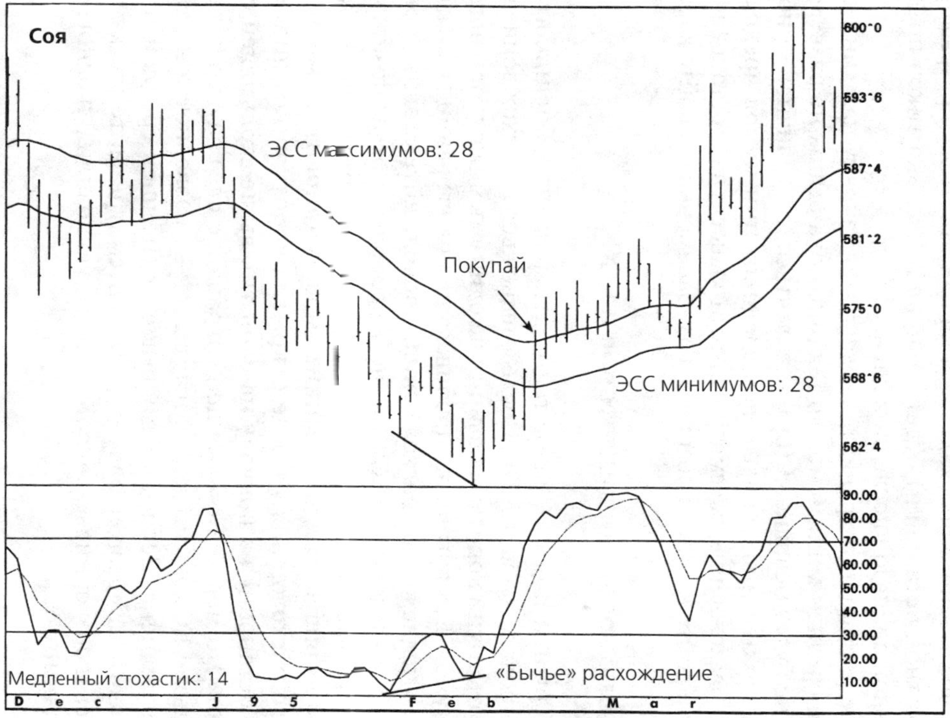

Примечание: Покупайте после «бычьего» расхождения, когда рынок поднимется выше 28-дневной ЭСС максимумов. Чтобы зафиксировать свой первоначальный риск и уровень выхода, размещайте защитную остановку на один тик ниже 28-дневной ЭСС минимумов.

Источник: FutureSource; авторские права © 1986–1995 гг.; все права сохранены.

после «бычьего» расхождения, продолжайте ставить приказ на покупку на один тик выше КСС, пока не откроется длинная позиция. (Если и рынок, и осциллятор опускаются до новых минимумов без подъема цен над скользящей средней максимумов, остановитесь и подождите следующего расхождения.) После открытия длинной позиции ставьте защитную остановку на один тик ниже скользящей средней минимумов. Ваш риск по сделке (за исключением случаев чрезмерного проскальзывания или открытия с разрывом ниже вашей защитной остановки) будет лишь на несколько тиков превышать среднедневной диапазон последних дней.

По мере роста цен сохраняйте следящую остановку на один тик ниже скользящей средней минимумов до тех пор, пока рынок не развернется и остановка не будет исполнена (будем надеяться, с приличной прибылью). Если падению цен ниже скользящей средней минимумов предшествует «медвежье» расхождение, рассматривайте это как сигнал «остановись и развернись», закройте длинную позицию и одновременно откройте короткую.

Продажа с помощью осцилляторов и КСС

Снижение рынка под КСС является подтверждением осцилляторного сигнала к продаже (рис. 15.21). После «медвежьего» расхождения ставьте приказ об открытии короткой позиции на один тик ниже скользящей средней минимумов. Если рынок не пробивает нижнюю границу КСС в первый день после «медвежьего» расхождения, продолжайте ставить приказ на продажу на один тик ниже КСС, пока не откроется короткая позиция. (Если и рынок, и осциллятор поднимаются до новых максимумов без снижения цен под скользящую среднюю минимумов, остановитесь и подождите следующего расхождения.) После открытия короткой позиции ставьте защитную остановку на покупку на один тик выше скользящей средней максимумов. По мере снижения цен сохраняйте следящую остановку на один тик выше КСС до тех пор, пока рынок не развернется и остановка не будет исполнена. Если подъему выше скользящей средней максимумов предшествует «бычье» расхождение, рассматривайте это как сигнал «остановись и развернись», закройте короткую позицию и одновременно откройте длинную.

Дополнительные советы относительно КСС

Трейдерам, использующим КСС, возможно, будут интересны еще две разновидности данного метода — одна имеет отношение к его осцилляторному компоненту, а другая касается управления позицией.

1. Вместо того чтобы опираться на сигнал расхождения, подаваемый только одним осциллятором, следите за тремя самыми удобными

Рисунок 15.21.

ПРОБОЙ НИЖНЕЙ ГРАНИЦЫ КСС КАК ПОДТВЕРЖДЕНИЕ СИГНАЛА ПРОДАЖИ

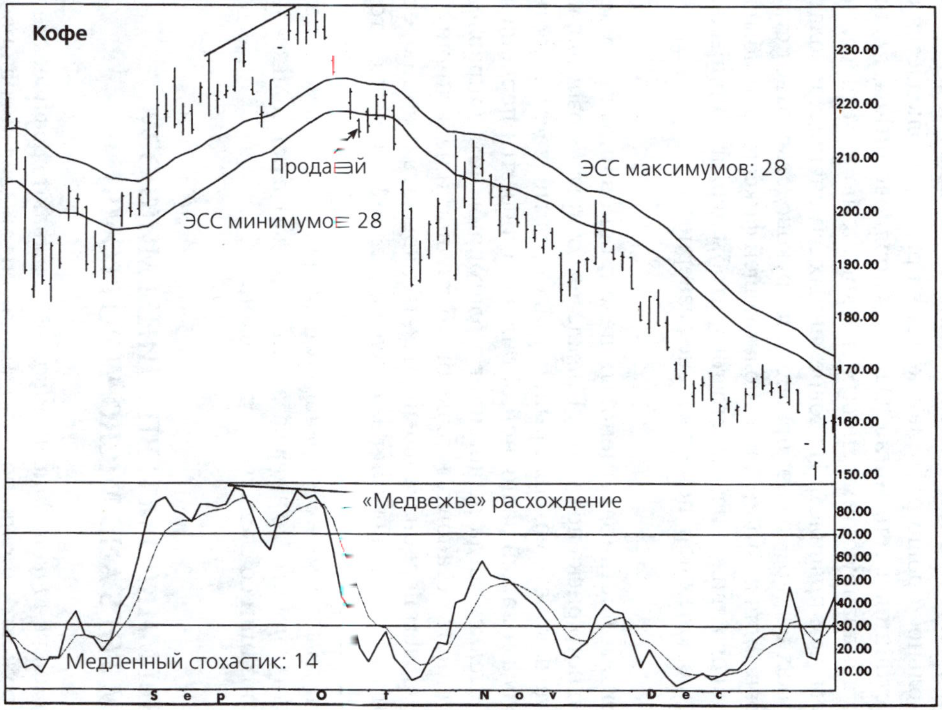

Примечание: В условиях «медвежьего» расхождения открывайте короткую позицию, когда цены опустятся ниже 28-дневной ЭСС минимумов. Следящая остановка, поставленная на один тик выше 28-дневной ЭСС максимумов, обозначит ваш первоначальный риск и уровень выхода.

Источник: FutureSource; авторские права © 1986–1995 гг.; все права сохранены.

для вас осцилляторами и ждите появления расхождений по крайней мере на двух из них. Например, я отслеживаю MACD, RSI и стохастик, которые рисуют в целом похожую, но не совпадающую картину. Ожидание сигналов расхождения по крайней мере от двух из трех осцилляторов ведет к более высокому проценту выигрышных сделок.

2. Сохранение позиции до пересечения ценами дальней границы КСС довольно хорошо работает, когда на рынке наблюдается сильная и устойчивая тенденция. Однако упорядоченные тенденции без дестабилизирующих ценовых скачков являются, скорее, исключением, чем правилом. На современных изменчивых и волатильных рынках вы, возможно, предпочтете руководствоваться стратегией управления позицией, предполагающей фиксацию прибыли у цели ценового движения, вместо того, чтобы держать прибыльную позицию до тех пор, пока тренд не развернется.

Рассмотрим постановку ценовых целей, основанных на масштабах первоначального риска по сделке. Прежде чем открыть позицию, вы должны знать, где закроете ее, если рынок пойдет против вас. Разность между уровнем входа и вашей защитной остановкой является первоначальным риском по сделке. Когда рынок идет в благоприятном направлении, вы можете подвинуть остановку к точке безубыточности на величину, равную или большую, чем первоначальный риск, и закрывать позицию, если прибыль при этом будет в два-три раза больше риска. Если размер торгового счета и ваша готовность рисковать позволяют вам торговать несколькими контрактами, вы, возможно, предпочтете закрыть часть вашей позиции у ценовой цели (с прибылью в два раза больше риска), а остальные контракты оставите в позиции со следящей остановкой.

ВЕРШИНЫ МИКРО-M И ВПАДИНЫ МИКРО-W (MICRO-M TOPS AND MICRO-W BOTTOMS)

Вершинами микро-M и впадинами микро-W называют графические модели, которые отражают противоборство «быков» и «медведей» на поворотных этапах рынка и часто дают ценное подтверждение осцилляторных сигналов. Вершина микро-M начинается с неподтвержденного максимума. После первоначально понижательной реакции рынка на «медвежье» расхождение цены опять начинают расти. Если возобновить повышательную тенденцию не удается и рынок опять уходит вниз, то вершина микро-M сформирована. Впадина микро-W начинается с неподтвержденного минимума. После первоначально повышательной реакции рынка на «бычье» расхождение, цены опять начинают снижаться. Если возобновления понижательной тенденции не происходит и цены поднимаются, то впадина микро-W сформирована.

Конкретные правила торговли с осцилляторами и впадинами микро-W (рис. 15.22) следующие:

1. Когда при достижении нового минимума цены обнаруживается «бычье» расхождение с графиком осциллятора, ждите дня с закрытием выше цены закрытия предыдущего дня, вслед за которым сразу же идет день с более низким закрытием.
2. После сочетания «день вверх/день вниз» покупайте, когда цены поднимутся выше максимума данной модели «день вверх/день вниз». Иначе говоря, покупайте на тик выше наиболее высокого максимума этих двух дней. День входа на рынок не обязательно должен следовать непосредственно за моделью вверх/вниз. Единственные дни впадины микро-W, которые должны следовать один за другим, — это дни с закрытиями выше/ниже.
3. Ставьте остановку на тик ниже минимума «бычьего» расхождения и закрывайте длинную позицию, когда цены поднимутся до уровня вашей целевой прибыли или опустятся до следящей остановки. Если вы работаете с несколькими контрактами, вы, возможно, предпочтете управлять позицией с помощью комбинации следящих остановок и ценовых целей.

Правила для вершин микро-M (рис. 15.23):

1. Когда при достижении нового максимума цены обнаруживается «медвежье» расхождение с графиком осциллятора, ждите дня с закрытием ниже цены закрытия предыдущего дня, вслед за которым сразу же идет день с более высоким закрытием.
2. После сочетания «день вниз/день вверх» открывайте короткую позицию, когда цены опустятся ниже минимума модели «день вниз/день вверх». День входа на рынок не обязательно должен следовать непосредственно за моделью «день вниз/день вверх». Единственные дни вершины микро-M, которые должны следовать один за другим, — это дни с закрытиями ниже/выше.
3. Ставьте остановку на тик выше максимума «медвежьего» расхождения и закрывайте короткую позицию, когда цены опустятся до уровня вашей целевой прибыли или поднимутся до следящей остановки. Разумеется, вы можете закрыть часть позиции на уровне целевой прибыли, а остальные контракты — при исполнении следящей остановки.

Рисунок 15.22.

ВПАДИНА МИКРО-W

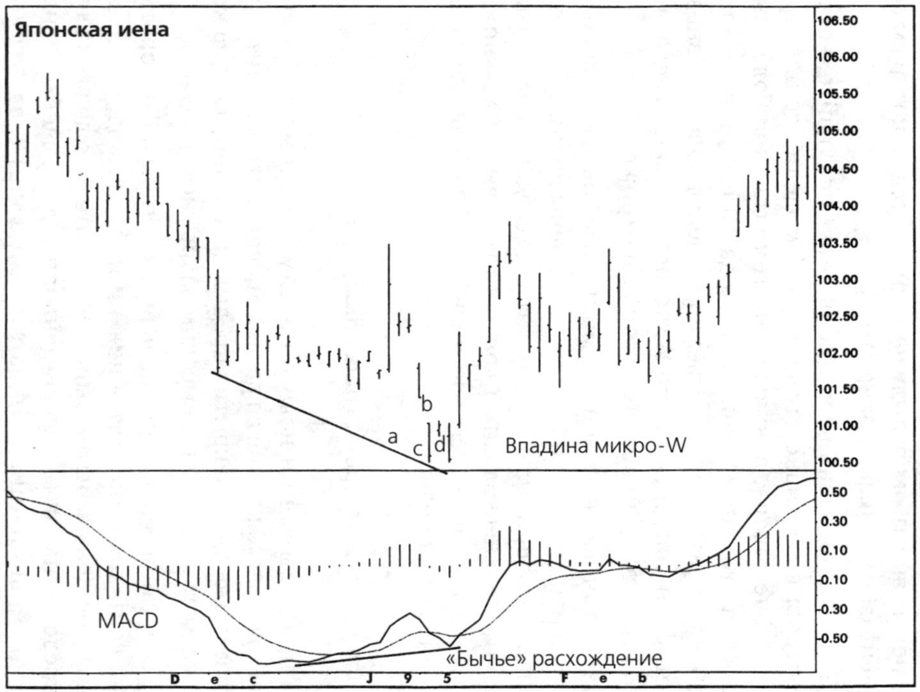

Примечание: MACD образовало «бычье» расхождение, не сумев сделать новый минимум вместе с ценами. Поведение цен (впадина микро-W) явилось подтверждением сигнала MACD. Впадина W началась с понижения цен до точки a — минимума «бычьего» расхождения. Точки b и c были последовательностью «день вверх/день вниз». Покупка в день d, когда цены поднялись выше максимума дня b, с помещением остановки на тик ниже минимума дня c.

Источник: FutureSource; авторские права © 1986–1995 гг.; все права сохранены.

Рисунок 15.23.

ВЕРШИНА МИКРО-М

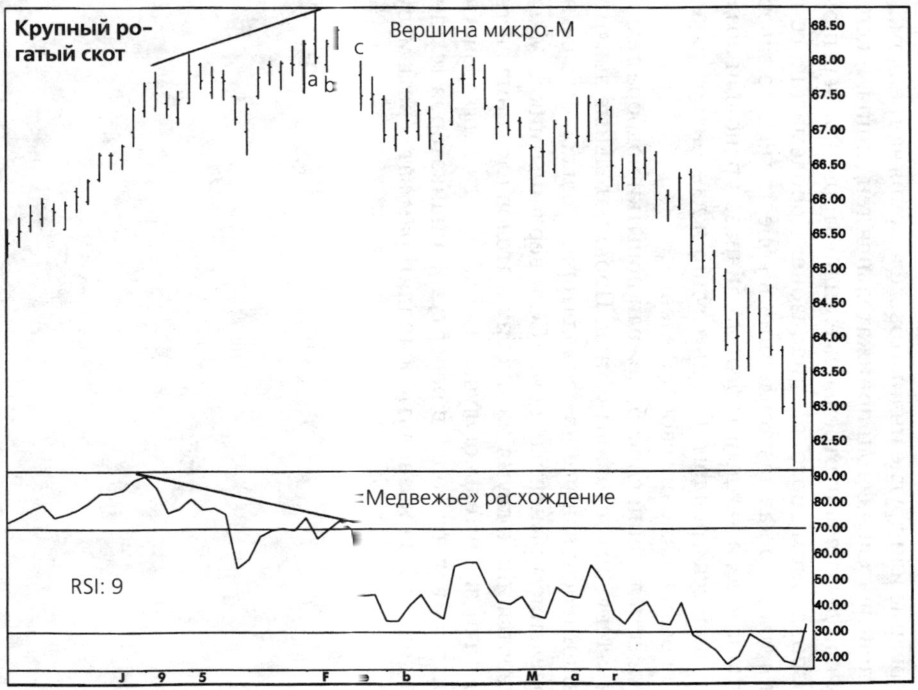

Примечание: RSI образовал «медвежье» расхождение, и рынок крупного рогатого скота подтвердил сигнал RSI, образовав вершину микро-М. День a был *одновременно* максимумом расхождения и днем с закрытием ниже цены закрытия предыдущего дня. День b завершил последовательность «день вниз/день вверх». Короткая позиция открыта в день c, когда цены опустились ниже минимума дня b, с помещением остановки на тик выше максимума дня a.

Источник: FutureSource; авторские права © 1986–1995 гг.; все права сохранены.

ЗАКЛЮЧЕНИЕ

Осцилляторы хорошо работают тогда, когда рынок находится в торговом диапазоне, т.е. наблюдается боковой тренд. Однако они действуют плохо, если на рынке сильная повышательная или понижательная тенденция.

Многие технические аналитики пытаются определить существующее состояние рынка — торговый диапазон или тенденция — и затем подобрать индикаторы, наиболее подходящие для данных условий. Они применяют скользящие средние или другие индикаторы слежения за трендом, когда на рынке явная повышательная или понижательная тенденция, и используют осцилляторы или другие контртрендовые индикаторы, когда рынок колеблется в горизонтальном торговом диапазоне. Проблема такого подхода заключается в том, что каждая тенденция в конечном счете завершается в торговом диапазоне, а каждый торговый диапазон рано или поздно пробивается начавшимся трендом. Очень трудно и даже невозможно знать наперед, когда рынок изменит свое поведение.

К счастью, есть лучший способ, нежели попытки подбора технических индикаторов к текущим условиям рынка. Проницательные аналитики открывают позиции, основанные на осцилляторах, только когда сигнал подтвержден поведением рыночных цен. КСС и вершины микро-M/впадины микро-W являются лишь двумя из многих методов слежения за трендом, которые помогают значительно улучшить работу осцилляторов. Осцилляторы могут играть важную роль в репертуаре индикаторов технического трейдера, однако нельзя позволять осцилляторам затмевать игру самих рыночных цен.

16 Анализ циклов фьючерсных рынков

Ричард Моги* и Джек Швагер

Природа, восхищающая нас периодичностью небесных повторений, правит и земными делами. Давайте не будем пренебрегать этим важным намеком.

Марк Твен

ДЕЙСТВИТЕЛЬНО ЛИ СУЩЕСТВУЮТ ЦИКЛЫ?

На протяжении многих лет реальность существования циклов была предметом серьезных споров в среде ученых и экономистов. Однако на деле вопрос не в том, существуют ли циклы — некоторые из циклов, такие как смена дня ночью и круговорот сезонов, несомненны — а в том, до какой степени физические, социальные и экономические явления цикличны по своей природе. Например, очевидная цикличность присуща появлению пятен на Солнце (рис. 16.1), но присутствуют ли циклы в климатических изменениях? Есть ясные циклы в бизнесе, но присущи ли они фондовому рынку?

И положительный, и отрицательный ответы на эти вопросы имеют своих искренних и знающих сторонников, и, вероятно, истина лежит где-то посередине: возможно, циклы не настолько распространены,

---

* Ричард Моги является исполнительным директором Фонда исследований циклов в Вейне, штат Пенсильвания. Он начал работать в Фонде в 1988 г. в качестве директора по исследованиям в рамках гранта от Tudor Investment, предоставленного для изучения циклов фьючерсных рынков. Во время своей работы в Фонде Моги руководил изучением циклов основных отечественных и зарубежных фьючерсных рынков и рынков твердых валют. Он лично торгует фьючерсами и акциями с 1968 г.

Рисунок 16.1.

ЦИКЛЫ СОЛНЕЧНЫХ ПЯТЕН

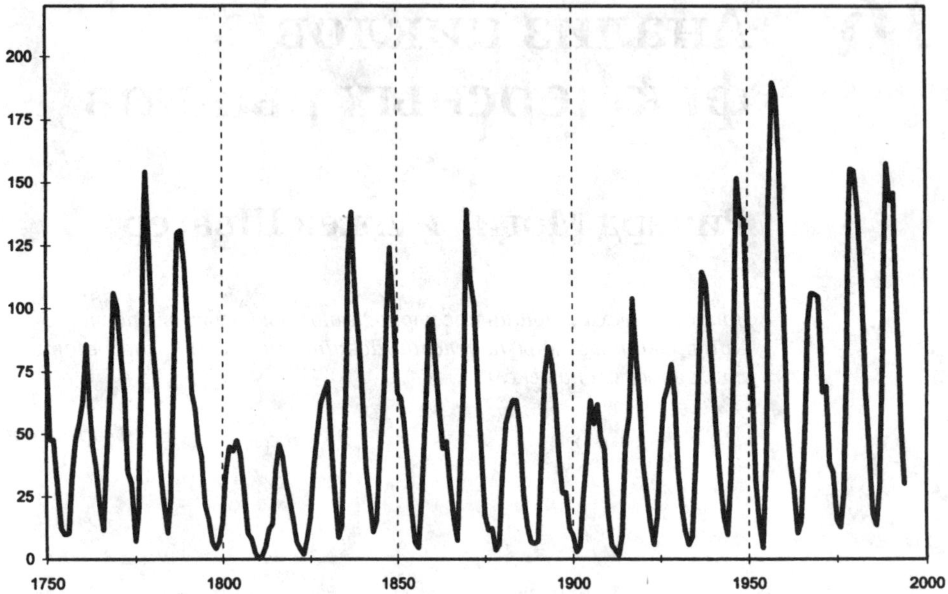

Примечание: По данным начиная с 1749 г. среднегодовое количество пятен на Солнце меняется с постоянным периодом в 11 лет.

Рисунок 16.2.

СОРОКАМЕСЯЧНЫЙ ЦИКЛ НА ФОНДОВОМ РЫНКЕ

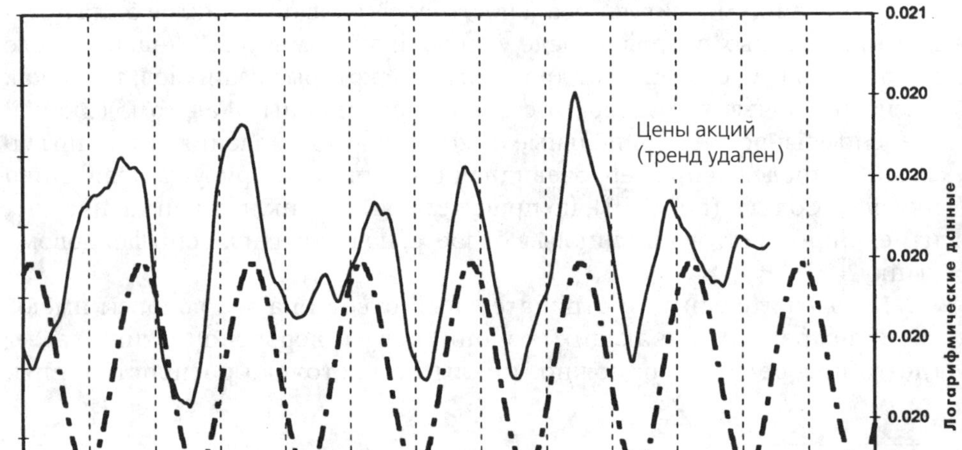

как считают энтузиасты циклической теории, и, конечно, их не так мало, как утверждают противники исследований циклов. Статистических свидетельств того, что циклы существуют во многих рядах экономических данных (как, например, в ценовых рядах), весьма много. Так, анализ фондового рынка обнаруживает 40-месячный цикл (рис. 16.2), который, как показывает статистический анализ, имеет лишь 2 шанса из 10 000 оказаться игрой случая. Сорок лет назад лишь немногие верили в циклы в области науки или экономики. С тех пор свидетельства повторяемости данных умножились.

Почему должна присутствовать цикличность в ценовых данных рынка? Этому есть два объяснения: одно — фундаментальное, другое — психологическое.

1. Фундаментальное объяснение: Изменения в спросе и предложении воздействуют на экономику с некоторой задержкой, которая и приводит к появлению циклов. Например, если наблюдается недостаток говядины, приводящий к резкому росту цен на нее, у скотоводов возникает веская причина увеличить ее производство. Однако такое решение не может быть немедленно приведено в исполнение. Сначала производителям придется сократить забой скота, чтобы увеличить поголовье. По иронии, это действие, направленное на увеличение поставок, будет только усиливать нехватку говядины в ближайшем будущем, что заставит цены расти еще выше, а это еще больше будет побуждать фермеров увеличивать поголовье. Несколько лет потребуется на то, чтобы решение по поводу увеличения поголовья привело к насыщению рынка. Когда эти запаздывающие поставки достигнут рынка, цены на говядину начнут падать. В конце концов цены упадут достаточно для того, чтобы побудить производителей снижать поголовье, что приведет к дальнейшему краткосрочному увеличению поставок и дальнейшему снижению цен. С задержкой в несколько лет снижение поставок говядины, которое произойдет из-за решения о сокращении поголовья, приведет к росту цен на говядину, и цикл начнется вновь.

2. Психологическое объяснение: циклы отражают психологическую реакцию трейдеров на колебания цен. Движение на рынках не происходит в виде непрерывных трендов. После периода преимущественного движения в определенном направлении рынок будет становиться все уязвимее для коррекции. По мере развития тренда растут убытки части трейдеров, держащих позиции против тренда. Все большее их количество будет признавать себя побежденными и закрывать свои противотрендовые позиции, двигая тренд еще дальше. При этом более успешные трейдеры, играющие в направлении тренда, начнут фиксировать прибыль. Другие участники рынка, обеспокоенные возможностью потери своей текущей прибыли, будут готовы ликвидировать позиции при первом же признаке разворота тренда. Некоторым трейдерам покажется, что движение цены зашло слишком далеко, и они начнут открывать позиции против тренда.

Сочетание всех этих факторов будет приводить к периодическим коррекциям или разворотам тренда.

Теория циклов предполагает, что на любом рынке эти фундаментальные и психологические силы будут действовать в рамках некоторых приблизительных периодических моделей. Разумеется, никто не утверждает, что циклы рыночных цен будут разворачиваться с точностью хода часового механизма. 20-недельный цикл цен на акции совсем не подразумевает, что цены на акции будут устанавливать новый относительный минимум каждые 20 недель. Иначе каждый смог бы разбогатеть, используя в торговле только эту информацию. Тем не менее наличие цикла проявляется в том, что цены будут иметь тенденцию к снижению *примерно* каждые 20 недель. Иногда относительный минимум будет появляться чуть раньше, иногда чуть позже, а иногда вовсе не будет появляться, поскольку циклические эффекты могут затмеваться другими силами, влияющими на цены. Однако основная идея заключается в том, что циклы рыночных цен достаточно регулярны, чтобы эта информация оказывалась существенной для принятия торговых решений.

НАЧАЛО ИССЛЕДОВАНИЯ ЦИКЛОВ

Хотя циклы и были важной частью основных мировых культур и религий на протяжении сотен лет, рассматривать их как двигатель экономических колебаний стали лишь с начала XIX столетия. По иронии в памяти человечества первым человеком, искавшим в циклах способ понимания экономических изменений, остался не экономист, а астроном — сэр Уильям Гершель, открывший планету Уран. В 1801 г. Гершель заявил, что может существовать связь между циклами появления пятен на Солнце и погодой, что в свою очередь могло бы оказывать влияние на цену урожая и в итоге на экономику в целом. Примерно в то же время знаменитое семейство Ротшильдов в Европе, работая в обстановке строжайшей секретности, выделило в британских процентных ставках три цикла, включая 40-месячный.

В 1870-х годах идея периодичности экономических данных была выдвинута англичанином В. Стенли Джейвонсом и Сэмюэлем Беннером, фермером из Огайо, которые сопоставили экономические данные своих стран с историческими данными о солнечных пятнах. В 1875 г. Беннер написал ныне знаменитый труд «Пророчества Беннера по поводу будущего роста и падения цен». Он также утверждал, что его циклы находятся в зависимости от солнечной активности. Беннер опубликовал интересный график, предсказывающий экономические изменения вплоть до 1895 г. (рис. 16.3). Работавший примерно в то же время Клемент Джаглар обнаружил 10–12-годичные циклы в процентных ставках и экономике; теперь этот цикл носит его имя.

Рисунок 16.3.

ЭКОНОМИЧЕСКИЕ ЦИКЛЫ, ПРЕДСКАЗАННЫЕ БЕННЕРОМ

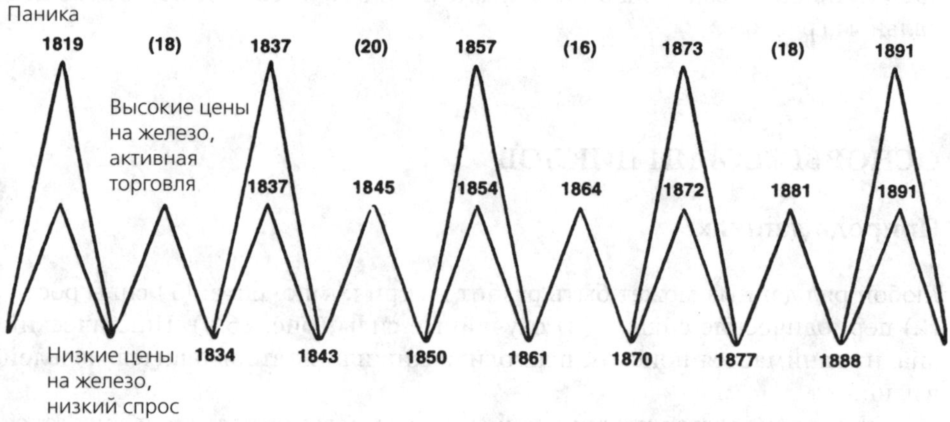

Ротшильды тайно использовали свои циклы, до тех пор пока слухи не достигли в 1912 г. Нью-Йорка. Здесь группа инвесторов наняла математиков с целью обнаружения этих закономерностей. С момента воспроизведения формул Ротшильдов началось серьезное использование циклов в инвестициях. В 1923 г. двое экономистов, профессора Крам и Китчин, обнаружили приблизительный 40-месячный цикл в экономических данных. Несмотря на то что Ротшильды открыли тот же самый цикл почти на век ранее, с 1923 г. он стал известен как цикл Китчина.

Реальный прогресс в изучении циклов начался с математических достижений в области анализа временных рядов и статистики в конце XIX-XX столетии. Некоторые из этих ключевых аналитических разработок — периодограмма, гармонический анализ и спектральный анализ — обсуждаются в этой главе.

Интерес инвестирующей публики к циклам был сильно подогрет двумя анонимными версиями графиков Беннера, всплывшими в 30-е годы. По иронии об обеих этих версиях говорили, что они были найдены в старых столах офисов в штате Пенсильвании, одна — в Коннеллсвилле, а другая — в Филадельфии. Коннеллсвилльский график стал известен под именем «перегонный» (distillery), поскольку был найден в столе, принадлежавшем компании «Overholt Distillery». Филадельфийская версия графика была опубликована под названием «Предсказание прошлого поколения» в «Уолл-стрит Джорнэл» 2 февраля 1933 г. Этот график моментально стал популярен, поскольку он якобы предсказывал Великую депрессию. Версия графика Беннера, опубликованная «Уолл-стрит Джорнэл», тем не менее, очевидно была модифицирована таким образом, чтобы лучше соответствовать краху 1929 г., и показывала пик в 1929 г., а не в 1926 г., как это было на первоначальном графике.

ОСНОВЫ ТЕОРИИ ЦИКЛОВ

Природа данных

Любой ряд данных может быть разбит на три компонента: (1) силы роста, (2) периодические силы и (3) случайные силы (рис. 16.4). Циклический анализ занимается поиском периодических или повторяющихся моделей в данных*.

Силы *роста* заставляют временные ряды медленно расти или снижаться с течением времени и фактически являются синонимом *тенденции,* или *тренда*. *Случайные* силы — это факторы, которые вызывают нерегулярные колебания в данных, они по определению непредсказуемы. Циклический аналитик, обнаружив тренд, вычитает его из данных, чтобы удалить влияние сил роста, и сглаживает данные, чтобы удалить случайные колебания, и, таким образом, находит периодические модели.

Циклическая модель

В начале XX века циклические аналитики стали пользоваться математическим аппаратом для определения циклов. Цикл стали описывать как синусоидальную волну, используя при этом язык физики и статистики. С тех пор говорят, что у цикла есть *частота, амплитуда и фаза*, так же, как и у электромагнитных волн. Поскольку эта терминология универсально используется для описания циклов, важно ее определить.

Период и частота

Длина цикла — временной отрезок от одного гребня до другого или от одной впадины до другой — называется его периодом (рис. 16.5). Частота —

* Слово «цикл» происходит от греческого слова, означающего круг, которое в своем наиболее общем смысле просто указывает на законченную последовательность событий, без подразумевания какой-либо регулярности во временных интервалах. Циклический аналитик, тем не менее, озабочен периодическими событиями, т. е. теми циклами, в которых наблюдается регулярность временных интервалов.

Рисунок 16.4.

ОСНОВНЫЕ КОМПОНЕНТЫ ДАННЫХ

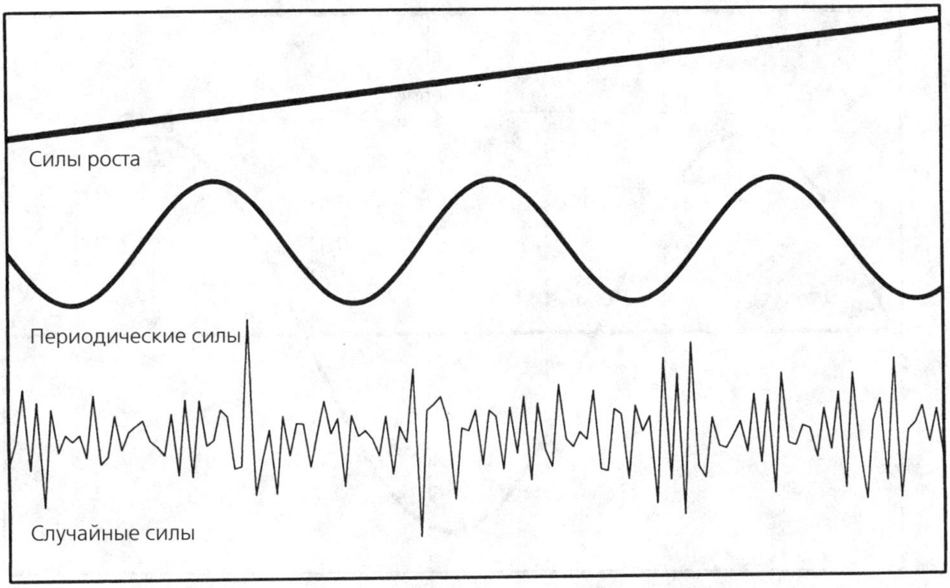

это количество циклов внутри определенного отрезка данных, она обратно пропорциональна периоду:

частота = длина отрезка данных/период.

Например, для серии данных из 200 точек цикл с периодом 20 имел бы частоту 10 (10 = 200/20). Существует два основных математических метода анализа циклов — *гармонический анализ* и *спектральный анализ*. Первый из них основан на периоде, а второй — на частоте.

Фаза, гребень и впадина

Фаза — это позиция определенной точки волны во времени. *Гребень* цикла — его самая высокая точка, а *впадина* — самая низкая точка (рис. 16.5). Фаза цикла обычно определяется положением гребня внутри цикла. Например, если длина цикла (период) равна 10 точкам данных, а фаза равна 3, то первый гребень данных приходится на третью точку данных, с последующими гребнями, появляющимися в точках 13, 23, 33, 43, 53 и т.д.

Рисунок 16.5.

ИДЕАЛЬНАЯ МОДЕЛЬ ЦИКЛА

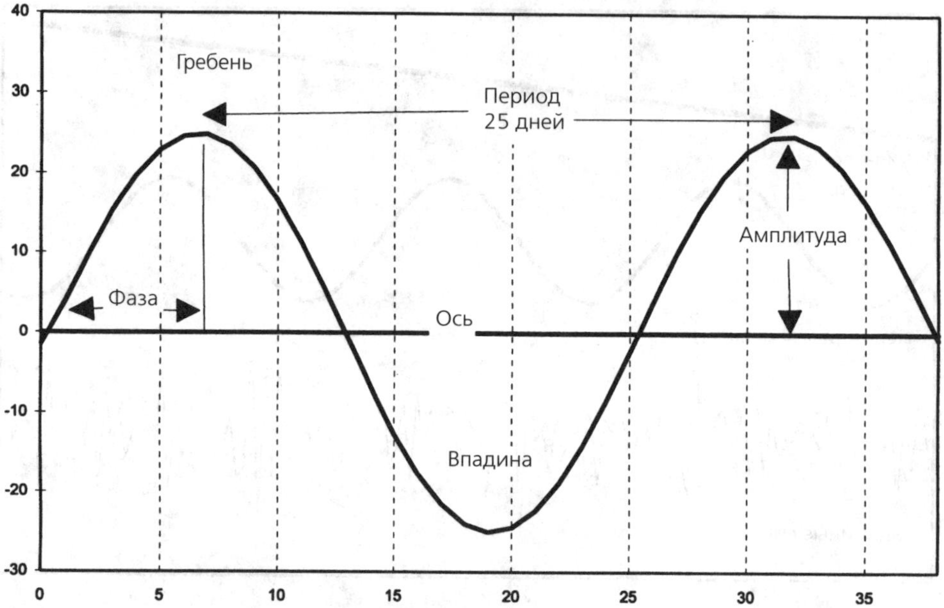

Амплитуда и ось

Амплитуда — это сила колебаний, которая измеряется высотой гребня волны над ее осью (или глубиной впадины). *Ось* — это прямая линия, вокруг которой колеблются данные в цикле. Амплитуда в циклическом анализе измеряется от оси до гребня (рис. 16.5). Ось иногда называют *точкой перегиба* цикла.

ВОСЕМЬ ШАГОВ ПРИ ПРОВЕДЕНИИ ЦИКЛИЧЕСКОГО АНАЛИЗА

Полный циклический анализ рядов данных использует следующую пошаговую процедуру.

1. Выбор данных.
2. Визуальный анализ данных.

3. Перевод данных в логарифмическую форму (первый шаг по удалению трендовых компонентов).
4. Сглаживание данных.
5. Поиск возможных циклов.
6. Окончательное удаление трендовых компонентов данных благодаря использованию отклонений от скользящей средней.
7. Проверка циклов с точки зрения статистической значимости и доминантности.
8. Комбинирование и проецирование циклов в будущее.

Эти шаги по очереди рассматриваются в следующих разделах.

Шаг 1: Выбор данных

Выбор данных для циклического анализа — нетривиальная задача. Из-за природы анализа циклов различные данные (например, фьючерсы и спот-рынок, ближайшие контракты и непрерывные фьючерсы, дневные и недельные данные) будут приводить к разным результатам. В дополнение, анализ, выполненный на данных в 1000 точек, может значительно отличаться от анализа, использующего 5000 точек. Вот почему крайне важно, чтобы аналитик уделил достаточно внимания выбору подходящих данных, иначе весь анализ может привести к неправильным выводам. Этот первый шаг анализа циклов — выбор данных — может быть разбит на четыре различных этапа:

a. Понимание природы данных.
b. Выбор типа данных.
c. Выбор длины отрезка данных.
d. Выбор степени сжатия данных.

Понимание природы данных. Природа данных в серии может подвергаться значительным изменениям с течением времени, и для аналитика важно хорошо понимать эти изменения. Превосходный пример такого рода изменений данных предоставляет рынок сырой нефти. Данные о ценах на сырую нефть известны с момента бурения первой нефтяной скважины в 1859 г. в Титусвилле, штат Пенсильвания. На протяжении XIX столетия сырая нефть перерабатывалась преимущественно в керосин для последующего его использования в осветительных лампах, а побочными продуктами производства керосина были смазочные вещества. После изобретения двигателя внутреннего сгорания главным продуктом переработки сырой нефти стал бензин. В результате поведение цен на сырую нефть до и после 1900 г.

сильно отличалось. До наступления XX века и широкого распространения автомобилей сырая нефть использовалась в первую очередь для освещения. Поэтому цены на нее вели себя скорее как цены на хозяйственные товары, а не как цены на энергоноситель. Таким образом, хотя серии данных начинаются в 1859 г., скрытая за ними роль нефти в экономике изменилась вместе со столетием, и изменились циклы.

Хотя подобные масштабные изменения природы данных проявляются только в случае очень долгосрочных циклов, следовало бы подчеркнуть, что структурные изменения в природе данных не связаны напрямую с длительными временными промежутками. Например, циклы цен на соевые бобы значительно изменились за последние 20 лет вследствие климатических и политических изменений. В 1970-х годах действия Эль-Ниньоса привели к массовой гибели рыбы, вызвав резкое сокращение поставок анчоусовых и резко взвинтив спрос на соевые бобы как заменитель белка. Однажды возникнув, такой сдвиг стал постоянным.

Другим переломным изменением, начавшимся примерно в то же самое время, стала тенденция к росту производства сои в Южной Америке, изначально вызванная зерновым эмбарго против Советов, введенным президентом Картером. За последние 20 лет производство соевых бобов в Южной Америке более чем удвоилось, в то время как производство в США оставалось на прежнем уровне. Важность такой тенденции состоит в том, что сельскохозяйственные сезоны в Южной Америке являются зеркальным отражением сезонов в США: в южном полушарии сеют, когда у нас осень, и убирают урожай, когда у нас весна. Как результат отмеченных выше сдвигов в спросе и распределении производства, ценовые циклы соевых бобов существенно изменились за два последних десятилетия.

Главное в том, что все используемые для анализа циклов данные должны быть относительно однородны. Если природа данных меняется, циклы с большой вероятностью тоже изменятся.

Выбор типа данных. Тип выбранных данных должен отражать реальные изменения цен на рынке, а не аномалии, связанные с заменами контрактов или сглаживающими методами. Для фьючерсных трейдеров лучше всего использовать непрерывные фьючерсы, которые устраняют влияние замены одного контракта на другой. (Подробное объяснение непрерывных фьючерсов дано в гл. 12 и 19, там же обсуждаются и другие типы ценовых серий.) Тем не менее следует заметить, что использование непрерывных фьючерсов иногда приводит к отрицательным значениям исторических цен для некоторых периодов. Если возникают отрицательные цены, к данным следует прибавить константу, достаточную для того, чтобы устранить отрицательные величины (значение добавленной константы никак не повлияет на анализ), что позволит трансформировать данные в логарифмическую форму — общий шаг в анализе циклов, который будет описан позже.

Наименее желательный тип данных для анализа циклов — это графики ближайших фьючерсных контрактов, которые могут привести к сильным искажениям из-за разрывов цен при замене контракта. Серии цен наличного товара (спот-рынок) иногда тоже могут быть использованы для анализа циклов, исключая случай чрезвычайно высоких процентных ставок. (Процентные ставки влияют на стоимость поставки и на уровень цен и будут, таким образом, приводить к большой разнице между наличной и фьючерсной ценами, как это было в конце 1970-х и начале 1980-х годов.) «Бессрочные» фьючерсы не настолько проблематичны, как ближайшие фьючерсные контракты, но поскольку такой подход создает серии, которые никогда не существовали, он определенно представляет собой менее желательную альтернативу непрерывным фьючерсам, которые, как объясняется в гл. 12, изменяются параллельно реальным движениям цен на рынке.

Выбор длины отрезка данных. Большинство методов поиска циклов испытывает проблемы, связанные с недостатком или переизбытком данных. Если набор данных слишком мал, то аналитик просто не увидит достаточного количества повторений, чтобы обнаружить наличие цикла. Как правило, требуется по меньшей мере десять повторений цикла (лучше пятнадцать), чтобы статистически подтвердить его наличие. Следовательно, если кто-то ищет 100-дневный цикл, необходимо иметь данные за 1000 дней, чтобы его обнаружить. Практический минимум — это примерно 200 точек данных, независимо от длины отыскиваемых циклов, поскольку большинство математических алгоритмов не смогут правильно работать при меньшем количестве данных.

В анализе циклов, однако, больше — не обязательно лучше. Слишком большое количество точек данных (например, более 5000), скорее всего, приведет к многочисленным смещениям фаз, и в результате статистические тесты пропустят некоторые важные циклы. Чаще всего нет необходимости использовать более чем 2000 точек данных и, более того, нежелательно использовать более чем 5000 (водораздел между отсутствием преимуществ и негативным влиянием лежит где-то посередине этого отрезка). Основываясь на опыте, можно рекомендовать, чтобы первичный анализ был проведен для 2000 точек данных, а второй, более точный, — примерно для 1000 точек с целью детального нахождения временных рамок циклов. Это с очевидностью означает, что в любом случае не следует искать циклы с периодом, большим чем 100 точек данных, поскольку циклы с более длинными периодами будут иметь менее десяти повторений при втором сканировании. Чтобы найти циклы с большими периодами, потребуется сжатие данных.

Выбор степени сжатия данных. Обычно рыночные данные подытоживаются по временным периодам, таким как N-минутные (например, 5-, 15-, 30-, 60- или 90-минутные), дневные, недельные, месячные, квартальные или годичные интервалы. В каждом случае все цены внутри временного периода сжимаются в одно значение — обычно среднее или последнее значение для данного интервала. В этом смысле каждой временной рамке соответствует определенная степень сжатия данных. Данные наименее сжаты в случае 5-минутных интервалов и сильнее всего при годичных интервалах. Сжатие сглаживает ценовые изменения внутри данного интервала, поскольку всему массиву ценовых «тиков» внутри интервала ставится в соответствие одно значение.

В анализе циклов важно выбрать правильный уровень сжатия. Есть два основных правила при выборе правильного сжатия: если цикл повторяется более 250 раз на отрезке данных, используйте большее сжатие (например, возьмите дневные данные вместо часовых). С другой стороны, если цикл повторяется менее 15 раз, используйте меньшее сжатие (например, возьмите дневные данные вместо недельных). Далее следует обзор характеристик основных типов сжатия и возможных проблем, связанных с ними.

1. *Внутридневные данные.* Хотя циклы могут быть обнаружены и во внутридневных данных, существуют две проблемы, связанные с их поиском. Во-первых, подобные сжатия содержат слишком много случайного шума. (В общем случае более короткие, чем 30-минутные сжатия, склонны содержать слишком много случайных флуктуаций.) Во-вторых, поскольку, как обсуждалось ранее, лучше всего не работать с количеством данных, превышающим 2000 точек, большинство преобладающих циклов будет упущено. Тем не менее довольно часто часовые или более долгосрочные данные работают хорошо, и аналитику следовало бы поэкспериментировать с подобными сериями. Общий принцип состоит в том, что чем больше средний дневной объем, тем более вероятно, что краткосрочные данные содержат важные циклы.

2. *Дневные данные.* Дневные данные — это лучшие данные для анализа циклов. С практической точки зрения период минимального цикла, который может быть проанализирован, равен пяти дням, поскольку трудно отфильтровать шум для меньшего количества точек данных. Верхний предел периода цикла равен одной десятой длины всего объема данных, поскольку, как объяснялось ранее, более длинные циклы покажут слишком мало повторений, чтобы адекватно подтвердить наличие обнаруженного цикла.

Основная сложность, связанная с анализом дневных данных, — это проблема выходных дней. Есть три основные возможности ее решения: (1) считать, что в выходные были торги с теми же результатами, что и в предшествующий им день; (2) интерполировать ценовые данные на выходные дни; (3) игнорировать выходные дни. Хотя единственного правильного ответа не существует, мы предпочитаем, исходя из опыта, первое решение.

3. *Недельные данные.* После внутридневных данных недельные данные представляют собой наиболее проблематичную степень сжатия, поскольку их период не совпадает с периодами любых сезонных моделей. Проблема связана с тем, что изменения цен многих фьючерсных контрактов имеют сезонный характер. Поскольку месяц не равен четырем неделям, а год немного длиннее, чем 52 недели, недельные данные «идут не в ногу» с сезонными изменениями. Основная ценность недельных данных заключается в том, что они позволяют идентифицировать циклы, слишком длинные, чтобы их можно было найти, используя дневные данные. Один из возможных подходов — использовать недельный анализ для отыскания подобных более длинных циклов, а затем конвертировать циклы в дневные или месячные, что позволит избежать проблемы несовпадения фаз цикла с сезонными моделями данных. Аналогично дневным данным, ограничьте поиск циклами, период которых не меньше пяти недель и не больше одной десятой всего объема данных.

4. ***Месячные данные.*** Вместе с дневными данными месячные данные представляют собой наилучшее сжатие для циклического анализа. У месячных данных нет проблем, связанных со случайными флуктуациями, поскольку они сильно сглажены. Кроме этого, они прекрасно сочетаются с сезонными тенденциями во фьючерсных данных. Месячные данные могут использоваться для отыскания циклов от 5 месяцев до 350. (Верхний предел превышает максимальную длину цикла, равную одной десятой всего объема данных, о которой говорилось выше. Это менее жесткое условие возникает благодаря сглаженной природе месячных данных.)

5. ***Квартальные и годичные данные.*** В общем случае эти более долгосрочные виды сжатий не предоставляют достаточно материала для анализа фьючерсных данных. Для некоторых рынков, однако, существуют данные по ценам наличного товара, продолжительности которых хватает для проведения подобного анализа. Обычно годичные данные дают возможность получить лучший результат, чем квартальные. В случае более долгосрочных сжатий аналитику приходится использовать комбинированные данные. Например, годичные цены на зерно доступны начиная с 1259 г. и являются комбинацией четырех отдельных серий: британские цены на зерно до существования американских данных и три различные американские ценовые серии, отражающие изменения в преобладании наиболее популярных сортов зерна (например, твердых сортов над мягкими). Для того чтобы «склеить» различные ценовые серии, необходимо, чтобы эти серии содержали перекрывающиеся ценовые данные не менее чем за 10 лет, форма которых более или менее совпадает. Затем полученную комбинированную серию умножают на коэффициент, подобранный так, чтобы ее последние значения совпадали с современными ценами.

Шаг 2: Визуальная проверка данных

Поскольку в наши дни львиная доля циклического анализа осуществляется с помощью компьютера, исследователи часто забывают просмотреть ценовой график, прежде чем приступить к его математической обработке. При этом теряется много значимой информации, поскольку визуальная проверка имеет несколько полезных функций.

1. ***Выделение точек, содержащих негодные данные.*** Любые данные содержат ошибки. Большие ошибки могут полностью разрушить методы анализа циклов. Визуальная проверка данных на графике позволяет аналитику быстро идентифицировать все точки, в которых данные сильно выбиваются из общего ряда. Точность этих данных необходимо проверить отдельно.
2. ***Нахождение экстремальных колебаний цен.*** Ценовые пики на рынке золота и серебра 1980 г. и крушение фондового рынка 19 октября 1987 г. — примеры экстраординарного ценового движения. Движения цен, подобные этим, настолько велики, что могут существенно исказить анализируемые циклы, а также затруднить нахождение циклов, присутствующих на широких интервалах данных. Наилучший подход к таким ситуациям состоит в том, чтобы произвести два отдельных анализа данных: первый — на данных вплоть до возникновения ненормального движения, а второй — на тех данных, которые появляются после него. Найденные в результате анализа двух наборов данных циклы следует сравнить, проверив их на надежность с точки зрения статистики, и выбрать один из двух циклов.
3. ***Оценка тренда.*** Визуальная проверка графика дает возможность с легкостью понять, присутствует ли в данных тренд, и оценить силу любого подобного тренда. Понимание этих аспектов важно для принятия решения о том, нуждаются ли данные в удалении тренда.
4. ***Оценка средней длительности рыночных колебаний.*** Человеческий глаз лучше понимает форму, чем большинство циклических алгоритмов. Если ваш глаз не видит колебаний, вероятно, преобладающий цикл отсутствует. Параметры цикла можно оценить путем измерения расстояния между гребнями с помощью линейки.

Шаг 3: Перевод данных в логарифмическую форму*

Все математические правила отыскания циклов предполагают статичность рядов данных, т.е. отсутствие в сериях тренда. Таким образом, чтобы пра-

* Для тех, кто забыл школьный курс математики, логарифм числа — это степень, в которую должно быть возведено основание логарифма (в типичном случае 10 или $e = 2{,}718$), чтобы получилось это число. Например (предполагая основание логарифма, равное 10):

если $y = \log x$,

тогда $x = 10^y$.

Логарифм числа можно вычислить с помощью калькулятора или найти в таблицах логарифмов.

вильно применять эти математические процедуры, необходимо удалить тренд (т.е. снять направленность данных). Полное снятие направленности данных о фьючерсных ценах обычно включает два отдельных шага: (1) перевод серий в логарифмическую форму; и (2) преобразование сглаженных логарифмических данных в отклонения от скользящей средней. По причинам, которые скоро станут очевидными, эти шаги не могут быть предприняты последовательно. В этом разделе мы разберем первый из шагов по удалению тренда.

На нескорректированном графике ценового ряда одно и то же процентное изменение цены будет выглядеть все больше и больше по мере роста цен — нежелательное качество, которое может привести к серьезным искажениям, особенно в данных с сильным трендом. Однако когда данные переведены в логарифмическую форму (взяты логарифмы данных), равные процентные изменения будут изображаться как одинаковые вертикальные изменения на графике*.

Эти характеристики данных можно увидеть на рис. 16.6, который показывает промышленный индекс Доу-Джонса с 1900 г. до начала 1995 г. в виде необработанных данных и в логарифмической форме. На диаграмме, показывающей необработанные данные, одинаковое процентное изменение индекса выглядит по-разному в начале и в конце графика, так как цены в начале века были ниже, чем в настоящее время. Тем не менее на логарифмическом графике характер движения цен не меняется на протяжении всего XX века. Например, 10%-ное движение акций составляет 400 пунктов на уровне 4000, но лишь 10 пунктов на уровне 100, в то время как на логарифмической диаграмме 10%-ное движение цен всегда одинаково и не зависит от арифметической разницы.

Даже при использовании других методов удаления тренда необходимо работать с логарифмическими данными. Причина состоит в том, что взятие логарифмов нормирует процентные ценовые колебания, что является полезным свойством даже для бестрендовых данных. Если не брать логарифмы, то одно и то же процентное ценовое изменение на более высоком ценовом уровне окажется больше, чем при низких ценах. Таким образом, появится искажение в соотношении амплитуд различных ценовых колебаний. Например, если из графика фондового индекса удален тренд без взятия логарифмов, колебания вокруг горизонтальной оси будут становиться все шире и шире при росте цен с течением времени.

---

* Математически это может быть продемонстрировано следующим образом:
Если число x умножить на коэффициент k, оно будет отличаться от первоначального числа x на $(k - 1)x$:

$$kx - x = (k - 1)x.$$

Следовательно, чем больше x, тем больше разность между x и kx.
Однако логарифм будет меняться на постоянную величину $\log(k)$ независимо от величины x: разность логарифмов $\log(kx) - \log(x) = \log(k) + \log(x) - \log(x) = \log(k)$.

Рисунок 16.6.

РЕЗУЛЬТАТ ПЕРЕВОДА ДАННЫХ В ЛОГАРИФМИЧЕСКУЮ ФОРМУ

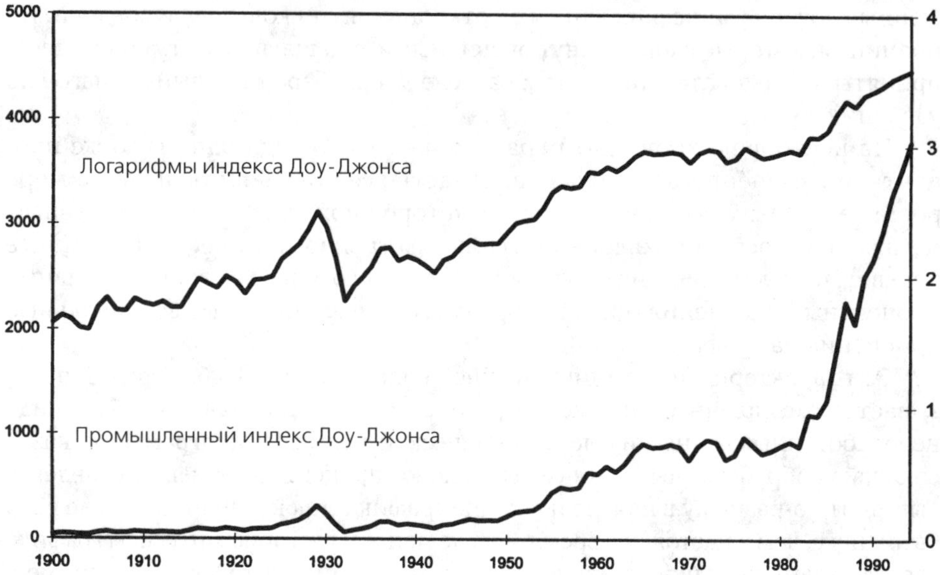

Рассуждения, приведенные выше в этой главе, предполагают, что анализ циклов применяется к фьючерсным ценовым сериям. Ради полноты следовало бы заметить, что если циклический анализ применяется к экономическим сериям, в которых присутствует элемент ярко выраженной тенденции (например, индекс потребительских цен), перевод в логарифмическую форму не окажется адекватным в качестве первого шага по снятию направленности. В сериях такого типа следует удалять тренд одним из двух методов: с помощью темпов изменения или первых разниц.

Темпы изменений (rate of change, ROC) вычисляются путем деления данных в текущей точке на данные в точке, расположенной в ряду данных на некоторое количество периодов ранее. В месячных экономических данных обычно берется точка, расположенная на 12 месяцев раньше. 12-месячный ROC показывает процентные изменения от года к году. *Первые разницы* вычисляются путем вычитания значения предшествующей точки данных из значения текущей точки. Метод первых разниц — один из наиболее редко используемых приемов обработки данных, поскольку после его применения график данных становится похож на случайные колебания, что затрудняет его визуальную интерпретацию. Хотя перевод в логарифмическую форму может сочетаться с отклонениями от скользящей средней (которые обсуждаются позже), он не сочетается с такими методами снятия направленности, как темпы изменений или первые разницы.

Шаг 4: Сглаживание данных

Сглаживание с целью устранения ошибок в данных. Этот тип сглаживающей процедуры необходим только тогда, когда данные могут содержать ошибки, например резкие выбросы цены, не соответствующие реальному рынку. Если данные не содержат ошибок, то данный тип сглаживания можно не применять. Наиболее популярным методом сглаживания при работе с данными, содержащими ошибки, является сглаживание по трем точкам. При этой процедуре оригинальные данные конвертируются в свою трехточечную скользящую медиану — из трех точек выбирается средняя по величине, а максимальная и минимальная величины отбрасываются. Таким образом, ошибочные выбросы цены будут проигнорированы и не войдут в преобразованный ценовой ряд. Конечно, этот метод будет удалять и реальные трехдневные максимумы и минимумы. Если представляется возможным, предпочтительно корректировать данные «вручную» и полностью избегать данного метода.

Сглаживание с целью удаления случайных колебаний. Как обсуждалось ранее, ряды данных могут быть разбиты на три основных компонента: тренд, циклы и случайные колебания. Таким образом, чтобы найти циклы, необходимо из данных удалить тренд и случайные колебания. Если из первоначальных данных полностью удалены тренд и случайные колебания, полученный в результате ценовой ряд может оказаться цикличным. Удаление тренда уже было рассмотрено, за исключением последнего шага — взятия отклонений от скользящей средней, которое обсуждается ниже.

Сглаживание с целью устранения (или, по крайней мере, подавления) случайных колебаний достигается путем вычисления краткосрочной центрированной скользящей средней ценового ряда. Центрированная скользящая средняя отличается от обычной скользящей средней, используемой в техническом анализе, тем, что она рассчитывается как среднее значение равного количества точек перед и после текущей точки. Например, 11-дневная скользящая средняя — это среднее значение данного дня, предыдущих пяти дней и последующих пяти дней. Центрированная скользящая средняя всегда вычисляется по нечетному количеству дней. Если мы вычисляем скользящую среднюю по n точкам, то из первоначального ряда данных будет выброшено $n - 1$ точек — половина в начале и половина в конце ряда.

Следующий пример показывает вычисление трехдневной центрированной скользящей средней*:

Первоначальные данные	134,50	141,20	132,40	138,90
Логарифм данных	2,1287	2,1498	2,1219	2,1427

Вычисление центрированной скользящей средней

(2,1287 + 2,1498 + 2,1219)/3 (2,1498 + 2,1219 + 2,1427)/3

Значение центрированной скользящей средней 2,1335 2,1381

При сглаживании данных очень важно, чтобы аналитик выбрал скользящую среднюю более короткую, чем самый короткий из отыскиваемых циклов. Причина состоит в том, что если скользящая средняя, используемая для сглаживания данных, длиннее, чем некий отыскиваемый цикл, она будет инвертировать фазу оригинального цикла. Этот момент будет объяснен и проиллюстрирован далее, при обсуждении отклонений от скользящей средней.

Шаг 5: Отыскание возможных циклов

Отыскание циклов с помощью визуальной проверки. Возможно, основной способ отыскания циклов состоит в том, чтобы посчитать время между схожими максимумами и минимумами в ряду данных. Именно этим методом пользовались исследователи (например, Сэмюэл Беннер) для отыскания циклов в XIX столетии. К сожалению, при большом объеме данных этот метод чрезвычайно утомителен. Значительно более простой подход заключается в том, чтобы с помощью линейки измерить расстояния между главными максимумами и минимумами на графике. Одним из инструментов, весьма облегчающих эту процедуру, оказывается определитель циклов Эрлиха, — похожий на аккордеон инструмент с девятью указателями, который может быть растянут таким образом, что указатели оказываются под главными максимумами или минимумами. Одна из проблем, связанных с методами визуальной проверки, состоит в том, что они не позволяют статистически проверить найденные циклы. Кроме того, трудно обнаружить комбинацию нескольких циклов без использования стандартных математических приемов.

Периодограмма. Периодограмма, которая была впервые разработана в 1898 г. Шустером, — один из наиболее известных и наиболее важных инструментов исследования цикла. Периодограмма ищет циклы, анализируя

* Вычисление центрированной скользящей средней применено к логарифму первоначальных данных, поскольку перевод в логарифмическую форму предшествует данному шагу.

данные в табличной форме. Имеющиеся данные будут в хронологическом порядке разбиты на колонки, причем количество используемых колонок равно длине цикла, который отыскивается. Для каждого отыскиваемого цикла определенной длины приходится строить отдельную периодограмму. Например, если у нас есть годичные данные за 135 лет, и мы хотели бы проверить, присутствуют ли в них 9-годичные циклы, нам пришлось бы разбивать данные на девять колонок и пятнадцать строк. Данные в первой точке были бы помещены в первую строку первой колонки; данные во второй точке — в строку 1 и колонку 2; данные в девятой точке — в строку 1 и колонку 9; данные в десятой точке — в строку 2 и колонку 1. Таблица заполняется таким образом, пока данные в 135 точке ни будут помещены в колонку 9 строки 15. Затем для каждой колонки было бы выведено среднее значение. Если бы в данных присутствовал 9-годичный цикл, мы бы ожидали, что среднее значение для одной колонки будет показывать значительный максимум, а для другой колонки — значительный минимум. (Если бы 9-годичного цикла не было, средние значения для колонок оказались бы примерно совпадающими, если тренд предварительно удален из данных.)

Табл. 16.1 предоставляет пример периодограммы, использующей логарифмы годичных цен на кукурузу с 1850 по 1989 г. (Логарифмы данных были умножены на 1000, чтобы избежать десятичных дробей. Умножение всех данных на константу не будет оказывать какое-либо воздействие на анализ цикла.) Рис. 16.7 показывает диаграмму средних значений всех строк. Если бы из данных был полностью удален тренд, средние значения строк были бы примерно одинаковыми. Общий восходящий тренд в диаграмме средних значений строк возникает благодаря тому факту, что взятие логарифмов лишь частично снимает направленность данных.

Рис. 16.8 показывает средние значения колонок. Тот факт, что наблюдается существенный пик в восьмой колонке и существенный спад во второй колонке, предполагает, что в данных может присутствовать 9-годичный цикл*.

Если бы, с другой стороны, диаграмма средних значений колонок была относительно плоской, возможность присутствия 9-годичного цикла следовало бы исключить. Например, на рис. 16.9 одновременно показаны диаграммы средних значений для периодограмм с восемью и девятью колонками. Как можно видеть, различия между средними значениями в случае восьми колонок значительно меньше, чем в случае девяти колонок. Это означает, что мы можем исключить возможность восьмигодичных циклов в данных.

* Наблюдательный читатель может поинтересоваться, не связан ли тот факт, что спад появляется в колонке с маленьким номером (2), а пик в колонке с большим номером (8), просто с тем, что в данных остался некий тренд. Хотя присутствие тренда действительно будет вести к более высоким средним значениям в колонках с большими номерами, влияние тренда на эти данные явно недостаточно, чтобы объяснить значительный разброс средних значений в периодограмме, состоящей из девяти колонок. Этот момент станет очевидным, как только мы рассмотрим периодограмму из восьми колонок.

Главное преимущество периодограммы в том, что она предоставляет простой метод идентификации всех возможных циклов, присутствующих в данных. Основной недостаток состоит в том, что процедура не позволяет определить, какие из найденных возможных циклов статистически значимы (та же самая проблема, что и в случае визуальной проверки). Другими словами, всегда присутствует некоторый разброс средних значений колонок. Как мы можем судить, является ли этот разброс статистически важным? В случае только что приведенного примера данных по кукурузе интуитивно ясно, что разброс средних значений в периодограмме, состоящей из восьми колонок, не важен, но как мы можем убедиться в том, что разность между средними значениями колонок в периодограмме, состоящей из девяти колонок, статистически значима? Проверка статистической достоверности циклов стала возможной после разработки гармонического анализа, который использует периодограмму как базу при тестировании статистической значимости циклов. Позже мы вернемся к вопросу статистической проверки.

Ряды Фурье. Почти все математические алгоритмы анализа циклов используют некоторую версию рядов Фурье — уравнения, содержащего в качестве членов синусы и косинусы. Эти тригонометрические функции идеально годятся для описания волн (или циклов). В основном существует два метода применения рядов Фурье для целей анализа циклов: *спектральный анализ* и *гармонический анализ*. С теоретической точки зрения разница между этими двумя методами состоит в том, что спектральный анализ использует частоту, в то время как гармонический анализ использует период. (Как было уже сказано, частота и период имеют обратное соотношение.) Более существенное с практической точки зрения различие между этими двумя подходами заключается в том, что спектральный анализ лучше приспособлен для *поиска* циклов, в то время как гармонический анализ лучше годится для их *проверки*.

Спектральный анализ. Из-за огромного объема вычислений при проведении спектрального анализа необходимо использовать компьютер и программное обеспечение. Подобные программные пакеты распространяются Фондом изучения циклов. Спектральный анализ измеряет силу цикла на каждой данной частоте. Как отмечалось ранее, требуется не менее 10 повторений цикла (т.е. частота, равная 10, или большая), чтобы можно было проверить статистическую надежность цикла. Максимальная частота должна быть равна числу точек данных, деленному на 5, поскольку, как обсуждалось ранее, пять — это практический минимум длины цикла, доступный измерению. (Вспомните, что частота равна количеству точек данных, деленному на длину цикла.) Таким образом, если у нас есть ряд из 1000 точек, мы могли бы предпринять спектральный анализ в диапазоне

Таблица 16.1.

ПЕРИОДОГРАММА

Колонка/ /строка	1	2	3	4	5	6	7	8	9	Среднее значение строки
1	1571	1571	1606	1619	1690	1765	1585	1669	1667	1638,11
2	1800	1610	1394	1443	1766	2037	1796	1753	1946	1727,22
3	1918	1826	1847	1684	1577	1559	1811	1793	1644	1739,89
4	1645	1568	1541	1570	1690	1822	1723	1705	1626	1654,44
5	1560	1589	1664	1524	1587	1759	1645	1593	1626	1616,33
6	1596	1406	1397	1489	1517	1567	1677	1765	1655	1563,22
7	1680	1685	1651	1715	1825	1817	1754	1753	1822	1744,67
8	1780	1834	1855	1907	2213	2200	2195	2146	1745	1986,11
9	1784	1905	1975	2006	1866	1929	1983	1963	1907	1924,22
10	1706	1477	1593	1805	1903	1915	2006	1729	1692	1758,44
11	1793	1841	1913	2018	2050	2060	2183	2305	2301	2051,56
12	2111	2163	2246	224[illegible]	2187	2190	2134	2144	2098	2168,22
13	2082	2072	2048	2038	2037	2085	2083	2099	2121	2073,89
14	2097	2039	2075	2125	2135	2106	2333	2501	2459	2207,78
15	2430	2345	2363	242[illegible]	2478	2499	2398	2507	2510	2439,00
Среднее значение колонки	1836,9	1795,4	1811,2	1840,3	1901,4	1954,0	1953,7	1961,7	1921,3	

Рисунок 16.7.

СРЕДНИЕ ЗНАЧЕНИЯ СТРОК В ПЕРИОДОГРАММЕ С ДЕВЯТЬЮ КОЛОНКАМИ. ГОДОВЫЕ ДАННЫЕ ПО КУКУРУЗЕ

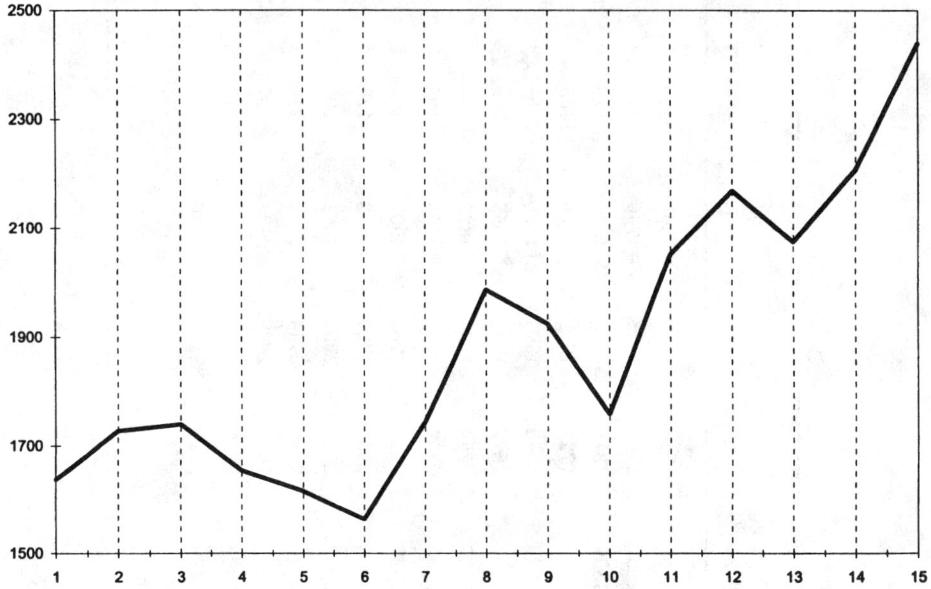

Рисунок 16.8.

СРЕДНИЕ ЗНАЧЕНИЯ КОЛОНОК В ПЕРИОДОГРАММЕ С ДЕВЯТЬЮ КОЛОНКАМИ. ГОДОВЫЕ ДАННЫЕ ПО КУКУРУЗЕ

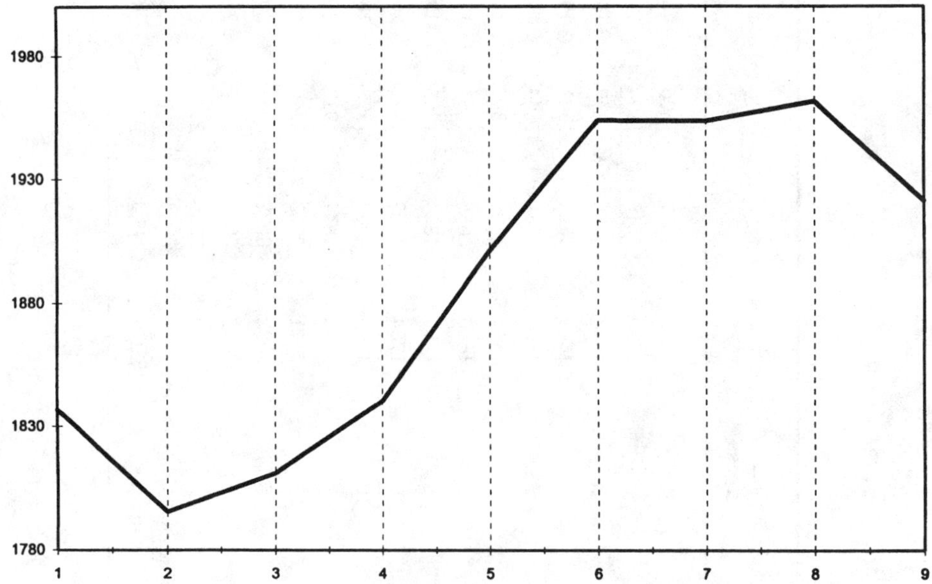

Рисунок 16.9.

СРАВНЕНИЕ СРЕДНИХ ЗНАЧЕНИЙ КОЛОНОК В ПЕРИОДОГРАММАХ С ВОСЕМЬЮ И ДЕВЯТЬЮ КОЛОНКАМИ

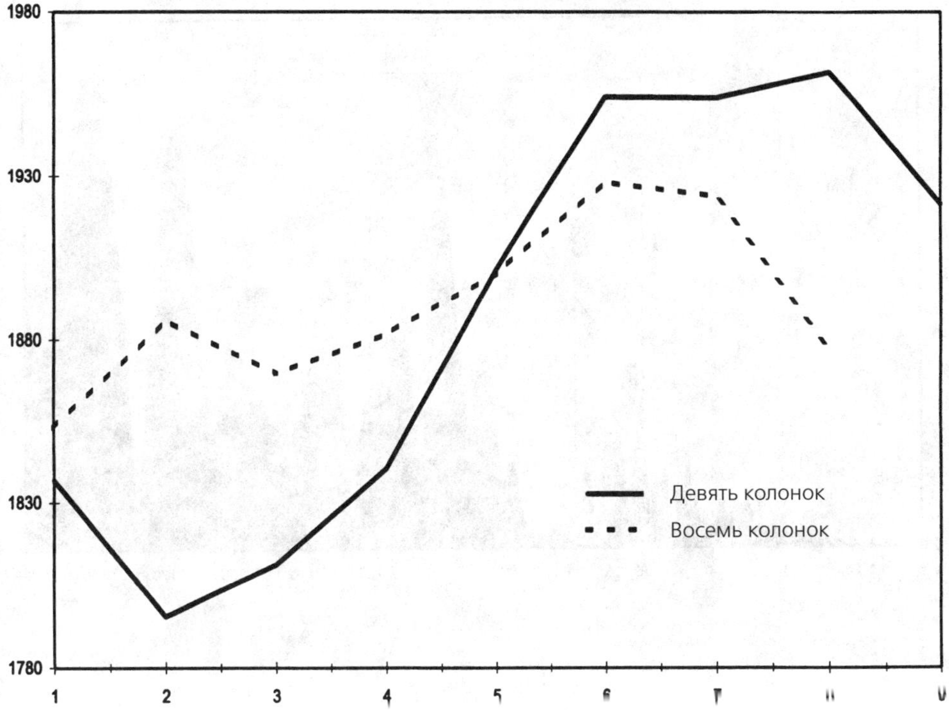

частот от 10 (10% данных) до 200 (1000/5), что было бы эквивалентно длине циклов от 100 до 5.

Результатом применения спектрального анализа является *спектр мощности,* который показывает единственное значение для каждой частоты в проанализированном частотном диапазоне. Если для данной частоты показано высокое значение, это предполагает, что у данных есть циклическая волновая форма на этой частоте. Если, однако, для данной частоты показано низкое значение, это подразумевает, что данные стремятся на этой частоте к горизонтальной линии.

На рис. 16.10 показан спектр мощности месячных данных по кукурузе за 167 лет (2000 точек данных). Поскольку у нас в наличии 2000 точек, мы анализируем диапазон частот от 10 (типичный минимум) до 400 (число точек данных, деленное на 5). Чтобы облегчить понимание графика, на горизонтальной оси были отложены длительности циклов: диапазон от 5 (2000/400)

Рисунок 16.10.

СПЕКТР МОЩНОСТИ МЕСЯЧНЫХ ДАННЫХ (2000 ТОЧЕК) ПО ЦЕНАМ НА КУКУРУЗУ

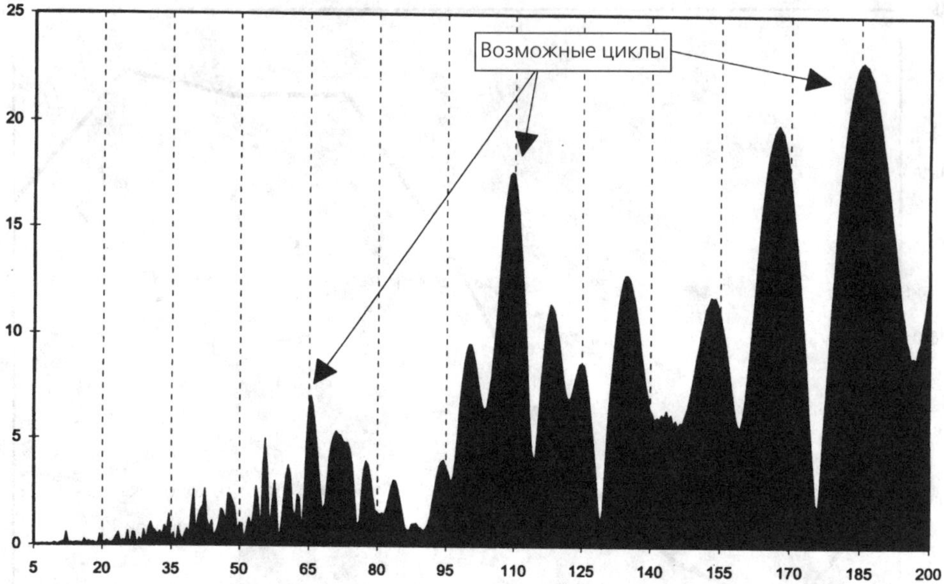

до 200 (2000/10), соответствующий диапазону частот от 10 до 400. Заметьте, что высокие значения имеют тенденцию скапливаться вблизи некоторых частот (или длительностей цикла). Положение пиков в каждой из таких областей скопления высоких значений показывает возможные циклы. На этом графике в качестве *возможных* циклов показаны три таких относительных пика. Слово возможных призвано подчеркнуть, что необходима статистическая проверка того, действительно ли существуют циклы, на частоты которых указывают эти пики. Результаты подобной проверки циклов, показанных спектром мощности, изображенным на рис. 16.10, обсуждаются ниже в этой главе.

Хотя спектральный анализ данных, с которых частично снята направленность (логарифмов данных), будет правильно определять фазу найденных возможных циклов, амплитуда этих циклов будет искажаться оставшимся в данных трендом. Такое искажение амплитуды будет оказывать серьезное влияние на любые статистические проверки значимости. Таким образом, необходимо полностью снять с данных направленность, прежде чем тестировать циклы на статистическую значимость.

Шаг 6: Полное снятие направленности с данных с использованием отклонений от скользящей средней

Перевод первоначальных данных в логарифмическую форму, предпринятый на шаге 3, лишь частично удаляет тренд, и, как только что было показано, остатки тренда в данных могут значительно повлиять на проверку статистической надежности. Отклонения от скользящей средней являются наилучшим способом полностью снять направленность с данных. Отклонения вычисляются путем вычитания скользящей средней данных из самих данных. Поскольку скользящая средняя отражает тренд в данных, вычитание ее из данных приводит к сериям, в которых нет тренда (рис. 16.11).

Когда центрированная скользящая средняя вычитается из первоначальных данных, в результате получаются новые временные ряды, составленные из *отклонений* или *остатков* от скользящей средней. Для каждого потенциального цикла, идентифицированного с помощью спектрального анализа, будут выведены отдельные серии отклонений. Вычисление серий отклонений проиллюстрировано на тех же данных, которые ранее были использованы, чтобы показать процесс вычисления центрированной скользящей средней:

Начальные данные	134,500	141,20	132,40	138,90
Логарифмы данных	2,1287	2,1498	2,1219	2,1427
Значение центрированной скользящей средней		2,1335	2,1381	
Отклонение (остаток)		0,0163	-0,0162	

Метод отклонений от скользящей средней следует использовать очень осторожно из-за взаимодействия длины скользящей средней и периода данных (если они цикличны). Рис. 16.12 показывает, как выглядит скользящая средняя данных с безупречным 25-дневным циклом: скользящая средняя, рассчитанная по количеству точек, меньшему чем период цикла, будет содержать тот же цикл, но с меньшей амплитудой; скользящая средняя той же длины, что и цикл, будет постоянной величиной и не будет содержать цикла; скользящая средняя, более протяженная, чем период цикла, будет содержать цикл с инвертированной фазой и уменьшенной амплитудой. (Именно из-за последнего свойства в предыдущем шаге сглаживания данных было необходимо использовать скользящую среднюю более короткую, чем самый короткий из отыскиваемых циклов.)

Центрированная скользящая средняя с длиной, равной длине цикла, не содержит этого цикла. Следовательно, вычитание этой скользящей средней из первоначальных данных удалит тренд и оставит только цикл. Однако если скользящая средняя существенно длиннее, чем отыскиваемый цикл, она будет скорее трансформировать первоначальный цикл, чем удалять его.

Рисунок 16.11.

УДАЛЕНИЕ ТРЕНДА С ПОМОЩЬЮ ОТКЛОНЕНИЙ

Следовательно, при вычитании подобной скользящей средней из первоначальных серий будет получаться цикл с неправильными параметрами. Таким образом, если для снятия направленности с данных используются отклонения от средней, важно использовать скользящую среднюю, по длине примерно равную отыскиваемому циклу. Вот почему было необходимо сначала найти циклы (используя спектральный анализ) и лишь потом завершить процедуру удаления тренда. Если длительности потенциальных циклов не были бы известны, мы не могли бы знать длину скользящих средних, необходимых для нахождения рядов отклонений.

Шаг 7: Проверка циклов на статистическую значимость

Необходимость статистической проверки. Когда циклы найдены и из данных полностью удален тренд с помощью описанных методов, аналитику нужно оценить циклы, используя различные стандартные статистические приемы. Это очень важно, так как визуально легко найти множество циклов там, где на самом деле их нет. Таким образом, необходимо использовать объективную статистическую проверку. В анализе циклов наиболее часто используют три важных теста: тест Бартелса, F-коэффициент и хи-квадрат.

Рисунок 16.12.

ВЛИЯНИЕ СКОЛЬЗЯЩИХ СРЕДНИХ НА АМПЛИТУДУ И ФАЗУ ЦИКЛА

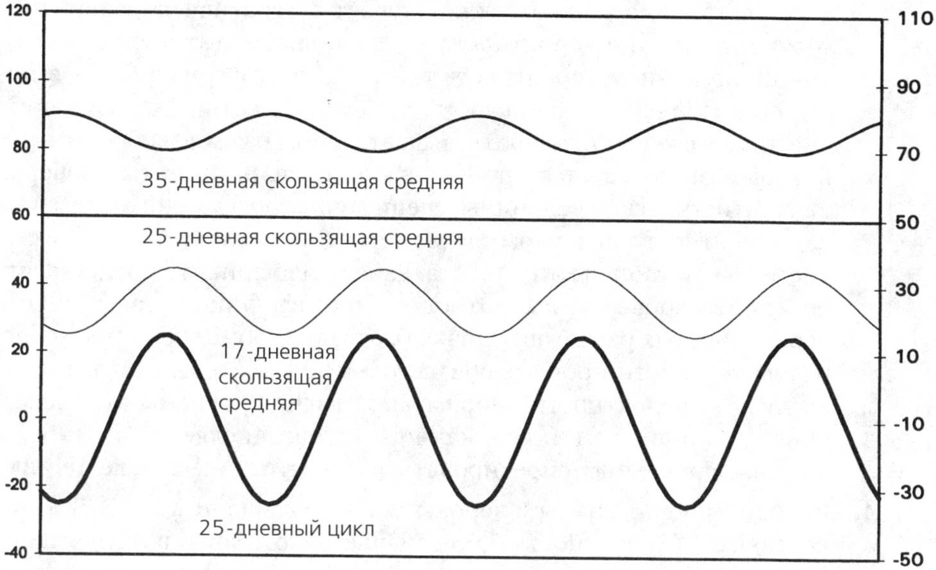

Из этих трех способов тест Бартелса предлагает наиболее разумный и надежный способ измерить статистическую значимость цикла.

Общие соображения относительно интерпретации результатов статистической проверки. Следует сделать несколько важных указаний относительно интерпретации данных статистических тестов.

1. На все статистические тесты, используемые в анализе циклов, будет оказывать влияние присутствие тренда, что будет приводить к недооценке статистическими тестами значимости циклов в данных. Вот почему было необходимо полностью снять направленность данных на предыдущих этапах.
2. Уровень значимости, показанный этими тестами, будет зависеть от числа повторений цикла в данных. Таким образом, при равенстве всех других условий, циклы меньшей длины, которые повторятся в данных большее количество раз, будут, скорее всего, иметь лучшие статистические результаты. Вообще говоря, циклы, которые повторяются менее десяти раз в последовательности данных (частота меньше десяти), не будут, как правило, показывать высокую значи-

мость при статистической проверке. Однако, следуя предложенным ранее советам, вы не будете искать циклы, длина которых соответствует частотам, меньшим десяти.

3. В результате тестов аналитик получает статистические значения, соответствующие вероятностям. Чем больше статистическая величина, тем ниже вероятность того, что цикл случаен и тем выше его статистическая значимость. Чтобы избежать недоразумений, аналитику следует проверить, выдает ли программное обеспечение, которым он пользуется при анализе циклов, результаты проверки как статистические величины, специфичные для данного теста, или как вероятности. В первом случае вероятности следует искать в статистической таблице этого теста. Ранее было принято представлять результаты проверки как статистические величины из-за сложности вероятностных расчетов. Однако благодаря громадному росту производительности процессоров, сегодня компьютеры могут быстро вычислять вероятности напрямую. Сегодня программное обеспечение для анализа циклов, как правило, вычисляет вероятности, которые проще интерпретировать, а не статистические величины.
4. Вообще говоря, циклы с вероятностью больше чем 0,05 (5%) отвергаются. (Вероятность 0,05 означает, что только в 5 случаях из 100 данный цикл мог бы оказаться случайным.) Наилучшие циклы имеют вероятность 0,0001 (вероятность случайности цикла равна 1 из 10 000) или менее.
5. Предупреждение: низкие вероятности, показанные статистическими тестами, говорят только о том, что возможный цикл, вероятно, не случаен; они не гарантируют, что цикл действительно присутствует. Статистические тесты могут обнаружить «значимый» цикл даже в совершенно случайном ряду чисел. Таким образом, статистические тесты следует рассматривать как направляющий принцип, а не как абсолютную истину, которой надо следовать, не задавая вопросов.

Наиболее важный статистический тест, применяемый в циклическом анализе, — тест Бартелса — требует выполнения гармонического анализа. Эта процедура описывается ниже.

Гармонический анализ. Из-за огромного объема необходимых вычислений гармонический анализ так же, как и спектральный анализ, требует использования компьютеров и программного обеспечения. Гармонический анализ вписывает тригонометрические кривые в диаграмму средних значений колонок периодограммы. Например, на рис. 16.13 наложены друг на друга кривая, выведенная с использованием гармонического анализа, и диаграмма средних значений колонок, выведенная ранее из периодограммы годичных цен на кукурузу. Гармонический анализ может быть применен только после того, как определена длина возможных циклов. Вот почему было необходимо провести сначала спектральный анализ и определить длину этих циклов. Кривая, выведенная с помощью гармонического анализа, чаще всего используется как основание для статистической проверки надежности цикла с помощью теста Бартелса, который является самым важным статистическим тестом в анализе циклов. Вообще говоря, чем точнее совпадают гармоническая кривая и диаграмма средних для колонок периодограммы, тем выше статистическая надежность.

Тест Бартелса. Тест Бартелса измеряет, насколько точно совпадают ценовые серии и гармоническая кривая, выведенная для цикла данной тестируемой длины. Тест Бартелса сравнивает кривую цикла с каждым появлением цикла в данных, соотнося амплитуду каждого появления цикла со статистически ожидаемой амплитудой. Тест Бартелса измеряет как амплитуду (форму), так и фазу (время) цикла. Математическая мера истинности цикла будет наиболее высокой (т.е. вероятность того, что цикл случаен, оказывается самой низкой), когда есть стабильность и в амплитуде, и во времени. Тест Бартелса был разработан специально для использования с данными, составляющими коррелированные ряды (когда каждое значение данных в точке зависит от значения данных в предыдущих точках). По этой причине тест Бартелса хорошо подходит, в частности, для проверки ценовых данных, которые являются коррелированными рядами.

F-коэффициент. В общем случае в статистике F-коэффициент — это отношение двух дисперсий. Дисперсия — это квадрат стандартного отклонения, которое является мерой волатильности данных. Ряды данных, где точки сильно разбросаны, будут иметь высокое стандартное отклонение и дисперсию. И наоборот, ряды данных, где точки расположены близко к своим средним значениям, будут иметь низкое стандартное отклонение и дисперсию.

В циклическом анализе F-коэффициент — это отношение дисперсии средних значений колонок периодограммы к дисперсии средних значений строк периодограммы. Если цикл такой длины в данных не присутствует, средние значения колонок периодограммы не будут демонстрировать заметного разброса (в колонках не будет заметных пиков и впадин), как, например, было в случае средних значений колонок в периодограмме с восемью колонками для ежегодных данных по кукурузе (рис. 16.9). Таким образом, не следовало бы ожидать, что дисперсия средних значений колонок будет значительно больше, чем дисперсия средних значений строк. Это означает, что F-коэффициент не оказался бы существенно больше единицы. Если, с другой стороны, цикл данной длины присутствует в данных, дисперсия средних значений колонок

Рисунок 16.13.

ГАРМОНИЧЕСКАЯ КРИВАЯ, СООТВЕТСТВУЮЩАЯ СРЕДНИМ ЗНАЧЕНИЯМ КОЛОНОК ПЕРИОДОГРАММЫ

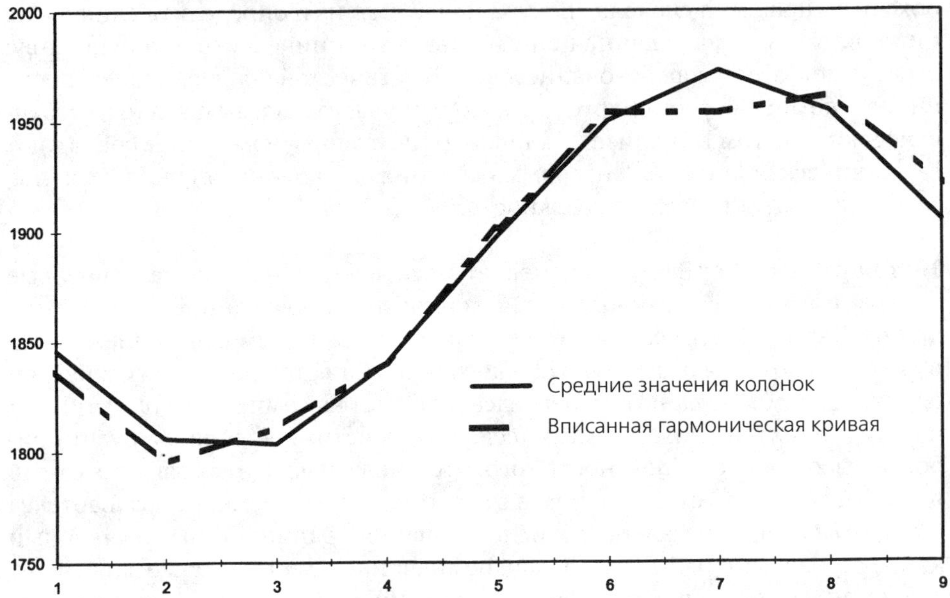

было бы значительно больше, чем дисперсия средних значений строк (предполагая, конечно, что из данных был удален тренд), и F-коэффициент был бы существенно больше единицы. Чем выше F-коэффициент, тем меньше вероятность, что цикл может оказаться случайным.

F-коэффициент представляет собой прекрасный индикатор, показывающий, насколько вероятно, что цикл окажется прибыльным с точки зрения торговли. Если тест Бартелса и хи-квадрат (обсуждаемый далее) выявляют значимость цикла, но у цикла низкий F-коэффициент, что иногда случается, его польза с точки зрения торговли вызывает подозрение. F-коэффициент особенно чувствителен к наличию тренда, поскольку присутствие тренда в данных будет сильно повышать дисперсию средних для строк периодограммы, таким образом снижая F-коэффициент. Следовательно, если с данных не была полностью снята направленность, F-тест может показать низкую значимость цикла, даже когда на самом деле цикл очень надежен. Поэтому очень важно полностью удалить тренд до перехода к этому этапу тестирования цикла.

Хи-квадрат. Тест хи-квадрат измеряет надежность фазы (времени) цикла, т.е. проверяет, обнаруживается ли у цикла тенденция достигать минимумов и максимумов вовремя. В тесте хи-квадрат каждая фаза цикла (т.е. строки периодограммы) разбиваются на семь равных отрезков, или ячеек, с теоретическим пиком цикла, соответствующим центральной ячейке. Затем отмечается ячейка, в которой в действительности располагается пик, и подсчитывается количество максимумов цикла, появляющихся в каждой ячейке. Если цикл стабилен, то наибольшее количество максимумов попадет в центральную ячейку и соседние с ней, при этом количество максимумов будет снижаться при удалении ячеек от центра. Таким образом, будет наблюдаться высокий разброс (дисперсия) количества максимумов в ячейках. И напротив, если цикла нет, количество максимумов в ячейках будет распределено равномерно, и дисперсия количества максимумов в ячейках будет низкой. Если дисперсия количества максимумов в ячейках велика по сравнению с дисперсией, которую следовало бы ожидать при случайном распределении, хи-квадрат тест показывал бы значимость цикла, т.е. низкую вероятность того, что цикл случаен.

Резюме. Тест хи-квадрат измеряет надежность фазы цикла (его времени); F-коэффициент измеряет надежность амплитуды цикла (его формы); тест Бартелса измеряет надежность как фазы, так и амплитуды. Реальные циклы должны показывать свою значимость на всех трех статистических тестах, т.е. иметь вероятности случайности, меньшие чем 0,05 на каждом тесте.

В табл. 16.2 мы применили эти статистические тесты к спектру мощности, выведенному для месячных данных по кукурузе на рис. 16.10. Циклы длиной 65,7 и 109,5 месяцев показали себя как в высшей степени значимые на тесте Бартелса и на F-тесте и как достаточно значимые на тесте хи-квадрат. Однако 186,5-месячный цикл показал свою значимость лишь на F-коэффициенте. Фактически он был едва заметен на двух других тестах. По иронии именно этот последний цикл был наиболее ярким на спектре мощности (рис. 16.10). Это прекрасный пример того, как значения амплитуд на спектре мощности сильно искажаются не полностью удаленным трендом. (Вспомните, что было невозможно полностью удалить тренд из данных *до* получения спектра мощности, поскольку последний шаг по снятию направленности требовал знания длины возможных циклов. Поэтому сначала нужно было получить спектр мощности.) Однако спектр

Таблица 16.2.

РЕЗУЛЬТАТЫ СТАТИСТИЧЕСКОЙ ПРОВЕРКИ СПЕКТРАЛЬНЫХ ПИКОВ (ВЕРОЯТНОСТЬ ТОГО, ЧТО ЦИКЛ СЛУЧАЕН)

Длина цикла	Тест Бартелса	Хи-квадрат	F-коэффициент
65,7	0,0006	0,0514	0,0001
109,5	0,0019	0,0421	0,0011
186,5	0,1001	0,4485	0,0006

мощности был очень полезен для удаления тренда и проверки циклов определенной длины.

Шаг 8: Комбинирование и проецирование циклов

Когда основные циклы обнаружены и подтверждены статистической проверкой, возникает задача спроецировать эти циклы в будущее и построить их график в будущем (процедура, которая опять предполагает использование программного обеспечения для анализа циклов). На типичной диаграмме основные циклы будут помещены под графики исторических цен, и повторения циклов будут продолжены в будущее (рис. 16.14 в качестве примера). Обычно эта проекция в будущее ограничена менее чем одной третью протяженности данных в серии, использованной для обнаружения циклов. Например, предполагая, что используются дневные данные за восемь лет (96 месяцев и немногим более 2000 точек данных) при анализе цикла, цикл будет спроецирован не более чем на 32 месяца в будущее. Несомненно, аналитику следует обновлять анализ, вводя новые рыночные данные задолго до того, как достигнута конечная точка этой проекции.

Существуют две школы проецирования циклов: (1) чертить циклы по отдельности; (2) математически комбинировать преобладающие циклы в единственную синтезированную кривую. Одна из проблем, связанных с синтезом цикла, состоит в том, что добавление циклов может привести к искажениям амплитуды, когда два или более циклов достигают вершины или дна примерно в одно и то же время. Например, максимумы и минимумы 20- и 30-дневных циклов иногда будут достигаться одновременно. Это приведет к периодическому преувеличению важности синтезированного цикла, вызывая появление значительных максимумов и минимумов, которые на деле являются просто последствием суммирования разных циклов. Амплитуда любого синтезированного цикла не должна быть большей, чем наибольшая амплитуда исходного цикла, хотя комбинированные циклы иногда производят противоположное впечатление. Это не означает, что циклы никогда не следует комбинировать. Однако важно осознавать потенциальные «ловушки», возникающие при синтезе различных циклов. Обобщая, можно сказать, что комбинации циклов наиболее полезны в смысле предсказания будущих трендов, в то время как отдельные циклы наиболее пригодны для выбора времени входа в рынок.

Следует предупредить относительно проецирования циклов: некоторые трейдеры совершают ошибку, видя в нем некое подобие Святого Грааля торговли, дающего точную картину будущего поведения цен, которая позволяет трейдеру предвидеть точки разворота рынка. Следовало бы подчеркнуть, что проекции цикла — всего лишь вероятностные, прогнозные значения

Рисунок 16.14.

ПРОЕКЦИИ ЦИКЛА: ИНДИВИДУАЛЬНАЯ И КОМБИНИРОВАННАЯ

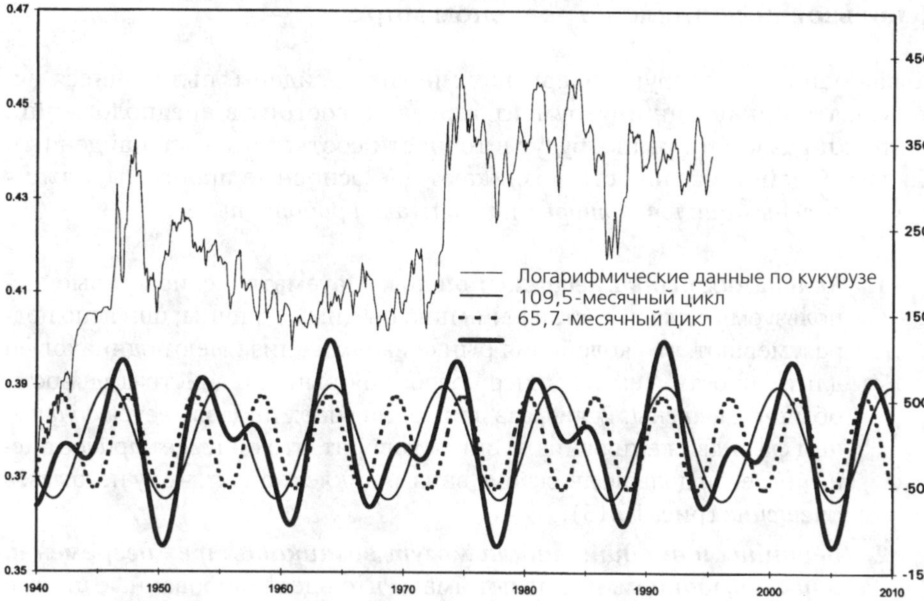

цен. Есть две основные причины, почему предсказания с помощью циклов могут оказаться неверными.

1. Рыночные колебания цен не синусоидальны. Математические кривые, лежащие в основе циклического анализа, предполагают, что движения цены безупречно симметричны, в то время как реальные движения цен асимметричны: колебания цен в направлении главного тренда продолжаются дольше, чем противотрендовые колебания.
2. Циклы не являются единственной силой, движущей рынками, и другие, влияющие на цены факторы, часто могут перевесить циклический эффект.

Тем не менее до тех пор пока трейдер помнит об ограниченности проекции циклов и не полагается на нее как на единственный источник торговых решений, она может быть очень полезным дополнением к другим инструментам анализа. Использование проекции циклов для принятия торговых решений разбирается в следующем разделе.

ИСПОЛЬЗОВАНИЕ ЦИКЛОВ В ТОРГОВЛЕ

Использование циклов в реальном мире

Общая ошибка, которую совершают многие трейдеры, пытающиеся использовать циклы как инструмент торговли, состоит в предположении, что точки разворота рынка будут в точности соответствовать найденным циклам. В действительности возникают две основные проблемы, *даже в случае реальных циклов, которые продолжают работать.*

1. ***Колебания рынка несимметричны.*** Математические кривые, используемые для представления циклов, симметричны; они ясно подразумевают, что колебания рынка вверх и вниз имеют одинаковую длительность. Тем не менее колебания рынка в действительности обычно *смещены*. Если фаза движения вверх продолжается *дольше*, чем фаза движения вниз, о цикле говорят, что он имеет *правое смещение*; если дольше движение вниз, о цикле говорят, что у него *левое смещение* (рис. 16.15).
2. ***Вершины и впадины цикла могут возникать преждевременно или с опозданием.*** Важно понимать, что идеализированные циклы, обнаруженные методами циклического анализа, — на самом деле композиция исторических проявлений цикла. Этот суммарный цикл в типичном случае будет содержать как преждевременные, так и запаздывающие вершины и впадины. Даже если цикл определен как математически наилучшим образом соответствующий прошлым данным о появлениях вершин и впадин, нет абсолютно никакой причины ожидать, что *будущие* точки разворота рынка будут в точности соответствовать теоретическим фазам цикла.

С этими двумя проблемами можно справиться с помощью корректировки смещения цикла и окон цикла. Эти приемы объясняются в следующих разделах.

Корректировка смещения цикла

Смещения цикла зависят от двух основных характеристик движения рыночных цен.

1. Как правило, рынки растут медленнее, чем падают. По-другому эту мысль можно высказать так: «медвежий» рынок обычно бывает

Рисунок 16.15.

СМЕЩЕНИЯ ЦИКЛА

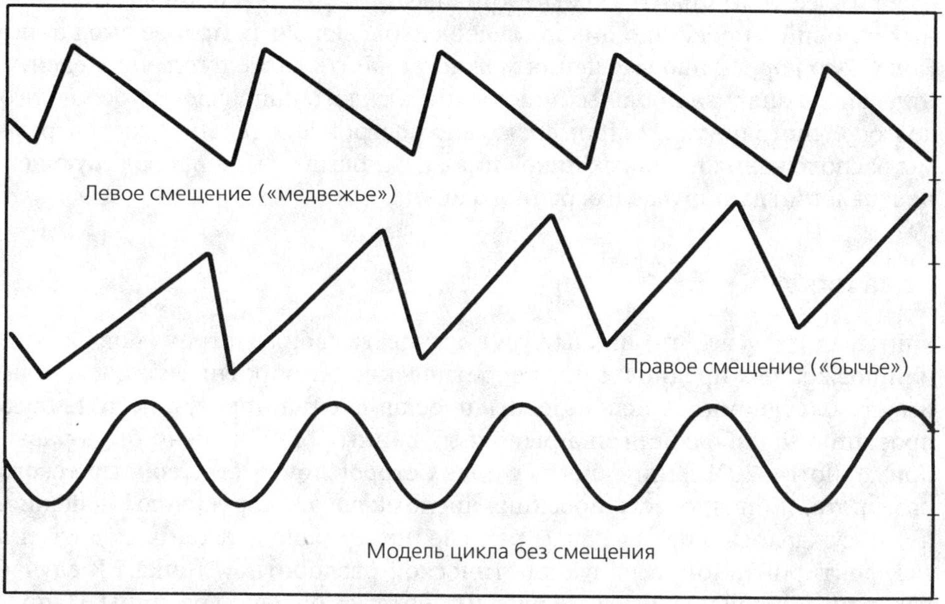

короче, чем «бычий». Такая модель поведения приводит к тому, что долгосрочные циклы рыночных цен имеют правое смещение (длина циклов соответствует типичной продолжительности фаз «бычьего»/«медвежьего» рынка).

2. Для краткосрочных или среднесрочных циклов будет наблюдаться тенденция смещения цикла в направлении более долгосрочного тренда (которое также окажется направлением более долгосрочного цикла). Иначе говоря, во время долгосрочного нисходящего тренда будет наблюдаться большая продолжительность нисходящей фазы цикла, чем его восходящей фазы (левое смещение), а во время долгосрочного восходящего тренда будет наблюдаться большая длительность восходящей фазы цикла, чем его нисходящей фазы (правое смещение).

Аналитику следует исследовать положение пиков во всех прошлых проявлениях этого цикла, что даст ему намек на возможное смещение в будущем повторении цикла. В идеале аналитик мог бы построить гистограмму частоты прошлых пиков цикла внутри каждого интервала. Например, для 11-месячного цикла такая гистограмма может показывать число пиков, которые появлялись в каждом месяце цикла (время следует отмерять от минимума цикла). Если, например, подобный анализ показывает преобладание пиков в 7, 8 и 9 месяцах (а не в 5, 6 и 7 месяцах, как следовало бы ожидать, если бы цикл был симметричным), то при равенстве всех остальных условий в проекцию цикла следовало бы включить правое смещение. Подобную коррекцию смещения можно уточнить далее путем проведения отдельного анализа прошлых циклов для каждого направления основного долгосрочного цикла. Например, можно построить отдельные гистрограммы расположения прошлых пиков цикла, основываясь на превалирующем направлении данного долгосрочного цикла.

Окна цикла

Учитывая тот факт, что циклы будут достигать своих экстремумов раньше или позже, чем предполагают теоретические разворотные точки цикла, имеет больше смысла использовать проекцию окна цикла, а не точечную проекцию. Для большинства рыночных данных окно должно быть равно примерно 14–20% длины цикла с обеих сторон точки его теоретического разворота. (Конечно, если проекция цикла включает коррекцию смещения, что обсуждалось в предыдущем разделе, центр окна должен находиться в скорректированной, а не в теоретической разворотной точке.) В случае коротких циклов между этими числами не будет большой разницы. Например, 14%-ное окно 73-дневного цикла включает 10 дней с каждой стороны от идеальной точки разворота, а 20%-ное окно — 14 дней. (Рис. 16.16 показывает 73-дневный цикл с 20%-ным окном.)

Трейдер будет использовать окна, чтобы определить временные периоды, когда точка разворота рынка кажется наиболее вероятной. Конкретное использование этой информации будет зависеть от трейдера. Некоторые примеры возможных приложений включают более плотное размещение остановок в позициях, которые держатся против спроецированной точки разворота, и использование более чувствительных индикаторов разворота тренда, чем могли бы применяться в другом случае.

Трендовые циклы и временные циклы

Трейдер озабочен как направлением рынка, так и выбором момента для открытия или закрытия позиции. Анализ циклов может быть полезным инструментом с обеих точек зрения. С концептуальной точки зрения он полезен для определения двух типов циклов: *трендовых* и *временных*. Трендовый цикл — это тот цикл, который может быть использован трейдером как инструмент прогнозирования возможного *направления* движения рынка. Временной цикл, как подразумевает название, полезен при выборе *времени для входа* в рынок. В идеале трейдер будет использовать

Рисунок 16.16.

ОКНО ЦИКЛА

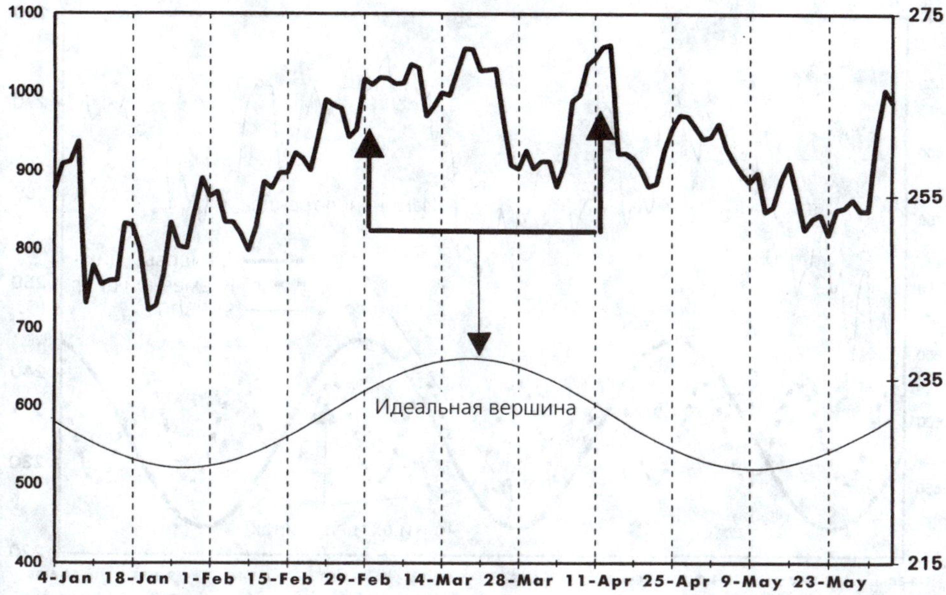

Замечание: На рисунке показан 73-дневный цикл с 20%-ным окном.

спроецированные разворотные точки (или окна) по временному циклу, чтобы выбирать момент начала торговли в направлении трендового цикла (рис. 16.17).

Класификация любого данного цикла как трендового или временного не определяется его сущностью, но будет зависеть от каждого отдельного трейдера. Цикл, который для одного игрока будет трендовым, для более долгосрочного трейдера может быть более пригодным в качестве временного цикла. Однако каждому трейдеру следует выбирать один цикл для направления и более короткий цикл для выбора времени открытия позиции. Вообще говоря, трейдеру следует выбирать в качестве трендового цикла тот, длина которого значительно больше, чем подразумеваемая продолжительность сделки. Например, если трейдер обычно держит позицию около трех месяцев (предполагая, что она не ликвидируется по причинам, связанным с управлением риском), ему следует выбирать в качестве трендового цикл длиной около шести месяцев. (Конечно, выбор трендового цикла будет ограничен только статистически значимыми циклами.) В типичном случае временной цикл должен быть равным примерно от половины до одной трети длины трендового цикла.

Рисунок 16.17.

ТРЕНДОВЫЕ И ВРЕМЕННЫЕ ЦИКЛЫ НА S&P500

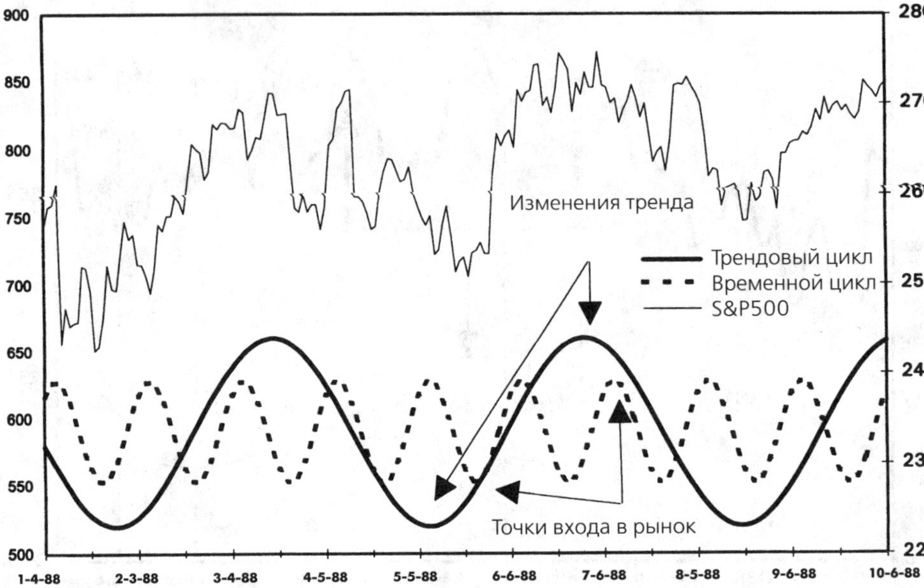

ЗАКЛЮЧЕНИЕ

Анализ циклов часто привлекает людей по ложной причине. Желание найти максимумы и минимумы рынка свойственно человеческой природе. Поскольку циклы могут использоваться для проецирования будущих разворотных точек, они, как кажется, предлагают инструмент, с помощью которого можно удовлетворить это желание. Проблема в том, что погоня за максимумами и минимумами свойственна начинающим (и проигрывающим) трейдерам. Как было показано в этой главе, циклы — только одна из сил рынка, и временами она может перевешиваться другими рыночными влияниями. Более того, даже наиболее постоянные циклы будут отклоняться от своих математических представлений. Таким образом, негибкое использование проекций циклов в целях принятия торговых решений (при исключении других методов) — прямая дорога к катастрофе. Неизбежно будут возникать некоторые обстоятельства, когда за спроецированными циклическими минимумами последует главный нисходящий тренд, а за спроецированными циклическими высотами — главный восходящий тренд. Мораль в том, что циклы могут быть очень полезны как один из элементов информации, используемой при принятии торговых решений, но на них никогда не следует полагаться как на единственный источник подобных решений.

Часть IV

ТОРГОВЫЕ СИСТЕМЫ И ИЗМЕРЕНИЕ ЭФФЕКТИВНОСТИ ТОРГОВЛИ

17 Технические торговые системы: структура и конструкция

Существует лишь два типа систем следования за трендом: быстрые и медленные.

Джим Оркатт

ЧТО ЭТА КНИГА РАССКАЖЕТ ВАМ О ТОРГОВЫХ СИСТЕМАХ

Предостерегаем. Если вы ожидаете найти схему до сих пор засекреченной от вас торговой системы, которая постоянно дает доходность в 100% годовых при минимальном риске, поищите ее где-нибудь в другом месте. Я еще не открыл такой безотказной машины по производству денег. Но, в известном смысле, это и не является целью. По очевидным причинам эта книга не предлагает детального описания наилучших торговых систем, которые были мною разработаны — систем, которые к моменту написания этой книги использовались для управления капиталом почти в $70 млн. Говоря вполне откровенно, меня всегда приводила в некоторое недоумение реклама книг или программного обеспечения, обещающая открыть секреты систем, дающих 100, 200 и даже более процентов прибыли в год. Зачем продавать столь ценную информацию за $99 или даже за $2999?

Первоочередная цель этой главы состоит в том, чтобы снабдить читателя знаниями общего плана, необходимыми для разработки своих собственных торговых систем. В центре внимания окажутся следующие области:

1. Обзор некоторых базовых систем следования за трендом.
2. Основные недостатки этих систем.

3. Советы по трансформации «общепринятых» систем в более мощные.
4. Противотрендовые системы.
5. Диверсификация как средство повышения эффективности.

В гл. 18 вы найдете дополнительные примеры оригинальных торговых систем. Наиболее важные вопросы выбора данных, процедур тестирования систем и измерения их эффективности обсуждаютсяв гл. 19–21.

ПРЕИМУЩЕСТВА АВТОМАТИЧЕСКИХ ТОРГОВЫХ СИСТЕМ

Что легче, торговля на бумаге или торговля в реальной жизни? Большинство спекулянтов ответило бы, что легче торговля на бумаге даже несмотря на то, что обе задачи требуют одного и того же процесса принятия решений. Такая разница объясняется одним-единственным фактором: эмоциями. Чрезмерная торговая активность, преждевременная ликвидация хорошей позиции из-за слухов, слишком поспешное открытие какой-то позиции ради того, чтобы поймать хорошую цену, нежелание закрывать проигрышную позицию — вот лишь некоторые из негативных проявлений эмоциональности при реальной торговле. Вероятно, наибольшая ценность автоматических систем состоит в том, что они исключают эмоции из процесса торговли. При их использовании спекулянт получает возможность избежать многих общих ошибок, которые часто снижают эффективность торговли. Более того, избавление от необходимости самостоятельно принимать решения существенно снижает стрессы и тревожность, связанные с торговлей.

Другое преимущество автоматических систем состоит в том, что они гарантируют последовательный подход к торговле — трейдеру приходится следовать всем сигналам, предписанным общим набором условий торговой системы. Это важно, поскольку даже прибыльные торговые стратегии могут привести к потере денег, если их сигналы используются выборочно. Чтобы проиллюстрировать этот факт, посмотрите на автора рыночных бюллетеней, чьи рекомендации приносят чистую прибыль на долгосрочном отрезке времени (после учета выплат комиссионных и неблагоприятных исходов). Сделают ли деньги его читатели, если они всего лишь следуют его рекомендациям? Не обязательно. Некоторые из подписчиков, выбирая для себя отдельные сигналы, неизменно упустят некоторые прибыльные сделки. Другие перестанут следовать рекомендациям, после того как советчик промахнулся, и в результате упустят серию выгодных сделок. Вывод состоит в том, что самой по себе хорошей торговой стратегии недостаточно; успех также зависит от последовательности в действиях.

Третье преимущество автоматических торговых систем состоит в том, что они обычно предоставляют трейдеру метод управления рисками. Управление капиталом — наиважнейший компонент успеха в торговле. В отсутствие плана по ограничению убытков единственная неудачная сделка может привести к катастрофе. Любая правильно выстроенная автоматическая система либо будет оснащена точными правилами остановки при возникновении убытков, либо будет определять условия для открытия противоположной позиции при достаточно неблагоприятном движении цен. Как результат, сигналы, генерируемые автоматической торговой системой, будут обычно предотвращать возможность огромных потерь по отдельным сделкам (за исключением экстремальных обстоятельств, когда невозможно ликвидировать позицию, поскольку торги несколько раз останавливаются из-за серии предельно допустимых изменений цен). Таким образом, спекулянт, использующий автоматическую систему, может проиграть все деньги, благодаря кумулятивному эффекту нескольких неудачных сделок, но по крайней мере его счет не будет опустошен одной или двумя неудачными сделками.

Конечно, управление деньгами не обязательно требует использования торговой системы. Контроль над рисками может также быть достигнут с помощью размещения стоп-приказа одновременно с открытием каждой позиции или путем предварительного определения точки выхода при открытии позиции и неукоснительного следования этому решению. Тем не менее дисциплинированность многих трейдеров оставляет желать лучшего, и они слишком часто будут испытывать соблазн «на этот раз дать рынку еще чуть-чуть времени».

ТРИ ОСНОВНЫХ ТИПА СИСТЕМ

Все разнообразные категории, используемые для классификации торговых систем, полностью произвольны. Следующая трехчастная классификация призвана подчеркнуть основные различия в возможных подходах к торговле.

Следование за трендом. Системы следования за трендом ждут определенного движения цены и затем инициируют позицию в том же направлении, основываясь на предположении о том, что тенденция будет продолжаться.

Противотрендовые системы. Противотрендовые системы ждут значительного движения цены и затем инициируют позицию в противоположном направлении, предполагая, что рынок начнет коррекцию.

Распознавание моделей поведения цены. В некотором смысле все системы могут быть классифицированы как системы распознавания моделей. В конце концов условия, которые дают сигнал к открытию позиции в направлении тренда или против него, — это тоже вид ценовых моделей (например, цена закрытия выше или ниже 20-дневного максимума или минимума). Тем не менее здесь подразумевается, что выбранные модели не основываются в первую очередь на движениях цены в определенных направлениях, как в случае трендовых или противотрендовых систем. Например, система распознавания моделей может генерировать сигналы на основе торговых дней, образующих на графике «шип». В этом случае основной предмет рассмотрения — скорее, модель сама по себе (например, «шип»), а не величина какого-либо предыдущего движения цены. Конечно, данный пример очень упрощен. На практике модели, используемые для определения торговых сигналов, окажутся много сложнее, и в одну и ту же систему может быть включено несколько моделей.

Системы этого типа могут иногда использовать вероятностные модели в процессе принятия торговых решений. В этом случае исследователи будут пытаться идентифицировать модели, которые предположительно вели себя как предтечи повышения или понижения цен в прошлом. Считают, что подобные прошлые поведенческие модели могут быть использованы для оценки текущих вероятностей роста или падения рынка. Детальное обсуждение этих подходов находится за пределами настоящей главы.

Необходимо обратить внимание на то, что границы между описанными категориями не всегда четки и ясны. При некоторой модификации системы одного типа могут попасть в другую категорию данной классификации.

СИСТЕМЫ СЛЕДОВАНИЯ ЗА ТРЕНДОМ

По определению системы следования за трендом никогда не продают вблизи максимума и не покупают вблизи минимума, поскольку требуется заметное движение цены, чтобы сигнализировать о начале тренда. Таким образом, при использовании систем такого типа трейдер всегда будет пропускать первую фазу движения цены и может упустить значительную часть прибыли прежде, чем будет получен сигнал к закрытию позиции (предполагается, что система всегда присутствует на рынке). Основной вопрос тут связан с выбором чувствительности (или скорости) системы следования за трендом. Чувствительная система, быстро отвечающая на признаки изменения тренда, эффективнее работает в периоды сильных трендов, но при этом генерирует значительно больше ложных сигналов. Нечувствительная (медленная) система будет характеризоваться противоположным набором признаков.

Многие трейдеры одержимы попытками заработать на каждом движении рынка. Такая склонность приводит к выбору все более и более быстрых систем следования за трендом. Хотя на некоторых рынках быстрые системы, как правило, результативнее медленных, на большинстве рынков верно противоположное, поскольку минимизация количества проигрышных сделок и затрат на комиссионные в медленных системах более чем компенсирует снижение прибыли при хороших сделках. Поэтому следует ограничивать естественное стремление к поиску более чувствительных систем. По крайней мере, во всех случаях выбор между быстрыми и медленными системами должен основываться на опыте и на индивидуальных предпочтениях трейдера.

Существует широчайший выбор возможностей в подходах к построению систем следования за трендом. В этой главе мы сосредоточимся на двух основных методах: системах скользящей средней и системах пробоя.

Системы скользящей средней

Скользящая средняя для данного дня равна среднему значению цены закрытия данного дня и цен закрытия предыдущих N – 1 дней, где N равно числу дней, по которым вычисляется скользящая средняя. Например, 10-дневная скользящая средняя для данного дня будет равна среднему значению 10 цен закрытия, включая данный день. Термин «скользящая средняя» отражает тот факт, что набор усредняемых чисел непрерывно скользит во времени.

Поскольку скользящая средняя основывается на прошлых ценах, на растущем рынке скользящая средняя окажется ниже текущей цены, а на падающем — выше. Таким образом, когда ценовой тренд меняет направление с восходящего на нисходящее, цены обязаны пересечь скользящую среднюю сверху вниз. Похожим образом, когда ценовой тренд меняет направление с нисходящего на восходящее, цены должны пересечь скользящую среднюю снизу вверх. В большинстве систем скользящей средней эти точки пересечения рассматриваются как торговые сигналы: сигнал к покупке возникает, когда цены пересекают скользящую среднюю снизу вверх; сигнал к продаже возникает, когда цены пересекают скользящую среднюю сверху вниз. Пересечение должно определяться исходя из цен закрытия. Табл. 17.1 иллюстрирует вычисление скользящей средней и показывает торговые сигналы, генерируемые этой простой схемой.

На рис. 17.1 показаны графики цен контракта на казначейские облигации с поставкой в декабре 1993 г. и соответствующей скользящей средней. Сигналы на покупку и продажу, показанные буквами на графике, основаны на только что описанной простой системе пересечения цены и скользящей средней. (Пока не обращайте внимание на сигналы, обведенные ромбиками; значение этих сигналов будет объяснено позже.) Отметьте, что хотя система улавливает основной восходящий тренд, она все-таки генерирует множество ложных сигналов. Конечно, эта проблема может быть смягчена с помощью увеличения длины скользящей средней, но тенденция к чрезмерной генерации ложных сигналов — это характерная черта системы пересечения цены и простой системы скользящей средней. Дело в том, что временные резкие флуктуации цены, весьма распространенные на рынке фьючерсов, часто приводят к генерации сигналов, за которыми не следует развитие нового тренда.

Многие аналитики полагают, что проблема с системой простой скользящей средней заключается в том, что в ней одинаковы веса всех дней, в то время как более недавние дни важнее и, следовательно, должны оцениваться как более весомые. Для построения скользящей средней были предложены многочисленные различные весовые схемы. Два наиболее распространенных весовых подхода — это линейно взвешенная скользящая средняя LWMA (Linearly weighted moving avarage) и экспоненциально взвешенная скользящая средняя EWMA (exponentially weighted moving avarage)*.

LWMA присваивает вес, равный 1, наиболее старой цене в скользящей средней, следующей цене — вес, равный 2, и т.д. Вес последней цены будет равен количеству дней в скользящей средней. LWMA равна сумме взвешенных цен, деленной на сумму весов. Это можно выразить с помощью уравнения:

$$\text{LWMA} = \frac{\sum_{t=1}^{n} P_t \times t}{\sum_{t=1}^{n} t},$$

где t — индикатор времени (наиболее отдаленный день = 1, следующий за ним день = 2, и т.д.);
P_t — цена в день t;
n — число дней в скользящей средней.

Например, для 10-дневной LWMA цену 10-дневной давности следует умножать на 1, цену 9-дневной давности на 2 и т.д. вплоть до последней цены, которую следует умножать на 10. Сумму этих взвешенных цен затем следует поделить на 55 (сумма чисел от 1 до 10), чтобы получить LWMA.

* В оставшейся части этой главы были использованы следующие два источника: (1) Perry Kaufman. The New Commodity Trading Systems and Methods. — John Wiley & Sons, Нью-Йорк, 1987; (2) Techical Analysis of Stock and Commodities, доп. вып. 1995, с. 66.

Таблица 17.1.

ВЫЧИСЛЕНИЕ СКОЛЬЗЯЩЕЙ СРЕДНЕЙ

День	Цена закрытия	10-дневная скользящая средняя	Сигнал пересечения
1	80,50		
2	81,00		
3	81,90		
4	81,40		
5	83,10		
6	82,60		
7	82,20		
8	83,10		
9	84,40		
10	85,20	82,54	
11	84,60	82,95	
12	83,90	83,24	
13	84,40	83,49	
14	85,20	83,87	
15	86,10	84,17	
16	85,40	84,45	
17	84,10	84,64	Продавать
18	83,50	84,68	
19	83,90	84,63	
20	83,10	84,42	
21	82,50	84,21	
22	81,90	84,01	
23	81,20	83,69	
24	81,60	83,33	
25	82,20	82,94	
26	82,80	82,68	Покупать
27	83,40	82,61	
28	83,80	82,64	
29	83,90	82,64	
30	83,50	82,68	

EWMA вычисляется как сумма текущей цены, умноженной на сглаживающий коэффициент a, и значения EWMA для предыдущего дня, умноженного на $(1 - a)$. Значения коэффициента a могут изменяться от 0 до 1. Математически определение EWMA формулируется следующим образом:

$$\text{EWMA}_t = aP_t + (1-a)\,\text{EWMA}_{t-1}.$$

Это реккурентное соотношение, согласно которому EWMA для каждого дня основывается на значении EWMA для предыдущего дня, означает, что все предыдущие цены будут иметь некоторый вес, но вес для каждого дня экспоненциально уменьшается, по мере того как этот день отдаляется во времени. Вес для каждого отдельного дня вычисляется как:

$$a(1-a)^k,$$

где k — номер дня, возрастающий по мере удаления в прошлое (для текущего дня $k = 0$ и вес равен просто a).

Поскольку значение a заключено между 0 и 1, вес каждого дня довольно быстро снижается с течением времени. Например, если $a = 0{,}1$, то вес вчерашней цены окажется равным 0,09, цена двухдневной давности будет иметь вес 0,081, цена десятидневной давности будет весить 0,035 и цена месячной давности получит вес 0,004.

Экспоненциально взвешенная скользящая средняя со сглаживающей константой a может быть грубо приближена простой скользящей средней с длиной n, где a и n связаны следующей формулой:

$$a = 2/(n+1),$$

или

$$n = (2-a)/a.$$

Таким образом, например, экспоненциально взвешенная скользящая средняя со сглаживающей константой, равной 0,1, будет грубо приближаться к 19-дневной простой скользящей средней. В качестве другого примера 40-дневная простая скользящая средняя будет грубо приближать экспоненциально взвешенную скользящую среднюю со сглаживающей константой, равной 0,04878.

С моей точки зрения, нет сильных эмпирических оснований для поддержки идеи, что линейно или экспоненциально взвешенная скользящая средняя представляет собой самостоятельное и последовательное улучшение простой скользящей средней. Иногда лучше работают взвешенные

Рисунок 17.1.

ФЬЮЧЕРСЫ НА КАЗНАЧЕЙСКИЕ ОБЛИГАЦИИ С ПОСТАВКОЙ В ДЕКАБРЕ 1993 Г. И 35-ДНЕВНАЯ СКОЛЬЗЯЩАЯ СРЕДНЯЯ

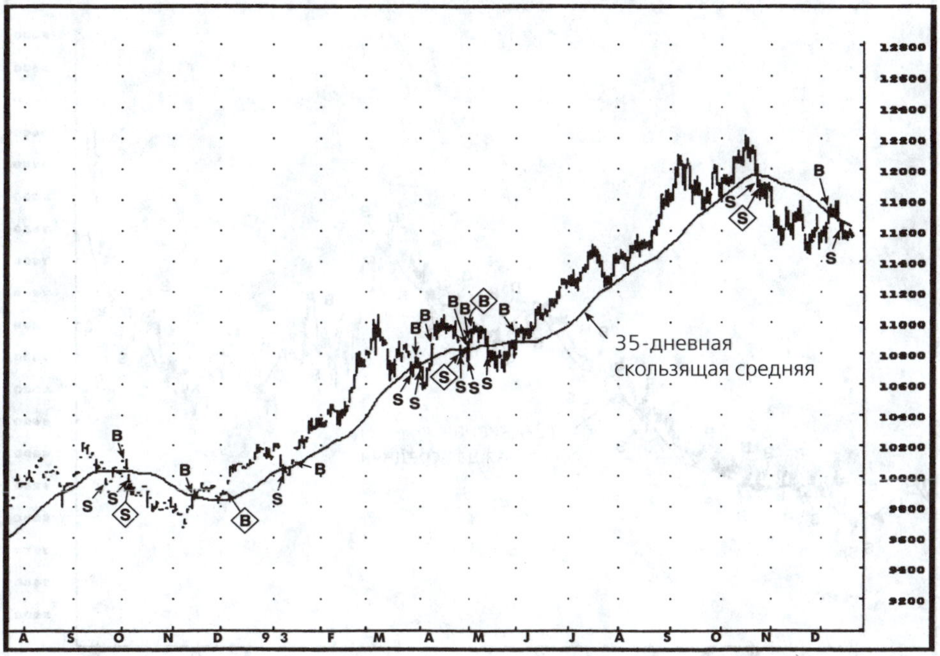

Замечания: B — сигнал на покупку: цена пересекает скользящую среднюю снизу вверх и закрывается выше нее; S — сигнал на продажу: цена пересекает скользящую среднюю сверху вниз и закрывается ниже нее; ⟨B⟩ — сигнал на покупку, не исключенный фильтром; ⟨S⟩ — сигнал на продажу, не исключенный фильтром.

Источник: FutureSource; ©1986–1995; все права защищены.

усреднения; иногда — простые. Вопрос, какой метод приведет к лучшим результатам, будет полностью зависеть от рынков и выбранных периодов времени; нет никаких причин предполагать, что преимущество одной из систем в прошлом сохранится и в будущем. Иначе говоря, эксперименты с различными типами скользящих средних, вероятно, не предоставляют очевидно плодотворного пути в попытках улучшить систему пересечения цены и скользящей средней.

Как показывает опыт, эффективность торговли проще повысить, применяя метод пересечения двух скользящих средних. В этой системе торговые сигналы основываются на взаимодействии двух скользящих средних в противоположность взаимодействию между единственной скользящей средней и ценой. Торговые правила здесь очень близки к правилам системы

Рисунок 17.2.

**ДЕКАБРЬ 1994, ХЛОПОК,
12-ДНЕВНАЯ СКОЛЬЗЯЩАЯ СРЕДНЯЯ**

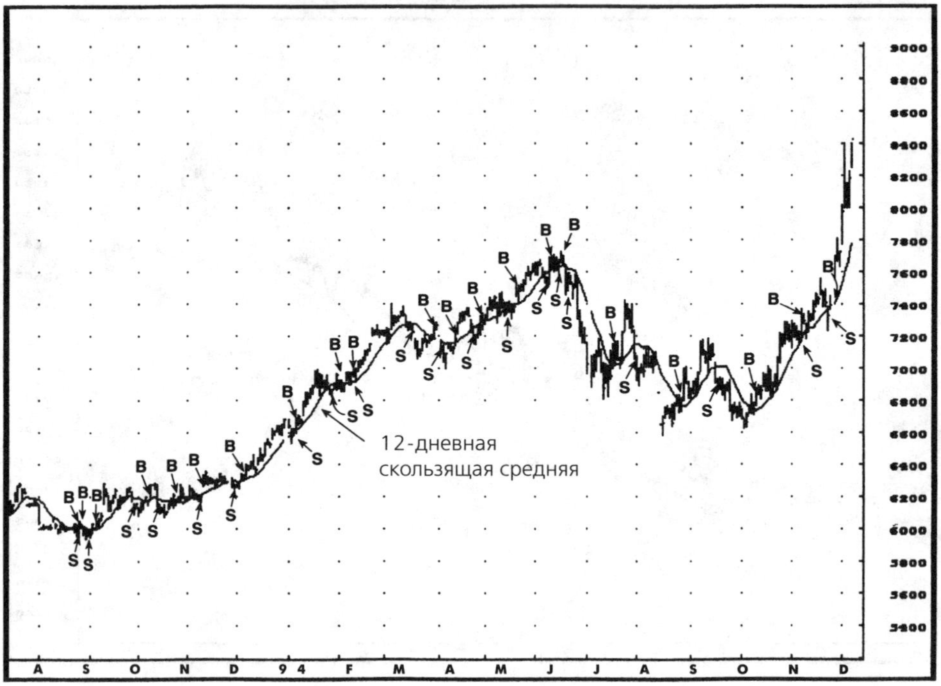

Замечания: В — сигнал к покупке: цена пересекает скользящую среднюю снизу вверх и закрывается выше нее; S — сигнал к продаже: цена пересекает скользящую среднюю сверху вниз и закрывается ниже нее.

Источник: FutureSource; ©1986–1995; все права защищены.

пересечения цены и скользящей средней: сигнал к покупке генерируется, когда более короткая скользящая средняя пересекает снизу вверх длинную скользящую среднюю; сигнал к продаже генерируется, когда короткая скользящая средняя пересекает сверху вниз длинную скользящую среднюю. (В некотором смысле система пересечения скользящей средней и цены эквивалентна системе пересекающихся скользящих средних, в которой длина короткой скользящей средней равна 1.) Поскольку торговые сигналы в системе пересекающихся скользящих средних основываются на двух сглаженных сериях (в противоположность одной сглаженной серии и цене), количество ложных сигналов очевидным образом снижается. Рис. 17.2–17.4 сравнивают

Рисунок 17.3.

ДЕКАБРЬ 1994, ХЛОПОК, 48-ДНЕВНАЯ СКОЛЬЗЯЩАЯ СРЕДНЯЯ

Замечания: B — сигнал к покупке: цена пересекает скользящую среднюю снизу вверх и закрывается выше нее; S — сигнал к продаже: цена пересекает скользящую среднюю сверху вниз и закрывается ниже нее.

Источник: FutureSource; ©1986–1995; все права защищены.

торговые сигналы, сгенерированные системой пересечения цены и простой 12-дневной скользящей средней, системой пересечения цены и простой 48-дневной скользящей средней и системой пересечения 12- и 48-дневной скользящих средних. Вообще говоря, система пересечения скользящих средних намного более предпочтительна, чем пересечение цены и скользящей средней. (Тем не менее следует отметить, что при использовании некоторых модификаций в системе следования за трендом, даже система пересечения цены и скользящей средней может являться ядром жизнеспособного подхода к торговле.) Недостатки системы пересекающихся скользящих средних и возможные пути ее улучшения обсуждаются ниже.

Рисунок 17.4.

ДЕКАБРЬ 1994, ХЛОПОК, ПЕРЕСЕКАЮЩИЕСЯ СКОЛЬЗЯЩИЕ СРЕДНИЕ

Замечания: B — сигнал к покупке: краткосрочная скользящая средняя (12 дней) пересекает долгосрочную скользящую среднюю снизу вверх; S — сигнал к продаже: краткосрочная скользящая средняя пересекает долгосрочную скользящую среднюю сверху вниз.

Источник: FutureSource; © 1986–1995; все права защищены.

Системы пробоя

Базовая концепция, лежащая в основании системы пробоя, очень проста: способность рынка достичь нового максимума или минимума указывает на потенциал для продолжения тренда в направлении пробоя. Следующий набор правил представляет пример простой системы пробоя.

1. Закрывать короткую позицию и открывать длинную, если сегодняшняя цена закрытия превосходит максимум предшествующих N дней.
2. Закрывать длинную позицию и открывать короткую, если сегодняшняя цена закрытия ниже минимума предшествующих N дней.

Рисунок 17.5.

СИГНАЛЫ СИСТЕМ ПРОБОЯ, СРАВНЕНИЕ БЫСТРОЙ И МЕДЛЕННОЙ СИСТЕМ: НЕПРЕРЫВНЫЕ ФЬЮЧЕРСЫ НА СОЕВЫЕ БОБЫ

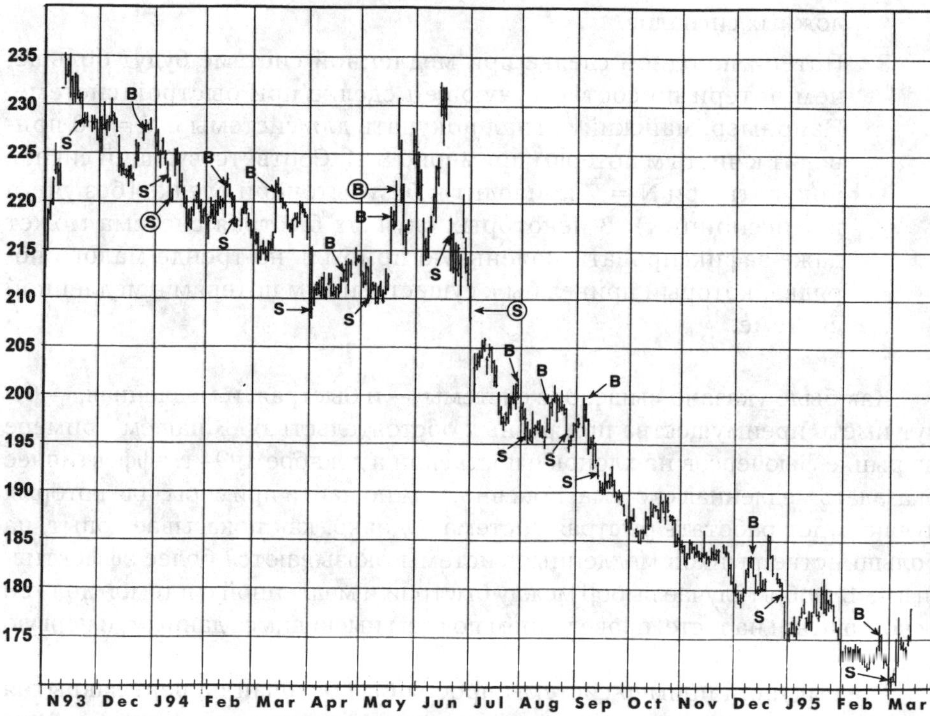

Замечания: B, S — сигналы для N = 7; Ⓑ, Ⓢ — сигналы для N = 40.

Значение N будет определять чувствительность системы. Если для сравнения с текущей ценой использован краткосрочный период (например, N = 7), система будет указывать на изменение тренда достаточно быстро, но при этом будет генерировать множество ложных сигналов. С другой стороны, выбор долгосрочного периода (например, N = 40) будет снижать количество ложных сигналов, но за счет замедления системы.

Сравнение торговых сигналов, генерируемых простой системой пробоя при N = 7 и N = 40 для непрерывных фьючерсов на соевые бобы, показано на рис. 17.5. Следующие наблюдения, которые очевидны из рис. 17.5, также имеют силу в качестве обобщения, описывающего компромисс между быстрыми и медленными системами пробоя.

1. Быстрая система будет давать более ранний сигнал об изменении тренда большого масштаба (например, июньский сигнал продавать).
2. Быстрая система будет генерировать намного большее количество ложных сигналов.
3. Потери по одной сделке при медленной системе будут больше, чем потери по соответствующей сделке при быстрой системе. Например, майский сигнал покупать для системы с N = 40 приводит к чистым потерям примерно $14. Соответствующий сигнал покупать при N = 7 приводит к безубыточной сделке (без учета комиссионных). В некоторых случаях быстрая система может даже зафиксировать маленькую прибыль на тренде малого порядка, который привел бы к существенным потерям в медленной системе.

Как было указано выше, обе системы — и быстрая, и медленная, — будут иметь преимущества при разных обстоятельствах. В нашем примере на рынке фьючерсов на хлопок с поставкой в декабре 1994 г. эффективнее оказалась медленная система. Конечно, можно найти примеры, для которых лучше будет работать быстрая система. Однако, как показывает опыт, на большинстве рынков медленные системы оказываются более эффективными. В любом случае выбор между быстрой и медленной системой должен основываться на тесте, проведенном по всем имеющимся данным, и первую очередь по наиболее свежим.

Предыдущий пример системы пробоя был основан на цене закрытия текущего дня и на максимумах и минимумах за несколько предшествующих дней. Следует заметить, что этот выбор был произвольным. Альтернативные комбинации могут использовать максимум или минимум текущего дня по сравнению с максимумом или минимумом нескольких предшествующих дней; цену закрытия текущего дня по сравнению с максимальной или минимальной ценой закрытия нескольких предшествующих дней; максимум или минимум текущего дня по сравнению с максимальной или минимальной ценой закрытия нескольких предшествующих дней. Хотя выбор условий, определяющих пробой, будет влиять на результаты, различия между данными вариациями (при одном и том же значении N) будут чаще всего случайными и не очень большими. Таким образом, поскольку каждое из этих определений может быть протестировано, разумнее будет сосредоточиться на исследованиях более значимых модификаций базовой системы.

Слабые стороны систем пробоя в основном те же, что и в системах скользящей средней, и в деталях о них рассказывается в следующем разделе.

ДЕСЯТЬ ОБЩИХ ПРОБЛЕМ СТАНДАРТНЫХ СИСТЕМ СЛЕДОВАНИЯ ЗА ТРЕНДОМ

1. **Слишком много сходных систем.** Многие различные системы следования за трендом будут генерировать похожие сигналы. Таким образом, нет ничего необычного в том, что несколько систем следования за трендом выдают торговый сигнал на протяжении одного и того же периода времени в 1–5 дней. Поскольку многие участники рынка основывают свои решения на системах следования за трендом, их общие действия приведут к потоку похожих приказов. При таких обстоятельствах трейдеры, пользующиеся этими системами, могут обнаружить, что их приказы на совершение сделки по текущей цене и стоп-приказы выполняются по ценам, достаточно далеким от ожидаемых.
2. **«Пила».** Системы следования за трендом будут сигнализировать обо всех трендах большого масштаба; проблема заключается в том, что они также генерируют множество ложных сигналов. Главная неприятность, с которой сталкиваются трейдеры, использующие системы следования за трендом, состоит в том, что рынок может совершить случайное движение с амплитудой, достаточной для генерации сигнала, а затем опять изменить направление. Это неприятное событие может повторяться несколько раз подряд; отсюда и термин «пила». К примеру, на рис. 17.6 показаны торговые сигналы, сгенерированные системой пробоя (закрытие выше максимума или ниже минимума N предшествующих дней) при N = 10. Как видно из графика, данная система несколько раз подряд проводит убыточные сделки на одних и тех же ценовых уровнях.
3. **Неполное использование длительных ценовых трендов**. Базовые системы следования за трендом подразумевают неизменность размеров позиции. В результате при длительном тренде такая система единожды открывает позицию определенного размера в направлении тренда. Например, на рис. 17.7 система пробоя с N = 40 дала сигнал к покупке в декабре 1993 г. и держала длинную позицию на протяжении всего восходящего тренда. Прибыльность данной системы могла бы быть увеличена, если бы она могла использовать преимущества длительных трендов, генерируя сигналы, указывающие на необходимость увеличения размера позиции.
4. **Нечувствительные (медленные) системы могут потерять значительную часть текущей прибыли.** Хотя медленные варианты систем следования за трендом часто работают неплохо, одна из их неприятных черт состоит в том, что иногда они теряют значитель-

Рисунок 17.6.

СИГНАЛЫ СИСТЕМЫ ПРОБОЯ НА РЫНКЕ, НАХОДЯЩЕМСЯ В ТОРГОВОМ ДИАПАЗОНЕ: НЕПРЕРЫВНЫЕ ФЬЮЧЕРСЫ НА ЗОЛОТО

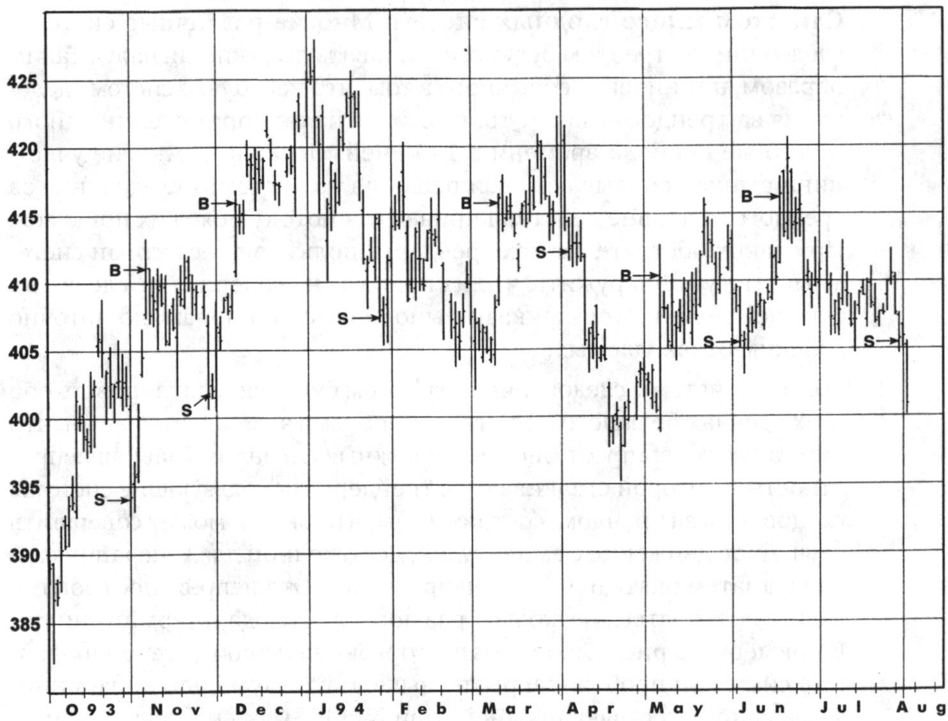

Замечания: B — сигнал к покупке: цена закрытия выше предыдущего 10-дневного максимума; S — сигнал к продаже: цена закрытия ниже предыдущего 10-дневного минимума.

ную часть текущей прибыли. Например, система пробоя с N = 40 «поймала» почти весь тренд марта–июля на рынке неэтилированного бензина, но затем потеряла практически всю прибыль, прежде чем был получен сигнал к продаже (рис. 17.8).

5. **Невозможность заработать на рынках, находящихся в торговых диапазонах.** Лучшее, что может сделать любая система следования за трендом в течение периода консолидации рынка, — это не проиграть, т.е. не генерировать никаких новых сигналов. Тем не менее, на рынках, где цена колеблется в ограниченном торговом диапазоне, большинство систем следования за трендом попадут

Рисунок 17.7.

НЕПОЛНОЕ ИСПОЛЬЗОВАНИЕ ДЛИТЕЛЬНЫХ ЦЕНОВЫХ ТРЕНДОВ: НЕПРЕРЫВНЫЕ ФЬЮЧЕРСЫ НА МЕДЬ

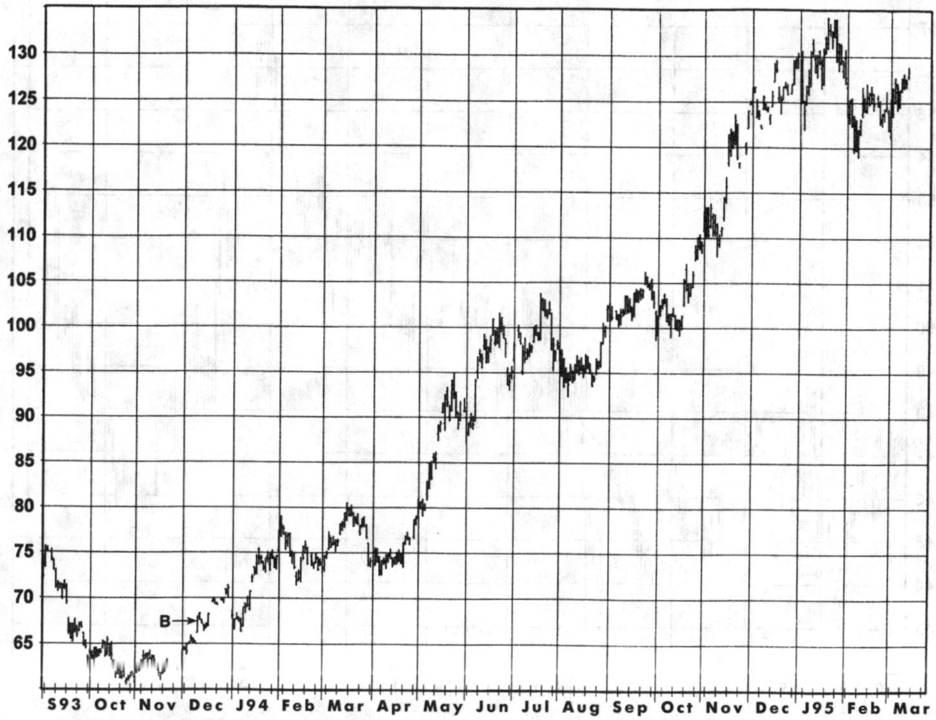

Замечанияе: B — сигнал к покупке: цена закрытия выше 40-дневного максимума.

в «пилу». Это очень важное обстоятельство, поскольку большинство рынков основное время проводят в консолидационных торговых диапазонах.

6. **Временные большие убытки.** Даже превосходная система следования за трендом может привести к большим текущим убыткам по открытым позициям. Подобные события будут крайне неприятными для трейдеров, имеющих значительную прибыль, заработанную в предыдущих сделках, но они могут оказаться катастрофическими для трейдеров, только начавших следовать сигналам системы.

Рисунок 17.8.

ПОТЕРЯ ПРИБЫЛИ МЕДЛЕННОЙ СИСТЕМОЙ: НЕПРЕРЫВНЫЕ ФЬЮЧЕРСЫ НА НЕЭТИЛИРОВАННЫЙ БЕНЗИН

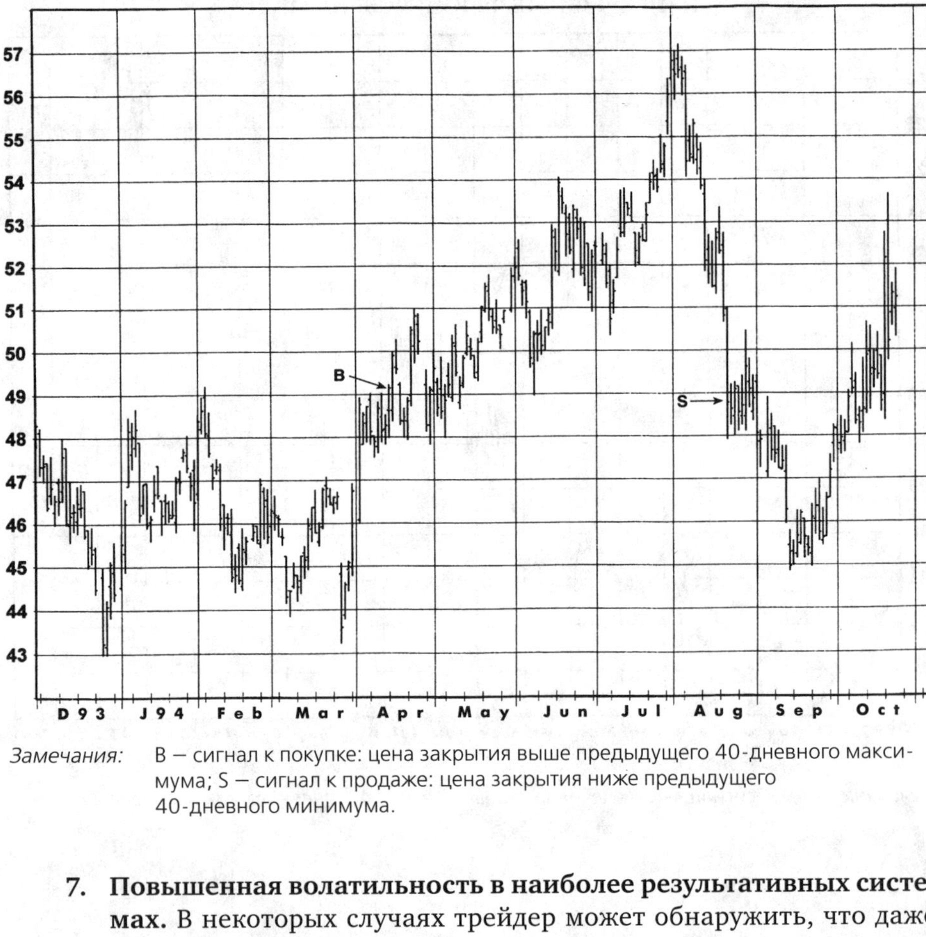

Замечания: B — сигнал к покупке: цена закрытия выше предыдущего 40-дневного максимума; S — сигнал к продаже: цена закрытия ниже предыдущего 40-дневного минимума.

7. **Повышенная волатильность в наиболее результативных системах.** В некоторых случаях трейдер может обнаружить, что даже наиболее прибыльные системы следования за трендом подвержены резким текущим убыткам, предполагая, таким образом, неприемлемо высокий уровень риска.
8. **Система хорошо работает при тестировании, но потом «взрывается».** Это, возможно, наиболее распространенное сетование среди трейдеров, использующих автоматизированные системы.
9. **Изменение параметров*.** Зачастую трейдер может предпринять исчерпывающее исследование на прошлых ценовых данных,

* Значение термина «параметр» в смысле его использования в торговых системах объясняется в гл. 20.

чтобы найти наилучший вариант системы (например, оптимальное значение для N в системах пробоя), только для того, чтобы обнаружить, что тот же вариант дает плохие результаты в последующий период.

10. **Проскальзывание.** Другой распространенный случай: система создает прибыль на бумаге, но при этом *одновременно* теряет деньги в реальной торговле. Проскальзывание обсуждается в гл. 20.

ВОЗМОЖНЫЕ МОДИФИКАЦИИ БАЗОВЫХ СИСТЕМ СЛЕДОВАНИЯ ЗА ТРЕНДОМ

Исходя из опыта двух последних десятилетий, можно предполагать, что даже простые системы, такие как пересечение цены и скользящей средней или системы пробоя, будут, вероятно, оказываться прибыльными, если с их помощью торгуют непрерывно на широком спектре рынков и в течение значительного промежутка времени (например, 3–5 лет или дольше). Однако простота таких систем является одновременно как плюсом, так и минусом. В конце концов, правила этих систем, возможно, слишком просты, чтобы быть адекватными широкому разнообразию возможных рыночных ситуаций. Даже будучи в итоге прибыльными при длительном применении, простые системы следования за трендом будут в типичном случае периодически подвергать трейдера угрозе резких потерь. Кроме того, естественная склонность многих, если не большинства, пользователей подобных систем состоит в том, чтобы отказываться от избранного подхода в течение периода убыточности торговли. В результате они пропускают возможность открытия прибыльных позиций, что ведет к итоговым убыткам, даже если система демонстрирует прибыльность на длительных периодах ее использования.

В этом разделе мы обсудим некоторые из главных путей модификации базовых систем следования за трендом, ведущих к повышению их результативности. Для простоты большинство иллюстраций будет основано на уже ранее описанной простой системе пробоя. Тем не менее те же типы модификации могут быть применены и к другим основным типам систем следования за трендом.

Условия подтверждения

Важной модификацией, которую можно внести в базовую систему следования за трендом, оказывается требование выполнения дополнительных условий, прежде чем сигнал будет принят. Если эти условия не выполняются до получения противоположного сигнала, сделка не осуществляется. Правила подтверждения сконструированы специально для того, чтобы отсеивать ложные сигналы. Идея состоит в том, что правильные сигналы будут удовлетворять условиям подтверждения, в то время как ложные сигналы — нет. Диапазон возможных вариантов условий подтверждения ограничен лишь воображением автора системы. Ниже мы приводим три примера.

1. **Глубина пробоя.** Сигнал к торговле принимается, только если рынок совершает определенное минимальное движение от некоторого уровня (например, от цены, на которой получен сигнал). Величина этого движения может измеряться как в абсолютном выражении, так и в процентах. На рис. 17.9 показаны все торговые сигналы, сгенерированные стандартной системой пробоя при N = 12. Кроме того, выделены сигналы, подтвержденные следующим образом: для подтверждения требовалось, чтобы цена закрытия пробивала максимум (минимум) предшествующих N дней по крайней мере на 2%. Заметьте, что в этом примере, хотя правила подтверждения приводят к небольшому ухудшению уровня чувствительности системы, они устраняют все семь ложных сигналов. (Сигналы к покупке, следующие за неподтвержденными сигналами к продаже, также исключены, поскольку в этих точках система уже в длинной позиции. Подобным образом сигналы к продаже, следующие за неподтвержденными сигналами к покупке, также исключены, поскольку в этих точках система уже в короткой позиции.)

2. **Задержка во времени.** При этом подходе требуется определенная задержка, по прошествии которой сигнал переоценивается. Например, правило подтверждения может определять, что торговый сигнал принимается, если рынок закрывается выше уровня, на котором получен сигнал к покупке (ниже для сигнала к продаже), в любой момент через шесть или более дней от даты первоначального сигнала. На рис. 17.10 сравниваются сигналы, сгенерированные базовой системой пробоя при N = 12 и соответствующей системой с 6-дневной временной задержкой в качестве условия подтверждения. В этом случае правило подтверждения устраняет шесть из семи ложных сигналов.

3. **Модель.** Это общий термин для широкого спектра правил подтверждения. При этом подходе требуется образование определенной ценовой модели, чтобы подтвердить сигнал системы. Например, правило подтверждения может требовать трех последовательных разгонных дней (thrust days) за пределами уровня, на котором получен сигнал*.

* Разгонный день, который был первоначально определен в гл. 6, — это день с ценой закрытия выше (ниже) максимума (минимума) предыдущего дня.

Рисунок 17.9.

ГЛУБИНА ПРОБОЯ В КАЧЕСТВЕ УСЛОВИЯ ПОДТВЕРЖДЕНИЯ: НЕПРЕРЫВНЫЕ ФЬЮЧЕРСЫ НА КАКАО

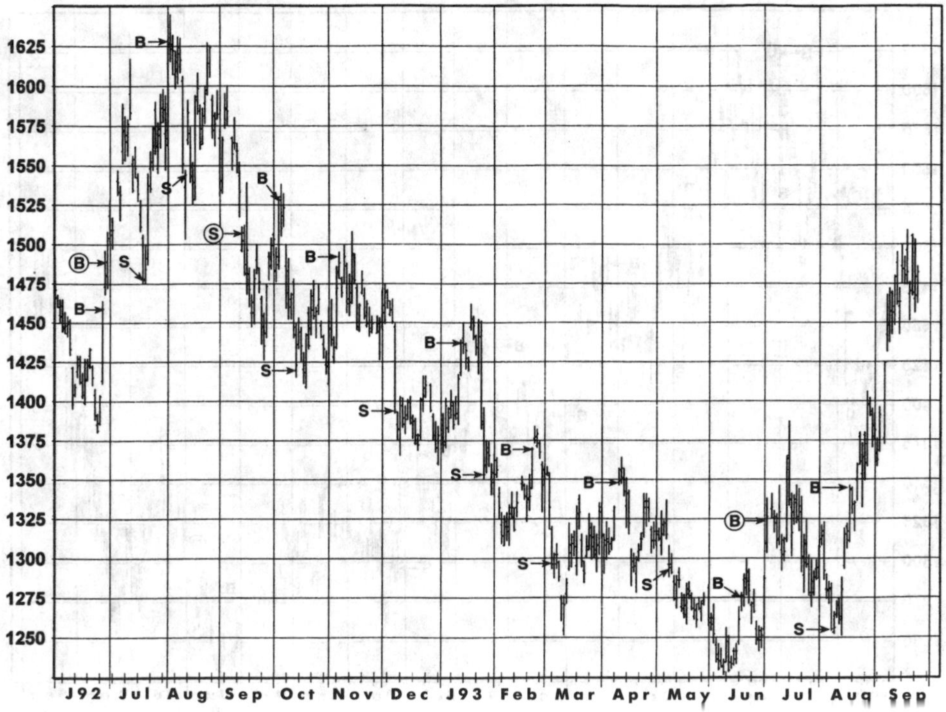

Замечания: B, S — сигналы системы пробоя при N — 12; Ⓑ,Ⓢ = сигналы системы пробоя при N — 12 с требованием 2%-ного пробоя 12-дневного максимума или минимума.

Рис. 17.11 сравнивает сигналы, сгенерированные базовой системой пробоя при N = 12, и сигналы, основанные на соответствующей системе, использующей в качестве условия подтверждения требование трех разгонных дней. Отсчет разгонных дней от подтвержденных сигналов показан на графике цифрами. В данном случае правило подтверждения также устраняет все семь ложных сигналов.

Конструкция торговых систем — предмет постоянных поисков компромисса. Преимущества использования условий подтверждения заключаются в том, что они значительно уменьшают количество ложных сигналов. Однако следует отметить, что правила подтверждения также обладают и нежелательным побочным эффектом — они будут задерживать открытие

Рисунок 17.10.

ЗАДЕРЖКА ВО ВРЕМЕНИ В КАЧЕСТВЕ УСЛОВИЯ ПОДТВЕРЖДЕНИЯ: НЕПРЕРЫВНЫЕ ФЬЮЧЕРСЫ НА КАКАО

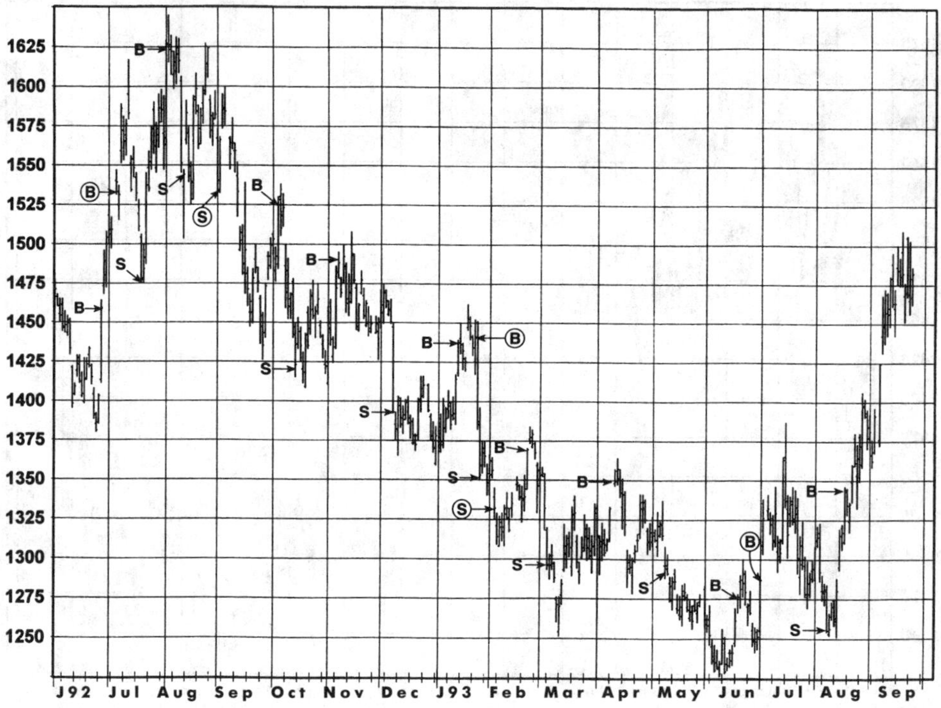

Замечания: B, S — сигналы системы пробоя при N = 12; Ⓑ, Ⓢ — сигналы системы пробоя при N = 12 и с 6-дневной задержкой в качестве условия подтверждения.

позиции после получения прибыльного сигнала, снижая, таким образом, доход от прибыльных сделок. Например, на рис. 17.9–17.11 можно заметить, что правила подтверждения приводят к худшим ценам для сделок, соответствующим в базовой системе сигналу к покупке за июнь 1992 г., сигналу к продаже за август 1992 г. и сигналу к покупке за июнь 1993 г. Условия подтверждения будут приносить пользу до тех пор, пока снижение прибыли из-за задержки поступления сигнала более чем компенсируется избежанием убытков. Система, включающая правила подтверждения, не всегда будет давать лучшие результаты, чем ее базовый вариант, но при правильной конструкции она будет значительно результативнее на протяжении длительного периода ее использования.

Рисунок 17.11.

ПРИМЕР МОДЕЛИ В КАЧЕСТВЕ УСЛОВИЯ ПОДТВЕРЖДЕНИЯ: НЕПРЕРЫВНЫЕ ФЬЮЧЕРСЫ НА КАКАО

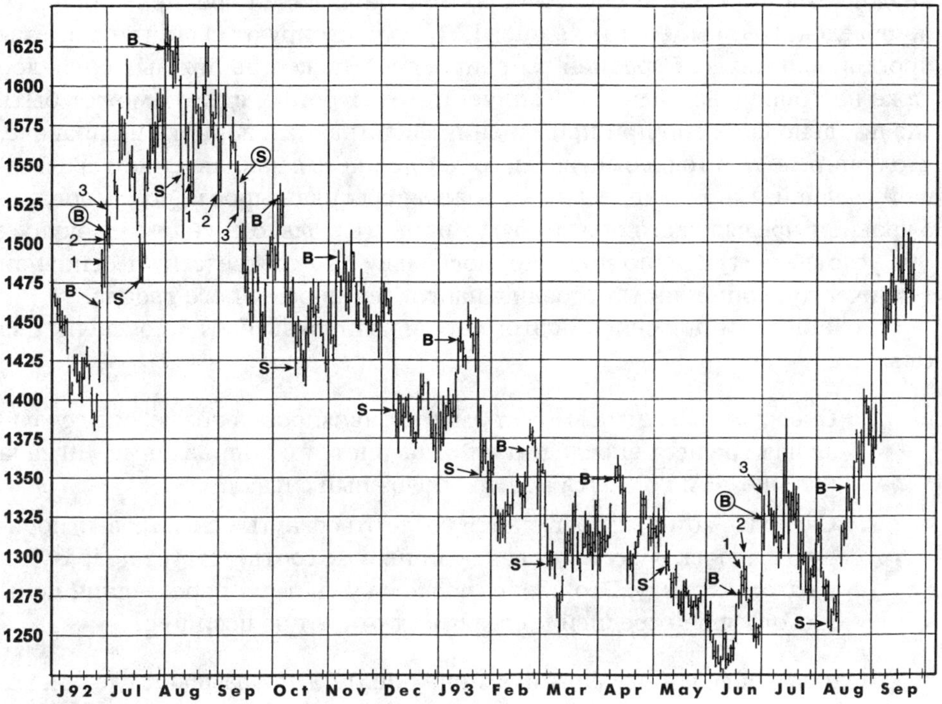

Замечания: B, S — сигналы системы пробоя при N = 12; Ⓑ, Ⓢ — сигналы системы пробоя при N = 12 с требованием 3 разгонных дней в качестве условия подтверждения.

Фильтр

Задача фильтра — устранить возможные убыточные сделки. Например, техническая система может комбинироваться с фундаментальной моделью, которая классифицирует рынок как «бычий», «медвежий» или нейтральный. Тогда технические сигналы будут приниматься, только если они согласуются с фундаментальными характеристиками рынка. В случаях несоответствия будет предписываться нейтральная позиция. В большинстве случаев, однако, условия фильтра также будут иметь техническую природу. Например, если существует набор условий, с большой степенью точности определяющий нахождение рынка в торговом диапазоне, то при выполнении этих условий сигналы торговой системы не будут приняты. В конце концов, при разработке фильтра автор системы пытается найти общий знаменатель, применимый к большинству убыточных сделок.

Для иллюстрации различных фильтров мы часто будем использовать неудовлетворительную систему простой скользящей средней. Сигналы, не обведенные ромбиками на рис. 17.1, иллюстрируют свойство системы простой скользящей средней генерировать множество ложных сигналов даже на трендовых рынках. Количество убыточных сделок может быть значительно снижено при применении фильтра, основанного на правиле, что принимаются только сигналы, согласующиеся с направлением скользящей средней. Например, если скользящая средняя выросла по сравнению с уровнем предыдущего дня, то будут приняты только сигналы к покупке. Это условие интуитивно понятно, поскольку оно соответствует основной технической концепции торговли в направлении основного тренда.

В отношении применения этого правила должны быть прояснены два момента.

1. Отвергнутый сигнал может быть активизирован позже, если скользящая средняя впоследствии развернется в направлении сигнала раньше, чем появится противоположный сигнал.
2. Сигналы, которые появляются после отвергнутых сигналов, игнорируются, поскольку итоговая позиция уже соответствует подразумеваемому тренду. Это верно, поскольку система пересечения цены и скользящей средней всегда имеет открытую позицию.

Сигналы, обведенные ромбиками на рис. 17.1, показывают сделки, которые были бы приняты (либо в момент поступления сигнала, либо после задержки), если бы использовался только что описанный фильтр. Как можно видеть, это правило существенно снижает количество ложных сигналов. Хотя в некоторых случаях использование фильтрующих условий, напротив, приводит к задержке начала сделки — как, например, в случае ноябрьского сигнала к продаже — в целом польза, очевидно, перевешивает неприятности. Конечно, одна-единственная иллюстрация ничего не доказывает. Тем не менее смысл рис. 17.1 имеет более общую применимость. Большинство эмпирических тестов показало бы, что использование фильтров ведет к повышению эффективности торговли.

Фактически пересечение цены и скользящей средней, противоположное направлению тренда скользящей средней, часто может быть сигналом к увеличению изначальной позиции, а не к замене ее на противоположную. Например, на рис. 17.1 январское, мартовское и майское пересечения скользящей средней могут рассматриваться скорее как сигналы к покупке, а не к продаже, так как тренд скользящей средней все еще оставался восходящим. Дело в том, что на рынке, имеющем определенный тренд, противотрендовые коррекции, как правило, достигают области скользящей средней, а затем цены снова разворачиваются в направлении долгосрочного тренда. Таким образом, в результате подобные отвергнутые сигналы могут в действительности давать основу для метода увеличения позиции.

Следует заметить, что в некотором смысле условия подтверждения, разобранные в предыдущем разделе, представляют собой один из типов фильтра, поскольку принимаются те сигналы, которые удовлетворяют набору дополнительных условий, в то время как те, что этим условиям не удовлетворяют, исключаются. Однако разница здесь в том, что фильтр подразумевает набор фильтрующих правил, вступающих в действие *в момент* получения сигнала от базовой системы. Говоря другими словами, процедура отсева сигналов возникает вне какой-либо зависимости от последующего развития событий (хотя, чтобы быть совершенно точным, последующие события могут разрешить принятие отвергнутого сигнала с некоторой задержкой). Следовательно, в соответствии с нашей терминологией, система может включать в себя как фильтр, так и правила подтверждения одновременно. В такой системе только те сигналы, которые были приняты исходя из определения фильтра, а потом одобрены в соответствии с подтверждающими правилами, будут приводить к реальным сделкам.

Настройка системы в соответствии с характеристиками рынка

Одно критическое замечание относительно простых систем следования за трендом состоит в том, что они используют одинаковые условия на всех рынках. Например, системе пробоя при N = 20 и на высоковолатильном, и на очень спокойном рынке потребуются одни и те же условия для генерации сигнала к покупке, основанные на 20-дневном максимуме. Настройка системы под каждый отдельный рынок призвана компенсировать зависимость эффективности системы от рыночных условий. Например, в случае системы пробоя можно изменять значение N в зависимости от волатильности рынка. В качестве меры волатильности может быть использован усредненный двухдневный диапазон цен на протяжении последних 50 дней. Полученные значения волатильности затем разделяют на 5 классификационных групп*.

Значение N, используемое для генерации сигналов в любой данный день, зависело бы от того, в какую группу волатильности попадает в настоящее время рынок.

* Двухдневный диапазон цен используется как мера волатильности вместо однодневного диапазона, поскольку последний может с легкостью привести к искажению реальной волатильности рынка. Например, в день, когда цены с открытия изменились на максимально допустимую величину и торги были остановлены (limit day), диапазон цен будет равен нулю. Это противоречит тому факту, что остановка торгов возможна только в условиях огромной волатильности. Конечно, для определения волатильности могут использоваться и другие измерения.

Волатильность оказывается наиболее логичным выбором для классификации состояния рынка, хотя другие критерии тоже можно испробовать (например, условия, основанные на фундаментальном анализе, усредненный уровень объема торгов и т.д.). В целом такой тип модификации призван превратить статичную базовую систему следования за трендом в динамический метод торговли.

Разные условия для сигналов к покупке и продаже

Базовые системы следования за трендом в типичном случае подразумевают одинаковые условия для генерации сигналов к покупке и продаже (например, покупать при цене закрытия выше 20-дневного максимума, продавать при цене закрытия ниже 20-дневной низкой цены). Однако нет никакой причины делать такое предположение автоматически. Можно указать на то, что «бычий» и «медвежий» рынки ведут себя по-разному. Например, исследование широкого спектра графиков исторических цен могло бы показать, что падения цен с уровней относительных максимумов происходят быстрее, чем рост цен после прохождения относительных минимумов*.

Это наблюдение говорит о целесообразности использования более чувствительных условий для генерации сигналов к продаже, чем те, которые используются для генерации сигналов к покупке. Однако разработчику системы, использующему такой подход, не следует увлекаться чрезмерно точной подгонкой системы к историческим данным. Подробнее об этом рассказывается в гл. 20.

Построение «пирамиды»

Одна из характерных слабых черт простейших систем следования за трендом состоит в том, что они автоматически предполагают неизменный размер пози-

* Противоположное утверждение применимо к рынкам краткосрочных долговых инструментов, которые котируются в ценах. Цены меняются в обратной зависимости от уровня процентной ставки. На рынках краткосрочных долговых инструментов именно процентная ставка, а не цена инструмента ведет себя аналогично ценам на стандартных рынках. Например, не существует верхнего предела для цены товара или процентной ставки, но нижняя граница для них обоих теоретически существует. В качестве другого примера можно вспомнить, что товарные рынки имеют тенденцию быть более волатильными при высоких ценах, в то время как рынки краткосрочных долговых инструментов более волатильны, когда высоки процентные ставки (цена инструмента низка). Ситуация для долгосрочных рынков (например, рынка облигаций) двусмысленна, поскольку, хотя процентные ставки не могут упасть ниже нуля, ценовая математика, лежащая в основе этих инструментов, приводит к ускоренному росту цен (при одинаковых изменениях процентных ставок) по мере падения процентных ставок.

ции при всех обстоятельствах. Было бы очень желательно ввести возможности увеличения размеров позиции в случае трендов большого масштаба, которые целиком определяют успех любой системы следования за трендом. Один из разумных подходов к расширению начальной позиции в тренде большого масштаба заключается в том, чтобы ждать определенной ценовой коррекции и затем открывать дополнительную позицию при появлении признаков возобновления тренда. Подобный подход призван оптимизировать выбор момента для начала построения «пирамиды» и одновременно дать правила выхода, разумно ограничивающие потери, которые могут возникнуть при таком увеличении позиции. Пример подхода такого типа был изложен в гл. 8. Другой пример возможной «пирамидальной» стратегии основан на следующих правилах.

Покупка

1. Коррекция определена, когда открыта длинная позиция, и рынок закрывается ниже минимума предшествующих 10 дней.
2. Когда коррекция определена, дополнительная длинная позиция инициируется при достижении любого 10-дневного максимума, если выполняются следующие условия:

   a. Ценовой сигнал к построению «пирамиды» выше цены, при которой была открыта последняя длинная позиция.

   b. Чистый размер позиции меньше трех единиц. (Это условие подразумевает, что увеличивать первоначальную позицию можно только на 2 единицы.)

Продажа

1. Коррекция определена, когда открыта короткая позиция, и рынок закрывается выше максимума предшествующих 10 дней.
2. Когда коррекция определена, дополнительная короткая позиция инициируется при достижении любого 10-дневного минимума, если выполняются следующие условия:

   a. Ценовой сигнал к построению «пирамиды» ниже цены, при которой была открыта последняя короткая позиция.

   b. Чистый размер позиции меньше трех единиц. (Это условие подразумевает, что увеличивать первоначальную позицию можно только на 2 единицы.)

Рис. 17.12 иллюстрирует введение плана «пирамиды» в систему пробоя при N = 40, примененную к сентябрьскому контракту 1992 г. на кофе.

Управление риском становится особенно важным, если к системе добавлен компонент «пирамиды». Вообще говоря, обычно желательно использовать более чувствительные условия для ликвидации «пирамидальной» позиции, чем для генерации противоположного сигнала. Далее следует пример набора правил для защитных остановок, который может быть применен в системе, использующей построение «пирамиды». Ликвидируются все позиции в «пирамиде», если выполняется любое из условий:

1. Получен противоположный сигнал системы следования за трендом.
2. Рынок закрывается выше (ниже) максимума (минимума) с момента последней коррекции, за которой последовала «пирамидальная» продажа (покупка). Рис. 17.12 показывает уровни остановок, подразумеваемые этим правилом для контракта на кофе в сентябре 1992 г.

Выход из сделки

Наличие в системе правила выхода из сделки будет позволять ликвидировать позицию до получения противоположного сигнала системы следования за трендом. Такое правило будет служить цели ограничения потерь от убыточных сделок и одновременно ограничивать величину текущей прибыли в открытой позиции, которая может быть потеряна при неблагоприятном развороте рынка. Хотя достижение этих целей очень желательно, компромисс, подразумеваемый использованием правила выхода из торгов, относительно жесткий. Если используется правило выхода из торгов, должны быть определены правила для возобновления позиции; в противном случае система не будет защищена от возможности потери прибыли на трендах большого масштаба.

Опасность использования правила выхода из сделки связана с тем, что оно может привести к преждевременной ликвидации хорошей позиции. Хотя правило последующего возобновления позиции будет служить в таких случаях защитой, сочетание активизированного правила выхода из сделки и последующего возобновления позиции будет вести к потерям на «пиле». Таким образом, добавление правила выхода (подразумевающее правило возобновления позиции) часто оказывает негативное влияние на эффективность системы. Тем не менее для некоторых систем можно сформулировать правила выхода из сделки таким образом, что они повысят итоговую эффективность. (В терминах доходности системы и отношения риска к прибыли, если правило выхода из торгов улучшает эффективность, использование этого правила как сигнала к развороту позиции еще более повысит эффективность.) Правила выхода из сделки, кроме того, могут быть динамическими. Например, чувствительность условий выхода из

Рисунок 17.12.

СИГНАЛЫ К ПОСТРОЕНИЮ «ПИРАМИДЫ»: СЕНТЯБРЬ 1992, КОФЕ

Замечания: S — сигнал к открытию первоначальной короткой позиции; Ⓢ— сигнал к продаже с построением «пирамиды»; RD — коррекция определена.

сделки может повышаться, если движения цены увеличиваются по амплитуде или продолжительности.

ПРОТИВОТРЕНДОВЫЕ СИСТЕМЫ

Основные соображения по поводу противотрендовых систем

Противотрендовые системы часто оказываются привлекательными для многих трейдеров, поскольку их конечная задача состоит в том, чтобы покупать по минимуму, а продавать по максимуму. К сожалению, сложность решения такой задачи обратно пропорциональна ее привлекательности.

Важнейшее различие, о котором следует помнить, состоит в том, что системы следования за трендом способны к самокорректировке, а противотрендовые системы подразумевают возможность неограниченных потерь. Таким образом, совершенно необходимо включать защитные остановки в любую противотрендовую систему (если только она не используется одновременно с системой следования за трендом). В противном случае система может держать длинную позицию в течение всего нисходящего тренда большого масштаба или короткую позицию на восходящем тренде большого масштаба. (Наличие защитных остановок в большинстве систем следования за трендом не обязательно, поскольку противоположный сигнал обычно будет получен прежде, чем потери в позиции окажутся чрезмерными*.)

Одно важное преимущество использования противотрендовых систем состоит в том, что они предоставляют возможность для превосходной диверсификации при одновременном использовании с системами следования за трендом. В этом отношении нужно заметить, что противотрендовая система может быть желательной, даже если она теряет деньги в умеренном масштабе. Причина здесь в том, что если противотрендовая система противоположно коррелируется с системой следования за трендом, торговля с помощью обеих систем подразумевает меньший риск, чем торговля с одной трендовой системой. Таким образом, вполне вероятно, что комбинация двух систем может дать большую доходность (при том же уровне риска), даже если противотрендовая система сама по себе теряет деньги.

Типы противотрендовых систем

Далее предлагаются несколько подходов, которые могут быть использованы для создания противотрендовой системы.

Открытие позиции против ценового движения определенной величины. Это, возможно, наиболее прямолинейный подход к противотрендовым системам. Сигнал к продаже генерируется всякий раз, когда рынок вырастает на некоторую минимально необходимую величину выше минимума, достигнутого с момента последнего сигнала к покупке, полученного от противотрендовой системы. Подобным образом сигнал к покупке генерируется, когда рынок падает на некоторую минимально необходимую величину ниже максимума, достигнутого с момента последнего сигнала к противотрендовой продаже. Величина движения цены, которая требуется, чтобы сгенерировать сигнал к торговле, может быть выражена как в абсолютных значениях, так и в процентах. Рис. 17.13 показывает торговые сигналы,

* Тем не менее защитные остановки могут быть обязательными для очень нечувствительных систем следования за трендом, например для системы пробоя при N = 150.

Рисунок 17.13.

СИГНАЛЫ ПРОТИВОТРЕНДОВОЙ СИСТЕМЫ: НЕПРЕРЫВНЫЕ ФЬЮЧЕРСЫ НА ЗОЛОТО

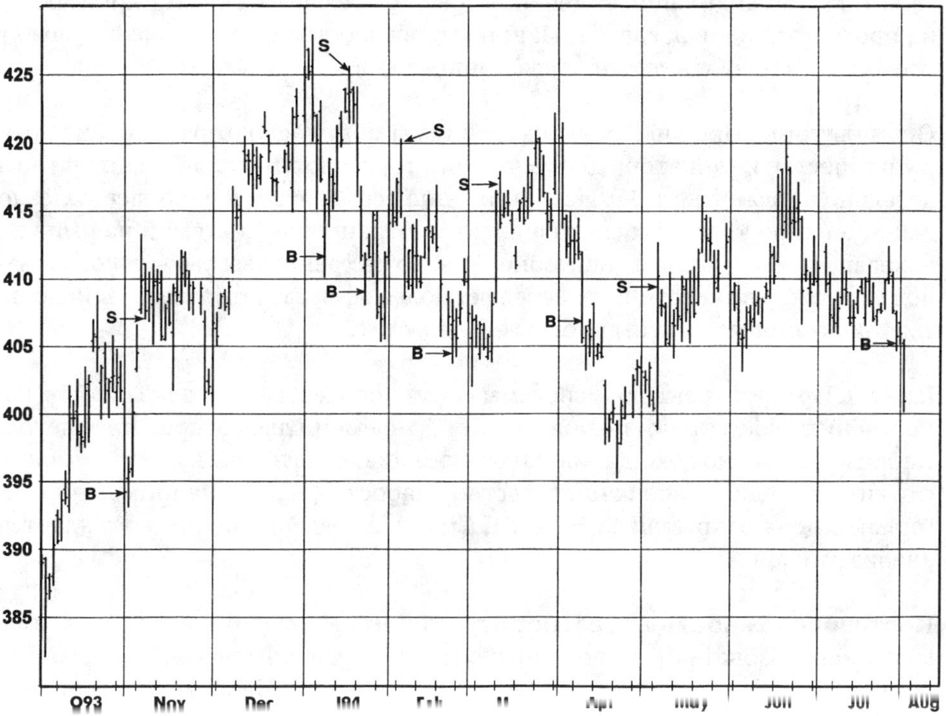

Замечания: Процентовка вычислена как изменения цены в непрерывных фьючерсах, деленные на цену ближайших фьючерсных контрактов. B — сигнал к покупке: 4%-ное падение от предыдущего максимума; S — сигнал к продаже: 4%-ный подъем от предыдущего минимума.

которые были бы поданы этим видом противотрендовых систем при пороговом уровне в 4% в октябре 1993 г. — июле 1994 г. на рынке золота*.

Заметьте, что это тот же самый рынок, который ранее использовался в этой главе для иллюстрации потерь на «пиле» в случае использования чувствительной системы следования за трендом. Это не случайно. Противотрендовые системы лучше работают в тех рыночных условиях, когда система следования за трендом ведет себя неважно.

* Поскольку на рис. 17.13 изображен график непрерывных фьючерсов, процентное изменение цен будет равно изменению цен, показанному на этом графике, деленному на соответствующую цену ближайшего фьючерсного контракта, которая не показана. Вспомните из гл. 12, что непрерывные фьючерсы точно отражают изменения цен, но не их уровень. Следовательно, непрерывные фьючерсы не могут использоваться как делитель для вычисления процентных изменений.

Открытие позиции против ценового движения определенной величины с подтверждающей задержкой. Эта система похожа на предыдущую противотрендовую систему, за тем исключением, что требуется некоторая минимальная индикация изменения тренда, прежде чем будет инициирована противотрендовая сделка. Например, в качестве подтверждения может требоваться появление одного разгонного дня.

Осцилляторы. Противотрендовые системы могут использовать осцилляторы в качестве индикатора для генерации торговых сигналов. Осцилляторы детально описаны в гл. 15. Использование осцилляторов наиболее полезно для генерации торговых сигналов противотрендовой системой на рынках, находящихся в торговом диапазоне. Однако на трендовых рынках подобный подход может привести к катастрофе. Более эффективные методы использования осцилляторов были обсуждены в гл. 15.

Циклы. Противотрендовые системы могут использовать анализ циклов для получения информации по поводу выбора времени для совершения сделок. Например, в период ожидания максимума цикла сигналом к продаже может служить определенное свидетельство слабости рынка (например, минимальная цена закрытия за 8 дней). См. гл. 16, где подробно обсуждается анализ циклов.

Противоположное мнение (contrary opinion). Противотрендовые системы могут использовать противоположное мнение для получения информации по поводу выбора времени для совершения сделок. Например, как только индикаторы противоположного мнения вырастают выше определенного уровня, короткая позиция будет открываться после подтверждения очень чувствительным техническим индикатором. (Противоположное мнение обсуждалось в гл. 10.)

ДИВЕРСИФИКАЦИЯ

Стандартная интерпретация термина «диверсификация» предполагает, что торговля осуществляется на широком спектре рынков. Хотя это один из наиболее важных типов диверсификации, требующий достаточно больших капиталовложений, существуют два дополнительных возможных уровня диверсификации. Во-первых, на каждом из рынков можно торговать с помощью нескольких различных систем. Во-вторых, можно использовать несколько вариантов каждой из систем. Например, если двумя контрактами на какао торгуют, используя систему пробоя, каждым контрактом можно торговать при различном значении N (т.е. сигналы будут генерироваться при пробое максимумов и минимумов за различное количество предшествующих дней).

В следующем рассуждении мы станем использовать термин SMSV (single market system variation) — обозначающий *единственную вариацию системы в рамках одного рынка*. Таким образом, простая система пробоя при N = 20, с помощью которой торгуют на рынке какао, окажется примером SMSV. В простейшем случае, когда единственный вариант одной системы используется на всех рынках, мы будем говорить, что на каждом рынке торгует одна SMSV. Этот упрощенный случай показывает типичное применение торговых систем, когда диверсификация достигается лишь за счет торговли на разных рынках. Тем не менее, если есть возможность осуществления достаточно больших капиталовложений, можно получить дополнительные преимущества путем дополнительной диверсификации систем и вариантов этих систем.

Диверсификация дает три основных преимущества.

1. **Ослабление текущих убытков.** Различные SMSV не обнаружат свои слабые стороны одновременно. Таким образом, торгуя с помощью нескольких разных вариантов систем, трейдер может добиться более плавного изменения размера своего счета и избежать резких падений величины своего капитала. Это означает, что торговля с помощью 10 разных SMSV с равными отношениями прибыль/риск будет требовать значительно меньших резервных активов, чем торговля 10 единицами с помощью одной SMSV. Следовательно, диверсифицированный торговый портфель будет давать более высокую доходность. С другой стороны, диверсифицированный торговый портфель приведет к той же доходности при более низком уровне риска. К слову, диверсификация дает преимущества, даже если портфель включает SMSV с низкой ожидаемой результативностью. Ключевым соображением здесь окажется взаимная корреляция различных SMSV, входящих в портфель.
2. **Гарантированное участие в тренде большого масштаба.** В типичном случае только немногие из активно торгуемых рынков будут демонстрировать заметные ценовые тренды в любой данный год. Поскольку в подавляющем большинстве сделок большинство систем следования за трендом будут терять деньги*, очень важно, чтобы трейдер участвовал в сделках, приносящих большую прибыль, т.е. в трендах большого масштаба. Это основная причина важности диверсификации по рынкам.
3. **Страховка от невезения.** Системы торговли фьючерсами, как и бейсбол, — это игра на дюймы. При нужном сочетании обстоятельств даже минутное отклонение в движении цены в один-

* Подобные системы все-таки могут быть прибыльными, поскольку усредненный доход значительно превышает усредненные потери.

> единственный день может оказать экстраординарное влияние на прибыльность определенной SMSV. Чтобы проиллюстрировать этот момент, мы рассмотрим систему пробоя с правилом подтверждения, требующим наличие одного разгонного дня, который бы пробивал максимум (минимум) предыдущего дня на минимальную величину. В системе «А» — это 5 пунктов; в системе «В» — это 10 пунктов. Это единственное отличие двух систем. Обе системы сравнивают текущие цены с предыдущим 20-дневным диапазоном.

Рис. 17.14 сравнивает поведение этих двух систем на рынке кофе в июле 1981 г. (Хотя мы с легкостью могли бы использовать более свежие иллюстрации, эта частная ситуация предлагает наиболее впечатляющий пример чувствительности системы к минимальным изменениям ее параметров, с которой я когда-либо сталкивался.) Базовый сигнал системы к покупке (т.е. закрытие выше максимума 20 дней) был получен 16 июля. Эта покупка была подтверждена системой «А» 17 июля, поскольку цена закрытия была на 9 пунктов выше максимума предыдущего дня (точка А1). Однако система «В», в которой требовался пробой на 10 пунктов, не подтвердила сигнал вплоть до следующего дня (точка В1).

Сигнал к покупке системы «А» был бы исполнен при цене приблизительно в 97 центов (точка А2). Однако из-за последующей серии максимально допустимых изменений цен, приводивших к остановкам торгов, сигнал к покупке в системе «В» не мог быть подтвержден до тех пор, пока цены не превысили $1,22 (точка В2). Таким образом, в течение этого короткого промежутка времени система «А» заработала 25 центов (т.е. $9375 на один контракт), а система «В», которая не могла перевернуть свою короткую позицию, потеряла примерно ту же сумму. Таким образом, неспособность рынка закрыться всего на 1 пункт выше привела к гигантской разнице в результативности ($18 750 на контракт) почти полностью идентичных вариантов системы! Необходимо подчеркнуть, что данный пример скорее отражает случайный характер движения товарных цен, а не неустойчивость тестируемых систем. Любая система (кроме системы внутридневной торговли) может показать ту же степень неустойчивости, поскольку разница в результативности будет проистекать из исхода всего одной сделки, в которой один сигнал от другого отделяет лишь день.

Этот пример должен объяснить, как трейдер может потерять деньги на данном рынке, пользуясь системой, которая, вообще говоря, дает хорошие результаты. Он просто может выбрать некоторую вариацию системы, которая покажет себя гораздо хуже, чем большинство других вариаций (даже очень похожих). Торгуя с помощью нескольких вариантов систе-

Рисунок 17.14.

ТОРГОВЛЯ СИСТЕМЫ:
ИГРА НА ДЮЙМЫ (ДЕКАБРЬ 1981 Г., КОФЕ)

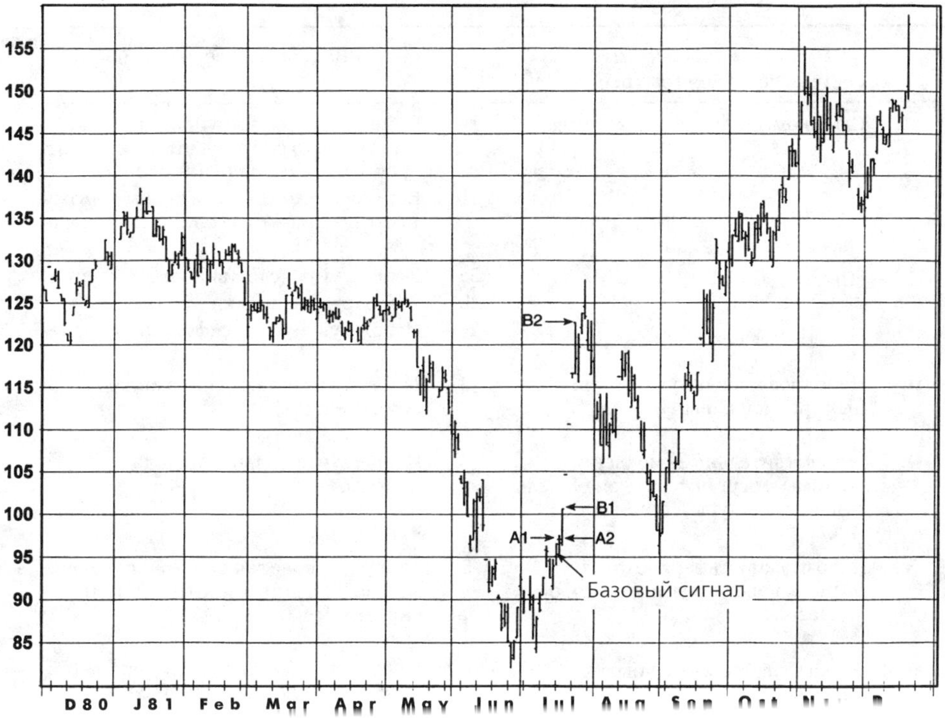

мы, спекулянт может ослабить влияние подобных ненормально слабых результатов*.

Конечно, поступая таким образом, трейдер также устранит возможность доходов, существенно превышающих среднюю результативность системы. Тем не менее эта перспектива представляет желательный компромисс, поскольку она подразумевает, что основная цель торговли — постоянная результативность, а не прибыль, падающая с неба.

ВОЗВРАЩАЯСЬ К ДЕСЯТИ ОБЩИМ ПРОБЛЕМАМ СИСТЕМ СЛЕДОВАНИЯ ЗА ТРЕНДОМ

Теперь мы готовы рассмотреть возможные решения ранее описанных проблем, возникающих при использовании систем следования за трендом. Описание проблем и возможных решений для них собраны в табл. 17.2.

---

* В предыдущем примере нарочно были выбраны почти идентичные системы «A» и «B», чтобы ярче проиллюстрировать влияние случая при работе с торговыми системами. Тем не менее на практике трейдеру следует выбирать сильно отличающиеся вариации системы.

Таблица 17.2.

ПРОБЛЕМЫ СТАНДАРТНЫХ СИСТЕМ СЛЕДОВАНИЯ ЗА ТРЕНДОМ И ИХ ВОЗМОЖНЫЕ РЕШЕНИЯ

	Проблемы стандартных систем следования за трендом		Возможные решения
1.	Слишком много сходных систем	1a.	Попробуйте сконструировать свою собственную систему, чтобы избежать проблемы «торговли в толпе»
		1b.	Если торгуете более чем одним контрактом, накапливайте позицию постепенно
2.	«Пила»	2a.	Используйте условия подтверждения
		2b.	Разработайте правила фильтра
		2c.	Используйте диверсификацию
3.	Неполное использование длительных трендов цены	3.	Добавьте в систему «пирамидальные» компоненты
4.	Нечувствительные (медленные) системы могут потерять значительную часть текущей прибыли	4.	Используйте правила выхода из торгов
5.	Невозможность заработать на рынках, находящихся в торговом диапазоне	5.	Торгуйте, сочетая систему следования за трендом с противотрендовой системой
6.	Большие временные убытки	6a.	Если позволяют активы, торгуйте с помощью более чем одной системы на каждом рынке
		6b.	Когда начинаете использовать новую систему, торгуйте небольшими объемами
7.	Повышенная волатильность в наиболее производительных системах	7.	Используя диверсификацию, трейдер может выделить некоторую часть активов системе с потенциально высокой прибыльностью, тогда как торговать только с ее помощью слишком рискованно
8.	Система хорошо работает при тестировании, но потом «взрывается»	8.	Опасность такого развития событий может быть уменьшена, если систему тщательно протестировать. Этот пример детально обсуждается в гл. 20
9.	Изменение параметров	9a.	Если активы позволяют, диверсифицируйте торговлю среди нескольких вариантов каждой системы.
		9b.	Испробуйте систему с возможностями подстройки параметров под рыночные условия
10.	Проскальзывание	10.	Нужно использовать реалистичную оценку проскальзывания (обсуждается в гл. 20)

18 Примеры оригинальных торговых систем

Нет торгового метода, который работал бы всегда и на всех типах рынков.

Адам Смит

В предыдущей главе были предложены два примера общепринятых торговых систем — скользящей средней и пробоя. В этой главе описаны некоторые оригинальные торговые системы, основанные на ценовых моделях, представленных в гл. 6. Хотя рассматриваемые системы могут быть использованы как полностью автоматизированные торговые стратегии, основная цель этой главы не в том, чтобы предложить специфические торговые системы, а в том, чтобы показать читателю, как концепции технического анализа могут быть использованы при создании механических торговых систем. Изучение этих примеров поможет читателю сконструировать свои собственные торговые системы — именно в этом и состоит значение данной главы.

ПОЧЕМУ Я РАСКРЫВАЮ СЕКРЕТЫ ЭТИХ СИСТЕМ?

К этому моменту, я уверен, у многих читателей накопится масса вопросов. Почему я рассказываю о нескольких оригинальных торговых системах, ведь сами системы обычно продаются за сотни, если не за тысячи долларов, что намного превышает цену книги? Какого качества следует ожидать от этих систем, если я готов рассекретить их, чтобы написать главу для книги? Почему, будучи советником в области фьючерсных рынков и управляя значительным капиталом ($70 млн на момент написания книги) с помощью торговых систем, я готов разгласить устройство некоторых моих систем фактически даром? Неужели меня не беспокоит, что широкое распространение этих систем снизит их будущую результативность?

Все это разумные и справедливые вопросы. Основной ответ на них состоит в том, что системы, рассматриваемые в этой главе — это «бросовые» системы, т.е. системы слишком низкого качества по сравнению с другими разработанными мною с точки зрения соотношения прибыльности и рискованности, и их использование доставляет слишком много хлопот. Это не означает, что данные системы никчемные. Фактически я не сомневаюсь, что эти системы, возможно, превосходны в качестве набора, который можно продавать по цене, многократно превосходящей стоимость этой книги. Кроме этого, я уверен, что после включения собственных поправок и улучшений многие читатели смогут использовать системы из этой главы в качестве ядра очень эффективных компьютеризированных торговых методологий. И наконец, системы из этой главы будут использованы как иллюстрации методов построения торговых систем.

СИСТЕМА ШИРОКОДИАПАЗОННОГО ДНЯ

Базовая концепция

День с широким диапазоном, с которым мы познакомились в гл. 3, — это день, когда возник намного более широкий истинный диапазон (true range)*, чем за несколько предыдущих торговых сессий.

Высокая волатильность, присущая дням с широким диапазоном, придает им особую значимость. В типичном случае рынок будет стремиться продолжить движение в направлении первоначального изменения цен за пределы границ дня с широким диапазоном. Однако ситуации, в которых рынок первоначально пробивает одну границу дня с широким диапазоном, а затем меняет направление и пробивает другую границу, также имеют значение.

Система широкодиапазонного дня находит действующие торговые диапазоны, основываясь на днях с широким диапазоном. Сигналы гене-

* Истинный диапазон равен разности между истинным максимумом и истинным минимумом. Истинный максимум — это наибольшая цена из максимума текущего дня и цены закрытия предыдущего дня. Истинный минимум — это наименьшая цена из минимума текущего дня и цены закрытия предыдущего дня. (Истинные максимум и минимум были определены в гл. 3.)

рируются, когда рынок закрывается выше или ниже границ этих торговых диапазонов. В самом простом случае границы действующего торгового диапазона совпадают с границами широкодиапазонного дня. Однако мы придадим системе более общий характер, определив торговый диапазон как диапазон цен, заключающий в себе все истинные максимумы и все истинные минимумы за период, протяженностью в N1 дней до дня с широким диапазоном плюс N2 дней после него, где N1 и N2 являются параметрами, значения которых устанавливает пользователь системы. Например, если N1 и N2 равны нулю, границы действующего торгового диапазона совпадут с границами самого широкодиапазонного дня (истинный максимум и истинный минимум дня с широким диапазоном). Если N1 = 4, а N2 = 2, торговый диапазон будет определен как диапазон между самим высоким из истинных максимумов и самым низким из истинных минимумов в период, начинающийся за четыре дня до дня с широким диапазоном и заканчивающийся через два дня после него.

ОПРЕДЕЛЕНИЯ

День с широким диапазоном. Это день, в который коэффициент волатильности VR (volatily ratio) превышает k (например, $k = 2{,}0$). VR равен сегодняшнему истинному диапазону, деленному на истинный диапазон прошедшего периода в N дней (например, N = 10).

Сигнальный диапазон (PTR — Price trigger range). Диапазон, определяемый самым высоким из истинных максимумов и самым низким из истинных минимумов на интервале в N1 дней до последнего дня с широким диапазоном плюс N2 дней после него. Заметьте, что PTR не может быть определен, пока не пройдут N2 дней после дня с широким диапазоном. (Если N2 = 0, PTR будет определен после закрытия торгов в день с широким диапазоном.) PTR будет заново определяться всякий раз при появлении нового дня с широким диапазоном (т.е. спустя N2 дней после подобного события).

Торговые сигналы

Покупка. При закрытии, превышающем верхнюю границу PTR, закрывать короткую позицию и открывать длинную.

Продажа. При закрытии ниже минимума PTR закрывать длинную позицию и открывать короткую.

Порядок ежедневной проверки

Ежедневно предпринимайте следующие шаги, чтобы генерировать торговые сигналы.

1. Если вы в короткой позиции, проверяйте, превысила ли сегодняшняя цена закрытия максимум PTR. Если максимум PTR превышен, то закрывайте короткую позицию и открывайте длинную.
2. Если вы в длинной позиции, проверяйте, опустилась ли сегодняшняя цена закрытия ниже минимума PTR. В случае пробоя нижней границы PTR закрывайте длинную позицию и открывайте короткую.
3. Проверяйте, прошли ли в точности N2 дня со времени последнего дня с широким диапазоном. Если это так, переопределите PTR.

Порядок этих шагов очень важен. Заметьте, что проверка новых торговых сигналов предшествует проверке того, следует ли переопределить PTR. Таким образом, если день, когда определяется новый PTR, сигнализирует о сделке, основанной на предыдущем PTR, торговый сигнал будет сгенерирован. Если бы шаг 3 предварял шаги 2 и 1, возможные торговые сигналы были бы отложены всякий раз, когда сигнал возникал бы в день определения нового PTR (до истечения N2 дней после последнего дня с широким диапазоном). Например, предположим, что система в длинной позиции, N2 = 0 и цена закрытия в новый день с широким диапазоном ниже минимума предыдущего дня с широким диапазоном. В соответствии с приведенным выше порядком шагов новый день с широким диапазоном будет сигнализировать о замене длинной позиции на короткую. Если шаги 1 и 2 следуют за шагом 3, то никакого сигнала не появится, поскольку PTR будет переопределен, и рынок должен будет закрыться ниже нового дня с широким диапазоном, чтобы сгенерировать сигнал.

Параметры системы

N1 — количество дней перед днем с широким диапазоном, включенных в период PTR;

N2 — количество дней после дня с широким диапазоном, включенных в период PTR;

k — значение, которое должен превысить коэффициент VR, чтобы определить день с широким диапазоном.

Список наборов параметров

Табл. 18.1 предлагает пример списка наборов параметров. Читатели могут использовать этот список в том виде, в котором он представлен, или изменить его по своему желанию.

Иллюстрированный пример

Чтобы проиллюстрировать, как работает система, мы представим торговые сигналы на графиках фьючерсов на сахар за период с января 1993 г. по апрель 1995 г. Заметьте, что графики представляют непрерывные фьючерсы, соответствующие ценовым сериям, использованным для генерации сигналов. Как будет подробно рассказано в следующих двух главах, непрерывные фьючерсы обычно представляют собой наиболее приемлемые ценовые серии для использования в торговых системах. Всего представлено четыре графика, причем каждый из них перекрывается с предыдущим графиком на один-два месяца.

Сигналы обозначены буквами B (покупка) и S (продажа). Кроме того, показаны два типа сигналов.

1. Сигналы, не обведенные в рамку, сгенерированы системой, когда N1 и N2 равны нулю. (Другими словами, PTR определен истинными минимумом и максимумом самого дня с широким диапазоном.)
2. Сигналы, обведенные ромбиками, сгенерированы системой при N1 = 4 и N2 = 2. (Другими словами, PTR определен истинным диапазоном цен, охватывающим интервал, начинающийся за четыре дня до дня с широким диапазоном и заканчивающийся через два дня после него.)

Во многих случаях оба набора значений параметров дадут идентичные сигналы. В некоторых случаях, тем не менее, вторая версия системы станет включать сигналы позже или вовсе этого не будет делать. (Противоположная ситуация никогда не возникнет, поскольку PTR, основанный на N1 = 4 и N2 = 2, будет иметь как минимум такую же ширину, что и PTR, основанный на N1 = 0 и N2 = 0. Таким образом, любой пробой более позднего PTR окажется пробоем исходного PTR, но не наоборот.)

Прежде всего, мы исследуем торговые сигналы, сгенерированные для той версии системы, где N1 и N2 равны нулю (на графике обозначены буквами, не обведенными в рамку). *Следовательно, на данный момент мы не берем в рассмотрение сигналы, обведенные ромбиками.* Впоследствии мы исследуем сделки, в которых два набора параметров приводят к различным сигналам.

Таблица 18.1.

СПИСОК НАБОРОВ ПАРАМЕТРОВ

	k	N1	N2
1	1,6	0	0
2	1,6	3	0
3	1,6	6	0
4	1,6	0	3
5	1,6	3	3
6	1,6	6	3
7	1,6	0	6
8	1,6	3	6
9	1,6	6	6
10	2,0	0	0
11	2,0	3	0
12	2,0	6	0
13	2,0	0	3
14	2,0	3	3
15	2,0	6	3
16	2,0	0	6
17	2,0	3	6
18	2,0	6	6
19	2,4	0	0
20	2,4	3	0
21	2,4	6	0
22	2,4	0	3
23	2,4	3	3
24	2,4	6	3
25	2,4	0	6
26	2,4	3	6
27	2,4	6	6

В январе 1993 г. сигнал к покупке возникает, когда рынок закрывается выше максимума дня с широким диапазоном 8 января (рис. 18.1). Ни один из PTR, определенных следующими четырьмя днями с широким диапазоном, не пробивается вниз*.

* Заметьте, что, хотя было много дней с ценой закрытия ниже минимума второго дня с широким диапазоном в марте, эти цены закрытия не оказывались ниже истинного минимума этого дня, который был много ниже. (Помните, что для определения PTR используются истинные минимум и максимум, поскольку интервал цен между этими двумя уровнями — истинный диапазон — намного более репрезентативен с точки зрения волатильности, чем обычный диапазон.)

Следовательно, система оставалась в длинной позиции до тех пор, пока минимум дня с широким диапазоном 18 мая 1993 г. был пробит вниз на следующей сессии (рис. 18.1). В этом частном случае система подала почти безукоризненные сигналы, покупая вблизи январского ценового дна и продавая вблизи майской вершины.

Короткая позиция, открытая в мае 1993 г., держалась до тех пор, пока 13 сентября 1993 г. рынок не стал свидетелем первого закрытия по цене выше максимума последнего из дней с широким диапазоном, который появился 12 августа 1993 г. (рис. 18.2). И снова система дает набор почти безукоризненных сигналов, продавая близко к майской вершине 1993 г. и меняя позицию на длинную немного выше августовского минимума.

Следующий сигнал к продаже появляется, когда рынок, спустя три торговые сессии, закрывается ниже минимума дня с широким диапазоном 4 ноября 1993 г. В этот день, кроме того, был отмечен относительный максимум ноября (рис. 18.2). Заметьте, что день, когда был получен данный сигнал к продаже, сам также был днем с широким диапазоном. Это хороший пример важности проверки торговых сигналов, предшествующей проверке необходимости переопределения PTR. Если бы порядок шагов проверки был изменен, сигнал к продаже оказался бы отложенным до того момента, когда день с широким диапазоном — 9 ноября — сам оказался бы пробитым вниз спустя три торговые сессии. Сигнал к продаже 9 ноября 1993 г. привел к убытку, поскольку закрытие над истинным максимумом этого широкодиапазонного дня спустя несколько недель приводит к сигналу к покупке (рис. 18.2).

Следующий сигнал к продаже, который был сгенерирован при закрытии ниже минимума дня с широким диапазоном 29 марта 1994 г., сам появляется в день с широким диапазоном (рис. 18.3). Заметьте, что хотя нижняя граница PTR, т.е. минимум 29 марта 1994 г., дает сигнальный уровень, который не далек от максимума марта 1994 г., в действительности сигналы появляются намного ниже, поскольку первое закрытие под этим уровнем намного ниже него. Эта сделка так же, как и следующие две, ведет к небольшим потерям, за которыми следует высокоприбыльный сигнал к покупке в августе 1994 г. (рис. 18.3). Четыре следующие сделки приводят к серии убытков — от маленьких до умеренных (рис. 18.4). Последняя сделка снова приводит к большому доходу.

Следует заметить, что сигнал 13 января 1995 г. является вторым сигналом к продаже, сгенерированным благодаря пробою минимума широкодиапазонного дня (28 ноября 1994 г.). Единственный широкодиапазонный день может приводить к генерации нескольких сигналов, если вслед за ним не появляются другие дни с широким диапазоном.

Чем отличаются сигналы, полученные при втором наборе параметров (N1 = 4, N2 = 2), от сигналов, сгенерированных при первом наборе параметров (N1 =0, N2 = 0)? Заметьте, что второй набор па-

Рисунок 18.1.

СИСТЕМА ДНЯ С ШИРОКИМ ДИАПАЗОНОМ, ГРАФИК 1: НЕПРЕРЫВНЫЕ ФЬЮЧЕРСЫ НА САХАР

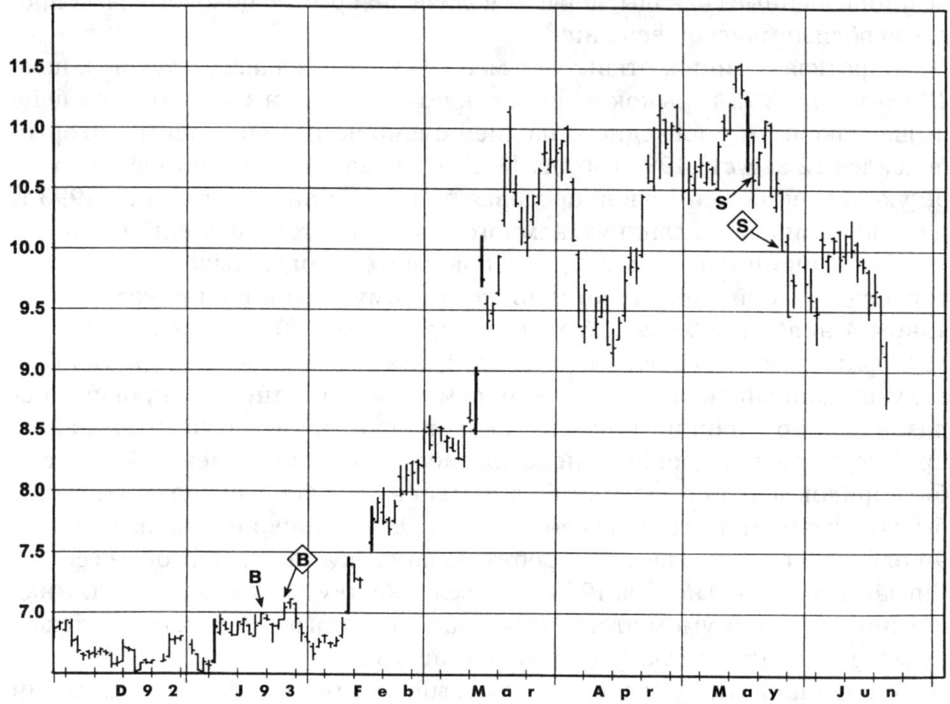

Замечания: Жирные штрихи обозначают дни с широким диапазоном. B, S — сигналы к покупке и продаже при N1 = 0 и N2 = 0; ⟨B⟩, ⟨S⟩ — сигналы к покупке и продаже при N1 = 4 и N2 = 2.

раметров ведет к более поздним сигналам к покупке в январе 1993 г. (рис. 18.1), поскольку использование последующих N2 дней в определении PTR приводит к более высокому значению максимума PTR. Майский сигнал к продаже в 1993 г. также появляется позже (рис. 18.1), поскольку PTR, использующий второй набор значений параметров, еще не определен (так как еще не прошли N2 дней после последнего дня с широким диапазоном) к тому моменту, когда сигнал к продаже включается первым набором параметров.

Второй набор параметров также приводит к задержке сигнала на покупку в сентябре 1993 г. (рис. 18.2), но уже по другой причине. В этом случае использование предшествующих четырех дней для определения PTR приводит к более высокому значению верхней границы PTR. Сигнал к покупке, соответствующий аналогичному сигналу, появляющемуся при первом

Рисунок 18.2.

СИСТЕМА ДНЯ С ШИРОКИМ ДИАПАЗОНОМ, ГРАФИК 2: НЕПРЕРЫВНЫЕ ФЬЮЧЕРСЫ НА САХАР

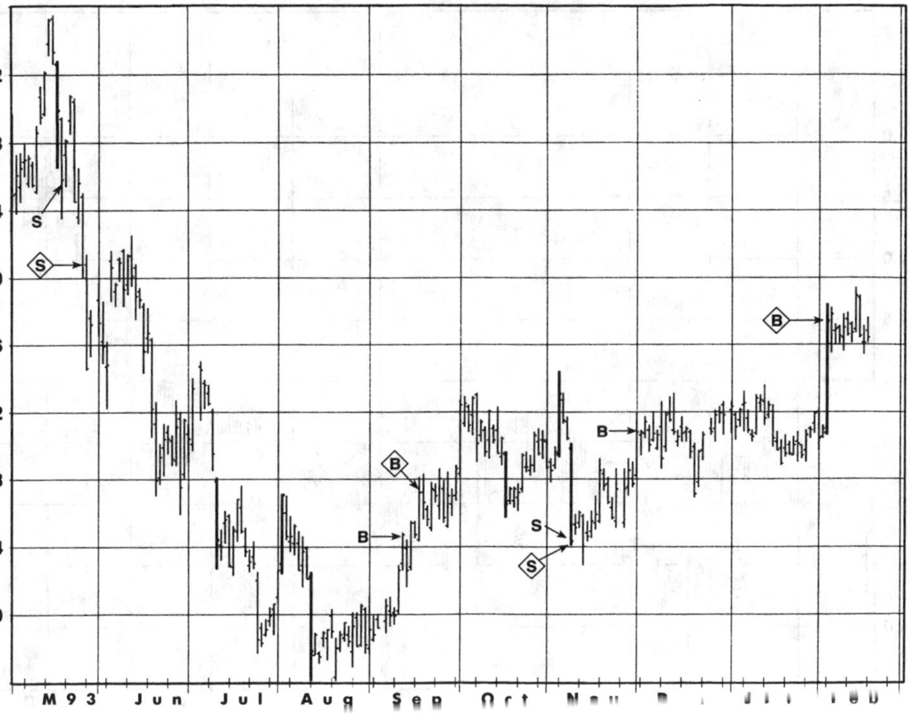

Замечания: Жирные штрихи обозначают дни с широким диапазоном. B, S — сигналы к покупке и продаже при N1 = 0 и N2 = 0; ⟨B⟩, ⟨S⟩ — сигналы к покупке и продаже при N1 = 4 и N2 = 2.

наборе параметров 1 декабря 1993 г., возникает более чем на два месяца позже (3 февраля 1994 г.) по похожим причинам (рис. 18.2). Аналогично ситуации с сигналом к продаже в мае 1993 г. (рис. 18.1) N2-дневное ожидание определения PTR также приводит к задержке сигналов, соответствующих апрельскому 1994 г. сигналу к покупке и июньскому 1994 г. сигналу к продаже при первом наборе параметров (рис. 18.3).

В каждом из описанных выше шести случаев задержка, вызванная использованием второго набора параметров, приводит к менее выгодному или более неблагоприятному уровню открытия позиции. Это не случайно, поскольку более широкие PTR, определяемые ненулевыми значениями N1 и N2, всегда будут приводить к эквивалентным или более высоким сигналам к покупке или к эквивалентным или более низким сигналам к продаже.

Рисунок 18.3.

**СИСТЕМА ДНЯ С ШИРОКИМ ДИАПАЗОНОМ,
ГРАФИК 3: НЕПРЕРЫВНЫЕ ФЬЮЧЕРСЫ НА САХАР**

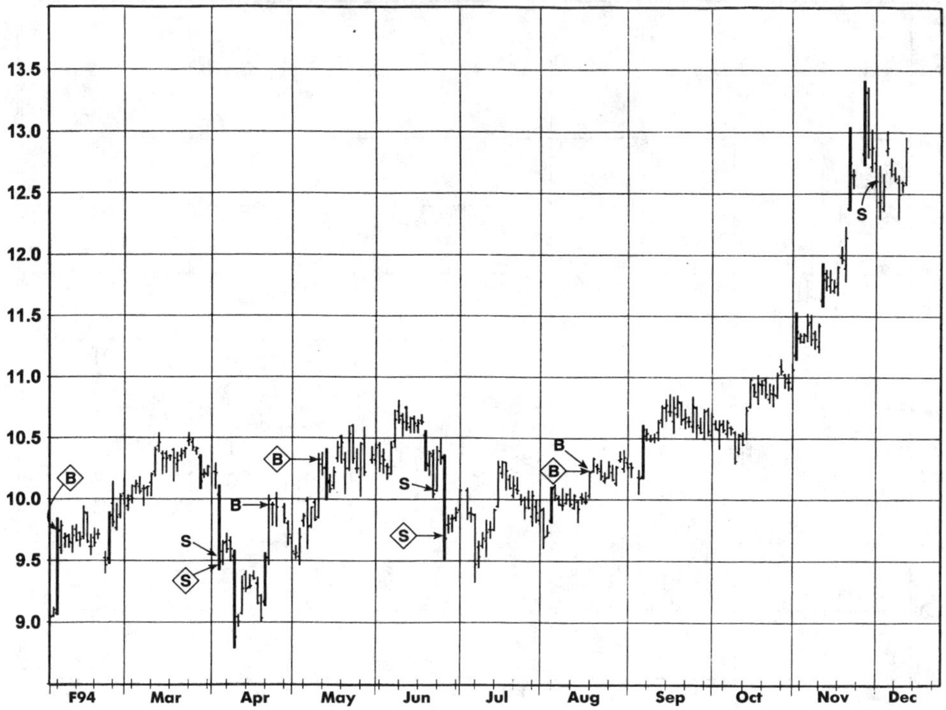

Замечания: Жирные штрихи обозначают дни с широким диапазоном. B, S — сигналы к покупке и продаже при N1 = 0 и N2 = 0; ⟨B⟩, ⟨S⟩ — сигналы к покупке и продаже при N1 = 4 и N2 = 2.

Читатель может поинтересоваться, зачем кому-то может потребоваться использовать ненулевые значения параметров, если возникающие задержки при открытии позиции приводят к эквивалентным или худшим результатам, чем те, что основываются на нулевых значениях N1 и N2. Дело в том, что более широкие PTR, возникающие при ненулевых значениях N1 и N2, могут отфильтровать некоторые сигналы, ведущие к убыткам. Например, заметьте, что намного более низкий уровень нижней границы PTR в случае, когда N1 = 4, а N2 = 2 (обозначен на рис. 18.4 штриховой линией), позволяет избежать убыточного сигнала к продаже 1 декабря 1994 г.

Кроме того, также отфильтровывается убыточный сигнал к покупке 3 января 1995 г., поскольку система в этот момент не находится в короткой позиции.

Рисунок 18.4.

СИСТЕМА ДНЯ С ШИРОКИМ ДИАПАЗОНОМ, ГРАФИК 4: НЕПРЕРЫВНЫЕ ФЬЮЧЕРСЫ НА САХАР

Замечания: Жирные штрихи обозначают дни с широким диапазоном. B, S — сигналы к покупке и продаже при N1 = 0 и N2 = 0; ⟨B⟩, ⟨S⟩ — сигналы к покупке и продаже при N1 = 4 и N2 = 2.

В итоге в этом примере поведения рынка негативное воздействие худших цен открытия позиций, к которым приводит использование ненулевых значений для N1 и N2, перевешивает выгоды от фильтрации убыточных сделок. Часто, тем не менее, оказывается верным противоположное.

Следует подчеркнуть, что выбранный пример был призван проиллюстрировать механику работы системы дня с широким диапазоном, а не выставить эту систему в наилучшем свете. Поэтому этот пример умышленно включает в себя как отрезки с большими выигрышами, так и убыточные сделки. Заметьте, что я с легкостью мог бы представить эту систему как виртуальный Священный Грааль, ограничив иллюстрации периодом с января 1993 г. по октябрь 1993 г. — временным отрезком, на котором система купила возле дна, продала возле вершины (top), а потом снова купила возле дна. Такие специальным образом подобранные иллюстрации нередко встречаются в книгах, журнальных статьях и особенно в рекламе. Мы вернемся к этому предмету в дискуссии по поводу «хорошего выбора примера» в гл. 20.

СИСТЕМА ПРОБОЯ ДНЕЙ УСКОРЕНИЯ

Дни верхнего и нижнего ускорения были определены в гл. 6. Как объяснялось в этой главе, дни ускорения возникают на рынках с сильными трендами. В этой системе сигналы к покупке генерируются, когда рынок закрывается выше наибольшего истинного максимума определенного количества предшествующих дней нижнего ускорения. Сигналы к продаже генерируются, когда рынок закрывается ниже самого низкого истинного минимума определенного количества предшествующих дней верхнего ускорения. Идея состоит в том, что способность рынка пробить экстремум одного или нескольких дней с сильным трендом подразумевает очевидный разворот тренда.

Торговые сигналы

Покупка. При одновременном выполнении следующих условий закрывайте короткую и открывайте длинную позицию.

1. Цена закрытия выше наибольшего истинного максимума последних N2 дней нижнего ускорения. (*Замечание*: Рассматриваются только истинные максимумы дней ускорения, промежуточные дни не учитываются.)
2. Последний из дней ускорения — день *верхнего* ускорения. (Без этого условия первое условие в случае продажи иногда будет приводить к автоматическому возвращению в короткую позицию.)

Продажа. При одновременном выполнении следующих условий закрывайте длинную и открывайте короткую позицию.

1. Цена закрытия ниже самого низкого истинного минимума последних N2 дней верхнего ускорения. (*Замечание*: Рассматриваются только истинные минимумы дней ускорения, промежуточные дни не учитываются.)
2. Последний из дней с ускорением — день с *нижним* ускорением. (Без этого условия первое условие в случае покупки иногда будет приводить к автоматическому возвращению в длинную позицию.)

Порядок ежедневной проверки

Для получения торговых сигналов ежедневно предпринимайте следующие шаги.

1. Проверяйте, может ли торговый день, отстоящий от текущего на N1 предшествующих дней, быть определен как день с верхним или нижним ускорением*.
2. Если вы в короткой позиции, проверяйте, превышает ли сегодняшняя цена закрытия наибольший истинный максимум прошедших N2 дней с нижним ускорением. Если это так, проверяйте, был ли последний из дней с ускорением днем с верхним ускорением. Если был, то закрывайте короткую позицию и открывайте длинную.
3. Если вы в длинной позиции, проверяйте, оказывается ли сегодняшняя цена закрытия ниже, чем наименьший истинный минимум прошедших N2 дней с верхним ускорением. Если это так, проверяйте, был ли последний из дней с ускорением днем с нижним ускорением. Если был, то закрывайте длинную позицию и открывайте короткую.

Параметры

N1. Параметр, используемый для определения дней с ускорением. Например, при N = 3 день будет определен как день с верхним ускорением, если его истинный максимум выше, чем наибольший истинный максимум предыдущих трех дней, и его истинный минимум ниже, чем наименьший истинный минимум следующих трех дней.

N2. Количество предшествующих дней с нижним ускорением, используемое для вычисления наибольшего истинного максимума, который должен быть превышен при закрытии, чтобы возник сигнал к покупке. (Кроме того, это количество предыдущих дней с верхним ускорением, используемое для вычисления наименьшего истинного минимума, который должен быть пробит ценой закрытия для формирования сигнала к продаже.)

---

* Иногда торговый день может одновременно отвечать определению дня с верхним и нижним ускорением. Эта необычная ситуация возникает, если дневной истинный максимум превосходит истинные максимумы предшествующих и последующих N1 дней и его истинный минимум меньше, чем истинные минимумы предшествующих и последующих N1 дней. Дни, которые удовлетворяют определениям дня с верхним и нижним ускорением одновременно, не рассматриваются в качестве дней с ускорением. (Вспомните, что день с ускорением не может быть определен, пока не будет цен закрытия N1 дней после дня с ускорением.) Продолжайте следить за всеми днями с ускорением и их истинными максимумами и минимумами.

Список наборов параметров

В табл. 18.2 приведен пример списка наборов параметров. Читатели могут использовать этот список в том виде, в котором он представлен, или изменить его по своему желанию.

Таблица 18.2.
СПИСОК НАБОРОВ ПАРАМЕТРОВ

	N1	N2
1	3	2
2	3	3
3	3	4
4	3	5
5	5	2
6	5	3
7	5	4
8	7	2
9	7	3
10	7	4

Иллюстрированный пример

Чтобы проиллюстрировать механику системы пробоя дня с ускорением, мы указали на рис. 18.5–18.9 сигналы к покупке и продаже, сгенерированные системой при наборе параметров N1 = 5 и N2 = 4. Дни с нижним ускорением отмечены стрелками, указывающими вниз, а дни с верхним ускорением — стрелками, указывающими вверх. Цена закрытия, превышающая наибольший истинный максимум четырех последних дней с нижним ускорением, генерирует сигналы к покупке в декабре 1992 г. (рис. 18.5). Обратите внимание на то, что второе условие для сигнала к покупке также выполняется (последний из дней с ускорением является днем с верхним ускорением).

На первый взгляд может показаться, что должен быть сигнал к продаже при низком закрытии в середине мая 1993 г. (рис. 18.5). В конце концов эта цена закрытия ниже наименьшего истинного минимума четырех последних дней с верхним ускорением, и последний из дней с ускорением является днем с нижним ускорением. Ловушка заключается в том, что последнее утверж-

Рисунок 18.5.

СИСТЕМА ПРОБОЯ ДНЯ С УСКОРЕНИЕМ (N2 = 4), ГРАФИК 1: НЕПРЕРЫВНЫЕ ФЬЮЧЕРСЫ НА КАЗНАЧЕЙСКИЕ ОБЛИГАЦИИ

Замечания: Жирные штрихи обозначают дни с ускорением. Направление стрелок указывает направление ускорения дня.

дение может быть воспринято как правильное только задним числом. В тот момент, когда было зафиксировано это низкое закрытие рынка, последний определенный день с ускорением был все еще 4 мая 1993 г., а это день с верхним ускорением. Помните о том, что день с ускорением не может быть определен прежде, чем пройдет N1 день, или спустя пять дней для нашего примера. К тому моменту, когда определен первый из трех майских 1993 г. дней с нижним ускорением, все закрытия рынка оказываются выше наименьшего истинного минимума четырех последних дней с верхним ускорением.

Фактически сигналы к продаже не возникают до 2 ноября 1993 г. (рис. 18.6) — свыше 10 месяцев и 16 пунктов цены казначейских облигаций ($16 000 на контракт) после сигнала к покупке! В этом частном примере (рынок, период и набор параметров) система работала великолепно, выло-

Рисунок 18.6.

СИСТЕМА ПРОБОЯ ДНЯ С УСКОРЕНИЕМ (N2 = 4), ГРАФИК 2: НЕПРЕРЫВНЫЕ ФЬЮЧЕРСЫ НА КАЗНАЧЕЙСКИЕ ОБЛИГАЦИИ

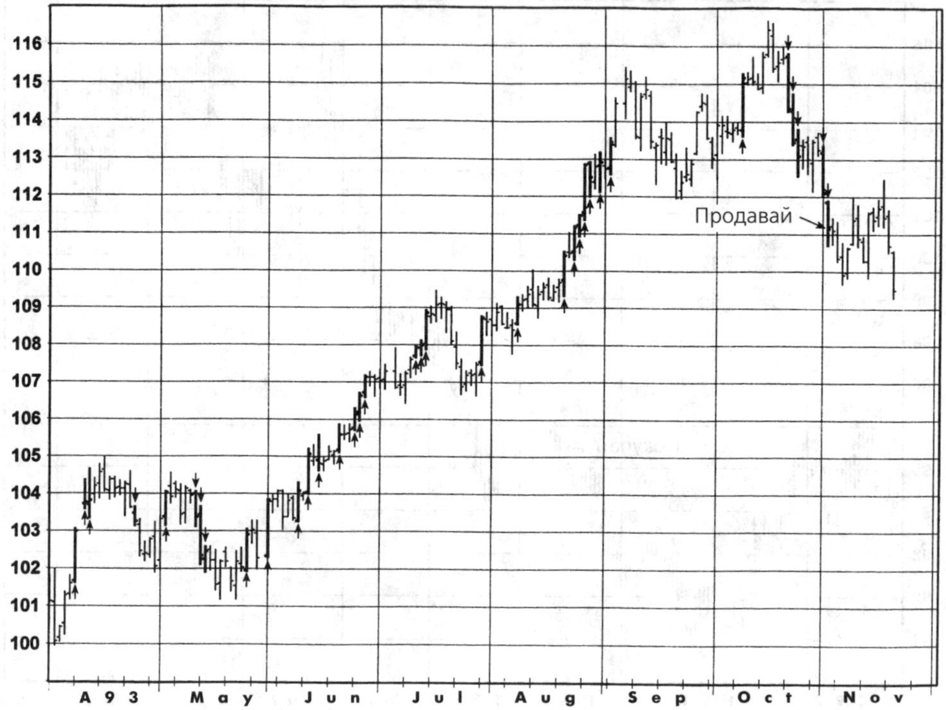

Замечания: Жирные штрихи обозначают дни с ускорением. Направление стрелок указывает направление ускорения дня.

вив почти две трети громадного роста цен и не совершив убыточных сделок. Однако следует заметить, что выбор более низкого значения для N2 (например, 1, 2 или 3) привел бы по крайней мере к одному ложному сигналу во время сильного «бычьего» рынка конца 1992 г. — конца 1993 г.

Короткая позиция, открытая в ноябре 1993 г., ликвидирована практически по той же цене в январе 1994 г. (рис. 18.7). Может показаться, что сигнал к покупке в январе 1993 г. появился позже и при более низкой цене, чем можно было бы предположить при первом беглом взгляде на график. И снова объяснение связано с тем фактом, что дни с верхним ускорением определены лишь после того, как установлен начальный январский пик. Указанная на графике точка покупки была первым днем января 1994 г., в который цена закрытия превысила наибольший истинный максимум предшествующих четырех дней с нижним ускорением,

Рисунок 18.7.

СИСТЕМА ПРОБОЯ ДНЯ С УСКОРЕНИЕМ (N2 = 4), ГРАФИК 3: НЕПРЕРЫВНЫЕ ФЬЮЧЕРСЫ НА КАЗНАЧЕЙСКИЕ ОБЛИГАЦИИ

Замечания: Жирные штрихи обозначают дни с ускорением. Направление стрелок указывает направление ускорения дня.

и при этом последний определенный день с ускорением был днем с верхним ускорением.

Длинная позиция была заменена на противоположную примерно месяц спустя при умеренных потерях (рис. 18.7). Заметьте, что в этом случае последние четыре дня с верхним ускорением, использованные для вычисления точки продажи, охватывают почти полгода, предшествовавших сигналу к продаже, и чередуются с многочисленными днями нижнего ускорения (рис. 18.6 и 18.7). Этот сигнал к продаже снова приводит к громадной прибыли, поскольку система остается в короткой позиции на протяжении периодов снижения цен февраля-марта 1994 г., колебания цен в узком диапазоне в апреле–августе и снижения цен в сентябре–октябре (рис. 18.7 и 18.8). Эта позиция, в конце концов, меняется на противоположную спустя примерно 10 месяцев и более 11 пунктов цены казначейских облигаций

Рисунок 18.8.

СИСТЕМА ПРОБОЯ ДНЯ С УСКОРЕНИЕМ (N2 = 4), ГРАФИК 4: НЕПРЕРЫВНЫЕ ФЬЮЧЕРСЫ НА КАЗНАЧЕЙСКИЕ ОБЛИГАЦИИ

Замечания: Жирные штрихи обозначают дни с ускорением. Направление стрелок указывает направление ускорения дня.

(рис. 18.8). Возникшая в результате длинная позиция удерживалась на протяжении последующего значительного повышательного тренда, который все еще продолжался в момент написания этой книги.

За показанный период в три с половиной года результативность системы была весьма хорошей: она зарегистрировала три сделки с большой прибылью, одну сделку с умеренными убытками и одну приблизительно безубыточную сделку. Читатели, тем не менее, должны остерегаться обобщений относительно результативности системы, основанных на этом единственном примере одного рынка и одного набора параметров. В большинстве случаев система не будет достигать такой звездной результативности, какая продемонстрирована в этом примере. Например, при N2 = 3 (а не 4), обе сделки системы принесли бы убытки (см. рис. 18.10, соответствующий рис. 18.6, и рис. 18.11, соответствующий рис. 18.8).

Рисунок 18.9.

СИСТЕМА ПРОБОЯ ДНЯ С УСКОРЕНИЕМ (N2 = 4), ГРАФИК 5: НЕПРЕРЫВНЫЕ ФЬЮЧЕРСЫ НА КАЗНАЧЕЙСКИЕ ОБЛИГАЦИИ

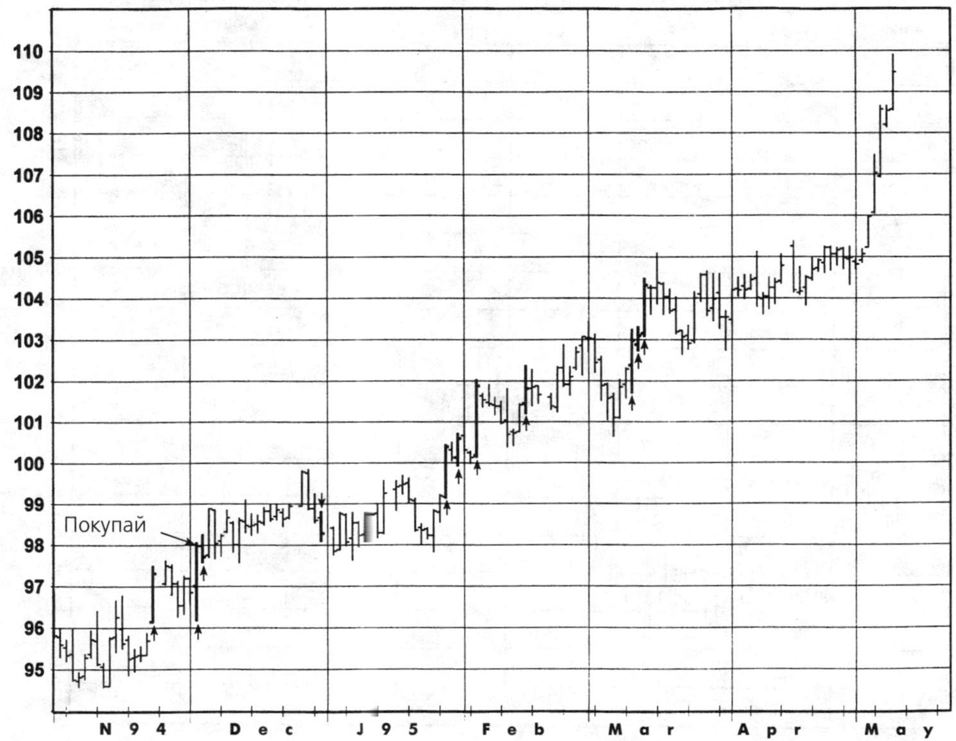

Замечания: Жирные штрихи обозначают дни с ускорением. Направление стрелок указывает направление ускорения дня.

Рисунок 18.10.

СИСТЕМА ПРОБОЯ ДНЯ С УСКОРЕНИЕМ (N2 = 3), ГРАФИК 1: НЕПРЕРЫВНЫЕ ФЬЮЧЕРСЫ НА КАЗНАЧЕЙСКИЕ ОБЛИГАЦИИ

Замечания: Жирные штрихи обозначают дни с ускорением. Направление стрелок указывает направление ускорения дня. Показанные сигналы к покупке и продаже сгенерированы при N2 = 3 и не имеют аналогов при N2 = 4.

Рисунок 18.11.

СИСТЕМА ПРОБОЯ ДНЯ С УСКОРЕНИЕМ (N2 = 3), ГРАФИК 2: НЕПРЕРЫВНЫЕ ФЬЮЧЕРСЫ НА КАЗНАЧЕЙСКИЕ ОБЛИГАЦИИ

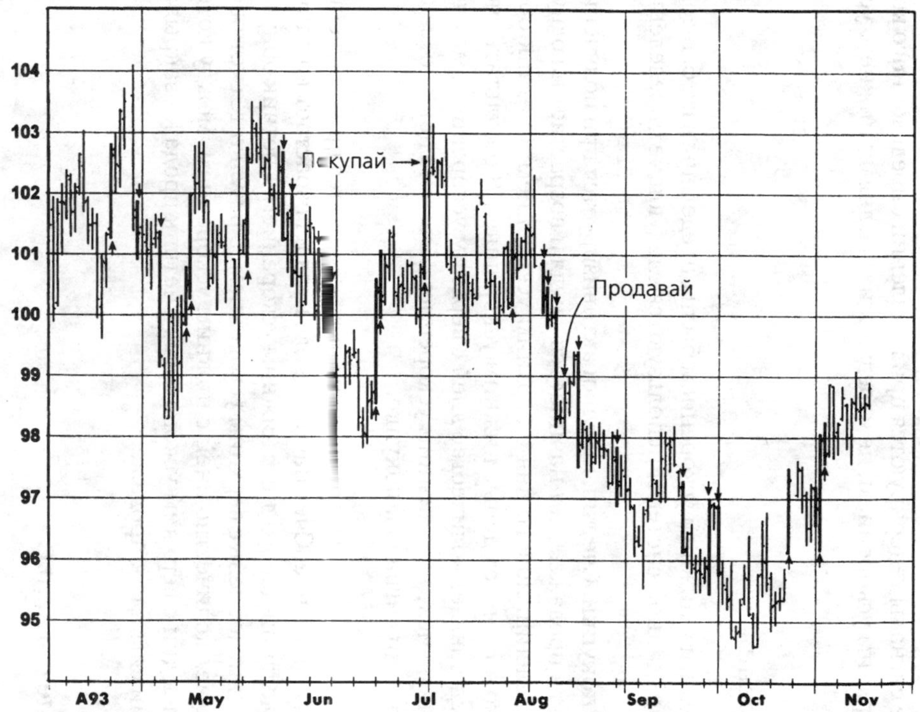

Замечания: Жирные штрихи обозначают дни с ускорением. Направление стрелок указывает направление ускорения дня. Показанные сигналы к покупке и продаже сгенерированы при N2 = 3 и не имеют аналогов при N2 = 4.

СИСТЕМА ПОСЛЕДОВАТЕЛЬНОГО ОТСЧЕТА ДНЕЙ С УСКОРЕНИЕМ

Базовые концепции

Эта система также использует дни с ускорением в качестве ключевого источника информации при генерации торговых сигналов. В этой системе разворотные сигналы генерируются при появлении определенного количества дней с верхним ускорением, не чередующихся с днями нижнего ускорения, и наоборот.

Определения

Дни с верхним и нижним ускорением были определены в гл. 6. В дополнение в описании данной системы используются следующие определения.

Счетчик покупки. Счетчик покупки активизируется при получении каждого сигнала к продаже. Счет начинается с нуля и возрастает на одну единицу при определении нового дня с верхним ускорением. Счетчик обнуляется, как только возникает день с нижним ускорением. В результате счетчик покупки представляет количество дней с верхним ускорением, между которыми не появлялись дни с нижним ускорением. Счетчик покупки закрывается при получении сигнала к покупке.

Счетчик продажи. Счетчик продажи активизируется при получении каждого сигнала к покупке. Счет начинается с нуля и возрастает на одну единицу при определении нового дня с нижним ускорением. Счетчик обнуляется, как только возникает день с верхним ускорением. В результате счетчик продажи представляет количество дней с нижним ускорением, между которыми не появлялись дни с верхним ускорением. Счетчик продажи закрывается при получении сигнала к продаже.

Торговые сигналы

Покупка. Закрывайте короткую позицию и открывайте длинную, когда счетчик покупки достигает N2. Помните, что о выполнении этого условия не будет известно, пока не пройдет N1 день после N2-го последовательного дня с верхним ускорением. («Последовательный» в данном случае означает, что между днями с верхним ускорением не возникает дней с нижним ускорением. Тем не менее дни с верхним ускорением не должны возникать в последовательные дни.)

Случай продажи. Закрывайте длинную позицию и открывайте короткую, когда счетчик продажи достигает N2. Помните, что о выполнении этого условия не будет известно, пока не пройдет N1 день после N2-го последовательного дня с нижним ускорением. («Последовательный» в данном случае означает, что между днями с нижним ускорением не возникает дней с верхним ускорением. Тем не менее дни с нижним ускорением не должны возникать в последовательные дни.)

Порядок ежедневной проверки

Ежедневно предпринимайте следующие действия, чтобы сгенерировать торговые сигналы.

1. Проверяйте, может ли быть определен в качестве дня с верхним или нижним ускорением торговый день, имевший место за N1 день до текущего дня (см. сноску на стр. 663). (Вспомните, что день с ускорением не может быть определен до того, как закроются N1 дней после дня с ускорением.) Если день определен как день с верхним ускорением, то необходимо прибавить к счетчику покупки единицу в том случае, когда счетчик покупки активизирован (т.е. текущая позиция является короткой); в противном случае следует обнулить счетчик продажи. (Либо счетчик покупки, либо счетчик продажи в любой момент окажется активным в зависимости от того, является ли текущая позиция длинной или короткой.) Если день определен как день с нижним ускорением, прибавьте единицу к счетчику продажи в том случае, когда активен счетчик продажи (текущая позиция является длинной); в противном случае обнулите счетчик покупки.
2. Если счетчик покупки активизирован, проверьте, стал ли он равен N2 после шага 1. Если это так, закройте короткую позицию, откройте длинную, закройте счетчик покупки и активизируйте счетчик продажи.
3. Если счетчик продажи активизирован, проверьте, стал ли он равен N2 после шага 1. Если это так, закройте длинную позицию, откройте короткую, закройте счетчик продажи и активизируйте счетчик покупки.

Параметры

N1. Параметр, используемый для определения дней с ускорением.

N2. Количество последовательных дней с ускорением, необходимых для генерации сигнала.

Список наборов параметров

В табл. 18.3 представлен пример списка наборов параметров. Читатели могут использовать этот список в данном виде или изменить его по своему желанию.

Таблица 18.3.

СПИСОК НАБОРОВ ПАРАМЕТРОВ

	N1	N2
1	3	1
2	3	2
3	3	3
4	3	4
5	5	1
6	5	2
7	5	3
8	7	1
9	7	2
10	7	3

Иллюстрированный пример

Рис. 18.12–18.16 иллюстрируют сигналы, сгенерированные системой последовательного отсчета дней с ускорением при N1 = 5 и N2 = 3. Система меняет позицию с длинной на короткую всякий раз, как появляются три последовательных дня с нижним ускорением, и с короткой на длинную — всякий раз, как появляются три последовательных дня с верхним ускорением. *Помните о том, что торговый сигнал не будет получен до пятого закрытия после третьего последовательного дня с ускорением, поскольку день с ускорением не определен до N1 дня после его появления (N1 = 5 в этом примере)*.

Первый показанный сигнал — продажа в октябре 1992 г. — находится недалеко от важного минимума рынка, достигнутого в следующем месяце (рис. 18.12). Эта позиция заменена на противоположную два месяца спустя с умеренными потерями. Сигнал к покупке в декабре 1992 г. приводит к существенной прибыли, но позиция меняется на короткую вблизи дна падения цен в мае 1993 г. (рис. 18.12 и 18.13).

Неудачный сигнал к продаже в мае 1993 г. был развернут с умеренными потерями в июне 1993 г. (рис. 18.13). После этого систе-

Рисунок 18.12.

СИСТЕМА ПОСЛЕДОВАТЕЛЬНОГО ОТСЧЕТА ДНЕЙ С УСКОРЕНИЕМ, ГРАФИК 1: НЕПРЕРЫВНЫЕ ФЬЮЧЕРСЫ НА КАЗНАЧЕЙСКИЕ ОБЛИГАЦИИ

Замечания: Жирные штрихи обозначают дни с ускорением. Направление стрелок указывает направление ускорения дня.

Рисунок 18.13.

СИСТЕМА ПОСЛЕДОВАТЕЛЬНОГО ОТСЧЕТА ДНЕЙ С УСКОРЕНИЕМ, ГРАФИК 2: НЕПРЕРЫВНЫЕ ФЬЮЧЕРСЫ НА КАЗНАЧЕЙСКИЕ ОБЛИГАЦИИ

Замечания: Жирные штрихи обозначают дни с ускорением. Направление стрелок указывает направление ускорения дня.

Рисунок 18.14.

СИСТЕМА ПОСЛЕДОВАТЕЛЬНОГО ОТСЧЕТА ДНЕЙ С УСКОРЕНИЕМ, ГРАФИК 3: НЕПРЕРЫВНЫЕ ФЬЮЧЕРСЫ НА КАЗНАЧЕЙСКИЕ ОБЛИГАЦИИ

Замечания: Жирные штрихи обозначают дни с ускорением. Направление стрелок указывает направление ускорения дня.

Рисунок 18.15.

СИСТЕМА ПОСЛЕДОВАТЕЛЬНОГО ОТСЧЕТА ДНЕЙ С УСКОРЕНИЕМ, ГРАФИК 4: НЕПРЕРЫВНЫЕ ФЬЮЧЕРСЫ НА КАЗНАЧЕЙСКИЕ ОБЛИГАЦИИ

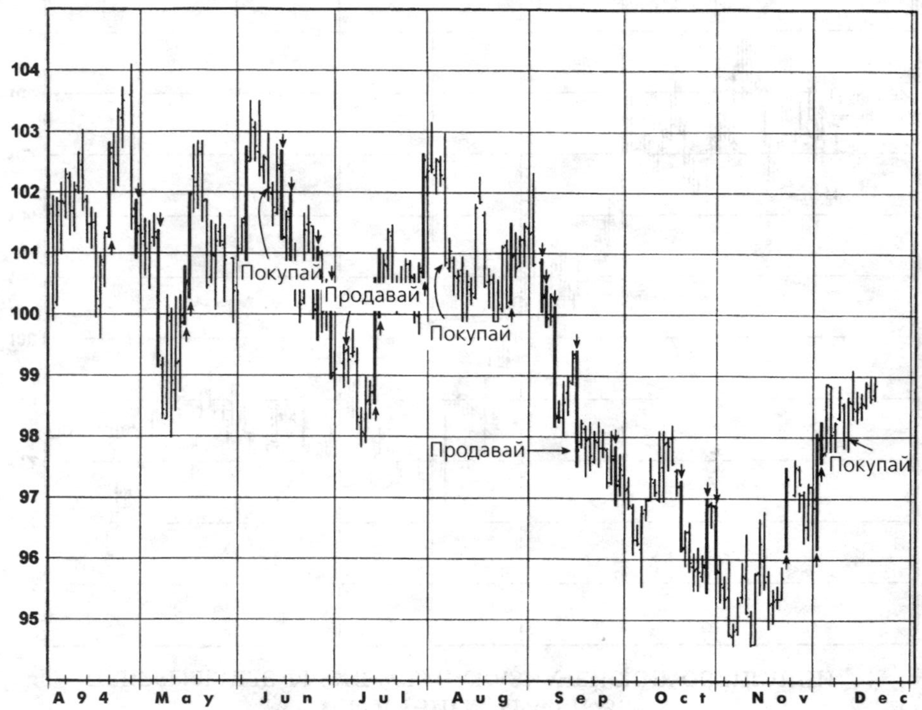

Замечания: Жирные штрихи обозначают дни с ускорением. Направление стрелок указывает направление ускорения дня.

Рисунок 18.16.

СИСТЕМА ПОСЛЕДОВАТЕЛЬНОГО ОТСЧЕТА ДНЕЙ С УСКОРЕНИЕМ, ГРАФИК 5: НЕПРЕРЫВНЫЕ ФЬЮЧЕРСЫ НА КАЗНАЧЕЙСКИЕ ОБЛИГАЦИИ

Замечания: Жирные штрихи обозначают дни с ускорением. Направление стрелок указывает направление ускорения дня.

ма оставалась в длинной позиции на протяжении всего оставшегося периода «бычьего» рынка, развернувшись в короткую позицию 1 ноября, примерно через две недели после пика цен в октябре 1993 г. (рис. 18.13). Ноябрьский сигнал к продаже, как кажется, появляется на четвертом дне нижнего ускорения. Тем не менее эта точка на самом деле является днем, когда третий день с нижним ускорением *уже определен*.

Сигнал к продаже в ноябре 1993 г. снова приводит к большой прибыли, поскольку система остается в короткой позиции на протяжении всего периода снижения цен до дна, достигнутого в мае 1994 г., развернувшись в длинную позицию в июне 1994 г. (рис. 18.14). Эта сделка, как и последующие две, возникшие в период торговли в ограниченном ценовом диапазоне, приводит к убыткам от маленьких до умеренных (рис. 18.15). Конец этого периода торговли в диапазоне совпадает с безубыточным сигналом к продаже в сентябре 1994 г. (рис. 18.15). Последняя показанная сделка — покупка в декабре 1994 г., которая ловит продолжительный рост цен (рис. 18.16).

ЗАКЛЮЧЕНИЕ

В этой главе были представлены некоторые оригинальные системы. Эти системы вполне жизнеспособны и в исходном виде. Тем не менее читатели могут захотеть поэкспериментировать с их модификациями, которые будут использовать данные системы в качестве ядра более сложных подходов. Однако непосредственная цель этой главы состояла не в том, чтобы предложить читателям определенные торговые системы. Глава была написана для того, чтобы проиллюстрировать, как основные концепции технического анализа могут трансформироваться в системы игры на бирже. Количество возможных систем, которые могут быть сконструированы на основе технических схем и концепций, уже обсужденных в этой книге, ограничено разве что воображением читателя.

19 Выбор наилучших фьючерсных ценовых рядов для компьютерного тестирования

Трейдеры, использующие торговые системы и желающие проверить собственные идеи на исторических данных, всегда сталкиваются с большим препятствием: ограниченным времени жизни фьючерсных контрактов. В противоположность фондовому рынку, где любая акция представлена единственной ценовой серией, охватывающей весь тестовый период, на рынке фьючерсов каждый рынок представлен последовательностью срочных контрактов. Предлагаемые решения этой проблемы неизменно являются предметом многих статей и жарких дискуссий. Активное обсуждение данной проблемы привело к немалой путанице, что видно из использования идентичных терминов для описания различных типов ценовых серий. Дела обстоят даже еще хуже, ведь по этому предмету представлено такое количество ложной информации, что многие участники рынка сегодня верят в теории, эквивалентные идеям о том, что Земля плоская.

Существует четыре основных типа ценовых серий, которыми можно пользоваться. Определения, преимущества и недостатки каждого из них сейчас и будут обсуждаться.

ИСПОЛЬЗОВАНИЕ ЦЕНОВЫХ ДАННЫХ ПО ОТДЕЛЬНЫМ ФЬЮЧЕРСНЫМ КОНТРАКТАМ

На первый взгляд наилучшим путем может показаться простое использование цен на контракты без каких-либо преобразований. Однако с таким подходом связаны две основные проблемы. Во-первых, если вы тестируете систему на значительном отрезке времени, моделирование каждого из рынков будет требовать большого количества ценовых серий по отдельным контрактам. Например, 15-годичный тест, примененный к типичному рынку, потребовал бы использования примерно 60–90 отдельных серий цен на контракты. Более того, при использовании серий отдельных контрактов требуется создать алгоритм действий, которые необходимо предпринимать в точках замены одного контракта другим. Например, вполне вероятно, что ваша торговая система будет иметь короткую позицию в старом контракте и длинную позицию в новом, и наоборот. Эти проблемы преодолимы, но они делают использование серий отдельных контрактов в некотором смысле неудобным подходом.

Неудобства, связанные с использованием отдельных контрактов, не являются, однако, главной проблемой. Основной недостаток серий отдельных контрактов состоит в том, что период высокой ликвидности большинства контрактов очень короток — намного короче продолжительности существования контракта. Чтобы увидеть степень важности этой проблемы, рассмотрите графики фьючерсов, изображающие поведение цен за год до срока истечения контрактов. На большинстве рынков торговая активность скудна или вовсе отсутствует до тех пор, пока срок истечения контрактов не сократится по крайней мере до шести-восьми месяцев. На многих рынках контракты не достигают значительной ликвидности вплоть до последних пяти-шести месяцев торгов по ним, а иногда и меньше. Эта проблема была проиллюстрирована в гл. 12 (рис. 12.1–12.3). Ограниченность промежутка времени ликвидной торговли по отдельным контрактам означает, что любой метод технического анализа, учитывающий данные более чем шестимесячной давности (что верно для всего спектра долгосрочных методов), не может быть применен к сериям отдельных контрактов. Таким образом, исключая разве что краткосрочных трейдеров, использование серий отдельных контрактов оказывается нежизнеспособным путем. И это не просто случай чрезмерной сложности подхода, а скорее невозможность его использования по причине отсутствия необходимых данных.

БЛИЖАЙШИЕ ФЬЮЧЕРСНЫЕ КОНТРАКТЫ

Только что описанные проблемы использования серий отдельных контрактов приводят к построению различных сопряженных ценовых серий. В качестве наиболее общего подхода почти повсеместно используются так называемые «ближайшие фьючерсные контракты». Ценовые серии выстраиваются так: берется отдельная контрактная серия вплоть до ее истечения, затем к ней добавляются ценовые данные по следующему контракту до его истечения и т.д. Этот подход может быть полезен при построении долгосрочных графиков цен для проведения графического анализа, но он не имеет никакой ценности с точки зрения получения ценовых рядов, которые можно использовать для компьютерного тестирования торговых систем.

Проблема использования серий ближайших фьючерсных контрактов связана с тем, что существуют ценовые разрывы между истекающими и новыми контрактами, и довольно часто они могут быть существенными. Например, предположим, что июльский контракт на кукурузу истекает при цене в $3,00 и что торги по следующему контракту (сентябрьскому) закрываются на уровне $2,50 в тот же день. Предположим, что на следующий день цена на кукурузу с поставкой в сентябре совершает максимально возможное движение вверх с $2,50 до $2,62, что приводит к остановке торгов по данному контракту. Ценовые серии ближайших фьючерсных контрактов покажут такие уровни закрытия на этих двух следующих один за другим днях: $3,00 и $2,62. Другими словами, график ближайших фьючерсных контрактов будет подразумевать снижение на 38 центов в день, когда длинные позиции принесли прибыль (а короткие — убыток) из-за резкого подъема цен на 12 центов. Этот пример ни в коем случае не искусственный. Было бы несложно найти подобные экстремальные ситуации в реальной ценовой истории. Более того, даже если типичные искажения на стыках контрактов не так велики, важно то, что практически всегда присутствует некоторое искажение, и кумулятивный эффект этих погрешностей мог бы свести на нет результаты любого компьютерного теста.

К счастью, немногие трейдеры используют тип ценовых серий ближайших фьючерсных контрактов для компьютерного тестирования. Два альтернативных способа соединения ценовых данных по отдельным контрактам, описанные ниже, стали тем подходом, который использует большинство трейдеров, желающих применять единственную ценовую серию для каждого рынка при тестировании систем.

ФЬЮЧЕРСНЫЕ ЦЕНОВЫЕ РЯДЫ С ПОСТОЯННЫМ СРОКОМ ДО ИСТЕЧЕНИЯ («БЕССРОЧНЫЕ»)

«Бессрочные» фьючерсы строятся как серии цен на контракты, срок до истечения которых не изменяется. Межбанковский валютный рынок и Лондонская биржа металлов представляют собой реальные примеры ценовых серий с постоянным сроком до истечения. Например, ценовые данные по трехмесячным форвардам на швейцарский франк представляют собой котировки швейцарского франка с расчетами через три месяца после каждого данного дня в серии. Это отличается от стандартного американского фьючерсного контракта, предполагающего фиксированную дату расчетов (или поставки).

Бессрочные серии могут быть построены на основании ценовых данных по фьючерсным контрактам с помощью интерполяции. Например, если бы мы вычисляли 90-дневные бессрочные серии, и 90-дневный постоянный срок до истечения приходился бы в точности на одну треть расстояния между сроками истечения двух ближайших контрактов, цена бессрочного фьючерса исчислялась бы как сумма двух третей цены ближайшего контракта и одной трети цены следующего контракта. По мере нашего продвижения во времени ближайший контракт будет весить меньше, но вес следующего контракта будет пропорционально возрастать. В конце концов ближайший контракт подойдет к дате своего истечения и перестанет использоваться в вычислениях, а цена бессрочного фьючерса будет основываться на интерполяции цен двух последующих контрактов.

В качестве более подробного примера рассмотрим порядок вычисления ценовой серии с постоянным сроком до истечения, равным 100 дням. В качестве исходных данных будем использовать фьючерсы на швейцарский франк. Существуют фьючерсные контракты на швейцарский франк с расчетами в марте, июне, сентябре и декабре. Чтобы проиллюстрировать метод вычисления цены фьючерсов с постоянным стодневным сроком до истечения, представим, что текущая дата — 20 января. В этом случае период длиной в сто дней завершится 30 апреля, между датами истечения мартовского и июньского контрактов. Предположим, что последний день торгов по этим двум контрактам приходится на 14 марта и 13 июня соответственно. Таким образом, 30 апреля наступает через 47 дней после последнего дня торгов по мартовскому контракту и на 44 дня раньше последнего дня торгов по июньскому контракту. Чтобы вычислить цену бессрочных фьючерсов на 20 января необходимо усреднить котировки мартовского и июньского контрактов на швейцарский франк на 20 января, взвешенные в обратной пропорции к расстоянию их дат истечения от «даты истечения» бессрочного фьючерса (30 апреля). Таким образом, если на 20 января цена закрытия мартовского контракта составляет 51,04, а цена закрытия июньского контракта — 51,77, то цена закрытия фьючерсов с постоянным сроком до истечения, равным 100 дням, будет следующей:

$$\frac{44}{91}(51{,}04)+\frac{47}{91}(51{,}77)=51{,}42\,.$$

Заметьте, что общая формула для весовых коэффициентов, использованная для каждой цены контракта такова:

$$W_1=\frac{C_2-F}{C_2-C_1},\quad W_2=\frac{F-C_1}{C_2-C_1},$$

где C_1 — количество дней до истечения ближайшего контракта;
C_2 — количество дней до истечения следующего контракта;
F — величина постоянного срока до истечения «бессрочной» серии, выраженная в днях;
W_1 — вес котировки цены ближайшего контракта;
W_2 — вес котировки цены следующего контракта.

Таким образом, например, веса для мартовской и июньской котировок, которые будут использоваться 2 марта для вычисления цены фьючерса с постоянным сроком до истечения, равным 100 дням, окажутся следующими:

$$\text{Вес мартовской котировки} = \frac{103-100}{103-12} = \frac{3}{91}.$$

$$\text{Вес июньской котировки} = \frac{100-12}{103-12} = \frac{88}{91}.$$

По мере нашего движения во времени ближайший контракт весит все меньше и меньше, а вес следующего за ним контракта пропорционально возрастает. Когда срок до истечения июньского контракта станет равным 100 дням, цена бессрочных фьючерсов будет просто равна котировке июньского контракта. Последующие цены бессрочных фьючерсов будут основываться на усреднении взвешенных цен июньского и сентябрьского контрактов. Таким способом будет построена одна непрерывная ценовая серия.

Бессрочные ценовые серии устраняют проблему значительных ценовых разрывов в точках замены контрактов и являются значительным улучшением по сравнению с ценовыми сериями ближайших фьючерсных контрактов. Тем не менее у этого типа ценовых серий есть большие недостатки. Для начала нужно подчеркнуть, что никто не может торговать бессрочными фьючерсами, поскольку они не соответствуют какому-то реальному контракту. Еще более серьезный недостаток таких серий состоит в том, что они не способны отражать эффект истечения времени, который присутствует в реальных фьючерсных контрактах. Этот недостаток может привести к значительным искажениям, в частности на товарных рынках с высокими издержками по транспортировке и хранению товара.

Чтобы проиллюстрировать этот пункт, рассмотрим гипотетическую ситуацию, в которой цены спот-рынка на золото остаются стабильными на уровне примерно $400 за тройскую унцию на протяжении периода в один год, в то время как фьючерсы сохраняют постоянную премию в 1,0% за каждые два месяца. При таких предположениях фьючерсы будут испытывать постоянный нисходящий тренд, снижаясь в цене на $24,60 за унцию* ($2460 на контракт) в течение года (эквивалент премий за издержки по транспортировке). Заметьте, однако, что бессрочные фьючерсы не смогут отразить этот «медвежий» тренд, поскольку их цена будет практически неизменной. Например, цена двухмесячных бессрочных фьючерсов была бы равна приблизительно $404 за унцию (1,01 × $400 = = $404). Таким образом, поведение бессрочных фьючерсов отличается от поведения цен на реальные торгуемые контракты, а это крайне нежелательный момент.

НЕПРЕРЫВНЫЕ ФЬЮЧЕРСЫ

Еще один тип ценовых серий, так называемые «непрерывные фьючерсы», сконструирован с целью устранения ценовых разрывов между истекающим и следующим за ним фьючерсными контрактами в переходных точках. В результате цены непрерывных фьючерсов будут точно отражать колебания фьючерсной позиции, которая постоянно переносится в следующий контракт за N дней до последнего дня торгов в текущем контракте, где N — параметр, который должен быть определен. Естественно, трейдер будет выбирать значения для N, соответствующие его реальной торговле. Например, если трейдер обычно переносит позицию в новый контракт примерно за 20 дней до последнего дня торгов, N будет равно 20. Текущую цену непрерывных фьючерсов, как правило, делают равной цене текущего торгуемого контракта путем прибавления постоянной величины.

Таблица иллюстрирует построение цен непрерывных фьючерсов для рынка золота. Для простоты объяснения в этой иллюстрации использованы лишь два контракта — июньский и декабрьский; тем не менее непрерывные фьючерсы могут быть сформированы с использованием любого количества контрактов. Например, цена непрерывных фьючерсов может быть рассчитана с использованием февральского, апрельского, июньского, августовского, октябрьского и декабрьского контрактов на золото на бирже COMEX.

На некоторое время проигнорируем последнюю колонку в табл. 19.1 и сосредоточимся на нескорректированной цене непрерывных фьючерсов (колонка 6). В начале периода реальная цена июньского контракта и нескорректированная цена непрерывных фьючерсов

* Это действительно так, поскольку при этих предположениях цена фьючерсов за год до срока поставки будет равна $424,60 ($1{,}01^6 \times \$400 = \$424{,}60$) и затем будет постепенно снижаться, пока не сравняется с ценой спот-рынка ($400) к моменту истечения.

идентичны. В первой переходной точке следующий контракт (декабрь 1992 г.) торгуется с премией в $5,90 относительно июньского контракта. В этот и во все последующие дни цены на контракт с истечением в декабре 1992 г. уменьшаются на величину премии $5,90 (производится добавление отрицательной разницы между ближайшим и следующим контрактами), что дает нескорректированные цены непрерывных фьючерсов, показанные в колонке 6. В следующей переходной точке следующий контракт (июнь 1993 г.) торгуется при премии в $4,10 относительно ближайшего контракта (декабрь 1992 г.). Как результат, все последующие реальные цены контракта с истечением в июне 1993 г. теперь должны быть скорректированы на сумму всех ценовых разрывов, возникших при заменах контрактов вплоть до этого момента ($5,90 + $4,10 = $10,00), чтобы избежать каких-либо неестественных разрывов цен в точке перехода. Этот совокупный корректирующий фактор показан в колонке 5. Нескорректированная цена непрерывных фьючерсов получена с помощью прибавления совокупного корректирующего фактора к реальной цене.

Этот процесс продолжается до тех пор, пока не будет достигнута текущая дата. В этой точке финальный совокупный корректирующий фактор (который является отрицательным числом) вычитается из всех нескорректированных цен непрерывных фьючерсов (колонка 6). Этот шаг приводит к тому, что текущая цена непрерывных фьючерсов становится равной цене ближайшего контракта (в нашем примере контракт с истечением в декабре 1994 г.) без изменения формы графика непрерывных фьючерсов. Эта цена непрерывных фьючерсов показана в колонке 7. Обратите внимание на то, что при росте цен реальных контрактов на $55,00 в течение рассматриваемого периода, цены непрерывных фьючерсов выросли лишь на $24,30. Именно такую прибыль покажет непрерывно переносимая в следующий контракт длинная фьючерсная позиция.

Построение графика непрерывных фьючерсов можно свести к следующей нехитрой процедуре: берется график ближайших фьючерсных контрактов, и вырезаются него куски, соответствующие каждому отдельному контракту. Затем эти куски склеиваются так, чтобы не было скачков цен при переходе из одного контракта в другой (если при построении непрерывных фьючерсов используются все торгуемые контракты и те же даты перехода, что и на графике ближайших фьючерсных контрактов).

На некоторых рынках спреды между контрактами будут находиться в диапазоне от премий до дисконтов (например, на рынке крупного рогатого скота). Однако на других рынках эта разница всегда будет иметь одинаковое направление. Например, на рынке золота следующий месяц всегда торгуется с премией относительно ближайшего

Таблица 19.1.

ВЫЧИСЛЕНИЕ ЦЕН НЕПРЕРЫВНЫХ ФЬЮЧЕРСОВ С ИСПОЛЬЗОВАНИЕМ ИЮНЬСКОГО И ДЕКАБРЬСКОГО КОНТРАКТОВ НА ЗОЛОТО ($/ТРОЙСКАЯ УНЦИЯ)*

(1)	(2)	(3)	(4)	(5)	(6)	(7)
Дата	Контракт	Реальная цена	Спред между ближайшим и следующим контрактами в точке замены	Совокупный корректирующий фактор	Нескорректированные непрерывные фьючерсы [кол. (3) + кол. (5)]	Цены непрерывных фьючерсов [кол. (6) + 30,70]
5/27/92	июнь 1992	338,20			338,20	368,90
5/28/92	июнь 1992	337,00			337,00	367,70
5/29/92	июнь 1992	336,40			336,40	367,10
6/1/92	декабрь 1992	343,60	–5,90	–5,90	337,70	368,40
6/2/92	декабрь 1992	345,20		–5,90	339,30	370,00
•						
•						
•						
11/27/92	декабрь 1992	334,00		–5,90	328,10	358,80
11/30/92	декабрь 1992	334,30		–5,90	328,40	359,10
12/1/92	июнь 1993	339,00	–4,10	–10,00	329,00	359,70
12/2/92	июнь 1993	339,80		–10,00	329,80	360,50
•						
•						
•						
5/27/93	июнь 1993	381,40		–10,00	371,40	402,10
5/28/93	июнь 1993	378,30		–10,00	368,30	399,00

Окончание табл. 19.1

(1) Дата	(2) Контракт	(3) Реальная цена	(4) Спред между ближайшим и следующим контрактами в точке замены	(5) Совокупный корректирующий фактор	(6) Нескорректированные непрерывные фьючерсы [кол. (3) + кол. (5)]	(7) Цены непрерывных фьючерсов [кол. (6) + 30,70]
6/1/93	декабрь 1993	37[illegible],70	–5,60	–15,60	359,10	389,80
6/2/93	декабрь 1993	37[illegible],10		–15,60	358,50	389,20
•						
•						
•						
11/29/93	декабрь 1993	369,40		–15,60	358,80	384,50
11/30/93	декабрь 1993	368,30		–15,60	354,20	384,90
12/1/93	июнь 1994	380,30	–5,80	–21,40	358,90	389,60
12/2/93	июнь 1994	379,30		–21,40	357,90	388,60
•						
•						
•						
5/27/94	июнь 1994	384,[illegible]0		–21,40	363,30	394,00
5/31/94	июнь 1994	387,[illegible]0		–21,40	365,70	396,40
6/1/94	декабрь 1994	392,[illegible]0	–9,30	–30,70	362,00	392,70
6/2/94	декабрь 1994	393,[illegible]0		–30,70	362,50	393,20

* Предполагается переход в следующий контракт в последний день месяца, предшествующего месяцу истечения данного контракта.

месяца*. На рынках такого типа исторические цен непрерывных фьючерсов будут сильно отличаться от реальных цен на торговавшиеся в прошлом контракты.

Следует заметить, что на тех рынках, где при замене контрактов ближайшие контракты торгуются по более высоким ценам, чем следующие, серии непрерывных фьючерсов могут содержать отрицательные цены для некоторых периодов в прошлом. Например, на протяжении 1987–1991 гг. наблюдалась тенденция к торговле ближайшими фьючерсами на медь с премией относительно более отдаленных контрактов, и часто довольно большой. В результате рост цен, который в этот период был бы зафиксирован постоянно переносимой в следующий контракт длинной фьючерсной позицией, намного превышал чистый рост цен, подразумеваемый графиком ближайших фьючерсных контрактов, и вычитание совокупного корректирующего фактора из текущих (1995) цен приводило бы к отрицательным ценам в начале — середине 90-х годов (рис. 19.1). Подобный результат неизбежен, поскольку непрерывные фьючерсные ценовые серии отражают чистый доход в непрерывно переносимой в следующий контракт длинной фьючерсной позиции, и серии скорректированы на постоянную величину, необходимую, чтобы установить текущую цену непрерывных фьючерсов на уровне реальной цены текущего контракта.

Хотя тот факт, что непрерывные фьючерсные ценовые серии могут включать в себя отрицательные цены, может выглядеть обескураживающе, он не создает каких-то проблем для использования таких серий в тестировании систем. Причина в том, что при измерении прибыли или убытков в торговле важно, чтобы используемые ценовые серии точно отражали *изменения* цен, а не их *уровни*. Однако часто будет также полезным использовать в работе и реальные цены, соответствующие ценам непрерывных фьючерсов, например для того, чтобы проверить торговые сигналы по графикам реальных контрактов.

Кроме того, необходимо отметить, что смена контрактов не должна обязательно производиться в последний день торгов, как это традици-

---

* Причина такой модели поведения спредов на рынке золота связана с тем фактом, что мировые золотые запасы превышают годовое использование во много раз — вероятно, даже в сотни раз. Следовательно, в действительности никогда не возникнет «недостатка» в золоте, и недостаточность ближайших поставок является единственной причиной, почему могут торговаться с премией за ближайший контракт. (В типичном для хранящихся товаров случае тот факт, что цены фьючерсных контрактов включают в себя издержки по транспортировке, будет приводить к торговле дальними контрактами с премией к ближним.) Цены на золото колеблются в ответ на изменения в восприятии ценности золота покупателями и продавцами. Даже когда цены на золото находятся на экстремально высоком уровне, это не предполагает какой-то действительной нехватки, но скорее — сдвиг в представлениях рынка о ценности золота в сторону повышения. В этот момент поставки золота доступны фактически в любом размере по определенной цене. Это не верно для большинства товаров, для которых существует определенный предел возможных поставок.

Рисунок 19.1.

«ОТРИЦАТЕЛЬНЫЕ» ЦЕНЫ НА ГРАФИКЕ НЕПРЕРЫВНЫХ ФЬЮЧЕРСОВ: НЕПРЕРЫВНЫЕ ФЬЮЧЕРСЫ НА МЕДЬ

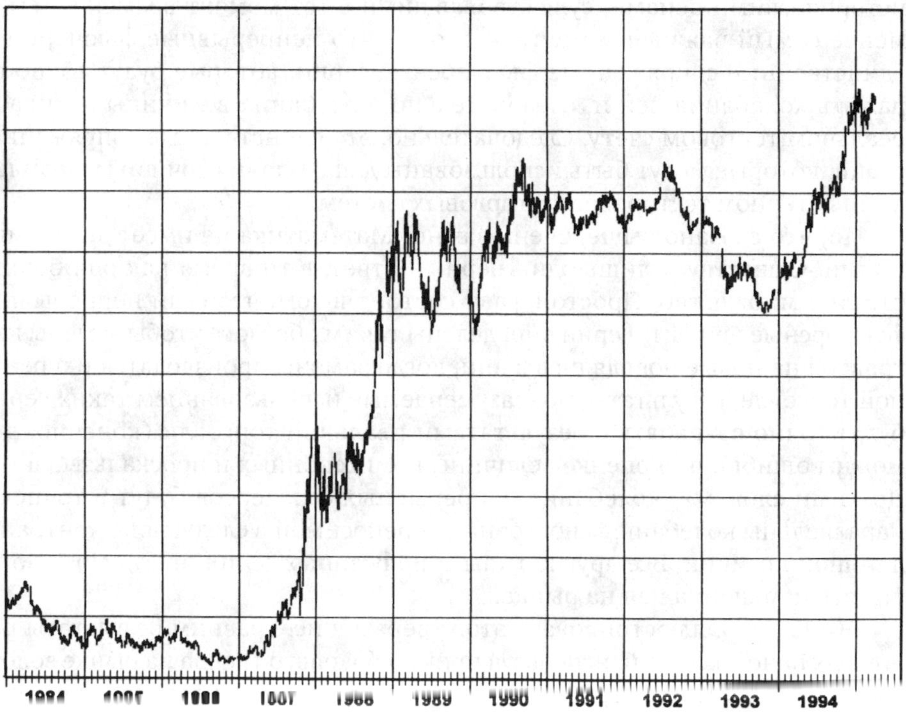

онно предполагается в ценовых сериях ближайших фьючерсных контрактов. Напротив, в последние недели торговли возможны некоторые искажения цен на контракты, благодаря техническим обстоятельствам, касающимся поставки. Поэтому имеет смысл избегать этих цен при построении графиков. Следовательно, лучше использовать дату замены, предшествующую последнему дню торгов (например, за 20 дней до последнего дня торгов).

СРАВНЕНИЕ РАЗЛИЧНЫХ ТИПОВ ЦЕНОВЫХ СЕРИЙ

Важно понимать, что сопряженные фьючерсные ценовые серии могут точно отражать либо *уровни* цен, как в случае ближайших фьючерсных контрактов, либо *изменения* цен, как в случае непрерывных фьючерсов, но не то и другое одновременно — как монета может упасть на землю либо орлом, либо решкой вверх, но не обеими сторонами. Процесс корректировки, используемый при построении непрерывных фьючерсов, означает, что прошлые цены в непрерывных сериях не будут совпадать с реальными историческими ценами, существовавшими в тот момент времени. Тем не менее самый важный момент — это то, что непрерывные фьючерсы — единственные сопряженные фьючерсные серии, которые будут точно отражать колебания цен и, следовательно, колебания величины актива на реальном торговом счету. Следовательно, это единственные сопряженные серии, которые могут быть использованы для создания точной модели при компьютерном тестировании торговых систем.

То, что сказано выше, очень важно! Математика не имеет дела с мнениями. Существует лишь один верный ответ, в то время как ошибочных ответов множество. Простой факт состоит в том, что если непрерывные фьючерсные ценовые серии определены таким образом, чтобы замены контрактов на новые появлялись в дни, когда замены производятся и в реальной торговле, результаты, подразумеваемые использованием таких серий, будут точно совпадать с результатами реальной торговли (конечно, возможны ошибки при оценке величины комиссионных и проскальзывания). Другими словами, колебания непрерывных фьючерсов будут в точности параллельны колебаниям постоянно переносимой в следующие контракты длинной позиции. Все другие типы сопряженных серий не будут точно отражать изменения цен на рынке.

Чтобы проиллюстрировать это утверждение, сравним результаты различных ценовых серий, используя пример бокового тренда на рынке золота, уже приведенный в этой главе ранее (колебания цены спот-рынка вблизи \$400 и премию в цене следующего контракта по отношению к ближайшему, равную 1,0% за каждые два месяца). Трейдер, покупая фьючерсный контракт за год до его истечения, заплатит примерно \$424, 60 ($1{,}01^6 \times \$400 = \$424{,}60$). Цена спот-рынка будет колебаться вблизи \$400. Как уже можно было видеть, цена 60-дневных бессрочных фьючерсов весь год будет находиться вблизи \$404 ($1{,}01 \times \$400$). На графике ближайших фьючерсных контрактов увидим горизонтальный коридор, внутри которого будут наблюдаться нисходящие тренды малого порядка (отражающие постепенное уменьшение премии за издержки по транспортировке по мере приближения к истечению каждого контракта), перемежающиеся повышательными разрывами в моменты смены контрактов.

Таким образом, график цен спот-рынка, бессрочные фьючерсы и ближайшие фьючерсные контракты будут подразумевать, что длинная позиция привела бы к безубыточной торговле за год. В реальности, тем не менее, покупатель фьючерсного контракта платит \$424,60 за контракт, который в конце концов истекает при цене в \$400,00. Таким образом, с точки зрения реальной торговли рынок становится свидетелем нисходящего тренда. Единственным графиком, отражающим понижение рынка (и реальную потерю денег), с которым бы в действительности столкнулся трейдер, является график непрерывных фьючерсов

Я часто сталкивался с комментариями и статьями биржевых «экспертов», призывающими к использованию бессрочных фьючерсов вместо непрерывных ради избежания искажений. Все с точностью до наоборот. Выбирают ли подобные «эксперты» бессрочные серии по наивности или исходя из личного интереса (являясь продавцами данных соответствующего типа), в любом случае они просто не правы. И это — не вопрос мнения. Если у вас есть некие сомнения, попробуйте согласовать колебания реального торгового счета с теми, которые бы подразумевались бессрочными фьючерсными сериями. Вам не потребуется много времени, чтобы развеять сомнения.

Есть ли какие-то недостатки у непрерывных фьючерсов? Конечно. Вероятно, это лучшее решение проблем сопряженных серий, но не безукоризненный ответ. Безукоризненной альтернативы попросту не существует. Один из потенциальных недостатков, который является следствием того факта, что непрерывные фьючерсы отражают точно лишь колебания цен, а не ценовые уровни, состоит в том, что непрерывные фьючерсы не могут использоваться для процентных вычислений. Эта ситуация, однако, без труда может быть исправлена. Если система требует вычисления процентных изменений, используйте непрерывные фьючерсы для вычисления абсолютного изменения цен и ближайшие фьючерсы в качестве делителя. Кроме того, существует некоторая неизбежная произвольность, связанная с построением непрерывных серий, поскольку необходимо решать, какие использовать контракты и на какие дни должны приходиться замены. Однако в действительности это — не проблема, поскольку такой выбор будет просто отражать контракты и даты их замен, использованные в реальной торговле. Более того, эта произвольность присуща всем ценовым сериям, которые мы обсуждали. И наконец, на некоторых рынках сопрягаемые контракты могут иметь очень разные прошлые ценовые модели (например, это частый случай для рынков живого скота). Однако эта проблема существует в любом типе сопряженных серий.

ЗАКЛЮЧЕНИЕ

Есть только два типа приемлемых ценовых серий, пригодных для целей компьютерного тестирования торговых систем: (1) серии цен на отдельные контракты; и (2) непрерывные фьючерсные серии. Серии отдельных контрактов — это единственный жизнеспособный подход, если используемая методология учитывает цены только за четыре или пять последних месяцев (ограничение, которое исключает большинство технических подходов). Таким образом, непрерывные фьючерсы предлагают наилучшую альтернативу для решения большинства задач. До тех пор пока можно избежать использования цен непрерывных фьючерсов для процентных вычислений, этот тип ценовых серий будет давать точные результаты (соответствующие реальной торговле) и одновременно — преимущество наличия единственной серии для каждого рынка. И снова я хочу предостеречь от использования серий типа бессрочных при компьютерном тестировании. Если ваша цель — это ценовые серии, которые будут точно отражать торговлю фьючерсами, бессрочные фьючерсы скорее будут создавать искажения, чем помогать избежать их.

20 Тестирование и оптимизация торговых систем

Каждому десятилетию свойственна своя глупость, но основная причина всегда одна: люди упорствуют в собственных верованиях, полагая, что происходившее в недавнем прошлом будет продолжаться неограниченно долго, даже когда земля уходит у них из-под ног.

Джордж Дж. Черч

СПЕЦИАЛЬНО ПОДОБРАННЫЙ ПРИМЕР*

Вы выложили $895, чтобы посетить десятый ежегодный семинар «Секреты миллионеров», организованный для фьючерсных трейдеров. За эти деньги, как вы предполагаете, докладчики раскроют некоторую очень значительную информацию.

Текущий докладчик объясняет устройство системы торговли фьючерсами под названием «СуперМозги» (СМ). Слайд на громадном экране демонстрирует ценовой график с символами B и S, представляющими моменты покупки и продажи. Слайд впечатляет: система всегда покупает дешевле, чем продает.

Этот момент еще больше впечатляет при взгляде на следующий слайд, который показывает почти безукоризненный восходящий тренд на графике вашей суммарной прибыли. Кроме того, вас изумляет чрезвычайная простота использования системы.

Как утверждает докладчик, «все, что требуется, — это 10 минут в день и знание простейшей арифметики».

* Следующий раздел представляет собой выдержки из статьи, опубликованной в журнале «Futures» в сентябре 1984 г.

Вы никогда не предполагали, что зарабатывание денег на фьючерсах может быть настолько простым. Вы корите себя за то, что пропустили предыдущие девять ежегодных семинаров.

Как только вы возвращаетесь домой, то выбираете 10 различных рынков и начинаете торговать с использованием системы СМ. Ежедневно вы следите за своей прибылью. Проходят месяцы, и вы подмечаете странные изменения. Хотя суммарная прибыль на вашем счете демонстрирует очень устойчивый тренд, как это и происходило в семинарском примере, существует одно отличие: тренд на вашем графике прибыли направлен вниз. В чем же ошибка?

Факт состоит в том, что почти для любой торговой системы можно найти иллюстрацию, представляющую ее в выгодном свете. Однако не стоит ожидать, что система будет и далее повторять эти выдающиеся результаты.

Пример из реальной жизни поможет проиллюстрировать этот момент. Когда-то в 1983 г., когда я работал над торговыми системами всего лишь на протяжении пары лет, я прочитал статью в одном журнале для трейдеров, которая представляла следующую очень простую торговую систему.

1. Если шестидневная скользящая средняя выше, чем ее значение в предыдущий день, закрывайте короткую позицию и открывайте длинную.
2. Если шестидневная скользящая средняя ниже, чем ее значение в предыдущий день, закрывайте длинную позицию и открывайте короткую.

В качестве иллюстрации статья использовала поведение швейцарского франка в 1980 г. Применение этой системы к швейцарскому франку в 1980 г. приводило бы к прибыли в $17 235 на контракт (предполагая, что средние затраты на сделку равны $80). Выделив всего $6000 на торговлю по этой системе, вы получили бы годовой доход в 287%! Неплохо для системы, которая может быть описана двумя предложениями. Легко представить, как трейдеры, присутствующие при таком примере, немедленно отказываются от прочих подходов к торговле ради этой бесспорной машины по производству денег.

Я не мог поверить, что настолько простая система может работать так хорошо. Поэтому решил протестировать систему на более широком временном отрезке — с 1976 г. по середину 1983 г.* — и на расширенной группе рынков.

* Начальная дата была выбрана, чтобы избежать искажений, связанных с экстремальными трендами, свидетелями которых стали многие фьючерсные рынки на протяжении 1973–1975 гг. Конечная дата просто отражала день, когда я тестировал эту систему.

Начав с швейцарского франка, я обнаружил, что общая прибыль за этот период составила $20 473. Другими словами, за исключением 1980 г., система заработала лишь $3238 за оставшиеся 6,5 лет. Таким образом, при выделении $6000 на торговлю при данном подходе, средняя годовая прибыль за эти годы составила всего 8% — налицо определенное снижение результативности по сравнению с 287% в 1980 г.

Но подождите. Все хуже. Намного хуже.

Когда я применил систему к группе из 25 рынков на временном промежутке с 1976 г. по середину 1983 г., система потеряла деньги на 19 из 25 рынков. На 13 рынках (более половины всего набора) потери превысили $22 500, или $3000 в год на каждый контракт! На пяти рынках потери превысили $45 000, что эквивалентно $6000 в год на контракт!

Кроме того, необходимо заметить, что даже на тех рынках, где система была прибыльной, ее результативность оказалась значительно ниже доходов, продемонстрированных на этих рынках в тот же самый период большинством других систем следования за трендом.

У меня не осталось никаких вопросов. Это была поистине плохая система. Так что если вы смотрите только на специально подобранный пример, то можете подумать, что наткнулись на торговую систему, равноценную той, которую использовал Джесс Ливермор в свои лучшие годы. Речь идет о разрыве между заблуждениями и реальностью.

Эта система демонстрирует настолько большие и основательные потери, что вы вполне можете поинтересоваться, почему следование сигналам подобной системы с точностью до наоборот не может привести к привлекательной торговой стратегии. Причина состоит в том, что большинство потерь оказываются результатом высокой частоты совершения сделок и связаны с комиссионными и *проскальзыванием*. (Понятие проскальзывания обсуждается ниже.) Подобная чувствительность системы иногда может оказаться полезной, как было в случае швейцарского франка в 1980 г. Однако в целом — это главный недостаток данной системы.

Потери на транзакционных затратах не могут быть зафиксированы как прибыль с помощью использования противоположной системы. Более того, поступая противоположно всем сигналам, вы создадите те же самые транзакционные затраты. Таким образом, поскольку имеются транзакционные затраты, кажущаяся привлекательность противоположного подхода исчезает.

Мораль проста: не делайте никаких заключений по поводу системы (или индикатора) на основе изолированных примеров. Единственный путь проверить, имеет ли система какую-то ценность, — беспристрастно протестировать ее на большом промежутке времени для широкого спектра рынков.

ОСНОВНЫЕ ПОНЯТИЯ И ОПРЕДЕЛЕНИЯ

Торговая система — это набор правил, которые могут быть использованы для генерирования торговых сигналов. *Параметр* — это величина, от которой зависят правила системы и которую можно варьировать для того, чтобы изменять время поступления сигналов. Например, в базовой системе пробоя величина N (число предшествующих дней, максимумы и минимумы которых должны быть превышены, чтобы появился сигнал) — это параметр. Хотя действие правил в системе останется тем же самым, будь N равно 7 или 40, время поступления сигнала будет значительно отличаться (см. рис. 17.5).

Большинство торговых систем будет иметь более одного параметра. Например, в системе пересекающихся скользящих средних есть два параметра: длины краткосрочной и долгосрочной скользящих средних. Любая комбинация значений параметров называется *набором параметров*. Например, в системе пересечения скользящих средних скользящие средние длиной 10 и 40 будут представлять специфический набор параметров. Любая другая комбинация значений усреднения будет представлять другой набор параметров. В системах с единственным параметром (например, в системах пробоя) набор параметров будет состоять из одного-единственного элемента*.

Большинство «механических» систем ограничиваются одним или двумя параметрами. Однако конструкция более творческих и гибких систем или дополнение базовых систем различными модификациями обычно будут подразумевать необходимость трех или более параметров. Например, добавление подтверждающего правила временной задержки к системе пересечения скользящих средних подразумевало бы третий параметр: число дней временной задержки. Одна проблема, связанная с системами, которые включают в себя много параметров, связана с тем, что они делаются слишком громоздкими для тестирования даже малой части всех разумных комбинаций. Например, если каждый параметр может подразумевать 10 значений, возникло бы 1000 наборов параметров, если система включает 3 параметра, и 1 000 000 наборов параметров, если бы было 6 параметров!

Вполне ясно, что практические соображения диктуют потребность ограничить количество наборов параметров. Разумеется, простейший способ достижения такой цели состоит в уменьшении количества параметров системы. Как правило, следует использовать простейшую форму системы (с наименьшим возможным количеством параметров), которая не подразумевает существенного ухудшения результативности по сравнению с более

* Заметьте, что термины «набор параметров» и «вариация системы» (последнее выражение использовалось в гл. 17) соответствуют идентичным понятиям. Введение термина «набор параметров» было просто отложено до этой главы, поскольку это позволяет более логично выстроить подачу материала.

сложными вариантами. Однако не стоит отбрасывать значимые параметры ради сокращения объема необходимых тестов. Следовало бы заметить, что даже в простой системе с одним или двумя наборами параметров нет необходимости в тестировании всех возможных комбинаций. Например, в простой системе пробоя, когда кто-то хочет протестировать результативность при значениях N от единицы до ста, нет никакой необходимости тестировать каждое значение в этом ряду. Намного более эффективным подходом оказалось бы вначале протестировать систему с некоторым шагом для значений N (например, 10, 20, 30… 100), а затем, при желании, трейдер может сосредоточиться на любых областях, которые покажутся интересными. Например, если система, в частности, показывает лучшую результативность при значениях параметра N = 40 и N = 50, трейдер может захотеть также протестировать другие значения N из этого суженного диапазона. Однако подобный дополнительный шаг, видимо, излишен, поскольку, как будет видно из продолжения этой главы, разница в результативности близких наборов параметров, вероятно, является случайной величиной и лишена какого-либо значения.

В качестве более практического примера из реальной жизни представим, что мы хотим протестировать систему пересечения скользящих средних, которая включает в себя правило подтверждения с временной задержкой. Если бы мы поинтересовались результативностью системы при значениях параметров от 1 до 50 для краткосрочной скользящей средней, от 2 до 100 для более долгосрочной скользящей средней и от 1 до 20 для временной задержки, образовалось бы 74 500 наборов параметров*.

Очевидно, было бы невозможным протестировать, даже не сравнивая результаты, все эти комбинации. Заметьте, что мы не можем уменьшить количество параметров, не разрушив основную структуру системы. Однако мы можем протестировать ограниченное количество наборов параметров, что давало бы очень хорошее приближение общей результативности системы. Например, мы могли бы использовать шаги в 10 для краткосрочной скользящей средней (10, 20, 30, 40 и 50), шаги в 20 для долгосрочной скользящей средней (20, 40, 60, 80 и 100) и три выбранных значения для временной задержки (например, 5, 10 и 20). При этом количество тестируемых наборов параметров снизилось бы до 57**.

После проведения тестов по этим наборам параметров результаты должны быть проанализированы, и далее на основании оценки может быть протестировано умеренное количество дополнительных наборов параметров. Например, если временная задержка, равная 5, — наименьшее из проте-

* Чтобы избежать двойного счета, каждая «краткосрочная» скользящая средняя должна комбинироваться только с «долгосрочной» скользящей средней большей длины. Таким образом, общее количество комбинаций дается формулой $(99 + 98 + 97 + \ldots + 50) \times 20 = 74\,500$.

** $(5 + 4 + 4 + 3 + 3) \times 3 = 57$.

стированных значений — дает наилучшие результаты, то было бы разумно протестировать меньшие значения временной задержки.

С концептуальной точки зрения могло бы быть полезным определить четыре типа параметров.

Непрерывный параметр. Непрерывный параметр может подразумевать использование любого значения из данного диапазона. Процентный ценовой пробой был бы примером непрерывного параметра. Поскольку непрерывный параметр может предполагать бесконечное число значений, необходимо определить некоторый шаг — интервал в тестировании подобного параметра. Например, параметр процентного пробоя может быть протестирован в диапазоне от 0,005 до 0,50% с шагом в 0,05% (т.е. 0,05; 0,10 … 0,50). Будет разумным ожидать, что при малых изменениях в значении параметра результативность будет меняться незначительно (предполагая тестовый период существенной длительности).

Дискретный параметр. Дискретный параметр подразумевает только целые значения. Например, количество дней в системе пробоя — это дискретный параметр. Хотя можно протестировать дискретный параметр для каждого целочисленного значения внутри заданного диапазона, такая детализация часто не нужна, и, как правило, используется более разреженная выборка. Как и в случае с непрерывными параметрами, при малом изменении значения параметра будет разумным ожидать небольших изменений результативности системы.

Кодовый параметр. Кодовые параметры используются для описания классификационных различий в определениях торговых правил. Таким образом, кодовому параметру можно присвоить любое математическое значение. В качестве примера кодового параметра предположим, что мы хотим протестировать простую систему пробоя, используя три различных определения пробоя (случай покупки): *закрытие дня* превышает *максимум* предшествующих N дней, *дневной максимум* превышает предшествующий N-дневный *максимум* и *закрытие дня* превышает *наибольшее закрытие* предшествующих N дней. Мы могли бы протестировать в отдельности каждую из этих систем, но удобнее было бы использовать параметр для идентификации подразумеваемого определения. Таким образом, значение параметра, равное нулю, указывало бы на первое определение, значение, равное 1 — на второе определение и значение, равное 2 — на третье определение. Заметьте, что у этого параметра есть только три возможных значения, и количественные изменения параметра не имеют никакого смысла.

Фиксированный или неоптимизированный параметр. Обычно параметр (любого типа) будет подразумевать возможность различных значений в тестируемой системе. Однако в системах с большим числом параметров может оказаться необходимым зафиксировать некоторые из значений параметра для того, чтобы избежать чрезмерного количества наборов параметров. Такие параметры называют *неоптимизированными*. Например, в нечувствительные (медленные) системы следования за трендом мы могли бы включить правила остановки, чтобы предотвратить катастрофические убытки. По определению в этой ситуации правило остановки было бы активизировано лишь в немногих случаях. Следовательно, любые параметры, подразумеваемые правилом остановки, могли бы быть фиксированными, поскольку различия в значениях этих параметров не влияли бы существенно на результаты.

ВЫБОР ЦЕНОВЫХ СЕРИЙ

Первым шагом при тестировании системы на данном рынке является выбор подходящих ценовых серий. Обстоятельства, связанные с этим выбором, уже были полностью разобраны в гл. 19. Вообще говоря, непрерывные фьючерсные серии оказываются предпочтительным выбором, хотя и реальные ценовые данные по отдельным контрактам могли бы использоваться для краткосрочных торговых систем.

ВЫБОР ВРЕМЕННОГО ПЕРИОДА

Вообще говоря, чем дольше тестовый период, тем большего доверия заслуживают результаты. Если временной отрезок слишком короток, тест не будет отражать результативность системы для достаточного спектра рыночных ситуаций. Например, тестирование системы следования за трендом на рынке хлопка, которое использует лишь данные двух последних лет (апрель 1993 г. — март 1995 г. в момент написания книги) — период, в который доминировал мощный протяженный «бычий» рынок (рис. 20.1), — будет приводить к результатам, вводящим в полное заблуждение с точки зрения возможной долгосрочной результативности системы.

С другой стороны, если для тестирования системы используется слишком протяженный период, первые годы рассматриваемого периода могут оказаться в высшей степени нерепрезентативными для текущих рыночных условий. Например, было бы правильнее не расширять тестовый период настолько далеко в прошлое, чтобы включить в него 1973–1976 гг. — временной отрезок, ставший свидетелем беспрецендентного массированного роста цен с последующим резким коллапсом на многих товарных рынках. Включение этого в высшей степени непоказательного периода привело бы к значительному преувеличению возможной результативности большинства

Рисунок 20.1.

ФАЗА МАСШТАБНОГО ТРЕНДА КАК ПРИМЕР НЕРЕПРЕЗЕНТАТИВНОГО ПОВЕДЕНИЯ ЦЕН: НЕПРЕРЫВНЫЕ ФЬЮЧЕРСЫ НА ХЛОПОК

систем следования за трендом. Другими словами, громадная прибыль, зафиксированная большинством систем следования за трендом в этот период, вряд ли могла бы быть еще раз заработана в будущем.

Хотя и невозможно предложить решающий ответ по поводу того количества лет, которое следует использовать при тестировании, 10–20 лет кажутся разумным выбором. Для краткосрочных торговых систем (средняя продолжительность торговли, равная нескольким неделям или менее) был бы, вероятно, достаточен более короткий тестовый период (например, 5–10 лет). Результаты тестирования торговой системы, основанные на значительно более коротком периоде, должны вызывать подозрения. Как правило, большинство опубликованных исследований торговых систем основаны на тестовых периодах в пять или более лет.

В идеальном случае следовало бы тестировать систему, используя длительный временной отрезок (например, 15 лет), а затем оценивать результаты как для всего периода в целом, так и для различных более коротких интервалов (например, для отдельных лет). Подобный подход важен для определения степени *временной устойчивости* системы — постоянства результативности от одного периода к другому. Устойчивость во времени важна, поскольку она повышает доверие к возможностям системы поддерживать постоянную приемлемую результативность в будущем. Большинство людей будет испытывать сомнения по поводу рациональности использования системы, которая создавала значительную чистую прибыль на периоде в 15 лет благодаря трем эффектным результативным годам, но несла убытки или торговала близко к безубыточности в оставшиеся 12 лет, и эти сомнения совершенно справедливы. И наоборот, система, которая регистрировала умеренный чистый доход на протяжении 15-летнего периода и при этом была прибыльной в 14 из 15 годов, без сомнения, большинством трейдеров рассматривалась бы как более привлекательная.

РЕАЛИСТИЧЕСКИЕ ПРЕДПОЛОЖЕНИЯ

Пользователи торговых систем часто обнаруживают, что их действительные результаты существенно хуже, чем результаты торговли на бумаге, подразумеваемые системой. Фактически эта ситуация настолько общая, что получила собственное название: *проскальзывание*. Предполагая, что расхождения в результатах не вызваны ошибками в программе, проскальзывание в своей основе является следствием неспособности использовать реалистические предположения при тестировании системы. В основном существует два типа подобных ложных предположений.

1. **Транзакционные затраты.** Большинство трейдеров не осознают, что простая поправка на реальные комиссионные затраты при тестировании системы — это недостаточно жесткое предположение. Причина в том, что комиссионные объясняют лишь часть транзакционных затрат. Другая, менее ощутимая, но не менее реальная затрата — это разница между теоретической ценой исполнения и действительной ценой выполнения приказа. Например, если кто-то тестирует систему и предполагает совершение сделок по цене закрытия, используя среднюю точку диапазона закрытия, это может не оказаться реалистичным предположением. Покупки вблизи верхнего края диапазона закрытия и продажи вблизи его нижнего края оказываются значительно более распространенными ситуациями, чем противоположные им события. Есть два способа решения этой проблемы. Во-первых, можно использовать наихудшую из возможных цен исполнения приказа (например, максимум диапазона закрытия при покупке). Во-вторых, предполагать транзакционную стоимость каждой сделки намного выше, чем действительные исторические затраты на комиссионные (например, $100 за сделку).

Последний из подходов предпочтительнее, поскольку он носит более общий характер. Например, каким образом кто-то сможет принять решение о выполнении внутридневного стоп-приказа по наихудшей возможной цене?

2. **Остановка торгов.** Компьютерная торговая система совершает сделки при получении каждого сигнала. Однако в реальном мире вещи не настолько просты. Может случиться так, что исполнение не будет возможным, поскольку торги остановлены из-за максимального допустимого изменения цены. В такой ситуации результаты, полученные на бумаге, могут значительно превосходить реальную результативность. Хотя можно представить массу иллюстраций, будет достаточно одного примера. Рис. 20.2 показывает гипотетические торговые сигналы и соответствующие им предполагаемые цены исполнения. Заметьте, что в то время как цены сигналов предполагают прибыль в 42,4 цента ($15 900 на контракт), реальная торговля приведет к убыткам в размере 16,2 цента ($6075 на контракт).

Трейдер, тестирующий потенциальные системы, может обнаружить, что кажущаяся привлекательной система разваливается, как только сделаны реалистичные предположения. Это, в частности, верно для чрезвычайно активных систем, которые создают очень высокие транзакционные затраты. Однако намного лучше сделать такое открытие на стадии тестирования, чем при реальной торговле.

ОПТИМИЗАЦИЯ СИСТЕМ

Оптимизация означает процесс отыскания набора параметров, который приводит к максимальной эффективности данной системы на определенном рынке. Основное предположение оптимизации состоит в том, что набор параметров, который проявил себя наилучшим образом в прошлом, имеет большую вероятность хорошей результативности и в будущем. (Вопрос о том, является ли это предположение верным, адресован следующему разделу.)

Основной вопрос, который должен рассматриваться при оптимизации, заключается в том, какие критерии следовало бы использовать при определении наилучшей результативности. Часто наилучшую результативность интерпретируют как максимальную прибыль. Однако подобное определение не полно. В идеале при сравнении результативности следовало бы рассматривать четыре фактора.

1. **Прибыль, выраженная в процентах.** Прибыль, измеренная по отношению к активам, необходимым при торговле с помощью

Рисунок 20.2.

ШИРОКИЙ РАЗРЫВ МЕЖДУ ЦЕНОЙ СИГНАЛА И РЕАЛЬНЫМ УРОВНЕМ ОТКРЫТИЯ ПОЗИЦИИ, ВЫЗВАННЫЙ МНОГОЧИСЛЕННЫМИ ОСТАНОВКАМИ ТОРГОВ: ДЕКАБРЬ 1994, КОФЕ

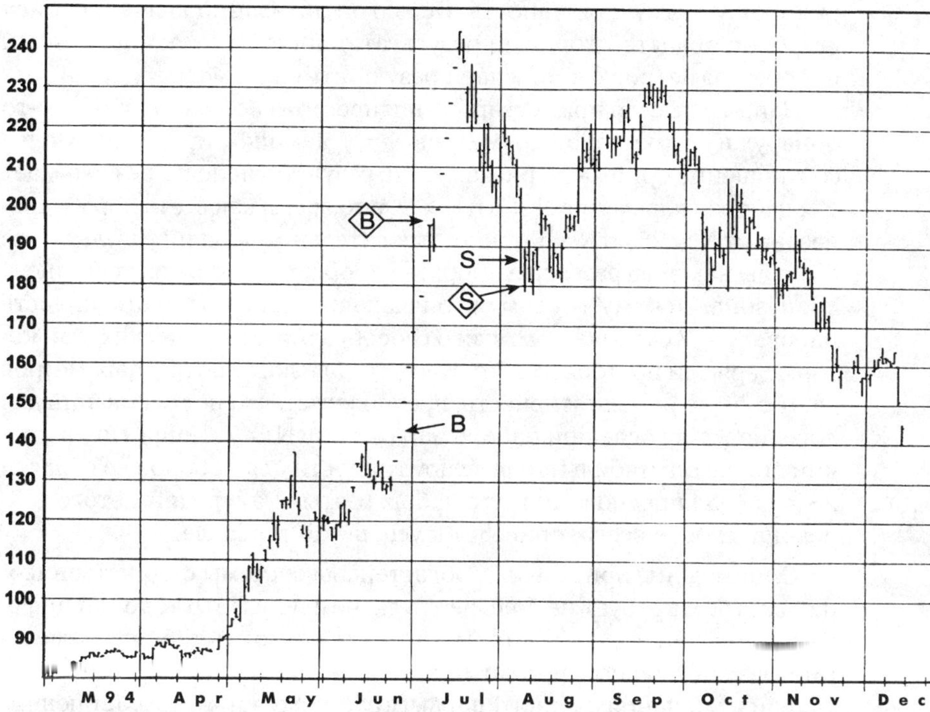

Замечания: B, S = цены сигналов; ◇B,◇S = цены исполнения.

системы. Важность использования процентной прибыли, а не ее абсолютного значения, разбирается в гл. 21.

2. **Уровень риска.** Кроме процентной доходности важно использовать некоторую меру колебания активов (например, изменчивость уровня доходности, максимальные текущие падения стоимости активов). Кроме очевидных психологических причин, состоящих в желании избегать наборов параметров и систем с высокой волатильностью, измерение риска важно, в частности, из-за того, что кто-то может выбрать неудачный стартовый день для начала торговли с помощью системы. В гл. 21 обсуждаются некоторые способы измерения результативности, которые включают как процентную прибыль, так и оценку риска.

3. **Устойчивость к изменению параметров.** Недостаточно обнаружить набор параметров, дающий хорошую результативность. Кроме этого необходимо убедиться, что этот набор параметров не отражает случайные для системы результаты. Другими словами, мы хотим определить, что сходный набор параметров также продемонстрирует хорошую результативность. Целью оптимизации является поиск широких областей хорошей результативности, а не единственный набор параметров с наилучшей результативностью.

   Например, если при тестировании простой системы пробоя кто-то обнаружит, что набор параметров N = 7 демонстрирует наилучшее соотношение прибыли и риска, но эта результативность резко падает для наборов параметра N < 5 и N > 9, в то время как все наборы в диапазоне от N = 25 до N = 54 дают относительно хороший результат, то было бы намного разумнее выбрать набор параметров из последнего диапазона. Почему? Потому что исключительная результативность набора N = 7 склоняет к мысли о своеобразии исторических цен, которые вряд ли повторятся. Тот факт, что близкие наборы параметров дают слабую результативность, предполагает, что нет оснований для доверия к торговле при наборе параметров N = 7. Напротив, широкий диапазон стабильной результативности для наборов из области 25 < N < 54 предполагает, что набор, взятый из середины этого диапазона, скорее всего, приведет к успешной торговле.

   Определение прибыльных областей для системы с единственным параметром требует не больше труда, чем просмотр колонки цифр. В системе с двумя параметрами придется строить таблицу измерений результативности, в которой колонки соответствуют возрастающим значениям одного параметра, а строки — возрастающим значениям второго. При таком способе придется визуально отыскивать зоны прибыльности. В случае системы с тремя параметрами может использоваться та же процедура, если один из параметров предполагает лишь небольшое количество дискретных значений. Например, в случае системы пересечения скользящих средних с временной задержкой в качестве подтверждающего правила, в которой тестируются три значения временной задержки, можно было бы построить три двухмерные таблицы результативности — по одной для каждого из значений временной задержки. Обнаружение прибыльных областей для более сложных систем, однако, потребовало бы применения компьютеризированных процедур поиска.

4. **Временная стабильность.** Как уже было разобрано в предыдущем разделе, важно убедиться в том, что хорошая результативность для всего периода в целом действительно представляет весь период, а не отражает несколько изолированных интервалов экстраординарной результативности.

Хотя введение различных измерений результативности в процедуру оптимизации даст более полную картину, оно при этом сильно затрудняет задачу. Скорее всего, многие трейдеры сочтут такую сложную процедуру оценки результативности непрактичной. В этом смысле трейдер может найти утешение в том факте, что наборы параметров с наибольшим доходом, как правило, также демонстрируют и наименьшее текущее падение стоимости активов (речь идет о различных наборах параметров для *одной системы*). Следовательно, при оптимизации единственной системы измерение соотношения прибыль/риск или даже простое измерение прибыли будут приводить к результатам, похожим на те, что возникают и при более сложной оценке результативности. Таким образом, несмотря на то, что многофакторная оценка результативности теоретически предпочтительна, она часто оказывается необязательной. Однако при сравнении наборов параметров из совершенно различных систем, точные оценки риска, устойчивости к изменению параметров и временной устойчивости оказываются чрезвычайно важными.

Сказанное выше представляет собой теоретическую дискуссию по поводу концепций и процедур оптимизации и изначально подразумевает, что оптимизация улучшает *будущую* результативность системы. Тем не менее, как обсуждается в следующем разделе, жизнеспособность оптимизации — это большой вопрос.

МИФ ОБ ОПТИМИЗАЦИИ

По-прежнему вопросы оптимизации пользуются огромным вниманием, в то время как ее исходные предпосылки редко рассматриваются. Другими словами, действительно ли наборы параметров с наилучшей результативностью в прошлом продолжают демонстрировать результативность выше средней и в будущем?

В качестве эмпирического теста жизнеспособности оптимизации рассмотрим работу системы пробоя для различных наборов параметров. Система основана на следующих правилах: короткая позиция меняется на длинную, если сегодняшняя цена закрытия превышает наибольшую цену закрытия последних N дней; длинная позиция меняется на короткую, если сегодняшняя цена закрытия оказывается ниже наименьшей цены закрытия последних N дней. Для этой системы были протестированы девять значений N: 20, 30, 40, 50, 60, 70, 80, 90 и 100.

В табл. 20.1–20.10 приведены результаты тестов данной системы с различными наборами параметров. Система тестировалась на нескольких рынках; тесты проводились на трех двухлетних периодах (1989–1990; 1991–1992 и 1993–1994), а также на предшествующем каждому из этих трех периодов восьмилетнем периоде. В таблицах все ранги наборов параметров перечислены в порядке результативности на восьмилетних периодах. Таким образом, в первой строке таблиц приведены ранги наборов параметров, показавших лучшие результаты на восьмилетних периодах, а в последней — худшие.

Цифры, приведенные в других колонках таблиц, соответствуют рангам данного набора параметров на каждом из трех двухлетних периодах. Другими словами, наиболее результативному на данном периоде времени набору параметров соответствует цифра 1, второй по результативности набор параметров получает цифру 2 и т.д. Например, если верхний номер в колонке равен 6, то это означает, что набор параметров, который был лучшим на предшествующем восьмилетнем периоде, занял шестое место (из девяти) на данном двухлетнем периоде.

Чтобы помочь увидеть, есть ли какая-то преемственность между прошлой и будущей результативностью, два наиболее результативных набора параметров в каждом тестовом периоде помечены незакрашенными кругами, а два наименее результативных набора параметров — затемненными кругами. Если бы базовые предпосылки оптимизации оказались верными, т.е. если бы наиболее результативные наборы параметров прошлого показывали бы наилучшие результаты и в будущем, тогда в табл. 20.1–20.10 незакрашенные круги оказывались бы в верхних строках таблицы, а затемненные — в нижних. Очевидно, что это не так. И незатемненные, и затемненные круги иногда располагаются в верхней части таблицы, а иногда — внизу или в середине. Очевидная случайность в вертикальном размещении затемненных и незатемненных кругов в табл. 20.1–20.10 подразумевает, что корреляция между прошлой и будущей результативностью данного набора параметров очень незначительна.

Непостоянство в значениях наиболее результативных наборов параметров от периода к периоду означает, что оценка результативности системы по наилучшему из прошлых наборов параметров будет значительно преувеличивать потенциал результативности системы. Чтобы проиллюстрировать этот момент, в табл. 20.11–20.14 сравнивается результативность наилучшего на каждом из тестируемых периодов набора параметров со средней результативностью всех наборов параметров и результативностью наборов параметров, которые показывали наилучшие и наихудшие результаты в *предыдущий* период. Как видно из таблиц, в двух периодах из трех выбор наихудшего из параметров предшествующего периода приводит к более высокой эффективности системы на текущем периоде, чем лучший параметр прошлого периода и среднее значение прибыли по всем параметрам. Это вовсе не означает, что набор параметров с наихудшей результативностью в прошлом окажется оптимальным в будущем. Если бы подобные тесты были проведены для других систем, то набор параметров с наилучшей результативностью в прошлом, вероятно, превосходил бы худший в прошлом набор параметров чаще, чем наоборот (хотя тот тип результатов, свидетелями которых мы стали в при-

Таблица 20.1.

СИСТЕМА ПРОБОЯ (КАЗНАЧЕЙСКИЕ ОБЛИГАЦИИ): СРАВНЕНИЕ РАНГОВ НАБОРОВ ПАРАМЕТРОВ НА ДВУХЛЕТНИХ ТЕСТОВЫХ ПЕРИОДАХ С ИХ РАНГАМИ НА ПРЕДШЕСТВУЮЩИХ ВОСЬМИЛЕТНИХ ПЕРИОДАХ

Ранг набора параметров на предшествующем 8-летнем периоде	Ранг того же набора параметров в 1989–1990	Ранг того же набора параметров в 1991–1992	Ранг того же набора параметров в 1993–1994
1	9	6	8
2	8	9	5
3	1	8	4
4	7	5	6
5	5	3	9
6	2	2	2
7	6	4	1
8	3	1	3
9	4	7	7

Таблица 20.2.

СИСТЕМА ПРОБОЯ (НЕМЕЦКАЯ МАРКА): СРАВНЕНИЕ РАНГОВ НАБОРОВ ПАРАМЕТРОВ НА ДВУХЛЕТНИХ ТЕСТОВЫХ ПЕРИОДАХ С ИХ РАНГАМИ НА ПРЕДШЕСТВУЮЩИХ ВОСЬМИЛЕТНИХ ПЕРИОДАХ

Ранг набора параметров на предшествующем 8-летнем периоде	Ранг того же набора параметров в 1989–1990	Ранг того же набора параметров в 1991–1992	Ранг того же набора параметров в 1993–1994
1	9	9	5
2	1	6	3
3	2	4	8
4	4	7	7
5	5	3	6
6	8	5	9
7	7	8	2
8	6	2	1
9	3	1	4

Таблица 20.3.

СИСТЕМА ПРОБОЯ (ЯПОНСКАЯ ИЕНА): СРАВНЕНИЕ РАНГОВ НАБОРОВ ПАРАМЕТРОВ НА ДВУХЛЕТНИХ ТЕСТОВЫХ ПЕРИОДАХ С ИХ РАНГАМИ НА ПРЕДШЕСТВУЮЩИХ ВОСЬМИЛЕТНИХ ПЕРИОДАХ

Ранг набора параметров на предшествующем 8-летнем периоде	Ранг того же набора параметров в 1989–1990	Ранг того же набора параметров в 1991–1992	Ранг того же набора параметров в 1993–1994
1	4	3	2
2	8	2	3
3	1	1	8
4	2	6	7
5	9	4	5
6	3	5	4
7	5	9	1
8	6	7	6
9	7	8	9

Таблица 20.4.

СИСТЕМА ПРОБОЯ (ЗОЛОТО): СРАВНЕНИЕ РАНГОВ НАБОРОВ ПАРАМЕТРОВ НА ДВУХЛЕТНИХ ТЕСТОВЫХ ПЕРИОДАХ С ИХ РАНГАМИ НА ПРЕДШЕСТВУЮЩИХ ВОСЬМИЛЕТНИХ ПЕРИОДАХ

Ранг набора параметров на предшествующем 8-летнем периоде	Ранг того же набора параметров в 1989–1990	Ранг того же набора параметров в 1991–1992	Ранг того же набора параметров в 1993–1994
1	4	2	6
2	7	5	7
3	9	6	9
4	1	3	3
5	5	9	5
6	2	8	2
7	3	7	1
8	6	4	8
9	8	1	4

Таблица 20.5.

СИСТЕМА ПРОБОЯ (СЕРЕБРО): СРАВНЕНИЕ РАНГОВ НАБОРОВ ПАРАМЕТРОВ НА ДВУХЛЕТНИХ ТЕСТОВЫХ ПЕРИОДАХ С ИХ РАНГАМИ НА ПРЕДШЕСТВУЮЩИХ ВОСЬМИЛЕТНИХ ПЕРИОДАХ

Ранг набора параметров на предшествующем 8-летнем периоде	Ранг того же набора параметров в 1989–1990	Ранг того же набора параметров в 1991–1992	Ранг того же набора параметров в 1993–1994
1	2	7	7
2	3	1	8
3	5	2	4
4	1	3	6
5	4	8	5
6	7	9	1
7	6	5	2
8	9	4	9
9	8	6	3

Таблица 20.6

СИСТЕМА ПРОБОЯ (МАЗУТ): СРАВНЕНИЕ РАНГОВ НАБОРОВ ПАРАМЕТРОВ НА ДВУХЛЕТНИХ ТЕСТОВЫХ ПЕРИОДАХ С ИХ РАНГАМИ НА ПРЕДШЕСТВУЮЩИХ ВОСЬМИЛЕТНИХ ПЕРИОДАХ

Ранг набора параметров на предшествующем 8-летнем периоде	Ранг того же набора параметров в 1989–1990	Ранг того же набора параметров в 1991–1992	Ранг того же набора параметров в 1993–1994
1	8	9	1
2	9	1	8
3	7	7	9
4	3	5	2
5	4	2	6
6	1	8	7
7	5	6	3
8	6	3	5
9	2	4	4

Таблица 20.7.

СИСТЕМА ПРОБОЯ (КУКУРУЗА): СРАВНЕНИЕ РАНГОВ НАБОРОВ ПАРАМЕТРОВ НА ДВУХЛЕТНИХ ТЕСТОВЫХ ПЕРИОДАХ С ИХ РАНГАМИ НА ПРЕДШЕСТВУЮЩИХ ВОСЬМИЛЕТНИХ ПЕРИОДАХ

Ранг набора параметров на предшествующем 8-летнем периоде	Ранг того же набора параметров в 1989–1990	Ранг того же набора параметров в 1991–1992	Ранг того же набора параметров в 1993–1994
1	8	7	1
2	6	3	5
3	5	5	6
4	4	1	8
5	7	9	3
6	1	4	2
7	2	6	4
8	3	8	7
9	9	2	9

Таблица 20.8.

СИСТЕМА ПРОБОЯ (СОЕВЫЕ БОБЫ): СРАВНЕНИЕ РАНГОВ НАБОРОВ ПАРАМЕТРОВ НА ДВУХЛЕТНИХ ТЕСТОВЫХ ПЕРИОДАХ С ИХ РАНГАМИ НА ПРЕДШЕСТВУЮЩИХ ВОСЬМИЛЕТНИХ ПЕРИОДАХ

Ранг набора параметров на предшествующем 8-летнем периоде	Ранг того же набора параметров в 1989–1990	Ранг того же набора параметров в 1991–1992	Ранг того же набора параметров в 1993–1994
1	9	9	3
2	4	8	1
3	8	6	2
4	5	4	5
5	6	3	9
6	7	5	6
7	3	1	4
8	1	7	7
9	2	2	8

Таблица 20.9.

СИСТЕМА ПРОБОЯ (ЖИВОЙ СКОТ): СРАВНЕНИЕ РАНГОВ НАБОРОВ ПАРАМЕТРОВ НА ДВУХЛЕТНИХ ТЕСТОВЫХ ПЕРИОДАХ С ИХ РАНГАМИ НА ПРЕДШЕСТВУЮЩИХ ВОСЬМИЛЕТНИХ ПЕРИОДАХ

Ранг набора параметров на предшествующем 8-летнем периоде	Ранг того же набора параметров в 1989–1990	Ранг того же набора параметров в 1991–1992	Ранг того же набора параметров в 1993–1994
1	5	4	4
2	3	7	7
3	6	②	⑨
4	①	5	5
5	4	3	6
6	②	⑨	⑧
7	7	⑧	②
8	⑧	6	3
9	⑨	①	①

Таблица 20.10.

СИСТЕМА ПРОБОЯ (САХАР): СРАВНЕНИЕ РАНГОВ НАБОРОВ ПАРАМЕТРОВ НА ДВУХЛЕТНИХ ТЕСТОВЫХ ПЕРИОДАХ С ИХ РАНГАМИ НА ПРЕДШЕСТВУЮЩИХ ВОСЬМИЛЕТНИХ ПЕРИОДАХ

Ранг набора параметров на предшествующем 8-летнем периоде	Ранг того же набора параметров в 1989–1990	Ранг того же набора параметров в 1991–1992	Ранг того же набора параметров в 1993–1994
1	②	⑧	②
2	⑧	4	7
3	3	7	5
4	①	5	6
5	4	6	⑧
6	7	①	①
7	6	3	3
8	5	②	⑨
9	⑨	⑨	4

веденном примере, вовсе не исключителен). Урок, который мы должны извлечь из приведенного выше примера состоит в том, что набор параметров с наилучшей результативностью в прошлом в большинстве случаев уступит оптимальному для данного периода набору параметров и не сможет предоставить какое-либо статистически существенное улучшение по сравнению с усредненной результативностью всех наборов параметров.

Наш пример использует лишь очень небольшой список из девяти наборов параметров. Многие разработчики систем проводят оптимизацию, проверяя сотни или даже тысячи наборов параметров. Представьте себе, насколько нереалистичной была бы надежда на то, что результативность таких систем в будущем сравнится с результативностью наилучшего набора параметров в прошлом.

Хотя кажется, что оптимизация имеет мало (если вообще имеет) значения, когда применяется в отдельности к каждому рынку, как в табл. 20.1–20.10, она кажется несколько более полезной, если применяется к портфелю. Другими словами, вместо того чтобы выбирать наилучший в прошлом набор параметров для каждого рынка, выбирается наилучший в прошлом единственный набор параметров для всех рынков одновременно. Табл. 20.15 показывает двухгодичный тестовый период, на котором наборы параметров ранжированы для портфеля, состоящего из всех десяти рынков, изображенных в табл. 20.1–20.10*.

Единственной бросающейся в глаза корреляцией между прошлой и будущей результативностью является поведение наихудшего набора параметров на предшествующем восьмигодичном периоде — он оказывается одновременно и наихудшим набором параметров в каждом из последующих тестовых двухгодичных периодов!

Хотя наихудший в прошлом набор параметров, похоже, оказывается и наихудшим набором параметров в будущем, другие прошлые оценки результативности, как кажется, подразумевают значительно меньшую предсказательную ценность. Средняя (нейтральная) оценка набора параметров равна 4,5 (если отбросить наихудшую оценку 9). Посмотрим, как себя вел набор параметров, оптимальный для предшествующего восьмилетнего периода. Как видно из табл. 20.15, в первый тестовый период этот набор сохранил свое первое место, во второй — спустился на седьмое, а в третьем периоде занял второе место. Итого в среднем за три тестовых периода этот набор получил оценку 3,3, что все-таки лучше, чем нейтральная оценка 4,5. Однако набор параметров, который на предшествующем восьмилетнем периоде занял всего лишь четвертое место, на тестовых периодах достиг значительно лучшего результата (2,3). Также заметьте, что наборы параметров, занявшие почти полярно противоположные места на предшеству-

* Портфель состоит из одного контракта для каждого рынка, за исключением рынка кукурузы, который подразумевает торговлю двумя контрактами по причине его низкой волатильности.

Таблица 20.11.

ПРИБЫЛИ/УБЫТКИ ($) ДЛЯ ТЕСТОВОГО ПЕРИОДА 1989–1990: ОПТИМАЛЬНЫЙ НАБОР ПАРАМЕТРОВ ПО СРАВНЕНИЮ СО СРЕДНИМ РЕЗУЛЬТАТОМ ВСЕХ ПАРАМЕТРОВ НА ДАННОМ ПЕРИОДЕ И ЛУЧШИМ И ХУДШИМ НАБОРОМ ПАРАМЕТРОВ ДЛЯ ПРЕДЫДУЩЕГО ПЕРИОДА

Рынок	Наилучший набор параметров *для данного* периода	Лучший набор параметров в *предшеств.* период	Средний результат всех наборов параметров	Наихудший набор параметров в *предшеств.* период
Казначейские облигации	6670	–9090	–2180	1420
Немецкая марка	7780	3020	5390	6340
Японская иена	11 840	9240	8130	8420
Золото	3390	1700	1080	-320
Серебро	5850	5330	3050	1630
Топливная нефть	7650	1760	3380	6430
Зерно	1640	–2190	–590	–2730
Соевые бобы	4970	–7160	–740	4740
Скот	2090	850	–20	–3290
Сахар	4240	4170	–840	–5560
Всего	**56 120**	**7630**	**16 030**	**17 080**

Таблица 20.12.

ПРИБЫЛИ/УБЫТКИ ($) ДЛЯ ТЕСТОВОГО ПЕРИОДА 1991–1992: ОПТИМАЛЬНЫЙ НАБОР ПАРАМЕТРОВ ПО СРАВНЕНИЮ СО СРЕДНИМ РЕЗУЛЬТАТОМ ВСЕХ ПАРАМЕТРОВ НА ДАННОМ ПЕРИОДЕ И ЛУЧШИМ И ХУДШИМ НАБОРОМ ПАРАМЕТРОВ ДЛЯ ПРЕДЫДУЩЕГО ПЕРИОДА

Рынок	Наилучший набор параметров *для данного* периода	Лучший набор параметров в *предшеств.* период	Средний результат всех наборов параметров	Наихудший набор параметров в *предшеств.* период
Казначейские облигации	3710	–1820	–420	–2920
Немецкая марка	9180	1680	4770	9180
Японская иена	3340	–240	–1670	–3620
Золото	1370	90	–1050	1370
Серебро	–720	–1890	–1640	–1780
Топливная нефть	5510	–980	1540	4290
Зерно	560	–480	–440	340
Соевые бобы	–2420	–6090	–4650	–3190
Скот	1380	–160	–340	1380
Сахар	810	–1690	–1410	–1850
Всего	**22 700**	**–11 570**	**–5010**	**3200**

Таблица 20.13.

ПРИБЫЛИ/УБЫТКИ ($) ДЛЯ ТЕСТОВОГО ПЕРИОДА 1993–1994: ОПТИМАЛЬНЫЙ НАБОР ПАРАМЕТРОВ ПО СРАВНЕНИЮ СО СРЕДНИМ РЕЗУЛЬТАТОМ ВСЕХ ПАРАМЕТРОВ НА ДАННОМ ПЕРИОДЕ И ЛУЧШИМ И ХУДШИМ НАБОРОМ ПАРАМЕТРОВ ДЛЯ ПРЕДЫДУЩЕГО ПЕРИОДА

Рынок	Наилучший набор параметров *для данного* периода	Лучший набор параметров в *предшеств.* период	Средний результат всех наборов параметров	Наихудший набор параметров в *предшеств.* период
Казначейские облигации	1160	3500	7180	7910
Немецкая марка	6210	–3660	–3300	–1410
Японская иена	3620	2460	260	–3060
Золото	490	–1900	–1460	–930
Серебро	1600	–3650	–2690	–790
Топливная нефть	2200	2200	–1700	–890
Зерно	1910	1910	640	–1030
Соевые бобы	2120	1570	–240	–2060
Скот	1600	950	500	1600
Сахар	880	570	–550	–240
Всего	**32 230**	**3950**	**–1360**	**–900**

Таблица 20.14.

СУММАРНЫЕ ПРИБЫЛИ/УБЫТКИ ($) ДЛЯ ТРЕХ ТЕСТОВЫХ ПЕРИОДОВ: ОПТИМАЛЬНЫЕ НАБОРЫ ПАРАМЕТРОВ ПО СРАВНЕНИЮ СО СРЕДНИМИ РЕЗУЛЬТАТАМИ ВСЕХ ПАРАМЕТРОВ И ЛУЧШИМИ И ХУДШИМИ НАБОРАМИ ПАРАМЕТРОВ ДЛЯ ПРЕДЫДУЩИХ ПЕРИОДОВ

Рынок	Наилучший набор параметров *для данного* периода	Лучший набор параметров в *предшеств.* период	Средний результат всех наборов параметров	Наихудший набор параметров в *предшеств.* период
Казначейские облигации	21 980	–7410	3950	6410
Немецкая марка	23 170	1040	6860	14 110
Японская иена	18 800	11 460	6720	1740
Золото	5250	–110	–1430	120
Серебро	6730	–210	–1280	–940
Топливная нефть	15 360	2980	3220	9830
Зерно	4110	–760	–390	–3420
Соевые бобы	4670	–11 680	–5330	–510
Скот	5070	1640	140	–310
Сахар	5930	3060	–2800	–7650
Всего	**111 070**	**10**	**9660**	**19 380**

ющем восьмилетнем периоде (2 и 8), на трех тестовых периодах дают почти идентичные результаты: 4,7 и 5,0.

Чтобы понять, почему наихудшая оценка результативности на предшествующем периоде точно предсказывает будущую результативность (набор параметров продолжает давать плохие результаты), в то время как другие оценки результативности, по-видимому, имеют мало предсказательного значения, мы исследуем оценку результативности, основанную на значениях параметров. В табл. 20.16 показаны результаты наборов параметров, перечисленные в порядке возрастания значения самого параметра (а не в порядке возрастания результативности за прошедший восьмилетний период, как это было в табл. 20.15).

Как видно из табл. 20.16, на каждом из тестовых периодов наихудшую результативность показал один и тот же набор параметров! Этот набор параметров с постоянной наихудшей результативностью располагается на одном из концов протестированного диапазона наборов параметров: N = 20.

Хотя N = 20 — наиболее чувствительное из протестированных значений наборов параметров — постоянно приводит к наихудшей результативности (когда применяется к портфелю), другие протестированные значения (от N = 30 до N = 100) ведут себя не так стабильно. Обратите внимание на то, что набор параметров N = 80 показал невероятно высокий средний ранг 1,3. Однако средние ранги двух соседних значений N (6,7 и 3,3) подразумевают, что звездная результативность значения N = 80, скорее всего, была статистической случайностью. Как уже объяснялось ранее в этой главе, недостаточная устойчивость к изменению параметра предполагает, что прошлая превосходная результативность данного параметра, вероятно, отражает лишь своеобразие тестируемых исторических данных, а не ту модель, которая будет повторяться в будущем.

Будет поучительным рассмотреть наблюдения, связанные с предшествующим экспериментом по оптимизации.

- Оптимизация вообще не имела никакого значения, когда применялась к каждому рынку в отдельности.
- Однако примененная к портфелю, оптимизация кажется полезной для предсказания того, какой набор параметров с наибольшей вероятностью покажет плохую результативность в будущем. Тем не менее оптимизация не может предсказать, какие из наборов параметров с наибольшей вероятностью продемонстрируют хорошую результативность в будущем.
- При более близком исследовании выяснилось, что модель постоянно плохой результативности была не столько следствием степени результативности на предшествующем периоде, сколько следствием значения параметра. Другими словами, протестированный диапазон наборов параметров начинался со значения, которое явно

Таблица 20.15.

СИСТЕМА ПРОБОЯ (ПОРТФЕЛЬ): РАНГИ НАБОРОВ ПАРАМЕТРОВ НА ДВУХГОДИЧНЫХ ТЕСТОВЫХ ПЕРИОДАХ ПО СРАВНЕНИЮ С РАНГАМИ НА ПРЕДШЕСТВУЮЩИХ ВОСЬМИЛЕТНИХ ПЕРИОДАХ

Ранг набора параметров на предшествующем 8-летнем периоде	Ранг того же набора параметров в 1989–1990	Ранг того же набора параметров в 1991–1992	Ранг того же набора параметров в 1993–1994	Средний ранг
1	1	7	2	3,3
2	5	1	8	4,7
3	3	6	4	4,3
4	2	4	1	2,3
5	4	8	6	6,0
6	6	3	7	5,3
7	7	5	3	5,0
8	8	2	5	5,0
9	9	9	9	9,0

Таблица 20.16.

СИСТЕМА ПРОБОЯ (ПОРТФЕЛЬ): РАНГИ НАБОРОВ ПАРАМЕТРОВ ПО ДВУХГОДИЧНЫМ ТЕСТОВЫМ ПЕРИОДАМ, В ЗАВИСИМОСТИ ОТ ЗНАЧЕНИЙ N

Значение N набора параметров	Ранг набора параметров в 1989–1990	Ранг набора параметров в 1991–1992	Ранг набора параметров в 1993–1994	Средний ранг
20	9	9	9	9,0
30	8	2	5	5,0
40	7	5	3	5,0
50	6	3	1	3,3
60	4	6	6	5,3
70	5	7	8	6,7
80	1	1	2	1,3
90	2	4	4	3,3
100	3	8	7	6,0

было далеко от оптимального для данной системы: N = 20. Хотя и не показанные в таблицах, более низкие значения для N продемонстрировали бы дальнейшее падение результативности по мере уменьшения значений N.

- За исключением крайних значений параметров (N = 20 или ниже в этом примере), явно далеких от оптимального значения, было мало стабильности в значениях наборов параметров с наилучшей результативностью внутри широкого диапазона наборов параметров (от N = 30 до N = 100 в этом примере).

Эти наблюдения, которые согласуются с результатами похожих эмпирических тестов, предпринятых мною в прошлом, предполагают следующие ключевые выводы относительно оптимизации*.

1. От любой системы, повторяю, от любой системы с помощью оптимизации можно добиться того, чтобы она была очень прибыльной на исторических данных. Если вы когда-нибудь обнаружите систему, которая не может быть оптимизирована так, чтобы показывать относительно хорошую прибыль в прошлом, примите мои поздравления: вы только что открыли машину по производству денег (поступайте противоположно ее сигналам, если только транзакционные затраты не чрезмерны). Таким образом, приятно смотреть на удивительную результативность оптимизированной системы в прошлом, однако она имеет мало практической ценности.
2. Оптимизация будет всегда, повторяю, всегда преувеличивать потенциальную будущую результативность системы — обычно весьма сильно. Таким образом, результаты оптимизации никогда не должны, повторяю, никогда не должны использоваться для оценки достоинств системы.
3. Для многих, если не для большинства систем, оптимизация не будет улучшать будущую результативность или улучшит ее незначительно.
4. Если оптимизация и имеет какое-то значение, оно обычно состоит в определении широких границ диапазона, из которых следует выбирать значения наборов параметров для системы. Тонкая подстройка оптимизации — это в лучшем случае потеря времени, а в худшем — самообман.

* Хотя единственный эмпирический эксперимент не может быть использован как основа для широких обобщений, я готов сделать таковые здесь, поскольку только что описанные результаты абсолютно типичны для многих подобных тестов, предпринятых мною в прошлом. В этом смысле исследование оптимизации, разобранное в данной главе, не рассматривается в качестве *доказательства* нежизнеспособности оптимизации, а скорее в качестве *иллюстрации* этого момента.

5. В свете всех предшествующих пунктов искушенные и сложные процедуры оптимизации — пустая трата времени. Наипростейшие оптимизационные процедуры будут предоставлять не меньшее количество значимой информации (предполагая, что вообще может быть извлечена некоторая значимая информация).

В итоге, в противоположность широко распространенным верованиям, существует некий резонный вопрос: приведет ли оптимизация к существенно лучшим результатам при длительном периоде торговли, чем случайным образом выбранный набор параметров? Чтобы не было никаких недоразумений, позвольте мне уточнить: это утверждение не призвано подразумевать, что у оптимизации вообще нет никакой ценности. Во-первых, как указано ранее, оптимизация может быть полезна при определении явно неподходящего диапазона параметров, который следует исключить при выборе значений параметра (например, $N \leq 20$ в нашем примере системы пробоя). Кроме этого, возможно, что для некоторых систем оптимизация может провести некоторые границы в выборе наборов параметров даже после исключения крайних неоптимальных диапазонов. Однако я подразумеваю, что степень улучшения, предлагаемая оптимизацией, намного меньше, чем обычно представляется, и что трейдеры, вероятно, сберегли бы кучу денег, доказывая вначале любое предположение, которое они делают по поводу оптимизации, а не принимая эти предположения слепо на веру.

ТЕСТИРОВАНИЕ ИЛИ ПОДГОНКА?

Вероятно, наиболее существенная ошибка, которую делают пользователи фьючерсных торговых систем, — это предположение, что результативность оптимизированного набора параметров во время тестового периода представляет собой прогноз потенциальной результативности подобных наборов в будущем. Как было показано в предыдущем разделе, подобные предположения приведут к значительной переоценке истинного потенциала системы. Необходимо понимать, что ценовые колебания на фьючерсном рынке в большой степени случайны. Таким образом, «горькая правда» состоит в том, что вопрос, какой из наборов параметров приведет к наилучшему результату в течение любого данного периода — в большой степени дело удачи. Законы вероятности показывают, что если протестировано достаточное количество наборов параметров, даже в бессмысленной торговой системе обнаружатся некоторые наборы с лучшей результативностью в прошлом. Оценка системы, основывающаяся на оптимизированных наборах параметров (т.е. наборах с наилучшей результативностью на рассматриваемом периоде), является подгонкой системы под прошлые результаты, а не тестированием системы. Если оптимизация не может использоваться для оценки результативности, как же тогда вы оцените систему? Следующий раздел описывает два разумных подхода.

Слепое моделирование

При использовании «слепого моделирования» система оптимизируется с использованием данных временного периода, который намеренно исключает последние годы. Результативность системы затем тестируется с использованием полученных наборов параметров на последующих годах. В идеале этот процесс следует повторить несколько раз.

Заметьте, что мы избегаем подгонки результатов, поскольку наборы параметров, используемые для измерения результативности в любой данный период, выбираются полностью на основе предшествующих, а не текущих данных. В некотором смысле такой подход к тестированию воспроизводит реальную жизнь (т.е. приходится на основании прошлых данных решать, при каком наборе параметров торговать). Оптимизационные тесты из предыдущего раздела использовали этот тип процедуры, передвигаясь во времени по двухгодичным интервалам; в частности, результаты системы для периода 1981–1988 гг. использовались, чтобы выбрать наборы параметров с наилучшей результативностью, которые потом тестировались для периода 1989–1990 гг. Далее результаты системы для периода 1983–1990 гг. использовались при выборе наиболее результативных наборов параметров, которые затем были протестированы для периода 1991–1992 гг. И наконец, результаты системы за период 1985–1992 гг. использовались при выборе наиболее результативных наборов параметров, которые затем были протестированы для периода 1993–1994 гг.

Важнейший момент состоит в том, чтобы периоды «слепого моделирования» и оптимизации не накладывались один на другой. Моделирование, которое производится на том же периоде, что и оптимизация, не имеет ценности.

Средняя результативность набора параметров

Отыскание средней результативности набора параметров требует прежде всего определения полного списка всех наборов параметров, которых нужно протестировать. Затем проводятся тесты для всех выбранных наборов параметров, и средний результат для всех протестированных наборов используется в качестве показателя потенциальной результативности системы. Этот подход является жизнеспособным, поскольку вы всегда можете наугад выбрать параметр из широкого диапазона значений. Если вы сделаете такой выбор достаточное количество раз, ваша итоговая прибыль будет равна среднему результату набора параметров. Важный момент состоит в том, что этот средний результат должен быть вычислен для всех наборов параметров, а не лишь для тех наборов, которые доказали свою прибыльность. Обратите внимание, что трейдер все-таки может выбрать для будущей торговли оптимизированные наборы параметров (вместо выбранных случайным образом), но оценка результативности системы будет основываться на средней результативности для всех протестированных наборов (что эквивалентно процессу случайного выбора).

Слепое моделирование, возможно, подходит наиболее близко к воспроизведению обстоятельств торговли, осуществляемой в реальной жизни. Однако средняя результативность набора параметров, возможно, не менее консервативна и имеет то преимущество, что требует намного меньше вычислений. Оба подхода предоставляют жизнеспособные процедуры для тестирования систем.

Одно важное предостережение: в рекламе торговых систем термин «результаты моделирования» (simulated results) часто используется в качестве эвфемизма для оптимизированных результатов (вместо того, чтобы подразумевать результаты, основанные на процессе слепого моделирования (blind simulation)). В таких случаях весомость, придаваемая результатам, должна быть равна количеству денег, которые вам не жалко выбросить, т.е. нулю. Часто встречающееся неправильное употребление и искажение результатов моделирования детально исследуется в следующем разделе.

ПРАВДА О РЕЗУЛЬТАТАХ МОДЕЛИРОВАНИЯ

Хотя ценность оптимизации для улучшения будущей результативности системы открыта для дебатов, абсолютно очевидно, что использование оптимизированных результатов будет значительно искажать подразумеваемую будущую результативность системы. Причина состоит в том, что, как было показано ранее в этой главе, корреляция между наиболее результативными для одного периода параметрами системы и теми параметрами, которые приведут к наилучшей результативности в следующий период, крайне мала, если вообще существует. Следовательно, предположение, что результативность, достигнутая в прошлом, может быть повторена в будущем при том же самом наборе параметров, абсолютно нереалистично.

После многих лет работы мое отношение к симулированным результатам подытоживается тем, что я называю «Швагеровским законом моделирования» (по аналогии с денежным законом Гришэма). Как читатели могут вспомнить из «Economics 101», Гришэм утверждал, что «плохие деньги вытесняют хорошие». Суть соревнования, которое описывает Гришэм, состояла в том, что если в обращении находится два типа денег (например, золото и серебро) с произвольным курсовым соотношением (например, 16 к 1), то плохие деньги (деньги, переоцененные фиксированным курсом обмена) будут вытеснять хорошие. Таким образом, если бы справедливая стоимость унции золота была выше стоимости 16 унций серебра, соотношение 16 к 1 приводило бы к тому, что серебро вытесняло бы золото из обращения (поскольку люди стремились бы накапливать золото).

Мое закон формулируется так: «плохое моделирование вытесняет хорошее». Термин «плохое» означает моделирование, построенное на крайне ненадежных предположениях, а не плохое в смысле показанной результативности. Скорее наоборот, «плохое» моделирование будет показывать бросающиеся в глаза результаты.

Я часто получаю рекламу систем, которые предположительно делают 200, 400 или даже 600% в год. Давайте будем консервативны (я использую этот термин свободно) и предположим доходность *лишь* в 100% годовых. При таком уровне доходности $100 000 превратились бы всего за тринадцать лет в миллиард долларов! Может ли такая доходность быть достижимой на практике в течение длительного периода? Ответ: не может. Дело в том, что при достаточном желании можно добиться практически любого уровня ретроспективной результативности. Если бы кто-то попробовал продавать систему или программу для торговли, основанную на действительно реалистичном моделировании, результаты были бы до смешного ничтожны по сравнению с тем, что предлагает реклама. Именно в этом смысле плохое (нереалистичное) моделирование вытесняет хорошее (реалистичное) моделирование.

Как искажаются результаты тестов? Существует несколько основных способов.

1. **Специально подобранный пример.** При конструировании специально подобранного примера промоутер системы выбирает наилучший рынок в наилучший год, используя наилучший набор параметров. Предполагая, что система тестируется на 25 рынках за 15 лет и использует 100 вариантов наборов параметров, мы получили бы в общей сложности 37 500 одногодичных результатов ($25 \times 15 \times 100$). Было бы трудно построить такую систему, в которой хотя бы один из этих 37 500 возможных исходов не показал бы великолепных результатов. Например, если вы подбрасываете десять монет 37 500 раз, неужели вы думаете, что они не упадут несколько раз десятью «орлами» вверх?
2. **Специальное устранение убытков системы.** С помощью добавления параметров и создания дополнительных системных правил, которые подходящим образом обслуживают убыточные периоды прошлого, вполне возможно создать фактически любой уровень ретроспективной результативности.
3. **Игнорирование риска.** Рекламируемые результаты системы часто используют оценку доходности как процента маржи (залоговых средств). При торговле с плечом, когда открывается позиция, по объему в несколько раз превосходящая размер маржи, ожидаемая

доходность возрастает в соответствующей пропорции. Разумеется, риск при этом также многократно увеличивается, но реклама не касается таких деталей.

4. **Пропущенные убыточные сделки.** Нередко на графиках в рекламе торговых систем показываются сигналы к покупке и продаже, приносящие прибыль, а убыточные сигналы этой же системы на графики не наносятся.
5. **Оптимизация, оптимизация, оптимизация.** Оптимизация (выбор наборов параметров с наилучшей результативностью *в прошлом*) может колоссально преувеличивать прошлую результативность системы. Фактически любая система, когда-либо задуманная человеком, выглядела бы замечательно, если бы результаты основывались на оптимальном наборе параметров (наборе параметров с наилучшей прошлой результативностью) для каждого рынка. Чем больше используемое количество наборов параметров, тем шире выбор прошлых результатов и значительнее виртуальная прибыль, которую можно получить в компьютерном тесте на исторических данных.
6. **Нереалистичные транзакционные затраты.** Часто симулированные результаты принимают в рассмотрение лишь комиссионные, но не проскальзывание (разница между предполагаемыми и реальными ценами сделок, которые были бы зафиксированы при использовании рыночного приказа или стоп-приказа). В случае быстрых систем игнорирование проскальзывания может дать такую систему, которая выглядела бы как машина по производству денег, но в реальной жизни привела бы к разорению.
7. **Подделки.** Хотя достаточно просто сконструировать систему с правилами, приводящими к замечательной результативности в прошлом, некоторые промоутеры не беспокоятся даже об этом. Например, один бесчестный тип продолжает появляться с предложениями различных систем по цене в $299, которые представляют собой откровенное мошенничество. Брюс Бэбкок из журнала *Commodity Traders Consumers Report* так и прозвал этого жулика — «человек $299».

Я вовсе не собираюсь обвинять всех продавцов торговых систем или тех, кто использует моделированные результаты. Несомненно, есть много людей, кто производит компьютерное моделирование в достаточно строгом стиле. Однако печальная правда состоит в том, что чрезвычайно неправильное использование оптимизации в течение долгих лет привели фактически к обесцениванию результатов моделирования. Рекламируемые результаты очень похожи на ресторанные обзоры, написанные владельцами заведений, — вряд ли вы когда-нибудь увидите неблагоприятный обзор. Я могу вас заверить, что вы никогда не увидите торговую систему, которая показывала бы длинную позицию по S&P при закрытии 16 октября 1987 г. Пригодны ли все-таки к использованию результаты компьютерного моделирования? Да, если вы разработчик системы и если вы знаете, что делаете (используете методы моделирования, разобранные в предыдущем разделе), или если вы абсолютно уверены в честности и компетентности разработчика системы.

МУЛЬТИРЫНОЧНОЕ ТЕСТИРОВАНИЕ СИСТЕМЫ

Хотя, возможно, нереалистично ожидать, чтобы любая система хорошо работала на всех рынках, или, иными словами, демонстрировала бы прибыльность на подавляющем большинстве рынков, где идет активная торговля. Выбор системы для торговли на данном рынке должен зависеть от результативности этой системы на широком спектре рынков, так же как и от результативности на данном конкретном рынке. Существуют, конечно, некоторые важные исключения. Система, использующая фундаментальные данные, была бы по определению применима лишь к единственному рынку. В дополнение: поведение некоторых рынков настолько нестандартно (например, фьючерсов на фондовые индексы), что системы, созданные для торговли на таких рынках, вполне могут давать плохие результаты на широком спектре рынков. При тестировании системы для мультирыночного портфеля необходимо заранее предопределить относительное количество контрактов, которыми система будет торговать на каждом из рынков. В этом случае часто просто предполагают, что система будет торговать одним контрактом на каждом рынке. Однако этот подход слишком наивен по двум причинам. Во-первых, некоторые рынки значительно более волатильны, чем другие. Например, портфель, включающий один контракт на кофе и один на кукурузу, был бы значительно более зависим от результатов торговли кофе. Во-вторых, иногда желательно снизить относительные веса некоторых рынков, поскольку они сильно коррелированны с другими рынками (например, немецкая марка и швейцарский франк)*.

В любом случае процентное распределение доступных активов между всеми рынками следовало бы определять до тестирования системы. Эти относительные веса могут затем быть использованы для определения количества торгуемых на каждом рынке контрактов. Заметьте, что до тех пор, пока доходность измеряется в процентах, а не в долларах, общее количество

* Для целей фьючерсной торговли (в противоположность историческому тестированию) историческая результативность может быть третьим релевантным фактором в определении веса контракта. Однако этот фактор не может учитываться как один из параметров процедур тестирования, поскольку он искажал бы результаты.

контрактов, торгующихся на каждом рынке, не имеет значения — важны только соотношения между объемами средств, инвестированных в отдельные рынки.

НЕГАТИВНЫЕ РЕЗУЛЬТАТЫ

Никогда не следует недооценивать возможной значимости негативных результатов. Анализ условий, при которых система дает плохие результаты, иногда может раскрыть важные недостатки системы, которые ранее были пропущены, и, таким образом, дать ключ к возможному улучшению системы. Конечно, тот факт, что подразумеваемые изменения правил улучшают результаты в случае низкой результативности системы, ничего не доказывает. Однако обоснованность любых предполагаемых изменений была бы подтверждена, если подобные изменения в общем случае вели бы к улучшению результатов и для других наборов параметров и рынков. Потенциальную ценность негативных результатов как источника идей относительно того, как можно улучшить систему, трудно переоценить. Концепция беспорядка как катализатора мышления — всеобщая истина, которая была превосходно выражена писателем Джоном Гарднером: «В совершенном мире не было бы потребности в мышлении. Мы думаем, поскольку что-то происходит неправильно».

Идея учиться на плохих результатах в основном применима к системе, которая хороша на большинстве рынков и при большинстве наборов параметров, однако в отдельных случаях дает плохие результаты. Однако системы, которые демонстрируют разочаровывающие результаты на широком спектре рынков и наборов параметров, скорее всего негодны, если только результаты не оказываются ужасающе плохи. В последнем случае может оказаться привлекательной система, которая меняет сигналы исходной системы на противоположные. Например, если тестирование новой системы следования за трендом показывает, что она постоянно теряет деньги на большинстве рынков, можно предполагать, что кто-то случайно наткнулся на эффективную противотрендовую систему. Подобные открытия могут больно ударять по самолюбию, однако их не следует игнорировать.

Конечно, тот факт, что система демонстрирует стабильно плохие результаты, не подразумевает, что обратная ей система работала бы лучше. Причина в том, что виновником значительной части убытков часто оказываются транзакционные затраты. Таким образом, реверсивная система может работать не менее плохо, поскольку эти затраты никуда не денутся. Например, так было в случае вышеприведенного *специально подобранного примера*, описанного в начале этой главы. В качестве другого примера: на первый взгляд реверсирование сигналов, генерируемых системой, которая теряет в среднем $3000 в год, может показаться привлекательной стратегией. Тем не менее если две трети потерь могут быть отнесены к транзакционным затратам, то эта стратегия приведет к потере $1000 в год, предполагая неизменность ее результативности. (Предыдущие предположения подразумевают, что транзакционные затраты равны $2000 в год и что торговля приводит к потерям $1000 в год за вычетом этих затрат. Таким образом, реверсирование сигналов давало бы доход от торговли, равный $1000 в год, но транзакционные затраты ($2000 в год) привели бы к чистым убыткам в размере $1000 в год.) Мораль: если вы собираетесь сконструировать плохую систему, то вас ждут большие неприятности, если она окажется хорошей.

ЭТАПЫ ПОСТРОЕНИЯ И ТЕСТИРОВАНИЯ ТОРГОВОЙ СИСТЕМЫ

1. Получите все данные, необходимые для тестирования. Повторюсь еще раз: в высшей степени желательно использовать непрерывные фьючерсы (не путать с ближайшими фьючерсными контрактами или бессрочными фьючерсами). Это замечание не относится к краткосрочным торговым системам, которые могут использовать данные отдельных контрактов.
2. Определите концепцию системы.
3. Запрограммируйте правила, чтобы генерировать сделки в соответствии с этой концепцией.
4. Выберите небольшое количество рынков и исторических периодов для этих рынков.
5. Сгенерируйте торговые сигналы системы для данных рынков и исторических периодов при данном наборе параметров.
6. Создайте графики непрерывных фьючерсов для этих рынков и годов и сделайте несколько их копий.
7. Обозначьте на этих графиках торговые сигналы. (Удостоверьтесь, что использовали одни и те же ценовые серии для создания графиков и тестирования системы.) Этот шаг важен. Я нахожу значительно более простым отлаживать систему, визуально проверяя сигналы на графиках, а не работая лишь с распечатанными данными.
8. Проверьте, что система делает то, что предполагалось. Почти всегда тщательная проверка обнаружит определенные неполадки, вызванные одной или обеими из причин:

   a. ошибки в программе;

   b. правила программы не предвидят некоторых обстоятельств или создают непредвиденные эффекты.

Например: система не генерирует сигнал в ситуациях, когда, согласно правилам, сигнал должен поступить; система генерирует сигнал, когда его не должно быть; системные правила неумышленно создают ситуации, в которых не могут быть сгенерированы новые сигналы или в которых позиция держится бесконечно. В основном такие типы ситуаций возникают благодаря мелким ошибкам при формулировании правил или при программировании. При обнаружении ошибок необходимо их исправить. Следует подчеркнуть, что исправления ошибок первого типа касаются только того, чтобы заставить систему действовать согласованно с концепцией, и должны делаться *без всякой оглядки на то, помогают ли исправления повысить результативность или ухудшают ее в случае ситуаций, использованных в процессе разработки*.

9. После того как сделаны необходимые исправления, повторите шаги 7 и 8. Обратите, в частности, внимание на изменения в сигналах по сравнению с предыдущим прогоном по двум причинам:

a. чтобы проверить, помогли ли изменения в программе устранить ошибки;

b. чтобы убедиться, что изменения не привели к неожиданным эффектам.

10. После того как система заработала в соответствии с вашими ожиданиями, протестируйте ее на всем заданном списке наборов параметров по всей базе данных. (Предполагаемый торговый портфель должен быть определен до запуска этого теста.)

11. Как детально объяснялось в этой главе, оцените результативность, основываясь на средней результативности всех тестируемых наборов параметров или на процессе слепого моделирования. (Первое значительно проще.)

12. Сравните полученные результаты с результатами стандартной общеизвестной системы (пробой, пересечение скользящих средних) на соответствующем портфеле и тестовом периоде. Чтобы ваша система имела некую реальную ценность, ее соотношение прибыль/риск должно быть *измеримо* лучше, чем у стандартной системы, или эквивалентно, но при большей диверсификации.

Описанные этапы представляют собой жесткую процедуру, разработанную для того, чтобы избежать получения искаженных результатов. Скорее всего, большинство систем не смогут пройти тест на этапе 12. Разработка систем с действительно высокой результативностью более трудна, чем думает большинство людей.

ЗАМЕЧАНИЯ ПО ПОВОДУ ТОРГОВЫХ СИСТЕМ

1. В системах следования за трендом основной метод, используемый для идентификации трендов (например, пробой, пересечение скользящих средних) вполне может оказаться наименее существенным компонентом системы. В некотором смысле это просто другая формулировка наблюдения Джима Оркатта по поводу того, что существуют лишь два типа систем следования за трендом: быстрые и медленные. Таким образом, при конструировании систем следования за трендом может иметь больше смысла сконцентрироваться на модификациях (например, фильтрах и подтверждающих правилах, снижающих количество плохих сделок, подстройке характеристик рынка, правилах построения пирамиды, правилах остановки), чем на попытках открыть новый метод определения трендов.
2. Сложность ради сложности — не достоинство. Используйте простейшую форму системы, если она не подразумевает существенных жертв в результативности по сравнению с более сложными версиями.
3. Важная причина для торговли на широком спектре рынков — это управление риском через диверсификацию. Однако существует еще одна очень важная причина торговать на таком количестве рынков, на каком только возможно: страховка против пропуска спорадических гигантских движений цен на фьючерсных рынках. Важность улавливания всех таких масштабных трендов нельзя переоценить — они могут создать ту разницу, которая существует между посредственной и великолепной результативностью. Рынок кофе в 1994 г. (см. рис. 1.2) и рынок серебра в 1979–1980 гг. (см. рис. 1.1) — это два ярких примера рынков, которые были критичными для результативности портфеля.
4. Если позволяют торговые активы, диверсификация может быть распространена не только на рынки, но и на системы. Торговля с помощью нескольких систем, а не единственной могла бы помочь улучшить общую результативность. В идеале наибольшая степень диверсификации была бы достигнута, если бы вы использовали одновременно противотрендовые системы, системы распознавания фигур и системы следования за трендом. (Однако такая цель может оказаться труднодостижимой, поскольку обычно значительно труднее сконструировать противотрендовую систему или систему распознавания фигур, чем систему следования за трендом.)
5. Если доступны значительные активы, лучше торговать при разнообразных наборах параметров, а не с использованием единственного оптимизированного набора.

6. Вообще говоря, значение оптимизации параметров сильно преувеличено.
7. Предыдущее замечание означает, что оптимизированные результаты никогда не следует использовать для оценки ожидаемой результативности систем. Два серьезных метода тестирования систем обсуждались ранее.
8. Так называемые результаты *моделирования* часто являются *оптимизированными* (полученными задним числом) и, как таковые, фактически бессмысленными. Это предостережение, в частности, имеет смысл в отношении рекламы торговых систем, которые неизменно используют специальным образом подобранные примеры.
9. Анализ результатов успешных систем почти неизменно будет обнаруживать наличие нескольких рынков, приносящих большую прибыль в течение одного или более года и очень мало случаев значительных убытков за единственный год. Следовательно, основная причина успеха этих систем в том, что их правила соответствуют старому принципу «позволяй расти твоей прибыли и быстро останавливай убытки».
10. Не следует избегать рынка из-за того, что резко вырастает его волатильность. Фактически большинство волатильных рынков часто оказываются наиболее прибыльными.
11. Анализ негативных результатов системы, результативность которой в целом хороша, является эффективным инструментом совершенствования системы.
12. Часто недооцениваемый факт состоит в том, что многие результаты торговли нередко могут отражать скорее информацию о рынке, чем о системе. Например, тот факт, что система, находившаяся в короткой позиции по фунту стерлингов в начале сентября 1992 г. (рис. 20.3), теряет всю свою незафиксированную прибыль прежде, чем изменяет позицию на противоположную, совсем не обязательно отражает неадекватность управления риском. Любую систему следования за трендом постигла бы та же участь. К моменту появления первых признаков силы «быков» рынок уже превысил весь торговый диапазон 14 предыдущих месяцев. При этом всего лишь днем ранее сделки на рынке заключались ниже минимума торгового диапазона предыдущих 14 месяцев!

    Этот пример показывает, что нельзя оценить достоинства системы в вакууме. В некоторых случаях плохая результативность может отражать всего лишь тот факт, что рыночные условия привели бы к слабым результатам подавляющее большинство систем. Похожим

Рисунок 20.3.

ТОРГОВЫЕ РЕЗУЛЬТАТЫ, ГОВОРЯЩИЕ О РЫНКЕ, А НЕ О СИСТЕМЕ: КОРОТКАЯ ПОЗИЦИЯ ПО ФУНТУ СТЕРЛИНГОВ, НЕПРЕРЫВНЫЕ ФЬЮЧЕРСЫ

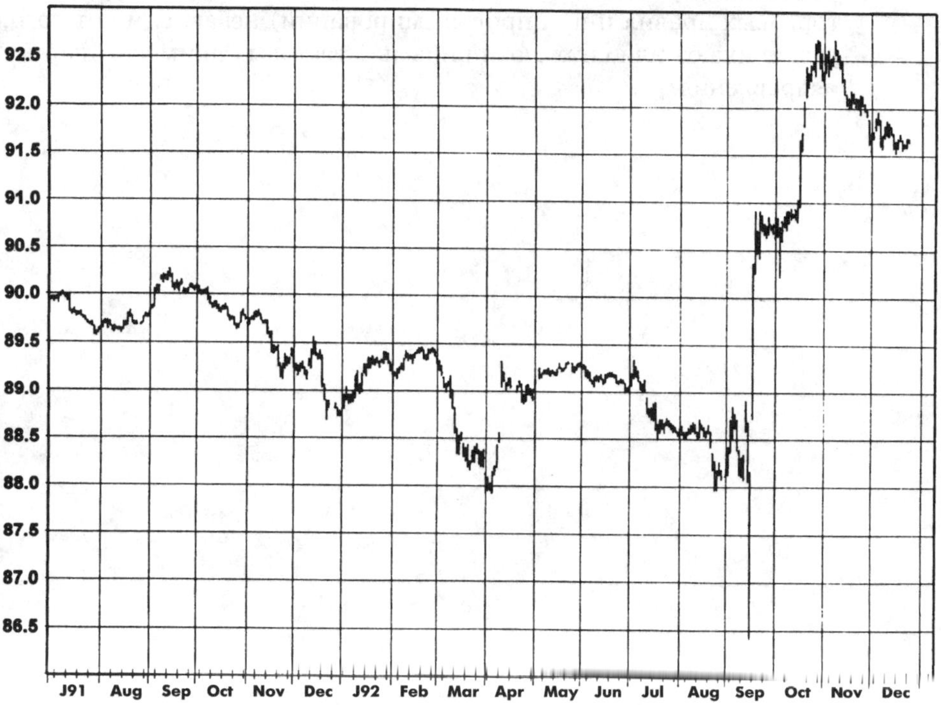

образом удачные результаты также могут отражать условия рынка, а не определенную степень ценности тестируемой системы. Поэтому разумная оценка результативности новой системы должна включать сравнение с эталонным тестом (например, результативностью стандартных систем, таких как системы пересечения скользящих средних или пробоя, в течение того же самого периода на тех же самых рынках).

13. Для тестирования систем используйте непрерывные фьючерсные серии.

14. Для разработки и отладки систем используйте лишь небольшую часть базы данных (небольшое количество рынков и незначительный отрезок полного временного периода).

15. Используйте графики с наложенными на них сигналами системы, что поможет вам в отладке систем.

16. При проверке точности и полноты сигналов, генерируемых системой, исправляйте ошибки (допущенные при формулировке торговых правил и при программировании) независимо от того, увеличивают или снижают прибыль в тестовых примерах данные исправления.

21 Измерение результативности торговли

Для каждой сложной проблемы существует простое, изящное и неверное решение.

Х.Л. Менкен

НЕОБХОДИМОСТЬ НОРМАЛИЗАЦИИ ПРИБЫЛИ*

Слишком многие инвесторы при оценке финансовых управляющих совершают ошибку, фокусируясь исключительно на доходности**.

Помимо доходности, совершенно необходимо встраивать в процесс оценки некоторый способ измерения риска. Рассмотрим колебания стоимости активов на счетах менеджеров A и B на рис. 21.1***.

Хотя доходность менеджера A выше, если рассматривать весь период как целое, вряд ли можно утверждать, что A торгует лучше, чем B — обратите внимание на большое количество резких падений стоимости активов.

И эта черта является негативной не просто потому, что инвесторы, работающие с менеджером A, будут переживать много неприятных периодов. Еще более важно то обстоятельство, что инвесторы, начинающие работать

---

* Следующий раздел представляет собой адаптацию статьи Дж. Швагера «Alternative to Sharpe Ratio Better Measure of Performance», Futures, p. 56–57, March 1985.

** Большинство финансовых управляющих, работающих в сфере торговли фьючерсами (зарегистрированных Комиссией по торговле товарными фьючерсами), называются «советниками по фьючерсной торговле» (commodity trading advisors — CTA). Название, по моему мнению, на редкость неудачное. В этой главе используется более общий термин «финансовый управляющий», который можно рассматривать как взаимозаменяемый с CTA.

*** Хотя в примерах из этой главы оценивается результативность финансовых управляющих, похожие примеры могли бы быть приведены и в случае торговых систем. Там, где это необходимо, в явном виде указано на различия в способах оценки результативности финансового управляющего и системы.

Рисунок 21.1.

НЕОБХОДИМОСТЬ НОРМАЛИЗАЦИИ ПРИБЫЛИ

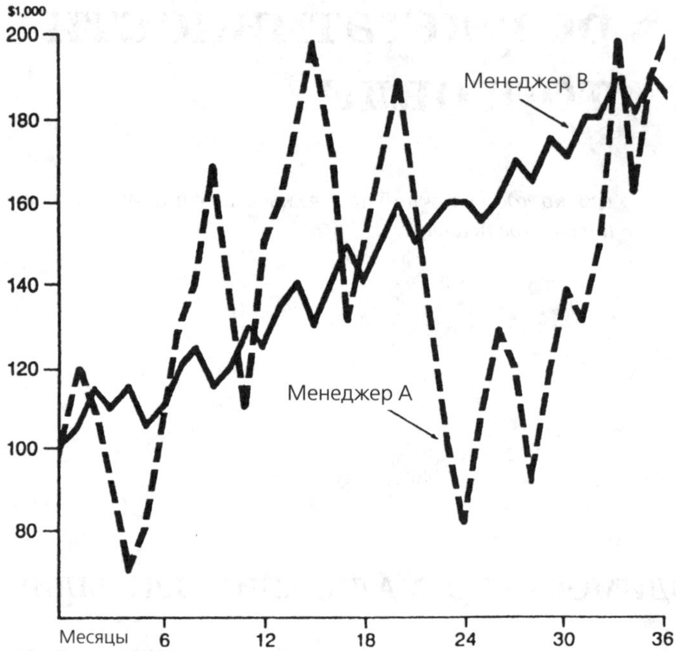

Источник: J. Schwager, «Alternative to Sharpe Ratio Better Measure of Performance», Futures, p. 56, March 1985.

с менеджером А в плохой момент (а это вполне возможно), могут понести существенные убытки. Предполагая, что счет закрывается, когда потеряны 25–50% начальных активов, есть большая вероятность того, что инвесторы, работающие с менеджером А, будут выбиты из игры раньше, чем начнется период высокой результативности.

Кажется разумным предположить, что большинство инвесторов предпочли бы менеджера В менеджеру А, поскольку немного более низкая доходность менеджера В с лихвой компенсируется значительно меньшим риском. Более того, если бы менеджер В использовал немного более высокое соотношение «маржа/активы» (маржинальное плечо), его доходность оказалась бы лучше, чем у менеджера А, а падения стоимости активов по-прежнему были бы сравнительно небольшими. (Исходя из требований управления капиталом все управляющие будут ограничивать размер открытых позиций таким образом, чтобы отношение «маржа/размер открытых позиций» было равным 0,15–0,35.)

Ясно, что менеджер В имеет лучшую историю деятельности. Как показано на этом примере, любой разумный метод оценки результативности должен включать в себя способ измерения риска.

КОЭФФИЦИЕНТ ШАРПА

Необходимость рассматривать риск при оценке результативности была понята давно. Классическая мера отношения прибыльности к рискованности — коэффициент Шарпа — может быть выражена следующим образом:

$$SR = \frac{E - I}{\mathrm{sd}},$$

где E — ожидаемая доходность;
I — безрисковая процентная ставка;
sd — стандартное отклонение прибыли.

E обычно выражается как процентная доходность. Как правило, ожидаемая доходность предполагается равной средней доходности в прошлом. Поэтому, несмотря на то что E всегда обозначает ожидаемую будущую доходность, мы будем использовать ее как синоним средней доходности в прошлом.

Введение I в коэффициент Шарпа раскрывает, что инвестор всегда мог бы заработать определенную *безрисковую* прибыль — например, инвестируя в казначейские векселя. Таким образом, доходность, превышающая безрисковую ставку, более значима, чем абсолютный уровень доходности.

Стандартное отклонение — это статистическая величина, предназначенная для измерения степени разброса данных. Формула для стандартного отклонения такова:

$$\mathrm{sd} = \sqrt{\frac{\sum_{i=1}^{N}\left(X_i - \overline{X}\right)^2}{N-1}},$$

где $\overline{X}$ — среднее значение;
X_i — отдельные значения данных;
N — количество сегментов данных.

В применении к коэффициенту Шарпа N равно количеству временных интервалов. Например, если для исследуемого трехгодичного периода используются месячные временные интервалы, то $N = 36$.

При вычислении стандартного отклонения всегда необходимо выбирать временной интервал для сегментирования всего рассматриваемого периода имеющихся данных (недельные или месячные интервалы). Пусть, к примеру, данные о доходности финансового управляющего за данный год разбиты на недельные сегменты. Стандартное отклонение будет очень высоким, если доходность некоторых недель резко отличается от средней доходности за весь период имеющихся данных. И наоборот, стандартное отклонение будет низким, если доходности отдельных недель располагаются близко к средней доходности. Рис. 21.2 иллюстрирует два набора данных с одной и той же средней недельной доходностью, но существенно различными стандартными отклонениями.

Базовая предпосылка коэффициента Шарпа состоит в том, что стандартное отклонение измеряет риск. То есть чем больше отклонение доходности отдельных сегментов от среднего значения доходности, тем более рискованны инвестиции. В сущности, стандартное отклонение измеряет неопределенность прибыли. Должно быть интуитивно понятно, что при небольшом стандартном отклонении реальная прибыль скорее всего будет близка к ожидаемой (если, конечно, ожидаемая прибыль является хорошей оценкой реальной прибыли). С другой стороны, если стандартное отклонение велико, то оно предполагает большую вероятность того, что реальная прибыль будет существенно отличаться от ожидаемой.

Коэффициент Шарпа для финансового управляющего может быть вычислен напрямую, поскольку мы знаем величину активов, по отношению к которым вычисляется доходность. В случае торговой системы это не так. Применяя коэффициент Шарпа к торговой системе, мы можем выбрать один из двух подходов.

1. Оценить активы, которые требуются, чтобы торговать с помощью системы, и использовать эту оценку для вычисления процентной доходности.
2. Упростить коэффициент Шарпа, удалив из него безрисковую процентную ставку I. (Как объясняется далее, если используется такая форма коэффициента Шарпа, то нет необходимости оценивать активы, требующиеся для торговли с помощью системы.) Таким образом, коэффициент Шарпа сократится до

$$SR = E/\text{sd}.$$

Второй подход можно оправдать на основании того, что значительная часть залоговых средств может быть внесена в виде казначейских векселей.

Рисунок 21.2.

СРАВНЕНИЕ ДВУХ УПРАВЛЯЮЩИХ С ОДИНАКОВОЙ СРЕДНЕЙ ДОХОДНОСТЬЮ, НО РАЗЛИЧНЫМИ СТАНДАРТНЫМИ ОТКЛОНЕНИЯМИ

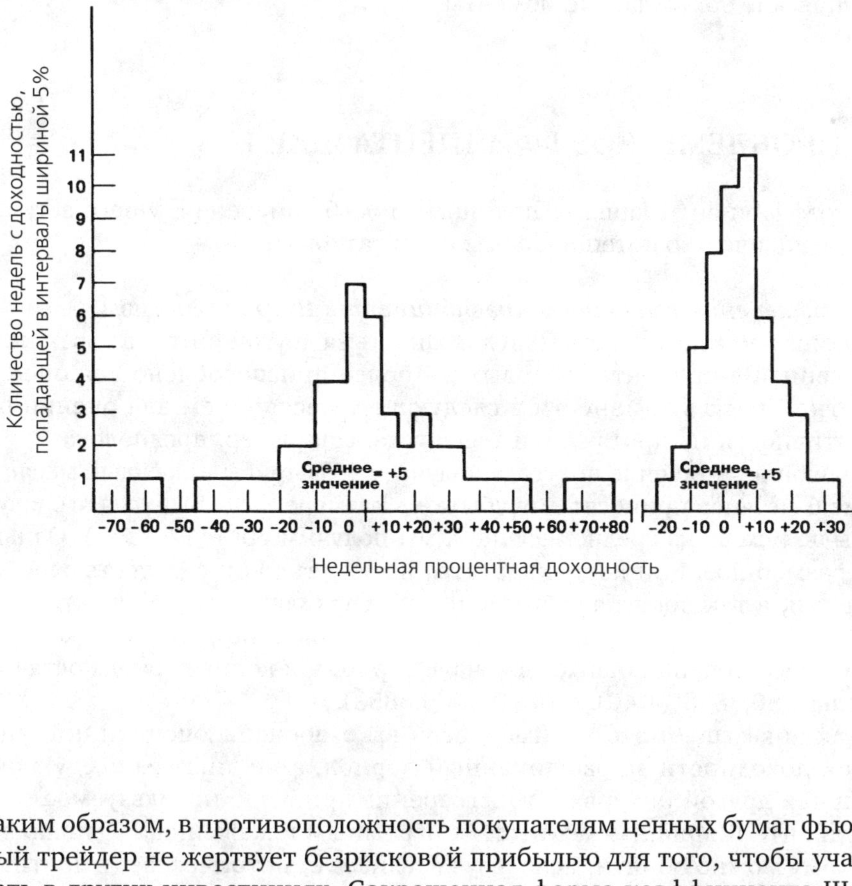

Таким образом, в противоположность покупателям ценных бумаг фьючерсный трейдер не жертвует безрисковой прибылью для того, чтобы участвовать в других инвестициях. Сокращенная форма коэффициента Шарпа, кроме того, имеет свое теоретическое оправдание в случае финансовых управляющих: коэффициент Шарпа будет возрастать, если управляющий увеличивает свой леверидж — соотношение между размером открытых позиций и величиной залоговых средств (а это нежелательное свойство). На сокращенную форму коэффициента Шарпа изменения в леверидже не влияют.

В форме E/sd коэффициент Шарпа был бы одним и тем же, независимо от того, выражено ли E как прибыль в долларах или как процентная доходность. Причина в том, что те же самые единицы измерения использовались бы и для стандартного отклонения. Таким образом, минимальная требуемая величина активов появлялось бы как в числителе, так и в знаменателе, и была бы сокращена*.

Для ясности изложения примеры, приведенные в этой главе далее, подразумевают сокращенную форму коэффициента Шарпа. Это упрощенное предположение не изменяет существенно какие-либо теоретические или практические обсуждаемые моменты.

ТРИ ПРОБЛЕМЫ КОЭФФИЦИЕНТА ШАРПА

Хотя коэффициент Шарпа — полезный способ измерений, у него есть некоторое количество потенциальных недостатков**.

1. ***Измерение прибыли в коэффициенте Шарпа.*** Это измерение — среднемесячная доходность (или доходность за другой интервал времени), выраженная в процентах годовых, — более приспособлено для оценки вероятной результативности в следующем месяце, чем для оценки результативности на протяжении всего года. Например, предположим, что управляющий в течение полугода получает 40% прибыли каждый месяц, а другие 6 месяцев приносят ему убытки в размере 30%. Вычисляя годовую прибыль, исходя из среднемесячной, мы получим 60% ($12 \times 5\%$). Однако если размер позиции корректируется в соответствии с существующими активами, а так поступает большинство управляющих, действительная прибыль за год составила бы –11%. Это произойдет, потому что из каждого доллара активов, имеющихся в начале периода, к концу периода осталось бы только $0,8858 ($(1{,}40)^6 \times (0{,}70)^6 = 0{,}8858$).

Как показывает этот пример, если вы озабочены оценкой потенциальной доходности за расширенный период, а не лишь за следующий месяц или другой интервал, то измерение прибыли, используемое в коэффициенте Шарпа, может вести к огромным искажениям. Однако эту проблему можно обойти, используя среднее геометрическое (в противоположность арифметическому) при расчете средней месячной доходности, которую затем выражают в процентах годовых, чтобы получить

* Здесь подразумевается, что торговые активы постоянны (прибыль изымается, а убытки восполняются). Другими словами, отсутствует реинвестирование прибыли и снижение величины инвестиций в случае убытков. Вообще говоря, хотя вычисление прибыли с учетом реинвестиций предпочтительно, это обстоятельство более чем компенсируется существенным преимуществом, состоящим в отсутствии необходимости оценивать требования к минимальной величине активов в случае торговой системы. Более того, система с более высокой прибылью, рассчитанной без учета реинвестиций, чаще всего будет демонстрировать и более высокую прибыль с их учетом.

** Этот раздел адаптирован из статьи Дж. Швагера «Alternative to Sharpe Ratio Better Measure of Performance», Futures, p. 57-58, March 1985.

числитель коэффициента Шарпа. Средняя геометрическая доходность в процентах годовых в точности эквивалентна средней годовой доходности с учетом реинвестиций, которая обсуждается позже в этой главе в разделе, посвященном отношению прибыли к максимальному падению стоимости активов.

2. *Коэффициент Шарпа не делает различий между колебаниями стоимости активов вверх и вниз.* Коэффициент Шарпа измеряет волатильность, а не риск. А это не обязательно одно и то же.

С точки зрения меры риска, используемой в коэффициенте Шарпа, т.е. стандартного отклонения доходности, колебания вверх и вниз рассматриваются как в равной степени плохие. Таким образом, коэффициент Шарпа показывал бы в невыгодном свете управляющего, у которого спорадически наблюдались бы резкие увеличения активов, даже если бы падения стоимости активов были малы.

Рис. 21.3 сравнивает гипотетическое движение активов менеджера C, где время от времени наблюдается рост активов и отсутствует их падения, и менеджера D, который столкнулся с несколькими падениями стоимости активов. Хотя оба управляющих зафиксировали равную прибыль за период в целом, и менеджер D столкнулся с несколькими отрицательными переоценками, в то время как у менеджера C их не было, коэффициент Шарпа оценил бы менеджера D выше (см. таблицу). Такой исход — прямое следствие того факта, что коэффициент Шарпа оценивает верхнюю волатильность точно так же, как и нижнюю.

3. *Коэффициент Шарпа не делает различий между чередующимися и последовательными убытками.* Мера риска в коэффициенте Шарпа (стандартное отклонение) не зависит от последовательности выигрышных и убыточных периодов.

На рис. 21.4 показано гипотетическое изменение стоимости активов с начальной величиной $100 000, управляемых менеджером E и менеджером F. Каждый из них в общей сложности зарабатывает $48 000, или $24 000 в год. Однако у менеджера E месячные доходы в $8000 чередуются с месячными потерями в размере $4000, в то время как менеджер F сразу теряет $48 000 в первые 12 месяцев и последовательно зарабатывает $96 000 в течение оставшегося периода.

Коэффициент Шарпа этих двух управляющих был бы одним и тем же. Несмотря на этот факт, мало нашлось бы трейдеров, рассматривающих деятельность этих менеджеров как эквивалентную с точки зрения риска. Фактически все трейдеры согласились бы с тем, что результаты менеджера F подразумевают значительно более высокий уровень риска.

Рисунок 21.3.

СРАВНЕНИЕ УПРАВЛЯЮЩЕГО С ВЫСОКОЙ ВОЛАТИЛЬНОСТЬЮ, ВЫЗВАННОЙ РЕЗКИМ РОСТОМ АКТИВОВ ПРИ ОТСУТСТВИИ ПАДЕНИЯ СТОИМОСТИ АКТИВОВ, И УПРАВЛЯЮЩЕГО С ПАДЕНИЯМИ СТОИМОСТИ АКТИВОВ

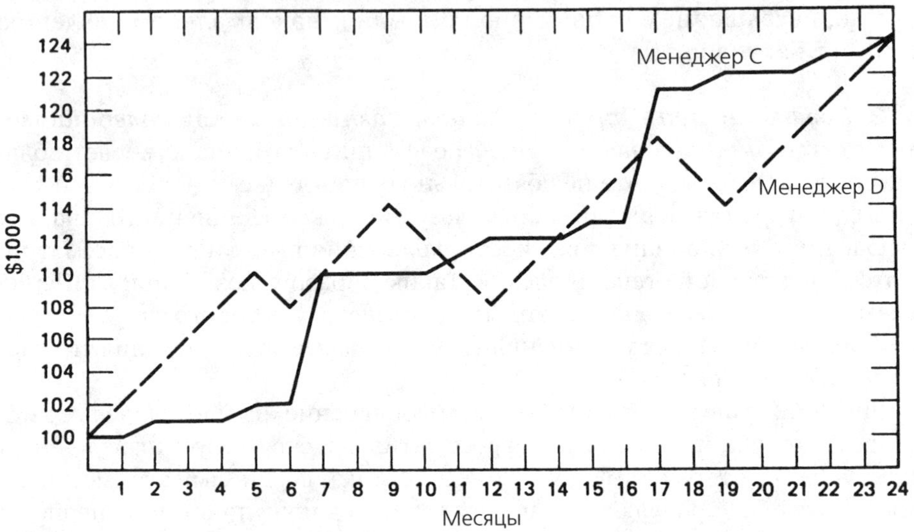

Рисунок 21.4.

СРАВНЕНИЕ ДВУХ УПРАВЛЯЮЩИХ С ОДИНАКОВОЙ ДОХОДНОСТЬЮ И СТАНДАРТНЫМ ОТКЛОНЕНИЕМ, НО С РАЗЛИЧНОЙ ПОСЛЕДОВАТЕЛЬНОСТЬЮ МЕСЯЧНЫХ ПРИБЫЛЕЙ И УБЫТКОВ

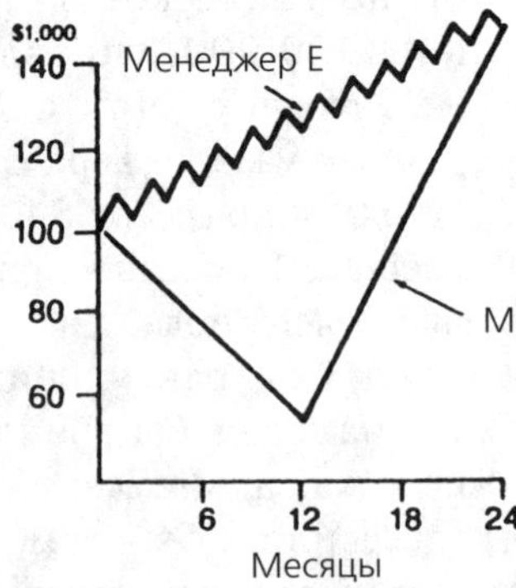

Источник: J. Schwager, «Alternative to Sharpe Ratio Better Measure of Performance», Futures, p. 56, March 1985.

Таблица 21.1.

СРАВНЕНИЕ ЕЖЕМЕСЯЧНЫХ ПРИБЫЛЕЙ ДВУХ УПРАВЛЯЮЩИХ

	Менеджер C		Менеджер D	
Месяц	Изменение активов	Совокупное изменение активов	Изменение активов	Совокупное изменение активов
1	0	0	2000	2000
2	1000	1000	2000	4000
3	0	1000	2000	6000
4	0	1000	2000	8000
5	1000	2000	2000	10 000
6	0	2000	–2000	8000
7	8000	10 000	2000	10 000
8	0	10 000	2000	12 000
9	0	10 000	2000	14 000
10	0	10 000	–2000	12 000
11	1000	11 000	–2000	10 000
12	1000	12 000	–2000	8000
13	0	12 000	2000	10 000
14	0	12 000	2000	12 000
15	1000	13 000	2000	14 000
16	0	13 000	2000	16 000
17	8000	21 000	2000	18 000
18	0	21 000	–2000	16 000
19	1000	22 000	–2000	14 000
20	0	22 000	2000	16 000
21	0	22 000	2000	18 000
22	1000	23 000	2000	20 000
23	0	23 000	2000	22 000
24	1000	24 000	2000	24 000

Средняя месячная прибыль = 1000 Средняя месячная прибыль = 1000

$$SR_C = \frac{E}{\text{sd}} = \frac{\frac{24\,000}{2}}{\sqrt{12}\cdot\sqrt{\frac{14(1000-0)^2+8(1000-1000)^2+2(1000-8000)^2}{23}}} = 1{,}57.$$

Окончание табл. 21.1

$$SR_D = \frac{\frac{24\,000}{2}}{\sqrt{12} \times \sqrt{\frac{18(1000-2000)^2 + 6(1000-2000)^2}{23}}} = 1{,}96.$$

Ожидаемая годовая прибыль *E* равна общему росту активов за период, деленному на количество лет, или средней месячной прибыли, умноженной на 12. Стандартное отклонение *в годовом исчислении* равно стандартному отклонению месячной прибыли, умноженному на $\sqrt{12}$[a].

[a] Чтобы выразить в процентах годовых ожидаемую (среднюю) доходность некоторого интервала времени, необходимо умножить ожидаемую на интервале прибыль на количество данных интервалов в году ($\sqrt{12}$ для месячных данных). Чтобы перевести в годовое исчисление стандартное отклонение, необходимо умножить стандартное отклонение на интервале на квадратный корень количества интервалов в году ($\sqrt{12}$ для месячных данных). Это преобразование стандартного отклонения — следствие того факта, что если интервалы независимы, то дисперсия прибыли на более длинном интервале (например, год) равна дисперсии на более коротких интервалах (например, месяц), умноженной на количество коротких интервалов в длинном интервале (например, на 12). Таким образом, стандартное отклонение прибыли на длинном интервале равно стандартному отклонению прибыли на коротком интервале, умноженному на *квадратный корень количества* коротких интервалов в длинном интервале (поскольку стандартное отклонение определяется как квадратный корень дисперсии).

ОТНОШЕНИЕ ПРИБЫЛИ К МАКСИМАЛЬНОМУ ПАДЕНИЮ СТОИМОСТИ АКТИВОВ (RETURN RETRACEMENT RATIO — RRR)

RRR предлагает меру соотношения доходности и риска, которая позволяет избежать недостатков коэффициента Шарпа, обсуждавшихся в предыдущем разделе. Кроме того, RRR ближе к восприятию риска большинством трейдеров. RRR представляет собой среднюю прибыль с учетом реинвестирования (R), пересчитанную в годовом исчислении и деленную на усредненное за год максимальное снижение стоимости активов (average maximum retracement measure — AMR):

$$\text{RRR} = \frac{\text{R}}{\text{AMR}}.$$

R можно вычислить как отношение суммарного прироста стоимости активов управляющего или системы за год, к величине активов на начало года, при условии, что полученная прибыль оставалась на торговом счету. Очевидно, что при расчете R будут учтены все реинвестиции прибыли, совершенные управляющим. AMR равен усредненному за год максимальному месячному снижению стоимости активов (MR), где MR равна большей из следующих двух величин.

1. Максимальному снижению с момента предыдущего пика стоимости активов (MRPP).
2. Максимальному снижению до последующего минимума стоимости активов (MRSL).

Как подразумевает название, MRPP измеряет, на сколько процентов снизились активы по сравнению с наивысшей их предыдущей точкой. В результате для данных в каждой точке (например, в конце месяца) MRPP отражает наихудшую переоценку, с которой теоретически мог бы столкнуться *любой инвестор*, работающий со счетом в этот момент. MRPP равна совокупным потерям, которые были бы зафиксированы инвестором, начинающим торговать в наихудший возможный предшествующий момент времени (в момент наивысшей стоимости активов). Заметьте, что если новый пик активов установлен в данном месяце, MRPP для этой точки будет равна нулю. Одна из проблем, связанных с MRPP, состоит в том, что для начальных точек всего объема данных эта мера падения стоимости активов может быть недооценена, поскольку существует лишь малое количество предыдущих точек.

Как подразумевает название, MRSL измеряет процентное снижение активов до последующей самой низкой точки. В результате для данных в каждой точке (например, на конец месяца) MRSL измеряет наихудшую переоценку, с которой *в любой момент* могли бы столкнуться инвесторы, начинающие торговать в этом месяце, т.е. совокупные потери, которые были бы зафиксированы подобными инвесторами в следующей точке минимальной стоимости активов. Заметьте, что если стоимость активов никогда не снижалась ниже уровня данного месяца, MRSL для этой точки будет равна нулю. Одна из проблем, связанных с MRSL, состоит в том, что для последних точек всего объема данных эта мера падения стоимости активов скорее всего будет недооценена, поскольку в последующих данных (при их наличии) мог бы содержаться новый минимум стоимости активов.

MRPP и MRSL дополняют друг друга. Заметьте, что их одновременная недооценка маловероятна. По этой причине MR для каждой точки определяется как набольшая величина из MRPP и MRSL. В этом смысле MR представляет действительно наихудший сценарий для каждой точки (например, для конца месяца). AMR усредняет наихудшие возможные сценарии. Этот подход значительно более основателен, чем методы, использующие лишь единственный наихудший случай — максимальное снижение стоимости активов.

Математическое определение RRR дано ниже:

$$\text{RRR} = \frac{\text{R}}{\text{AMR}},$$

где R — средняя годовая прибыль с учетом реинвестиций (вывод смотри ниже);

$$\text{AMR} = \frac{1}{n}\sum_{i=1}^{n} \text{MR}_i,$$

где n — число месяцев в рассматриваемом периоде;

$$\text{MR}_i = \max\left(\text{MRPP}_i,\ \text{MRSL}_i\right)$$

где

$$\text{MRPP}_i = \frac{\text{PE}_i - \text{E}_i}{\text{PE}_i},$$

$$\text{MRSL}_i = \frac{\text{E}_i - \text{ME}_i}{\text{E}_{i-1}},$$

где E_i — стоимость активов на конец месяца i;
PE_i — пик стоимости активов в месяц i или до него;
E_{i-1} — стоимость активов на конец месяца, предшествующего месяцу i;
ME_i — минимум стоимости активов в месяц i или в следующий за ним месяц.

Заметьте, что MRPP_i будет равной нулю для первого месяца, а MRSL_i будет равна нулю для последнего месяца.

Средняя годовая прибыль с учетом реинвестиции R выводится следующим образом*:

* Следующий в примере вывод R, где R = 0,30, взят из статьи Дж. Швагера «Alternative to Sharpe Ratio Better Measure of Performance», Futures, p. 58, March 1985.

$$S(1 + R)^N = E,$$

где S — стартовая стоимость активов;
E — конечная стоимость активов;
N — количество лет;
R — доходность в процентах годовых с учетом реинвестирования (в десятичной форме).

Отсюда формула для доходности в процентах годовых (R):

$$R = \sqrt[N]{\frac{E}{S}} - 1.$$

Чтобы облегчить решение этого уравнения относительно R, можно выразить его в терминах десятичных логарифмов:

$$R = \text{antilog}\left[\frac{1}{N}(\log E - \log S)\right] - 1.$$

Например, если счет в \$100 000 вырос до \$285 610 за четыре года, доходность в процентах годовых с учетом реинвестирования была бы равна 30%*:

$$R = \text{antilog}\ [\tfrac{1}{4}(\log 285\,610 - \log 100\,000)] - 1,$$

$$R = \text{antilog}\ [\tfrac{1}{4}(5{,}4557734 - 5)] - 1,$$

$$R = \text{antilog}\ [0{,}11394335] - 1 = 0{,}30.$$

Вычисление RRR можно напрямую применить к оценке результативности финансового управляющего, поскольку размер активов на счете известен для каждой точки данных. Однако минутное размышление обнаружит, что в случае торговых систем размер активов неизвестен и для каждого интервала доступно лишь отношение прибыли к потерям. Как можно вычислить доходность, если мы не знаем какое количество активов необходимо, чтобы торговать с помощью системы? Ответ состоит в том, что поскольку величина RRR не будет зависеть от размера активов, необходимых для торговли с помощью системы**, может быть использована любая величина.

Хотя это и не влияет на вычисления, для выбора правдоподобной величины трейдер может предположить, что активы, необходимые для

* Пример рабочего листа Excel для вычисления RRR предложен в книге «Schwager on Futures: Managed Trading».

** Поскольку предполагаемый размер активов используется как делитель и в числителе, и в знаменателе RRR, он будет сокращен. Например, удвоение размера предполагаемого счета сокращало бы наполовину как среднюю годовую прибыль с учетом реинвестиций, так и усредненное за год максимальное снижение стоимости активов, оставляя значение RRR неизменным.

торговли с помощью системы, в четыре раза превышают максимальные убытки. Например, если максимальный убыток системы составляет $50 000, для торговли с помощью этой системы предположительно необходимы активы, равные $200 000.

Как только размер активов, необходимых для торговли с помощью системы (т.е. предполагаемый размер счета), выбран, месячные размеры активов могут быть получены следующим образом.

1. Поделите все месячные значения прибылей/убытков на один и тот же размер счета, чтобы получить месячные значения процентной прибыли*.
2. Используйте цепь умножений подразумеваемого размера счета на значения месячной процентной прибыли, чтобы получить месячные уровни активов. Например, если предполагаемый размер счета $200 000, а процентные прибыли за первые четыре месяца составили +4, –2, –3 и +6%, тогда соответствующие уровни активов вычислялись бы следующим образом:

Начало = $200 000.

Конец месяца 1 = (200 000) (1,04) = $208 000.

Конец месяца 2 = (200 000) (1,04) (0,98) = $203 840.

Конец месяца 3 = (200 000) (1,04) (0,98) (0,97) = $197 725.

Конец месяца 4 = (200 000) (1,04) (0,98) (0,97) (1,06) = $209 588.

Когда получены месячные уровни активов, вывод значений R и AMR для вычисления RRR будет в точности аналогичен случаю оценки финансового управляющего.

Следует заметить, что в реальной торговле каждый корректировал бы используемые для торговли активы, основываясь на личных взглядах на риск. Действительный используемый уровень мог бы быть больше или меньше, чем четырехкратный размер максимальных потерь, который мы использовали как начальное предположение при вычислении RRR для системы. Однако на значении RRR системы никак не сказывался бы определенный выбор размера счета, рассматриваемого как необходимый для торговли с помощью системы.

---

* Обратите внимание на то, что торговые результаты системы основываются на фиксированном портфеле. Другими словами, при тестировании системы количество контрактов не увеличивается, когда система зарабатывает деньги, и не уменьшается, когда система терпит убытки. (В действительной торговле, конечно, такие поправки были бы сделаны.) Таким образом, использование *постоянного* размера счета в качестве делителя при переводе отношения прибыль/убытки в процент прибыли является допустимой процедурой.

ГОДОВОЕ ОТНОШЕНИЕ ПРИБЫЛЬ/УБЫТКИ (GAIN TO PAIN)

Годовое отношение Прибыль/Убытки (AGPR) представляет собой упрощенный вариант вычисления отношения RRR. AGPR определяется следующим образом:

$$AGPR = AAR / AAMR,$$

где AAR — среднее арифметическое годовых прибылей;
AAMR — среднее значение максимальных годовых падений стоимости активов, где падение стоимости активов для каждого года определяются как процентное падение от предшествующего максимума активов (даже если он появился в предыдущий год) до минимума активов этого года.

RRR лучше измеряет риск, чем AGPR, поскольку при вычислении риска учитываются данные в каждой точке, и вычисление не ограничивает данные искусственно (например, отрезками календарных годов). Тем не менее некоторые трейдеры могут предпочесть AGPR, поскольку он требует меньших вычислений, и полученное в результате число обладает интуитивно понятным значением. Например, AGPR, равный 3, означал бы, что средняя годовая прибыль в три раза больше, чем средняя годичная отрицательная переоценка (измеренная от предыдущего пика).

МАКСИМАЛЬНЫЙ УБЫТОК КАК МЕРА РИСКА

Определенный интерес представляет наихудший возможный случай для данной системы, другими словами, наибольшее падение стоимости активов, с которой можно было бы столкнуться на протяжении всего рассматриваемого периода, если бы торговля началась в самый плохой из возможных моментов. Максимальный убыток (ML) — просто наибольшая $MRSL_i$ (или наибольшая $MRPH_i$, что было бы эквивалентно) и может быть выражена как

$$ML = \max(MRSL_i).$$

Вывод $MRSL_i$ описан в разделе «Отношение прибыли к максимальному падению стоимости активов».

ML не рекомендуется использовать в качестве самостоятельной меры риска или составляющей риска в отношении прибыль/риск, поскольку он зависит лишь от единственного события и, следовательно, может быть очень нерепрезентативным с точки зрения общей результативности системы. Более того, из-за этого свойства значение ML может сильно зависеть от выбора рассматриваемого периода. Кроме того, использование ML показывает в негативном свете менеджеров с длинной историей торговли. Тем не менее ML все-таки предоставляет важную информацию (дополнительную к RRR).

ИЗМЕРЕНИЕ РЕЗУЛЬТАТИВНОСТИ, ОСНОВАННОЕ НА СДЕЛКАХ

В дополнение к только что описанным способам измерения результативности, заслуживают определенного внимания следующие методы.

1. ***Ожидаемая чистая прибыль от сделки.*** Ожидаемая чистая прибыль от сделки (ENPPT) может быть выражена следующим образом:

$$ENPPT = (\%P)(AP) - (\%L)(AL),$$

где %P — процентная доля прибыльных сделок;
%L — процентная доля сделок, принесших чистые убытки;
AP — средняя чистая прибыль прибыльных сделок;
AL — средний чистый убыток убыточных сделок.

   Полезность этого индикатора состоит в том, что низкое значение ENPPT будет указывать на системы, склонные к серьезному снижению эффективности при увеличении транзакционных затрат (из-за больших комиссионных, проскальзывания и т.д.). Например, если система имеет ENPPT в $50, обоснованность ее использования была бы в высшей степени подозрительна, независимо от того, насколько хороши результаты других измерений ее производительности. Основной недостаток ENPPT состоит в том, что в ней отсутствует измерение риска. В дополнение ENPPT содержит внутреннюю ловушку, состоящую в том, что она может показывать в необоснованно невыгодном свете активные системы. Например, система, генерирующая одну сделку с чистым доходом в $2000, оценивалась бы лучше, чем система, которая в течение того же самого периода генерировала бы 100 сделок с ENPPT в $1000 (при сходных колебаниях активов).

2. ***Отношение прибыль/убытки, основанное на сделках.*** Отношение прибыль/убытки, основанное на сделках (TBPLR), может быть выражено следующим образом:

$$TBPLR = \frac{(\%P)(AP)}{(\%L)(AL)}.$$

Эта мера показывает отношение денежного дохода к денежным потерям во всех сделках. Привлекательность TBPLR состоит в том, что оно показывает, во сколько раз суммарная прибыль, полученная за некоторый период времени, превышает величину всех зафиксированных убытков. TBPLR имеет три основных недостатка:

(1) Как и ENPPT, оно сильно занижает результативность систем с высокой частотой сделок. Например, рассмотрим следующие две системы:

Система	Средняя прибыль, $	Средний убыток, $	Процент прибыльных сделок	Процент убыточных сделок	TBPLR
A	400	200	75	25	6
B	200	100	50	50	2

На первый взгляд может показаться, что система A лучше (в три раза лучше, если быть точным). Однако предположим, что теперь вас снабдили следующей дополнительной информацией: система B сгенерировала 100 сделок за год, а система A только 10, в то время как уровень риска обеих систем (AMR) был одинаков, и, следовательно, для торговли требовались эквивалентные средства. В этом случае процентная прибыль системы B в действительности была бы вдвое выше, чем у системы A*.

(2) TBPLR не придает значения убыткам в открытых позициях (не зафиксированным). Таким образом, сделка с громадными текущими отрицательными переоценками, в итоге закрытая с небольшой прибылью, влияла бы на TBPLR точно так же, как и сделка, по которой сразу была получена и зафиксирована та же самая небольшая прибыль. Эти две сделки, однако, вряд ли выглядели бы эквивалентными с точки зрения трейдера.

(3) TBPLR не делает различий между чередующимися и последовательными убытками — потенциально большой недостаток, если убыточные сделки идут одна за другой.

* Процентная прибыль = (ENPPT × N) / F, где N — число сделок, а F — средства для торговли (которые предполагаются равными для обеих систем). Процентная прибыль системы A = (250 × 10)/F, в то время как процентная прибыль системы B = (50 × × 100) / F.

КАКОЙ СПОСОБ ИЗМЕРЕНИЯ РЕЗУЛЬТАТИВНОСТИ СЛЕДУЕТ ИСПОЛЬЗОВАТЬ?

Рисковый компонент в RRR (AMR) ближе к интуитивному пониманию риска большинством людей, чем стандартное отклонение в коэффициенте Шарпа, которое не делает различий между внезапными большими доходами и внезапными резкими убытками — двумя событиями, которые воспринимаются трейдерами (и инвесторами) очень по-разному. RRR, напротив, использует при измерении риска значение наихудшего для данного момента времени снижения стоимости активов. RRR, кроме того, избегает неспособности коэффициента Шарпа различать чередующиеся и последовательные убытки. По этим причинам RRR, вероятно, лучший показатель соотношения прибыльности и рискованности, чем коэффициент Шарпа.

Несмотря на это, RRR следует предложить скорее как дополнение, а не как замену. Причина: коэффициент Шарпа — очень широко используемая мера отношения прибыльности и рискованности, в то время как на момент написания данной книги RRR вообще не использовался. Следовательно, трейдеру или разработчику системы все еще нужно вычислять коэффициент Шарпа с целью сравнения собственных результатов с историей результативности других управляющих, промышленных индексов или альтернативных инвестиций. Вместе коэффициент Шарпа и RRR предоставляют очень хорошее описание относительной результативности системы или трейдера.

В дополнение к этим мерам соотношения прибыльности и рискованности следовало бы вычислять ENPPT, чтобы убедиться, что система устойчива к небольшому увеличению транзакционных затрат или небольшому снижению средней прибыльности сделок. Следует проверить размер максимального убытка (MR), чтобы убедиться в отсутствии катастрофических убытков. И наконец, можно вычислить AGPR в качестве дополнительной меры, дающей интуитивно понятное значение.

НЕАДЕКВАТНОСТЬ ОТНОШЕНИЯ ПРИБЫЛЬ/РИСК ДЛЯ ОЦЕНКИ ТОРГОВОЙ РЕЗУЛЬТАТИВНОСТИ ФИНАНСОВОГО УПРАВЛЯЮЩЕГО

В случае оценки торговых систем любой способ оценки соотношения прибыль/риск приводил бы к тому же порядку ранжирования систем, что и *оценочная* процентная доходность. Это наблюдение является следствием того факта, что величина требуемых для торговли с помощью системы средств может быть оценена лишь исходя из допустимого риска. Докажем его следующим образом.

$$\text{Выбранный способ оценки соотношения прибыль/риск} = \frac{G}{R},$$

$$\text{Оценочная доходность системы на данном рынке} = \frac{G}{F},$$

где G — средний годовой доход на контракт;
R — выбранная мера риска (например, sd, AMR, ML);
F — общие активы, выделенные для торговли.

Единственный практический способ оценить F — рассматривать ее как функцию риска. Наиболее прямо F может оцениваться как выбранная мера риска, умноженная на некий коэффициент. То есть

$$F = kR,$$

где k — множитель меры риска (определяемый субъективно).

Таким образом, оценочный процент прибыли системы мог бы быть выражен как

$$\frac{G}{F} = \frac{G}{kR} = \frac{1}{k}\left(\frac{G}{R}\right).$$

Обратите внимание на то, что G/R — выбранная мера отношения прибыли к риску. Следовательно, процентная доходность системы будет просто равна мере отношения прибыль/риск, умноженной на некоторую константу. Хотя разные трейдеры будут выбирать различные меры риска и значения k, как только эти величины определены, мера отношения прибыли к риску и доходность будут приводить к оценке систем, располагающей их в одном и том же порядке. Кроме того, заметьте, что в случае оценки торговых систем значение *процентного риска*, которое мы определяем как меру риска, деленную на требуемые активы, неизменно (процентный риск $= R/F = R/kR = 1/k$).

В то время как в случае оценки торговых систем более высокий коэффициент прибыль/риск всегда подразумевает более высокий процент прибыли, это неверно в случае оценки финансовых управляющих. Кроме того, процентный риск более не является константой, но вместо этого может меняться от управляющего к управляющему. Таким образом, вполне возможно, что у финансового управляющего более высокий коэффициент прибыль/риск, чем у другого, но при этом у него ниже доходность или выше процентный риск. (Причина в том, что в случае финансового управляющего связь между требуемыми активами и риском нарушена, т.е. различные финансовые управляющие будут различаться уровнем риска, который они допускают для данного уровня активов.) Следовательно, отношение прибыльности к рискованности более не является достаточной мерой результативности при выборе между альтернативными инвестициями. Мы иллюстрируем этот момент, используя коэффициент Шарпа, но похожие выводы применимы и к другим мерам прибыль/риск. (В последующем обсуждении мы предполагаем, что оплата управляющего полностью основана на прибыли и что доход от процентов по безрисковой ставке не включается в прибыль финансового управляющего, но получается инвесторами. Следовательно, годится упрощенная форма коэффициента Шарпа, которая не учитывает безрисковые процентные ставки.)

Предположим, что у нас есть следующая *годичная* статистика, касающаяся двух финансовых управляющих:

	Менеджер A	Менеджер B
Ожидаемый доход, $	10 000	50 000
Стандартное отклонение прибыли, $	20 000	80 000
Начальные инвестиции, $	100 000	100 000
Коэффициент Шарпа	***0,50***	***0,625***

Хотя коэффициент Шарпа у менеджера B выше, не все трейдеры предпочли бы менеджера B, поскольку его мера риска выше (более высокое стандартное отклонение). Таким образом, не склонный к риску инвестор мог бы предпочесть менеджера A, будучи готовым пожертвовать возможностью получения более высокой прибыли ради того, чтобы избежать существенно более высокого риска. Например, если годовые результаты торговли нормально распределены для любого данного года, было бы 10% вероятности падения прибыли более чем на 1,3 стандартного отклонения ниже ожидаемого уровня.

При таком повороте событий инвестор потерял бы $54 000, работая с менеджером B [$50 000 – (1,3 × $80 000)], но лишь $16 000, работая с менеджером A. Для не склонного к риску инвестора минимизация убытков в рамках негативных предположений может оказаться важнее, чем максимизация дохода при благоприятных обстоятельствах*.

* Подразумеваемые предположения в этом примере: инвестор не может разместить часть установленных начальных инвестиций у менеджера B. Другими словами, минимальный размер единицы инвестиций равен $100 000. Иначе было бы всегда возможно разработать стратегию, при которой инвестору выгоднее работать с менеджером, имеющим более высокий коэффициент Шарпа. Например, размещение $25 000 у менеджера B подразумевало бы то же самое стандартное отклонение, что и случай инвестирования $100 000 через менеджера A, но при более высокой ожидаемой прибыли ($12 500).

Рассмотрим теперь статистику двух других финансовых управляющих:

	Менеджер С	Менеджер D
Ожидаемая прибыль, $	20 000	5000
Стандартное отклонение прибыли, $	20 000	4000
Начальные инвестиции, $	100 000	100 000
Коэффициент Шарпа	***1,0***	***1,25***

Хотя у менеджера D более высокий коэффициент Шарпа, менеджер С показывает существенно более высокую доходность. Умеренно консервативные инвесторы могли бы предпочесть менеджера С даже несмотря на то, что его коэффициент Шарпа ниже. Причина состоит в том, что в значительной части вероятных исходов инвестор получил бы лучший результат у менеджера С. В этом конкретном примере результат был бы лучше до тех пор, пока прибыль не падает более чем на 0,93 стандартной отклонения ниже ожидаемого уровня — условие, которое выполнялось бы в 82% случаев (предполагая, что результаты торговли нормально распределены)*.

Еще более поразителен тот факт, что существуют обстоятельства, при которых фактически все инвесторы предпочли бы финансового управляющего с более низким коэффициентом Шарпа. Рассмотрим следующих двух управляющих**:

	Менеджер E	Менеджер F
Ожидаемая прибыль, $	10 000	50 000
Стандартное отклонение прибыли, $	2000	12500
Начальные инвестиции, $	100 000	100 000
Коэффициент Шарпа	***5,0***	***4,0***

* Подразумеваемое предположение этого примера: цена заимствований для инвестора существенно выше, чем безрисковый процентный доход, фиксируемый при размещении средств у финансового управляющего. Это предположение исключает возможность альтернативной стратегии, состоящей в заимствовании средств и размещении заимствованной суммы (в несколько раз большей, чем начальные инвестиции размером в $100 000) у менеджера с более высоким коэффициентом Шарпа. Если бы цена заимствований и безрисковый процентный доход были равны (чего в реальной жизни, как правило, не бывает), всегда можно было бы разработать стратегию, при которой инвестор получал бы лучший результат с тем менеджером, у которого более высокий коэффициент Шарпа. Например, стратегия заимствования дополнительных $400 000 и размещения $500 000 у менеджера D подразумевала бы то же самое стандартное отклонение, что и случай инвестирования $100 000 через менеджера С, но при более высокой ожидаемой прибыли ($25 000).

** Значения коэффициента Шарпа, использованные в этом примере, заметно выше, чем те уровни, с которыми можно столкнуться в действительности. Мы предполагаем столь высокие значения для иллюстрации теоретического момента.

В этом примере фактически все инвесторы (даже не склонные к риску) предпочли бы менеджера F, несмотря на то, что его коэффициент Шарпа ниже. Причина в том, что доходность в данном случае настолько велика по сравнению со стандартным отклонением, что даже при чрезвычайно неблагоприятных обстоятельствах инвесторы почти гарантированно получили бы лучший результат у менеджера F. К примеру, если результаты торговли нормально распределены, то вероятность получения прибыли более чем на 3 стандартных отклонения ниже ожидаемой прибыли составляет только 0,139%. Даже при этих экстремальных обстоятельствах инвестор получил бы лучшие результаты у менеджера F: прибыль = $12 500/год (12,5%) по сравнению с $4000/год (4%) у менеджера E. Этот пример показывает еще нагляднее, что само по себе отношение прибыльности к рискованности не дает достаточно информации для оценки финансового управляющего*. (Этот вывод применим ко всем способам измерения соотношения прибыли и риска, а не только к коэффициенту Шарпа.)

Наиважнейший вывод состоит в том, что при оценке финансовых управляющих важно рассматривать доходность и риск как независимые величины, а не просто их отношение.

ГРАФИЧЕСКАЯ ОЦЕНКА ТОРГОВОЙ РЕЗУЛЬТАТИВНОСТИ

Графическое изображение может быть особенно полезным при сравнении результативности различных финансовых управляющих. Ниже мы рассматриваем два типа графиков.

1. *Размер чистых активов (net asset value).* Размер чистых активов (NAV) показывает размер активов в каждый момент времени (обычно на конец месяца), основываясь на предположениях, что размер начального капитала составляет $1000. Например, NAV в 2000 подразумевает, что начальные инвестиции были удвоены к рассматриваемому моменту времени. По определению NAV в начале рассматриваемого периода равен 1000. Последующие значения выводились бы следующим образом:

Конец месяца	Месячная прибыль, деленная на размер активов в начале месяца	NAV
1	r_1	$(1000)(1 + r_1)$
2	r_2	$(1000)(1 + r_1)(1 + r_2)$
3	r_3	$(1000)(1 + r_1)(1 + r_2)(1 + r_3)$
…		
n	r_n	$(1000)(1 + r_1)(1 + r_2)(1 + r_3)\ldots(1 + r_n)$

* Здесь применимы те же комментарии, что и в первой сноске на стр. 753.

Например, если финансовый управляющий получил в первый месяц прибыль в размере +10%, во второй месяц убыток –10% и третий месяц прибыль в размере +20%, NAV на конец третьего месяца был бы:

$$(1000)(1 + 0{,}1)(1 - 0{,}1)(1 + 0{,}2) = 1188.$$

Рис. 21.5 показывает NAV для двух финансовых управляющих на протяжении периода с января 1991 г. по февраль 1995 г. Рис. 21.6 представляет ту же самую информацию с использованием логарифмической шкалы для значений NAV. Представление на рис. 21.6 предпочтительнее, поскольку оно гарантирует, что равные процентные изменения активов будут приводить к вертикальным движениям равной величины. Например, 10%-ное снижение активов на рис. 21.6 в тот момент, когда значение NAV = 2000, было бы показано как эквивалентное 10%-ному снижению активов, когда NAV = 1000. Однако на рис. 21.5 первое снижение будет показано как в два раза большее. В любом случае независимо от типа шкалы, используемой для изображения кривых NAV, следует подчеркнуть, что только те сравнения, которые основываются на в точности одних и тех же рассматриваемых периодов, имеют смысл.

Хотя графики NAV в первую очередь являются мерой доходности, они также отражает и риск. При всех других равных, чем более волатильна результативность финансового управляющего, тем ниже NAV. Например, рассмотрим пятерых финансовых менеджеров, которые на протяжении данного года показывали следующие месячные прибыли и убытки:

Менеджер	Шесть месяцев процентной прибыли, равной	Шесть месяцев процентных убытков, равных	NAV на конец года
1	+11%	–1%	$(1000)(1{,}11)^6(0{,}99)^6 = 1760$
2	+21%	–11%	$(1000)(1{,}21)^6(0{,}89)^6 = 1560$
3	+31%	–21%	$(1000)(1{,}31)^6(0{,}79)^6 = 1230$
4	+41%	–31%	$(1000)(1{,}41)^6(0{,}69)^6 = 850$
5	+51%	–41%	$(1000)(1{,}51)^6(0{,}59)^6 = 500$

Обратите внимание на драматическую разницу между конечными значениями NAV, возникающую, несмотря на одинаковую абсолютную разницу между процентными прибылями в удачные месяцы и процентными снижениями в убыточные месяцы.

Та степень, в которой NAV содержит информацию о риске, может оказаться недостаточной для инвесторов, не склонных рисковать. Например, хотя менеджер A показывает больший конечный NAV, чем менеджер B (см.

рис. 21.6), многие инвесторы могли бы все-таки предпочесть менеджера B, поскольку его результативность менее волатильна. В качестве дополнения к графикам NAV, было бы полезно использовать более ясные и подробные способы изображения риска, такие как подводные кривые, описанные ниже.

2. *Подводные кривые**. Подводная кривая изображает процентное снижение на конец каждого месяца, измеренное от предыдущего максимума активов. Другими словами, подразумевая начало месяца в качестве даты начала торговли, подводная кривая отражает наибольший процентный убыток, относя его на конец месяца и предполагая, что счет был открыт в наихудший из возможных предыдущих моментов начала торговли (на предыдущем максимуме стоимости активов). Поскольку подводная кривая отражает максимально возможную переоценку активов в каждой точке, она концептуально схожа с ранее описанной MRPP в вычислении RRR. Рис. 21.7 и 21.8 показывают подводные кривые для двух финансовых управляющих, изображенных на рис. 21.5 и 21.6. (Вертикальные штрихи над нулевой линией показывают, что данный месяц стал свидетелем нового максимума активов.) Эти графики ясно показывают, что управляющий A работает с гораздо более высоким уровнем риска.

У кого из менеджеров (A или B) результативность лучше? Ответ неизбежно будет субъективным, поскольку менеджер A к концу периода достигает более высокого значения NAV, но при этом демонстрирует большие снижения стоимости активов**.

Однако ключевой момент состоит в том, что при использовании и графиков NAV, и подводных кривых каждый инвестор получил бы достаточно информации, чтобы выбрать того финансового управляющего, которого он предпочитает исходя из личных взглядов на соотношение прибыльности и рискованности. Фактически, исходя из относительной простоты, с которой график NAV и подводный график могут быть построены, и из глубины той информации, которую они предоставляют, сочетание этих графиков может предложить многим инвесторам идеальную методологию для сравнения результативности финансовых управляющих.

Хотя в этом разделе говорилось о способах изображения результативности финансовых управляющих, те же типы графиков могли бы быть построены и для торговых систем. Трейдер просто трансформировал бы долларовые значения прибылей и убытков в процентную прибыль, исходя из того размера счета, который кажется трейдеру необходимым для торговли с помощью системы. NAV для системы затем мог бы быть выведен путем умножения 1000 на процентные значения этих прибылей или убытков.

---

* Термин «подводная кривая» был впервые использован Норманом Д. Страмом.

** Хотя это утверждение теоретически верно для приведенного примера, похоже, что большинство инвесторов предпочли бы менеджера B, поскольку незначительно более высокая прибыль менеджера A вряд ли стоит существенного повышения риска.

Рисунок 21.5.

NAV ДЛЯ ДВУХ УПРАВЛЯЮЩИХ

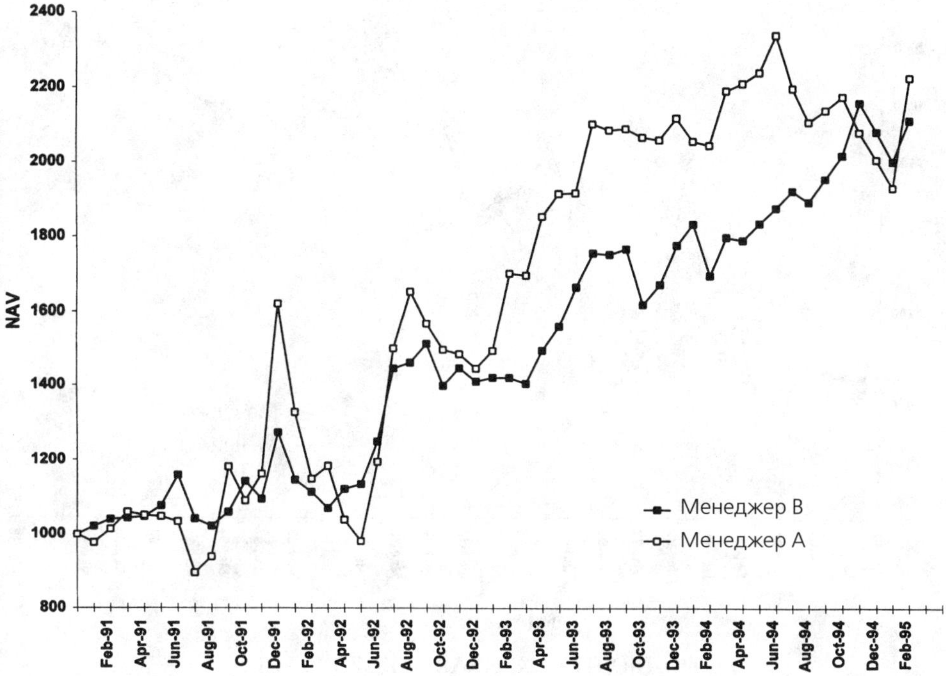

ЗАКЛЮЧЕНИЕ

1. Сама по себе долларовая прибыль на единицу времени является недостаточной мерой результативности торговой системы или финансового управляющего.
2. В оценке результативности системы мера отношения прибыль/риск обслуживает двойную задачу:
   a. вводит меру риска;
   b. предоставляет аналог мере процентной прибыли.
3. Коэффициент Шарпа как мера торговой результативности содержит в себе несколько потенциальных ловушек:
   a. неспособность делать различия между волатильностью, связанной с убытками и прибылями;
   b. неспособность делать различия между чередующимися и последовательными убытками;

Рисунок 21.6.

NAV ДЛЯ ДВУХ УПРАВЛЯЮЩИХ (ЛОГАРИФМИЧЕСКАЯ ШКАЛА)

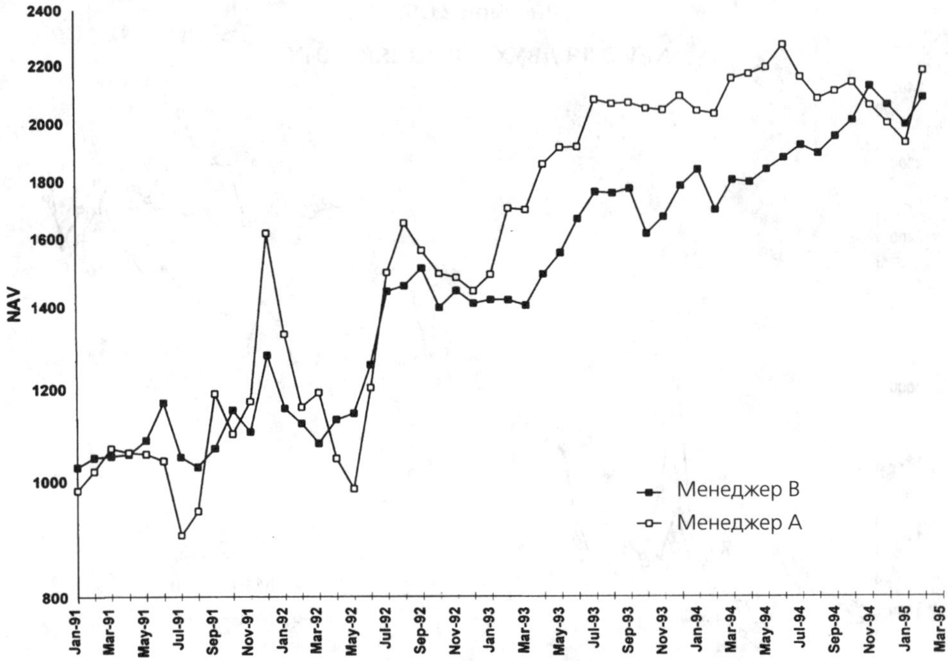

Рисунок 21.7.

ПОДВОДНАЯ КРИВАЯ: МЕНЕДЖЕР А

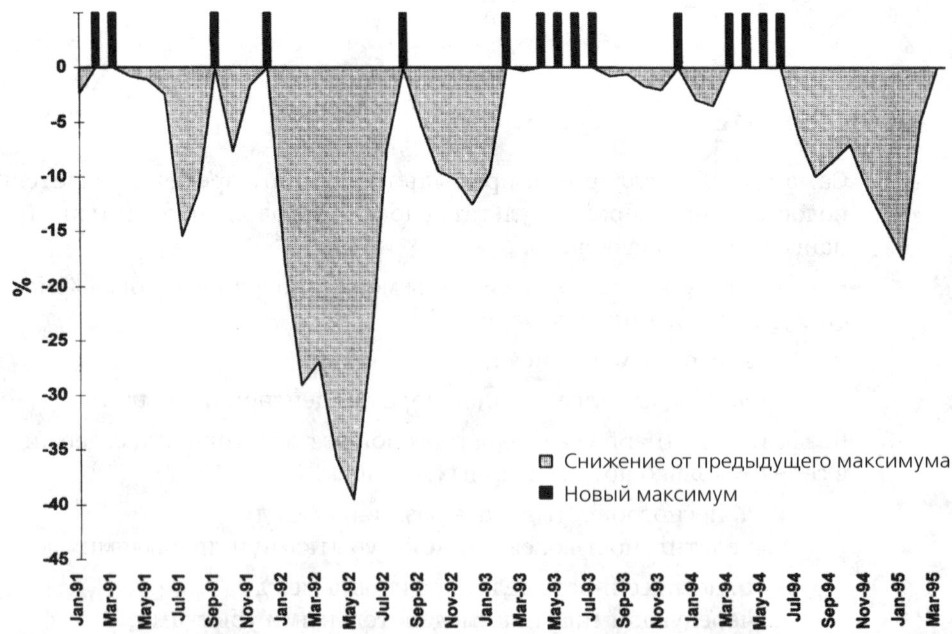

Рисунок 21.8.

ПОДВОДНАЯ КРИВАЯ: МЕНЕДЖЕР B

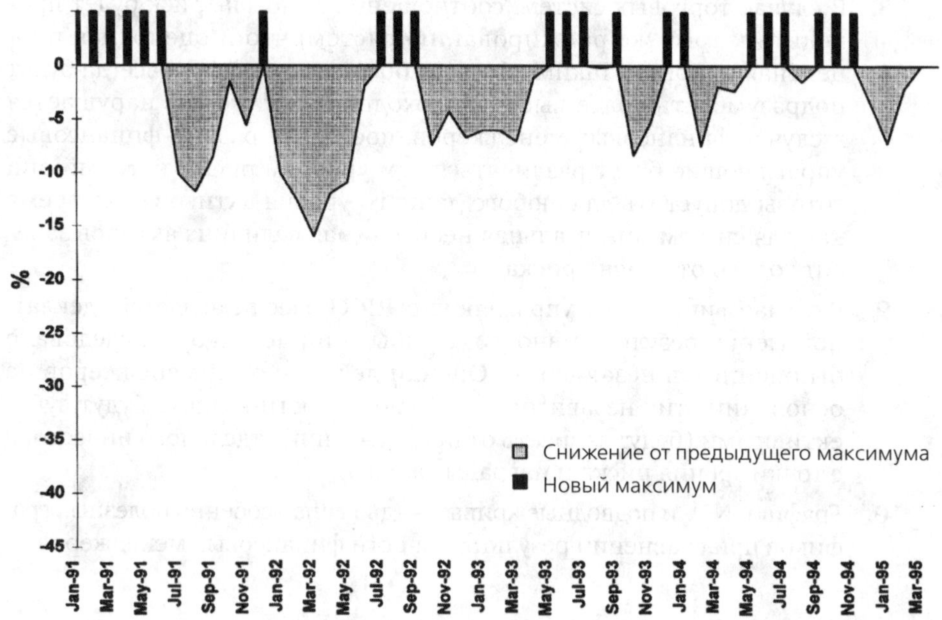

возможные искажения при измерении дохода в случае оценки результативности на протяженном периоде.

4. RRR — альтернативная мера результативности, которая кажется предпочтительнее коэффициента Шарпа, поскольку отражает более точно поведенческие предпочтения трейдера (так как обычно трейдеры обеспокоены волатильностью активов, связанной с падением их стоимости, а не волатильностью активов вообще). Тем не менее коэффициент Шарпа необходимо рассматривать как важную дополнительную меру, поскольку он — наиболее часто используемая мера отношения прибыли и риска и, следовательно, важен для сравнения истории собственной деятельности или деятельности системы с результатами других финансовых управляющих.
5. AGPR — полезная дополнительная мера, поскольку она интуитивно понятна и требует значительно меньших вычислений, чем RRR.
6. ENPPT следует вычислять, чтобы убедиться, что результативность системы не является полностью зависимой от предположений по поводу транзакционных затрат.

7. Хотя и негодная как самостоятельная мера риска, ML предоставляет дополнительную важную информацию.
8. В случае торговых систем, соотношение прибыль/риск будет приводить к тому же ранжированию систем, что и оценочная процентная прибыль. Таким образом, более высокий RRR всегда будет подразумевать более высокую доходность. Эта связь нарушается в случае финансовых менеджеров, поскольку разные финансовые управляющие будут различаться тем уровнем риска, который они готовы допустить для любого данного уровня активов, в то время как для систем минимальная необходимая величина активов зависит только от уровня риска.
9. В случае финансовых управляющих RRR более не является адекватной мерой результативности. Прибыль и риск, скорее, следовало бы оценивать независимо. Оценки деятельности менеджеров на основании этих независимых мер доходности и риска будут субъективными (будут зависеть от предпочтений отдельного инвестора с точки зрения риска и награды за него).
10. Графики NAV и подводные кривые — два типа особенно полезных графиков при сравнении результативности финансовых менеджеров.

Часть V

СОВЕТЫ ПРАКТИКУЮЩИМ ТРЕЙДЕРАМ

22 Плановый подход к торговле

Зарабатывание денег — длительный процесс, а потерять их можно очень быстро.

Ихара Сайкаку

Если то количество денег, которыми вы рискуете, торгуя фьючерсами, представляет незначительную часть вашего состояния, а главный мотив ваших спекуляций — развлечение, то «стрельба навскидку» может быть вполне пригодным подходом. Однако если ваша главная цель в торговле фьючерсами — получение дохода, то необходимо наличие плана организованной торговли. Это не просто банальность. Исследуйте деятельность успешных фьючерсных спекулянтов, и вы, без сомнения, обнаружите, что все они используют систематический и дисциплинированный подход к торговле.

Следующие семь шагов представляют собой основные направления построения организованного плана торговли.

ШАГ 1: ОПРЕДЕЛЕНИЕ ФИЛОСОФИИ ТОРГОВЛИ

Как вы собираетесь принимать торговые решения? Если ваш ответ звучит туманно, например: «Когда брокер дает срочный совет моему другу» или «Когда во время чтения газеты у меня возникает идея по поводу сделки», или «На основании моего ощущения рынка, которое возникает, когда я смотрю на котировки», — вы не готовы начинать торговлю. Разумная стратегия должна бы основываться или на фундаментальном анализе, или на анализе графиков, на технических торговых системах, или на некоторой комбинации этих подходов. Один и тот же метод совсем не обязательно годится для всех рынков. Например, на некоторых рынках трейдер может использовать синтез фундаментального и графического анализа при принятии торговых решений, в то время как на других рынках решения могут основываться исключительно на графическом анализе.

Чем более специфична торговая стратегия, тем лучше. Например, трейдер, планирующий полагаться в своих сделках на анализ графиков, должен уметь определять типы фигур, сигнализирующих о сделках и использовать подтверждающие правила. Конечно, наиболее специфичной стратегией биржевой игры была бы та, что основывается на автоматической торговой системе; однако подобный полностью автоматизированный подход вряд ли привлечет существенную часть трейдеров.

ШАГ 2: ВЫБОР РЫНКОВ ДЛЯ ТОРГОВЛИ

После того как спекулянт решил, какие методы он будет использовать для принятия торговых решений, он должен выбрать рынки, за которыми станет следить. Для большинства спекулянтов ограничения, связанные со временем и доступными активами, значительно сократят количество рынков, за которыми можно следить и на которых можно торговать. При выборе рынков следует рассмотреть три обстоятельства.

Соответствие торговому методу

Трейдеру следует выбирать те рынки, которые, по его мнению, обладают наилучшим потенциалом для удовлетворительной результативности в рамках планируемого им подхода. Конечно, определить это можно лишь на основе либо прошлого опыта торговли, либо исторического тестирования определенной стратегии биржевой игры.

Диверсификация

Многочисленные преимущества диверсификации во всей полноте обсуждались в гл. 17. Диверсификация предоставляет один из наиболее эффективных способов снижения риска. Диверсификация может быть усилена путем выбора тех рынков, которые не являются тесно связанными между собой. Например, если спекулянт знает, что хочет торговать золотом, тогда серебро и платина были бы не лучшим выбором дополнительных рынков, разве что доступные ему средства были бы достаточны для того, чтобы позволить ему играть еще на нескольких рынках.

Волатильность

Ограниченному в средствах трейдеру следовало бы избегать рынков с экстремальной волатильностью* (например, кофе), поскольку включение подобных рынков в его портфель будет жестко ограничивать общее количество рынков, на которых он в состоянии торговать. Если спекулятивный подход не разработан именно для данного волатильного рынка, то трейдеру следует играть на более широком спектре менее волатильных рынков (снова диверсификация).

ШАГ 3:
РАЗРАБОТАЙТЕ ПЛАН УПРАВЛЕНИЯ РИСКОМ**

Жесткий контроль над убытками — вероятно, наиболее важная предпосылка успешной торговли. План управления риском должен включать следующие элементы.

Максимальный риск каждой сделки

Спекулянт может существенно увеличить вероятность долгосрочного успеха путем ограничения доли общих средств, которую он готов проиграть в одной сделке***.

В идеале максимальный риск одной сделки следует ограничивать тремя или менее процентами всех активов. В случае совсем маленьких счетов следование этому совету будет требовать таких ограничений, как торговля на менее волатильных рынках, торговля мини-контрактами и спредами. Тем спекулянтам, кто обнаруживает, что им приходится рисковать более чем 7% капитала в отдельных сделках, следовало бы всерьез пересмотреть собственную финансовую состоятельность в области торговли фьючерсами.

Максимальный риск одной сделки можно использовать при определении количества контрактов, которые могут быть открыты в любой

---

* Под волатильностью в данном случае понимается волатильность стоимости одного контракта. Следовательно, высокая волатильность может подразумевать относительно большие колебания цен, контракты большого размера или то и другое одновременно.

** Термин «управление капиталом» является синонимом управления риском, хотя, как мне кажется, последнее выражение более наглядно.

*** Подразумеваемое предположение здесь состоит в том, что ожидаемая чистая прибыль от сделки (ENPPT) положительна. (ENPPT определялось в разделе «Измерение результативности, основанное на сделках» в гл. 21.) Если ENPPT трейдера отрицательна, законы вероятности будут утверждать, что он потерпит неудачу, если будет торговать достаточно долго. Такая ситуация была бы аналогична игре в рулетку, когда ожидаемый доход игрока на каждую ставку отрицателен.

данной сделке. Например, если максимальный риск сделки составляет 3% капитала, а размер спекулятивного счета равен $100 000, позиция по кукурузе с защитной остановкой на 20 центов за бушель ниже рынка подразумевала бы максимальный размер позиции в три контракта (20 центов × 5000 = $1000; $1000 = 1% от $100 000). Подобным образом максимальный риск одной сделки также будет полезен в решении, но стоит ли увеличивать открытую позицию с точки зрения принципов управления риском.

Стратегия защитных остановок

Открывая позицию, вы должны заранее знать, при каких условиях она будет закрыта. Важность этого правила невозможно переоценить. Не определив заранее точку выхода, трейдер окажется уязвимым с точки зрения промедления при ликвидации убыточной позиции. В плохие времена недостаток дисциплины в торговле может буквально выбить спекулянта из игры.

В идеале спекулянту следовало бы уже при входе в рынок размещать приказ об остановке, который остается в силе неограниченное время до его снятия (good till cancelled). Однако если трейдер полностью уверен в том, что может себе доверять, при открытии позиции точка остановки может быть определена в уме, в то время как действительное размещение стоп-приказа откладывается до тех пор, пока точка остановки не окажется внутри допустимого диапазона данного дня. Более подробное обсуждение стратегий, касающихся размещения приказов об остановке, можно найти в гл. 9 «Выбор защитных остановок».

Следовало бы заметить, что системный трейдер не обязательно должен использовать защитные остановки для осуществления контроля над риском. Например, если торговая система автоматически разворачивает позицию вслед за разворотом тенденции, системе будет внутренне присуща основная функция правила остановки убытков — защита от катастрофических убытков на отдельных сделках — без явного присутствия такого правила. Конечно, при системной торговле большие совокупные потери могут оказаться результатом нескольких сделок, но такая же уязвимость свойственна и использованию защитных остановок.

Диверсификация

Поскольку различные рынки будут испытывать неблагоприятное движение в различные моменты времени, торговля на множестве рынков будет снижать риск. В качестве очень простого примера предположим, что трейдер с $20 000 на счете использует систему, которая характеризуется средним снижением стоимости активов размером в $3000 на двух рынках: золота и соевых бобов. Если он торгует двумя контрактами на каждом рынке, среднее снижение стоимости активов для него будет равно 30% (6000/20 000), в то время как если бы он торговал одним контрактом на каждом рынке, среднее снижение стоимости активов для него было бы неизменно меньше (возможно, даже меньше чем для одного контракта на единственном рынке, если бы рынки имели обратную корреляцию). Фактически среднее снижение стоимости активов достигло бы 30% только при полной синхронности неблагоприятных ситуаций на обоих рынках, что весьма маловероятно. Конечно, такое преимущество диверсификации, как снижение риска, усиливалось бы, если в портфель были бы включены наименее коррелированные рынки. Кроме того, как отмечается в гл. 17, диверсификация возможна не только при торговле на множественных рынках, но также с помощью нескольких торговых систем (или подходов) и нескольких вариаций одной системы (например, наборов параметров) для каждого рынка, предполагая, что имеются достаточные для этого активы.

Хотя в этом разделе мы рассматриваем управление риском, следовало бы заметить, что диверсификация, кроме того, может повысить прибыльность, поскольку позволяет трейдеру увеличить его средний леверидж (отношение размера открытых позиций к величине залоговых средств) на каждом из рынков без увеличения общего риска. Фактически добавление в существующий портфель рынков с более низкой средней прибыльностью, чем у других рынков, может в действительности *увеличить прибыльность* портфеля, если снижение риска, к которому приводит диверсификация, превышает снижение прибыли, а трейдер соответствующим образом регулирует свой леверидж. Два других преимущества диверсификации — гарантированное участие в главных трендах и «страховка от невезения» — обсуждались в гл. 17.

Уменьшение левериджа для коррелированных рынков

Хотя добавление рынков в портфель позволяет трейдеру увеличить леверидж, важно произвести подстройку для высококоррелированных рынков. Например, текущий портфель, включающий фьючерсные контракты на шесть видов наиболее активной валюты (немецкая марка, швейцарский франк, британский фунт, японская иена, канадский доллар и долларовый индекс), был бы подвержен значительно большему риску, чем более широко диверсифицированный портфель из шести рынков, по причине очень сильной корреляции между некоторыми из этих рынков. Следовательно, леверидж такого валютного портфеля следовало бы уменьшить по сравнению с более диверсифицированным портфелем шести рынков с эквивалентной волатильностью отдельных рынков.

Подстройки рыночной волатильности

Торговый левeридж — отношение размера открытых позиций к величине залоговых средств — следовало бы подстраивать из-за разницы в волатильности. У этого правила есть два аспекта. Во-первых, на более волатильных рынках следует торговать меньшим количеством контрактов. Во-вторых, даже на единственном рынке следует изменять количество контрактов в соответствии с колебаниями волатильности. Конечно, поскольку нельзя торговать контрактами по частям, трейдеры с маленькими счетами не будут в состоянии производить подобные подстройки волатильности, что является одной из причин большего риска, связанного с маленькими счетами. (Среди других причин — неизбежность превышения желательного уровня максимального риска для каждого контракта и невозможность существенной диверсификации.)

Подстройка левериджа к изменениям стоимости активов

Леверидж следовало бы менять, кроме того, в соответствии с большими колебаниями стоимости активов. Например, если трейдер начинает со счетом в $100 000 и теряет $20 000, при всех других равных условиях леверидж следует уменьшить на 20%. (Конечно, если капитал растет, леверидж следует увеличивать.)

Подстройки убыточного периода (только для трейдеров, не использующих торговые системы)

Когда уверенность трейдера в себе подорвана из-за следующих один за другим убытков, часто оказывается хорошей мыслью временно уменьшить размер позиции или даже сделать полный перерыв в торговле до тех пор, пока не вернется уверенность. Таким образом, находясь в убыточной фазе, трейдер может уберечься от катастрофических для его состояния духа новых потерь. Этот совет, тем не менее, неприменим к системному трейдеру, поскольку в случае наиболее жизнеспособных систем убыточный период увеличивает вероятность благоприятной результативности в последующий период. Уверенность и состояние духа чрезвычайно важны для результативности трейдера, не использующего торговые системы, но не относятся к делу, если говорить об эффективности системы.

ШАГ 4: УСТАНОВИТЕ ЕЖЕДНЕВНУЮ СТАНДАРТНУЮ ПОСЛЕДОВАТЕЛЬНОСТЬ ДЕЙСТВИЙ

Важно вечером каждого дня выделить какое-то количество времени для обзора рынков и приведения в соответствие с ними торговых стратегий. В большинстве случаев, когда уже установлена определенная последовательность действий, оказывается достаточным 30–60 мин. (меньше при торговле на немногих рынках). Первостепенными задачами, решаемыми в это время, являются:

1. **Обновление торговых систем и графиков.** По крайней мере, одна из этих вещей должна быть использована как помощь в принятии торговых решений. На тех рынках, где используется фундаментальный анализ, трейдер, кроме того, должен периодически переоценивать фундаментальную картину после появления новой важной информации (например, отчета правительства об урожае).
2. **Планирование новых сделок.** Определите, ожидаются ли какие-то новые сделки на следующий день. Если да, разработайте определенный план начала торговли (например, купить при открытии). В некоторых случаях торговое решение может зависеть от оценки поведения рынка на следующий день. Например, предположим, что трейдер играет на понижение на рынке кукурузы, и после закрытия торгов поступает умеренно «бычий» отчет об урожае. Такой трейдер может решить открыть короткую позицию, *если* на следующий день рынок торгуется ниже в любой момент в рамках одного часа до закрытия.
3. **Обновление точек выхода из существующих позиций.** Трейдеру следует просматривать свои остановки и цели в существующих позициях, чтобы увидеть, кажутся ли желательными какие-то их изменения в свете поведения цен за текущий день. В случае остановок такие изменения следует делать только для снижения торгового риска.

ШАГ 5: ВЕДЕНИЕ БЛОКНОТА ТРЕЙДЕРА

Стандартная последовательность действий, обсуждавшаяся в предыдущем разделе, подразумевает некоторую систематическую форму ведения записей. Рис. 22.1 предлагает один из примеров формата, который может использоваться для блокнота трейдера. Первые четыре колонки определяют характеристики сделки.

Колонка 5 может использоваться для обозначения точки защитной остановки, подразумеваемой в момент открытия сделки. Ревизии этой остановки вводились бы в колонку 6. (Некоторые данные, такие как в колонке 6, потребуют использования карандаша, поскольку являются предметом пересмотра.) Причина сохранения информации о начальной точке остановки в качестве отдельного элемента состоит в том, что она может быть полезной трейдеру при последующем анализе собственных сделок. Например, трейдер может захотеть проверить, размещает ли он начальные остановки слишком широко или слишком близко.

Колонки 7–10 представляют собой сводку о потенциальном риске открытых позиций. При заполнении этих полей для всех открытых позиций трейдер может оценить общий текущий риск, что является очень важной информацией для управления риском и определения того, могут ли быть открыты новые позиции. Приблизительное практическое правило состоит в том, что совокупный потенциальный риск по всем открытым позициям не должен превышать 25–35% общего капитала на счете. (Подразумевая, что максимальный риск по любой данной позиции ограничен 2% капитала, это ограничение не станет актуальным до тех пор, пока трейдер не откроет позиции по крайней мере на 13 рынках.)

Использование целей (колонки 11 и 12) — вопрос индивидуальных предпочтений. Хотя в некоторых случаях использование целей будет позволять получить лучшую цену выхода, при других обстоятельствах цели будут приводить к преждевременной ликвидации сделки. Следовательно, некоторые трейдеры могут предпочесть не использовать цели, определяя момент ликвидации позиций с помощью следящих остановок или при изменении своего мнения относительно данного рынка.

Информация о ликвидации позиции содержится в колонках 13–15. Дата выхода вносится в блокнот для того, чтобы можно было вычислить длительность сделки, а эта информация важна для трейдера при анализе собственной деятельности. Колонка 15 будет показывать прибыль или убытки по сделке после вычета комиссионных.

Колонки 16–17 предоставляют место для кратких комментариев относительно причин открытия позиции (сделанных в тот момент) и последующей оценки сделки. Подобные наблюдения могут быть, в частности, полезны, потому что помогут трейдеру обнаружить определенные модели собственных успехов и неудач. Конечно, в действительности блокнот трейдера может предоставлять этим комментариям больше места, чем показано на рис. 22.1. Более того, расширенное описание сделки будет содержаться в дневнике трейдера, ведение которого обсуждается в следующем разделе.

Новичок обычно учится в течение некоторого периода виртуальной торговли, прежде чем включиться в торговлю действительную. Блокнот трейдера можно использовать для ведения истории виртуальных сделок, поскольку он демонстрирует возможность успеха в торговле и приучает

Рисунок 22.1.

ПРИМЕР СТРАНИЦЫ ИЗ БЛОКНОТА ТРЕЙДЕРА

	(1)	(2)	(3)	(4)	(5)	(6)	(7)	(8)	(9)	(10)	(11)	(12)	(13)	(14)	(15)	(16)	(17)
					Остановки		Общий потенциальный риск		Риск как процент величины активов		Цели						
Дата открытия позиции	Длинная или короткая	Размер позиции	Рынок	Цена вхождения	Начальная	Текущая	Начальный	Текущий	Начальный	Текущий	Начальная	Текущая	Дата выхода	Цена выхода	Чистая прибыль или убыток	Причина открытия позиции	Комментарий

«молодого» трейдера подходить к торговле систематически и дисциплинированно. Таким образом, когда совершится переход к реальной торговле, процесс принятия решений уже будет привычным. Конечно, сложность принятия торговых решений чрезвычайно возрастет, когда речь идет о реальных деньгах, но, по крайней мере, новый спекулянт будет обладать решающим преимуществом перед теми, кто хуже подготовлен.

ШАГ 6: ВЕДЕНИЕ ДНЕВНИКА ТРЕЙДЕРА

Дневник трейдера мог бы содержать следующую основную информацию относительно каждой сделки.

1. **Причины сделки.** По прошествии времени эта информация поможет спекулянту определить, в частности, оказываются ли какие-то из его стратегий склонными к успехам или неудачам.
2. **Как окончилась сделка.** Эта важная информация необходима для оценки любой сделки. (Хотя сущность этой информации может быть извлечена и из колонки блокнота трейдера, содержащей данные о чистых доходах и убытках, также будет полезно записывать эту информацию вместе с каждой сделкой, обсуждаемой в дневнике трейдера.)
3. **Уроки.** Спекулянту следует составлять перечень ошибок или правильных решений, сделанных по ходу торговли. Простой акт записывания подобных вещей может очень помочь трейдеру избежать повторения прошлых ошибок, в частности, если повторенные ошибки выделены заглавными буквами и оканчиваются несколькими восклицательными знаками. Следует периодически просматривать дневник, что помогает утвердится в своих наблюдениях. С течением времени уроки усваиваются. Говоря о личном опыте, этот подход может быть инструментом искоренения часто повторяющихся ошибок.

Кроме того, может быть полезно прикладывать к письменному дневнику графики, иллюстрирующие начало сделки и выход из нее (как было сделано, например, в гл. 14).

ШАГ 7: АНАЛИЗ СОБСТВЕННЫХ СДЕЛОК

Спекулянт должен анализировать не только рынки, но, кроме того, и свои собственные прошлые сделки, чтобы выделить сильные и слабые стороны своего подхода. Помимо дневника трейдера есть два полезных инструмента подобного анализа: анализ сегментированных сделок и график стоимости активов.

Анализ сегментированных сделок

Идея, лежащая в основе сегментирования сделок по разным категориям, состоит в том, чтобы помочь определить те торговые модели, эффективность которых оказалась значительно выше или ниже средней. Например, разбив сделки на покупки и продажи, трейдер может обнаружить, что у него есть склонность к длинным позициям, но что его короткие продажи приносят более высокую среднюю прибыль. Подобное наблюдение будет очевидно предполагать желательность корректировки собственной склонности к длинным сделкам.

Кроме того, после разбиения результатов по рынкам трейдер может обнаружить, что он постоянно теряет деньги на определенных рынках. Подобное обстоятельство должно предполагать, что он мог бы повысить свою общую результативность, отказавшись от торговли на этих рынках. Сегментация результатов торговли по рынкам может быть чрезвычайно важным упражнением, ведь многие спекулянты плохо чувствуют уровень своих способностей к торговле на некоторых рынках. Прекращение торговли на рынках, где результативность плоха, не должно быть бесповоротным. Спекулянту следует попробовать определить причины собственных разочаровывающих результатов на этих рынках, а затем исследовать и протестировать возможные поправки к собственному подходу к торговле.

И наконец, трейдер, сочетающий внутридневную торговлю с долгосрочной (позиционной), мог бы сравнивать чистые результаты в каждой категории. Я подозреваю, что если бы подобный анализ проводился всеми спекулянтами, к которым имеет отношение этот пример, популяция внутридневных трейдеров уменьшилась бы вдвое за одну ночь.

Конечно, для сегментации сделок могут использоваться и другие критерии. Два других примера приемлемых сравнений — сделки, совершенные на основе фундаментального анализа, по сравнению с «техническими» сделками, или сделки, которые соответствовали позиции данной торговой системы, по сравнению с противоположными ей. В каждом случае трейдер стал бы исследовать модели, приводящие к успеху или к неудаче. Процесс анализа сегментированных сделок будет сильно упрощен, если трейдер использует электронные таблицы для ведения своего «блокнота трейдера».

Графики стоимости активов

Это тип графиков, на которых указанная для каждого дня величина представляет размер средств на счете, включая переоценку открытых позиций (рассчитанную по цене закрытия дня). Первостепенная цель подобных графиков — предупреждать трейдера, когда появляется резкое ухудшение результативности. Например, если после продолжительного устойчивого подъема капитал на счете испытывает неожиданное крутое падение, трейдеру следовало бы сократить позиции и потратить время на анализ ситуации. Подобное внезапное изменение результативности может отражать трансформацию рыночных условий, уязвимость текущего подхода к торговле или увеличение количества торговых ошибок в последнее время. Определение действительных причин не является самым важным, поскольку любой из этих факторов может рассматриваться в качестве веского сигнала снизить уровень риска. Иначе говоря, графики капитала могут быть важным инструментом смягчения резких падений стоимости активов.

23 Восемьдесят два правила торговли и замечания по поводу рынка

Проживите достаточно долго, и в конце концов вы допустите все возможные ошибки.

Расселл Бэйкер

Мало существует вещей, которые игнорировать проще, чем советы в торговле. Многие из наиболее важных правил торговли распространены настолько широко, что потеряли свою способность будить хоть какую-то мысль в новом игроке. Таким образом, жизненно важные рыночные откровения часто путают с очевидными клише.

Посмотрите на правило «быстро останавливайте убытки» — возможно, самую важную максиму торговли. Выживают ли спекулянты, которые не слышат этого совета? И все-таки нет недостатка в спекулянтах, игнорирующих это правило. Неудивительно, что нет и недостатка в спекулянтах, чьи счета были фактически уничтожены одной или двумя убыточными сделками.

Истина состоит в том, что большинство спекулянтов будут игнорировать совет до тех пор, пока не придут к нему сами, основываясь на собственном опыте торговли. Более того, большинство игроков будет повторять ошибку не единожды, прежде чем урок будет усвоен. Таким образом, у меня нет иллюзий по поводу того, что советы, представленные в этой и следующей главах, избавят читателя от совершения ошибок в торговле. Однако можно надеяться, что многократное чтение этих глав (в частности, во время периодов негативных результатов торговли) по меньшей мере поможет некоторым новоиспеченным игрокам снизить число повторений этих ошибок — а это достижение вряд ли можно считать тривиальным.

Наблюдения, представленные в этой главе, основываются на личном опыте. Таким образом, следующий список правил следует рассматривать в верном свете: как мнения, основанные на опыте, а не как доказанный факт. Кроме того, я не претендую на исключительную оригинальность данных правил — их список будет пересекаться со многими руководствами по биржевой торговле. Это вряд ли удивительно, поскольку широкий спектр правил (многие из них весьма приземленные) основывается на таких твердых принципах, что никто из успешных трейдеров не решается их оспорить. Например, я никогда не встречал успешного спекулянта, который бы не верил в то, что управление риском является неотъемлемой частью прибыльной торговли. С другой стороны, некоторые из перечисленных ниже правил отражают мое личное мнение, противоречащее другим авторам (например, использование рыночных приказов вместо лимитных). При окончательном анализе каждый игрок должен открыть свои собственные торговые истины. Хочется надеяться, что следующий список поможет ускорить этот процесс.

НАЧАЛО ТОРГОВЛИ

1. Делайте различие между сделками в русле важных долгосрочных позиций и краткосрочными сделками. Средний риск по краткосрочным сделкам (подразумеваемый числом контрактов в позиции и точкой выхода) должен быть значительно меньше. Кроме того, спекулянту следует фокусироваться на торговле по долгосрочным позициям, поскольку они обычно значительно более важны для успеха торговли. Ошибка, совершаемая многими трейдерами, состоит в том, что они настолько погружаются в попытки поймать краткосрочные колебания рынка (создавая массу комиссионных платежей и проскальзываний), что упускают главные движения цен.
2. Если вы верите, что существует долгосрочная торговая возможность, не впадайте в алчность в попытках достичь чуть лучшей цены открытия позиции. Потеря вероятной прибыли от одного упущенного движения цены может перекрывать выгоду от 50 немного лучших цен исполнения.
3. Открытие любой долгосрочной позиции следует планировать и тщательно продумывать — оно никогда не должно быть моментальным импульсом.
4. *Найдите на графике модель, которая говорит, что именно сейчас пора открывать позицию.* Не инициируйте сделку без подобной подтверждающей фигуры. (Иногда можно рассматривать возможность сделки без подобной фигуры, если есть схождение многих

измеренных движений и уровней поддержки/сопротивления в данной ценовой области и существует хорошо определенная точка остановки, не подразумевающая высокий риск.)

5. Размещайте приказы, определяя их уровни с помощью ежедневного анализа. Если рынок не приближается к желаемому уровню открытия сделки, запишите торговую идею и пересматривайте ее ежедневно до тех пор, пока позиция будет открыта или торговая идея перестанет казаться привлекательной. Неспособность следовать этому правилу может привести к пропуску хороших сделок. Один из распространенных случаев состоит в том, что о торговой идее вспоминают, когда рынок уже ушел от подразумеваемой цены начала сделки, и потом уже трудно совершить ту же сделку по худшей цене.
6. *При поиске разворотов масштабных трендов следует ждать появления каких-либо разворотных формаций, а не открывать позицию против тренда на целевых уровнях или на линиях сопротивления/поддержки.* Это правило, в частности, важно в случае рынка, на котором были достигнуты долгосрочные максимумы/минимумы (например, максимум/минимум за пределами ценового диапазона предшествующих ста дней). Помните, что в большинстве случаев продолжительных трендов рынок не будет формировать развороты V-типа. Вместо этого цены будут многократно возвращаться, чтобы снова протестировать максимумы и минимумы. Таким образом, ожидание формирования разворотных формаций может предотвратить размен на мелочи во время процесса образования вершины или впадины, не говоря об убытках, которые могут возникнуть, если тренд возобновится. Даже если рынок действительно формирует важную V-вершину или V-впадину, последующие консолидации (например, флаги) могут дать благоприятное отношение прибыль/риск для момента открытия позиции.
7. Если у вас, когда вы глядите на график (особенно если вы не задумываетесь, к какому рынку он относится), немедленно возникает инстинктивное впечатление, следуйте этому чувству.
8. *То, что вы упустили значительную часть нового тренда, не должно удерживать вас от торговли в русле этого тренда* (до тех пор, пока вы можете определить разумную точку остановки убытков).
9. Не играйте против «бычьих» или «медвежьих» ловушек (последних несработавших ценовых формаций), даже если другие причины побуждают вас к этому.
10. *Никогда не играйте против первого разрыва в движении цены!* Например, если хотите открыть позицию в направлении коррекции, и коррекция формируется на ценовом разрыве, не входите в рынок.

11. В большинстве случаев вместо лимитных приказов (исполняемых по указанной цене) используйте рыночные приказы (исполняемые по текущей рыночной цене). Это особенно важно при ликвидации убыточной позиции или при открытии позиции, связанной с благоприятными возможностями для долгосрочных сделок, в ситуациях, когда важно не упустить текущие цены. Хотя лимитные приказы будут давать несколько лучшую цену исполнения в подавляющем большинстве сделок, это преимущество обычно будет более чем перекрываться значительно худшими ценами или упущенными возможностями получения прибыли в тех случаях, когда исходный лимитный приказ не исполнен.
12. Никогда не увеличивайте позицию вблизи первоначальной точки входа в торги после того, как рынок уже был на благоприятной для вашей позиции территории и вернулся к исходным ценам. Часто тот факт, что рынок совершил полный возврат, является негативным знаком для торговли. Даже если позиция все еще хорошо обоснована, ее увеличение в подобной ситуации может привести к преждевременной фиксации убытков из-за возросшего риска при неблагоприятном движении цены.

ВЫХОД ИЗ ТОРГОВЛИ И УПРАВЛЕНИЕ РИСКОМ (УПРАВЛЕНИЕ ДЕНЬГАМИ)

13. Принимайте решение об уровнях защитных остановок *в момент открытия позиции.*
14. Выходите из любой сделки, если вновь образовавшиеся ценовые модели или поведение рынка противоположны направлению вашей позиции, даже если точки остановки еще не достигнуты. Спросите себя: «Если мне нужно иметь позицию на этом рынке, как она должна быть направлена?» Если ответ не соответствует той позиции, которую вы держите, закрывайте ее. Фактически если противоположные показатели достаточно сильны, разворачивайте позицию.
15. В любом случае *немедленно* закрывайте сделку, как только ее первоначальные предпосылки нарушаются.
16. Если в первый день вашей торговли выясняется, что вы существенно не правы, немедленно выходите из сделки, особенно если рынок испытывает разрыв, направленный против вас.
17. В случае масштабного пробоя против позиции, которую вы держите, либо немедленно ликвидируйте позицию, либо используйте очень близкую остановку. *В случае пробоя с разрывом ликвидируйте позицию немедленно.*

18. Если торговля на данном рынке начинает значительно выходить за рамки предыдущей волатильности в направлении, противоположном той позиции, которую вы держите, немедленно ликвидируйте свою позицию. Например, если рынок, торговля на котором происходила в дневном диапазоне, составляющем примерно 50 пунктов, открывается на 100–150 пунктов выше, немедленно закрывайте свои короткие позиции.

19. *Если вы продали (купили) на уровне сопротивления (поддержки) и рынок консолидируется вместо того, чтобы развернуться — выходите из сделки.*

20. Для аналитиков и финансовых управляющих: *если вы чувствуете, что ваши прежние рекомендации, сделки или отчеты неверны — меняйте свое мнение!*

21. Если вы не можете наблюдать за рынками какой-то период времени (предположим, путешествуете) — либо ликвидируйте все позиции, либо убедитесь в том, что по всем открытым позициям размещены действующие стоп-приказы. (Кроме того, в подобных ситуациях следует использовать лимитные приказы, гарантирующие выход на рынок с запланированными покупками по низким ценам или с запланированными продажами по высоким ценам.)

22. Не расслабляйтесь, имея открытую позицию. Всегда знайте, где будете выходить из рынка, даже если эта точка далека от текущей цены. Кроме того, возникновение фигуры, неблагоприятной для вашей сделки, может предполагать желательность более раннего, чем запланировано, выхода из торговли.

23. *Боритесь с искушением немедленно вернуться на рынок после фиксации убытков при исполнении защитной остановки.* Такое возвращение обычно будет вести к увеличению первоначальных потерь. Единственная причина вернуться к ранее остановленной сделке может состоять в значительном изменении рыночной ситуации (возникновении новых моделей), т.е. если выполняются все условия, оправдывающие любую новую сделку.

ДРУГИЕ ПРАВИЛА УПРАВЛЕНИЯ РИСКОМ (УПРАВЛЕНИЕ ДЕНЬГАМИ)

24. *Когда торговля идет плохо: (а) уменьшайте размер позиции (помните о том, что позиции на сильно коррелированных рынках сродни одной большой позиции); (б) используйте близкие защитные остановки; (в) не торопитесь с началом новых сделок.*

25. *Когда торговля идет плохо, снижайте риск, ликвидируя убыточные, а не выигрышные позиции.* Это наблюдение было также высказано Эдвином Лефевром в его «Воспоминаниях биржевого игрока»: «Я делал совершенно неправильные вещи. Я поддерживал убыточную позицию по хлопку и закрывал прибыльную позицию по пшенице. Нет ничего хуже, чем попытки усреднения проигрышной позиции. Всегда закрывайте убыточные сделки, сохраняя позиции, показывающие прибыль».

26. Внимательно следите за тем, чтобы не менять методы торговли после получения прибыли:

а. не начинайте никаких сделок, которые казались бы слишком рискованными в самом начале торговой программы;

б. не увеличивайте неожиданно число контрактов в типичной сделке. (Однако постепенное увеличение по мере роста активов вполне нормально.)

27. *Подходите к малым позициям с тем же здравым смыслом, что и к большим. Никогда не говорите: «Это всего лишь один или два контракта».*

28. Избегайте держать очень большие позиции в момент публикации важных экономических данных или правительственной статистики.

29. При торговле спредами следует применять те же самые принципы управления риском, что и в случае односторонних позиций. Очень легко успокоиться на мысли, что спреды двигаются достаточно медленно и потому нет необходимости беспокоиться о защитных остановках.

30. Не покупайте опционы без того, чтобы спланировать, при какой цене базового актива сделка будет ликвидирована.

УДЕРЖИВАНИЕ ПРИБЫЛЬНЫХ ПОЗИЦИЙ И ВЫХОД ИЗ НИХ

31. Не фиксируйте маленькую быструю прибыль на сделках в направлении главных трендов. В частности, если вы совершенно уверены в сделке, *никогда* не фиксируйте прибыль в первый день.

32. Не спешите закрывать позицию после возникновения разрыва в вашем направлении. Используйте разрыв как начальную остановку; затем вводите следящие остановки.

33. Попробуйте использовать следящие остановки, размещая их исходя из развития рыночной ситуации, вместо того, чтобы фиксировать прибыль на целевых уровнях. Использование целей часто мешает полностью реализовать возможности, предоставляемые главными трендами. *Помните, время от времени вам нужны большие победы, чтобы перекрыть неудачи.*

34. Несмотря на предыдущее правило, все-таки полезно определять начальную цель в момент открытия сделки, что позволит применять следующее правило: если в течение короткого промежутка времени после открытия позиции достигнута большая часть целевой прибыли (например, 50–60% за одну неделю или 75–80% за две или три недели), то следует фиксировать прибыль частями, имея в виду восстановление ликвидированных контрактов при коррекции рынка. Идея состоит в том, что было бы правильно взять быструю *значительную* прибыль. Хотя это правило часто может привести к потере оставшейся части прибыли от ликвидированной позиции, удерживание позиции в подобном случае часто может вести к лихорадочной ликвидации при первом же резком возврате цен.

35. Если цель достигнута, но позиция вам все еще нравится, оставьте ее, используя следящую остановку. Это правило важно с точки зрения возможности торговать в направлении главного тренда. *Помните, терпение необходимо не только в те моменты, когда вы ждете хороших сделок, но и для того, чтобы не закрывать позицию, когда она приносит прибыль. Неспособность получить адекватную прибыль от правильной сделки в направлении тренда — ключевой фактор, ограничивающий доходность торговли.*

36. Одно частное исключение из предыдущего правила состоит в том, что если у вас *очень большая* позиция и стоимость ваших активов растет на глазах, то следует рассмотреть возможность частичной фиксации прибыли. *Когда все идет слишком хорошо, чтобы быть правдой, будьте начеку!* Возможно, пора начинать постепенно фиксировать прибыль и размещать близкие следящие остановки.

37. При фиксации прибыли в сделке, которая, по вашему мнению, все еще имеет долгосрочный потенциал (но, возможно, уязвима с точки зрения краткосрочной коррекции), разработайте план возобновления позиции. Если рынок не совершит существенного возврата, позволяющего возобновить позицию, следите за появлением ценовых моделей, которые могут быть использованы для выбора момента нового входа в рынок. *Не бойтесь снова открыть позицию, даже если новая точка входа в рынок оказывается хуже, чем точка выхода,* если представления о долгосрочности тренда и оценка текущего момента предполагают возобновление позиции. *Неспособность вернуться в рынок при худшей цене часто может вести к потере основной части больших трендов.*

38. Когда торгуете несколькими контрактами, *избегайте эмоциональной ловушки, которая состоит в желании быть правым на 100%.* Другими словами, фиксируйте прибыль частями. Всегда старайтесь сохранить, по крайней мере, частичную позицию в направлении тренда — до тех пор, пока рынок не сформирует убедительную разворотную фигуру или не достигнет важной защитной остановки.

ДРУГИЕ ПРИНЦИПЫ И ПРАВИЛА

39. *Всегда обращайте больше внимания на поведение рынка и образование ценовых моделей, чем на целевые уровни и области поддержки/сопротивления.* Последние часто могут быть причиной того, что ваше правильное мнение относительно рынка изменится преждевременно.
40. Когда вы чувствуете, что нужно действовать — либо открыть позицию, либо выйти из нее, — *действуйте без промедления.*
41. Никогда не поступайте против собственного мнения по поводу долгосрочного тренда рынка. Другими словами, не пытайтесь сидеть на двух стульях.
42. Выигрышные позиции, как правило, имеют положительную переоценку с самого начала.
43. Правильный выбор времени для открытия позиции и выхода из нее (например, выбор момента входа на основании убедительных ценовых формаций, немедленный выход при первом признаке неудачи) часто может уберечь от больших потерь, даже если позиция провальная.
44. Внутридневные решения почти всегда неверны. *Не занимайтесь внутридневной торговлей.*
45. Обязательно проверяйте рынки перед закрытием в пятницу. Ситуация часто видна яснее к концу недели. В подобных случаях лучшая цена входа или выхода обычно может быть получена перед закрытием в пятницу, чем при открытии биржи в следующий понедельник. Это правило, в частности, важно, если вы держите существенную позицию.
46. Сны о рынке вполне могут служить основанием для действий (когда воспоминание о них недвусмысленно). Такие сны часто сбываются, поскольку они представляют ваше подсознательное знание рынка, которое пробивается через барьеры, установленные сознательным мышлением (например, «Как я могу купить здесь, если я мог бы открыть длинную позицию на $2000 ниже на прошлой неделе?»).

47. *У вас не может быть иммунитета от плохих торговых привычек. Лучшее, что вы можете сделать — это подавлять их. Лень и небрежность быстро приведет к их возвращению.*

ЦЕНОВЫЕ МОДЕЛИ

48. Если рынок устанавливает новые исторические максимумы и не падает, есть большие шансы на то, что движение цен продолжится. Продажи на новых максимумах — одна из самых больших ошибок трейдеров-дилетантов.
49. Узкая рыночная консолидация вблизи верхнего края широкого торгового диапазона — «бычья» фигура. Похожая *узкая* консолидация вблизи нижнего края торгового диапазона — «медвежья» фигура.
50. Играйте на пробоях продолжительного узкого диапазона с размещением остановки вблизи другого края диапазона.
51. Пробои торговых диапазонов, которые держатся одну-две недели или дольше, — одни из наиболее заслуживающих доверия технических индикаторов надвигающихся трендов.
52. Общая и особенно полезная форма вышеприведенного правила: флаги или вымпелы, формирующиеся над верхней границей (или под нижней границей) предыдущего продолжительного и широкого торгового диапазона, как правило, оказываются весьма достоверными фигурами продолжения.
53. Торгуйте в направлении широких разрывов.
54. Разрывы, возникающие после длительных периодов консолидации, в частности после одного-двух месяцев торговли в ограниченном диапазоне, часто оказываются прекрасными сигналами (такая фигура особенно хорошо работает на «медвежьих» рынках).
55. Если разрыв, возникший при пробое уровня, не заполняется в течение первой недели, его следует рассматривать как весьма надежный сигнал.
56. Пробой к новым вершинам или впадинам, за которым в течение следующей недели или двух следует разрыв с возвратом в рамки диапазона, оказывается особенно надежной фигурой, говорящей о «бычьей» или «медвежьей» ловушке.
57. Если рынок совершает пробой к новым вершинам или впадинам, а затем возвращается в предыдущий торговый диапазон и формирует там флаг или вымпел, считайте, что произошел разворот тренда. Можно открыть позицию в направлении разворота, поставив остановку за границей флага или вымпела.

58. Пробой торгового диапазона, за которым следует глубокий возврат в диапазон (например, на три четверти или больше внутрь диапазона) — еще одна значимая форма «бычьей» или «медвежьей» ловушки.

59. Если за очевидной V-впадиной следует близлежащая консолидационная формация, это может служить дополнительным подтверждением впадины. Однако если эта консолидация затем пробивается вниз и цены приближаются к минимуму V-впадины, то следует ждать возобновления падающего тренда и достижения новых минимумов. В последнем случае можно было бы занимать короткие позиции при использовании защитных приостановок вблизи верхней границы консолидации. Аналогичные комментарии подходили бы к случаю V-вершин, за которыми следуют консолидационные формации.

60. V-вершины и V-впадины с последующими многомесячными консолидациями, которые начинают формироваться сразу после разворотной точки, часто оказываются долгосрочными максимумами или минимумами.

61. Узкие консолидации в форме флагов и вымпелов часто оказываются достоверными фигурами продолжения и позволяют войти в существующий тренд при достаточно близком размещении точки остановки.

62. Если узкая консолидация в форме флага или вымпела ведет к пробою в неправильном направлении (к развороту вместо продолжения), ожидайте продолжения движения в направлении пробоя.

63. «Изогнутые» консолидации часто приводят к ускоренному движению в направлении изгиба.

64. Пробой краткосрочной «изогнутой» консолидации в направлении, противоположном изгибу, часто оказывается хорошим сигналом о развороте тренда.

65. Широкодиапазонные дни (дни, торговый диапазон которых значительно шире среднего диапазона предшествующих дней) с закрытием в направлении, противоположном основному тренду, часто дают надежный ранний сигнал о развороте тренда, в частности, если они также включают разворотный сигнал (например, заполнение разрыва ускорения, пробой предшествующей консолидации).

66. Почти отвесное значительное движение цены на периоде в 2–4 дня (с пробоем относительных максимумов и минимумов) имеет тенденцию продолжаться в последующие недели.

67. Шипы оказываются хорошими сигналами краткосрочных разворотов. Экстремум шипа может быть использован как точка остановки.

68. При наличии шипов проанализируйте график дважды: с учетом шипа и без него. Например, если при игнорировании шипа очевиден флаг, пробой этого флага — существенный сигнал.

69. Заполнение разрыва ускорения можно рассматривать как свидетельство возможного разворота тренда.

70. Островной разворот, за которым вскоре следует возврат в рамки недавнего торгового диапазона или фигуры консолидации, представляет собой сигнал о возможном достижении долгосрочного максимума (минимума).

71. Способность рынка держаться относительно устойчиво, когда другие, связанные с ним рынки испытывают значительное давление, может рассматриваться как знак внутренней силы. Похожим образом слабость рынка в тот момент, когда связанные с ним рынки сильны, может рассматриваться как «медвежий» знак.

72. Если в течение большей части дневной торговой сессии цены постоянно повышаются, предполагайте закрытие в том же направлении.

73. Два последовательных флага с небольшим промежутком между ними могут рассматриваться как фигура продолжения.

74. Рассматривайте закругленную впадину, за которой следует консолидация с небольшим изгибом в том же направлении вблизи вершины этой фигуры, как «бычье» построение (чашка с ручкой). Подобное наблюдение может применяться и к вершинам рынка.

75. Прохладное настроение игроков относительно рынка с сильным трендом может быть более достоверным индикатором вероятного продолжения движения цены, чем сильное бычье или медвежье настроение в качестве показателя разворота. Другими словами, экстремальные настроения часто могут возникать в отсутствие долгосрочных вершин и впадин, но долгосрочные вершины и впадины редко появляются при отсутствии экстремальных настроений (текущих или прежних).

76. Тот факт, что некоторый торговый сигнал не сработал, является более достоверным сигналом, чем исходный сигнал. Открывайте позицию против исходного сигнала и используйте максимум (минимум), имевший место перед появлением ложного сигнала, в качестве уровня остановки. Некоторые примеры подобных несработавших фигур приведены в правилах 56–58, 62, 64 и 69.

77. Неспособность рынка последовать за значительными новостями «бычьего» или «медвежьего» характера (например, основными отчетами USDA) часто оказывается предвестником надвигающегося разворота тренда. Уделяйте особенное внимание подобному развитию событий, если у вас открыты позиции.

АНАЛИЗ И ПРОВЕРКА

78. Просматривайте графики ежедневно, особенно если вы очень заняты.

79. Периодически просматривайте долгосрочные графики (*например, каждые четыре недели*).

80. Свято следуйте правилам ведения *дневника трейдера*, прилагая к нему графики для *каждой* предпринятой сделки и записывая следующие вещи: причины сделки; предполагаемые остановки и цели (если таковые есть); цена, по которой позиция была закрыта; наблюдения и уроки (ошибки, правильные решения или достойные внимания модели); чистую прибыль/убытки. Важно, чтобы лист, посвященный сделке, был заполнен в момент открытия позиции, тогда причины сделки будут точно отражать ваш образ мыслей в тот момент, а не его реконструкцию.

81. Ведите *сборник графических формаций*, внося в него все замеченные рыночные модели, которые кажутся вам интересными. Это поможет вам проверить свой прогноз относительно их исхода или обратить внимание на то, как фигура в конце концов разрешилась (если вы не знали, чего можно ждать от данной модели). Обязательно следите за каждым графиком до самого конца, чтобы увидеть окончательный исход. С течением времени этот процесс может улучшить ваши навыки в интерпретации графиков, предоставив некоторые статистические доказательства предсказательной надежности различных графических фигур (когда они распознаются в режиме реального времени).

82. Проверяйте и обновляйте торговые правила, дневник трейдера и сборник графических фигур на регулярной основе (например, полное обновление за три месяца). Конечно, проверки можно проводить чаще, если вы полагаете, что это было бы полезным.

24 Мудрость рынка

Невозможно быть умнее рынка или переиграть рынок. Если вы делаете деньги, то потому, что понимаете вещи так, как их понимает рынок. Если вы теряете деньги, значит, ваши идеи не соответствуют рыночным реалиям. По-другому на это смотреть нельзя.

Мусавер Менсур Иджаз

В предыдущей главе были разобраны определенные торговые правила и наблюдения. Эта глава представляет собой переработанный раздел из книги «Новые чародеи рынка»*, исследующий общие принципы и психологические факторы, которые оказываются решающими для успеха в торговле.

Методы, которыми пользуются выдающиеся трейдеры, необычайно разнообразны. Некоторые из этих игроков — чистые фундаменталисты, другие используют только технический анализ, третьи сочетают обе методологии. Некоторые трейдеры два дня думают, прежде чем начать долгосрочную торговлю, в то время как другие думают два месяца, прежде чем взяться за краткосрочные спекуляции. И все же, несмотря на широту стилевой гаммы, я обнаружил, что определенные принципы остаются неизменными для большинства успешных трейдеров. Итогом многих лет, отданных анализу и торговле на рынках, и двух книг, созданных на основе интервью с великими трейдерами, является следующий список, состоящий из 42 наблюдений по поводу успеха в торговле.

---

* Джек Швагер, The New Market Wizards. — Harper Business, New York, 1989, p. 461-478; © 1989 HarperCollins Publishers.

1. ***Самое главное.*** Прежде всего убедитесь в том, что действительно хотите торговать. Зачастую люди, думающие, что хотят торговать, впоследствии открывают для себя, что на самом деле это не так.

2. ***Изучите свои мотивы.*** Подумайте, какова действительная причина вашего желания торговать. Если вы хотите торговать ради острых ощущений, может быть, вам лучше заняться дельтапланеризмом. В своем собственном случае я обнаружил, что на самом деле я стремился найти в торговле безмятежность или внутреннее спокойствие — эмоциональное состояние, вряд ли типичное для торговли. Другим личным мотивом торговли было то, что я любил разгадывать головоломки — и рынок предоставлял сложнейшие из них. Однако в то время как я наслаждался мыслительными аспектами анализа рынка, практика торговли мне нравилась гораздо меньше. Контраст между моими мотивами и деятельностью вел к очевидным конфликтам. Вам нужно исследовать свои собственные мотивы очень тщательно, чтобы понять, существуют ли подобные конфликты. Рынок — суровый наставник. Вы должны делать правильно почти все, чтобы выиграть. Если вас тянет в разные стороны, игра проиграна еще до ее начала.

Как я решал свой конфликт? Я полностью сосредоточился на автоматическом подходе к торговле для того, чтобы исключить эмоциональную составляющую. Не менее важно то, что сосредоточенность на конструировании автоматических систем направляла мою энергию на ту часть торговли, от которой я получал удовольствие, — на аспекты, связанные с решением головоломок. Хотя и ранее я отдавал часть энергии механическим системам, в конце концов я пришел к осознанию того, что хочу двигаться исключительно в этом направлении. (Я не утверждаю, что механические системы работают лучше подходов, ориентированных на человеческий фактор в принятии решений. Я говорю лишь о собственном опыте. Правильный ответ для любого другого трейдера может оказаться совсем иным.)

3. ***Соответствие метода торговли вашей индивидуальности.*** Очень важно выбрать метод, который совместим с вашей индивидуальностью и уровнем комфорта. Если для вас невыносима возможность потерять значительную часть текущей прибыли в открытой позиции, то долгосрочный подход, ориентированный на следование за трендом, — даже очень хороший подход — окажется катастрофическим, потому что вы никогда не будете способны ему следовать. Если вы не хотите (или не можете) весь день сидеть перед экраном с котировками, не пытайтесь применять методы внутридневной торговли. Если вы не выносите эмоционального напряжения, связанного с принятием торговых решений, тогда попробуйте разработать автоматическую систему для игры на рынках. Подход, который вы используете, должен вам годиться; вы должны чувствовать себя комфортно. Важность этой концепции невозможно переоценить. Рэнди Маккей, достигший большого успеха в торговле, утверждал: «Каждый успешный трейдер, которого я знаю, в конце концов находил стиль игры, соответствующий его индивидуальности».

Несоответствие стиля торговли и индивидуальности оказывается одной из ключевых причин того, что купленные торговые системы редко приносят прибыль тем, кто их приобретает, даже если система хороша. Если шансы приобрести выигрывающую систему малы (конечно, меньше чем 50 на 50), шансы приобрести систему, которая соответствует вашей индивидуальности, еще меньше. Я предоставляю вашему воображению вопрос о шансах на покупку прибыльной системы с умеренным риском и на ее последующее эффективное использование.

4. *Ваши торговые подходы в среднем должны быть прибыльными.* Вы не можете выиграть даже с лучшими в мире навыками управления финансами и при строжайшей дисциплине, если ваши торговые методы в среднем убыточны. Как нельзя выигрывать в рулетку (в течение достаточно длительного периода) даже при самой строгой дисциплине и контроле риска, так нельзя преуспеть в биржевой игре, не имея некоторого торгового преимущества. Если у вас нет торгового преимущества, то все, что управление деньгами и дисциплина даст вам, — это гарантия того, что процесс вашего разорения будет протекать достаточно медленно. Если вы не знаете, в чем ваше торговое преимущество, значит, его у вас нет.

5. *Создайте метод.* Для того чтобы иметь торговое преимущество, вы должны иметь метод. Тип метода не имеет значения. Некоторые супертрейдеры используют только фундаментальный анализ, другие играют на основе исследования графиков, третьи используют смешанный подход. Даже внутри каждой такой группы существует огромное количество вариантов. Например, среди тех, кто использует технический подход, есть те, кто читает ленту котировок (или в более современном варианте — глядят в экран), есть чартисты, есть те, кто использует автоматические системы, анализ волн Эллиотта, анализ Ганна и т.д. Тип метода не важен, но иметь его совершенно необходимо, и, конечно, метод в среднем должен быть выигрышным.

6. *Разработка метода — тяжелая работа.* Чужие заготовки редко ведут к успеху в торговле. Разработка собственного подхода требует исследований, наблюдений и раздумий. Будьте готовы к тому, что процесс займет много времени и потребует тяжелой работы. Будьте готовы к многочисленным тупикам и множеству неудач, прежде чем сможете найти приносящий успех подход к торговле — тот, который годится вам. Помните, что вы играете против десятков тысяч профессионалов. Чем вы лучше них? Если бы все было так просто, среди трейдеров было бы намного больше миллионеров.

7. *Искусство или тяжелая работа?* Зависит ли успех в торговле от врожденных талантов или лишь от достаточно напряженной работы? Я уверен в том, что у многих супертрейдеров есть особенные способности к торговле. Биржевую игру можно сравнить с марафонским бегом. Фактически каждый может пробежать марафон при большом желании и напряженной работе. И все-таки независимо от усилий и желания только малая часть населения будет способна пробежать марафон за 2 часа 12 минут (или за 2,25 для женщин). Похожим образом, каждый может научиться играть на музыкальном инструменте. Но снова, независимо от работы и увлеченности, лишь горстка людей обладает врожденным талантом, позволяющим стать концертным солистом. Общее правило состоит в том, что исключительная результативность требует как врожденного таланта, так и тяжелой работы, позволяющей реализоваться потенциалу. Если врожденного таланта не хватает, напряженный труд может породить профессионализм, но не совершенство.

По моему мнению, те же принципы применимы и к торговле. Фактически каждый может стать трейдером, получающим в итоге прибыль, но только некоторые имеют врожденный талант, позволяющий быть супертрейдером. По этой причине можно научиться успеху в торговле, но лишь до определенного уровня. Будьте реалистами в своих целях.

8. *Хорошая торговля не должна требовать усилий.* Постойте! Неужели я только что упомянул напряженную работу среди составляющих успешной торговли? Как может хорошая торговля требовать напряженной работы и одновременно не требовать усилий?

Тут нет никакого противоречия. Тяжелая работа относится к процессу подготовки — к исследованиям и наблюдениям, необходимым, чтобы стать хорошим трейдером, а не к самому принятию торговых решений. В этом отношении напряженная работа связана с такими качествами, как проницательность, упорство, настойчивость, желание и ответственность. Напряженная работа, конечно, не означает, что процесс торговли сам по себе должен быть связан с напряжением. Торговля, несомненно, не подразумевает борьбу с рынком или сражение против него. Напротив, чем меньше усилий и естественнее процесс торговли, тем больше шансов на успех. Один трейдер, цитируя «Дзен и искусство стрельбы из лука», провел следующую аналогию: «В торговле, как и при стрельбе из лука, если присутствует напряжение, усилие, борьба или старание — это неправильно. Нет согласованности; нет гармонии с рынком. Безупречная торговля не требует усилий».

Представьте себе высококлассного бегуна, отсчитывающего милю за милей в пять минут. Теперь представьте бесформенную тушу, пытающуюся пробежать милю за десять минут. Профессиональный бегун двигается плавно, почти без усилий, несмотря на длинную дистанцию и быстрый темп. Тот бегун, который не в форме, скорее борется, сердится, пыхтит. Кто работает больше и прикладывает больше усилий? И кто более успешен? Конечно, высококлассный бегун напряженно работал во время тренировок, и его предыдущие усилия — ядро его успеха.

9. ***Управление финансами и управление риском.*** Почти все великие трейдеры, которых я интервьюировал, чувствовали, что управление капиталом даже важнее, чем торговый метод. Многие потенциально успешные системы или торговые подходы приводили к катастрофе, потому что трейдер применял стратегию с недостаточно разработанным методом управления риском. Вам не надо быть математиком или понимать теорию управления портфелем, чтобы ограничивать риск. Управление риском может быть настолько простым, насколько прост следующий трехшаговый подход.

1. Никогда не рискуйте более чем 1–2% вашего капитала в одной сделке. (В зависимости от вашего подхода может все-таки оказаться разумной несколько более высокая цифра. Тем не менее я бы строго предостерег от риска более чем 5%.)
2. Определяйте точку выхода *до* открытия позиции. Многие из трейдеров, с которыми я беседовал, использовали именно это правило.
3. Если вы потеряли некоторую заранее определенную часть вашего стартового капитала (например, от 10 до 20%), сделайте перерыв в торговле, постарайтесь понять, в чем причина неудачи. Возобновлять торговлю следует, когда придет уверенность в себе или появится идея с высокой вероятностью успеха. Для трейдеров с большими счетами разумной альтернативой полной приостановке торговли была бы торговля при очень небольших позициях. Стратегия резкого сокращения объема торговли во время убыточной полосы отмечалась многими трейдерами, у которых я брал интервью.

10. ***План торговли.*** Пытаться выиграть на рынках, не имея плана торговли, — это все равно, что пытаться строить дом без проекта: дорогие ошибки (которых можно было бы избежать) фактически неминуемы. Торговый план требует сочетания собственного торгового подхода, определенного метода управления капиталом и торговых правил. Роберт Крауц, гипнотизер, сделавший своей специальностью работу с трейдерами, рассматривает отсутствие плана торговли как корень всех принципиальных трудностей, с которыми трейдеры сталкиваются на рынках. Ричард Драйхаус, очень успешный управляющий взаимным фондом, которого я интервьюировал, подчеркивал, что торговый план должен отражать ядро личной философии. Он объясняет, что без философского ядра вы вряд ли будете в состоянии удерживать свои позиции или придерживаться собственного плана торговли в действительно сложные моменты.

11. ***Дисциплина.*** Это слово наиболее часто использовалось выдающимися трейдерами, которых я интервьюировал. Часто о ней упоминалось почти извиняющимся тоном: «Я знаю, что вы и раньше слышали это миллионы раз, но, поверьте мне, это действительно важно».

Есть две основных причины, почему дисциплина так важна. Во-первых, она совершенно необходима, чтобы эффективно управлять риском. Во-вторых, дисциплина нужна вам, чтобы применять свой метод, не гадая, за какую сделку взяться. Я гарантирую, что вы почти всегда будете выбирать неправильные сделки. Почему? Потому что люди склонны выбирать удобные сделки, и, как объяснял Билл Экхардт, математик, ставший успешным советником по торговле фьючерсами: «То, что вызывает приятные чувства, часто оказывается неправильным».

И последнее по этому поводу. Помните, что у вас нет иммунитета от плохих торговых привычек и лучшее, что вы можете сделать, — это подавить их. Как только вы станете ленивы или небрежны, они вернутся.

12. ***Осознавайте свою ответственность.*** Ответственность за ваши результаты всегда ложится только на вас. Если убытки были понесены из-за совета брокера, из-за рекомендаций консультантов или из-за плохого сигнала системы, приобретенной у аналитика, ответственность все равно ложится на вас, поскольку вы сами приняли решение прислушаться и совершить действие. Я никогда не встречал успешного трейдера, который упрекал бы других в своих убытках.

13. ***Потребность в независимости.*** Вы должны думать самостоятельно. Не позволяйте себе поддаваться массовой истерии. Эд Сейкота, фьючерсный трейдер, который приумножил капитал на своих счетах тысячекратно за восемнадцатилетний период, указывал, что к тому моменту, когда история попадает на обложки национальной периодики, тренд, вероятно, близится к концу.

Независимость, кроме того, означает самостоятельное принятие торговых решений. Никогда не слушайте чужих мнений. Даже если они случайно помогают в одной или двух сделках, в итоге чужие мнения обязательно будут стоить вам денег — не говоря уже о том, что они запутывают ваш взгляд на рынок. Очень успешный фьючерсный трейдер Майкл Маркус утверждал: «Вы должны следовать за самим собой. Если вы пытаетесь сочетать качества двух трейдеров, то возьмете наихудшее от каждого».

Забавный случай связан с другим трейдером, у которого я брал интервью для книги «Чародеи рынка» (Market Wizards). Хотя он мог бы торговать лучше, чем я, даже если бы ему завязали глаза и поместили в ящик на дне бассейна, он все-таки интересовался моим взглядом на рынок. Однажды он позвонил мне и спросил, что я думаю по поводу иены.

Иена была одним из нескольких рынков, по поводу которых у меня на тот момент сформировалось твердое мнение. На этом рынке выстраивалась определенная графическая фигура, которая настраивала меня очень «по-медвежьи». «Я думаю, иена собирается падать, и я в короткой позиции», — был мой ответ.

Он назвал мне пятьдесят одну причину, почему иена перепродана и должна вырасти. После того как он повесил трубку, я подумал: «Завтра я уезжаю в деловую поездку. Торговля у меня в последние несколько недель шла не очень хорошо. Короткая продажа по иене — единственная моя позиция. Неужели я и вправду не прислушаюсь к одному из лучших в мире трейдеров и сохраню позицию на время поездки?». Я решил закрыть сделку.

Когда через несколько дней я вернулся, иена упала на 150 пунктов. Как нарочно, в тот же день позвонил мой трейдер. Когда разговор подошел к иене, я не мог отказать себе в вопросе: «Кстати, у тебя все еще длинная позиция по иене?».

«Ну нет, — ответил он, — у меня короткая».

Дело не в том, что этот трейдер пытался ввести меня в заблуждение. Напротив, он твердо верит в каждое свое мнение по поводу любого рынка в тот момент, когда его высказывает. Однако он настолько быстро реагирует на малейшие изменения рыночной ситуации, что, возможно, заработал и на длинной, и на короткой позициях. Я, в отличие от него, закончил ни с чем, несмотря на то, что совершенно правильно определил направление движения. Мораль в том, что даже совет значительно более сильного трейдера может вести к убыточным результатам.

14. *Уверенность.* Непоколебимая уверенность в собственной способности продолжать выигрывать на финансовых рынках была почти универсальным качеством среди трейдеров, у которых я брал интервью. Доктор Ван Тарп, психолог, который провел огромное количество исследований поведения трейдеров и был проинтервьюирован для книги «Чародеи рынка», утверждает, что одна из основных черт выигрывающих трейдеров состоит в том, что они верят, что «выиграют игру до того, как она началась».

У уверенного трейдера достанет смелости принять правильное решение и силы не поддаваться панике. В «Жизни на Миссисипи» Марка Твена есть пассаж, который я нахожу удивительно уместным, хотя он и не имеет никакого отношения к торговле. В ней над главным героем, лоцманом-стажером, подшутили его наставник и команда, заставив его паниковать на участке реки, который, как он *знал*, был самым простым на всем пути. После этого возникает следующий обмен фразами:

— Разве ты не знал, что здесь нет мели?

— Да, сэр, я знал.

— Очень хорошо, тебе бы не следовало позволять мне или кому-либо еще поколебать твою уверенность в этом знании. Попробуй это запомнить. И еще одно, когда ты будешь в опасном месте, не превращайся в труса. Это никак тебе не поможет.

15. *Убытки — это часть игры.* Великие трейдеры полностью осознают, что убытки являются элементом, внутренне присущим игре под названием торговля. Осознание этого факта усиливает их уверенность в себе. Так как выдающиеся игроки уверены в том, что выиграют в долгосрочной перспективе, отдельные убыточные сделки, являющиеся неизбежным злом, не пугают их. Как объясняет Линда Рашке, фьючерсный трейдер с особенно высоким отношением выигрышных сделок к убыточным: «Меня никогда не беспокоит проигрыш, потому что я всегда знаю, что снова отыграюсь».

Нет более короткого пути к разорению, чем боязнь убытков. Если вы терпеть не можете проигрывать, то либо закончите торговлю, понеся большие убытки, либо упустите замечательные торговые возможности — и того и другого достаточно, чтобы уничтожить всякий шанс на успех.

16. *Недостаток уверенности и тайм-ауты.* Торгуйте только тогда, когда чувствуете уверенность и оптимизм. Я очень часто слышал, как трейдеры говорят: «Я, кажется, просто ничего не могу сделать правильно». Или: «Держу пари, я опять продам по минимуму». Если вы обнаружите, что часто разделяете подобный пессимизм относительно своей позиции, то вам необходимо на время прервать торговлю. Возвращайтесь в игру постепенно. Думайте о торговле, как о холодном океане. Пробуйте воду, прежде чем погрузиться в нее.

17. *Поиск советов.* Желание искать совета выдает недостаток уверенности. Как сказала Линда Рашке: «Если вы почувствуете искушение узнать чье-либо мнение по поводу сделки, это обычно верный знак, что вам следовало бы выйти из своей позиции».

18. *Сила терпения.* Ожидание благоприятных возможностей повышает вероятность успеха. Вы не должны постоянно присутствовать на рынке. Как утверждал Эдвин Лефевр в своей классической книге «Воспоминания биржевого игрока»: «Есть обычные дураки, которые всегда и везде поступают неправильно, но есть дураки с Уолл-стрит, которые думают, что должны все время торговать».

Одно из наиболее ярких описаний терпеливости в торговле было предложено хорошо известным инвестором Джимом Роджерсом в интервью для книги «Чародеи рынка»: «Если я вижу деньги, валяющиеся под ногами, я нагибаюсь и подбираю их. Большую часть времени я провожу в ожидании таких ситуаций». Другими словами, до тех пор, пока он не будет уверен в том, что прибыль уже лежит в его кармане, он не делает ничего.

Марк Вайнштейн, феноменально последовательный фьючерсный и фондовый трейдер (интервью с ним тоже есть в «Чародеях рынка»), предложил следующую подходящую аналогию: «Хотя гепард — самое быстрое животное в мире и может поймать любую добычу на равнине, он станет ждать до тех пор, пока не будет абсолютно уверен, что сможет поймать добычу. Он может неделями прятаться в кустах, выжидая подходящего момента. Он будет ждать детеныша антилопы, и не просто детеныша, но желательно такого, который болен или хромает. Только тогда, когда нет ни одного шанса упустить добычу, он нападает. Это, по-моему, краткое изложение профессионального подхода к торговле».

19. ***Важность терпения.*** Терпение нужно не только для того, чтобы подолгу ждать выгодную сделку. Оно не менее необходимо для сохранения долгосрочных прибыльных позиций. Неспособность получить адекватную прибыль от правильных сделок — ключевой фактор, ограничивающий результативность. Снова цитата из «Воспоминаний биржевого игрока» Лефевра: «Раздумья никогда не приносили мне больших денег. Их всегда приносило терпение. Поняли? Мое железное терпение!» Билл Экхардт дает в особенности памятный комментарий по этому поводу: «Одно распространенное изречение является полным заблуждением: вы не можете разориться, получая прибыль. Многие трейдеры разорились благодаря фиксации прибыли. В то время как дилетанты разоряются, неся большие убытки, профессионалы разоряются, фиксируя маленькую прибыль».

20. ***Разработка низкорискованной идеи.*** Одно из упражнений доктора Ван Тарпа, которое он использует на своих семинарах, состоит в том, что его участники тратят некоторое время, записывая собственные идеи низкорискованных сделок. Достоинство низкорискованной идеи в том, что она сочетает два важнейших элемента: терпеливость (поскольку только небольшая часть идей будет отвечать требованиям) и управление риском (необходимое по определению). Потратить время на размышления о малорискованных стратегиях — полезное упражнение для всех трейдеров. Специфика идей будет сильно меняться от трейдера к трейдеру, что зависит от тех рынков, на которых они торгуют, и тех методологий, которые ими используются. На семинаре, который я посетил, участники принесли длинные списки с описаниями низкорискованных идей. Вот один пример: сделка, в которой требуется маленькое движение рынка, чтобы сделать ошибку трейдера очевидной. Мой любимый пример низкорискованной идеи, хотя он и не имеет ничего общего с игрой на бирже, звучит так: «Открыть торговлю пончиками по соседству с полицейским участком».

21. ***Важность изменения размера пари.*** Все трейдеры, постоянно выигрывающие в течение длительного времени, обладают прибыльными (в среднем) торговыми методами. Тем не менее их торговое преимущество может существенно меняться от сделки к сделке. С помощью математических методов можно показать, что в любой рискованной игре с меняющимися вероятностями выигрыши максимизируются с помощью изменения размера пари в соответствии с предполагаемыми шансами на благоприятный исход. Стратегия оптимального пари в блэк-джеке представляет собой прекрасную иллюстрацию этой концепции.

Если вы абсолютно уверены в данной сделке, то следует увеличить размер позиции. Как выразился Стенли Драккенмиллер, управляющий высокоприбыльного хеджевого фонда: «Путь к долгосрочной прибыльности лежит через управление риском... Однако в тех случаях, когда у вас есть полная убежденность в сделке, нужно забыть об осторожности. Требуется смелость, чтобы полностью использовать редкий шанс». Большинство «чародеев рынка» полностью осознают, когда действительно стоит нажать на педаль газа, и этот кураж позволяет им достигать выдающейся (а не просто хорошей) прибыльности.

Некоторые из проинтервьюированных мною трейдеров отмечали, что меняют размеры своей позиции в соответствии с тем, как идет торговля. Например, Маккей замечал, что для него является вполне обычным менять размеры позиции, используя коэффициенты от 1 до 100. Он находит, что такой подход помогает ему снижать риск во время убыточных периодов и одновременно позволяет увеличивать прибыль во время выигрышной полосы.

22. ***Постепенный вход и выход из рынка.*** У вас нет никакой необходимости открывать или закрывать всю позицию одновременно. Позицию можно постепенно наращивать или сокращать, что увеличивает гибкость вашей торговли и дает вам пространство для маневра в случае неожиданных рыночных ситуаций. Большинство трейдеров не раздумывая жертвуют такой гибкостью из-за свойственного каждому человеку желания быть полностью правым. (По определению постепенное наращивание позиции означает, что некоторые сделки будет совершаться при худших ценах, чем остальные.) Многие трейдеры, кроме того, отмечают, что метод постепенного выхода из рынка позволяет им оставлять часть долгосрочных выигрышных позиций намного дольше, чем было бы в противном случае.

23. ***Быть правым важнее, чем быть гением.*** Я думаю, что одна из причин, почему так много людей пытаются поймать максимумы и минимумы, состоит в том, что они хотят показать всему свету, насколько они проницательны. Думайте о выигрыше, а не о том, чтобы быть героем. Забудьте о попытках судить об успехе торговли по тому, насколько близко к минимуму вы купили, лучше судите о нем по тому, насколько часто вы выбираете сделки с удачным соотношением прибыли и риска. Важен итоговый результат торговли, а не безукоризненность отдельных сделок.

24. ***Не бойтесь выглядеть дураком.*** На прошлой неделе вы рассказывали всем в офисе: «Мой анализ только что выдал мне отличный сигнал к покупке на S&P. Рынок идет к новой вершине». Теперь, когда вы исследуете поведение рынка спустя некоторое время, что-то кажется неправильным. Вместо устойчивого подъема на рынке перелом. Что-то внутри вас говорит об уязвимости рынка. Осознаете вы это или нет, высказанные вами прогнозы испытывают вашу объективность. Почему? Потому что вы не хотите выглядеть дураком, после того как сказали всему миру, что рынок идет к новой вершине. Следовательно, вы скорее всего станете цепляться за свои предыдущие прогнозы. «На рынке нет перелома. Это просто пытаются выбить из игры слабых “длинных” игроков». В результате вы слишком долго держите убыточную позицию. У этой проблемы есть простое решение: не рассказывайте никому о своей позиции.

Ну, а если ваша работа (как и моя) требует от вас озвучивать свое мнение о рынке? Для этого случая есть правило: если вы начинаете волноваться из-за противоречий с вашим предыдущим мнением, значит, высока вероятность того, что это мнение пора менять. Приведу один пример из собственного опыта: в начале 1991 г. я пришел к заключению, что доллар сформировал долгосрочный минимум. Я особенно помню один разговор, когда собеседник спросил мое мнение по поводу валютного рынка. Я выразил твердую уверенность в том, что доллар будет расти в течение нескольких лет. Спустя несколько месяцев, когда доллар полностью сдал весь накопленный рост, следуя за новостями об советском перевороте в августе 1991 г. (прежде чем был подтвержден его провал), я почувствовал, что что-то идет не так. Я припомнил свои многочисленные предсказания, сделанные в предыдущие месяцы, в которых утверждалось, что доллар будет расти годами. Замешательство и смущение, которые я испытал по поводу этих предыдущих прогнозов, сказали мне, что пришло время менять мнение.

В первые годы работы на финансовых рынках я неизменно пытался остаться при своих первоначальных мнениях в подобных ситуациях. Я терпел неудачу много раз и наконец усвоил урок. В предыдущем примере отказ от первоначального предположения был удачным, поскольку доллар сильно упал в последующие месяцы.

25. *Иногда действие важнее, чем осмотрительность.* Ждать коррекции цен, чтобы открыть позицию — звучит осмотрительно, но часто оказывается неверным. Если ваш анализ, методология или внутренний голос говорят вам, что нужно покупать, а не ждать коррекции, так и поступайте. Остерегайтесь поддаваться влиянию того факта, что на предыдущих сессиях можно было бы получить лучшую цену, особенно в тех ситуациях, когда рынок становится свидетелем неожиданно большого движения (часто из-за важных неожиданных новостей). Если вы не чувствуете, что рынок идет к коррекции, такое рассуждение не имеет никакого отношения к делу. Подобные сделки часто работают, потому что на них так трудно решиться.

26. ***Поймать часть движения тоже неплохо.*** Даже если вы пропустили первую часть нового тренда, у вас остается возможность заработать на его середине (если вы можете определить разумную точку защитной остановки). Маккей подмечал, что наиболее простая часть тренда — его середина, что подразумевает потерю части тренда перед входом в рынок.

27. ***Максимизируйте прибыль, а не количество выигрышей.*** Экхардт объясняет, что человеческая природа склонна максимизировать не прибыль, а, скорее, вероятность ее получить. Проблема в том, что это свойство подразумевает недостаток внимания к размерам прибыли (и убытков), а это отнюдь не ведет к результативности. Экхардт выводит отсюда прямое заключение: «Количество успешных сделок — наименее важный показатель с точки зрения результативности, он даже может быть обратно пропорционален результативности». Джефф Ясс, очень успешный опционный трейдер, вторит ему: «Базовая концепция, применимая и к покеру, и к опционной торговле, состоит в том, что главная цель — не в количестве выигрышей, а скорее в максимизации прибыли».

28. ***Учитесь неверности.*** Верность может быть добродетелью, если относится к семье, друзьям и домашним животным, однако в случае трейдера — это фатальный недостаток. Никогда не храните верность позиции. Трейдер-новичок часто слишком верен своей первоначальной позиции. Надеясь на лучшее, он будет игнорировать признаки изменения рыночной ситуации и доведет свою сделку до больших убытков. Более искушенный трейдер, понявший важность управления риском, будет быстро выходить из рынка, как только станет очевидно, что он совершил плохую сделку. Однако действительно опытный трейдер будет готов развернуться на 180 градусов, меняя позицию на противоположную, если поведение рынка указывает на подобный способ действия. Драккенмиллер совершил ужасную ошибку, открыв длинную позицию по акциям накануне краха 19 октября 1987 г. Его способность быстро признать собственную неправоту и, что более важно, признав ее, развернуть позицию при больших потерях, помогла сделать потенциально катастрофический месяц в итоге прибыльным.

29. ***Фиксируйте часть прибыли.*** Забирайте часть выигрышей с рынка, чтобы предохранить торговую дисциплину от перерождения в благодушность. Слишком легко оправдать чрезмерное увеличение позиций и промедление при ликвидации убыточных сделок, сказав: «Я рискую только прибылью». Прибыль, снятая со счета, будет уже рассматриваться как реальные деньги.

30. ***Надежда — палка в колесах.*** Надежда заставляет трейдера медлить при ликвидации убыточной позиции и не дает ему войти в рынок в ожидании коррекции, при которой позиция могла бы быть открыта по лучшей цене. Часто надежда на коррекцию приводит к потере потенциальной прибыли от огромных движений рынка. Не надейтесь — открывайте позицию в направлении тренда, как только появляется возможность определить разумную точку защитной остановки.

31. ***Не принимайте удобных решений.*** Экхардт предлагает довольно провокационное утверждение, что человеческая склонность к выбору того, что удобно, станет приводить большинство людей к результатам худшим, чем случайные. В результате естественные человеческие склонности ведут к настолько плохим торговым решениям, что для большинства людей было бы лучше принимать решения, основываясь на подбрасывании монеты. Вот некоторые из приведенных Экхардтом примеров комфортных решений: преждевременное закрытие очевидных выигрышных позиций, продажа при усилении рынка и покупка при его ослаблении, разработка (или приобретение) торговых систем, подогнанных под модели прошлого поведения цен. Подразумеваемый вывод для трейдеров состоит в том, что следует делать то, что правильно, а не то, что удобно.

32. ***Вы не можете выиграть, если обязаны это сделать.*** На Уолл-стрит есть старая пословица: «Пугливые деньги никогда не выигрывают». Причина довольно проста: если вы рискуете деньгами, которые не можете позволить себе потерять, все эмоциональные ловушки торговли становятся во много раз опаснее. На заре своей карьеры, когда банкротство основного финансового покровителя угрожало выживанию его начинающей инвестиционной фирме, Драккенмиллер поставил все на одну сделку в последней попытке спасти свою фирму. Он купил за неделю до достижения абсолютного минимума на рынке казначейских векселей, но все-таки потерял все свои деньги. Необходимость выиграть способствует совершению ошибок в торговле (например, чрезмерный леверидж и недостаток планирования в только что приведенном примере). Рынок редко прощает легкомыслие, связанное со сделками, порожденными отчаянием.

33. ***Подумайте дважды, если рынок позволяет вам легко избежать ловушки.*** Не будьте слишком поспешны при выходе из позиции, по поводу которой у вас есть беспокойство, если рынок позволяет вам уйти при значительно лучшей цене, чем вы ожидали. Если вас беспокоило неблагоприятное движение цены, произошедшее за одну ночь (или за один уик-энд) из-за новостей, или неправильное с технической точки зрения поведение цены в момент предыдущего закрытия, скорее всего, многие другие трейдеры разделяют это опасение. Тот факт, что рынок не следует за подобными страхами, определенно подразумевает, что должны быть некие очень мощные подспудные силы в защиту направления первоначальной позиции. Эта концепция впервые была предложена в интервью для книги «Чародеи рынка» Марти

Шварцем, который в течение многих лет торговал фьючерсами на фондовые индексы. По словам Шварца, известный валютный трейдер Липшиц закрыл однажды позицию, которая, как он признавал, его напугала. Во второй половине дня в пятницу, когда валютные рынки в особенности слабо торгуются (после закрытия в Европе), Липшиц обнаружил, что у него огромная короткая позиция по доллару на уверенно растущем рынке. Он должен был дожидаться весь уикенд начала торгов в Токио в воскресенье вечером, чтобы закрыть позицию на более ликвидном рынке. Когда в Токио доллар открылся слабее, чем ожидалось, он не стал просто с облегчением закрывать позицию: его трейдерские инстинкты подсказали повременить с ликвидацией, и это решение привело к значительно лучшей цене выхода.

34. ***Открытость ума.*** Открытость ума оказывается общей чертой, присущей тем, кто преуспевает в торговле. Например, Джил Блэйк, добивающийся невероятно устойчивой прибыли взаимного фонда, начал свою карьеру трейдера с попытки продемонстрировать другу, что поведение цен имеет случайный характер. Когда он осознал, что неправ, он стал трейдером. Говоря словами Драйхауса, «ум похож на парашют — он полезен только в открытом состоянии».

35. ***Поиск острых ощущений на рынке — слишком дорогое удовольствие.*** Острые ощущения определенно связаны с биржевой торговлей, но не имеют ничего общего с успехом в торговле (разве что мешают ему). Ларри Хайт, основатель Mint Management, одной из крупнейших брокерских фирм, описывал в интервью для книги «Чародеи рынка» свой разговор с одним из друзей, который никак не мог понять его абсолютной приверженности компьютеризированной торговой системе. Его друг спросил: «Ларри, как ты можешь торговать таким образом? Тебе не скучно?» Ларри ответил: «Я не торгую ради возбуждения; я торгую, чтобы выиграть».

36. ***Спокойствие трейдера.*** Если и есть эмоциональное состояние, связанное с успешной торговлей, то оно противоположно возбуждению. Основываясь на своих наблюдениях, Чарльз Фолкнер, психолог, работающий с трейдерами, утверждал, что выдающиеся трейдеры способны оставаться спокойными и беспристрастными независимо от того, что происходит на рынках. Он описывает в качестве примера такого типа мышления реакцию Питера Стейдлмайера (успешного фьючерсного трейдера, более известного в качестве изобретателя торгового метода «Профиль рынка») на позицию, которая работала против него: «Гм, вы только посмотрите...»

37. ***Опознайте и исключите стресс.*** Стресс при торговле — тревожный знак. Если вы чувствуете стресс, подумайте о его причине, а затем действуйте, чтобы устранить проблему. Например, вы определили, что главный источник стресса в нерешенности вопроса о закрытии убыточной позиции. Один из путей решения этой проблемы — просто начинать с размещения приказа о защитной остановке каждый раз, когда вы открываете позицию.

Я приведу личный пример. Одно из направлений моей работы — давать торговые рекомендации брокерам моей компании. Эта задача очень сходна с торговлей, а заниматься и тем и другим, по моему мнению, гораздо труднее, чем торговать. Однажды, после того как в течение нескольких лет мои рекомендации приводили к итоговой прибыли, у меня началась полоса неудач. Я прямо-таки ничего не мог сделать правильно. Когда я был прав относительно направления рынка, мои рекомендации о покупке были хотя бы немного занижены (или мои рекомендованные цены продаж слишком высоки). Когда я открывал позицию в правильном направлении, защитная остановка исполнялась совсем рядом с экстремумом коррекции.

Я ответил разработкой целого спектра компьютеризированных торговых программ и технических индикаторов, таким образом широко разнообразя торговые советы, которые я предоставлял фирме. Я все еще делал свои ежедневные субъективные заключения по поводу рынка, но происходящее уже более не так зависело от моих рекомендаций. Широко диверсифицировав советы и информацию, связанную с торговлей, и перенеся большую часть нагрузки на механические подходы, я смог существенно снизить собственный стресс — и улучшить качество продукта моих исследований.

38. *Относитесь с вниманием к интуиции.* Мне кажется, что интуиция — это накопленный опыт, который находится в подсознании. Объективность анализа рынка, сделанного рационально, может быть скомпрометирована различного типа посторонними соображениями (например, имеющейся на рынке позицией, нежеланием изменить предыдущие прогнозы). Подсознание не сдерживается подобным давлением. К несчастью, мы не можем с легкостью пробиться к нашему подсознанию. Однако, когда оно проявляется в качестве интуиции, трейдеру следует обращать на него внимание. Как выражался трейдер, цитировавший «Дзен» ранее в этой главе: «Весь фокус состоит в том, чтобы отделить мечты, осуществления которых вы *желаете,* от тех событий, по поводу которых вы *знаете*, что они произойдут».

39. *Жизненное призвание.* При беседах с успешными трейдерами у меня было чувство, что многие из них ощущали торговлю как то, чем они должны заниматься в жизни — как свое призвание. Чарльз Фолкнер цитировал описание жизненного призвания, принадлежащее известному трейдеру Джону Гриндеру: «Что вы любите настолько сильно, что готовы платить, чтобы иметь возможность этим заниматься?» Беря интервью, я был потрясен той любовью, которую «чародеи рынка» питают к торговле. Многие из них использовали аналогии с игрой при описании ее. Такой тип любви к торговле может в действительности быть главной составляющей успеха.

40. ***Элементы достижения цели.*** У Фолкнера описаны шесть ключевых шагов, которые имеют в основании исследование Гэри Фэриса, посвященное успешному восстановлению спортсменов после травм. Эти шаги, по моему мнению, в равной степени могут быть применены к цели достижения успеха в торговле.

1. Использование двойной мотивации: «по направлению к цели» и «от старого к новому».
2. Наличие цели, для достижения которой нужно превзойти собственные возможности; меньшее — не приемлемо.
3. Необходимость разбивать огромную задачу на этапы. Завершение каждого отдельного этапа приносит удовлетворение.
4. Постоянная концентрация на текущем моменте, т.е. на единственной сегодняшней задаче, а не на долгосрочной цели.
5. Личная заинтересованность в достижении целей (как противоположность зависимости от других).
6. Сравнение своих последних успехов с прошлыми ради измерения прогресса.

41. ***Цены не случайны ≡ на рынках можно выигрывать.*** Вспоминая академиков, верящих в случайный характер рыночных цен, Монро Траут, советник по фьючерсной торговле с одной из лучших историй соотношения риска и прибыли, говорит: «Вероятно, поэтому они — профессора, а я зарабатываю деньги, делая то, что я делаю». Дебаты по поводу того, случайно ли поведение цен, еще не завершены. Тем не менее после опросов внушительного числа замечательных трейдеров у меня остается мало сомнений в том, что теория случайного блуждания ошибочна. Тут важна не величина выигрышей, но их постоянство. Именно на нем и основана моя вера. В качестве прекрасного примера посмотрите на соотношение прибыльных и убыточных месяцев Блэйка, которое составляет 25 к 1, и на его среднюю годовую норму прибыли в 45%, а кроме того, сравните ее с самыми его плохими годами, когда она падала до всего лишь 5%. Трудно вообразить, что такие несимметричные результаты могли бы возникнуть чисто случайно. Подобное могло бы быть во вселенной, наполненной трейдерами, но не среди более ограниченного их числа. Несомненно, выигрывать на рынке нелегко, и в последнее время становится все труднее (профессионалы объясняют это постоянно растущей степенью активности) — но это возможно!

42. ***Не замыкайтесь на рынке.*** В жизни есть не только торговля.

Швагер Джек

ТЕХНИЧЕСКИЙ АНАЛИЗ
Полный курс

Главный редактор *С. Турко*
Технический редактор *Н. Лисицына*
Верстальщики *А. Фоминов, К. Лунь*
Корректор *Е. Чудинова*

Подписано в печать 21.10.2019. Формат 70 × 100 $^{1}/_{16}$.
Бумага офсетная № 1. Печать офсетная.
Объем 50,5 печ. л. Тираж 3000 экз. Заказ № 208.

ООО «Альпина Паблишер»
123060, Москва, а/я 28
Тел. +7 (495) 980-53-54
www.alpina.ru
e-mail: info@alpina.ru

Знак информационной продукции
(Федеральный закон № 436-ФЗ от 29.12.2010 г.) 0+

Отпечатано в АО «Первая Образцовая типография»,
филиал «УЛЬЯНОВСКИЙ ДОМ ПЕЧАТИ»
432980, Россия, г. Ульяновск, ул. Гончарова, 14

«АЛЬПИНА ПАБЛИШЕР» РЕКОМЕНДУЕТ

Малая энциклопедия трейдера

Эрик Найман, 18-е изд., 2020, 458 с.

Если денежные средства не инвестировать, то они имеют свойство со временем исчезать. Поэтому вы или работаете с деньгами, или прощаетесь с ними навсегда.

О чем книга

О трейдинге и о том, что должен знать каждый трейдер, желающий достичь успеха. Автор описывает основные методы фундаментального и технического анализа, рассказывает об индикаторах и опционах, знакомит со специфическими видами анализа, методикой управления рисками, основами психологии биржевой игры.

Почему книга достойна прочтения

- Это переработанное и дополненное издание финансового бестселлера.
- В книге в легкой и доступной форме изложены основные понятия и приемы успешного трейдинга.
- Автор не только дает рекомендации по использованию финансовых инструментов, но и анализирует современное состояние рынка капитала.

Кто автор

Эрик Найман — трейдер-миллионер, доктор экономических наук, начальник управления финансовых услуг АКБ «Укрсоцбанк». С 1995 г. работал аналитиком и инвестиционным управляющим в финансовых и брокерских компаниях. Имеет реальный успешный опыт инвестирования и трейдинга на спот-рынке и внебиржевых опционах мирового валютного рынка, российском рынке валютных фьючерсов, американских товарных и фондовых биржах, экзотическом украинском рынке ценных бумаг. Автор книг «Мастер-трейдинг», «Трейдер-инвестор», «Путь к финансовой свободе».

Александр Элдер
АВТОР МЕЖДУНАРОДНЫХ БЕСТСЕЛЛЕРОВ «КАК ИГРАТЬ И ВЫИГРЫВАТЬ НА БИРЖЕ» И «ТРЕЙДИНГ С ДОКТОРОМ ЭЛДЕРОМ»
Входы & Выходы
15
МАСТЕР-КЛАССОВ
ОТ ПРОФЕССИОНАЛОВ
ТРЕЙДИНГА
альпина паблишер

«АЛЬПИНА ПАБЛИШЕР» РЕКОМЕНДУЕТ

Технический анализ фьючерсных рынков

Теория и практика

Джон Дж. Мэрфи, пер. с англ., 5-е изд., 2020, 610 с.

Технический анализ — это просто один из подходов к прогнозированию движения рынка, основанный на изучении прошлого, человеческой психологии и теории вероятности.

О чем книга

О теоретических основах технического анализа и методах его практического применения, о том, почему необходимо использовать технические методы для прогнозирования движения цен и успешных финансовых операций.

Почему книга достойна прочтения

- Это классика литературы для трейдеров.
- Книга переведена на одиннадцать языков, выдержала множество переизданий и уже более десятка лет является самым популярным базовым пособием по техническому анализу не только фьючерсов, но также акций и других финансовых инструментов.
- Автор писал книгу для себя и своих учеников.

Кто автор

Джон Дж. Мэрфи — ведущий специалист по техническому анализу с мировым именем. В начале 1970-х годов возглавлял департамент технического анализа фьючерсных рынков в Merrill Lynch, в 1980-х начал карьеру независимого финансового консультанта. Является автором книг «Межрыночный технический анализ», «Визуальный инвестор. Как определять тренды». В 1992 году был награжден Международной федерацией технических аналитиков за выдающийся вклад в технический анализ, в 2002 году — ежегодной премией Market Technicians Association.